Head First
C

Head First C : 내공 있는 C 프로그래머로 이끌어주는 착한 안내서

초판발행 2012년 11월 20일
3쇄발행 2016년 9월 20일

지은이 데이빗 그리피스, 돈 그리피스 / **옮긴이** 강권학 / **펴낸이** 김태헌
펴낸곳 한빛미디어(주) / **주소** 서울시 마포구 양화로 7길 83 한빛미디어(주) IT출판부
전화 02-325-5544 / **팩스** 02-336-7124
등록 1999년 6월 24일 제10-1779호 / **ISBN** 978-89-7914-976-0 13560

총괄 전태호 / **책임편집** 송성근 / **기획** 최현우 / **진행** 박민아
디자인 표지 강은영 조판 이경숙
영업 김형진, 김진불, 조유미 / **마케팅** 박상용, 송경석, 변지영 / **제작** 박성우, 김정우

이 책에 대한 의견이나 오탈자 및 잘못된 내용에 대한 수정 정보는 한빛미디어(주)의 홈페이지나 아래 이메일로
알려주십시오. 잘못된 책은 구입하신 서점에서 교환해 드립니다. 책값은 뒤표지에 표시되어 있습니다.

한빛미디어 홈페이지 www.hanbit.co.kr / 이메일 ask@hanbit.co.kr

지금 하지 않으면 할 수 없는 일이 있습니다.
책으로 펴내고 싶은 아이디어나 원고를 메일(writer@hanbit.co.kr)로 보내주세요.
한빛미디어(주)는 여러분의 소중한 경험과 지식을 기다리고 있습니다.

Head First C

우주 왕복선 조종 메뉴얼보다
쉬운 C 책이 있기를 바라는 것은
꿈에서나 가능한 일일까?
상상 속에서나 가능하겠지...

데이빗 그리피스
돈 그리피스

O'REILLY®

한빛미디어
Hanbit Media, Inc.

C의 아버지 데니스 리치(Dennis Ritchie, 1941-2011)에게
바칩니다.

"『헤드 퍼스트 C』는 사상 최고의 C 책이 될 겁니다. 이 말은 결코 가볍게 하는 말이 아닙니다. 이 책은 모든 대학의 C 과정 표준 교재가 될 겁니다. 대부분의 프로그래밍 책은 키워드, 제어 구조, 구문법, 연산자, 데이터형, 서브루틴 같은 문법 위주로 되어 있어 매우 따분합니다. 이런 내용은 대학의 프로그래밍 언어 입문 교재나 참고서로 사용할 수 있습니다. 그러나 이 책은 완전히 다른 접근법을 사용하여 진짜 C 프로그래머가 되는 방법을 가르쳐줍니다. 이 책이 15년 전에 나왔었더라면!"

> **– 데이브 키타비얀(Dave Kitabjian), NetCarrier Telecom 소프트웨어 개발 부장**

"『헤드 퍼스트 C』는 전통적인 헤드 퍼스트 스타일을 사용해 이해하기 쉽고 기분 좋게 볼 수 있는 C 프로그래밍 입문서입니다. 포직스와 유닉스 시스템에서 프로그래밍을 하기 위한 어려운 주제를 공부하기 전에, 그림, 농담, 연습 문제, 실습을 통해 배열, 포인터, 구조체, 함수와 같은 C 언어의 핵심 요소를 천천히 꾸준하게 배워나갑니다."

> **– 빈스 밀너(Vince Milner), 소프트웨어 개발자**

"케이시와 버트의 『헤드 퍼스트 자바』는 여러분이 보아온 GUI에 가장 가까운 것을 책으로 설명하고 있습니다. 비꼬는 듯하면서도 근대적인 방식으로 '이 사람들이 다음엔 무엇을 할까?'라는 의문을 갖고 빠져들면서 자바를 공부하게 만듭니다."

> **– 워렌 큐플(Warren Keuffel), Software Development Magazine**

"아무것도 모르는 상태에서 구루 자바 개발자의 지위까지 지치지 않고 이끌어주는 스타일 외에도, 『헤드 퍼스트 자바』는 다른 책에서는 무시무시한 '독자를 위한 연습 문제…'로 남겨두는 실제적인 문제를 매우 많이 다루고 있습니다. 객체 직렬화 및 네트워크 론치 프로토콜(JNLP)까지 설명하는 책 중에서 '이 책은 똑똑하고, 멋지고, 실용적이다'라고 말할 수 있는 책은 많지 않을 겁니다."

> **– 댄 러셀(Dan Russell) 박사, IBM 알마덴 연구소 사용자 과학 및 경험 연구 부장**
> **(스탠포드 대학교 인공 지능 과목 강사 겸임)**

"이 책은 빠르게 진행되며, 대범하며, 재미있고, 빠져들게 만듭니다. 조심하세요. 무언가를 배우게 될지도 모릅니다!"

> **– 켄 아놀드(Ken Arnold), 전직 썬마이크로시스템즈 선임 엔지니어**
> **자바의 창시자인 제임스 고슬링과 함께 『The Java Programming Language』 공저**

"마치 수많은 책이 머리를 스쳐 지나가는 느낌입니다."

> **– 워드 커닝햄(Ward Cunningham), Wiki의 창시자이자 힐사이드 그룹 설립자**

"공부밖에 모르지만, 이따금 멋있어 보이는 구루 개발자가 읽기 좋게 쓰여 있습니다. 실전 개발에 유용한 참고서가 될 겁니다. 따분하고 고루한 교수님 같은 설명을 묵묵히 듣는 스타일이 아니라서 머리가 즐거워집니다."

> **– 트래비스 칼라닉(Travis Kalanick), Scour and Red Swoosh 설립자 MIT TR100**
> **회원**

"책에는 세 부류가 있는데, 사는 책, 보관하는 책, 책상 위에 늘 두고 보는 책이 바로 그겁니다. 그리고 오라일리 출판사와 직원 덕분에 궁극적인 분류가 하나 더 생겼으니, 바로 헤드 퍼스트 시리즈입니다. 이 시리즈의 책은 어디든 들고 다니기 때문에 가장자리가 너덜너덜해집니다. 『헤드 퍼스트 SQL』은 언제나 내 책 더미 제일 위에 놓여있습니다. 저런! 내가 검토한 PDF 버전의 책마저도 너덜너덜해졌습니다."

> **– 빌 소여(Bill Sawyer), 오라클 ATG 커리큘럼 매니저**

"이 책의 뛰어난 명확함, 재치와 현명한 설명은 프로그래머가 아닌 사람들도 이 책을 통해 문제 해결 방법을 생각해낼 수 있게 만들 정도입니다."

　　– 코리 닥터로우(Cory Doctorow), "Boing Boing" 공동 편집자
　　　『Down and Out in the Magic Kingdom』과 『Someone Comes to Town, Someone Leaves Town』 저자

"어제 책을 받아서 읽기 시작했습니다... 그러나 멈출 수가 없었습니다. 이 책은 정말 대단합니다. 흥미롭게 쓰여져 있지만, 매우 많은 주제를 정확히 다루고 있습니다. 깊이 감명받은 책입니다."

　　– 에릭 감마(Erich Gamma), IBM 수훈 엔지니어, 『디자인 패턴』 공저

"내가 읽어본 책들 중에서 가장 재미있고 똑똑한 책 중 하나입니다."

　　– 아론 라버지(Aaron LaBerge), ESPN.com 기술 부사장

"힘들게 시행착오를 통해서 배워야 했던 것이 이제 재미있는 책 한 권에 쏙 들어가버렸습니다."

　　– 마이크 데이비슨(Mike Davidson), Newsview 사장

"명쾌한 그림은 이 책 각 장의 핵심이며, 각 개념은 실용성과 재치도 함께 보여주고 있습니다."

　　– 켄 골드스타인(Ken Goldstein), 디즈니 온라인 수석 부사장

"『Head First HTML with CSS & XHTML』을 ♥합니다. 이 책은 배워야 할 모든 것을 가르쳐주는 재미로 똘똘 뭉친 책입니다."

　　– 샐리 애플린(Sally Applin), UI 디자이너 예술가

"일반적으로 디자인 패턴에 대한 책이나 기사를 읽을 때마다, 나는 잠들지 않기 위해서 이따금씩 허벅지를 꼬집어야만 했습니다. 그러나 이 책은 결코 그런 류의 책이 아닙니다. 이상하게 들릴지 모르겠지만 이 책은 디자인 패턴에 대해서 공부하는 것을 즐겁게 해줍니다.

디자인 패턴에 대한 다른 책들이 '자장... 자장... 자장...'이라고 하는 반면, 이 책은 수영 튜브에 올라가서 '자기, 춤 좀 춰봐!'라고 외치고 있습니다."

　　– 에릭 웰러(Eric Wuehler)

"말 그대로 이 책을 사랑합니다. 사실, 와이프 앞에서 이 책에 키스했습니다."

　　– 사티시 쿠마(Satish Kumar)

Head First C의 저자

데이빗 그리피스

데이빗 그리피스(David Griffiths)는 세이무어 페이퍼트의 작품에 대한 다큐멘터리를 보았던 12살에 프로그래밍을 시작했습니다. 15살에는 페이퍼트의 컴퓨터 언어인 LOGO를 구현했습니다. 대학에서 순수 수학을 전공한 후에 컴퓨터를 위해서는 코드를 짜고, 사람들을 위해서는 잡지에 기사를 썼습니다. 그는 날렵한 코치로, 개발자로, 주차장 안내원으로 일해왔습니다(연대순은 아닙니다). 그는 10개 이상의 언어로 프로그래밍할 수 있지만, 단 하나의 언어로만 글을 쓸 수 있습니다. 글을 쓰거나, 코딩하거나, 코치를 하지 않을 때에는 그의 사랑스러운 아내이자 공저자인 돈과 여행하며 여가 시간을 보냅니다.

『Head First C』를 쓰기 전에는 『Head First Rails』와 『Head First Programming』을 썼습니다.

그의 트위터는 http://twitter.com/dogriffiths입니다.

돈 그리피스

돈 그리피스(Dawn Griffiths)는 영국 최고의 대학교에서 수학자로 인생을 시작했습니다. 학교의 수학 분야에서 1등급 학위를 받았습니다. 그 후 소프트웨어 개발자로서 경력을 쌓았으며 IT 업계에서 15년 이상 근무했습니다.

『Head First C』를 쓰기 전에 다른 두 권의 헤드 퍼스트 시리즈(『Head First Statistics』와 『Head First 2D Geometry』)를 썼고 그 외 수많은 다른 시리즈도 작업했습니다.

Head First 책을 쓰지 않는 동안에는 태극권을 연마하고, 달리고, 레이스를 뜨거나 요리합니다. 그리고 남편 데이빗과 시간을 보내고 여행하는 것도 좋아합니다.

헤드 퍼스트 책의 장점을 살린 C 입문서

일반적인 C 언어 문장 하나는 컴파일 후에 3~10개의 기계어 명령으로 변환될 정도로 매우 저수준의 언어입니다. 인텔 x86의 프로세서들이 복잡한 명령을 지원하는 CISC 명령을 지원하기 때문이겠지만, 그만큼 C 언어는 컴퓨터 하드웨어에 밀접한 언어라고 할 수 있습니다. C 언어는 저수준 언어일 뿐만 아니라, GUI, 게임, 이미지 프로세싱과 같은 복잡한 애플리케이션을 쉽게 구현할 수 있는 많은 고수준 라이브러리를 제공합니다. 덕분에 복잡하고 정교한 애플리케이션을 개발하기 위해 코드의 양이 반드시 많아져야 하는 것도 아닙니다.

가장 널리 사용되는 언어로서 지원하는 도구도 많습니다. 이 책이 기준으로 하는 gcc 컴파일러는 거의 모든 하드웨어에서 사용할 수 있습니다. 따라서 C 언어를 알고 있으면 어느 하드웨어에서도 개발할 수 있을 겁니다. 국제 표준 시간으로 2012년 8월 6일 화성에 착륙한 탐사 로봇 큐리오시티(Curiosity)의 제어 프로그램도 C 언어로 개발되었다고 합니다. 코드는 되도록 안전한 프로그래밍 관례에 따라서 개발했고, 수많은 코드 검증 툴을 사용해 검증할 수 있기 때문에 C 언어로 구현했다고 합니다. 최근 전자공학이나 컴퓨터 하드웨어에 대해 잘 알지 못하는 예술가도 초소형 하드웨어를 기반으로 직접 다양한 전자 장치를 만들 수 있어 인기를 끄는 아두이노도 제어 언어로 C 언어를 사용합니다.

유닉스의 탄생과 더불어 수십 년간 가장 널리 사용되어 온 프로그래밍 언어가 C다보니 C 언어에 대한 책도 아주 다양하고 많습니다. C 언어로 컴파일러/인터프리터, 데이터베이스, 운영체제를 만드는 고급 주제를 심도 있게 다룬 책도 많고, 데이터 구조나 알고리즘과 같이 전산학의 기본 과목을 가르치는 책도 많습니다. 『헤드 퍼스트 C』가 처음 접하는 C 프로그래밍 책이 아닌 독자 여러분도 많을 겁니다. 이렇게 많은 C 책이 있음에도 불구하고 『헤드 퍼스트 C』는 헤드 퍼스트 특유의 '맨땅에 헤딩하는' 접근 방법으로, 재미있게 탐구하고 실습하여 자신의 존재 가치를 증명합니다. 이 책은 지루하게 문법을 하나하나 꼼꼼히 알려주지는 않습니다. 하지만 하드웨어를 제어하고, 정부 기관의 의뢰를 받아 프로그램의 버그를 찾아내고, 도둑의 침입을 탐지하는 방법을 알아보고, 인터넷 서버를 만들면서 프로그래밍과 C 언어에 대한 독자 여러분의 이해가 한층 깊어지게 될 겁니다.

『헤드 퍼스트 C』를 통해 C 언어 초보에서 탈출해 멋진 프로젝트에서 멋진 애플리케이션을 개발할 수 있길 바랍니다. 참고로, 이 책의 예제를 실습하려면 독자 여러분은 일반적인 사용 환경과는 약간 다른 환경을 갖추어야 할 겁니다. 윈도우 사용자는 시그윈(Cygwin)을 설치하길 권고합니다. 맥 OS X나 리눅스 사용자는 별도의 툴을 설치하지 않고 책의 내용을 실습할 수 있을 겁니다.

마지막으로 2011년 10월에 타계하신 C 언어의 아버지 데니스 리치의 명복을 빕니다.

2012년 11월 역자 강권학 드림

역자 소개

중앙대학교 컴퓨터공학과에서 학사와 석사 학위를 받았습니다. 국방과학연구소, 퓨쳐시스템, 안철수연구소에서 13년간 개발자, 보안전문가, 프로젝트 관리자로 근무했으며, 2009년 4월 호주 멜번에 iGonagi Pty. Ltd.를 설립하고 아이폰 앱을 개발하고 있습니다. 『Head First iPhone Development』, 『Head First Programming』, 『Head First Python』, 『iPhone Programming 제대로 배우기』, 『iPhone 3D Programming: using OpenGL ES』(이상 한빛미디어)를 번역했습니다.

목차(요약)

목차 (진짜)

서문

C에 임하는 여러분의 두뇌...

여러분은 여기서 무언가 배우려고 합니다. 한편 여러분의 두뇌는 배우는 일이 지겹지 않도록 여러분을 도우려 합니다. 여러분의 두뇌는 어떤 야생 동물을 피해야 할 것인지, 벌거벗고 스노보드를 타려는 생각이 나쁜지 아닌지와 같은 좀 더 중요한 일을 보관할 공간이 있어야 한다고 생각합니다. 그렇다면 어떻게 해야 여러분의 목숨이 C를 익히는 일에 달렸다고 두뇌가 생각하게 할 수 있을까요?

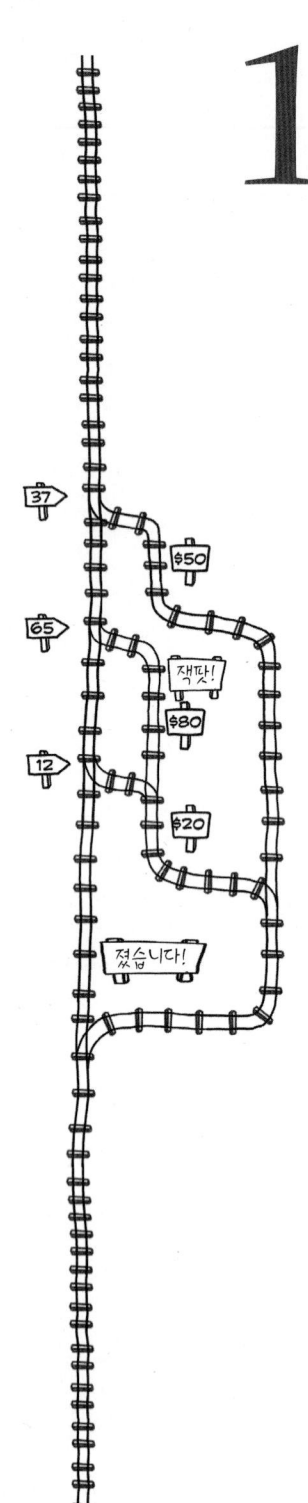

1

C의 바다로

풍덩...

컴퓨터 머리 속으로 들어가보고 싶으세요?

새로운 게임을 만들기 위한 고성능 코드가 필요하세요? 아두이노를 프로그램하고 싶나요? 아니면 아이폰 앱을 만들기 위해 고급 서드파티 라이브러리를 사용해야 하나요? 그렇다면 C 를 알아두면 도움이 됩니다. C는 대부분의 다른 언어보다 훨씬 낮은 수준에서 작동하므로 C 언어를 이해하면 내부에서 어떻게 돌아가는지 더욱 잘 알 수 있습니다. 또한 C를 알면 다른 언어도 잘 이해할 수 있습니다. 그러니 C의 바다에 들어가 컴파일러를 잡으세요. 곧 출발합니다.

2 메모리와 포인터
넌 누굴 가리키고 있는 거야?

C 언어에 정말 통달하려면 C가 메모리 다루는 방법을 알아야 합니다.

C 언어로 프로그래밍하면 컴퓨터의 메모리를 매우 다양한 방법으로 사용할 수 있습니다.
이 장에서는 컴퓨터 안으로 들어가 변수를 읽고 쓸 때 어떤 일이 생기는지 정확히 살펴봅니다.
그리고 어떻게 배열이 작동하는지, 어떻게 하면 사악한 메모리 문제를 피할 수 있는지 배울
겁니다. 무엇보다도 왜 포인터와 메모리 번지 지정을 이해해야 위대한 C 프로그래머가 될 수
있는지 알게 될 겁니다.

2.5

문자열

문자열 이론

문자열은 읽으라고만 있는 건 아닙니다.

여러분은 C 언어의 문자열이 실제로는 char의 배열이라는 사실을 배웠습니다. 그런데 여러분이 C의 문자열로 무엇을 할 수 있을까요? 문자열로 무언가 하려면 string.h가 필요합니다. string.h는 문자열 조작에 사용하는 C 표준 라이브러리 중 하나입니다. 문자열 뒤에 다른 문자열을 연결하거나, 문자열을 복사하거나, 두 개의 문자열을 비교하려면 string.h에 있는 함수를 사용하면 됩니다. 이 장에서는 문자열의 배열을 만들고 문자열들 속에서 strstr() 함수를 사용해 검색하는 방법을 자세히 알아봅니다.

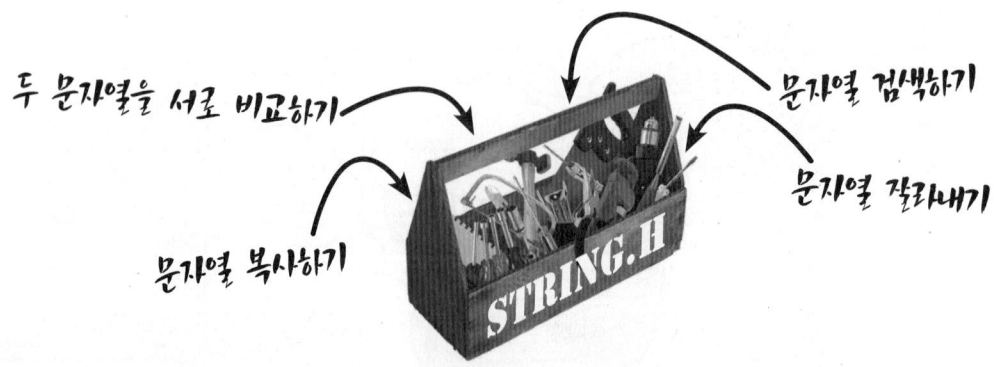

두 문자열을 서로 비교하기

문자열 복사하기

문자열 검색하기

문자열 잘라내기

STRING.H

3 작은 도구 만들기

하나를 하더라도 제대로 해야 한다

모든 운영체제는 작은 도구들을 제공합니다.

C로 구현한 작은 도구들은 파일을 읽고 쓰거나 데이터를 걸러내는 일처럼 조그맣지만 특별한 일을 합니다. 더 복잡한 일을 하려면 여러 도구를 하나로 연결하면 됩니다. 그런데 이런 작은 도구는 어떻게 만들까요? 이 장에서는 작은 도구를 만드는 기반 지식을 살펴봅니다. 명령행 인자를 제어하는 방법, 정보를 다른 도구에 전달하는 방법, 리다이렉션(Redirection) 방법을 배워, 필요할 때 바로 도구를 갖출 수 있게 합니다.

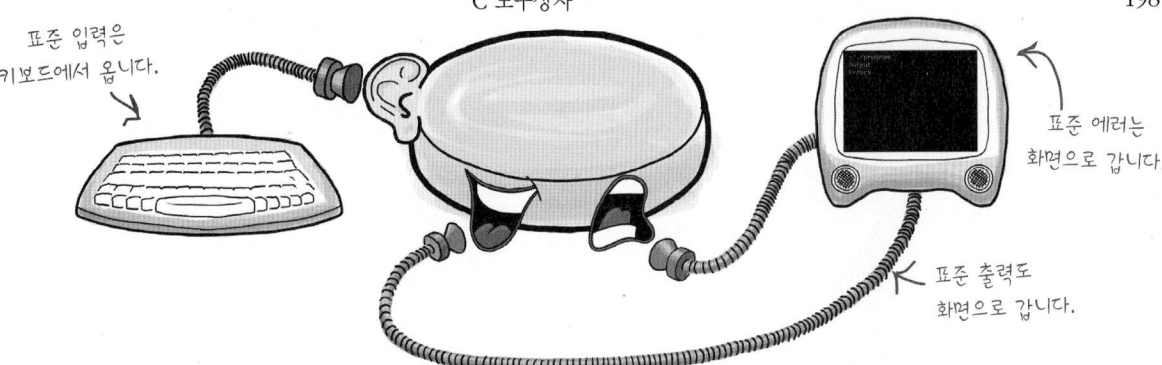

표준 입력은 키보드에서 옵니다.

표준 에러는 화면으로 갑니다.

표준 출력도 화면으로 갑니다.

파일과 예외

여러 소스 파일 사용하기

큰 프로그램을 만든다고 해서 소스 파일이 커지는 걸 원치는 않을 겁니다.

기업 규모의 프로그램을 하나의 소스 파일로 만들면 유지보수하기 얼마나 힘들고 시간이 오래 걸릴지 상상할 수 있나요? 이 장에서는 작고 다루기 쉬운 덩어리로 소스코드를 분할한 후에 하나의 큰 프로그램을 만드는 방법을 배웁니다. 그리고 데이터형의 미묘함에 대해 조금 더 배우고 make라는 최고의 친구를 새로 사귀게 됩니다.

C 실습 #1
아두이노

화분이 여러분에게 물을 줘야 할 때를 알려줬으면 하는 생각을
해본 적 있나요? 아두이노가 있으면 할 수 있어요! 이 실습에서는
아두이노를 사용해 화분 감시 장치를 만들 겁니다. 오직 C언어로만...

5 구조체, 공용체, 비트필드

구조체를 직접 만들어요

세상의 거의 모든 것은 단순한 숫자보다는 더 복잡합니다.

여러분은 지금까지 C 언어의 기본 데이터형을 살펴보았습니다. 그런데 숫자나 문장을 넘어 실세계에 존재하는 것을 모델링하려면 어떻게 해야 할까요? 구조체는 여러분이 직접 구조체를 정의해 실세계의 복잡한 존재를 모델링할 수 있게 해줍니다. 이 장에서는 기본 데이터형을 조합해 구조체를 만들고, 공용체를 사용해 중요한 인생 문제까지도 처리할 수 있는 방법을 배웁니다. 간단히 '네'와 '아니오'만 표현하려면 비트필드만으로 충분할 겁니다.

우리의 꼬부기 myrtle입니다...

... 그런데 함수 안에서는 복사한 t가 보내집니다.

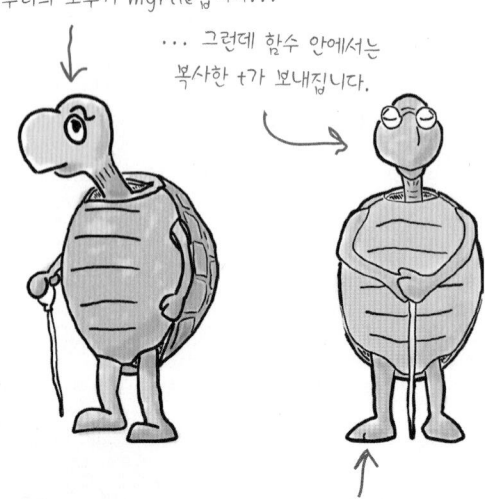

turtle t

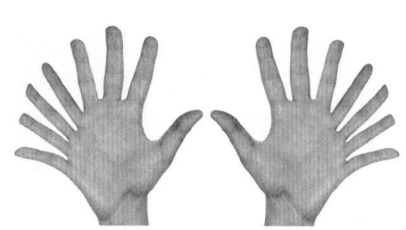

 6 데이터 구조와 동적 메모리

다리놓기

때로는 구조체 하나로는 턱없이 부족합니다.

복잡한 데이터를 모델링하려면 구조체를 서로 연결해야 합니다. 이 장에서는 구조체에 대한 포인터로 사용자 정의형을 연결해 복잡한 대형 데이터 구조체를 만드는 방법을 알아보고, 연결 리스트를 만들면서 핵심 원리를 탐구합니다. 그리고 힙에 동적으로 메모리를 할당하고 사용 후에는 해제하여 여러분이 정의한 데이터 구조로 크기가 변하는 데이터를 처리하는 방법도 알아봅니다. 그리고 코드의 문제를 해결하기 어려울 때 valgrind를 사용해 도움을 받는 방법도 알아봅니다.

Craggy

Isla Nublar

Shutter

힙의 4,204,853 번지에 있는 32비트 데이터

7 고급 함수

함수 기능 최대로 끌어올리기

기본적인 함수도 훌륭하지만, 때로는 기능이 조금 더 필요합니다.

지금까지는 기본에만 충실해왔습니다. 그런데 여러분이 원하는 일에 더 강력한 기능이나 유연성이 필요하다면 어떻게 해야 할까요? 이 장에서는 함수를 인자로 전달해 프로그램의 지능을 높이는 방법을 알아봅니다. 비교 함수로 정렬하는 방법을 배웁니다. 그리고 마지막으로 가변 인자 함수로 여러분의 코드가 무한히 확장되게 하는 방법을 알아봅니다.

검사기

8 정적 라이브러리와 동적 라이브러리
핫 스와핑 코드

여러분은 이미 표준 라이브러리의 강력함을 보아왔습니다.

자, 이제 여러분 자신의 코드를 위해 그 능력을 사용할 때가 되었습니다. 이 장에서 여러분은 직접 라이브러리를 만들고 여러 프로그램에 코드를 재사용하는 방법을 배울 겁니다. 그뿐만 아니라 동적 라이브러리로 실행 시에 코드를 공유하는 방법을 배웁니다. 여러분은 구루 프로그래머의 비법을 배우고, 이 장을 끝마칠 때에는 간단하면서 효과적으로 규모를 확대하고 관리할 수 있는 코드를 만들 수 있게 됩니다.

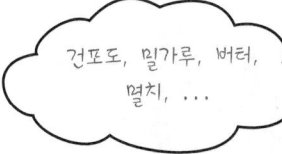

건포도, 밀가루, 버터, 멸치, ...

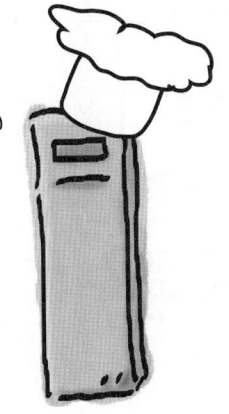

이 것은 새일까요? 비행기일까요? 아닙니다. 이 것은 메타데이터를 갖고 있는 위치를 바꿀 수 있는 오브젝트 파일(Relocatable Object File)입니다.

C 실습 #2

OpenCV

여러분이 집을 비운 동안 컴퓨터가 집을 감시하고 누군가 돌아다니면
여러분에게 알려줄 수 있을까요? 불가능하진 않습니다. 컴퓨터에
달린 웹캠과 영리한 OpenCV만 있으면 할 수 있습니다.

9 프로세스와 시스템 호출

벽을 허물고

이제 고정관념에서 벗어날 때가 되었습니다.

여러분은 이미 명령행에서 조그만 도구를 연결해 복잡한 애플리케이션을 만들 수 있다는 것을 배웠습니다. 그런데 다른 프로그램을 여러분의 코드 안에서 사용하려면 어떻게 해야 할까요? 이 장에서는 프로세스를 생성하고 제어하는 시스템 서비스 사용법을 배웁니다. 시스템 서비스를 사용하면 프로그램이 이메일, 웹, 여러분이 설치한 그 외 도구들에 접근할 수 있어요. 이 장을 끝마치면 여러분은 C를 능가하는 힘을 갖게 될 겁니다.

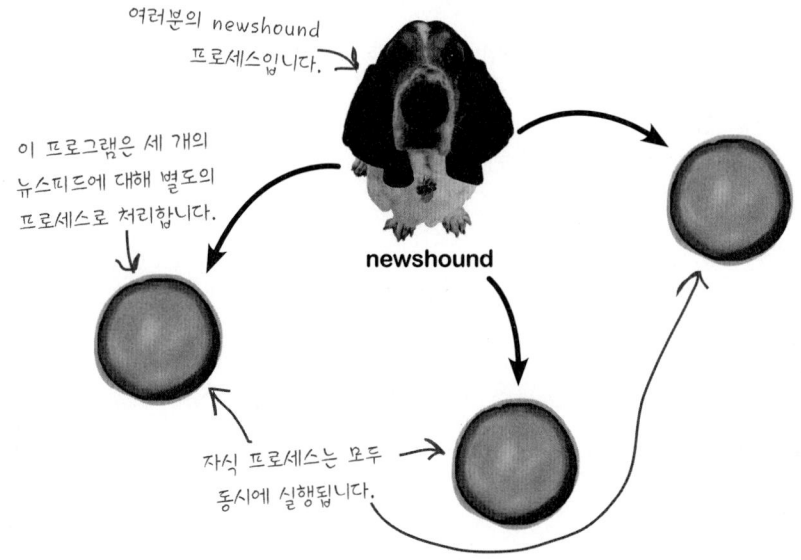

여러분의 newshound 프로세스입니다.

이 프로그램은 세 개의 뉴스피드에 대해 별도의 프로세스로 처리합니다.

newshound

자식 프로세스는 모두 동시에 실행됩니다.

10

프로세스 간 통신

대화는 즐거워

프로세스 생성은 단지 시작일 뿐입니다.

일단 실행된 프로세스를 제어하려면 어떻게 해야 할까요? 데이터를 보내려면 어떻게 해야 할까요? 아니면 다른 프로세스가 출력한 내용을 읽으려면? 프로세스 간 통신(Interprocess Communication)을 사용하면 프로세스가 협동하여 일을 끝마칠 수 있습니다. 이 장에서는 시스템에서 실행되고 있는 다른 프로세스와 통신하게 함으로써 여러분이 만들 코드의 능력을 배가시키는 방법을 설명합니다.

```c
#include <stdio.h>

int main()
{
  char name[30];
  printf("이름을 입력하세요: ");
  fgets(name, 30, stdin);
  printf("안녕 %s\n", name);
  return 0;
}
```

```
File Edit Window Help
> ./greetings
이름을 입력하세요: ^C
>
```

[Ctrl-C]를 누르면 프로그램이 종료됩니다.
그런데 왜 종료될까요?

11 소켓과 네트워킹

127.0.0.1처럼 편안한 곳은 없어

다른 컴퓨터에 있는 프로그램과 이야기해야 합니다.

여러분은 입출력으로 파일과 대화하고 한 컴퓨터 안에 있는 프로세스들이 서로 통신하는 방법을 배웠습니다. 이제 여러분은 전 세계로 뻗어나가려 합니다. 이제 네트워크에 있는 그리고 전 세계에 있는 다른 프로그램과 통신하는 C 프로그램을 작성하는 방법을 배울 겁니다. 이 장을 마치면 여러분은 서버로 작동하는 프로그램과 클라이언트로 작동하는 프로그램을 만들 수 있게 됩니다.

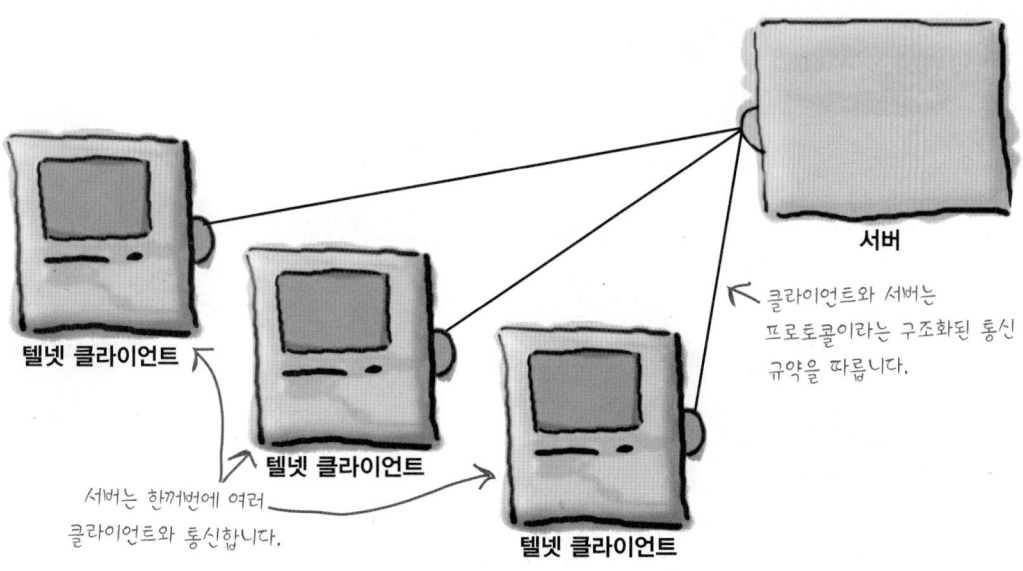

서버

클라이언트와 서버는
프로토콜이라는 구조화된 통신
규약을 따릅니다.

텔넷 클라이언트

텔넷 클라이언트

서버는 한꺼번에 여러
클라이언트와 통신합니다.

텔넷 클라이언트

12 스레드

세상 모든 것은 한꺼번에 움직입니다

프로그램은 종종 여러 일을 한꺼번에 해야 합니다.

포직스 스레드는 병렬로 실행하는 여러 코드를 만들어 프로그램의 응답성을 높일 수 있습니다. 그러나 조심해야 합니다! 스레드는 강력한 도구이긴 하지만, 서로 충돌하길 원치는 않을 겁니다. 이 장에서는 코드 충돌을 방지하는 교통 신호와 도로 표지판을 세우는 방법을 배웁니다. 이 장을 끝마치면 포직스 스레드를 생성하고 비밀 데이터의 무결성을 보호하기 위한 동기화 메커니즘을 사용하는 방법을 알게 될 겁니다.

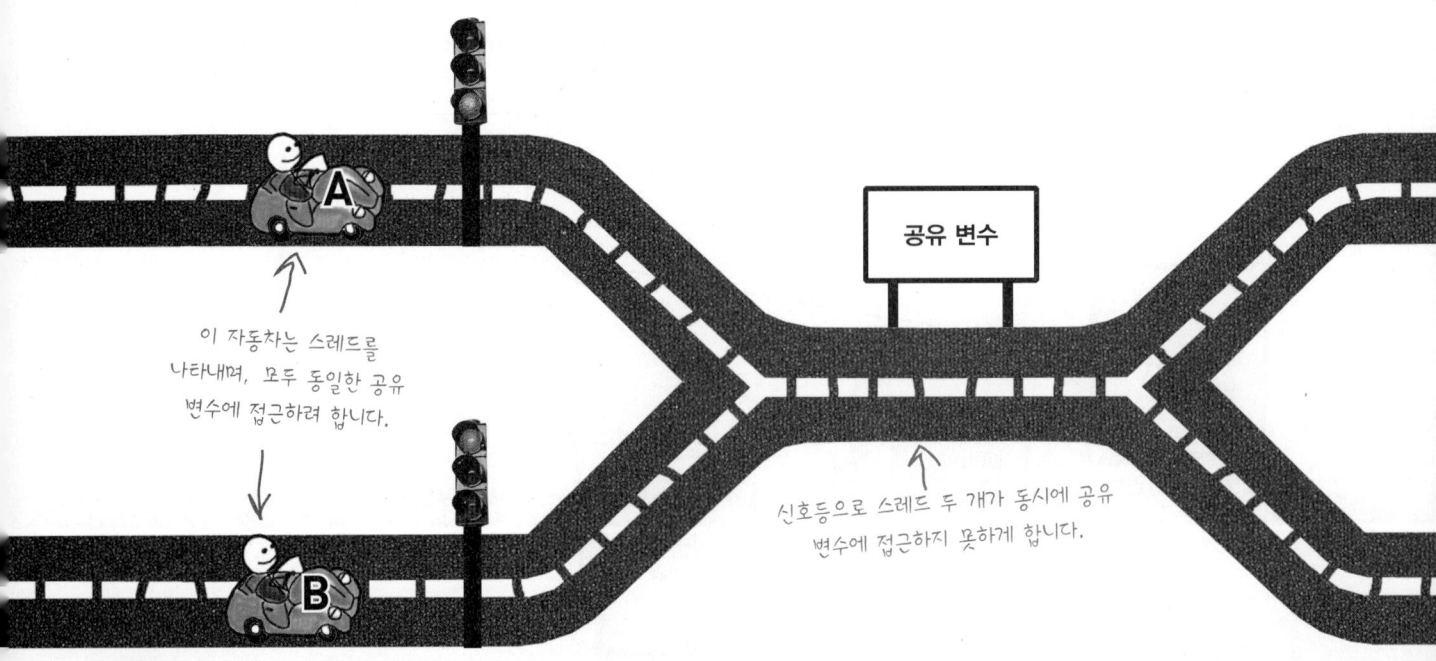

이 자동차는 스레드를 나타내며, 모두 동일한 공유 변수에 접근하려 합니다.

공유 변수

신호등으로 스레드 두 개가 동시에 공유 변수에 접근하지 못하게 합니다.

C 실습 #3
블래스터로이드

이 실습에서는 가장 인기 있고 장수했던 게임 중 하나에 찬사를 보내려 합니다. 이제 블래스터로이드를 만들 차례입니다!

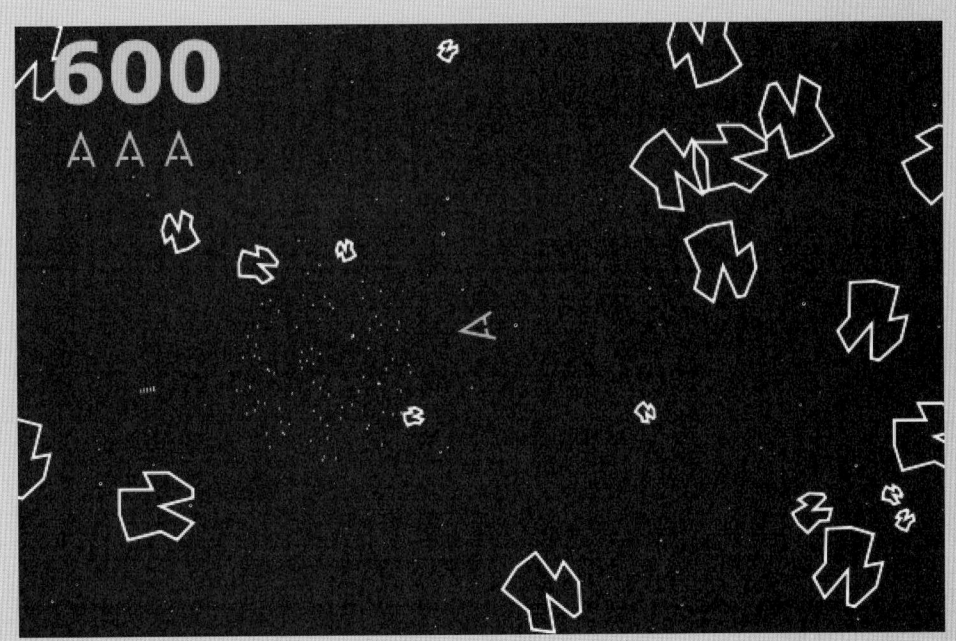

못다한 이야기들

부록 i

(지금까지 설명하지 않은) 중요한 10가지 이야기

지금까지 많은 이야기를 했지만, 아직 조금 남았어요.

여러분이 알아야 할 것들이 몇 가지 더 있는 것 같습니다. 많은 설명이 필요한 내용은 아니지만 설명을 안하고 넘어가기엔 기분이 찜찜합니다. 그러나 헬스 클럽에서 엄청나게 운동하지 않아도 들 수 있는 가벼운 책을 여러분에게 드리고 싶었습니다. 그러니 책을 내려 놓기 전에 남아 있는 사소한 이야기 몇 가지를 마저 읽어주세요.

C 주제

부록 ii

핵심 정리

C에 대한 내용을 한데 정리한 것이 있으면 좋겠죠?

부록 ii에는 이 책에서 설명한 C 주제와 원칙을 모두 요약했습니다. 내용을 보고 여러분이 책에서 배운 내용을 다시 기억할 수 있는지 확인해보세요. 모든 내용은 그 내용이 나오는 장별로 묶었으며, 다시 확인하고 싶으면 그 장을 참조하면 됩니다. 이 장에 있는 내용을 잘라 벽에 붙여놓아도 좋을 겁니다.

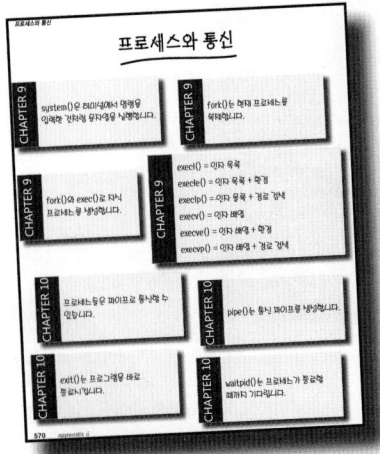

이 책의 활용 방법

서문

세상에 이런 C 책이 있다니 믿을 수가 없군요.

누구를 위한 책인가?

돈을 주고 산 모든 사람의 책입니다. 그리고 이 책은 그들에게 특별한 선물을 줄 겁니다.

서문에서는 "왜 이런 내용이 C 책에 들어 있는지"에 대해 이야기합니다.

누구를 위한 책일까요?

다음 질문에 모두 "예"라고 대답하면

1 다른 프로그래밍 언어로 프로그램 짜는 방법을 이미 알고 있나요?

2 C를 정복하고, 무언가 대단한 소프트웨어를 개발하고, 돈도 벌고, 조그만 섬을 사서 편안히 은퇴하고 싶은가요?

네, 질문이 너무 멀리 가기는 했네요. 그래도 어딘가에서는 시작해야 멀리 갈 수 있겠죠, 그렇죠?

3 몇 시간 동안 끝도 없이 계속되는 강의를 듣기보다는 배운 지식을 응용해 직접 만들어보는 것을 더 좋아하나요?

이 책은 바로 여러분을 위한 책입니다.

그러면 어떤 독자에게 이 책이 맞지 않을까요?

다음 질문 중 하나라도 "예"라고 대답하면

1 C에 대한 간략한 개요서나 참고서를 찾고 있습니까?

2 무언가 새로운 것을 배우느니 차라리 15마리의 날뛰는 원숭이가 여러분의 발톱을 뽑는 게 나은가요? C 책은 C에 대한 모든 것을 설명해야 하고 따분할수록 더 좋은 책이라고 생각하나요?

이 책은 여러분에게 맞지 않습니다.

[마케팅 팀의 메모: 신용카드만 있다면 누구든 이 책을 구입해도 됩니다... 그리고 누표도 받습니다.]

지금쯤 여러분은 이런 생각을 하고 있겠죠?

"어떻게 이런 걸 제대로 된 C 책이라고 할 수 있지?"

"이 그림들은 다 뭐야?"

"이렇게 해서 뭘 배울 수 있어?"

여러분의 두뇌는 이런 식으로 동작합니다

여러분의 두뇌는 항상 새로운 것을 갈망합니다. 항상 무언가 특이한 것을 찾고, 기다립니다. 원래 두뇌는 그런 겁니다. 이 덕분에 인류가 생존해온 것이죠.

그렇다면 일상적이고 흔하디 흔한, 너무나도 평범한 것을 접할 때 두뇌에서는 어떤 일이 일어날까요? 두뇌는 정말 해야 하는 일(즉, 정말 중요한 것을 기억하는 일)을 방해하는 모든 것을 거부합니다. 별로 중요하지 않은 일은 결코 '이건 중요하지 않아' 필터를 통과하지 못합니다.

그런데 중요한 것인지 두뇌는 어떻게 알 수 있을까요? 하이킹하러 야외에 나갔는데 갑자기 호랑이가 나타났다고 생각해보세요. 여러분의 두뇌와 몸에는 무슨 일이 생길까요?

뉴런이 폭발하고, 감정이 북받치고, 호르몬이 쭉쭉 솟아나겠지요.

그리고 여러분의 두뇌는 다음과 같이 생각할겁니다...

이건 정말 중요한 거야! 잊지마!

그런데 여러분이 집이나 도서관에 있다고 생각해보세요. 이런 장소는 안전하고, 따뜻하고, 호랑이가 나타날 리도 없습니다. 여러분은 그 곳에서 공부하고 있습니다. 시험 준비를 하고 있는 것이죠. 아니면 직장 상사 생각에는 일주일이나 열흘이면 마스터할 수 있는 분량을 공부한다고 생각해보세요.

한 가지 문제가 있네요. 두뇌는 중요하지 않은 내용을 저장하기 위해 중요한 내용을 저장할 공간을 지저분하게 만들지 않으려 합니다. 호랑이나 화재, 페이스북 페이지에 파티 사진을 올려서 당하게 될 봉변과 같이 정말 중요한 내용을 저장하려면, 쓸데없는 내용은 무시하는 편이 낫지요. 게다가 "이 봐 두뇌, 날 위해 수고해줘서 정말 고마운데, 아무리 지루하고, 재미없고, 감정이 생기지 않더라도, 난 지금 이 내용을 정말 기억해야 한단 말이야"라고 두뇌에게 간단히 말할 수도 없습니다.

여러분의 두뇌는 이런 것은 중요하다고 생각합니다.

대단해! 이 지루하고 따분한 책도 630페이지만 더 보면 되겠군.

여러분의 두뇌는 이런 것은 기억할 가치가 없다고 생각합니다.

우리는 '헤드 퍼스트' 독자를 <u>학생</u>이라고 생각합니다.

뭔가를 배우려면 어떻게 해야 할까요? 먼저 그것을 이해하고, 그 다음엔 잊어버리지 않아야겠죠? 단순히 지식을 두뇌 속에 집어넣는 방법은 소용 없습니다. 인지과학, 신경물리학, 교육심리학 분야의 최신 연구 결과에 따르면 종이 위의 글자만으로 학습하는 것은 충분하지 못하다고 합니다. 헤드 퍼스트는 여러분의 두뇌가 쌩쌩 돌아가게 하는 방법을 알고 있습니다.

헤드 퍼스트 학습 원리:

그림으로 만듭니다. 글자만 있는 것보다는 그림을 사용하는 편이 훨씬 기억하기 좋고, 학습 효과를 향상시키는 데도 도움이 됩니다(기억과 전이 분야에 관한 연구에 의하면 89%까지 향상된다고 합니다). 그리고 그림을 사용하면 이해하기도 좋아집니다. 글자를 그림 안이나 옆에 넣으면, 그림 아래나 다른 페이지에 있을 때보다 내용에 관련된 문제를 두 배나 잘 풀 수 있다고 합니다.

사람과 얘기하는 듯한 대화체를 사용합니다. 최근 연구에 의하면 내용을 딱딱한 말투보다 개인적으로 대화를 나누는 듯한 문체로 설명하면 학습 후 테스트에서 40% 정도까지 더 좋은 점수를 받을 수 있다고 합니다. 강의 대신 이야기를 들려줍니다. 너무 심각한 말투는 별로 좋지 않습니다. 여러분은 저녁 식사에서 나눈 재미있는 대화와 딱딱한 강의 중 어떤 것에 더 관심이 쏠리나요?

더 깊이 생각할 수 있게 만듭니다. 뉴런을 활발하게 사용하지 않으면 두뇌 속에서 그리 특별한 일이 생기지 않습니다. 독자가 문제를 풀고, 결과를 유추하고, 새로운 지식을 이끌어 낼 수 있게 항상 동기, 흥미, 호기심, 사기를 불어넣어야 합니다. 이렇게 하려면 뭔가 도전 의식을 고취시킬 수 있을 만한 연습 문제, 질문, 그리고 좌뇌와 우뇌, 여러 감각을 모두 써야 하는 활동을 제공해야 합니다.

독자가 계속 주의를 기울이게 합니다. 아마도 거의 모든 독자가 "아, 이거 꼭 해야 하는데, 한 페이지만 봐도 졸려 죽겠네"라는 생각을 해봤을 겁니다. 사람의 두뇌는 언제나 일상적이지 않은 것, 재미있는 것, 특이한 것, 눈길을 끄는 것, 예기치 못한 것에 주의를 기울입니다. 어려운 기술적인 내용을 배우는 일이 꼭 지루해야 할 필요는 없습니다. 지루하지 않아야 두뇌가 새로운 활동을 훨씬 빠르게 받아들일 수 있습니다.

독자의 감성을 자극합니다. 내용이 얼마나 감성을 자극하는지에 따라 기억되는 정도가 크게 달라집니다. 자신이 좋아하는 것, 많은 관심을 갖고 있는 것은 쉽게 기억할 수 있습니다. 뭔가를 느낄 수 있으면 쉽게 기억할 수 있습니다. 뭐 그렇다고 소년과 강아지의 가슴 뭉클한 사연 같은 것을 말하는 것은 아닙니다. 퍼즐을 풀거나 남들이 모두 어렵다고 생각하는 것을 이해했을 때, 다른 친구들이 모르는 것을 알게 되었을 때 느끼는 놀라움, 호기심, "오, 이럴 수가!" 아니면 "내가 이겼어!"와 같은 생각이 들 때 더 잘 배울 수 있습니다.

초인지: 생각에 대한 생각

정말 배우고 싶고, 더 빠르고 더 자세히 알고 싶으면, 자신이 어떻게 주의를 기울이는지 곰곰이 생각해 봐야 합니다. 생각하는 방법에 대해 생각해보고, 배우는 방법을 배워야 합니다.

우리 대부분은 학창 시절에 초인지(Metacognition)나 학습 이론에 대해 배운 적이 없을 겁니다. 그냥 배워야 했지, 배우는 방법을 배우지는 않았습니다.

일단 이 책을 읽는 독자라면, 정말 C로 프로그램 짜는 방법을 배우고 싶을 겁니다. 그리고 가능하면 빠른 시간 안에 배우고 싶을 겁니다. 이 책에서 읽은 내용을 사용하고 싶으면 읽은 것을 기억해야 합니다. 그렇게 하기 위해서는 이해해야 합니다. 이 책이나 다른 책, 다른 학습을 통해 최대한 배우려면, 여러분의 두뇌에 책임을 져야 합니다. 여러분의 두뇌는 여러분 하기에 달려있습니다.

여러분의 두뇌를 잘 다스리려면 여러분이 배운 새로운 내용을 정말 중요하다고 생각하게 만들어야 합니다. 마치 호랑이만큼 중요하다고 생각해야 합니다. 그렇지 않으면 여러분의 두뇌가 새로 배운 내용을 지루하지 않게 생각하도록 끊임없이 씨름할 수밖에 없습니다.

어떻게 하면 이 내용이 중요하다고 내 두뇌가 생각하게 만들 수 있을까...

그러면 어떻게 해야 프로그래밍이 굶주린 호랑이만큼 중요하다고 여러분의 두뇌가 생각하게 만들 수 있을까요?

느리고 지루한 방법도 있고 빠르고 효과적인 방법도 있습니다. 느린 방법은 반복하는 겁니다. 같은 내용을 계속 반복해서 주입하면 아무리 재미없는 내용이라도 배우고 기억할 수 있습니다. 여러 번 반복해서 우겨넣다보면 "사실 별로 중요한 것 같진 않지만 똑같은 걸 계속해서 보고 또 보는 걸 보니 중요한가 보구나"라고 생각하게 되는 거죠.

빠른 방법은 두뇌 활동, 그중에서도 다각적으로 두뇌 **활동을 증가시키는 모든 방법**을 사용하는 겁니다. 앞 페이지에 있는 학습 원리는 모두 두뇌 활동을 증가시키는 주요한 방법들입니다. 이 방법들은 모두 두뇌 활동을 증가시켜 학습을 원활하게 해준다고 검증된 것들입니다. 예를 들어 어떤 단어를 설명하는 그림 안에 그 단어를 넣으면, 그림 밑이나 본문에서 설명할 때에 비해 그 단어와 그림 간의 관계를 이해하기 위해 두뇌가 활발하게 움직이면서 더 많은 뉴런이 활성화됩니다. 더 많은 뉴런이 활성화되면 두뇌가 그 내용은 집중해서 살펴볼 가치가 있다고 생각하게 되고, 결국 더 잘 기억할 수 있습니다.

대화체가 더 좋은 이유는 보통 대화를 나눌 때에는 상대방이 하는 말을 들으면서 내용을 이해하려고 노력하기 때문입니다. 놀라운 점은 이런 대화가 책과 독자 사이의 대화일 때에도 우리 두뇌는 똑같이 반응한다는 겁니다. 하지만 문체가 딱딱하고 재미없으면 수백 명의 학생이 대형 강의실에 앉아 건성으로 수업을 들을 때와 마찬가지로 학습 효과가 떨어진다고 합니다. 단지 억지로 깨어 있을 필요가 없다는 점이 다르죠.

그러나 그림과 대화체는 단지 시작일 뿐입니다...

이 책에서는 이렇게 했습니다

이 책에는 **그림**이 많습니다. 두뇌는 글자보다는 그림에 더 민감하게 반응하기 때문이지요. 두뇌의 반응을 보면 그림 한 장이 1,000개의 단어와 비슷합니다. 글자와 그림을 함께 사용할 때 글자를 그림 안에 넣었습니다. 글자를 그림 밑이나 다른 곳에 넣는 것보다 그림 안에 넣을 때 두뇌가 더 활발히 활동하기 때문이죠.

이 책은 다른 방법, 매체, 여러 감각 기관을 사용해 똑같은 내용을 **반복**해 설명합니다. 이렇게 여러 매체를 사용하면 두뇌는 배운 내용을 여러 곳에 저장하기 때문에 기억할 가능성도 높아집니다.

또한 개념과 그림을 창조적으로 사용했습니다. 두뇌는 새로운 것을 더 잘 받아들이기 때문입니다. 그림과 개념에는 **감성적인 내용**이 들어가게 했습니다. 두뇌는 감성적인 내용에 주의를 기울이게 만들어졌기 때문이죠. 아무리 사소한 **유머, 놀라움, 흥미** 같은 것이라도, 여러분이 느낄 수 있으면 그만큼 두뇌 속에 더 잘 기억되기 때문입니다.

이 책은 **개인적인 대화체**를 사용했습니다. 두뇌는 앉아서 강의를 듣는다고 느낄 때보다 상대방과 대화한다고 느낄 때 더 집중을 잘 하기 때문이죠. 대화체의 책을 읽을 때에도 두뇌는 대화한다고 생각합니다.

이 책에는 80개가 넘는 **활동**이 들어있습니다. 두뇌는 읽을 때보다는 직접 해볼 때 더 잘 배우고 기억하도록 만들어졌기 때문입니다. 연습 문제는 어렵지만 여러분이 풀 수 있는 수준으로 만들었습니다. 많은 사람이 이런 도전을 즐기기 때문입니다.

여러 학습 취향을 지원하도록 만들었습니다. 어떤 사람은 차례차례 따라 하는 것을 좋아하고, 어떤 사람은 큰 그림을 먼저 이해하는 것을 좋아하고, 어떤 사람은 그저 예제 코드를 보고 싶어 하기 때문입니다. 어떤 학습 방법을 좋아하든 상관없이 여러 취향을 고려해 설명한 내용으로 공부하면 독자 여러분 모두에게 도움이 될 겁니다.

여러분의 **양쪽 두뇌 모두** 사용할 수 있는 내용을 수록했습니다. 두뇌의 더 많은 부분을 사용할수록 더 많이 배우고 기억하고 더 오래 집중할 수 있기 때문입니다. 한쪽 두뇌를 사용하고 있는 동안에 다른 쪽 두뇌는 쉴 수 있기 때문에 더 오래 공부해도 높은 효율을 유지할 수 있습니다.

여러 관점을 보여주는 **이야기**와 연습 문제를 포함했습니다. 어떤 것을 평가하고 판단해야 할 때 두뇌가 더 깊이 배우도록 만들어졌기 때문이죠.

독자 여러분의 **도전 의식**을 고취할 수 있는 연습 문제와 뚜렷한 해답이 없는 **질문**을 포함했습니다. 두뇌는 무언가 곰곰이 생각할 때 배우고 기억하도록 만들어졌기 때문이죠. 생각해보세요. 헬스클럽에서 운동하는 사람을 쳐다본다고 자신이 몸짱이 될 수 있나요? 그러나 곰곰이 생각해볼 가치가 있는 문제만 고르기 위해 최선의 노력을 다했습니다. 따라서 여러분이 너무 이해하기 힘든 예제를 분석하거나 어려운 전문용어가 가득하거나 너무 짧은 문장을 이해하기 위해 **신경세포 하나**라도 쓸 필요는 없을 겁니다.

이야기, 예제, 그림에서 **사람**을 사용했습니다. 여러분 모두 사람이기 때문이지요. 두뇌는 물건보다는 사람에게 주의를 더 기울입니다.

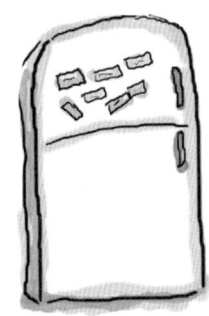

여길 잘라서 냉장고 문에 붙여놓으세요.

두뇌를 정복하는 방법

우리가 할 설명은 끝났습니다. 이제 여러분께 달려 있습니다.
아래의 조언부터 실행해보세요. 여러분의 두뇌가 어떤 반응을
보이는지 살펴보고, 어떤 방법이 좋고 어떤 방법은 효과가 없는지
알아보세요. 그리고 다른 방법도 시도해보세요.

---

1 천천히 하세요. 더 많이 이해할수록 외워야 할 양은 더 줄어들어요.

그저 읽기만 하지는 마세요. 잠깐씩 쉬면서 생각해보세요.
책에 질문이 나오면 바로 답으로 넘어가지 말고, 다른
사람이 그런 질문을 했다고 생각해보세요. 더 깊고 신중히
생각할수록 더 잘 배우고 기억할 수 있습니다.

2 연습 문제를 풀고, 직접 메모하세요.

답이 있는 연습 문제도 있습니다. 그러나 답이 있을 때에는
다른 사람이 옆에서 도와준다고 생각하세요. 연습 문제를
그저 쳐다보기만 하지 마세요. 연필을 사용하세요. 몸을
쓰면서 공부하면 학습 효과가 높아진다는 증거는 많습니다.

3 '바보 같은 질문이란 없습니다' 절도 꼭 읽으세요.

반드시 모두 읽어보세요. 그냥 참고 자료로 수록한 것이
아니라 핵심 내용의 일부예요! 그냥 지나치지 마세요.

4 잠자리에 들기 전에 마지막으로 이 책을 읽으세요.

학습 과정의 일부(특히 장기 기억으로의 전이 과정)는 책장을
덮은 후에 일어납니다. 두뇌에서 어떤 처리를 하려면 시간이
필요하기 때문이죠. 처리하는 동안 다른 일을 하면 새로 배운
내용을 잊어버릴 수 있습니다.

5 이 책의 내용에 대해 얘기하세요. 큰 소리로요.

소리 내어 말하면 읽기만 할 때와는 다른 두뇌 부분이
활성화됩니다. 무언가 이해하거나 더 잘 기억하고 싶으면
크게 소리 내어 말해보세요. 다른 사람에게 설명하면 더
좋습니다. 더 빨리 배울 수 있을 뿐만 아니라 몰랐던 것도
생각해낼 수 있습니다.

6 물을 많이 드세요.

수분을 충분히 섭취하면 여러분의 두뇌가 최고로 잘
굴러갑니다. 여러분의 몸이 갈증을 느끼기 전에 두뇌가
먼저 수분 부족을 느끼게 되며, 수분이 부족하면 인지
기능이 저하됩니다.

7 두뇌가 하는 말에 귀를 기울이세요.

여러분의 두뇌가 너무 힘들어 하지 않는지 관심을
기울이세요. 대충 넘어가고 있거나 방금 읽은 것도
생각나지 않으면 잠시 쉬는 편이 좋습니다. 일단 어느
정도 공부하고 나면 무조건 파고든다고 해서 더 빨리
배울 수는 없습니다. 오히려 공부에 방해가 됩니다.

8 느끼세요.

지금 하고 있는 공부가 중요하다고 여러분의 두뇌가
느껴야 합니다. 책의 그림에 직접 제목을 붙여보세요.
아무것도 느끼지 못하는 것보다는 썰렁한 농담을 보고
비웃기라도 하는 편이 훨씬 낫습니다.

9 코드를 많이 짜세요!

C로 프로그램하는 방법을 배우는 유일한 길은 코드를
많이 짜는 겁니다. 이 책은 여러분이 많은 코드를 만들게
합니다. 코딩은 연습을 통해서만 얻을 수 있는 기술입니다.
여러분을 많이 훈련시킬 겁니다. 모든 장에는 여러분이
풀어야 하는 문제가 있습니다. 그냥 지나치지 마세요.
문제를 풀어봐야 비로서 많은 것을 배울 수 있습니다. 모든
연습 문제에는 답이 있습니다. 문제를 풀다가 정 막히면
답을 보는 것도 나쁘지 않습니다. 사소한 것 때문에 문제가
안 풀릴 수도 있으니까요. 그러나 답을 보기 전에 혼자
풀어보려고 노력하세요. 그리고 다음 부분으로 넘어가기
전에 반드시 코드가 작동되게 만드세요.

알아두세요

이 책은 C 프로그래밍을 배우기 위한 책이며 참고서가 아닙니다. 설명하는 도중 아무리 관련된 내용이라도 학습 흐름에 방해가 되는 것은 신중하게 생략했습니다. 이 책의 거의 모든 내용은 앞에서 설명한 내용을 기반으로 전개되기 때문에 앞에서부터 차례대로 읽어 나가는 편이 좋습니다.

여러분이 C는 처음이지만 프로그래밍은 해봤다고 가정하고 설명합니다.

이미 여러분이 어느 정도 프로그래밍을 해봤다고 가정하고 설명합니다. 많은 경험이 필요한 것은 아니지만, 자바스크립트와 같은 다른 언어에서 루프와 변수 같은 기본적인 기능을 이미 써봤다고 가정합니다. C는 사실 상당히 고급 언어입니다. 그러니 프로그래밍 경험이 전혀 없는 독자라면 이 책을 공부하기 전에 다른 책을 공부하는 편이 좋습니다. 먼저 『헤드 퍼스트 프로그래밍』으로 공부하길 추천합니다.

여러분의 컴퓨터에 C 컴파일러를 설치해야 합니다.

이 책에서는 gcc(GNU Compiler Collection)를 사용합니다. gcc는 공짜지만 상당히 훌륭한 컴파일러입니다. 여러분의 컴퓨터에 반드시 gcc를 설치해야 합니다. 그러나 여러분이 리눅스 운영체제를 사용하면 이미 gcc가 설치되어 있으며, 맥 컴퓨터를 사용하면 Xcode 개발 도구를 설치해야 합니다. Xcode는 애플 앱스토어에서 내려받을 수 있습니다. MS 윈도우 컴퓨터에서는 여러 방법이 있습니다. 시그윈(Cygwin, http://www.cygwin.com/)을 설치하면 윈도우에서 완벽히 유닉스 개발 환경을 만들 수 있습니다. 그러나 윈도우에서 간단히 작동하는 프로그램을 만들려면 윈도우를 위한 최소한의 그누(Minimalist GNU for Windows, 또는 '밍위'(MinGW)라고 부름, http://www.mingw.org/)를 설치해도 됩니다.

이 책의 모든 코드는 모든 운영체제에서 작동하도록 만들어졌으며, 특정 운영체제에서만 작동하는 코드는 배제하려 최선을 다했습니다. 때때로 운영체제에 따라 다른 경우에는 이 차이점을 설명합니다.

먼저 약간의 기본 C 개념을 설명하고 바로 C로 코딩에 들어갑니다.

1장에서는 C의 기본을 설명합니다. 그래서 2장에 들어갈 때에는 유용하고 심지어 재미있기까지 한 작업을 수행하는 프로그램을 만들게 됩니다. 이 책의 나머지 부분은 계속해서 앞에서 배운 C 기술을 활용하면서 어느새 C 초보자를 구루 프로그래머로 변신시킵니다.

결코 실습을 지나치면 안 됩니다.

연습 문제와 실습은 결코 부가적인 활동이 아니며 이 책의 핵심 내용의 일부분입니다. 어떤 것은 내용을 기억하는 데, 어떤 것은 이해하는 데, 어떤 것은 배운 내용을 적용하는 데 도움을 주기 위해 포함시켰습니다. **절대로 건너뛰지 마세요.**

의도적으로 반복하고 있으며 반복은 중요합니다.

헤드 퍼스트 시리즈의 차별화된 특징은 독자가 정말 이해하게 한다는 점입니다. 독자 여러분이
이 책을 읽고 나서도 배운 내용을 기억하길 원합니다. 많은 참고서는 학습한 내용을 보존하고
기억하는 데 목표를 두고 있지 않지만, 이 책은 배우기 위한 책입니다. 그래서 똑같은 개념이 여러
번 반복해서 나타납니다.

예제는 최대한 작게 만들었습니다.

독자들이 말하길, 이해해야 할 두 줄의 코드를 찾기 위해 200줄의 코드를 훑어보는 일은 정말
끔찍하다고 합니다. 배워야 할 부분을 명확하고 간결하게 만들기 위해 이 책 대부분의 예제는
최소한의 주변 코드만을 보여줍니다. 그러나 모든 예제가 탄탄하고 완벽하다고 생각하지는 마세요.
이 코드는 단지 배우기 위해 만든 코드며 언제나 완벽히 작동하는 것은 아닙니다.

브레인 파워는 답을 제공하지 않습니다.

어떤 브레인 파워는 정답이 없고, 어떤 브레인 파워는 여러분의 답이 맞는지 직접 판단할 수 있게
하기 위한 겁니다. 어떤 브레인 파워 문제는 올바른 방향을 가리키는 힌트를 제공하기도 합니다.

테크니컬 리뷰 팀

데이브 키타비얀

빈스 밀너

테크니컬 리뷰어:

데이브 키타비얀(Dave Kitabjian)은 전기공학과 컴퓨터공학 학위를 갖고 있으며 20년 가량 포춘 500 기업에서 종사하며 첨단 신생업체들을 대상으로 정보 시스템을 컨설팅, 통합, 설계, 구현해왔습니다. 일하지 않을 때는 기타와 피아노를 연주하고 아내와 세 아이와 시간을 보내길 좋아합니다.

빈스 밀너(Vince Milner)는 20년이 넘게 다양한 플랫폼에서 C와 여러 언어를 사용해 개발해왔습니다. 수학 석사 과정 공부를 하는 시간 외에는 그의 6살짜리 쌍둥이 아이들에게 보드 게임에서 지며 집을 움직이지 못하고 있는 그를 볼 수 있습니다.

감사의 글

편집자:

먼저 이 책을 쓰도록 요청한 브라이언 소여(Bryan Sawyer)에게 감사의 말씀을 전합니다. 그는 이 책을 쓰는 내내 우리를 믿고 자유로이 새로운 아이디어를 시험해볼 수 있게 해주었고, 원고 마감이 다가올 때도 그리 당황하지 않았습니다.

브라이언 소여

오라일리 팀:

책을 쓰는 내내 우리를 도와준 다음의 분들께 깊은 감사를 보냅니다. 캐런 셰이너(Karen Shaner)는 능숙하게 필요한 그림을 찾아주고 전반적인 일들이 원활히 굴러가게 해주었습니다. 로리 페트리스키(Laurie Petrycki)는 보스톤에 있는 동안 먹여주고 책을 쓰는 동기를 잃지 않게 해주었습니다. 브라이언 젭슨(Brian Jepson)은 아두이노의 환상적인 세계를 보여주었고, 조기판 팀은 아두이노 책의 조기 출판본을 내려받을 수 있게 해주었습니다. 마지막으로 제작하는 내내 전문가답게 잘 운영하고 보이지 않는 곳에서 열심히 일해준 레이첼 모나간(Rachel Monaghan)과 제작팀에 감사드립니다. 여러분들 멋져요!

가족, 친구, 동료:

헤드 퍼스트 시리즈를 쓰면서 많은 친구를 사귀었습니다. 특히 많은 것을 가르쳐준 로우 바(Lou Barr), 브렛 맥로플린(Brett McLaughlin), 샌더스 클라인펠드(Sanders Kleinfeld)에게 감사드립니다.

> 데이빗: 원고를 쓰는 동안 바쁜 일정에 쫓겨 연락하지 못한 앤디 파커(Andy Parker), 조 브로튼(Joe Broughton), 칼 작스(Carl Jacques), 사이먼 존스(Simon Jones)에게 감사드립니다.

> 돈: 가족과 친구들의 놀라운 지원이 없었다면 이 책을 쓰는 일은 훨씬 더 어려웠을 겁니다. 특히 엄마, 아빠, 칼(Carl), 스티브(Steve), 길(Gill), 자키(Jacqui), 조이스(Joyce), 폴(Paul)에게 감사드립니다. 여러분의 지원과 응원에 진심으로 감사드립니다.

도와주신 분들:

우리 테크니컬 리뷰 팀은 올바른 방향으로 나아가고 설명이 정확한지 확인하는 정말 훌륭한 일을 해주었습니다. 이 책의 조기판에 의견을 주신 모든 분들께 대단히 감사드립니다. 여러분의 도움으로 이 책이 훨씬 더 좋아졌습니다. 마지막으로 이런 멋진 시리즈를 만들어주신 케시 시에라(Kathy Sierra)와 버트 베이츠(Bert Bates)에게 감사드립니다.

1 C의 바다로

풍덩...

이 깊고 푸른 바다 좋지 않아요? 들어와요. 물이 너무 좋아요!

컴퓨터 머리 속으로 들어가보고 싶으세요?

새로운 게임을 만들기 위한 **고성능 코드**가 필요하세요? **아두이노**를 프로그램하고 싶나요?

아니면 아이폰 앱을 만들기 위해 고급 **서드파티 라이브러리**를 사용해야 하나요?

그렇다면 C를 알아두면 도움이 됩니다. C는 대부분의 다른 언어보다 **훨씬 낮은 수준**에서 작동하므로 C 언어를 이해하면 내부에서 **어떻게 돌아가는지 더욱 잘 알 수 있습니다.**

또한 C를 알면 다른 언어도 잘 이해할 수 있습니다. 그러니 C의 바다에 들어가 컴파일러를 잡으세요. 곧 출발합니다.

C는 작고 빠른 프로그램을 위한 언어입니다

C 언어는 작고 빠른 프로그램을 만들기 위해 설계되었습니다. 그리고 대부분의 다른 언어보다 더 낮은 수준입니다. 낮은 수준이라는 의미는 컴퓨터가 실제로 이해하는 언어에 훨씬 더 가깝다는 의미입니다.

C 언어 작동 방식

사실 컴퓨터는 오로지 기계어만 이해할 수 있습니다. 이 언어는 0과 1로 구성된 이진 숫자들을 나열한 겁니다. 여러분은 **컴파일러**를 사용해 C 코드를 기계어 코드로 변환합니다.

윈도우에서는 파일명이 rocks가 아니라 rocks.exe입니다.

```
#include <stdio.h>

int main()
{
  puts("C Rocks!");
  return 0;
}
```

rocks.c

```
File Edit Window Help Compile
> gcc rocks.c -o rocks
>
```

```
1001
1110100
001010
1010111
```

rocks

①

소스코드

먼저 여러분은 소스 파일을 만듭니다. 소스 파일은 사람이 읽을 수 있는 C 코드로 되어 있습니다.

②

컴파일

컴파일러를 실행해 소스 코드를 입력으로 넣습니다. 컴파일러는 에러가 있는지 확인하고 에러가 없으면 소스코드를 컴파일합니다.

③

출력

컴파일러는 실행 파일이라고 불리는 파일을 새로 만듭니다. 이 파일은 기계어 코드를 갖고 있으며 컴퓨터가 이해하는 일련의 0과 1을 갖고 있습니다. 이 프로그램이 실행할 수 있는 프로그램입니다.

**속도, 공간, 이식성이 중요할 때 C를 사용합니다.
대부분의 운영체제는 C로 작성되었습니다.
대부분의 다른 컴퓨터 언어도 C로 만듭니다.
그리고 대부분의 게임 프로그램도 C로 만듭니다.**

여러분이 볼 수 있는 C 표준은 세 개 있습니다. ANSI C는 1980년대 후반에 표준으로 제정되었으며 오래된 프로그램은 이 언어로 작성되었습니다. 1999년에 제정된 C99 표준에서는 많은 부분이 수정되었습니다. 그리고 2011년에 제정된 현재의 C11 표준에는 몇 가지 멋진 언어 기능이 추가되었습니다. 이 버전 간의 차이는 크지 않지만 차이가 있을 때에는 버전 간의 차이를 별도로 설명합니다.

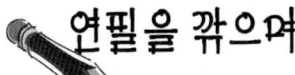 연필을 깎으며

다음에 나오는 각각의 코드가 무슨 일을 하는지 생각해보세요.

여러분의 생각을 써보세요.

```
int card_count = 11;
if (card_count > 10)
    puts("카드 패가 좋아. 돈을 올려.");
```

```
int c = 10;
while (c > 0) {
    puts("수업 시간에는 코드를 짜면 안돼");
    c = c - 1;
}
```

```
/* 이름이 20자 이하라고 가정합니다. */
char ex[20];
puts("남자 친구의 이름 입력: ");
scanf("%19s", ex);
printf("%s에게\n\n\t넌 끝이야.\n", ex);
```

```
char suit = 'H';
switch(suit) {
case 'C':
    puts("클로버");
    break;
case 'D':
    puts("다이아몬드");
    break;
case 'H':
    puts("하트");
    break;
default:
    puts("스페이드");
}
```

연필을 깎으며 정답

이 코드를 모두 이해하지 못해도 걱정할 것 없어요. 모든 내용은 책의 뒤에서 아주 자세하게 설명합니다.

```
int card_count = 11;  ← int형은 정수형입니다.
if (card_count > 10)
     puts(""카드 패가 좋아. 돈을 올려.");
이 코드는 터미널이나 명령행 프롬프트에 문자열을 출력합니다.
```

정수형 변수를 만들고 값을 11로 설정한다.
card_count가 10보다 큰가?
그렇다면 메시지를 명령행에 출력한다.

```
int c = 10;  ← 중괄호는 블럭을 정의합니다.
while (c > 0) {
     puts("수업 시간에는 코드를 짜면 안돼");
     c = c - 1;
}
```

정수형 변수를 만들고 값을 10으로 설정한다.
c 값이 양이면...
... 메시지를 출력하고...
... c 값을 1만큼 뺀다.
여기가 반복되는 코드의 마지막 부분이다.

```
/* 이름이 20자 이하라고 가정합니다. */
char ex[20];
puts("남자 친구의 이름 입력: "); 이 코드는 사용자가 입력한 내용을
scanf("%19s", ex);  ← 모두 ex 배열에 저장합니다.
printf("%s에게\n\n\t넌 끝이야.\n", ex);
      이 코드는 이 문자열을 %s가 있는 곳에 넣습니다.
```

이것은 투석이다.
20글자 크기의 배열을 만든다.
화면에 메시지를 출력한다.
사용자가 입력한 내용을 배열에 저장한다.
입력한 글자와 함께 메시지를 출력한다.

```
char suit = 'H';
switch(suit) {  ← switch문은 한 변수를 여러 값과 비교합니다.
case 'C':
     puts("클로버");
     break;
case 'D':
     puts("다이아몬드");
     break;
case 'H':
     puts("하트");
     break;
default:
     puts("스페이드");
}
```

문자 변수를 만들고 글자를 저장한다.
변수의 값을 살펴본다.
'C'인가?
그렇다면 "클로버"를 출력한다.
그리고 나머지는 검사하지 않는다.
'D'인가?
그렇다면 "다이아몬드"를 출력한다.
그리고 나머지는 검사하지 않는다.
'H'인가?
그렇다면 "하트"를 출력한다.
그리고 나머지는 검사하지 않는다.
그렇지 않다면...
"스페이드"를 출력한다.
값을 검사하는 코드의 끝부분이다.

그런데 C 프로그램은 어떻게 생겼나?

완전한 프로그램을 만들려면 코드를 C 소스 파일에 넣어야 합니다.

C 소스 파일은 어떤 텍스트 편집기를 사용해도 무방하며 파일명은 보통 .c로 끝납니다.

전형적인 C 소스 파일을 살펴보겠습니다.

단지 관행이긴 하지만, 반드시 따르는 편이 좋습니다.

① C 프로그램은 보통 주석으로 시작됩니다.

주석은 파일에 있는 코드의 목적을 설명하고 라이센스나 저작권 정보를 포함하기도 합니다. 주석을 파일의 앞부분이나 파일 안의 다른 곳에 반드시 넣어야 하는 것은 아니지만, 주석은 좋은 습관이며 대부분의 C 프로그래머는 이 정보를 참조하려고 합니다.

주석은 /* 으로 시작합니다.

여기 있는 별표는 선택 사항이며, 단지 주석을 이쁘게 꾸미기 위한 겁니다.

주석은 */ 으로 끝납니다.

```
/*
 *  신발 안에 들어있는 카드의 숫자를 계산하는 프로그램
 *  이 코드는 베가스 공개 라이센스를 적용하여 공개합니다.
 *  (c)2014,  대학 블랙잭 팀.
 */
```

② 다음으로 인클루드 부분이 옵니다.

C는 아주아주 작은 언어이므로 외부 라이브러리가 없으면 할 수 있는 일이 거의 없습니다. 따라서 헤더 파일을 포함시켜 컴파일러에 어떤 외부 코드를 사용할지 알려줘야 합니다. 여러분이 가장 많이 볼 수 있는 헤더 파일은 stdio.h입니다. 표준 입출력 라이브러리는 터미널에서 입출력하는 코드를 갖고 있습니다.

```
#include <stdio.h>
```

```
int main()
{
    int decks;
    puts("카드가 몇 장 있습니까?");
    scanf("%i", &decks);
    if (decks < 1) {
        puts("카드 장 수가 올바르지 않습니다");
        return 1;
    }
    printf("카드 %i장이 있습니다\n", (decks * 52));
    return 0;
}
```

③ 소스 파일의 마지막 부분에 함수가 있습니다.

모든 C 코드는 함수 안에서 실행됩니다. C 프로그램에서 가장 중요한 함수는 **main( ) 함수**입니다. main( ) 함수는 여러분의 프로그램 코드가 실행되는 시작 지점입니다.

그러면 main( ) 함수를 조금 더 자세히 살펴볼까요?

🔍 main() 함수 들여다보기

컴퓨터가 여러분의 프로그램을 실행할 때 main() 함수에서 시작합니다.
이 함수의 이름이 중요합니다. main()이라는 이름을 갖고 있는 함수가 없으면 여러분의
프로그램은 시작되지 않습니다.

main() 함수는 **반환형**이 정수형인 int입니다. 반환형은 어떤 일을 할까요? 음... 여러분의
프로그램이 제대로 실행되었는지 컴퓨터가 알 수 있는 방법이 필요합니다. 컴퓨터는
main() 함수의 반환값을 보고 여러분의 프로그램이 제대로 실행되었는지 알 수 있습니다.
main() 함수가 0을 반환하면 프로그램이 제대로 실행되었음을 알려줍니다. 0이 아닌
값을 반환하면 문제가 생겼음을 알려줍니다.

이 자리에 반환형이 옵니다. main()
함수가 반환할 때는 **int**형을 반환해야
합니다.

함수 이름이 main이므로 프로그램이 여기에서 시작됩니다.

인자가 있으면 여기에 넣어야 합니다.

함수의 본체는 반드시
중괄호로 에워싸야 합니다.

```c
int main()
{
    int decks;
    puts("카드가 몇 장 있습니까?");
    scanf("%i", &decks);
    if (decks < 1) {
        puts("카드 장 수가 올바르지 않습니다");
        return 1;
    }
    printf("카드 %i장이 있습니다\n", (decks * 52));
    return 0;
}
```

함수 이름은 반환형 다음에 옵니다. 인자가 있으면 인자는 함수 이름 다음에 옵니다.
그리고 함수 본체가 나옵니다. 함수 본체는 **반드시** 중괄호로 에워싸야 합니다.

아이디어 탐구

포맷된 출력을 보여주기 위해 printf() 함수를 사용합니다. 다음과 같이 이 함수는
포맷 문자를 변수의 값으로 바꿉니다.

첫 번째 인자는 여기에 문자열로 삽입됩니다.

첫 번째 인자

```c
printf("%s says the count is %i", "Ben", 21);
```

두 번째 인자는 여기에 정수형으로 삽입됩니다.

두 번째 인자

printf() 함수를 호출할 때에는 원하는 만큼 인자로 넣을 수 있어요. 그러나 각각의 인자가
반드시 해당하는 % 포맷 문자에 대응해야 합니다.

프로그램의 결과 상태를 확인하려면
윈도우에서는 다음과 같이 입력하고,

```
echo %ErrorLevel%
```

리눅스나 맥에서는 다음과 같이
입력합니다.

```
echo $?
```

코드 자석

대학 블랙잭 팀이 어떤 코드를 냉장고 자석으로 만들었는데 누군가 자석을 흐트러트려 놓았네요!
코드 자석을 맞춰 코드를 다시 만들 수 있을까요?

```
/*
 * 액면가를 계산하는 프로그램.
 * 이 코드는 베가스 공개 라이센스를 적용하여 공개합니다.
 * (c)2014  대학 블랙잭 팀.
 */


...............................................


...............................................


.................. main()
{
    char card_name[3];
    puts("카드 이름을 입력하세요: ");
    scanf("%2s", card_name);
    int val = 0;
    if (card_name[0] == 'K') {
        val = 10;
    } else if (card_name[0] == 'Q') {


        .........................................................


    } else if (card_name[0] == ...............) {
        val = 10;


    } ..................... (card_name[0] == .........) {


        .........................................................

    } else {
        val = atoi(card_name);
    }
    printf("카드값은 다음과 같습니다: %i\n", val);

    ..................... 0;
}
```

카드 이름을 두 글자로 입력합니다.

이 함수는 문자열을 숫자로 바꿉니다.

역자 투: 1장에서는 블랙잭 게임에서 플레이어의 능률이 높은지 알려두는 프로그램을 만듭니다.
블랙잭 게임은 딜러와 둘이 하는 게임으로서, 카드 숫자의 합이 높은 사람이 이기지만, 21이 넘으면 집니다. A는 1이나 11, 왕족 카드(J, Q, K)와 10은 10으로 계산합니다.
카드 한 벌에는 모든 종류의 카드가 하나씩 있습니다. 플레이어나 딜러가 높은 카드를 갖게 되면, 딜링하지 않은 카드에는 높은 카드의 수가 줄고 그 다음에 플레이어가 카드를 받을 때 높은 카드를 받을 수 있는 확률이 줄어듭니다.
이길 확률이 높을 때 베팅을 올리고 확률이 낮을 때는 베팅을 낮추면, 돈을 벌 수 있겠죠?

자석 조각들:

`<stdlib.h>` `;`
`;` `val = 11`
`int` `'J'`
`#include` `'A'`

`return`
`else` `#include`
`val = 10`
`if`
`<stdio.h>`

코드 자석 정답

대학 블랙잭 팀이 어떤 코드를 냉장고 자석으로 만들었는데 누군가 자석을 흐트러트려 놓았네요!
여러분은 코드 자석을 맞춰 코드를 다시 만들어야 했습니다.

```c
/*
 * 액면가를 계산하는 프로그램.
 * 이 코드는 베가스 공개 라이센스를 적용하여 공개합니다.
 * (c)2014 대학 블랙잭 팀.
 */

#include <stdio.h>

#include <stdlib.h>

int main()
{
    char card_name[3];
    puts("카드 이름을 입력하세요: ");
    scanf("%2s", card_name);
    int val = 0;
    if (card_name[0] == 'K') {
        val = 10;
    } else if (card_name[0] == 'Q') {
        val = 10 ;
    } else if (card_name[0] == 'J') {
        val = 10;
    } else if (card_name[0] == 'A') {
        val = 11 ;
    } else {
        val = atoi(card_name);
    }
    printf("카드값은 다음과 같습니다: %i\n", val);

    return 0;
}
```

바보 같은 질문이란 없습니다

Q: card_name[0]은 무슨 뜻인가요?

A: 사용자가 입력한 첫 번째 문자입니다. 사용자가 10을 입력하면, card_name[0]은 1이 됩니다.

Q: 주석을 달려면 반드시 /* 와 */ 을 사용해야 하나요?

A: 만약 컴파일러가 C99 표준을 지원하면 // 으로 주석을 시작할 수 있습니다. 컴파일러는 // 부터 그 줄의 끝까지 주석으로 처리합니다.

Q: 내 컴파일러가 어느 표준을 지원하는지 어떻게 알 수 있나요?

A: 컴파일러 문서를 참조하세요. gcc는 ANSI C, C99, C11, 세 표준을 모두 지원합니다.

그런데 프로그램은 어떻게 실행하나요?

C는 컴파일 언어입니다. 컴파일 언어이기 때문에 컴퓨터가 코드를 직접 해독해
실행할 수 없습니다. 대신 사람이 읽을 수 있는 소스코드를 컴퓨터가 읽을 수 있는
기계어 코드로 변환(컴파일)해야 합니다.

코드를 컴파일하려면 **컴파일러**라는 프로그램이 필요합니다. 가장 인기 있는
C 컴파일러 중 하나가 **gcc**(GNU Compiler Collection)입니다. gcc는 여러
운영체제에 기본적으로 탑재되며 C 이외의 여러 언어를 컴파일할 수 있습니다.
무엇보다 가장 좋은 점은 완전히 공짜라는 점이죠. gcc로 컴파일하는 방법은 다음과
같습니다.

1 옆 페이지에 있는 코드 자석 연습 문제에 있는 코드를 cards.c라는 파일에
저장하세요.

C 소스 파일은 보통
.c 확장자를 갖습니다.

cards.c

2 명령행이나 터미널에 `gcc cards.c -o cards` 라고 명령을 입력해
컴파일하세요.

```
File Edit Window Help Compile
> gcc cards.c -o cards
>
```

cards.c를 컴파일하여
cards 파일을 생성합니다.

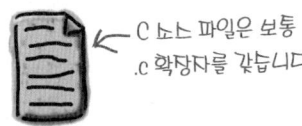

cards.c   cards

윈도우에서는 실행 파일
이름이 cards.exe입니다.

3 윈도우 명령행에서는 **cards** 맥이나 리눅스 컴퓨터에서는 `./cards` 라고
입력해 프로그램을 실행하세요(Visual Studio와 같은 IDE에서는 'Run'
메뉴 옵션을 선택하면 됩니다).

```
File Edit Window Help Compile
> ./cards
카드 이름을 입력하세요:
```

아이디어 탐구

다음과 같은 방법으로 대부분의 컴퓨터에서 컴파일하고 실행할 수 있습니다.

&&는 '앞의 명령이 성공하면 다음 명령을 실행'하라는 의미입니다.

```
gcc zork.c -o zork && ./zork
```

윈도우 컴퓨터에서는 "./zork"
대신 "zork"를 입력하면 됩니다.

이 명령을 사용하면 컴파일이 성공해야만 프로그램을 실행합니다. 만약
컴파일하는 동안 문제가 생기면 화면에 컴파일 에러 메시지를 보여주고
프로그램을 실행하지 않습니다.

직접 해보세요!

지금 cards.c 파일을 만들고
컴파일하세요. 책 내용을 진행하면서
더 많이 실습하게 됩니다.

시험 주행

프로그램이 컴파일되고 실행되는지 확인해보겠습니다.
명령행이나 터미널을 열고 실행해보세요.

이 명령은 코드를 컴파일하고
cards 프로그램을 생성합니다.

이 명령은 프로그램을 실행합니다.
윈도우에서는 ./을 입력하지 마세요.

프로그램을 다시 실행하세요.

사용자가 카드 이름을
입력합니다...

...그리고 프로그램은
해당 값을 출력합니다.

컴파일하고 실행하는 명령을
하나로 합칠 수도 있습니다.
앞 페이지에 설명이 있어요.

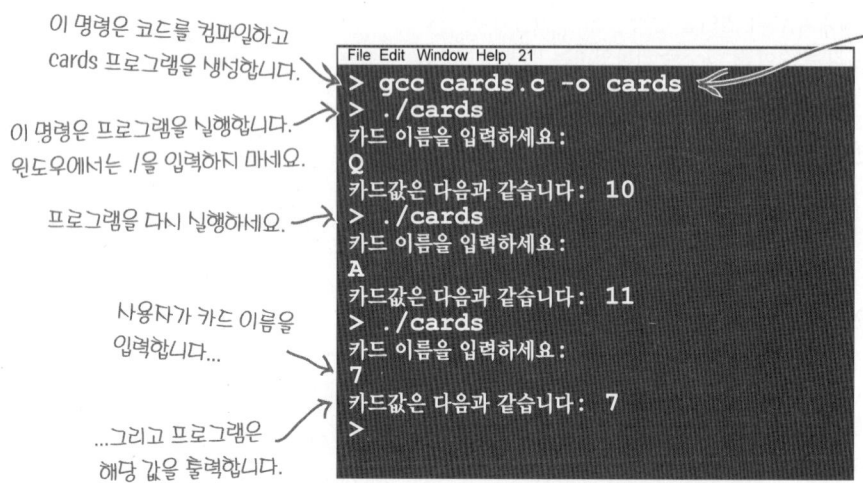

```
File Edit Window Help 21
> gcc cards.c -o cards
> ./cards
카드 이름을 입력하세요:
Q
카드값은 다음과 같습니다: 10
> ./cards
카드 이름을 입력하세요:
A
카드값은 다음과 같습니다: 11
> ./cards
카드 이름을 입력하세요:
7
카드값은 다음과 같습니다: 7
>
```

프로그램이 실행됩니다!

축하드립니다! 여러분은 이제 C 프로그램을 컴파일하고 실행했습니다.
gcc 컴파일러는 cards.c에 있는 사람이 읽을 수 있는 소스코드를 컴퓨터가 읽을 수
있는 기계어 코드로 변환하고 cards 파일에 저장합니다. 컴파일러는 여러분이 맥이나
리눅스 컴퓨터를 사용하면 **cards**를, 윈도우 컴퓨터를 사용하면 .exe 확장자를
가져야 하므로 **cards.exe**를 생성합니다.

바보 같은 질문이란 없습니다

Q: 왜 리눅스나 맥에서 프로그램 이름 앞에 ./를 붙여야 하나요?

A: 유닉스 계열 운영체제에서는 프로그램이 있는 디렉터리를 명시하거나 PATH 환경 변수에
지정한 디렉터리에 있는 프로그램만 실행되기 때문입니다. 윈도우와는 달리 실행할 프로그램 파일을
찾기 위해 현재 디렉터리를 검색하지 않습니다.

> 잠깐. 무슨 말인지 모르겠어. 사용자에게 카드 이름을 물어볼 때 문자의 배열을 사용한다. 문자의 배열??? 왜? 문자열이나 다른 거 쓰면 안 되나???

C 언어 자체는 문자열을 지원하지 않습니다.

C는 다른 언어보다 저수준입니다. 그래서 문자열 대신 문자들의 배열을 사용합니다. 다른 언어로 프로그래밍해봤다면 아마 배열을 봤을 겁니다. 배열은 여러 항목을 가진 목록을 하나의 이름으로 부르는 겁니다. 따라서 card_name은 명령행에서 입력한 문자들의 목록을 참조하기 위해 사용하는 변수 이름일 뿐입니다.

두 문자를 가진 배열로 card_name을 정의했으므로 card_name[0]은 첫 번째, card_name[1]은 두 번째 문자를 가리킵니다.

어떻게 작동하는지 알아보기 위해 컴퓨터의 메모리를 깊숙히 들여다보고 C가 문자열을 어떻게 다루는지 알아보겠습니다...

← 그러나 문자열을 사용할 수 있게 해주는 여러 C 확장 라이브러리가 있습니다.

문자열 자세히 틀여다 보기

문자열은 단지 문자 배열입니다. C가 다음과 같은 문자열을 볼 때

$$s = \text{"Shatner"}$$

이 코드를 다음과 같이 분리된 문자의 배열처럼 읽습니다.

$$s = \{'S', 'h', 'a', 't', 'n', 'e', 'r'\}$$

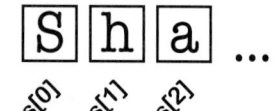

C는 통괄호와 콤마를 사용해 배열을 정의합니다.

문자열의 각 문자는 배열의 한 항목일 뿐이며, 그렇기 때문에 s[0]과 s[1]처럼 색인을 사용해 각 문자를 참조할 수 있습니다.

문자열 밖으로 나가면 안 되요

그런데 C가 문자열의 내용을 읽으려 할 때 무슨 일이 생길까요? 가령 출력하려고 할 때 말입니다. 여러 언어에서는 컴퓨터가 배열의 크기를 자세히 기록하고 있지만, C는 다른 언어보다는 저수준이므로 배열이 얼마나 긴지 늘 정확히 알 수 있는 것은 아닙니다. 그러나 C가 문자열을 화면에 출력하려면 언제 문자 배열의 끝에 도달했는지 알아야 합니다. C는 문자 배열의 끝을 알리기 위해 **종료 문자**를 마지막에 추가합니다.

종료 문자는 문자열의 끝을 알려주는 문자로, \0 값을 가집니다. 컴퓨터가 문자열의 내용을 읽을 때에는 언제나 한 번에 하나씩 문자 배열의 항목을 지나가다가 \0을 읽으면 끝냅니다. 따라서 컴퓨터가 다음과 같은 문자열을 볼 때,

$$s = \text{"Shatner"}$$

실제로 메모리에는 다음과 같이 저장합니다.

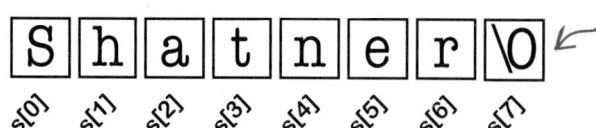

\0은 0값을 가진 아스키(ASCII) 코드 문자입니다.

C 프로그래머는 이 문자를 보통 '널 문자'라고 부릅니다.

C는 \0을 보면 멈춰야 한다는 걸 알고 있어요.

이렇게 저장하기 때문에 card_name 변수를 다음과 같이 정의했습니다.

```
char card_name[3];
```

card_name 문자열은 하나나 두 문자만 저장하지만 스트링이 종료 문자로 끝나야 하기 때문에 배열에 공간을 하나 더 만들어야 합니다.

——————————— 바보 같은 질문이란 없습니다 ———————————

Q: 문자의 색인 번호가 왜 1이 아니라 0부터 시작하나요?

A: 색인은 오프셋(Offset) 값입니다. 첫 문자부터 얼마나 떨어져 있는지 거리를 나타냅니다.

Q: 왜 거리를 사용해요?

A: 컴퓨터는 문자들을 메모리 안에 연속된 바이트로 저장합니다. 그래서 색인을 사용해 문자의 위치를 계산합니다. 만약 c[0]의 위치가 메모리 주소 1,000,000번지에 있으면, c[96]의 위치는 1,000,000 + 96으로 빠르게 계산할 수 있습니다.

Q: 왜 종료 문자를 사용해야 하나요? 스트링 길이를 모르나요?

A: 일반적으로 알 수 없습니다. C는 배열의 길이를 기록하는데 그리 능숙하지 않으며 문자열은 단지 배열일 뿐입니다.

Q: 배열의 길이를 모른다고요?

A: 모릅니다. 때로는 컴퓨터가 코드를 분석해 배열의 길이를 계산할 수 있지만, C는 보통 여러분이 배열의 끝을 알고 있다고 생각합니다.

Q: 작은따옴표와 큰따옴표가 다른가요?

A: 네. 작은따옴표는 문자 하나를 나타내고, 큰따옴표는 문자열을 나타냅니다.

Q: 그러면 문자열을 정의할 때 큰따옴표를 써야 하나요? 아니면 글자의 배열을 일일이 명시해야 하나요?

A: 문자열은 보통 큰따옴표를 써서 정의합니다. 이 문자열을 문자열 상수라고 부르며, 입력하기도 쉽죠.

Q: 문자열 상수와 문자 배열은 어떻게 다른가요?

A: 문자열 상수는 변하지 않는 상수라는 점만 다릅니다.

Q: 그게 무슨 말인가요?

A: 일단 문자열 상수를 정의한 후에는 그 안의 글자를 바꿀 수 없다는 뜻입니다.

Q: 만약 바꾸려고 하면 어떻게 되요?

A: 컴파일러에 따라 다르지만, gcc는 버스 에러(Bus Error)를 출력합니다.

Q: 버스 에러? 대체 이게 뭔가요?

A: C는 문자열 상수를 변수와는 다른 방법으로 메모리에 저장합니다. 버스 에러는 프로그램이 이런 메모리를 갱신하려 한다는 것을 나타냅니다.

> 역자 투: 컴파일러가 허용하지 않은 방법으로 메모리를 접근하면 버스 에러가 발생합니다.

무통 수술

등호라고 다 똑같은 게 아니에요.

C에서는 등호(=)는 대입을, 두 개의 등호(==)는 **동등 비교**를 위해 사용합니다.

변수에 값을 더하거나 빼려면 += 와 -= 을 사용해 공간을 절약할 수 있습니다.

마지막으로, 1씩 증가하거나 감소시키려면 ++와 --를 사용할 수 있습니다.

```
teeth = 4;
```
← teeth에 4를 대입합니다.

```
teeth == 4;
```
↑ teeth가 4인지 검사합니다.

teeth에 2를 더합니다.
```
teeth += 2;
```

```
teeth -= 2;
```
↑ 2를 뺍니다.

```
teeth++;
```
← 1 증가

```
teeth--;
```
← 1 감소

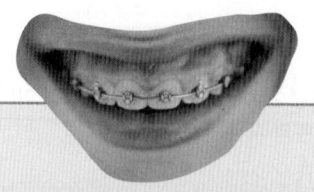

두 가지 명령

지금까지 여러분이 보아온 명령은 다음 두 가지 중 하나입니다.

일을 한다

C에서 대부분의 명령은 문장입니다. 간단한 문장은 행동을 나타냅니다. 무언가 하거나 우리에게 무언가 알려줍니다. 지금까지 본 문장은 변수를 정의하고, 키보드에서 입력받고, 화면에 데이터를 출력하는 문장이었습니다.

```
split_hand();
```
← 간단한 문장입니다.

때로는 문장을 모아 블럭을 만듭니다. 블럭은 중괄호로 에워싼 일련의 문장의 집합을 말합니다.

이 문장들은 중괄호로 에워쌌기 때문에 하나의 블럭이 됩니다.

```
{
    deal_first_card();
    deal_second_card();
    cards_in_hand = 2;
}
```

조건이 맞아야만 일한다

if 같은 제어문은 코드를 실행하기 전에 조건을 검사합니다.

```
if (value_of_hand <= 16)
```
← 이게 조건이죠.
```
    hit();
```
← 조건이 참이면 이 문장을 실행합니다.
```
else
    stand();
```
← 조건이 거짓이면 이 문장을 실행합니다.

조건이 참일 때 if문은 보통 여러 문장을 처리해야 합니다. 따라서 블럭이 자주 사용됩니다.

```
if (dealer_card == 6) {
    double_down();
    hit();
}
```
← 이 두 명령은 조건이 참이면 실행됩니다. 명령이 블럭 안에 묶여 있어요.

왜 중괄호가 필요할까요?

블럭은 일련의 문장을 마치 하나의 문장처럼 처리합니다. C에서 if 조건문은 다음과 같이 작동합니다.

```
if (countdown == 0)
    do_this_thing();
```

if 조건문은 **단일 문장**을 실행합니다. 그런데 if문에서 여러 문장을 실행하려면 어떻게 해야 할까요? 일련의 문장을 중괄호로 에워싸면 C는 그 문장들을 한 문장처럼 처리합니다.

```
if (x == 2) {
    call_whitehouse();
    sell_oil();
    x = 0;
}
```

C 프로그래머는 코드를 짧고 산뜻하게 만들기를 좋아하기 때문에, if 조건문이나 while 루프에서 한 문장만 실행할 때는 중괄호를 생략합니다. 그러니 다음 문장

```
if (x == 2) {
    puts("일한다");
}
```

대신, 대부분의 C 프로그래머는 다음과 같이 씁니다.

```
if (x == 2)
    puts("일한다");
```

지금까지 만든 코드입니다

```c
/*
 * 액면가를 계산하는 프로그램.
 * 이 코드는 베가스 공개 라이센스를 적용하여 공개합니다.
 * (c) 2014 대학 블랙잭 팀.
 */
#include <stdio.h>
#include <stdlib.h>
int main()
{
    char card_name[3];
    puts("카드 이름을 입력하세요: ");
    scanf("%2s", card_name);
    int val = 0;
    if (card_name[0] == 'K') {
        val = 10;
    } else if (card_name[0] == 'Q') {
        val = 10;
    } else if (card_name[0] == 'J') {
        val = 10;
    } else if (card_name[0] == 'A') {
        val = 11;
    } else {
        val = atoi(card_name);
    }
    printf("카드값은 다음과 같습니다: %i\n", val);
    return 0;
}
```

좋은 생각이 떠올랐어.
카드값이 어떤 범위 안에
있는지 검사할 수 있나?
그러면 편리할 텐데...

바로 저처럼 부자로 만들어 드리겠습니다!

에디 리치 블랙잭 사이버 대학

안녕하십니까? 요즘 어떻게 지내십니까? 여러분은 매우 똑똑한 사람들입니다. 저도 똑똑하기 때문에 바로 알 수 있죠! 여기 확실한 정보를 소개해드립니다. 저는 좋은 사람이니 여러분에게 이 정보를 알려드리죠. 자, 저는 카드 계수 전문가입니다. 최고 중에서도 최고. 카드 계수가 뭐냐고요? 흐음... 제 직업입니다!

사실 카드 계수는 블랙잭 게임에서 확률을 올리는 방법 중 하나입니다. 블랙잭을 할 때 높은 카드가 데크에 많이 들어 있으면 게임하는 사람이 높은 카드를 들고 있을 확률은 낮아지죠. 바로 여러분입니다!

카드를 세면 남아 있는 높은 카드를 예상하기 쉽습니다. 먼저 숫자를 0부터 시작한다고 하겠습니다.

딜러가 퀸으로 앞서가고 있다고

하겠습니다. 높은 카드죠. 그러면 데크에는 퀸이 하나 빠지죠. 그러니 하나를 뺍니다.

카드가 퀸 → count - 1

그런데 만약 4와 같은 낮은 카드를 갖고 있다면 하나를 늘립니다.

카드가 4 → count + 1

높은 카드는 10이나 잭, 퀸, 킹과 같은 왕족 카드입니다. 3, 4, 5, 6 카드들은 낮은 카드죠.

count 값이 정말 높아질 때까지 낮은 카드와 높은 카드를 계속 셉니다.

그리고 다음 베팅 때 짜잔~~ 여러분은 제 세 번째 아내보다 더 부자가 될 겁니다!

더 자세히 알고 싶은 분들은 오늘 블랙잭 사이버 대학에 등록하세요. 카드 계수 기술 뿐만 아니라 다음과 같은 기술에 대해서도 배울 수 있습니다.

- 켈리 기준(Kelly Criterion)을 사용해 투자금의 가치를 극대화하는 방법

- 카지노 대부에게 당하지 않는 방법

- 실크 정장에 생긴 과자 기름 얼룩 제거 방법

- 체크 무늬 남방과 함께 입을 옷

자세한 정보는 블랙잭 사이버 대학 담당자 수지에게 문의해주세요.

카드를 센다고? C 언어로?

카드를 세면 여러분이 블랙잭에서의 승률을 올릴 수 있습니다. 카드를 돌릴 때 받은
카드를 기록해 플레이어는 베팅을 올릴 때와 베팅을 내릴 때를 결정할 수 있습니다.
강력한 기법이지만 아주 간단하고 단순합니다.

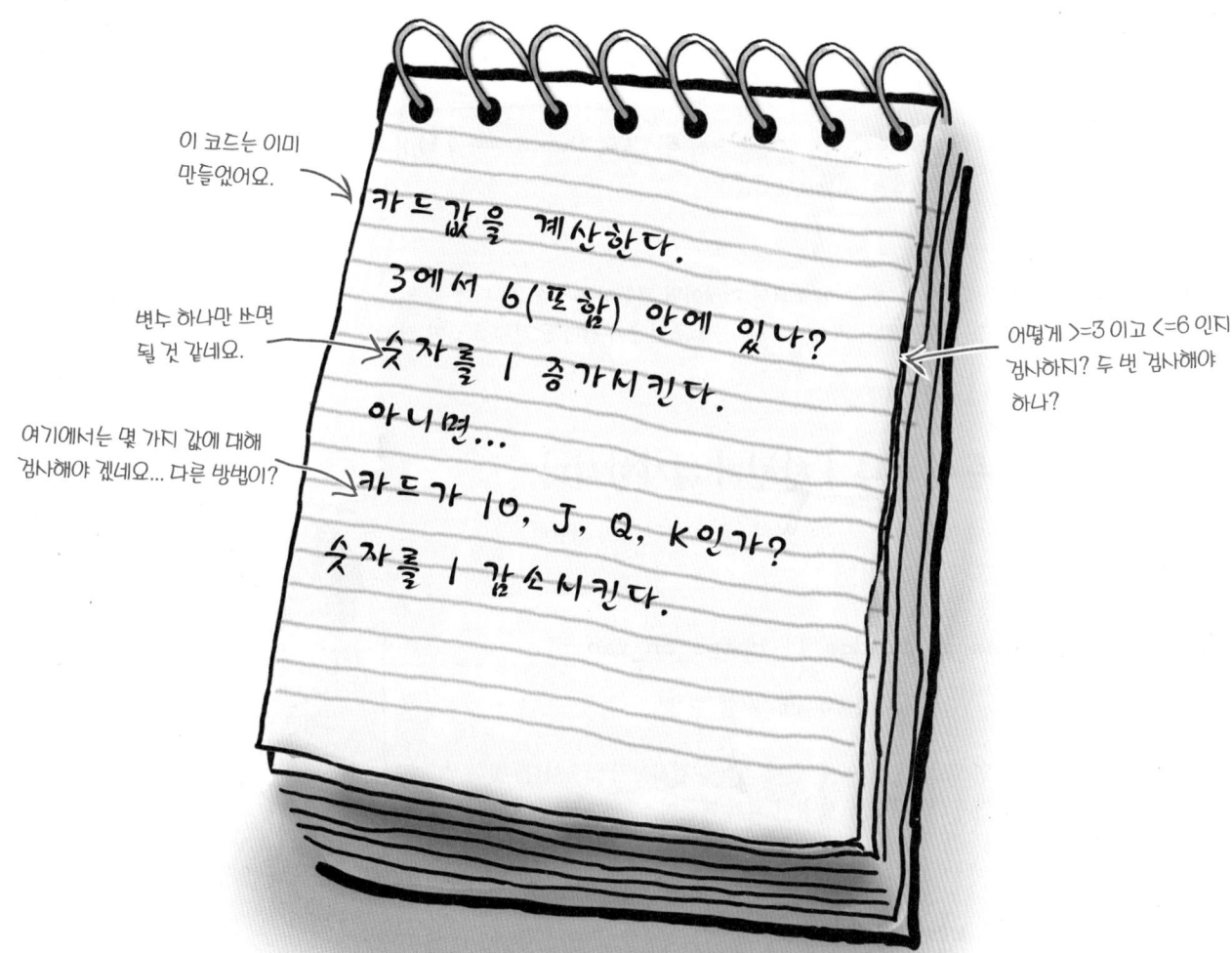

이 코드는 이미 만들었어요.

변수 하나만 쓰면 될 것 같네요.

여기에서는 몇 가지 값에 대해 검사해야 겠네요... 다른 방법이?

카드값을 계산한다.

3에서 6(포함) 안에 있나?

숫자를 1 증가시킨다.

아니면...

카드가 10, J, Q, k인가?

숫자를 1 감소시킨다.

어떻게 >=3 이고 <=6 인지 검사하지? 두 번 검사해야 하나?

이걸 C로 짜는 일이 얼마나 어려울까요? 값 하나만 비교하는
것은 어떻게 하는지 이미 봤습니다. 그런데 카드 계수 알고리즘은
여러 조건을 검사해야 해요. 그리고 숫자가 >=3 이고 <=6 인지도
검사해야 합니다.

조건을 한 데 묶을 수 있는 방법이 필요합니다.

단순한 동등 비교 외에도 논리 연산을 할 수 있어요...

지금까지 if문에서는 한 조건이 사실인지만 검사했습니다. 그런데 여러 조건을 검사해야
하면 어떻게 하나요? 아니면 어떤 조건이 참이 아닐 때에는?

&&는 두 조건이 모두 참인지 검사합니다

논리곱 연산자(&&)는 주어진 두 조건 모두 참일 때만 참이 됩니다.

```c
if ((dealer_up_card == 6) && (hand == 11))
    double_down();
```

 이 코드를 실행하려면 이 조건 둘 다 참이어야
합니다.

논리곱 연산자는 효율적입니다. 첫 번째 조건이 거짓이면 컴퓨터는 굳이 두 번째 조건을
검사하지 않습니다. 첫 번째 조건이 거짓이면 두 번째 조건에 무관하게 전체 조건이 거짓이
되기 때문이죠.

||는 두 조건 중에 하나가 참인지 검사합니다

논리합 연산자(||)는 주어진 두 조건 중에 하나라도 참이면 참이 됩니다.

```c
if (cupcakes_in_fridge || chips_on_table)
    eat_food();
```

둘 중에 하나만 참이면 됩니다.

첫 번째 조건이 참이면 컴퓨터는 굳이 두 번째 조건을 검사하지 않습니다. 첫
번째 조건이 참이면 전체 조건이 반드시 참이 되기 때문이죠.

!는 조건 값을 반대로 바꿉니다

!는 논리부정 연산자입니다. 조건의 값을 반대로 만듭니다.

```c
if (!brad_on_phone)
    answer_phone();
```

!는 '아니다'를
의미합니다.

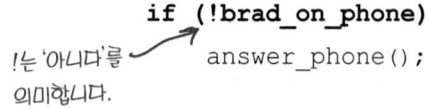

아이디어 탐구

C 언어에서 논리형 값은 숫자로
나타냅니다. 숫자 0값이 거짓입니다.
그러면 참값은 무엇일까요? 0이 아닌
모든 값이 참입니다. 그래서 다음과
같이 C 프로그램을 짜는 것도 문제가
없죠.

```c
int people_moshing = 34;
if (people_moshing)
    take_off_glasses();
```

사실 C 프로그래머는 0이 아닌지
검사하기 위해서 간단히 위와 같이
쓰기를 좋아합니다.

연습문제

여러분은 카드를 셀 수 있게 프로그램을 수정하려 합니다. 이 코드는 카드값이 3에서 6 사이일 때와 10, 잭, 퀸, 킹일 때 각기 다른 메시지를 출력해야 합니다.

```c
int main()
{
    char card_name[3];
    puts("카드 이름을 입력하세요: ");
    scanf("%2s", card_name);
    int val = 0;
    if (card_name[0] == 'K') {
        val = 10;
    } else if (card_name[0] == 'Q') {
        val = 10;
    } else if (card_name[0] == 'J') {
        val = 10;
    } else if (card_name[0] == 'A') {
        val = 11;
    } else {
        val = atoi(card_name);
    }
    /* 카드값이 3에서 6 사이인지 검사합니다 */
    if ..................................................................
        puts("카운트를 하나 올립니다");
    /* 아니면 카드가 10, J, Q, K인지 검사합니다 */
    else if .............................................................
        puts("카운트를 하나 내립니다");
    return 0;
}
```

예의 바른 표준 안내

ANSI C 표준은 참과 거짓에 대한 아무런 값도 정의하지 않습니다. C 프로그램은 0은 거짓, 나머지 값은 참으로 판단합니다. C99 표준을 따르는 프로그램에서는 true와 false 키워드를 사용할 수 있지만, 컴파일러는 어쨌든 1과 0으로 처리합니다.

연습문제 정답

여러분은 카드를 셀 수 있게 프로그램을 수정해야 했습니다. 이 코드는 카드값이 3에서 6 사이일 때와 10, 잭, 퀸, 킹일 때 각기 다른 메시지를 출력해야 합니다.

```c
int main()
{
    char card_name[3];
    puts("카드 이름을 입력하세요: ");
    scanf("%2s", card_name);
    int val = 0;
    if (card_name[0] == 'K') {
        val = 10;
    } else if (card_name[0] == 'Q') {
        val = 10;
    } else if (card_name[0] == 'J') {
        val = 10;
    } else if (card_name[0] == 'A') {
        val = 11;
    } else {
        val = atoi(card_name);
    }
    /* 카드값이 3에서 6 사이인지 검사합니다 */
    if ((val > 2) && (val < 7))
        puts("카운트를 하나 올립니다");
    /* 아니면 카드가 10, J, Q, K인지 검사합니다 */
    else if (val == 10)
        puts("카운트를 하나 내립니다");
    return 0;
}
```

이 조건은 여러 방법으로 표현할 수 있어요.

이 조건을 기술하려면 조건 하나만 쓰면 되겠죠?

바보 같은 질문이란 없습니다

Q: | 나 & 처럼 쓰면 안 되나요?

A: 원하면 &와 |를 사용할 수 있습니다. &와 | 연산자는 **언제나 양쪽 조건을 모두 검사하지만**, &&와 ||는 검사하지 않을 수도 있어요.

Q: 그러면 &와 | 연산자는 왜 있나요?

A: 이 연산자는 논리 조건 검사하는 것 이외에 다른 일도 합니다. 값을 비트 단위로 연산합니다.

Q: 응? 그게 무슨 말인가요?

A: 음... 예를 들어 6 & 4는 4가 됩니다. 6(이진수 110)과 4(이진수 100)를 비트 단위로 논리곱을 구하면 4(이진수 100)가 되기 때문입니다.

시험 주행

이제 프로그램을 컴파일하고 돌리면 어떻게 되는지 보겠습니다.

이 명령은 코드를
컴파일하고 실행합니다.

다른 값들을 넣어도
제대로 실행되는지
보기 위해 여러 번
실행합니다.

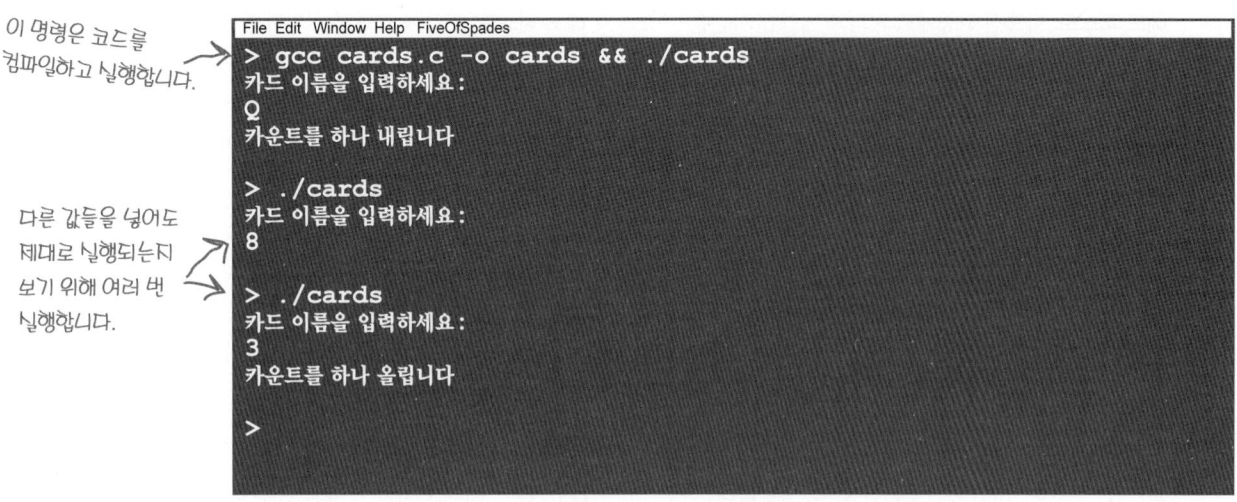

```
File Edit Window Help FiveOfSpades
> gcc cards.c -o cards && ./cards
카드 이름을 입력하세요:
Q
카운트를 하나 내립니다

> ./cards
카드 이름을 입력하세요:
8

> ./cards
카드 이름을 입력하세요:
3
카운트를 하나 올립니다

>
```

프로그램이 제대로 작동하네요. 논리형 연산자에 여러 조건을 결합하여 값
하나 대신 일정 범위에 오는지 검사할 수 있게 되었습니다. 이제 카드를 세기
위한 기본 구조를 갖췄습니다.

컴퓨터가 말하길 이제 낮은
값의 카드가 나올 거래.
카운트가 올라갔거든! 베팅
올려! 베팅 올려!

첨단 통신 장비

컴파일러를 파헤치다

금주의 인터뷰:
gcc는 우리에게 어떤 일을 해왔나?

헤드 퍼스트: 바쁘신 와중에도 저희와 얘기할 시간을 내주셔서 gcc님께 감사하다는 말로 시작해야 할 것 같습니다.

gcc: 아닙니다. 도움이 될 수 있어서 기쁩니다.

헤드 퍼스트: gcc님은 여러 언어를 구사하실 수 있다는데, 사실인가요?

gcc: 6백만 개가 넘는 형태로 능숙하게 대화할 수 있습니다...

헤드 퍼스트: 정말이요?

gcc: 농담입니다. 그러나 저는 여러 언어를 구사합니다. C는 물론이고 C++와 오브젝티브-C를 말할 수 있습니다. 파스칼, 포트란, PL/I도 그럭저럭 할 수 있습니다. 아! 고(Go) 언어도 수박 겉핥기 정도 합니다...

헤드 퍼스트: 그리고 하드웨어 측면에서 보면 아주 많은 플랫폼의 기계어 코드를 만들 수 있죠?

gcc: 거의 모든 프로세서라고 볼 수 있죠. 일반적으로 하드웨어 엔지니어가 새로운 프로세서를 만들면 제일 먼저 하는 일이 어떻게든 저를 실행하는 일이 거든요.

헤드 퍼스트: 그래서 이런 어마어마한 유연성을 갖게 된 건가요?

gcc: 제 생각에 그 비밀은 제 인격에 있는 양면성 때문인 것 같습니다. 제 전반부는 소스코드를 이해하는 부분으로 구성되어 있습니다.

헤드 퍼스트: C와 같은 언어로 쓰여진 것 말이죠?

gcc: 맞습니다. 제 전반부는 그 언어를 중간 코드로 바꿀 수 있습니다. 제 모든 전반부는 똑같은 종류의 중간 코드를 만듭니다.

헤드 퍼스트: 인격에 양면성이 있다면서요?

gcc: 저는 후반부도 갖고 있어요. 중간 코드를 여러 플랫폼의 컴퓨터가 이해할 수 있는 코드로 바꾸는 시스템이죠. 게다가 저는 여러분이 들어본 모든 운영 체제의 실행 파일 포맷을 알고 있어요...

헤드 퍼스트: 그런데 gcc님은 종종 단순한 번역기라고 말하기도 하더군요. 적절한 표현인가요? gcc님을 제대로 모르고 하는 말 같은데요.

gcc: 글쎄요. 물론 제가 단순한 번역보다는 많은 일을 합니다. 예를 들어 코드에 있는 에러를 찾아낼 수 있죠.

헤드 퍼스트: 어떤 에러요?

gcc: 음... 저는 철자가 잘못된 변수 이름은 물론이고, 변수가 중복 정의되는 경우처럼 더 미묘한 문제도 알아내요. 다시 말하면 프로그래머가 이미 있는 함수 이름과 같은 이름을 변수에 사용하려 할 때 제가 경고할 수 있죠.

헤드 퍼스트: 그러면 코드의 품질도 검사하는 거네요?

gcc: 당연히 그렇죠. 그리고 품질 뿐만 아니라 성능도 검사할 수 있어요. 만약 루프 안에 있는 어떤 코드를 루프 밖에 둬도 되면 저는 아주 조용히 루프 밖으로 빼냅니다.

헤드 퍼스트: 정말 많은 일을 하네요!

gcc: 그렇게 생각하고 싶습니다. 그런데 아주 조용히 처리합니다.

헤드 퍼스트: gcc님, 감사합니다.

컴파일러가 되어 주세요

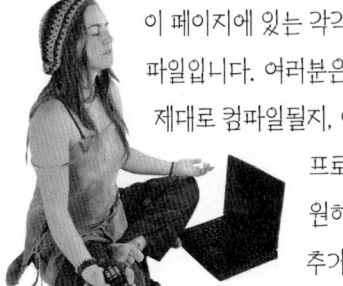

이 페이지에 있는 각각의 C 파일은 완전한 소스 파일입니다. 여러분은 이제 컴파일러가 되어 각 파일이 제대로 컴파일될지, 아니면 그 이유를 설명하세요. 프로그램을 실행한 결과를 말하고 원하는 대로 작동했는지 설명하면 추가 점수를 드립니다.

역자 투: C 언어는 파이썬과는 달리 들여쓰기가 블럭 구도를 결정하지 않습니다. 노스코드의 들여쓰기에 속지 마세요.

A

```c
#include <stdio.h>

int main()
{
    int card = 1;
    if (card > 1)
        card = card - 1;
        if (card < 7)
            puts("작은 카드");
    else {
      puts("에이스!");
    }
    return 0;
}
```

B

```c
#include <stdio.h>

int main()
{
    int card = 1;
    if (card > 1) {
        card = card - 1;
        if (card < 7)
            puts("작은 카드");
    else
      puts("에이스!");
    }
    return 0;
}
```

C

```c
#include <stdio.h>

int main()
{
    int card = 1;
    if (card > 1) {
        card = card - 1;
        if (card < 7)
            puts("작은 카드");
    } else
      puts("에이스!");

    return 0;
}
```

D

```c
#include <stdio.h>

int main()
{
    int card = 1;
    if (card > 1) {
        card = card - 1;
        if (card < 7)
            puts("작은 카드");
    else
      puts("에이스!");

    return 0;
}
```

컴파일러가 되어 주세요 정답

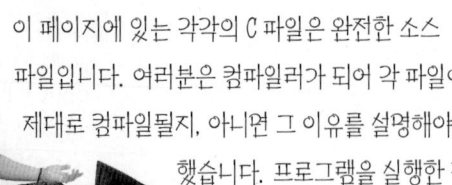

이 페이지에 있는 각각의 C 파일은 완전한 소스 파일입니다. 여러분은 컴파일러가 되어 각 파일이 제대로 컴파일될지, 아니면 그 이유를 설명해야 했습니다. 프로그램을 실행한 결과를 말하고 원하는 대로 작동했는지 설명하면 추가 점수를 드립니다.

A

```c
#include <stdio.h>

int main()
{
    int card = 1;
    if (card > 1)
        card = card - 1;
        if (card < 7)
            puts("작은 카드");
    else {
      puts("에이스!");
    }
    return 0;
}
```

이 코드는 컴파일된다. 그러나 "작은 카드"라는 메시지를 출력하므로 원하는 결과가 아니다. else가 두 번째 if에 연결되어 있으므로, card 값이 7보다 클 때, "에이스!"라는 메시지를 출력한다.

B

```c
#include <stdio.h>

int main()
{
    int card = 1;
    if (card > 1) {
        card = card - 1;
        if (card < 7)
            puts("작은 카드");
    else
      puts("에이스!");
    }
    return 0;
}
```

이 코드는 에러 없이 컴파일된다. 그러나 else가 if (card < 7)에 연결되어 있고, 전체 블록이 if (card > 1) 조건문에 들어 간다. card 값이 1이므로 if (card > 1) 조건이 거짓이 되어 바로 return 0; 문장으로 넘어간다.

C

```c
#include <stdio.h>

int main()
{
    int card = 1;
    if (card > 1) {
        card = card - 1;
        if (card < 7)
            puts("작은 카드");
    } else
      puts("에이스!");

    return 0;
}
```

이 코드는 컴파일된다. 프로그램은 "에이스!"라고 출력하며 제대로 작성되었다.

D

```c
#include <stdio.h>

int main()
{
    int card = 1;
    if (card > 1) {
        card = card - 1;
        if (card < 7)
            puts("작은 카드");
    else
      puts("에이스!");

    return 0;
}
```

중괄호 짝이 맞지 않기 때문에 이 코드는 컴파일되지 않는다.

코드는 지금 어떻게 생겼을까?

```c
int main()
{
    char card_name[3];
    puts("카드 이름을 입력하세요: ");
    scanf("%2s", card_name);
    int val = 0;
    if (card_name[0] == 'K') {
        val = 10;
    } else if (card_name[0] == 'Q') {
        val = 10;
    } else if (card_name[0] == 'J') {
        val = 10;
    } else if (card_name[0] == 'A') {
        val = 11;
    } else {
        val = atoi(card_name);
    }
    /* 카드값이 3에서 6 사이인지 검사합니다 */
    if ((val > 2) && (val < 7))
        puts("카운트를 하나 올립니다");
    /* 아니면 카드가 10, J, Q, K 인지 검사합니다 */
    else if (val == 10)
        puts("카운트를 하나 내립니다");
    return 0;
}
```

> 음... 저렇게 줄줄이 있는 if문들을
> 어떻게 할 수 없을까?
> 모두 card_name[0]을 여러 값과 비교하고 대부분의 코드는
> 변수값을 10으로 설정하고 있어.
> 좀 더 효율적으로 C 프로그램을 코딩할 수 없을까?

C 프로그램이 한 변수를 여러 값과 비교하고 각각의 경우에 비슷한 코드를 실행해야 할 때가 종종 있습니다.

여러분은 그저 일련의 if문을 사용할 수 있고, 그것도 그리 나쁘지 않습니다. 그러나 C는 이런 논리를 표현할 수 있는 또 다른 방법을 제공합니다.

C는 switch문을 사용해 여러 값과 비교할 수 있습니다.

67

switch문으로 깔끔하게 만들기

조건을 가진 논리로 프로그램 짤 때 때로는 한 변수를 여러 번 검사하고 또 검사할 수 있습니다. C 언어는 엄청나게 많은 if문을 쓰는 대신 **switch문**을 사용할 수 있게 해줍니다.

switch문은 일종의 if문이라고 생각할 수 있지만, switch문은 한 변수를 여러 값에 비교할 수 있습니다.

```
switch(train) {
case 37:
  winnings = winnings + 50;
  break;
case 65:
  puts("잭팟!");
  winnings = winnings + 80;
case 12:
  winnings = winnings + 20;
  break;
default:
  winnings = 0;
}
```

train이 37이면 winnings에 50을 더하고 끝으로 이동합니다.

train이 65이면 winnings에 80을 더하고 그 다음에 20을 또 더하고, 끝으로 이동합니다.

train이 12면 winnings에 20을 더하고 끝으로 이동합니다.

train이 그 외의 값이면 winnings를 0으로 설정합니다.

컴퓨터가 switch문을 만나면 주어진 변수를 사용해 값을 검사해서 일치하는 case문이 있는지 찾습니다. 일치하는 값을 찾으면 break문이 나오기 전까지 그 뒤에 있는 모든 코드를 수행합니다. 컴퓨터는 **switch문에서 멈추라는 명령이 나올 때까지 계속 진행합니다.**

조심하세요!

break 명령을 빼먹으면 코드가 이상하게 작동할 수 있습니다.

효율이 다소 떨어질 수 있지만 대부분의 C 프로그램은 모든 case 절의 마지막에 break문을 사용해 코드를 이해하기 쉽게 만듭니다.

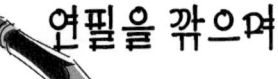
연필을 깎으며

cards 프로그램의 일부를 다시 보겠습니다.

```c
int val = 0;
if (card_name[0] == 'K') {
    val = 10;
} else if (card_name[0] == 'Q') {
    val = 10;
} else if (card_name[0] == 'J') {
    val = 10;
} else if (card_name[0] == 'A') {
    val = 11;
} else {
    val = atoi(card_name);
}
```

switch문을 사용해 이 코드를 수정할 수 있을까요? 여러분의 답을 아래에 써보세요.

....
....
....
....
....
....
....
....
....
....
....
....
....

연필을 깎으며 정답

여러분은 switch문을 사용하도록 코드를 수정해야 했습니다.

```
int val = 0;
if (card_name[0] == 'K') {
    val = 10;
} else if (card_name[0] == 'Q') {
    val = 10;
} else if (card_name[0] == 'J') {
    val = 10;
} else if (card_name[0] == 'A') {
    val = 11;
} else {
    val = atoi(card_name);
}
```

```
int val = 0;
switch(card_name[0]) {
case 'K':
case 'Q':
case 'J':
    val = 10;
    break;
case 'A':
    val = 11;
    break;
default:
    val = atoi(card_name);
}
```

핵심정리

- switch문은 일련의 if문을 대체할 수 있습니다.
- switch문은 단 하나의 변수를 검사합니다.
- 컴퓨터는 같다고 판단한 첫 번째 case문의 코드를 실행합니다.
- case 절은 break문을 만나거나 switch문의 끝에 도달할 때까지 계속 실행됩니다.
- 제대로 break를 사용하고 있는지 확인하세요. 잘못 사용하면 switch 문이 엉뚱하게 작동합니다.

——— 바보 같은 질문이란 없습니다 ———

Q: if 대신 switch문을 써야 하는 이유가 있나요?

A: 한 변수를 여러 값과 비교할 때는 switch문을 사용하는 편이 좋습니다.

Q: switch문을 쓰면 좋은 점이 있나요?

A: 여러 가지가 있습니다. 첫째, 코드가 명확해집니다. 전체 코드 블럭이 한 변수의 값을 비교한다고 잘 알 수 있죠. if문을 줄줄이 연달아 쓰면 알기 어렵습니다. 둘째, 조건이 다른 경우에도 코드의 일부를 재사용할 수 있습니다.

Q: switch문은 반드시 변수를 검사해야 하나요? 값을 쓸 수는 없나요?

A: 쓸 수 있어요. switch문은 단지 두 값이 같은지 비교할 뿐입니다.

Q: switch문에서 문자열도 검사할 수 있나요?

A: 아니요. switch문은 문자열이나 배열은 검사할 수 없습니다. switch문은 단지 하나의 기본값만 비교할 수 있습니다.

역자 주: 프로그램 논리에 따라 case 절에 일부러 break문을 사용하지 않고 그 다음 case 절의 코드가 실행되게 할 수도 있습니다.

카드 두 장???
오, 이런...

때로는 한 번으로는 부족하다...

여러분은 C 언어에 대해 많이 배웠지만 아직도 배워야 할 중요한 게 있습니다. 여러 상황에 맞게 프로그램을 짜는 방법을 봐왔지만 아직 살펴보지 않은 매우 중요한 기본적인 것이 있습니다. 여러분의 프로그램은 어떤 일을 어떻게 해야 할까요?

while 루프 사용하기

루프는 제어문의 특별한 한 형태입니다. 제어문은 코드를 실행할지 결정하지만 루프는 코드를 몇 번 실행할지 결정합니다.

C의 가장 기본적인 루프는 while 루프입니다. while 루프는 조건이 참이면 코드를 계속해서 실행합니다.

본체를 실행하기 전에 조건을 검사합니다.

```
while (<어떤 조건>) {
    ... /* 여기에서 일을 합니다 */
}
```

본체 안에 한 문장만 있을 때에는 통괄호가 필요 없습니다.

본체가 통괄호 안에 들어갑니다.

본체의 끝에 도달하면 컴퓨터는 조건이 참인지 다시 검사합니다. 조건이 참이면 본체 코드를 또 실행합니다.

```
while (more_balls)
    keep_juggling();
```

do-while을 사용하세요?

루프 본체를 실행한 후에 루프 조건을 실행하는 또 다른 형태의 while 루프가 있습니다. 즉 루프 몸체가 적어도 **한 번**은 실행되는 거죠. 이런 루프를 do ... while **루프**라고 합니다.

```
do {
    /* 로또 표 구매 */
} while(have_not_won);
```

루프의 구조는 똑같습니다...

코드를 반복해야 할 때에는 언제든 while 루프를 사용할 수 있지만
대부분의 경우 여러분의 루프는 아래와 같은 똑같은 구조를 갖습니다.

★ 루프를 시작하기 전에 카운터를 초기화하는 간단한 작업을 한다.

★ 루프에 대한 조건을 검사한다.

★ 루프가 끝날 때 뭔가를 한다. 예를 들어 아래의 예에서는 카운터를 갱신한다.

예를 들어 다음 코드는 1부터 10까지 세는 while 루프입니다.

```
int counter = 1;          루프 시작 코드입니다.
while (counter < 11) {     루프 조건입니다.
    printf("%i개의 녹색병이 벽에 걸려 있습니다\n", counter);
    counter++;            counter++는 counter 변수의 값을
}                         '1만큼 증가시킨다'고 기억해두세요.
```

이 부분은 루프 본체의 마지막에서 카운터를 갱신하는 코드입니다.

이 코드와 같은 루프는 루프를 위한 변수를 준비하고, 루프가 실행될
때마다 일정한 조건을 검사하고, 루프의 끝에서는 카운터를 갱신하는
마지막 작업을 수행합니다.

... 그리고 for 루프는 이런 구조를 쉽게 표현할 수 있어요

이런 패턴이 매우 보편적이므로 C 언어의 설계자는 이 구조를 약간 더
간결하게 만들기 위해 for 루프를 만들었습니다. 아래 코드는 위의 코드를
for 루프를 사용해 똑같이 만든 코드입니다.

매번 루프를 시작하기 전에 이 조건을 검사합니다.

루프 본체를 실행한 후에 매번 이 코드를 실행합니다.

```
int counter;
for (counter = 1; counter < 11; counter++) {
    printf("%i개의 녹색병이 벽에 걸려 있습니다 \n", counter);
}
```

이 코드는 루프 변수를 초기화합니다.

루프 본체에 한 줄의 코드만 있으므로 이 중괄호를 생략할 수도 있습니다.

while 루프만큼은 아니지만 for 루프는 C에서 매우 많이 사용됩니다.
for 루프는 코드가 약간 더 짧을 뿐 아니라 다른 C 프로그래머가 읽기에도
더 쉽습니다. 루프 카운터 변수값을 제어하는 모든 제어 코드가 루프
본체에서는 빠지고 for문에 들어가기 때문이죠.

모든 for 루프는 본체에
어떤 문장을 갖고
있어야 합니다.

빠져나오려면 break문을 사용합니다...

루프 본체의 시작이나 끝부분에 조건을 검사하는 루프를 만들 수 있습니다. 그런데 코드 중간에서 루프를 빠져나오려면 어떻게 해야 할까요? 코드의 구조를 바꿔도 되지만 **break문**을 사용하면 다음 코드처럼 간단히 루프를 빠져나올 수 있습니다.

break문은 루프와 switch문을 빠져나오기 위해 사용됩니다.

break문으로 빠져나올 때 어디에서 빠져나오는지 꼭 확인하세요.

```c
while(feeling_hungry) {
    eat_cake();
    if (feeling_queasy) {
        /* while 루프를 빠져나간다  */
        break;
    }
    drink_coffee();
}
```

break를 실행하면 루프 바깥으로 바로 나옵니다.

break문을 사용하면 루프 본체에 있는 나머지 코드를 실행하지 않고 현재 루프에서 바로 빠져나옵니다. break문은 루프를 끝내는 가장 간단한 최고의 방법이기 때문에 종종 유용하게 사용됩니다. 그러나 너무 많이 사용하면 코드 읽기가 어려워지므로 좋지 않습니다.

... 그리고 continue는 루프를 한 번 건너 뜁니다

만약 루프 본체의 나머지 코드를 건너 뛰고 루프의 처음으로 돌아가고 싶으면 다음 코드와 같이 continue 문을 사용하면 됩니다.

```c
while(feeling_hungry) {
    if (not_lunch_yet) {
        /* 루프 조건 검사하는 부분으로 돌아간다  */
        continue;
    }
    eat_cake();
}
```

continue를 실행하면 루프의 시작 부분으로 돌아갑니다.

지하 무덤에서 들려온 이야기

break문은 if문을 빠져나오지 않습니다.

1990년 1월 15일, AT&T의 장거리 전화 시스템이 크래시되고 6만 가입자의 전화가 불통되었습니다. 원인이요? 교환기에 사용된 C 코드에서 개발자가 if문을 빠져나오기 위해 break문을 사용했습니다. 그러나 이 break문은 if 를 빠져나오지 않고, if문 바깥의 코드 블록에서 빠져나오게 만들어 블럭 안의 나머지 코드가 실행되지 않았습니다. 이 버그로 9시간 동안 7천만 전화 연결에 장애가 발생했습니다.

 ## 함수 들여다보기

새로운 루프를 사용하기 전에 잠시 시간을 내어 함수를 살펴보겠습니다.

지금까지 여러분이 만들어온 모든 프로그램은 main( ) 함수 하나만 갖고 있었습니다.

이 함수는 int형 값을 반환합니다. → `int main()` ← 함수 이름입니다. 이 괄호 안에는 아무것도 없습니다.

```
        {
```

함수 본체는 중괄호로 에워쌉니다. → `    puts ("죽기엔 너무 어리고 살기엔 너무 아름답다");` ← 함수의 본체. 실제로 일을 하는 부분입니다.

```
        return 0;
```
← 처리를 끝내고 난 후에는 값을 반환합니다.

```
        }
```

거의 모든 C 함수는 똑같은 형식을 따릅니다. 예를 들어 다음 프로그램은 main( ) 함수가 호출하는 사용자 정의 함수를 갖고 있습니다.

```
        #include <stdio.h>

int 값 반환
        int larger(int a, int b)
        {
            if (a > b)
                return a;
            return b;
        }

        int main()
        {
            int greatest = larger(100, 1000);
            printf("%i가 가장 크다!\n", greatest);
            return 0;
        }
```

`int larger(int a, int b)` — 이 함수는 a와 b 두 인자를 받는데, 두 인자 모두 int형입니다.

`int greatest = larger(100, 1000);` — 여기에서 함수 호출

larger( ) 함수는 **파라미터**(Parameter)를 갖고 있기 때문에 main( ) 함수와 약간 다릅니다. 파라미터는 단지 지역 변수로서 함수가 호출될 때 값이 할당됩니다. larger( ) 함수는 a와 b, 두 인자를 받고 둘 중에 더 큰 값을 반환합니다.

예의 바른 표준 안내

main( ) 함수는 int형 값을 반환하기 때문에 함수의 끝에 반드시 return문을 써야 합니다. return문을 생략하면 컴파일러가 경고를 출력하기는 하지만 코드는 컴파일이 됩니다. C99 컴파일러는 여러분이 명시하지 않을 때 여러분을 대신해 return문을 넣어줍니다. C99 표준에 따라 컴파일할 때에는 -std=99 스위치를 지정하면 됩니다.

void 함수 들여다보기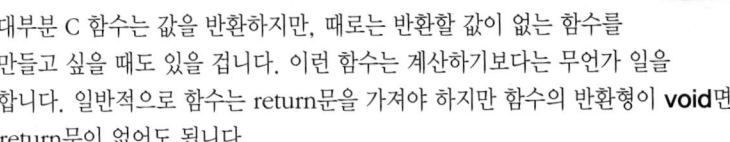

대부분 C 함수는 값을 반환하지만, 때로는 반환할 값이 없는 함수를 만들고 싶을 때도 있을 겁니다. 이런 함수는 계산하기보다는 무언가 일을 합니다. 일반적으로 함수는 return문을 가져야 하지만 함수의 반환형이 **void**면 return문이 없어도 됩니다.

void 반환형은 함수가 → `void complain()`
아무런 값도 반환하지 `{`
않음을 의미합니다.
    `puts("난 정말 불행해");`
`}` ← void 함수이므로 return문이 없어도 됩니다.

C에서 void 키워드는 형이 중요하지 않다는 의미입니다. 함수가 반환하는 값에 대해 신경 쓰지 않겠다고 C 컴파일러에 알려주면 함수 안에서 return문을 가질 필요가 없습니다.

바보 같은 질문이란 없습니다

Q: void 함수를 만들면 return문을 쓸 수 없나요?

A: 여전히 return문을 사용할 수는 있습니다. 다만 return문은 반환값을 포함하지 않고 빈 return; 형태로 사용합니다. void 함수의 return문은 함수를 끝내기 위한 것이며 값을 반환하기 위한 것이 아닙니다.

Q: void 함수의 반환값을 읽으면 어떻게 되나요?

A: 만약 void 함수의 값을 읽어서 사용하면 컴파일러는 에러를 출력하고 코드를 컴파일하지 않습니다.

대입문 연결하기

C 에서는 함수뿐만 아니라 거의 모든 것이 반환값을 갖습니다. 사실 대입문도 값을 가집니다. 예를 들어 다음 문장을 보겠습니다.

    `x = 4;`

이 문장은 변수에 숫자 4를 대입합니다. 재미있는 점은 이 표현식 자체도 대입된 값을 표현식 전체의 값으로 가진다는 겁니다. 이 말이 의미하는 것은 무엇일까요? 이런 특성 때문에 다음과 같이 재미있는 기교를 부릴 수 있습니다.

대입문 "x = 4"는 4를 값으로 가집니다.
    `y = (x = 4);`
그래서 y도 4로 설정됩니다.

이 코드는 결국 x와 y 모두 4로 설정합니다. 사실 이 문장은 괄호를 생략하고 다음과 같이 간략하게 쓸 수 있습니다.

    `y = x = 4;`

여러 변수를 같은 값으로 설정해야 할 때에는 이렇게 연결된 대입문을 종종 볼 수 있습니다.

다음과 같은 간단한 C 프로그램이 있습니다. 프로그램의 일부가 빠져 있네요. 여러분이 풀 문제는 왼쪽의 코드 후보와 이 코드를 블럭에 넣었을 때 실행된 결과를 오른쪽의 명령행 출력에서 찾아 연결하는 겁니다. 오른쪽의 후보에 있는 코드 조각과 대응되는 명령행 출력에 선을 그어 연결하세요.

```c
#include <stdio.h>

int main()
{
    int x = 0;
    int y = 0;
    while (x < 5) {



        printf("%i%i ", x, y);
        x = x + 1;
    }
    return 0;
}
```

코드 후보가 여기에 들어갑니다.

코드 후보:

코드 후보를 맞는 명령행 출력에 연결하세요.

```c
y = x - y;
```

```c
y = y + x;
```

```c
y = y + 2;
if (y > 4)
    y = y - 1;
```

```c
x = x + 1;
y = y + x;
```

```c
if (y < 5) {
    x = x + 1;
    if (y < 3)
        x = x - 1;
}
y = y + 2;
```

명령행 출력:

22 46

11 34 59

02 14 26 38

02 14 36 48

00 11 21 32 42

11 21 32 42 53

00 11 23 36 410

02 14 25 36 47

연습문제

이제 여러분이 while 루프를 어떻게 만드는지 알게 되었으니 카드 숫자를 계산하는 게임을 반복하도록 프로그램을 수정하세요. 카드를 입력받을 때마다 카운트를 출력하고 사용자가 X를 입력하면 프로그램을 끝냅니다. 만약 11이나 24와 같이 잘못된 값을 입력하면 에러 메시지를 출력하세요.

```c
#include <stdio.h>
#include <stdlib.h>
int main()
{
    char card_name[3];
    int count = 0;
    while {.........................................................................
        puts("카드 이름을 입력하세요: ");
        scanf("%2s", card_name);
        int val = 0;
        switch(card_name[0]) {
        case 'K':
        case 'Q':
        case 'J':
            val = 10;
            break;
        case 'A':
            val = 11;
            break;
        case 'X':

            ........................................................................
        default:
            val = atoi(card_name);
            ........................................................................
            ........................................................................
            ........................................................................
            ........................................................................
            ........................................................................
        }
        if ((val > 2) && (val < 7)) {
            count++;
        } else if (val == 10) {
            count--;
        }
        printf("현재 카운트: %i\n", count);
    }
    return 0;
}
```

← X를 입력하면 멈춰야 합니다.

← 여기에서는 어떻게 해야 하나요?

val 값이 1에서 11 사이가 아니면 에러 메시지를 출력해야 합니다. 그리고 루프 → 본체의 나머지 코드를 실행하지 않고 처음부터 다시 시작해야 합니다.

count를 1 증가 ——→ count++;

count에서 1 빼기 ——→ count--;

뒤섞인 결과

정답

다음과 같은 간단한 C 프로그램이 있습니다. 프로그램의 일부가 빠져 있네요. 여러분이 풀 문제는 왼쪽의 코드 후보와 이 코드를 블럭에 넣었을 때 실행된 결과를 오른쪽의 명령행 출력에서 찾아 연결하는 겁니다. 여러분은 오른쪽의 후보에 있는 코드 조각과 대응되는 명령행 출력에 선을 그어 연결해야 했습니다.

```c
#include <stdio.h>

int main()
{
    int x = 0;
    int y = 0;
    while (x < 5) {



        printf("%i%i ", x, y);
        x = x + 1;
    }
    return 0;
}
```

코드 후보가 여기에 들어갑니다.

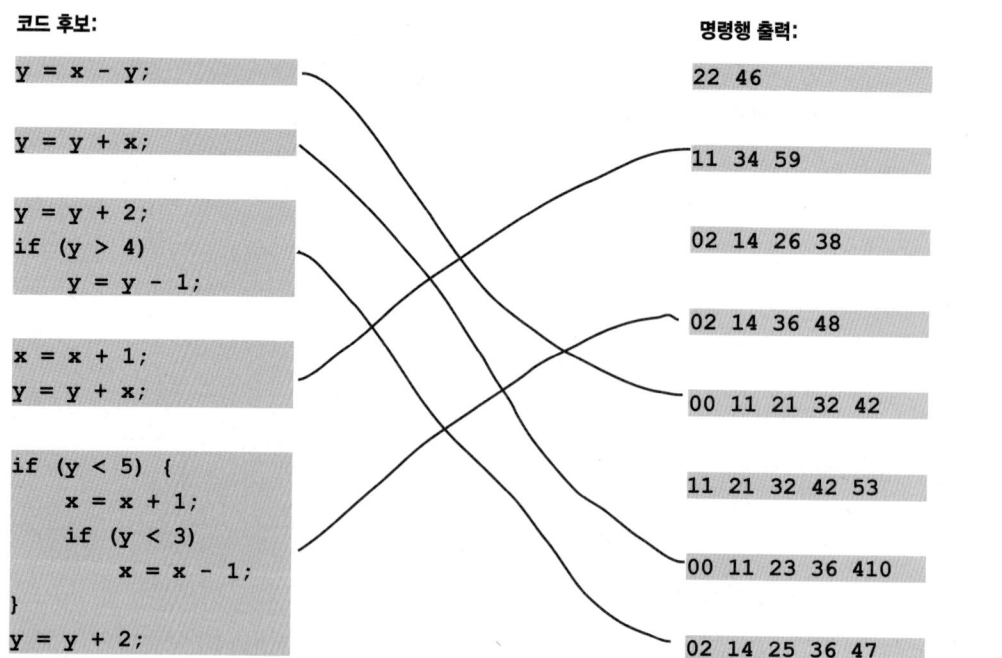

코드 후보:

```c
y = x - y;
```

```c
y = y + x;
```

```c
y = y + 2;
if (y > 4)
    y = y - 1;
```

```c
x = x + 1;
y = y + x;
```

```c
if (y < 5) {
    x = x + 1;
    if (y < 3)
        x = x - 1;
}
y = y + 2;
```

명령행 출력:

```
22 46
```

```
11 34 59
```

```
02 14 26 38
```

```
02 14 36 48
```

```
00 11 21 32 42
```

```
11 21 32 42 53
```

```
00 11 23 36 410
```

```
02 14 25 36 47
```

여러분은 while 루프를 어떻게 만드는지 알게 되었으니 카드 숫자를 계산하는 게임을 반복하도록 프로그램을 수정해야 했습니다. 카드를 입력받을 때마다 카운트를 출력하고 사용자가 X를 입력하면 프로그램을 끝내고, 만약 11이나 24와 같이 잘못된 값을 입력하면 에러 메시지를 출력해야 합니다.

```c
#include <stdio.h>
#include <stdlib.h>
int main()
{
    char card_name[3];
    int count = 0;
    while {  card_name[0] != 'X'           ← 첫 번째 글자가 X인지 검사해야 합니다.
        puts("카드 이름을 입력하세요: ");
        scanf("%2s", card_name);
        int val = 0;
        switch(card_name[0]) {
        case 'K':
        case 'Q':
        case 'J':
            val = 10;
            break;
        case 'A':
            val = 11;
            break;
        case 'X':
            continue;           ← 우리는 switch문 안에 있기 때문에 여기에서 break문을 쓰면
                                  switch문만 빠져나갑니다. continue문을 사용해 루프의 처음으로
                                  돌아가 루프 조건을 다시 검사하게 합니다.
        default:
            val = atoi(card_name);
            if ((val < 1) || (val > 11)) {          ← 조건을 꼭 이렇게만 써야 하는 것은 아닙니다.
                puts("값을 알 수 없습니다");
                continue;          ← 계속 루프를 돌아야 하기 때문에 여기에도 continue를 씁니다.
            }
        }
        if ((val > 2) && (val < 7)) {
            count++;          ← count를 1 증가
        } else if (val == 10) {
            count--;          ← count에서 1 빼기
        }
        printf("현재 카운트: %i\n", count);
    }
    return 0;
}
```

시험 주행

이제 카드 계수 프로그램이 끝났으니 돌려볼 때가 되었네요.
어떻게 생각하세요? 제대로 작동할까요?

윈도우에서는 ./ 을 쓰지 않아도
된다는 점을 기억하세요.

이 명령은 프로그램을
컴파일하고 실행
합니다.

```
File   Edit   Window   Help   GoneLoopy
> gcc card_counter.c -o card_counter && ./card_counter
카드 이름을 입력하세요:
4
현재 카운트: 1
카드 이름을 입력하세요:
K
현재 카운트: 0
카드 이름을 입력하세요:
3
현재 카운트: 1
카드 이름을 입력하세요:
5
현재 카운트: 2
카드 이름을 입력하세요:
23
값을 알 수 없습니다!
카드 이름을 입력하세요:
6
현재 카운트: 3
카드 이름을 입력하세요:
5
현재 카운트: 4
카드 이름을 입력하세요:
3
현재 카운트: 5
카드 이름을 입력하세요:
X
>
```

잘못된 값을
제대로 검사하는
지도 확인합니다.

count 값이
증가하고 있어요!

count 값이 높을 때
크게 베팅해서 엄청난 돈을
벌었습니다!

카드 계수 프로그램이 제대로 작동합니다!

여러분은 이제 첫 번째 C 프로그램을 완성했습니다. C 문장, 루프, 조건의 능력을
이용해 완전히 작동하는 카드 계수 프로그램을 만들었습니다.

수고하셨습니다!

책임 회피: 카지노에서 카드를 세기 위해 컴퓨터를 사용하는 행위는 여러 주 및
국가에서 불법이며 카지노 직원들이 좋아하지 않을 수 있습니다. 그러니 이 프로그램을
실전에서 사용하지 마세요. 아시겠죠?

바보 같은 질문이란 없습니다

Q: 왜 C는 컴파일해야 하나요? 자바스크립트 같은 다른 언어는 컴파일하지 않잖아요?

A: C는 빨리 실행하기 위해 컴파일하는 언어로 만들어졌습니다. 컴파일하지 않는 언어도 있지만, 자바스크립트와 파이썬 같은 언어는 성능을 높이기 위해 몰래 컴파일하기도 합니다.

Q: C++는 C의 또 다른 버전인가요?

A: 아닙니다. C++는 원래 C의 확장 언어로 만들어지기는 했지만, 지금은 그것보다는 약간 더 진화했습니다. C++와 오브젝티브-C는 C에서 객체지향 기능을 사용하기 위해 만들어졌습니다.

Q: 객체지향은 무엇인가요? 이 책에서도 배우나요?

A: 객체지향은 복잡도를 다루기 위한 기법입니다. 이 책에서는 객체지향을 다루지 않습니다.

Q: C가 자바스크립트, 자바, C# 같은 언어와 비슷해보여요.

A: C는 매우 간단한 문법을 갖고 있으며 많은 다른 언어에 영향을 주었습니다.

Q: gcc가 무엇의 약자라고요?

A: GNU 컴파일러 컬렉션(GNU Compiler Collection)의 약자입니다.

Q: 왜 '컬렉션'이라고 하죠? C 말고 다른 언어도 있나요?

A: 아직도 주로 C를 컴파일하는 데 사용되긴 하지만, gcc는 여러 언어를 컴파일하는 데 사용할 수 있습니다.

Q: 영원히 실행되는 루프를 만들 수 있나요?

A: 네. 가령 루프의 조건을 단순히 1로 지정하면 루프는 영원히 실행됩니다.

Q: 영원히 실행되는 루프를 만들어도 괜찮은가요?

A: 때로는 괜찮습니다. 무한 루프(영원히 실행되는 루프)는 멈추기 전까지 한 가지 일을 계속 반복하는 네트워크 서버와 같은 프로그램에서 사용할 수 있습니다. 그러나 대부분의 프로그래머는 언젠가는 멈추도록 루프를 설계합니다.

핵심정리

- while 루프는 조건이 참이면 계속 코드를 실행합니다.
- do-while 루프도 비슷하지만 적어도 한 번은 본체를 실행합니다.
- 어떤 루프는 for 루프를 사용해 코드를 간략하게 만들 수 있습니다.
- 루프를 사용해 언제든 break를 빠져나갈 수 있습니다.

- 언제든 continue를 사용해 루프 조건으로 바로 갈 수 있습니다.
- return문은 함수의 값을 반환합니다.
- void 함수는 return문을 갖지 않아도 됩니다.
- 대부분의 C 표현식은 값을 가집니다.
- 대입문도 값을 가지므로 대입문을 연결해 쓸 수 있습니다(x = y = 0).

C 도구상자

이제 1장을 정복했으니 여러분의 도구상자에
기본적인 C 지식을 추가했습니다.
전체 도구상자 목록은 부록 ii를 참조하세요.

switch문을 사용하면 한 변수를 여러 값과 비교할 수 있습니다.

간단한 문장은 명령입니다.

블럭은 등괄호({})로 에워쌉니다.

모든 프로그램에는 main( ) 함수가 있어야 합니다.

C 프로그램은 실행하기 전에 컴파일해야 합니다.

#include를 사용하면 입출력 라이브러리와 같은 외부 코드를 포함시킬 수 있습니다.

if문은 조건이 참이면 코드를 실행합니다.

컴파일이 성공하고 나서 곧바로 프로그램을 실행하려면 명령행에서 && 연산자를 사용하면 됩니다.

-o 인자는 출력 파일 이름을 지정합니다.

조건을 결합하려면 &&와 ||를 사용할 수 있습니다.

while은 조건이 참이면 코드를 계속 실행합니다.

gcc는 가장 인기 있는 C 컴파일러입니다.

소스 파일은 확장자로 .c를 가져야 합니다.

do-while은 루프 본체를 적어도 한 번 실행합니다.

count++는 count 변수의 값을 1만큼 증가시킵니다.

count--는 count 변수의 값을 1만큼 감소시킵니다.

for 루프를 사용하면 루프를 더 간략하게 만들 수 있습니다.

2 메모리와 포인터

넌 누굴 가리키고 있는 거야?

C 언어에 정말 통달하려면 C가 메모리 다루는 방법을 알아야 합니다.

C 언어로 프로그래밍하면 컴퓨터의 메모리를 매우 다양한 방법으로 사용할 수 있습니다.

이 장에서는 컴퓨터 안으로 들어가 변수를 읽고 쓸 때 어떤 일이 생기는지 정확히 살펴봅니다.

그리고 어떻게 배열이 작동하는지, 어떻게 하면 사악한 메모리 문제를 피할 수 있는지 배울 겁니다.

무엇보다도 왜 포인터와 메모리번지 지정을 이해해야 위대한 C 프로그래머가 될 수 있는지 알게 될 겁니다.

C 코드는 <u>포인터</u>를 갖고 있습니다

포인터는 C 프로그래밍 언어를 이해하기 위한 가장 근본적인 개념 중의 하나입니다. 그러면 포인터는 무엇일까요? **포인터**는 메모리에 있는 데이터의 주소일 뿐입니다.

포인터를 잘 이해하려면 천천히 읽으세요.

C에서 포인터를 사용하는 이유는 두 가지입니다.

1 데이터 전체를 복사해 전달하는 대신, 단지 포인터만 전달해도 됩니다.

당신이 원하는 답을 찾았어. 바로 여기 브리태니커 백과사전에 있어.

여러분이 원하는 정보의 사본입니다.

아니면 그저 241쪽만 봐도 돼.

이것은 정보의 위치를 알려주는 포인터입니다.

2 두 코드가 각각의 사본이 아니라 하나의 원본 데이터에 작업하기를 원합니다.

넌 우리가 식탁 위에 놔둔 생일 카드에 서명해야 해.

난 그 카드가 좋아. 고양이가 그려져 있거든!

포인터를 사용하면 데이터를 복사하지 않고 공유할 수 있어요. 그런데 포인터가 단지 주소라면 사람들이 왜 그렇게 혼란스러워 하죠? 왜냐하면 **간접 형태**이기 때문입니다. 주의하지 않으면 포인터를 따라 메모리를 쫓아다니다가 어느 순간 놓칠 수도 있습니다. C 포인터 사용하는 방법을 배우려면 천천히 해야 합니다.

쉬는시간

이 장을 너무 빨리 읽으려 하지 마세요.

포인터는 간단한 개념이지만 제대로 이해하려면 시간이 필요합니다. 자주 쉬고, 물을 많이 마셔요. 정말 이해가 안 될 때는 편안히 목욕을 하는 것도 좋습니다.

메모리 파고들기

컴퓨터의 메모리를 파고들어가야 포인터가 무엇인지 알 수
있습니다.

변수를 정의하면 컴퓨터는 메모리 어딘가에 공간을 만듭니다.
main()과 같은 함수 안에서 변수를 정의하면 컴퓨터는
스택이라고 부르는 메모리 영역에 저장합니다. 변수를 함수
밖에서 정의하면 이 변수는 **전역** 메모리 영역에 저장됩니다.

```
int y = 1;
```
변수 y는 **전역** 메모리 영역에 살게
됩니다. 메모리번지는 1,000,000이고
값은 1입니다.

```
int main()
{
    int x = 4;
    return 0;
}
```
변수 x는 **스택** 영역에 살게 됩니다.
메모리번지는 4,100,000이고
값은 4입니다.

컴퓨터는 스택 안에서 가령 메모리의 4,100,000번지에 변수
x를 저장할 공간을 할당합니다. 변수에 4라는 값을 대입하면
4를 4,100,000번지에 저장합니다.

변수의 메모리번지를 확인하려면 **주소 연산자**(&)를 사용하면
됩니다.

&x 는 x의 **투소**입니다.

```
printf("x는 %p에 저장되어 있다\n" &x);
```

코드는 이렇게
출력합니다.

투소 포맷으로 출력하려면 %p를 사용합니다.

x는 0x3E8FA0에 저장되어 있다

이 값은 4,100,000을 16진수(헥사)로
표현한 값입니다.

여러분의 컴퓨터에서는
다른 값이 나올 거에요.

변수의 주소는 메모리 어디에서 변수를 찾을 것인지 알려줍니다.
그렇기 때문에 주소를 포인터라고 합니다. **포인터**가 메모리에
있는 변수를 가리키기 때문입니다.

x는 4,100,000번지에 삽니다.

변수 y는 전역 메모리에 삽니다.

함수 안에서 정의한 변수는
보통 스택에 저장됩니다.
함수 밖에서 정의한 변수는
전역 변수로 저장됩니다.

포인터로 항해 위치 설정하기

여러분이 배를 몰고 아래 영역을 항해하는 게임을 만든다고
생각해보겠습니다...

이 게임은 점수, 라이프, 현재 게이머의 위치와 같은 여러 사항을
관리해야 할 겁니다. 그런데 게임을 커다란 코드 한 덩어리로 짜고
싶지는 않을 겁니다. 아마 각자 게임에서 유용한 기능을 수행하는
여러 작은 함수를 다음과 같이 만들 겁니다.

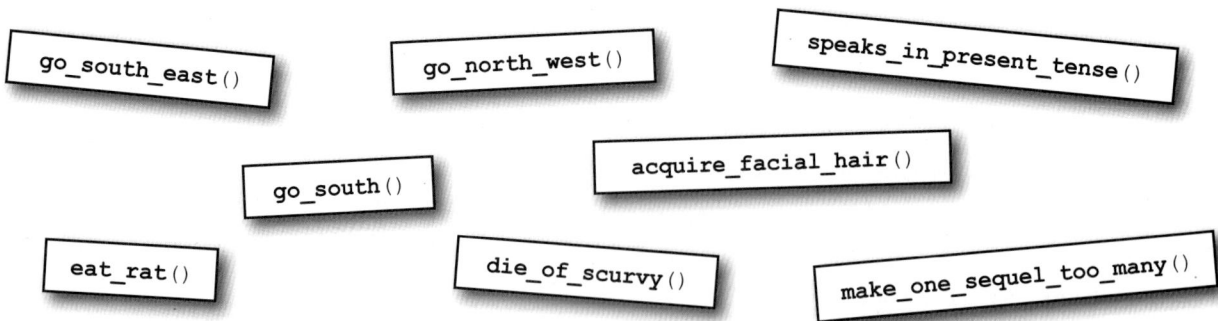

이 코드와 포인터가 무슨 상관이 있을까요? 일단 포인터를 전혀
생각하지 않고 코드를 짜보겠습니다. 여러분이 써왔던 대로 변수를
사용할 겁니다. 게임의 대부분은 게이머의 배를 버뮤다 사각지
주위를 항해하게 하는 겁니다. 그러면 구현할 항해 함수 코드를
자세히 살펴보겠습니다.

선장님, 돛을 동남쪽으로!

게임은 위도(latitude)와 경도(longitude)를 사용해 게이머의 위치를
추적합니다. 위도는 게이머가 얼마나 북쪽이나 남쪽에 있는지, 경도는
동쪽이나 서쪽에 있는지 나타냅니다. 게이머가 동남쪽으로 이동하면
위도는 감소하고, 경도는 증가합니다.

여러분은 위도와 경도를 인자로 받는 go_south_east( ) 함수를
짜게 될 겁니다. 이 함수가 다음과 같이 위도와 경도를 증가시키고
감소시키죠.

```c
#include <stdio.h>

void go_south_east(int lat, int lon)
{
   lat = lat - 1;      // 위도 감소
   lon = lon + 1;      // 경도 증가
}

int main()
{
   int latitude = 32;
   int longitude = -64;
   go_south_east(latitude, longitude);
   printf("그만! 현재 위치: [ %i, %i]\n", latitude, longitude);
   return 0;
}
```

위도와 경도를 인자로 전달합니다.

go_south_east()

위도는 감소하고

경도는 증가합니다.

프로그램은 [32, −64] 위치에서 시작하므로 동남쪽으로 이동하면
배의 새로운 위치는 [31, −63]이 될 겁니다. 코드가 제대로
작동한다면 그렇게 되어야겠죠...

브레인 파워

코드를 자세히 살펴보세요. 이 코드가 제대로 작동할까요? 아닐까요? 이유는?

시험 주행

코드는 배를 [32, -64]에서 새로운 위치 [31, -63]으로 이동해야
합니다. 그런데 프로그램을 컴파일하고 실행하면 다음과 같이 됩니다.

체길! 배는 여전히
그 자리에 있네.

모두 제(諸), 길할 길(吉).
모두 좋다는 뜻입니다. -.-

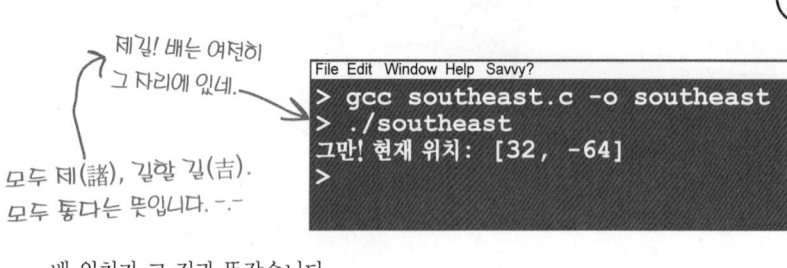

```
File Edit Window Help Savvy?
> gcc southeast.c -o southeast
> ./southeast
그만! 현재 위치: [32, -64]
>
```

선장님,
배가
멈췄습니다!

으악! 책 리뷰에
악플이 달리겠구나!

배 위치가 그 전과 똑같습니다.

C는 인자를 값으로 보냅니다

C가 함수를 호출하는 방법 때문에 코드가 제대로 작동하지 않습니다.

① 처음에 main() 함수는 latitude라는 지역 변수에 32값을 넣습니다.

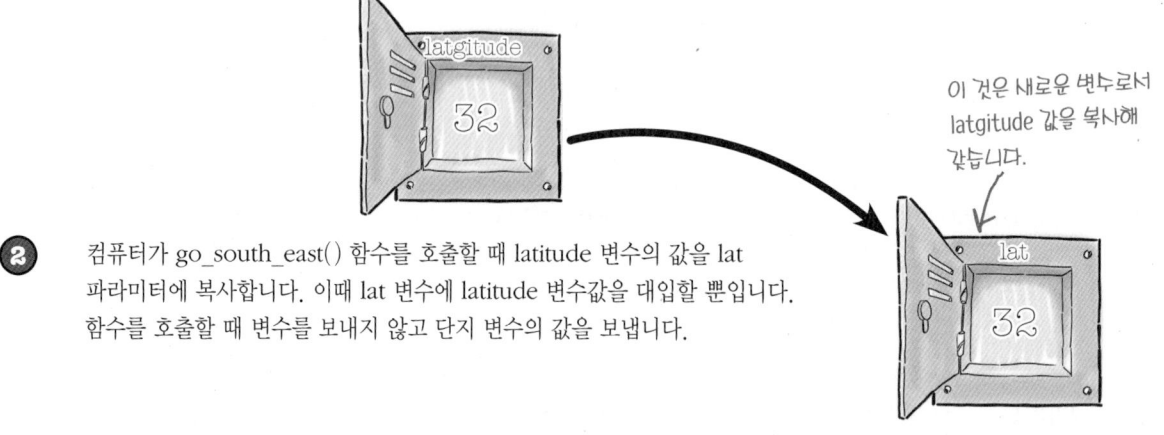

이 것은 새로운 변수로서
latgitude 값을 복사해
갔습니다.

② 컴퓨터가 go_south_east() 함수를 호출할 때 latitude 변수의 값을 lat
파라미터에 복사합니다. 이때 lat 변수에 latitude 변수값을 대입할 뿐입니다.
함수를 호출할 때 변수를 보내지 않고 단지 변수의 값을 보냅니다.

③ go_south_east() 함수가 lat의 값을 바꿀 때 함수는 그저
자신의 지역 변수인 사본을 변경할 뿐입니다. 즉 컴퓨터가
main() 함수로 돌아올 때 latitude 변수는 여전히
원래 값 32를 갖고 있다는 뜻입니다.

사본으로 만든 지역
변수만 바뀝니다.

원래 변수는 원래 값
그대로 갖고 있죠.

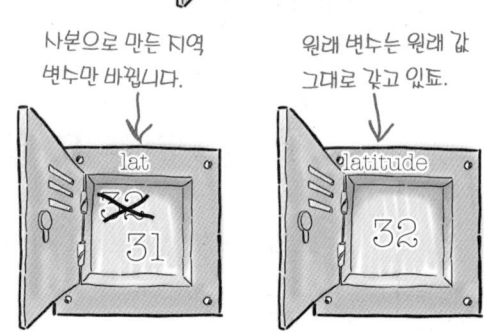

그렇다면 C에서는 변수값을 바꾸는 함수를 만드는 건 불가능할까요?

포인터를 사용하면 간단합니다...

변수에 포인터를 전달해보세요

latitude와 longitude 변수의 값을 전달하지 말고 이 변수의 주소를
전달하면 어떻게 될까요? 만약 latitude 변수가 스택 메모리의
4,100,000번지에 있을 때 go_south_east( ) 함수에 4,100,000번지를
전달하면 어떻게 될까요?

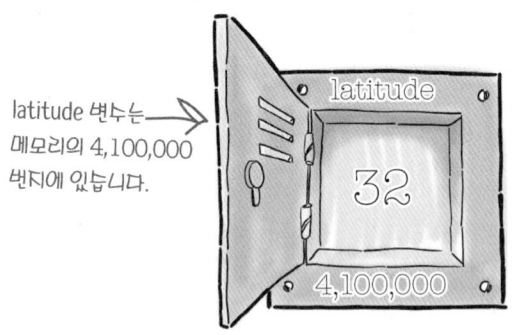

latitude 변수는
메모리의 4,100,000
번지에 있습니다.

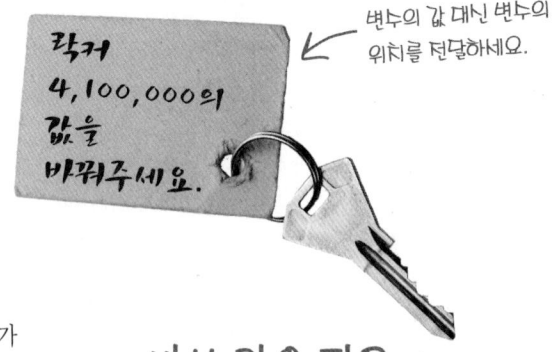

변수의 값 대신 변수의
위치를 전달하세요.

락거
4,100,000의
값을
바꿔주세요.

latitude 변수가 4,100,000번지에 있다는 사실을 go_south_east( ) 함수가
알면, 이 함수는 현재 latitude 변수의 값을 알 수 있을 뿐만 아니라 원래
latitude 변수의 내용도 바꿀 수 있습니다. 함수는 단지 메모리의
4,100,000번지에 있는 내용을 읽어서 바꾸면 됩니다.

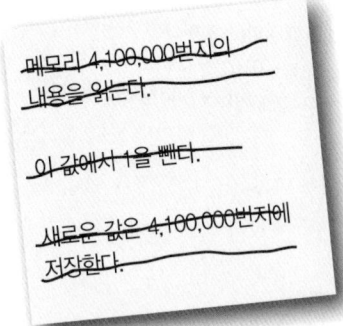

메모리 4,100,000번지의
내용을 읽는다.

이 값에서 1을 뺀다.

새로운 값은 4,100,000번지에
저장한다.

go_south_east( ) 함수가 원래의 latitude 변수의 값을 변경하므로 컴퓨터가
main( ) 함수로 돌아온 후에 그 변수를 출력하면 변경된 값을 출력합니다.

포인터는 메모리를 공유하기 쉽게 해줍니다

포인터를 사용하는 주요 이유는 함수가 메모리를 공유할 수 있기
때문입니다. 데이터가 메모리의 어디에 있는지 알면 한 함수가 만든
데이터를 다른 함수가 바꿀 수 있습니다.

이제 go_south_east( ) 함수를 고치기 위한 포인터 이론을 배웠으니
이제부터는 어떻게 구현하는지 자세히 살펴보겠습니다.

바보 같은 질문이란 없습니다

Q: 제 컴퓨터에서 변수의 주소를
출력했더니 4,100,000이 아닙니다.
제가 뭘 잘못했나요?

A: 잘못한 것 없습니다. 변수를 저장하기
위해 사용하는 메모리의 위치는 컴퓨터마다 다를
수 있습니다.

Q: 왜 지역 변수는 스택에 저장하고 전역
변수는 다른 곳에 저장하는 거죠?

A: 지역과 전역 변수는 사용하는 방법이
다릅니다. 전역 변수는 프로그램 안에 하나만
있지만, 함수의 지역 변수는 함수가 호출될
때마다 만들어집니다. 예를 들어 함수가 자신을
호출하면 지역 변수 두 개가 만들어집니다.

Q: 다른 메모리 영역은 어떤 곳에
사용되나요?

A: 다른 영역이 어떻게 사용되는지 이 책을
계속 읽으면 알게 될 겁니다.

메모리 포인터 사용하기

포인터를 사용해 데이터를 읽고 쓰려면 다음과 같이 세 가지 일을 해야
합니다.

① **변수의 주소를 가져옵니다.**
여러분은 이미 주소 연산자(&)를 사용해 메모리에 저장된 변수의 주소를
가져오는 방법을 알고 있습니다.

%p 포맷 지시자는 주소를
16진수 포맷으로 출력합니다.

```
int x = 4;
printf("x는 %p에 저장되어 있다\n", &x);
```

그러나 변수의 주소를 가져오고 나서 이 주소를 다른 곳에 저장해야 할 때가
있습니다. 주소를 저장하려면 포인터 변수가 필요합니다. 포인터 변수도 그저
변수이지만 메모리 주소를 저장한다는 점이 다릅니다. 포인터 변수를 정의할 때 이
포인터가 가리키는 주소에 어떤 종류의 데이터가 저장되는지 알려주어야 합니다.

포인터 변수가 가리키는 주소에 int형
변수가 저장되어 있음을 알려줍니다

```
int *address_of_x = &x;
```

② **주소에 있는 값을 읽습니다.**
메모리 주소를 알면 그 주소에 저장된 데이터를 읽을 수 있습니다. 그
주소에 있는 데이터를 읽기 위해 * 연산자를 사용합니다.

```
int value_stored = *address_of_x;
```

역참조 연산자(*)와 주소 연산자(&)는 반대입니다. & 연산자는 데이터를
받아서 이 데이터가 저장된 주소를 가져옵니다. * 연산자는 주소를 받아서
그 주소에 저장된 값을 가져옵니다. 포인터가 다른 주소를 참조하기 때문에,
* 연산자는 역참조(Dereference)한다고 합니다.

③ **그 주소에 있는 값을 바꿉니다.**
포인터 변수를 갖고 있고 이 변수가 참조하는 주소에 있는 데이터를
바꾸고 싶으면 * 연산자를 다시 사용하면 됩니다. 그러나 이때는 대입문의
왼쪽에서 사용해야 합니다.

```
*address_of_x = 99;
```

**자, 메모리 주소에 있는 내용을 읽고 쓰는 방법을 알았으니
이제 go_south_east() 함수를 고칠 수 있겠네요.**

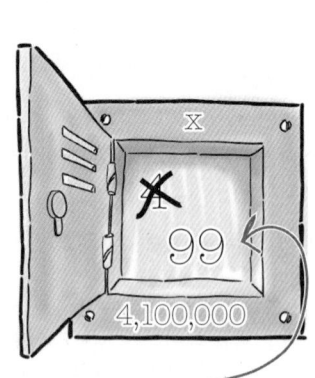

&가 변수의 주소인
4,100,000을
알아냅니다.

이 명령은 address_of_x가 가리키는
메모리 주소에 있는 값을 읽습니다.
그 값은 원래 변수 x가 저장했던 값 4겠죠.

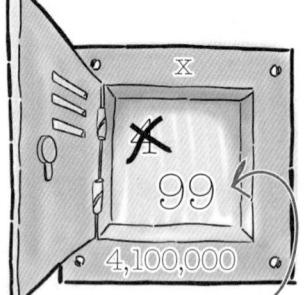

이 코드는 원래 변수 x의 내용을 99로
바꿉니다.

나침반 자석

여러분은 데이터를 올바로 갱신하기 위해 포인터를 사용하도록
go_south_east() 함수를 수정해야 합니다. 어떤 형의 데이터를 함수에
전달하고 배의 위치를 갱신하기 위해 어떤 연산자를 사용해야 할지 곰곰이
생각해보세요.

```c
#include <stdio.h>
```

어떤 인자를 써야 int형 변수의 메모리
주소를 저장할 수 있을까요?

```c
void go_south_east(..................... lat, ..................... lon)
{

    ..................... = ..................... - 1;

    ..................... = ..................... + 1;
}

int main()
{
    int latitude = 32;
    int longitude = -64;
```

변수의 주소를 전달해야
한다는 점 잊지 마세요.

```c
    go_south_east(....................., .....................);
    printf("그만! 현재 위치: [%i, %i]\n", latitude, longitude);
    return 0;
}
```

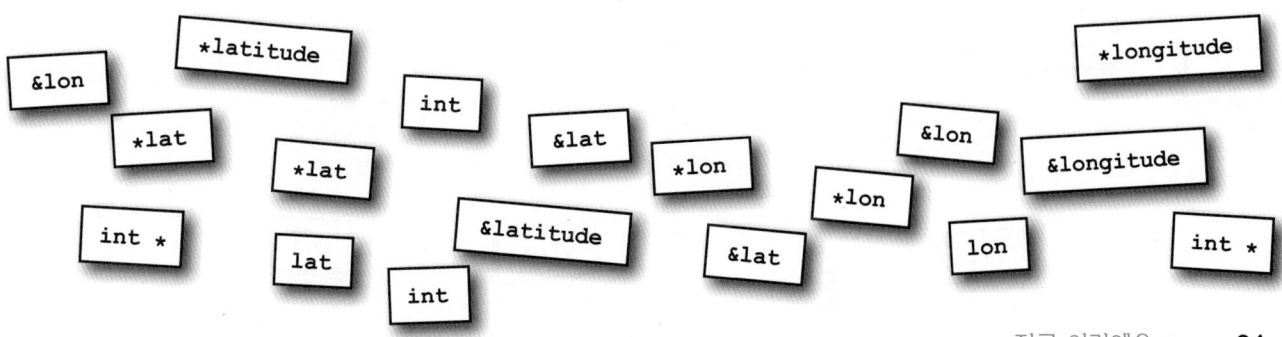

나침반 자석 정답

여러분은 데이터를 올바로 갱신하기 위해 포인터를 사용하도록
go_south_east() 함수를 수정해야 했습니다. 어떤 형의 데이터를 함수에
전달하고 배의 위치를 갱신하기 위해 어떤 연산자를 사용해야 할지 잘
생각해야 합니다.

```c
#include <stdio.h>
```

인자가 포인터를 저장해야 하므로
int * 형이 되어야 합니다.

```c
void go_south_east( int *  lat,  int *  lon)
{

    *lat  =  *lat  - 1;
    *lon  =  *lon  + 1;
}
```

*lat가 예전 값을 잃고 새 값으로
갱신할 수 있습니다.

```c
int main()
{
    int latitude = 32;
    int longitude = -64;

    go_south_east( &latitude ,  &longitude );
    printf("그만! 현재 위치: [%i, %i]\n", latitude, longitude);
    return 0;
}
```

& 연산자를 사용해 latitude와
longitude 변수의 주소를
알아내야 합니다.

&lon

*latitude

int

&lat

*longitude

&lon

lat

int

&lat

lon

시험 주행

이제 새 버전 함수를 컴파일하고 실행하면 다음과 같은 결과를 볼 수 있습니다.

원래 위치에서
동남쪽으로
이동했네요.

```
File  Edit  Window  Help  Savvy?
> gcc southeast.c -o southeast
> ./southeast
그만! 현재 위치: [31, -63]
>
```

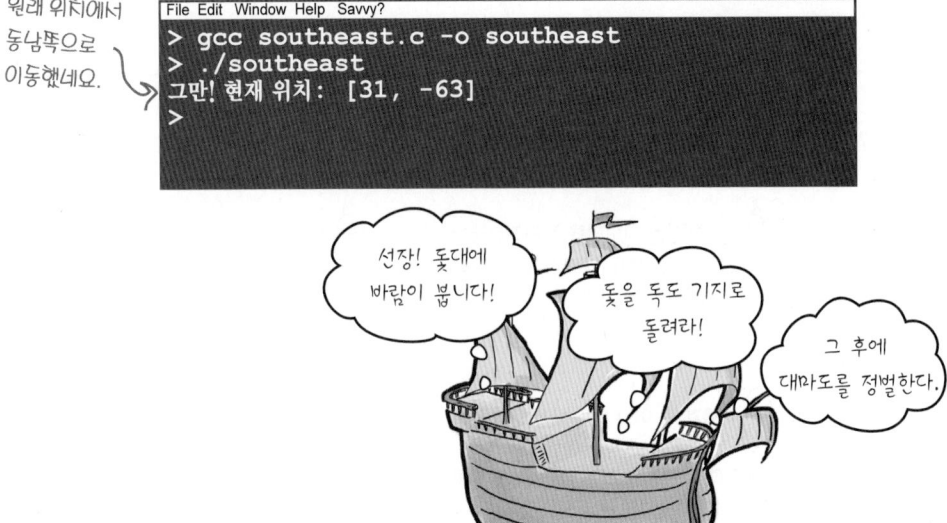

코드가 제대로 작동합니다.

이 함수는 포인터 인자를 받기 때문에 원래의 latitude와 longitude
변수의 값을 바꿀 수 있습니다. 이제 여러분은 값을 반환할 뿐만
아니라 전달받은 메모리 위치를 갱신할 수 있는 함수를 만드는 방법을
알게 되었습니다.

핵심정리

- 변수는 메모리에 할당됩니다.

- 지역 변수는 스택에 있습니다.

- 전역 변수는 전역 메모리 영역에 있습니다.

- 포인터는 단지 메모리번지를 저장하는 변수일
  뿐입니다.

- 주소 연산자(&)는 변수의 주소를 알려줍니다.

- 역참조 연산자(*)는 메모리번지에 있는 내용을
  읽을 수 있습니다.

- 역참조 연산자(*)는 메모리번지에 값을 쓸 수도
  있습니다.

바보 같은 질문이란 없습니다

Q: 포인터는 실제 주소 위치인가요? 아니면 일종의 참조 같은 건가요?

A: 포인터는 프로세스 메모리의 실제번지 숫자입니다.

Q: 그게 무슨 뜻이에요?

A: 모든 프로세스의 메모리를 하나의 긴 바이트 배열로 간단히 생각할 수 있습니다.

Q: 그러면 메모리가 실제로는 그렇게 단순한 건 아니네요?

A: 사실은 더 복잡합니다. 그러나 운영체제는 프로세스가 복잡한 메모리 구조를 알 필요가 없게 해줍니다. 운영체제는 가상 메모리 기능을 통해 실제 메모리에서 프로세스의 위치를 옮기고, 언로드하고, 다른 곳에 다시 로드할 수 있습니다.

Q: 메모리는 바이트의 긴 배열이 아닌 거군요?

A: 컴퓨터는 메모리를 물리적으로는 더 복잡하게 구조화합니다. 일반적으로 컴퓨터는 메모리 주소 영역을 메모리 칩의 분리된 뱅크로 그룹화합니다.

Q: 제가 꼭 이걸 이해해야 하나요?

A: 대부분의 프로그램을 개발할 때에는 컴퓨터가 메모리를 물리적으로 배치하는 방법에 대해 걱정할 필요는 없어요.

Q: 왜 포인터를 출력하기 위해 %p 포맷 지정자를 사용해야 하나요?

A: 반드시 %p 포맷을 사용해야 하는 것은 아닙니다. 컴파일러가 경고 메시지를 출력하지만, 대부분의 컴퓨터에서 %li를 사용할 수 있습니다.

Q: 왜 %p 포맷은 메모리 주소를 16진수로 보여주나요?

A: 엔지니어들이 일반적으로 메모리번지를 지정하기 위해 사용하는 방법입니다.

Q: 메모리 주소에 있는 내용을 읽는 걸 역참조라고 부르는데, 그러면 포인터는 참조라고 불러야 하나요?

A: 포인터가 메모리 주소를 나타내기 때문에 종종 프로그래머들이 포인터를 참조라고 부르기는 합니다. 그러나 C++ 에서는 참조라는 용어가 약간 다른 개념을 나타내므로 C++ 프로그래머는 포인터를 참조라고 하지는 않습니다.

Q: 아... C++! 우리도 C++에 대해 배우나요?

A: 아니오. 이 책에서는 C만 공부합니다.

함수에 문자열은 어떻게 전달할까?

여러분은 함수에 단순값 인자를 보내는 방법을 알고 있습니다. 그런데 문자열과 같은 좀 더 복잡한 데이터를 함수에 인자로 보내려면 어떻게 해야 할까요? 1장에서 배운 C 문자열은 실제로 문자의 배열이라는 사실을 기억하고 있을 겁니다. 따라서 함수에 문자열을 보내려면 다음과 같이 할 수 있습니다.

```
void fortune_cookie(char msg[])
{
    printf("메시지는 다음과 같습니다: %s\n", msg);
}
```
— 함수가 문자 배열을 전달받습니다.

```
char quote[] = "Cookies make you fat";
fortune_cookie(quote);
```

msg 파라미터가 배열처럼 정의되어 있습니다. 그렇지만 문자열의 길이가 얼마나 될지 모르기 때문에 msg 파라미터가 배열의 길이를 지정하지는 않습니다. 간단해 보이지만 약간 이상한 일이 생깁니다…

자기야, 누가 문자열을 줄여놨지?

어떤 데이터가 메모리에서 얼마나 많은 바이트를 차지하는지 알아보기 위해서 C에서는 sizeof 연산자를 사용합니다. sizeof 연산자는 데이터형이나 데이터로 호출할 수 있습니다.

대부분의 컴퓨터에서 → **sizeof(int)**
이 값은 4가 됩니다. **sizeof("Turtles!")** ← 8개의 문자와 종료 문자(\0)가 있으니 9를 반환합니다.

그런데 다음과 같이 함수에 전달된 문자열의 길이를 확인할 때에는 이상한 일이 생깁니다.

```
void fortune_cookie(char msg[])
{
    printf("메시지는 다음과 같습니다: %s\n", msg);
    printf("메시지는 %li바이트 크기입니다.\n", sizeof(msg));
}
```

8??? 그리고 어떤 컴퓨터에서는 4가 나올 수도 있습니다! 무슨 일일까요?

```
File  Edit  Window  Help  TakeAByte
> ./fortune_cookie
메시지는 다음과 같습니다:Cookies make you fat
메시지는 8바이트 크기입니다.
>
```

문자열의 길이가 출력되지 않고 코드는 단지 4나 8을 반환할 뿐입니다. 무슨 일이 일어난 걸까요? 왜 이 코드는 전달된 문자열의 길이가 더 짧다고 생각할까요?

브레인 파워

왜 sizeof(msg)가 문자열의 길이보다 작게 나온다고 생각되나요? msg는 뭐죠? 왜 컴퓨터마다 다른 값이 나올까요?

배열 변수는 포인터와 비슷합니다...

배열을 만들면 배열 변수는 메모리에 있는 배열의 시작번지를 가리키는
포인터로 사용됩니다. C가 함수 안에 있는 다음과 같은 코드를 보면

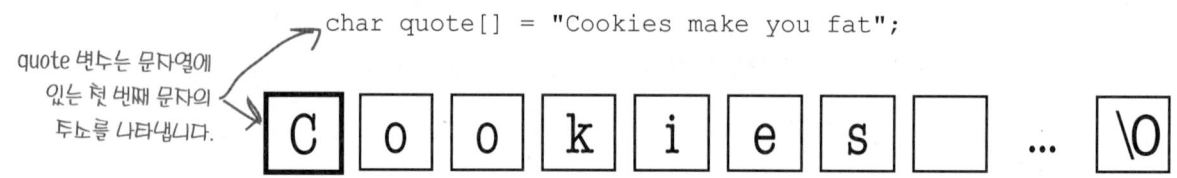

```
char quote[] = "Cookies make you fat";
```

quote 변수는 문자열에
있는 첫 번째 문자의
주소를 나타냅니다.

컴퓨터는 문자열에 있는 모든 문자와 종료 문자(\0)를 저장하기 위한 공간을
스택에 할당합니다. 또한 quote 변수에 첫 번째 문자의 주소를 연결합니다.
코드에서 quote 변수가 사용될 때마다 컴퓨터는 quote 변수를 문자열의
첫 번째 문자의 주소로 바꿉니다. 사실 배열 변수는 포인터와 상당히 비슷합니다.

quote는 배열이긴 하지만, 포인터
변수처럼 사용할 수 있습니다.

```
printf("quote 문자열은 %p번지에 저장되어 있습니다.\n", quote);
```

주소를 출력하기 위해 테스트
프로그램을 만들면, 이런 결과를
볼 수 있습니다.

```
File Edit Window Help TakeAByte
> ./where_is_quote
quote 문자열은 0x108b02f1c번지에 저장되어 있습니다.
>
```

... 그러면 우리 함수는 포인터를 받은 거네요

이제 fortune_cookie( ) 함수에서 생긴 이상한 현상의 원인을 알겠네요.
fortune_cookie( ) 함수가 문자열을 받은 것 같지만, 실제로는 이 문자열에
대한 포인터를 받은 것이군요.

msg는 실제로는 포인터 변수입니다.

```
void fortune_cookie(char msg[])
{
    printf(""메시지는 다음과 같습니다: %s\n", msg);
    printf("메시지는 %li 바이트 크기입니다\n", sizeof(msg));
}
```

msg는 메시지를 가리킵니다.

sizeof(msg)는 단지 포인터의
크기를 반환합니다.

그리고 그렇기 때문에 sizeof 연산자가 이상한 값을 반환한 겁니다.
단지 문자열에 대한 포인터의 크기를 반환한 것이죠. 32비트 운영체제에서는
포인터가 4바이트이고, 64비트 운영체제에서는 포인터 크기가 8바이트입니다.

여러분의 프로그램을 실행할 때 컴퓨터는 이렇게 생각합니다

① 컴퓨터가 함수를 봅니다.

```
void fortune_cookie(char msg[])
{
    ...
}
```

흐음... 이 함수에 배열을 전달하려고 하는군. 그렇다면 함수는 배열 변수의 값을 받게 되는데, 배열 변수의 값은 주소니까, msg는 문자에 대한 포인터가 되겠군.

② 그리고 함수 내용을 봅니다.

```
printf("메시지는 다음과 같습니다: %s\n", msg);
printf("메시지는 %li바이트 크기입니다\n", sizeof(msg));
```

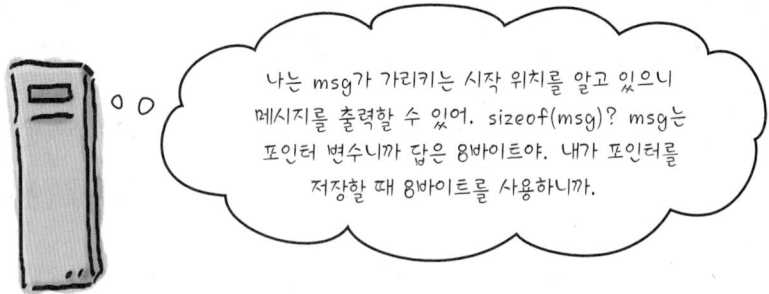

나는 msg가 가리키는 시작 위치를 알고 있으니 메시지를 출력할 수 있어. sizeof(msg)? msg는 포인터 변수니까 답은 8바이트야. 내가 포인터를 저장할 때 8바이트를 사용하니까.

③ 컴퓨터가 함수를 호출합니다.

```
char quote[] = "Cookies make you fat";
fortune_cookie(quote);
```

quote는 배열이고 나는 이 변수를 fortune_cookie() 함수에 보내야 해. msg 인자를 quote 배열이 시작되는 메모리번지로 설정해야겠다.

핵심정리

- 배열 변수는 포인터로 사용할 수 있습니다.

- 배열 변수는 배열의 첫 번째 항목을 가리킵니다.

- 함수가 배열 인자를 선언하면 이 인자는 포인터로 처리됩니다.

- sizeof 연산자는 데이터가 차지하는 공간의 크기를 반환합니다.

- sizeof(int) 처럼 sizeof는 데이터형에도 사용할 수 있습니다.

- sizeof를 포인터에 적용하면, 32비트 운영체제에서는 4, 64비트 운영체제에서는 8을 반환합니다.

바보 같은 질문이란 없습니다

Q: sizeof가 함수인가요?

A: 아닙니다. 연산자에요.

Q: 함수와 연산자가 어떻게 다른가요?

A: 컴파일러는 연산자를 일련의 명령으로 컴파일합니다. 그러나 함수를 호출하는 코드는 함수 코드가 있는 주소로 이동하게 만듭니다.

Q: 그러면 sizeof는 프로그램을 컴파일할 때 계산되나요?

A: 네. 컴파일러는 컴파일할 때 저장 공간의 크기를 알 수 있습니다.

Q: 왜 컴퓨터마다 포인터 크기가 다른가요?

A: 32비트 운영체제에서는 메모리번지가 32비트 숫자로 저장됩니다. 그래서 32비트 시스템이라고 부릅니다. 32비트는 4바이트입니다. 64비트 시스템은 주소를 저장하기 위해 8바이트를 사용합니다.

Q: 포인터 변수를 만들면 포인터 변수도 메모리에 저장되나요?

A: 네. 포인터 변수도 단지 숫자를 저장하는 변수일 뿐입니다.

Q: 그러면 포인터 변수의 주소도 알 수 있나요?

A: 그렇습니다. 주소 연산자(&)를 사용하면 됩니다.

Q: 포인터를 일반적인 숫자로 변환할 수 있나요?

A: 대부분의 시스템에서 할 수 있습니다. 일반적으로 C 컴파일러는 long형 데이터를 메모리번지와 같은 크기로 만듭니다. 그러므로 p가 포인터라면 long형 변수 a를 사용해 a = (long)p 명령으로 저장할 수 있습니다. 이 책의 뒤에서 이 과정을 알아봅니다.

Q: 대부분의 시스템이라고요? 그러면 보장되는 건 아니네요?

A: 보장되지는 않습니다.

오늘 청춘남녀 게임에 출전한 세 명의 총각이 있습니다.

오늘밤 행운의 여인은 이 멋진 참가자 중 한 명을 선택하게 됩니다. 그녀는 누구를 선택할까요?

참가자 1

참가자 2

참가자 3

나는 참가자
.... 번을 선택할 꺼야.

아래 코드를 보고
여기에 여러분의
답을 적으세요.

```c
#include <stdio.h>

int main()
{
  int contestants[] = {1, 2, 3};
  int *choice = contestants;
  contestants[0] = 2;
  contestants[1] = contestants[2];
  contestants[2] = *choice;
  printf("나는 참가자 %i번을 선택할 꺼야\n", contestants[2]);
  return 0;
}
```

청춘남녀 게임 정답

오늘 청춘남녀 게임에 출전한 세 명의 총각이 있습니다.

오늘밤 행운의 여인은 이 멋진 참가자 중 한 명을 선택하게 됩니다. 그녀는 누구를 선택했을까요?

참가자 1

참가자 2

참가자 3

나는 참가자 2 번을 선택할 꺼야.

choice 포인터는 contestants 배열의 투표를 가리키게 됩니다.

```c
#include <stdio.h>

int main()
{
  int contestants[] = {1, 2, 3};
  int *choice = contestants;
  contestants[0] = 2;
  contestants[1] = contestants[2];
  contestants[2] = *choice;
  printf("나는 참가자 %i번을 선택할 꺼야.\n" contestants[2]);
  return 0;
}
```

contestants[2]

== *choice

== contestants[0]

== 2

그러나 배열 변수가 포인터와 완전히 똑같지는 않습니다

배열 변수를 포인터로 사용할 수 있지만 약간의 차이가 있어요.
차이점을 알아보려면 다음의 코드를 생각해보세요.

```
char s[] = "How big is it?";
char *t = s;
```

1 **sizeof(배열)은... 배열의 크기입니다.**

여러분은 sizeof(〈포인터〉)가 32비트와 64비트 시스템에서 각각 4와 8을
반환한다고 알고 있습니다. 그런데 sizeof 연산자를 배열 변수에 사용하면 C는
이 배열이 메모리에서 차지하는 크기를 반환합니다.

이것은 s 배열
입니다. sizeof
하면 15가
나옵니다.

이 명령은 15를 반환합니다.

| H | o | w | | b | ... | \0 |

sizeof(s)

이것은 t 포인터입니다. sizeof
하면 4나 8이 나옵니다.

*

이 명령은 4나 8을 반환합니다.

sizeof(t)

2 **배열 변수의 주소는... 배열의 주소입니다.**

포인터 변수는 단지 메모리 주소를 저장하는 변수입니다. 그러나 배열 변수는 어떨까요?
배열 변수에 주소 연산자(&)를 사용하면 결과는 배열 변수 자신과 같습니다.

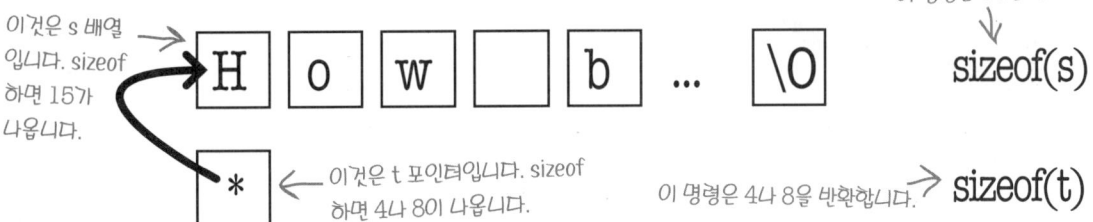

&s == s   &t != t

프로그래머가 &s로 쓰면, 이 코드는 "s 배열의 주소는
어디지?"를 의미합니다. s 배열의 주소는 그저 s일 뿐입니다.
그러나 &t로 쓰면 "t 변수의 주소는 어디지?"를 의미합니다.

3 **배열 변수는 다른 곳을 가리킬 수 없습니다.**

포인터 변수를 만들면 컴퓨터는 값을 저장하기 위해
4나 8바이트 공간을 할당합니다. 그러나 배열을 만들면?
컴퓨터는 배열을 저장할 공간은 할당하지만, 배열 변수를
저장할 공간은 할당하지 않습니다. 컴파일러는 단지 배열의
시작 주소를 코드에 넣어줍니다.

그리고 배열 변수가 메모리에 할당되지 않기 때문에 배열
변수가 다른 곳을 가리키게 만들 수 없습니다.

이 코드는 컴파일 에러가 납니다. ➡ s = t;

포인터로 퇴화

배열 변수가 포인터 변수와 약간 다르기 때문에
배열 변수를 포인터에 대입할 때 조심해야
합니다. 배열을 포인터 변수에 대입하면 포인터
변수는 배열의 주소만 가질 뿐입니다. 포인터는
배열의 크기를 모르므로 일부 정보가 손실됩니다.
이렇게 배열에 대한 정보가 손실될 때 포인터로
퇴화(Pointer Decay)된다고 합니다.

배열을 인자로 삼아 함수를 호출하면 포인터로
퇴화되는 문제가 발생하며 이 문제는 어쩔 수
없습니다. 그렇지만 코드에서 포인터로 퇴화되는
곳을 잘 알고 있어야 합니다. 미묘한 버그가
발생할 수 있기 때문이죠.

죽음을 몰고온 배열 사건

그 저택에는 그가 꿈꿔왔던 멋진 정원, 샹들리에, 방에 딸린 욕실과 같은
모든 것이 있었습니다. 94살의 집주인 최고령 씨는 정원에서 숨진 채로
발견되었습니다. 원인은 심장마비입니다. 자연사일까요? 의사는 심장병 약을
과다 복용한 것이 원인이라고 생각합니다. 정원의 정자에서는 죽은 시체 말고도
무언가 냄새가 납니다. 복도에 있는 경찰을 지나 그는 최고령 씨의 새 부인이자
27세의 미망인 금방울 씨에게 다가갔습니다.

"모르겠어요. 남편은 언제나 조심해서 약을 먹었거든요. 여기 그가
먹은 약의 개수를 지정한 배열이 있어요". 부인은 약 분배기의 코드를
보여주었습니다.

```c
int doses[] = {1, 3, 2, 1000};
```

"경찰은 제가 약 분배기 프로그램을 바꿨다고 하는데, 저는 기술에 대해서는
문외한이거든요. 경찰은 제가 이 코드를 짰다고 하지만, 저는 이 코드가
컴파일조차 되지 않을 거라고 생각합니다. 컴파일이 될까요?"

부인은 매니큐어를 바른 손가락을 지갑에 넣어 백만장자의 침대 옆에서 경찰이
발견한 코드 사본을 그에게 보여주었습니다. 이 코드는 컴파일되지 않을 것 같이
생겼습니다...

```c
printf("복용량 %알", 3[doses]);
```

3[doses]는 무엇을 나타내는가? 3은 배열도 아닌데. 금방울씨는 코를 풀며
말했습니다. "저라면 그렇게 코드를 짜지는 않을 거에요. 어쨌든 3알이 너무
많은 건 아니죠? 네?"

3알을 복용했다면 노인은 죽지 않았을 겁니다. 그런데 이 코드에는 아직 알 수
없는 그 무언가가 있는 것 같습니다...

배열이 0부터 시작하는 진짜 이유는?

배열 변수는 배열의 첫 번째 항목에 대한 포인터로 사용할 수 있습니다.
따라서 배열의 첫 번째 항목을 참조하려면 다음과 같이 대괄호를 쓸
수도 있고 또는 역참조 연산자(*)를 사용할 수도 있습니다.

```
int drinks[] = {4, 2, 3};
```
이 두 줄은 똑같습니다. → `printf("첫 번째 주문: %i병\n", drinks[0]);`
→ `printf("첫 번째 주문: %i병\n", *drinks);` ← drinks[0] == *drinks

그러나 번지는 단지 숫자일 뿐이므로 포인터 연산을 할 수 있습니다. 포인터
연산은 포인터값에 어느 값을 더해 새로운 주소를 만드는 연산입니다.
따라서 다음과 같이 대괄호와 색인 2를 지정하거나 첫 번째 항목의 주소에
2를 더해서 두 번째 항목을 읽을 수 있습니다.

```
printf("세 번째 주문: %i병\n", drinks[2]);
printf("세 번째 주문: %i병\n", *(drinks + 2));
```

여기가 drinks의 투쇼입니다.
여기가 drinks + 2의 투쇼입니다.
여기가 drinks + 1의 투쇼입니다.

일반적으로 drinks[i]와 *(drinks + i)는 같습니다. 그렇기 때문에 색인이
0부터 시작합니다. 색인은 항목의 주소를 찾기 위해 포인터에 더해지는
숫자일 뿐입니다.

✏️ 연필을 깎으며

포인터 연산의 위력을 사용해 헤어진 연인을 다시 만나게 해주세요.
이 함수는 문자 메시지에서 앞의 6글자를 지나칩니다.

```
void skip(char *msg)
{
    puts(.........................);
}
```
7번째 문자부터 출력하려면 여기에 어떤 식을 써야 하나요?

이 함수는 이 메시지 둥에서 c부터 출력해야 합니다.

```
char *msg_from_amy = "Don't call me";
skip(msg_from_amy);
```

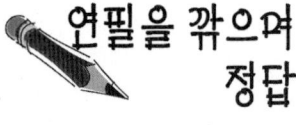

연필을 깎으며 정답

여러분은 포인터 연산의 위력을 사용해 헤어진 연인을 다시 만나게 해야 했습니다. 이 함수는 문자 메시지에서 앞의 6글자를 지나칩니다.

```
void skip(char *msg)
{
    puts(    msg + 6    );
}


char *msg_from_amy = "Don't call me";
skip(msg_from_amy);
```

msg 포인터에 6을 더하면 7번째 글자부터 출력하게 됩니다.

| D | o | n | ' | t | | c | a | l | l | | m | e | \0 |

msg는 여기를 가리킵니다.

msg + 6은 글자 c를 가리킵니다.

이 코드는 이렇게 출력합니다.

```
File Edit Window Help
> ./skip
call me
>
```

왜 포인터에 형을 지정할까?

포인터가 단지 주소라면 왜 포인터 변수에 형을 지정할까요? 왜 모든 포인터를 그저 평범한 포인터 변수에 저장할 수 없는 걸까요?

그것은 포인터 연산을 하기 위해서 입니다. char 포인터에 1을 더하면 그 포인터는 바로 다음 메모리번지를 가리킵니다. 왜냐하면 char 변수가 메모리에서 단지 1바이트만 차지하기 때문입니다.

int 포인터라면 어떻게 될까요? int형은 보통 4바이트 공간을 차지합니다. 그러니 int 포인터에 1을 더하면 컴파일된 코드는 실제로는 메모리번지를 4만큼 증가시킵니다.

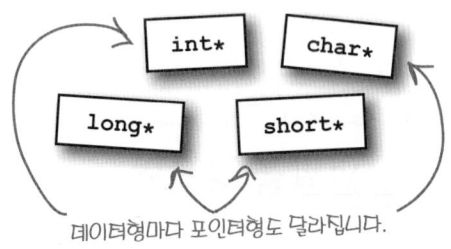

데이터형마다 포인터형도 달라집니다.

```
int nums[] = {1, 2, 3};
printf("nums의 주소는 %p입니다\n", nums);
printf("nums + 1의 주소는 %p입니다\n", nums + 1);
```

이 코드를 실행하면 두 메모리번지는 1바이트보다 멀리 떨어지게 됩니다. 즉 포인터 연산을 얼마나 조정해야 하는지 컴파일러가 알기 위해 포인터에 형을 지정해야 합니다.

(nums + 1)은 nums에서 4바이트 떨어져 있습니다.

```
File Edit Window Help
> ./print_nums
nums의 주소는 0x7fff60889a5c입니다.
nums + 1의 주소는 0x7fff60889a60입니다.
```

이 두소가 16진수로 출력되었음을 기억하세요.

죽음을 몰고온 배열 사건

지난번에 우리의 명탐정은 금방울 씨를 조사하고 있었습니다. 금방울 씨의 남편은 수상한 코드에 의해 약을 과다 복용했습니다. 금방울 씨가 코드의 범인일까요? 아니면 그저 피해자일까요? 진실을 파헤치는 이야기는 계속됩니다...

그는 코드를 수첩에 적었습니다. "만나서 반가웠습니다, 금방울 씨. 당신을 더 이상 조사할 필요는 없을 것 같습니다". 그는 그녀와 악수했습니다. "감사합니다, 매우 친절하시군요". 그녀는 연푸른 눈에서 흘러나오는 눈물을 훔치며 말했습니다.

"작별 인사를 하기엔 너무 빠르군요". 명탐정은 눈깜짝할 사이에 금방울 씨의 손목에 수갑을 채웠습니다. "당신의 해커 매니큐어를 보면 당신이 이 범죄에 대해 얘기한 것보다 당신은 더 많이 알고 있소". 오랫동안 키보드를 두들겨오지 않고는 그녀처럼 손가락 끝에 굳은살이 베길 수는 없기 때문입니다.

"금방울 씨, 당신은 얘기한 것보다 훨씬 더 많이 C 언에 대해 알고 있소.

이 코드를 다시 보시오".

```
int doses[] = {1, 3, 2, 1000};
printf("복용량 %i알", 3[doses]);
```

"내가 처음 3[dose]라는 표현식을 보았을 때 무언가 잘못된 줄 알았소. 당신은 dose 같은 배열 변수를 포인터로 사용할 수 있다는 점을 잘 알고 있었소. 치명적인 1,000알의 심장약은 이렇게 쓸 수 있었던 것이오..." 그는 남아 있는 것 중 괜찮은 휴지에 다음과 같이 코딩 방법을 써내려갔습니다.

```
doses[3] == *(doses + 3) == *(3 + doses) == 3[doses]
```

"당신의 코드가 결정적인 증거요, 금방울 씨. 이 코드가 당신 남편에게 1,000알의 약을 투여하게 만들었소. 그리고 당신은 이제 C 문법으로 사기칠 수 없는 곳으로 가게 될 것이오..."

핵심정리

- 배열 변수는 포인터로 사용할 수 있습니다...

- ... 그러나 배열 변수가 포인터와 완전히 같은 것은 아닙니다.

- sizeof 연산자는 배열과 포인터 변수에 다르게 작동합니다.

- 배열 변수는 다른 것을 가리키도록 바꿀 수 없습니다.

- 배열 변수를 포인터 변수에 대입하면 포인터 퇴화가 발생합니다.

- 포인터 연산을 위해 배열의 색인은 0부터 시작합니다.

- 포인터 연산을 조정하기 위해 포인터 변수는 형을 지정합니다.

바보 같은 질문이란 없습니다

Q: 정말 제가 포인터 연산을 이해해야만 합니까?

A: 어떤 프로그래머는 오류를 범하기 쉽기 때문에 포인터 연산을 피합니다. 그러나 데이터 배열을 효율적으로 처리하려면 포인터 연산을 사용해야 합니다.

Q: 포인터에서 숫자를 뺄 수도 있나요?

A: 네. 그러나 할당된 배열의 처음보다 앞으로 가지 않게 조심해야 합니다.

Q: 언제 C가 포인터 연산을 조정하나요?

A: 컴파일러가 실행 파일을 만들 때 조정합니다. 컴파일러는 변수의 형을 보고 포인터에 더하거나 뺄 숫자에 변수형의 크기를 곱합니다.

Q: 계속 말씀하세요...

A: 만약 여러분이 int 배열로 작업하면서 2를 더하면 컴파일러는 4(int형의 길이)를 곱해 8을 더합니다.

Q: 포인터 연산으로 조정할 때 C 언어가 sizeof 연산자를 사용하나요?

A: 사실상 그렇습니다. sizeof 연산자도 컴파일 시에 값이 결정되므로 sizeof와 포인터 연산은 여러 데이터형에 올바른 크기를 계산할 수 있습니다.

Q: 포인터에 값을 곱해도 되나요?

A: 안 됩니다.

데이터 입력을 위해 포인터 사용하기

여러분은 이미 사용자가 키보드로 입력한 내용을 읽는 방법을 알고 있습니다.
다음과 같이 scanf( ) 함수를 사용하면 됩니다.

이 배열에 이름을
저장할 겁니다.

```
char name[40];
printf("이름을 입력하세요: ");
scanf("%39s", name);
```

scanf( )는 39글자까지 읽고 문자열에
종료 문자(\0)와 함께 저장합니다.

scanf( )는 어떻게 작동하나요? 이 함수는 char 포인터를 받습니다.
여기에서는 배열 변수로 호출했습니다. 여러분은 이제 포인터를 사용하는
이유를 알 겁니다. scanf( ) 함수가 배열에 내용을 쓰기 때문이죠. 변수에
값을 쓰려는 함수는 변수가 아니라 변수의 주소가 필요합니다.

scanf( )로 숫자 입력하기

그러면 숫자 변수에는 어떻게 데이터를 입력할까요?
숫자 변수에 대한 포인터를 전달해야 합니다.

%i는 사용자가 int형 값을
입력함을 의미합니다.

```
int age;
printf("나이를 입력하세요: ");
scanf("%i", &age);
```

& 연산자를 사용하면 int형 변수의 주소를 가져옵니다.

정수 변수에 대한 주소를 전달했으니 scanf( ) 함수는 변수의 내용을
바꿀 수 있습니다. 그리고 여러분의 편의를 돕기 위해 printf( ) 함수에
사용했던 포맷 지시자와 똑같은 지시자를 가진 포맷 문자열을 전달할
수 있습니다. scanf( ) 함수는 다음과 같이 한 번에 하나 이상의 정보를
입력받을 수 있습니다.

`%i`	정수 입력
`%29s`	29개까지 글자(와 '\0') 입력
`%f`	부동소수점 숫자 입력

이 코드는 이름, 빈칸,
성을 읽습니다.

```
char first_name[20];
char last_name[20];
printf("성과 이름을 입력하세요: ");
scanf("%19s %19s", last_name, first_name);
printf("성: %s 이름:%s\n", last_name, first_name);
```

성과 이름은 서로 다른 배열에
저장됩니다.

```
File Edit Window Help Meerkats
> ./name_test
성과 이름을 입력하세요: 강 권학
성: 강 이름: 권학
>
```

scanf()를 사용할 때 조심하세요

그런데 scanf( )에는 약간의… 문제가 있어요. 지금까지 여러분이
짠 코드는 다음과 같이 scanf( )가 읽어들이는 글자의 수에 매우
조심스럽게 제한을 두었습니다.

```
scanf("%39s", name);

scanf("%2s", card_name);
```

경계 경보!
경계 경보!
경계 경보!!

왜 그래야 할까요? scanf( )도 결국은 printf( )와 같은 포맷 지시자를
사용하지만 printf( )로 문자열을 출력할 때에는 그저 %s만 썼습니다.
다음과 같이 scanf( ) 함수가 %s를 사용하고 사용자가 배열보다 긴
문자열을 입력하면 문제가 생길 수 있기 때문입니다.

```
char food[5];
printf("좋아하는 음식 이름을 입력하세요: ");
scanf("%s", food);
printf("좋아하는 음식: %s\n", food);
```

```
File Edit Window Help TakeAByte
> ./food
좋아하는 음식 이름을 입력하세요: liver-tangerine-raccoon-toffee
좋아하는 음식: liver-tangerine-raccoon-toffee
Segmentation fault: 11
>
```

프로그램이 크래시됩니다. scanf( ) 함수가 food 배열에 할당된 공간보다
훨씬 많이 데이터를 쓰기 때문입니다.

scanf()는 버퍼 오버플로우를 일으킬 수 있습니다

scanf( )로 읽을 수 있는 문자열의 길이를 제한하지 않으면, 프로그램이
저장하기 위해 할당한 공간보다 훨씬 더 많은 데이터를 사용자가
입력할 수 있습니다. 넘치는 데이터는 컴퓨터가 할당하지 않은 공간에
저장됩니다. 운이 좋으면 데이터가 저장되고 문제가 생기지 않을 수도
있긴 합니다.

그러나 거의 대부분 버퍼 오버플로우는 버그를 만듭니다. 버그에 의해
세그먼테이션 장애(Segmentation Fault)나 어보트 트랩(Abort
Trap)이 발생합니다. 어떤 메시지가 출력되더라도 프로그램은 결국
크래시됩니다.

food 배열입니다.

다섯 글자를 저장하고 food
배열이 끝납니다.

| l | i | v | e | r | - | t | a | n |

'r' 이후의 모든
글자는 배열 외부에
저장됩니다.

'-' 글자부터 이
영역은 food 배열
변수로 접근하면
안 되는 영역입니다.

scanf() 대신 fgets()를 사용할 수 있습니다

문자열 데이터를 입력하기 위해 fgets()라는 또 다른 함수를 사용할
수도 있습니다. fgets() 함수는 scanf()와 마찬가지로 char에 대한
포인터를 받지만, scanf()와는 달리 읽을 문자열의 최대 길이를
지정해야 합니다.

이 코드는 이전 → `char food[5];`
코드와 같은
기능을 합니다. `printf("좋아하는 음식 이름을 입력하세요: ");`

  `fgets(food, sizeof(food), stdin);`

먼저 버퍼에 대한   다음으로 문자열의 최대 크기   stdin은 표준 입력 장치   stdin에 대해서는
포인터를 받습니다.   ('\0' 포함)를 받습니다.   (키보드)에서 데이터를   뒤에서 자세히
                                              입력받는다는 의미입니다.   설명합니다.

fgets() 함수를 호출할 때에는 길이 제한을 반드시 지정해야
한다는 의미입니다. 필수 인자로서 함수 시그너처에 지정되어
있기 때문이죠. 그리고 fgets()의 버퍼 크기는 종료 문자(\0)도
포함하고 있음을 기억하세요. 그렇기 때문에 scanf()와는 달리
버퍼 크기에서 1을 뺄 필요가 없습니다.

알겠습니다. fgets()에 대해 또 알아야 할 게 있나요?

fgets()에 sizeof 연산자 사용하기

위에 있는 코드는 sizeof 연산자를 사용해 최대 크기를
지정했습니다. 이때 주의해야 할 점이 있습니다. sizeof는 변수가
차지하는 크기를 반환함을 기억하세요. 위 코드에서 food가 배열
변수이므로 sizeof 연산자는 배열의 크기를 반환합니다. 그런데
만약 food가 포인터 변수라면 sizeof 연산자는 단지 포인터의
크기를 반환합니다.

만약 fgets() 함수에 배열 변수를 인자로 쓸 때에는 sizeof를 써도
좋습니다. 그러나 포인터를 사용할 때에는 원하는 크기를 별도로
명시해야 합니다.

food가 포인터라면, sizeof를   `printf("좋아하는 음식 이름을 입력하세요: ");`
사용하지 말고 길이를 별도로 →   `fgets(food, 5, stdin);`
명시해야 합니다.

지하 무덤에서 들려온 이야기

fgets() 함수는 사실 gets()라는 오래된 함수에서 왔습니다.

fgets()가 scanf()보다 사용하기에 안전한
함수이긴 하지만, gets()는 낡은 함수로서
이 두 함수보다 더 위험합니다. 이유요?
gets() 함수는 크기에 전혀 제한을 두지
않기 때문입니다.

안 됩니다!!!
진정 이 함수는 →   `char dangerous[10];`
사용하지 마세요.   `gets(dangerous);`

gets() 함수는 아주 오래 전부터
사용되어 왔지만, 이 함수는 이제 절대로
사용하면 안 되요!

타이틀 매치

드디어 개막! 우리가 기다리고 기다리던 타이틀 매치 시간이 돌아왔습니다.
홍코너에는 날렵하고 가볍고 유연하지만, 약간 위험한 데이터 입력의 악동 scanf() 선수
그리고 청코너에는 단순하고, 안전하며, 엄마에게 소개해주고 싶은 fgets() 선수가
입장해있습니다!

	scanf():	**fgets():**
1 라운드: 제한 사용자가 입력할 수 있는 글자 수를 제한합니까?	포맷 스트링에 길이를 명시하면 scanf()는 입력 데이터의 길이를 제한할 수 있습니다.	fgets( )를 호출하려면 반드시 길이를 제한해야 합니다.

결론: fgets( )가 이번 라운드에서 득점했습니다.

2 라운드: 여러 필드 입력 두 필드 이상을 한꺼번에 입력할 수 있나요?	넵! scanf()는 두 필드 이상 한꺼번에 입력할 수 있을 뿐만 아니라, 필드별로 정수형 등 다양하게 구조화된 데이터를 입력할 수 있습니다.	앗! fgets( )가 턱을 정확히 가격당했습니다. fgets( )는 단 하나의 문자열을 버퍼에 입력할 수만 있습니다. 다른 데이터형도 받을 수 없고. 문자열만. 한 버퍼에!

결론: scanf( )가 이번 라운드는 완전히 이겼습니다.

3 라운드: 문자열 안의 공백 문자 사용자가 문자열을 입력할 때, 문자열 안에 공백 문자가 들어갈 수 있나요?	저런! 이번엔 scanf()가 치명타를 입었습니다. scanf()가 %s로 문자열을 읽을 때 공백 문자를 만나면 바로 끝납니다. 결국 두 단어 이상 입력받으려면 이 함수를 두 번 이상 호출하거나 멋진 정규 표현식 기교를 부려야 합니다.	공백이 있어도 전혀 문제 없습니다. fgets( )는 언제나 문자열 모두 읽습니다.

결론: fgets( )의 반격! 이번 라운드는 fgets( )에게 돌아갑니다.

두 쟁쟁한 함수 간에 깨끗한 명승부였습니다. 여러 필드로 구조화된 데이터를
입력받으려면 scanf()를 선택하는 편이 분명 좋습니다. 단 하나의 구조화되지 않은
문자열을 입력할 때에는 fgets()가 최선의 선택입니다.

'쓰리 카드 몬테'할 사람 있어요?

헤드 퍼스트 라운지 뒷방에서는 쓰리 카드 몬테 게임이 진행되고
있습니다. 누군가 카드 세 장을 섞고 있고 여러분은 퀸 카드가 어디로
갔는지 유심히 지켜보고 있습니다. 물론 헤드 퍼스트 라운지이기 때문에
진짜 카드 대신 코드를 사용하고 있습니다. 사용하고 있는 코드는 다음과
같습니다.

역자 주: '쓰리 카드 몬테'
게임은 퀸을 포함한 세 장의
카드를 이용해, 먼저 퀸을
보여두고, 세 카드를 덮은
후에, 카드를 이리저리 섞은
후에 상대방이 퀸 카드를
맞추는 게임입니다.

```c
#include <stdio.h>

int main()
{
  char *cards = "JQK";
  char a_card = cards[2];
  cards[2] = cards[1];
  cards[1] = cards[0];
  cards[0] = cards[2];
  cards[2] = cards[1];
  cards[1] = a_card;
  puts(cards);
  return 0;
}
```

↑
퀸을 찾아야 해요.

이 코드는 세 카드의 문자열 "JQK"를 섞도록 만들어졌습니다. C에서
문자열은 단지 문자의 배열임을 기억하세요. 이 프로그램은 문자를
이리저리 뒤바꾼 후에 섞은 결과 문자열을 보여줍니다.

게임에 참가한 사람은 Q 글자가 어디에 있는지 자신의 돈을 걸고
코드를 컴파일한 후에 실행합니다.

헛... 메모리 문제가 있네요...

카드 마스터의 코드에 문제가 있는 것 같습니다. 헤드 퍼스트에 있는
노트북 컴퓨터로 코드를 컴파일하고 실행하면 다음과 같은 일이
생기네요.

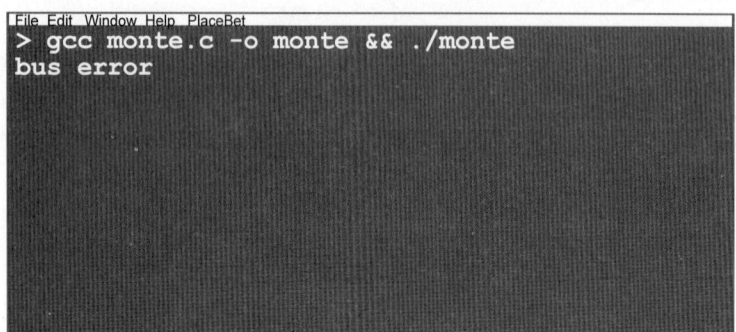

게다가 같은 코드를 다른 운영체제의 다른 컴퓨터에서 돌리면 다양한
여러 에러가 생깁니다.

코드에 어떤 문제가 있는 걸까요?

여러분의 생각은? 정답

여러분의 직감을 이용할 때가 되었습니다. 너무 분석할 필요는 없어요. 그저 추측만으로도 충분해요. 다음의 답안을 보고 정답이라고 생각하는 것을 하나만 고르세요.

여러분이 생각하기에 문제는 무엇인가요?

문자열은 바꿀 수 없다.	
문자를 바꿀 때 문자열 밖으로 나갔다.	
문자열이 메모리에 없다.	
정답 없음	

여러분의 직감을 이용해야 했습니다. 너무 분석할 필요는 없었습니다. 그저 추측만으로도 충분해요. 여러분은 다음의 답안을 보고 정답이라고 생각하는 것을 하나만 골라야 했습니다.

여러분이 생각하기에 문제는 무엇이었나요?

문자열은 바꿀 수 없다.	✓
문자를 바꿀 때 문자열 밖으로 나갔다.	
문자열이 메모리에 없다.	
정답 없음	

문자열 상수는 결코 바꿀 수 없습니다

그러나 문자열 상수로 배열을 만들면 문자열을 수정할 수 있습니다.

```
char *cards = "JQK";  ← 문자열을 바꾸기 위해 이 변수를 사용할 수 없습니다.
```

문자열의 내용을 바꾸기 위해 문자열 상수를 가리키는 포인터 변수를 사용할 수 없습니다.

```
char cards[] = "JQK";
```

결국 C가 메모리를 사용하는 방법이 문제네요!

메모리에서 char *cards = "JQK"; 가 처리되는 과정

이 코드가 왜 메모리 에러를 발생시키는지 이해하려면 컴퓨터의 메모리를
파고 들어가 컴퓨터가 무엇을 하는지 정확히 알아야 합니다.

① 컴퓨터가 문자열 상수를 로드합니다.

컴퓨터가 프로그램을 메모리에 로드할 때 "JQK"
문자열 상수와 같은 모든 상수값은 상수 메모리
영역에 놓습니다. 이 메모리 영역은 읽기전용입니다.

② 프로그램이 cards 변수를 스택에 만듭니다.

스택은 컴퓨터가 함수 안에 있는 변수인 지역
변수를 저장하기 위해 사용하는 영역입니다.
cards 변수가 여기에 있습니다.

**③ cards 변수를 "JQK"를 저장한번지로
지정합니다.**

cards 변수는 문자열 상수 "JQK"의번지를 갖게
됩니다. 문자열 상수는 보통 읽기전용 메모리
영역에 저장되어 그 누구도 바꿀 수 없게 합니다.

④ 컴퓨터가 문자열을 바꾸려 합니다.

프로그램이 cards 변수가 가리키는 문자열의
내용을 바꾸려 하지만 바꿀 수 없습니다. 문자열이
읽기전용이기 때문입니다.

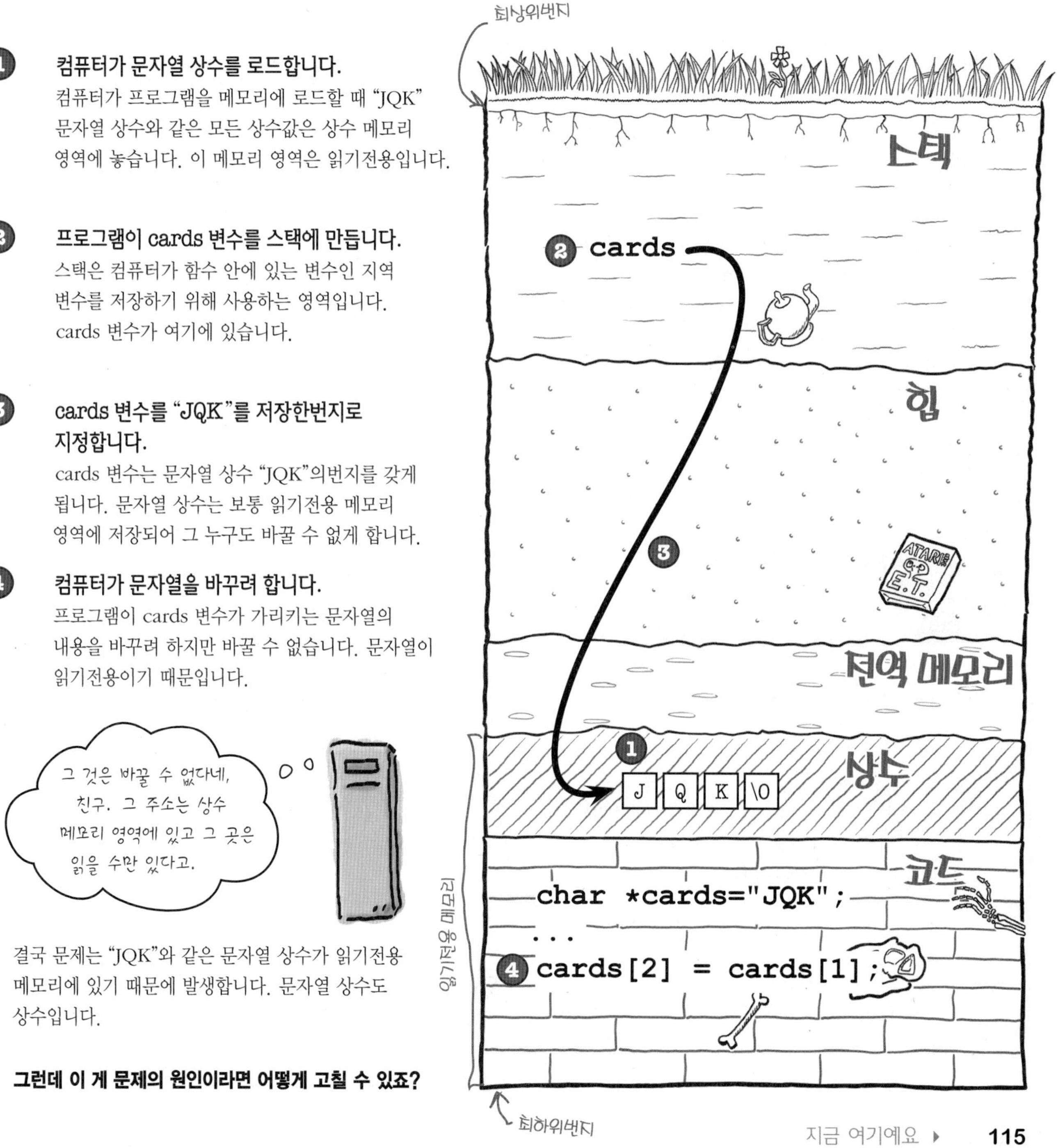

> 그 것은 바꿀 수 없다네,
> 친구. 그 주소는 상수
> 메모리 영역에 있고 그 곳은
> 읽을 수만 있다고.

결국 문제는 "JQK"와 같은 문자열 상수가 읽기전용
메모리에 있기 때문에 발생합니다. 문자열 상수도
상수입니다.

그런데 이 게 문제의 원인이라면 어떻게 고칠 수 있죠?

최상위번지

스택

② cards

힙

ATARI
E.T.

③

전역 메모리

상수

| J | Q | K | \0 |

코드

```
char *cards="JQK";
...
④ cards[2] = cards[1];
```

낮아집니다 메모리 번지가

최하위번지

문자열을 바꾸려면 사본을 만드세요

문자열의 내용을 바꾸고 싶으면 사본을 만들어 사본에 연산해야 하는 불편한 진실. 읽기전용이 아닌 메모리 영역에 문자열의 사본을 만들면 문자열 안의 문자를 바꿔도 문제가 없습니다.

그러면 어떻게 사본을 만들 수 있나요? 문자열을 그저 새로운 배열로 만들면 됩니다.

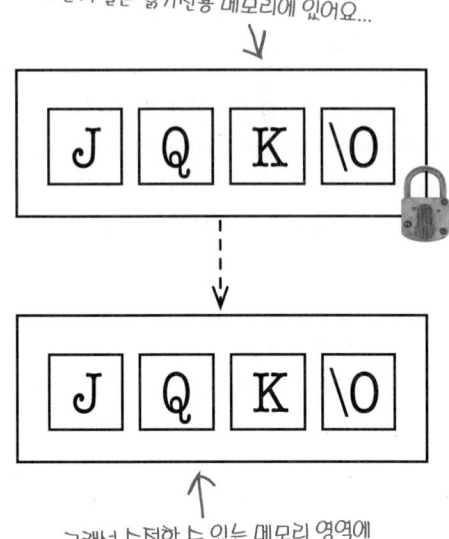

이 문자열은 읽기전용 메모리에 있어요...

... 그래서 수정할 수 있는 메모리 영역에 문자열을 복사합니다.

```
char cards[] = "JQK";
```
← cards는 이제 포인터가 아니라 배열입니다.

단지 이렇게 바꾼다고 무엇이 바뀔지 잘 모를 수도 있습니다. 모든 문자열은 배열입니다. 그러나 이전 코드에서 cards는 단지 포인터였을 뿐입니다. 새 코드에서는 문자열이 배열이 되었습니다. cards라는 배열을 정의하고 문자열 상수를 대입하면 cards 배열을 완전히 새로 만듭니다. 변수는 더 이상 문자열 상수를 가리키지 않습니다. 문자열 상수를 복사해 갖고 있는 따끈따끈한 완전히 새로운 배열입니다.

실제로 어떻게 작동하는지 알아보려면 메모리에서 일어나는 일을 살펴봐야 합니다.

아이디어 탐구

cards[]냐, cards*냐, 이것이 문제로다.

다음의 선언이 의미하는 것은 진정 무엇일까요?

```
char cards[]
```

글쎄요. 어디에 이 선언이 있느냐에 따라 다릅니다. 만약 일반적으로 변수 선언할 때 cards는 배열을 의미하며 바로 값을 설정해야 합니다.

```
int my_function()
{
    char cards[] = "JQK";
    ...
}
```
cards는 배열입니다. ↗

배열의 크기를 지정하지 않으므로 어떤 값으로 바로 대입해야 합니다.

그런데 cards를 함수의 인자로 선언하면, cards는 포인터가 됩니다.

```
void stack_deck(char cards[])
{
    ...
}
```
cards는 char에 대한 포인터가 됩니다. ↗

```
void stack_deck(char *cards)
{
    ...
}
```

이 두 함수는 똑같습니다.

 메모리에서 char cards[] = "JQK"; 가 처리되는 과정

앞에서 죽는 코드에 어떤 일이 생기는지 살펴보았습니다.
그런데 새 코드는 어떤가요? 이제 살펴보겠습니다.

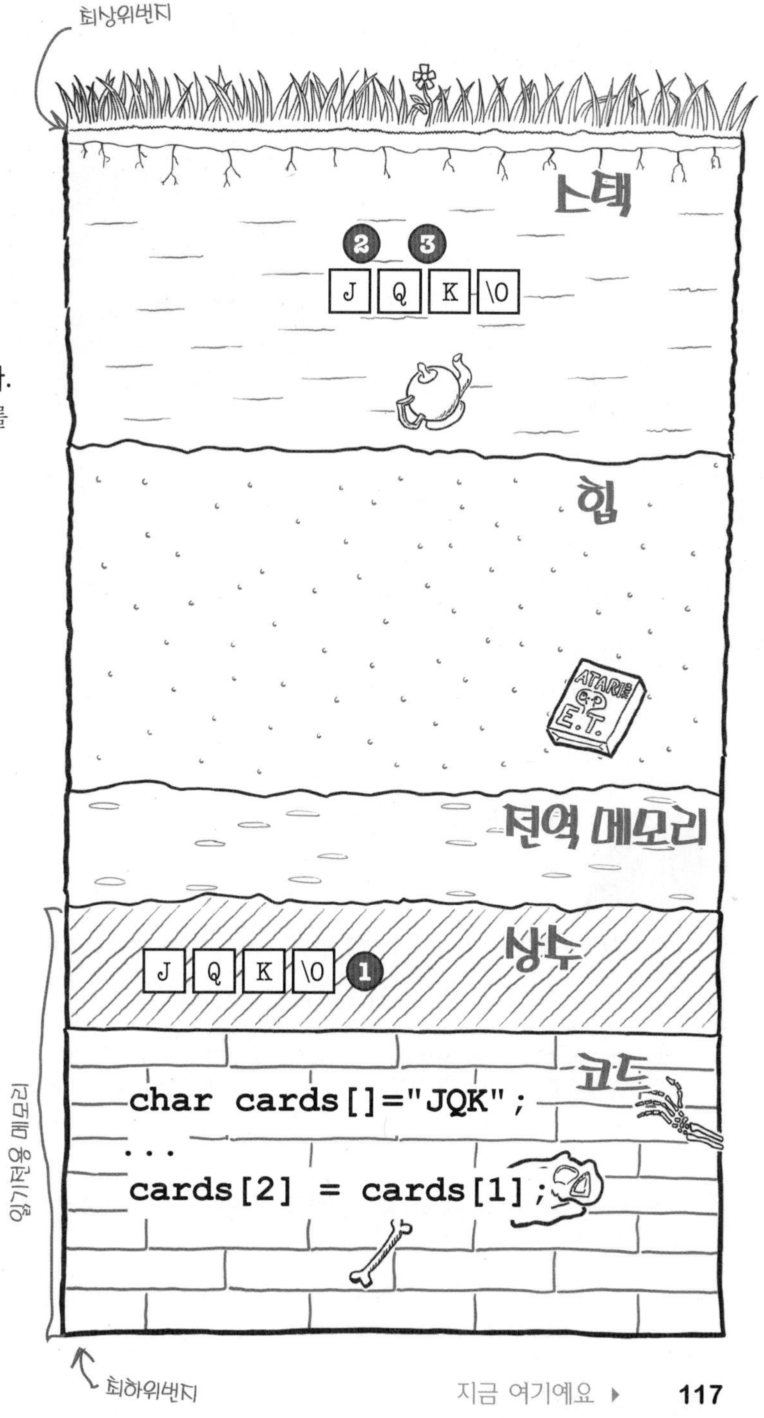

1 **컴퓨터가 문자열 상수를 로드합니다.**
앞에서와 마찬가지로 컴퓨터가 프로그램을
메모리에 로드할 때, "JQK" 문자열 상수와 같은
모든 상수값을 읽기전용 메모리에 로드합니다.

2 **프로그램이 cards 배열을 스택에 새로 만듭니다.**
배열을 정의하고 있기 때문에 프로그램은 "JQK"를
저장할 수 있는 4바이트 배열을 만듭니다.

3 **프로그램이 배열을 초기화합니다.**
그리고 메모리 공간을 할당할 뿐만 아니라
프로그램은 문자열 상수 "JQK" 내용을 스택
메모리에 복사합니다.

원래 코드는 단지 읽기전용 문자열 상수를
가리키도록 포인터를 설정한다는 점이 다릅니다.
그러나 배열을 문자열 상수로 초기화하면
문자열의 사본을 갖게 되어 문자열의 내용을
자유롭게 바꿀 수 있습니다.

최상위번지

스택

J Q K \0

힘

ATARI
E.T.

젼역 메모리

상수

J Q K \0 **1**

코드

```
char cards[]="JQK";
...
cards[2] = cards[1];
```

커집니다

최하위번지

시험 주행

코드에서 새로 배열을 만들면 어떻게 되는지 확인해보세요.

```c
#include <stdio.h>

int main()
{
  char cards[] = "JQK";
  char a_card = cards[2];
  cards[2] = cards[1];
  cards[1] = cards[0];
  cards[0] = cards[2];
  cards[2] = cards[1];
  cards[1] = a_card;
  puts(cards);
  return 0;
}
```

```
File Edit Window Help Where'sTheLady?
> gcc monte.c -o monte && ./monte
QKJ
```

> 맞았어! 첫 번째
> 카드가 퀸인지 알고
> 있었다고...

코드가 제대로 작동합니다! cards 변수는 이제 읽기전용이 아닌 메모리 영역에
있는 문자열을 가리킵니다. 따라서 내용을 마음대로 바꿀 수 있어요.

아이디어 탐구

앞으로 이 문제가 생기지 않게 하려면 절대로 다음 코드처럼 문자열 상수값을 char 포인터에 대입하지 마세요.

```c
char *s = "Some string";
```

포인터를 문자열 상수로 설정하는 것은 아무런 문제가 없지만, 문자열 상수를 수정할 때 문제가 발생합니다. 대신 포인터로
문자열 상수를 가리키게 할 때에는 반드시 const 키워드를 사용해 내용을 변경하지 못하게 하세요.

```c
const char *s = "some string";
```

그러면 컴파일러는 문자열 상수를 변경하려는 코드를 발견하여 컴파일 오류를 내줄 겁니다.

```c
s[0] = 'S';
monte.c:7: error: assignment of read-only location
```

마법의 총알 사건

우리의 명탐정은 총과 탄약 잡지의 뒤에 나온 카탈로그를 보며 맛있는 서재로 가고 있었습니다. 그때 문을 두드리는 노크 소리가 들렸습니다. 키 165센티미터, 금발의 그녀는 싸구려 신발을 신고 좋은 랩탑 컴퓨터를 들고 있었습니다. 한 번에 보기에도 그녀는 프로그래머였습니다. "저 좀 도와주세요... 그의 무죄를 밝혀주세요! 지미는 무죄예요. 무죄라고요!" 그는 그녀에게 휴지를 주어 그녀의 연푸른 눈의 눈물을 닦게 해주고 나서 들어와 앉게 했습니다.

오래된 얘기는 다음과 같습니다. 그녀는 어떤 남자를 만났는데, 그는 어떤 사람을 알고 있었죠. 지미 블롬스타인은 동네 스타버즈 가게에서 서빙을 하고 주말에는 그가 수집한 박제들을 손보곤 했습니다. 언젠가는 코끼리를 박제할 수 있는 돈을 모으는 게 꿈이었죠. 그런데 나쁜 사람들한테 빠졌습니다. 아침에 지미는 복면 강도와 만났는데 그때는 둘 다 살아있었습니다.

```c
char masked_raider[] = "Alive";
char *jimmy = masked_raider;
    printf("Masked raider is %s, Jimmy is %s\n", masked_raider,
    jimmy);
```

5분 미스테리

```
File  Edit  Window  Help
Masked raider is Alive, Jimmy is Alive
```

그리고 그날 오후 복면 강도는 상점을 강탈했고, 그 전에도 범죄를 백 번은 저질렀습니다. 그런데 이번엔 좀 달랐습니다. 지켜보던 사람 중에는 주말 동안 헤드 퍼스트 라운지의 뒷방에서 쓰리 카드 몬테를 즐기러 온 전설의 총잡이가 있었습니다. 그다음부터는 안 봐도 눈에 선합니다. 총소리가 들리고, 비명이 들렸습니다. 잠시 후 악당은 복도에 누워있었고, 앰뷸런스 소리가 요란했습니다.

```c
masked_raider[0] = 'D';
masked_raider[1] = 'E';
masked_raider[2] = 'A';
masked_raider[3] = 'D';
masked_raider[4] = '!';
```

여기서 요란한 사건이 발생한 후에 커피샵에서 일하는 그녀의 남자 친구를 만나러 갔을 때, 그녀는 그가 오렌지 모카 프라푸치노를 서빙한 후에 숨졌다고 들었습니다.

```c
printf("Masked raider is %s, Jimmy is %s\n", masked_raider, jimmy);
```

```
File  Edit  Window  Help
Masked raider is DEAD!, Jimmy is DEAD!
```

도대체 무슨 일이 생긴 걸까요? 어떻게 단 하나의 총알이 마술과도 같이 지미와 복면 강도를 함께 죽일 수 있었을까요? 무슨 일이 일어났다고 생각되나요?

마법의 총알 사건

어떻게 총알 한 발로 지미와 복면 강도를 죽일 수 있었나?

착한 바리스타인 지미는 잔악무도한 복면 강도가 총에 맞아 죽을 때 불가사의하게 숨졌습니다.

```c
#include <stdio.h>
int main()
{
  char masked_raider[] = "Alive";
  char *jimmy = masked_raider;
  printf("Masked raider is %s, Jimmy is %s\n", masked_raider, jimmy);
  masked_raider[0] = 'D';
  masked_raider[1] = 'E';
  masked_raider[2] = 'A';
  masked_raider[3] = 'D';
  masked_raider[4] = '!';
  printf("Masked raider is %s, Jimmy is %s\n", masked_raider, jimmy);
  return 0;
}
```

헤드 퍼스트 마케터의 변: 두뇌 통명 투스는
갖다 놓지 마세요. 이 제품은 망했어요.

5분 미스테리
범인을 찾다

우리의 명탐정이 사건을 해결하기까지는 약간의 시간이 걸렸습니다. 그가 문제에 대해 생각하는 동안 그는 헤드 퍼스트 두뇌 총명 과일 주스를 천천히 마시고 있었습니다. 뒤로 기댄 채 의자에 앉아 테이블 맞은 편에 앉아 있는 그녀의 파란 눈을 바라보았습니다. 그녀의 눈은 달려오는 트럭의 전조등을 바라보는 토끼처럼 꼼짝 못하고 있었고, 명탐정은 자신이 그 트럭 운전수라는 것을 잘 알고 있었습니다.

"안타깝지만 나쁜 뉴스가 있습니다. 지미와 복면 강도는... 한 사람입니다. 같은 사람이라고요!"

"아니! 그럴 리 없어요!"

그녀는 날카롭게 숨을 들이쉬고는 손으로 입을 가렸습니다. "죄송합니다, 아가씨. 그렇지만 사건의 경과는 설명해야겠네요. 메모리 사용 방법을 보세요". 그는 다이어그램을 그렸습니다.

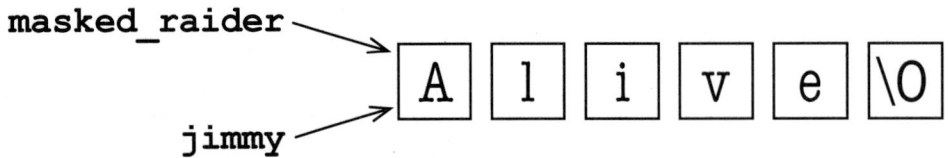

지미(jimmy)와 복면 강도(masked_raider)는 단지 같은 메모리번지에 대한 다른 이름일 뿐이에요. 모두 같은 곳을 가리키고 있어요. 복면 강도가 총에 맞았을 때 지미도 맞은 겁니다. 사건의 증거로 샌프란시스코 코끼리 보호구역에서 온 청구서와 15톤의 포장지 주문서를 추가합니다. 이 사건은 이로써 종료합니다.

핵심정리

- 변수 선언에 *가 있으면 이 변수는 포인터임을 의미합니다.

- 문자열 상수는 읽기전용 메모리 영역에 저장됩니다.

- 문자열을 수정하려면 배열을 새로 만들어 문자열을 복사해야 합니다.

- 코드가 문자열을 수정하지 못하게 하려면 문자에 대한 포인터를 const char *로 선언하면 됩니다.

바보 같은 질문이란 없습니다

Q: 왜 문자열을 변경할 수 없다고 컴파일러가 알려주지 않은 거죠?

A: cards를 그저 char* 형으로 선언했기 때문에 이 포인터가 문자열 상수를 가리키는지 컴파일러가 알 수 없어서입니다.

Q: 왜 문자열 상수는 읽기전용 메모리 영역에 저장하나요?

A: 문자열 상수는 수정되지 않게 설계되었기 때문입니다. "Hello World"를 출력하는 함수를 만들 때 프로그램의 다른 부분이 이 "Hello World" 문자열 상수를 바꾸길 원치 않을 겁니다.

Q: 모든 운영체제가 읽기전용 규칙을 지키나요?

A: 대부분이 그렇습니다. 시그윈에서 실행되는 일부 gcc 버전은 에러를 발생시키지 않고 문자열 상수를 바꿀 수 있게 합니다. 그러나 이렇게 하는 건 언제나 잘못된 방법입니다.

Q: const가 실제 의미하는 것은 무엇인가요? 문자열을 읽기전용으로 만드나요?

A: 어쨌든 문자열 상수는 읽기전용입니다. const 키워드를 사용하면 해당 변수의 내용을 바꾸려는 실수를 컴파일러가 발견할 수 있습니다.

Q: 나머지 메모리 영역은 언제나 똑같은 순서로 메모리에 존재하나요?

A: 같은 운영체제에서는 언제나 같은 순서로 존재할 겁니다. 그러나 다른 운영체제는 순서를 약간 바꿀 수 있어요. 예를 들어 윈도우는 코드를 가장 낮은 번지에 저장하지 않습니다.

Q: 아직도 배열 변수가 메모리에 저장되지 않는 이유를 모르겠어요. 변수라면 메모리 어딘가에는 저장되어야 하는 거 아닌가요?

A: 프로그램을 컴파일할 때 배열 변수에 대한 모든 참조는 배열의 주소로 바뀝니다. 따라서 배열 변수는 컴파일된 실행 파일에는 존재하지 않는다는 거죠. 배열 변수는 다른 데이터를 가리키도록 바꿀 수 없기 때문에 문제는 없습니다.

Q: 배열을 새로 만들어 문자열로 설정하면 프로그램이 정말로 내용을 복사하나요?

A: 그것은 컴파일러에 따라 다릅니다. 컴파일된 코드가 문자열을 배열에 복사할 수도 있고, 아니면 배열의 항목이 필요할 때마다 문자열에서 문자를 읽어올 수도 있습니다.

Q: '선언'이라는 말을 계속 하는데, 이 말은 무엇을 뜻하나요?

A: 선언(Declaration)은 코드의 일부로서 변수나 함수가 있다고 알려줍니다. 정의(Definition)는 코드의 일부로서 변수나 함수가 무엇인지 알려줍니다. 만약 int x = 4; 처럼 변수를 선언하고 값을 설정하면 이 코드는 선언이자 정의입니다.

Q: scanf() 함수는 왜 scanf()라고 이름지었나요?

A: scanf()는 포맷에 맞춰(Formatted) 입력을 읽기(Scan) 때문에 함수 이름을 scanf라고 지었습니다.

 메모리를 기억하자

스택

이 메모리 영역은 지역 변수를 저장합니다. 함수를
호출할 때마다 함수의 모든 지역 변수는 스택에
할당됩니다. 이 영역은 쌓여 있는 접시처럼
생겼다고 하여 스택(Stack, 쌓아 놓은 더미)
이라고 부릅니다. 함수에 들어갈 때 변수가 스택에
추가되고, 함수를 나올 때 변수가 제거됩니다.
그런데 이상한 점은 실제로는 스택 메모리가
뒤집혀서 작동한다는 점입니다. 스택은 메모리
꼭대기에서 시작해 아래로 자랍니다.

힙

이 영역은 아직은 사용하지 않은 메모리 영역입니다.
힙은 동적 메모리를 위해 사용됩니다. 여기에
만들어진 데이터는 프로그램이 실행될 때
만들어지고 비교적 오래 존재합니다. 힙 메모리를
사용하는 방법은 이 책의 뒤에서 설명합니다.

전역 메모리

전역 변수는 함수 외부에 존재하며 코드의
어느 위치에서든 볼 수 있습니다. 전역 변수는
프로그램이 처음 실행될 때 만들어지고 프로그램이
실행되는 동안 마음대로 값을 바꿀 수 있습니다.

상수

프로그램이 처음 실행될 때 상수도 만들어지는데,
상수는 읽기전용 메모리에 만들어집니다. 상수에는
프로그램 실행에 필요한 문자열 상수 등이 있으며,
값은 결코 바뀌지 않습니다.

코드

마지막으로 코드 영역입니다. 많은 운영체제는
코드를 메모리의 가장 낮은 영역에 놓습니다. 코드
영역도 읽기전용입니다. 실제로 이 메모리 영역에
컴파일된 코드가 로드됩니다.

최상위번지

스택

힙

ATARI
E.T.

전역 메모리

상수

메모리 종결지점

```
LINK A6, 3VARSIZE
MOVIEM.L DO-DY/A1-A5, -(SP)
MOVIE.L SP, SAVESTK(A6)
MOVIE.L SP, SAVEAS(A6)
MOVIE.L GRAFGLOBALS(A5), AO
```

코드

최하위번지

C 도구상자

이제 2장을 정복했으며 여러분의 도구상자에
포인터와 메모리를 추가했습니다.
전체 도구상자 목록은 부록 ii를 참조하세요.

scanf("%i", &x);
코드를 사용하면
사용자가 x에 바로
숫자를 넣을 수
있습니다.

int형은 컴퓨터에
따라 크기가
달라집니다.

&x는 변수
x의 주소를
반환합니다.

&x는 'x에 대한
포인터'라고
부릅니다.

char에 대한
포인터는 char*로
선언합니다.

지역 변수는
스택에
저장됩니다.

문자열 상수는
읽기전용 메모리에
저장됩니다.

배열을 새로 만들어
문자열 상수로
초기화하면 문자열
상수를 복사합니다.

변수 배열은
포인터로 사용할 수
있습니다.

a 주소에 있는
내용은 *a로 읽을
수 있습니다.

fgets(buf, size,
stdin)을 사용하면
문장을 간단하게
입력할 수 있습니다.

2.5 문자열

문자열 이론

strcmp()는 우리가 똑같다고 하는데.

내 생각엔 니가 키는 작고 엉덩이는 더 넓다고 한 거 같은데.

문자열은 읽으라고만 있는 건 아닙니다.

여러분은 C 언어의 문자열이 실제로는 char의 배열이라는 사실을 배웠습니다. 그런데 여러분이 C의 문자열로 무엇을 할 수 있을까요? 문자열로 무언가 하려면 **string.h**가 필요합니다. string.h는 **문자열 조작**에 사용하는 C 표준 라이브러리 중 하나입니다. 문자열 뒤에 다른 문자열을 **연결**하거나, 문자열을 **복사**하거나, 두 개의 문자열을 **비교**하려면, string.h 에 있는 함수를 사용하면 됩니다.

이 장에서는 **문자열의 배열**을 만들고 문자열들 속에서 **strstr()** 함수를 사용해 **검색**하는 방법을 자세히 알아봅니다.

문자열 검색

프랭크를 ~~수장을~~ 애타게 찾고 있어요

복고풍의 쥬크박스에는 엄청나게 많은 노래가 들어있어서 사람들이 원하는
노래를 쉽게 찾을 수가 없습니다. 헤드 퍼스트 라운지의 직원들은 손님의
편의를 위해 여러분이 또 다른 프로그램을 만들어 주길 원합니다.

노래 목록은 다음과 같습니다.

뜨아! 또 웨인 뉴튼...
사람들이 쥬크박스에 있는
노래를 찾을 수 있게 검색해주는
프로그램이 있으면 좋겠어.

새로운 앨범 '무명의 시나트라'에 수록된 노래

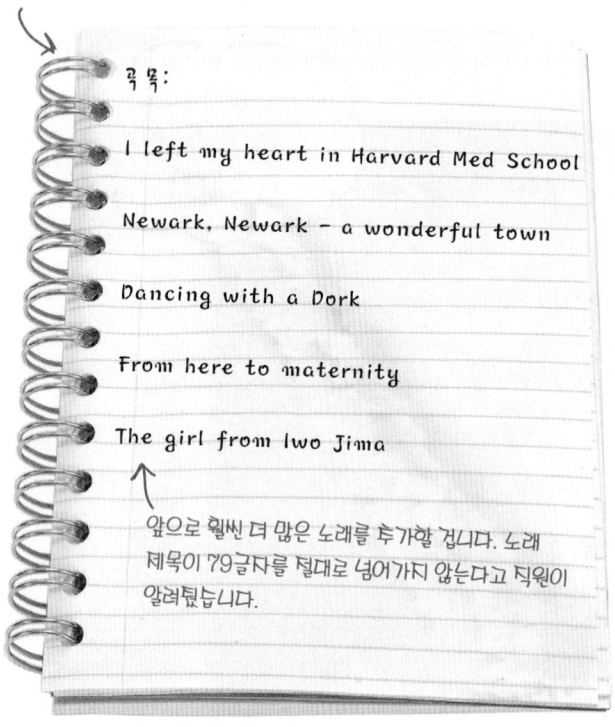

곡목:

I left my heart in Harvard Med School

Newark, Newark - a wonderful town

Dancing with a Dork

From here to maternity

The girl from Iwo Jima

앞으로 훨씬 더 많은 노래를 추가할 겁니다. 노래
제목이 79글자를 절대로 넘어가지 않는다고 직원이
알려줬습니다.

지금은 노래가 몇 곡 안되지만 목록이 더 많아질 겁니다. 여러분은
사용자에게 찾고 있는 노래 제목을 물어보고, 저장된 모든 노래를
검색해서 찾은 노래 제목을 화면에 출력하는 프로그램을 짜야 합니다.

 **브레인 파워**

이 프로그램에는 많은 문자열이 들어갑니다. C에서는 어떻게 이 정보를
저장할 수 있을까요?

배열의 배열 만들기

저장해야 할 노래 제목이 여러 개 있으니, 노래 제목을 문자열로 만들고, 배열로
노래 제목을 목록화하면 됩니다. 그러나 문자열 자체도 배열이라는 점을 기억하세요.
그러니까 여러분은 다음과 같이 배열의 배열을 만들어야 합니다.

이 첫 번째 대괄호는 모든 문자열의
배열을 나타냅니다.

두 번째 대괄호는 각각의
문자열을 위해 사용됩니다.

노래 제목이 결코 79자를
넘어가지 않으므로, 값을 80으로
설정합니다.

문자열이 다섯 개 있다고
컴파일러가 알 수 있기 때문에,
이 대괄호에 숫자를 지정하지
않아도 됩니다.

```c
char tracks[][80] = {
    "I left my heart in Harvard Med School",
    "Newark, Newark - a wonderful town",
    "Dancing with a Dork",
    "From here to maternity",
    "The girl from Iwo Jima",
};
```

모든 문자열은 배열이므로
배열의 배열이 됩니다.

메모리 안에서 배열의 배열은 다음 그림처럼 보입니다.

노래 제목을 저장하기 위해 80글자
공간을 할당합니다.

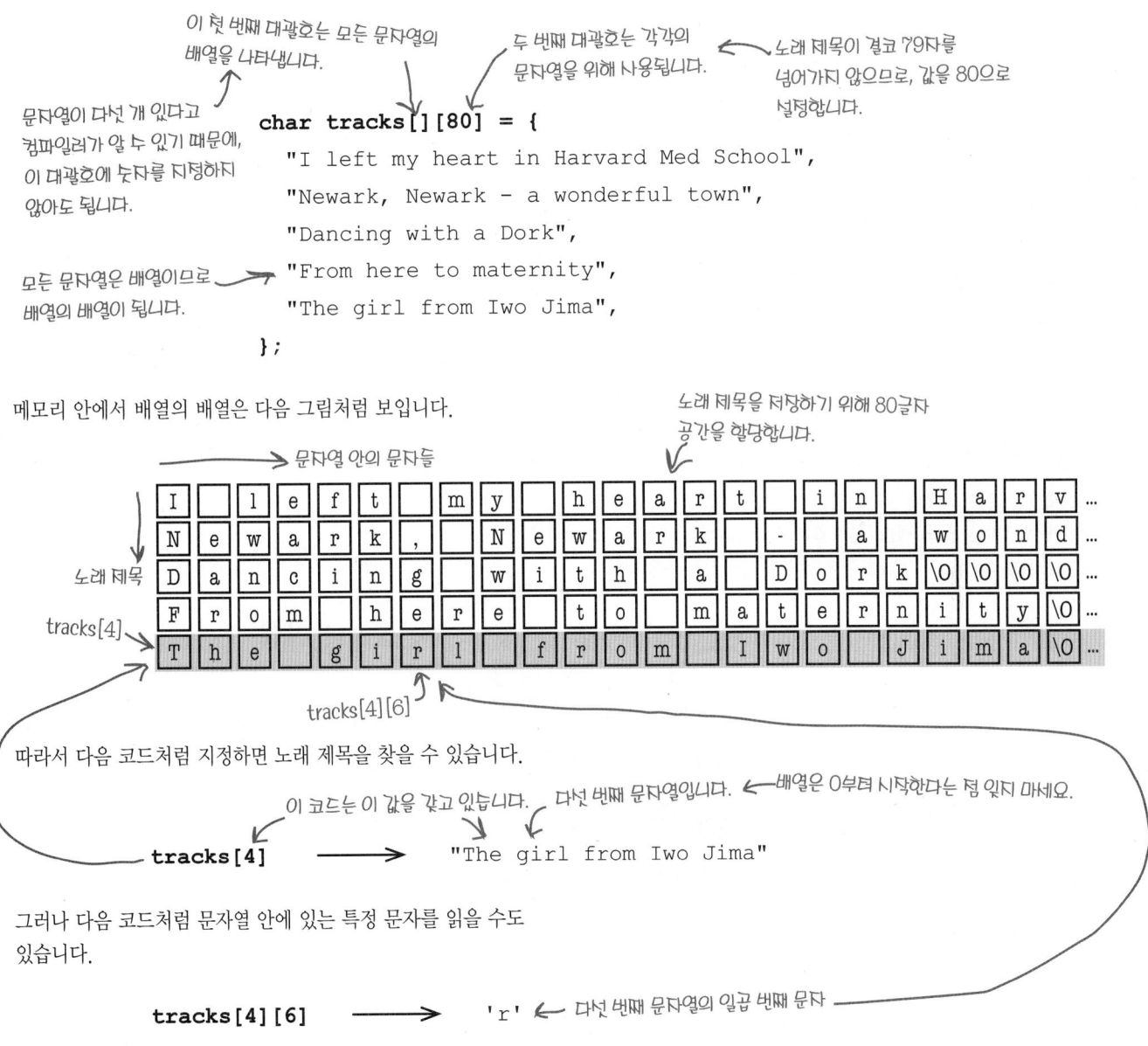

문자열 안의 문자들

노래 제목

tracks[4]

tracks[4][6]

따라서 다음 코드처럼 지정하면 노래 제목을 찾을 수 있습니다.

이 코드는 이 값을 갖고 있습니다.   다섯 번째 문자열입니다.   배열은 0부터 시작한다는 점 잊지 마세요.

tracks[4] ⟶ "The girl from Iwo Jima"

그러나 다음 코드처럼 문자열 안에 있는 특정 문자를 읽을 수도
있습니다.

tracks[4][6] ⟶ 'r' ← 다섯 번째 문자열의 일곱 번째 문자

이제 C 언어로 데이터를 저장하는 방법을 알게 되었습니다. 이 데이터로
무슨 일을 해야 하나요?

검색 문장을 포함하는 문자열 찾기

직원이 친절하게도 여러분에게 프로그램이 할 일을 정리해주었네요.

흐음… 여러분은 노래 제목을 저장하는 방법을 알고 있습니다. 그리고 각각의 노래 제목을 읽는 방법도 알고 있으니, 루프를 사용해 모든 노래 이름을 살펴보는 것도 그리 어렵지 않습니다. 게다가 여러분은 사용자에게 검색할 문장을 물어보는 방법도 알고 있습니다. 그런데 노래 제목에 검색 문장이 들어 있는지 어떻게 확인할 수 있을까요?

> 사용자에게 찾는 문장을 물어봅니다.
>
> 루프를 사용해 모든 노래 제목을 살펴봅니다.
>
> 노래 제목에 검색 문장이 들어 있으면, 노래 제목을 출력합니다.

string.h 사용하기

컴파일러를 설치할 때 함께 설치한 C 표준 라이브러리에는 여러분이 마음대로 사용할 수 있는 엄청나게 많은 유용한 코드가 들어 있습니다. 라이브러리 코드는 파일 열기, 수학 연산, 메모리 관리와 같은 유용한 기능을 제공합니다. 그런데 여러분이 한 번에 표준 라이브러리 모두를 사용하지는 않을 겁니다. 그래서 라이브러리는 여러 부분으로 나뉘어져 있고, 각 부분은 **헤더 파일**을 갖습니다. 헤더 파일은 라이브러리 해당 부분에 있는 모든 함수를 나열합니다.

지금까지 여러분은 stdio.h 헤더 파일만 사용해왔는데, stdio.h는 printf()와 scanf() 같은 표준 입출력 함수를 사용할 수 있게 합니다.

그런데 표준 라이브러리는 문자열을 처리하는 코드도 갖고 있습니다. 실전에서는 많은 프로그램이 문자열 처리를 합니다. 표준 라이브러리에 있는 문자열 코드는 테스트를 통해 안정적이고 빨라 유용합니다.

두 문자열 상호 비교

문자열 검색

문자열 잘라내기

문자열 복사하기

> string.h에는 여러분이 갖고 놀 수 있는 재미있는 다른 함수들이 아주 많습니다. 이것은 단지 시작일뿐입니다.

string.h 헤더 파일을 이용해 문자열 코드를 여러분의 프로그램에 넣을 수 있습니다. **stdio.h**와 마찬가지로 프로그램 제일 꼭대기에 추가하세요.

```
#include <stdio.h>
#include <string.h>
```

> 튜크박스 프로그램은 stdio.h와 string.h를 모두 사용합니다.

나는 어디에 쓰일까요?

여러분이 string.h 함수와 함수에 대한 설명을 연결할 수 있는지 확인해보세요.

strchr()   두 문자열을 연결한다.

strcmp()   다른 문자열 안에 어떤 문자열이 있는
                                              위치를 찾는다.

strstr()   문자열 안에 있는 어떤 문자의 위치를
                                              찾는다.

strcpy()   문자열의 길이를 알아낸다.

strlen()   두 문자열을 비교한다.

strcat()   문자열을 다른 곳에 복사한다.

연필을 깎으며

위 함수 중 어떤 함수를 쥬크박스 프로그램에 사용해야 할까요? 여러분의
답을 적어보세요.

....

나는 어디에 쓰일까요?
정답

여러분은 string.h 함수와 함수에 대한 설명을 연결해야 했습니다.

strchr() ——————————————— 두 문자열을 연결한다.

strcmp() ——————————————— 다른 문자열 안에 어떤 문자열이 있는
위치를 찾는다.

strstr() ——————————————— 문자열 안에 있는 어떤 문자의 위치를
찾는다.

strcpy() ——————————————— 문자열의 길이를 알아낸다.

strlen() ——————————————— 두 문자열을 비교한다.

strcat() ——————————————— 문자열을 다른 곳에 복사한다.

연필을 깎으며
정답

위 함수 중 어떤 함수를 쥬크박스 프로그램에 사용해야 할까요?
여러분의 답을 적어야 했습니다.

strstr()

strstr() 함수 사용하기

그러면 strstr( ) 함수는 어떻게 작동할까요? 예제로 알아보겠습니다.
큰 문자열 "dysfunctional"에서 문자열 "fun"을 찾는다고 가정하겠습니다.
이때 다음과 같이 함수를 호출합니다.

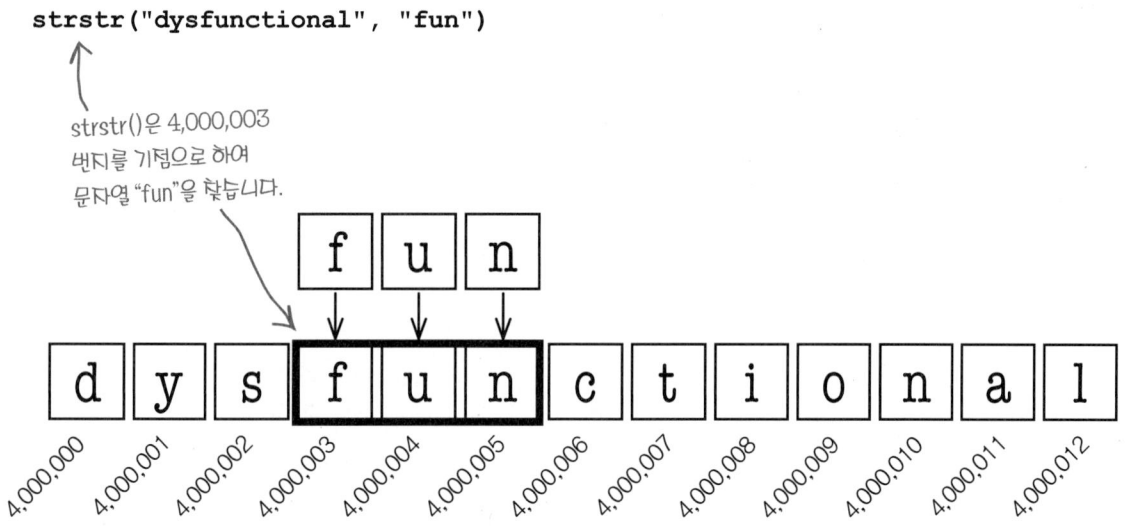

strstr( ) 함수는 첫 번째 문자열 안에서 두 번째 문자열을 찾습니다.
문자열을 찾으면 문자열이 있는 메모리 번지를 반환합니다. 이 예에서는
함수가 fun 문자열이 4,000,003번지에서 시작한다고 알아낼 겁니다.

그런데 strstr( )이 문자열을 찾지 못하면 어떻게 될까요? 문자열을 찾지
못하면 strstr( )은 0 값을 반환합니다. 왜 그럴까요? 음... 앞 장에서 배운
내용을 기억한다면, C는 0을 거짓으로 생각한다고 알고 있을 겁니다.
따라서 다른 문자열에 어떤 문자열이 있는지 검사하려면 strstr( )을 다음과
같이 사용할 수 있습니다.

```c
char s0[] = "dysfunctional";
char s1[] = "fun";
if (strstr(s0, s1))
    puts("dysfunctional에서 fun을 찾았습니다!");
```

쥬크박스 프로그램에서 strstr()을 사용하는 방법을 알아보겠습니다.

수영장 퍼즐

헤드 퍼스트 라운지 직원이 이미 노래 목록을 검색하는 코드를 짜기 시작했습니다. 그런데, 저런! 코드를 짜서 적어 놨던 종이가 수영장에 빠졌네요. 여러분이 올바른 코드 조각을 골라내어 검색 함수를 완성할 수 있을까요? 수영장을 청소한 지 오래 되어 다른 코드도 섞여 있으니 주의하세요. 수영장에 있는 모든 코드가 이 프로그램에 필요하지는 않습니다.

주의: 직원이 책의 어딘가에 나온 새 코드를 벌써 사용했었네요.

이봐! 따로 함수를 만들었네. 아마도 다시 돌아가 main() 함수를 작성할 때, main()이 이 함수를 호출해야 할 꺼야.

void는 함수가 값을 반환하지 않는다고 알려줍니다.

여기에서 검색 문자열이 노래 제목에 포함되어 있는지 검사합니다.

노래 제목이 검색 문자열을 갖고 있으면, 노래 제목을 여기에 출력합니다.

이것은 'for 루프'입니다. 이 루프에 대해서는 잠시 후에 자세히 살펴보겠지만, 일단은 이 루프가 아래 코드를 다섯 번 실행할 거라고만 알면 됩니다.

```
void find_track(char search_for[])
{
    int i;
    for (i = 0; i < 5; i++) {
        if ( .............. ( .............. , .............. ))
            printf("노래 %i: '%s'\n", .............. , .............. );
    }
}
```

여기에서 두 값을 출력할 겁니다.

한 값은 정수형이어야 하고

다른 값은 문자열이어야 합니다.

주의: 수영장에 있는 코드는 한 번만 사용할 수 있습니다

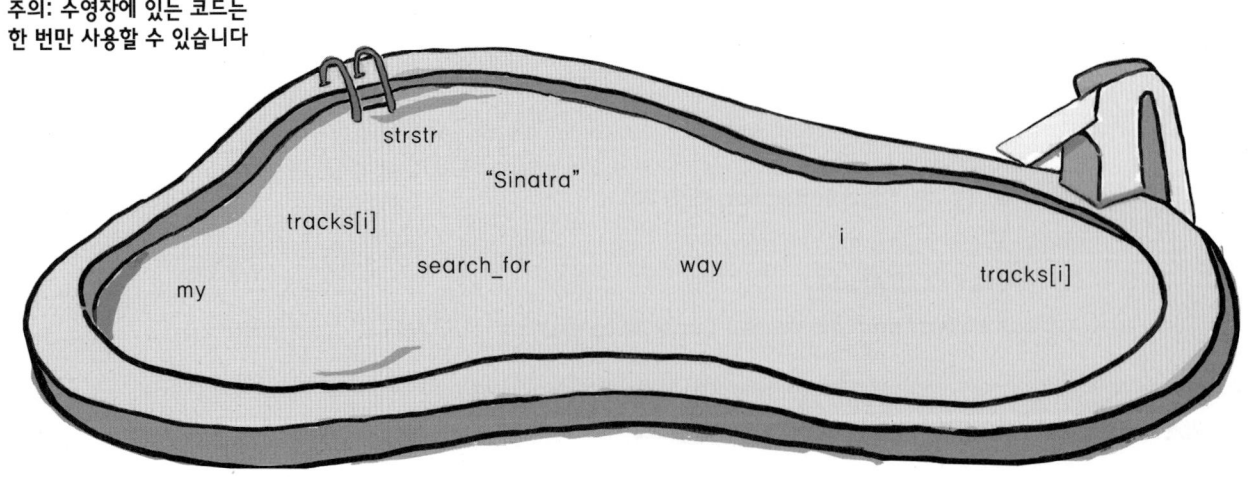

strstr
"Sinatra"
tracks[i]
search_for   way   i
my   tracks[i]

컴파일러가 되어 주세요

쥬크박스 프로그램은 사용자에게 입력받아 맞은 편 페이지에 있는 **find_track()** 함수를 호출해야 합니다. 이제 여러분은 컴파일러가 되어, 다음 중 어떤 **main()** 함수를 쥬크박스 프로그램이 사용해야 할지 얘기해야 합니다.

```c
int main()
{
  char search_for[80];
  printf("검색할 내용: ");
  fgets(search_for, 80, stdin);
  find_track();
  return 0;
}
```

```c
int main()
{
  char search_for[80];
  printf("검색할 내용: ");
  fgets(search_for, 79, stdin);
  find_track(search_for);
  return 0;
}
```

```c
int main()
{
  char search_for[80];
  printf("검색할 내용: ");
  scanf("%79s", search_for);
  find_track(search_for);
  return 0;
}
```

```c
int main()
{
  char search_for[80];
  printf("검색할 내용: ");
  scanf("%80s", search_for);
  find_track(search_for);
  return 0;
}
```

수영장 퍼즐 정답

헤드 퍼스트 라운지 직원이 이미 노래 목록을 검색하는 코드를 짜기 시작했습니다. 그런데, 저런! 코드를 짜서 적어 놓던 종이가 수영장에 빠졌네요. 여러분은 올바른 코드 조각을 골라내어 검색 함수를 완성해야 했습니다.

주의: 직원이 책의 어딘가에 나온 새 코드를 벌써 사용했었네요.

```c
void find_track(char search_for[])
{
  int i;
  for (i = 0; i < 5; i++) {
    if (  strstr  (  tracks[i] ,  search_for ))
      printf("노래 %i: '%s'\n",   i  ,   tracks[i]  );
  }
}
```

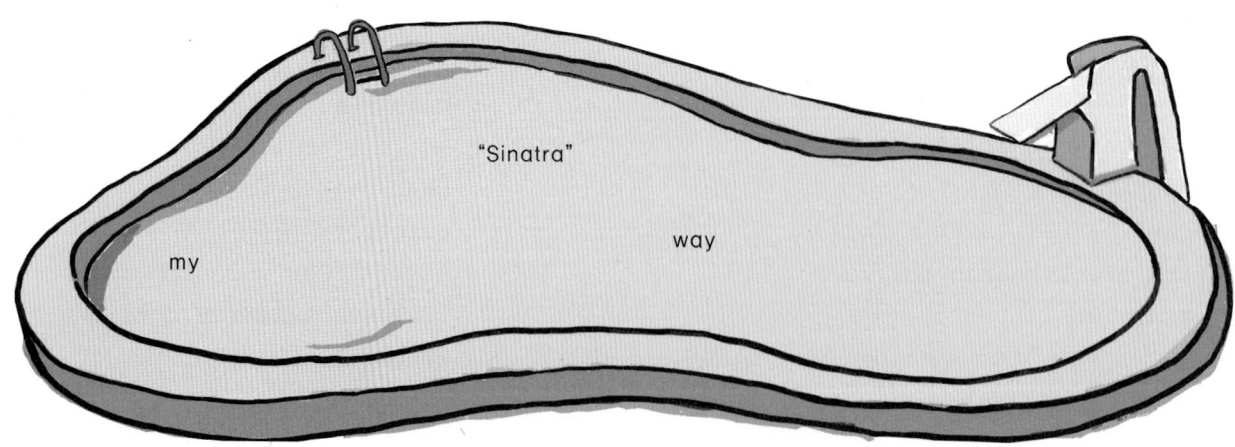

"Sinatra"

way

my

컴파일러가 되어 주세요 정답

쥬크박스 프로그램은 사용자에게 입력받아 맞은편 페이지에 있는 **find_track()** 함수를 호출해야 합니다. 이제 여러분은 컴파일러가 되어, 다음 중 어떤 **main()** 함수를 쥬크박스 프로그램이 사용해야 할지 얘기해야 했습니다.

```c
int main()
{
  char search_for[80];
  printf("검색할 내용: ");
  fgets(search_for, 80, stdin);
  find_track();
  return 0;
}
```
← 검색할 문자열 없이 find_track()을 호출하고 있습니다.

이 코드는 배열의 크기를 잘못 사용하고 있습니다. scanf()를 사용할 때처럼 프로그래머가 길이에서 1을 뺐습니다.

```c
int main()
{
  char search_for[80];
  printf("검색할 내용: ");
  fgets(search_for, 79, stdin);
  find_track(search_for);
  return 0;
}
```

이 코드가 제대로 된 main() 함수입니다.

```c
int main()
{
  char search_for[80];
  printf("검색할 내용: ");
  scanf("%79s", search_for);
  find_track(search_for);
  return 0;
}
```

이 코드는 scanf()를 사용하고 있으므로, 인자가 올바르지 않습니다.

```c
int main()
{
  char search_for[80];
  printf("검색할 내용: ");
  scanf("%80s", search_for);
  find_track(search_for);
  return 0;
}
```

코드 리뷰 시간이 되었습니다

코드를 한 데 모아 여러분이 지금까지 작성한 코드를 검토하겠습니다.

printf()와 scanf() 함수를 사용하기 때문에 stdio.h가 필요합니다.

strstr() 함수로 문자열을 검색하므로 string.h 헤더 파일도 필요합니다.

main()과 find_track() 함수 바깥에 tracks 배열을 정의합니다. 이렇게 하면 프로그램 어디서든 tracks 배열을 사용할 수 있습니다.

여러분이 새로 만든 find_track() 함수입니다. main() 함수가 호출하기 전에 여기에 선언하고 정의해야 합니다.

이 코드는 검색 문자열을 가진 노래 제목을 출력합니다.

그리고 여러분의 main() 함수가 여기에 있습니다. 프로그램은 여기에서 실행을 시작합니다.

i++는 'i'의 값을 1만큼 증가시킨다는 뜻입니다.

```c
#include <stdio.h>
#include <string.h>

char tracks[][80] = {
  "I left my heart in Harvard Med School",
  "Newark, Newark - a wonderful town",
  "Dancing with a Dork",
  "From here to maternity",
  "The girl from Iwo Jima",
};

void find_track(char search_for[])
{
  int i;
  for (i = 0; i < 5; i++) {
    if (strstr(tracks[i], search_for))
      printf("노래 %i: '%s'\n", i, tracks[i]);
  }
}

int main()
{
  char search_for[80];
  printf("검색할 내용: ");
  scanf("%79s", search_for);
  find_track(search_for);
  return 0;
}
```

여기에서 검색할 문자열을 물어봅니다.

새로 만든 find_track() 함수를 여기에서 호출하여 해당 노래 제목을 출력합니다.

프로그램을 이 순서대로 작성해야 한다는 점에 주의하세요. 프로그램 꼭대기에 헤더 파일을 인클루드해야 프로그램을 컴파일하기 전에 컴파일러가 함수를 제대로 알 수 있습니다. 그리고 함수들을 정의하기 전에 tracks 배열을 정의했습니다. 이렇게 하면 tracks 배열을 **전역 범위**에 놓는다고 합니다. 전역 변수는 어떤 함수에도 속하지 않습니다. tracks와 같은 전역 변수는 프로그램의 모든 함수가 사용할 수 있습니다. 마지막으로 함수들이 나옵니다. find_track()이 먼저 오고 그 다음에 main()이 옵니다. main() 함수가 호출하기 전에 먼저 find_track() 함수를 선언해야 합니다.

역자 주: scanf("%79s", search_for);는 공백 문자를 읽어들이지 않습니다. fgets(search_for, 80, stdin);으로 입력받으면 문자열 중간에 공백 문자를 포함할 수 있지만, fgets()로 입력받으면 엔터키의 줄바꿈 문자('\n')가 문자열 끝에 들어갑니다. fgets()로 입력받고 줄바꿈 문자를 제거하려면 다음과 같이 코드 두 줄을 사용해 입력받은 문자열에서 줄바꿈 문자를 제거할 수 있습니다.

```c
fgets("%79s", search_for, 80 );
search_for[strlen(search_for)-1] = '\0';
```

예를 들어 "town"을 입력하면 search_for[4] == '\n'이 되고 strlen(search_for) == 5가 되므로 위 코드가 올바로 줄바꿈 문자를 종료 문자로 바꿈을 알 수 있습니다.

시험 주행

이제 터미널을 열고 코드가 제대로 작동하는지 확인할 때가 되었습니다.

```
File Edit Window Help string.h
> gcc text_search.c -o text_search && ./text_search
검색할 내용: town
노래 1: 'Newark, Newark - a wonderful town'
>
```

그리고 좋은 소식은 프로그램이 제대로 작동한다는 겁니다!
이 코드는 여러분이 지금까지 만들어온 프로그램보다 약간 더 길지만,
하는 일은 훨씬 더 많습니다. 이 프로그램은 문자열들의 배열을 만들고
사용자가 찾으려는 노래 제목을 찾기 위해 전체 배열을 문자열 라이브러리
함수로 검색합니다.

아싸! 프로그램이 멋지게 성공했습니다.
헤드 퍼스트 라운지의 직원들은 프랭크
시나트라의 리듬에 맞춰 흥을 투고
있습니다!

아이디어 탐구

string.h가 제공하는 함수에 대한
자세한 정보는 http://tinyurl.
com/82acwue를 참조하세요.

맥이나 리눅스 컴퓨터를 사용하고
있으면, 터미널에서 string.h가
제공하는 다양한 함수에 대한 설명을
볼 수 있습니다. 예를 들어 strstr()
함수에 대한 설명을 보려면 다음과
같이 입력하세요.

```
man strstr
```

바보 같은 질문이란 없습니다

Q: 왜 tracks 목록을 tracks[5][80] 대신 tracks[ ][80]으로 정의했나요?

A: tracks[ ][80]으로 정의할 수도 있지만, 컴파일러가 목록에 항목이 다섯 개 있음을 알기 때문에 [5]를 지정할 필요 없이 그저 [ ]로 정의할 수 있습니다.

Q: 그렇다면 tracks[ ][ ]로 정의할 수는 없나요?

A: 노래 제목은 모두 길이가 다르기 때문에 가장 긴 노래 제목도 저장할 수 있는 충분한 공간을 할당할 수 있게 컴파일러에게 알려줘야 합니다.

Q: 그렇다면 tracks 배열에 있는 모든 문자열의 길이가 80자라는 말인가요?

A: 노래 제목이 80자보다 훨씬 작아도, 프로그램은 모든 문자열에 80글자를 할당합니다.

Q: 그러면 tracks 배열이 80글자 * 5 = 400글자 공간을 메모리에서 차지하게 되나요?

A: 네...

Q: string.h와 같은 헤더 파일을 인클루드하지 않으면 어떤 일이 생기나요?

A: 어떤 헤더 파일은 컴파일러가 경고 메시지를 출력하고 자동으로 인클루드하지만, 어떤 헤더 파일은 컴파일 에러가 납니다.

Q: 왜 tracks 배열 정의를 함수 바깥에 놓았나요?

A: 우리는 배열을 전역 범위에 놓았습니다. 전역 변수는 프로그램의 모든 함수가 사용할 수 있습니다.

Q: 우리는 함수를 두 개 정의했는데, 컴퓨터는 어떤 함수를 먼저 실행할지 어떻게 아나요?

A: 프로그램은 언제나 main( ) 함수를 먼저 실행합니다.

Q: 왜 find_track( ) 함수를 main( ) 함수보다 먼저 정의해야 했나요?

A: 함수를 호출하기 전에 함수가 어떤 인자를 받는지 반환형은 무엇인지 C가 알아야 하기 때문입니다.

Q: 함수를 다른 순서대로 놓으면 어떻게 되나요?

A: 그러면 몇 가지 컴파일러 경고가 발생할 거에요.

핵심정리

- char strings[...][...]와 같이 정의하면 배열의 배열을 만들 수 있습니다.

- 앞에 나오는 대괄호는 외부의 배열을 접근하기 위해 사용됩니다.

- 두 번째 대괄호는 각 배열의 내부 항목에 접근하기 위해 사용됩니다.

- string.h 헤더 파일은 C 표준 라이브러리 중 문자열 조작 함수를 사용할 수 있게 해줍니다.

- C 프로그램에 여러 함수를 만들 수 있지만, 컴퓨터는 언제나 main() 함수를 가장 먼저 실행합니다.

코드 자석

여러분의 친구가 게임을 만들기 위해 새로운 코드를 만들고 있습니다. 문자열을 화면에 뒤에서부터 출력하는 함수를 만들었네요. 그런데 불행히도 코드 자석 중 몇 개가 떨어져 나갔습니다. 여러분이 친구를 돕기 위해 코드를 다시 만들 수 있나요?

size_t는 정수형으로서 단지 데이터의 크기를 저장하기 위해 사용됩니다.

이 함수는 문자열의 길이를 알아냅니다. 예를 들어 strlen("ABC")는 3입니다.

```c
void print_reverse(char *s)
{
    size_t len = strlen(s);

    char *t = ............ + ............ - 1;

    while ( ............ >= ............ ) {
        printf("%c", *t);

        t = ............  ............  ............;
    }
    puts("");
}
```

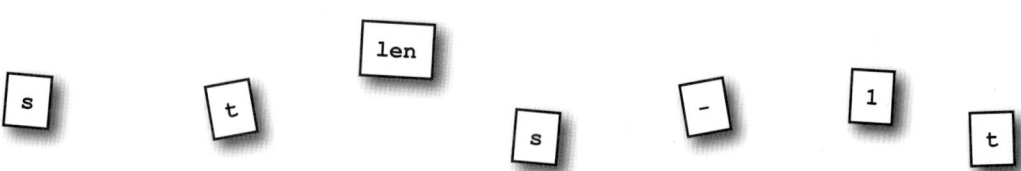

코드 자석 정답

여러분의 친구가 게임을 만들기 위해 새로운 코드를 만들고 있습니다. 문자열을 화면에
뒤에서부터 출력하는 함수를 만들었네요. 그런데 불행히도 냉장고 자석 중 몇 개가 떨어져
나갔습니다. 여러분은 친구를 돕기 위해 코드를 다시 만들어야 했습니다.

```c
void print_reverse(char *s)
{
  size_t len = strlen(s);

  char *t = s + len - 1;

  while ( t >= s ) {
    printf("%c", *t);

    t = t - 1;
  }
  puts("");
}
```

← 이렇게 투소를 계산하는 방법을
'포인터 연산'이라고 합니다.

배열의 배열과 포인터의 배열

여러분은 일련의 문자열을 저장하기 위해 배열의 배열을 사용하는
방법을 배웠습니다. 그런데 **포인터의 배열**을 사용할 수도 있습니다.
포인터의 배열은 말 그대로 일련의 메모리 주소를 배열에 저장한
배열입니다. 문자열 상수의 목록을 간단히 만들 때 유용하게
사용할 수 있습니다.

```c
char *names_for_dog[] = {"Bowser", "Bonza", "Snodgrass"};
```

↑ 포인터를 저장하는
배열입니다.

↑ ↑ ↑ 각 문자열 상수를 가리키는 포인터가
하나씩 생깁니다.

배열의 배열에 접근하는 방법을 그대로 사용해 포인터의 배열에
접근할 수 있습니다.

C 퍼즐

여러분의 친구가 **print_reverse( )** 함수를 다시 만든 후에 이 함수를 사용해 가로세로 낱말 맞추기 프로그램을 만들었습니다. 번호 붙은 코드가 출력하는 문자열로 오른쪽 퍼즐에 답을 채우세요.

가로

```
int main()
{
  char *juices[] = {
    "dragonfruit", "waterberry", "sharonfruit", "uglifruit",
    "rumberry", "kiwifruit", "mulberry", "strawberry",
    "blueberry", "blackberry", "starfruit"
  };
  char *a;
```
1 `puts(juices[6]);`
2 `print_reverse(juices[7]);`
```
  a = juices[2];
  juices[2] = juices[8];
  juices[8] = a;
```
3 `puts(juices[8]);`
4 `print_reverse(juices[(18 + 7) / 5]);`

세로

5 `puts(juices[2]);`
6 `print_reverse(juices[9]);`
```
  juices[1] = juices[3];
```
7 `puts(juices[10]);`
8 `print_reverse(juices[1]);`
```
  return 0;
}
```

C 퍼즐 정답

여러분의 친구가 **print_reverse()**
함수를 다시 만든 후에 이 함수를
사용해 가로세로 날말 맞추기
프로그램을 만들었습니다.
여러분은 번호 붙은 코드가
출력하는 문자열로 오른쪽 퍼즐에
답을 채워야 했습니다.

가로

```
int main()
{
  char *juices[] = {
    "dragonfruit", "waterberry", "sharonfruit", "uglifruit",
    "rumberry", "kiwifruit", "mulberry", "strawberry",
    "blueberry", "blackberry", "starfruit"
  };
  char *a;
  ① puts(juices[6]);
  ② print_reverse(juices[7]);
     a = juices[2];
     juices[2] = juices[8];
     juices[8] = a;
  ③ puts(juices[8]);
  ④ print_reverse(juices[(18 + 7) / 5]);
```

세로

```
  ⑤ puts(juices[2]);
  ⑥ print_reverse(juices[9]);
     juices[1] = juices[3];
  ⑦ puts(juices[10]);
  ⑧ print_reverse(juices[1]);
     return 0;
}
```

C 도구상자

이제 2.5장을 정복했으며 여러분의 도구상자에
문자열을 추가했습니다.
전체 도구상자 목록은 부록 ii를 참조하세요.

문자열의 배열은
배열의 배열입니다.

배열의 배열은 char
strings[...] [...]처럼
만듭니다.

string.h 헤더
파일은 유용한
문자열 함수를 갖고
있습니다.

strcmp( )는
문자열 두 개를
비교합니다.

strstr(a, b)는 a
문자열 안에 있는
b 문자열의 투소를
반환합니다.

strchr( )은 문자열
안에 있는 어떤
문자의 투소를
반환합니다.

strcat( )은
두 문자열을
연결합니다.

strcpy( )는
문자열을
복사합니다.

strlen( )은
문자열의 길이를
알아냅니다.

3 작은 도구 만들기

하나를 하더라도
제대로 해야 한다

결국 작업에 맞는 도구를
선택하는 일이 가장
중요하군...

모든 운영체제는 작은 도구들을 제공합니다.

C로 구현한 작은 도구들은 파일을 읽고 쓰거나 데이터를 걸러내는 일처럼 조그맣지만 특별한
일을 합니다. 더 복잡한 일을 하려면 여러 도구를 하나로 연결하면 됩니다. 그런데 이런 작은
도구는 어떻게 만들까요? 이 장에서는 작은 도구를 만드는 기반 지식을 살펴봅니다. **명령행 인자를**
제어하는 방법, 정보를 다른 도구에 전달하는 방법, **리다이렉션**(Redirection)을 배워, 필요할 때 바로
도구를 갖출 수 있게 합니다.

작은 도구가 큰 문제를 해결할 수 있습니다

작은 도구는 많은 일을 하지는 않지만 제대로 합니다.

작은 도구는 한 가지 일을 제대로 하는 C 프로그램입니다. 도구들은 파일의 내용을 화면에 출력하거나 컴퓨터에서 실행되고 있는 프로세스들을 나열합니다. 아니면 파일의 처음 10줄을 화면이나 프린터에 출력할 수 있습니다. 대부분의 운영체제는 명령행이나 터미널에서 실행할 수 있는 다양한 작은 도구를 제공합니다. 때로는 해결해야 할 큰 문제가 있을 때, 이 문제를 일련의 작은 문제로 분해하고, 각각의 작은 문제를 해결하는 작은 도구를 만들어, 결국 큰 문제를 해결할 수 있습니다.

리눅스 같은 운영체제는 수백 개의 작은 도구로 구성됩니다.

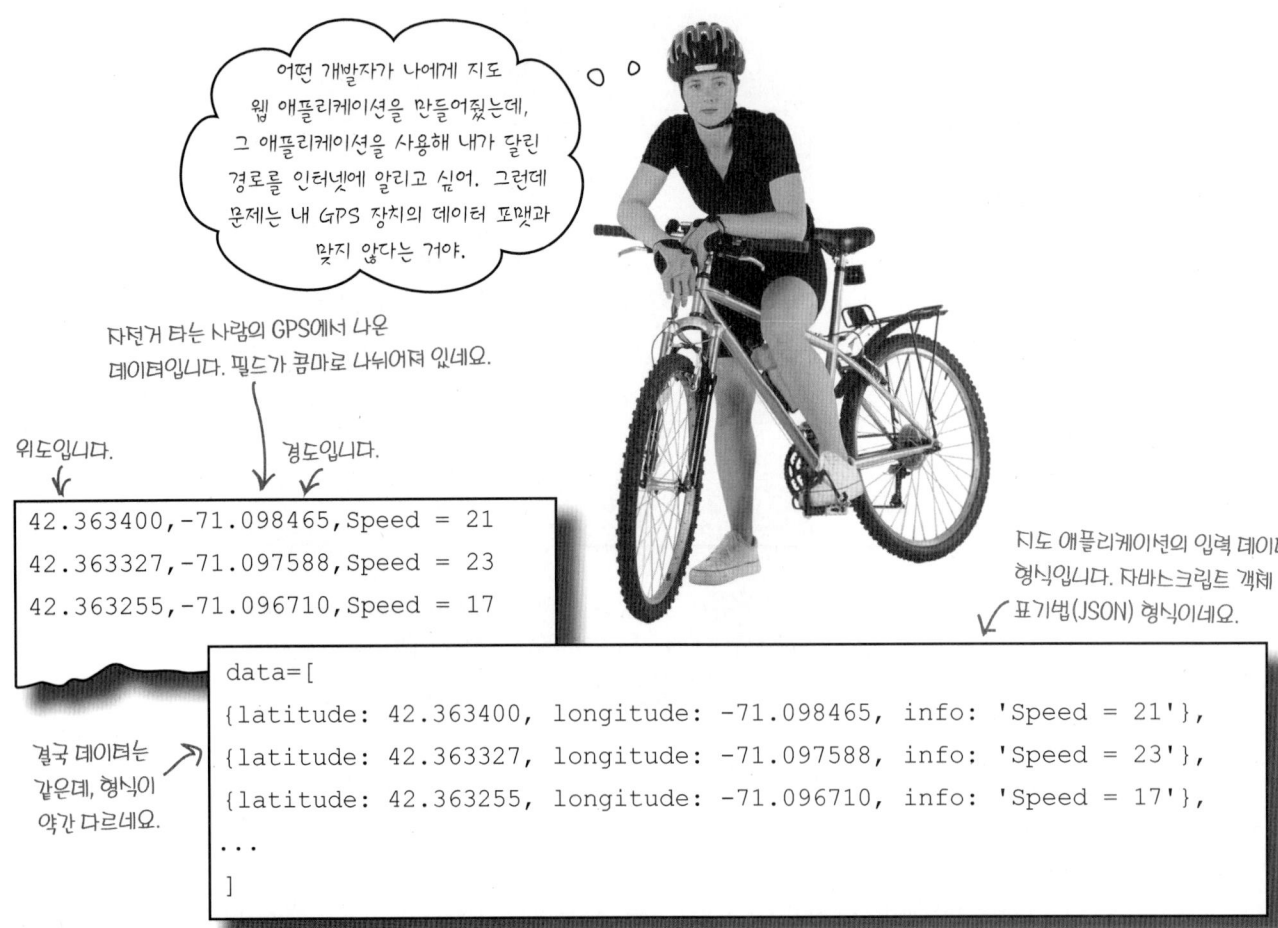

어떤 개발자가 나에게 지도 웹 애플리케이션을 만들어줬는데, 그 애플리케이션을 사용해 내가 달린 경로를 인터넷에 알리고 싶어. 그런데 문제는 내 GPS 장치의 데이터 포맷과 맞지 않다는 거야.

자전거 타는 사람의 GPS에서 나온 데이터입니다. 필드가 콤마로 나뉘어져 있네요.

위도입니다.

경도입니다.

```
42.363400,-71.098465,Speed = 21
42.363327,-71.097588,Speed = 23
42.363255,-71.096710,Speed = 17
```

지도 애플리케이션의 입력 데이터 형식입니다. 자바스크립트 객체 표기법(JSON) 형식이네요.

결국 데이터는 같은데, 형식이 약간 다르네요.

```
data=[
{latitude: 42.363400, longitude: -71.098465, info: 'Speed = 21'},
{latitude: 42.363327, longitude: -71.097588, info: 'Speed = 23'},
{latitude: 42.363255, longitude: -71.096710, info: 'Speed = 17'},
...
]
```

만약 여러분 프로그램의 일부분에서 데이터의 형식을 바꿔야 한다면, 그런 일에는 작은 도구가 딱 맞습니다.

주머니 코드

이봐요, 애써 데이터를 만들어놨는데 그 데이터를 처리할 프로그램이 원하는 데이터 포맷과 맞지 않아 좌절해본 사람 없나요? 아마 십중팔구는 그런 경험이 있을 겁니다. 그런데 조금만 생각해보면 그 프로그램을 바꾸지 않고도 문제를 해결할 수 있어요.

다음 프로그램은 콤마로 분할된 데이터를 명령행에서 읽어 JSON 포맷으로 출력합니다. 코드에서 빠진 부분을 채워넣을 수 있는지 생각해보세요.

```c
#include <stdio.h>

int main()
{
  float latitude;
  float longitude;
  char info[80];
  int started = ................. ;

  puts("data=[");
  while (scanf("%f,%f,%79[^\n]", ................. , ................. , .................) == 3) {
    if (started)
      printf(",\n");
    else
      started = ................. ;
    printf("{latitude: %f, longitude: %f, info: '%s'}", ............. , ............... , ........ );
  }
  puts("\n]");
  return 0;
}
```

읽어야 할 데이터가 여러 개 있으니 scanf()를 사용합니다.

여기에 어떤 값을 넣어야 하나요? scanf()는 언제나 포인터를 받는다는 점을 기억하세요.

scanf() 함수는 읽은 값의 개수를 반환합니다.

이 포맷 지시자는 '줄의 끝까지 읽은 모든 글자를 넘겨줘'라는 의미입니다.

started를 설정하는 방법에 주의하세요.

어떤 값을 출력해야 하나요?

주머니 코드

정답

이봐요, 애써 데이터를 만들어놓았는데 그 데이터를 처리할 프로그램이 원하는 데이터 포맷과 맞지 않아 좌절해본 사람 없나요? 아마 십중팔구는 그런 경험이 있을 겁니다. 그런데 조금만 생각해보면 그 프로그램을 바꾸지 않고도 문제를 해결할 수 있어요.

다음 프로그램은 콤마로 분할된 데이터를 명령행에서 읽어 JSON 포맷으로 출력합니다. 여러분은 코드에서 빠진 부분을 채워넣어야 했습니다.

```c
#include <stdio.h>

int main()
{
  float latitude;
  float longitude;
  char info[80];
  int started = ........0........;

  puts("data=[");
  while (scanf("%f,%f,%79[^\n]", &latitude , &longitude , info ) == 3) {
    if (started)
      printf(",\n");
    else
      started = ........1........;
    printf("{latitude: %f, longitude: %f, info: '%s'}", latitude , longitude , info );
  }
  puts("\n]");
  return 0;
}
```

시작하기 전에 거짓을 의미하는 0으로 started 변수를 초기화합니다.

숫자 변수 앞에 & 연산자를 써야 하는 걸 기억하죠? scanf()는 포인터를 받습니다.

이미 데이터를 출력한 후에만 앞 둘 마지막에 콤마를 출력해야 합니다.

루프가 시작된 후에는 참을 뜻하는 1로 started를 설정합니다.

여기에는 & 연산자를 쓰지 않아야 합니다. printf()는 투소가 아니라 값을 받기 때문입니다.

시험 주행

프로그램을 컴파일하고 실행하면 어떻게 되나요? 프로그램이 무슨 일을 하나요?

출력된 결과입니다.

여러분이 입력한 데이터입니다.

입력과 출력이 뒤죽박죽이 되어 있네요.

```
File  Edit  Window  Help  JSON
> ./geo2json
data=[
42.363400,-71.098465,Speed = 21
{latitude: 42.363400, longitude: -71.098465, info: 'Speed = 21'}42.363327,-71.097588,Speed = 23
,
{latitude: 42.363327, longitude: -71.097588, info: 'Speed = 23'}42.363255,-71.096710,Speed = 17
,
{latitude: 42.363255, longitude: -71.096710, info: 'Speed = 17'}42.363182,-71.095833,Speed = 22
,
...
...
...
{latitude: 42.363182, longitude: -71.095833, info: 'Speed = 22'}42.362385,-71.086182,Speed = 21
,
{latitude: 42.362385, longitude: -71.086182, info: 'Speed = 21'}^D
]
>
```

몇 시간 동안 입력해야 끝낼 수 있을까요...

입력이 끝나면 [Ctrl-D]를 눌러
프로그램을 종료해야 합니다.

프로그램은 GPS 데이터를 키보드로 입력받아 JSON으로 포맷된 데이터를 화면에
출력합니다. 입력과 출력이 서로 뒤엉켜 있다는 게 문제네요. 게다가 데이터가 엄청
많습니다. 작은 도구를 만들었다고 해서 데이터를 일일이 입력하고 싶지는 않을
겁니다. **파일**을 읽어 많은 데이터를 직접 입력할 필요가 없으면 좋겠네요.

그리고 JSON 데이터는 어떻게 사용해야 할까요? JSON 데이터를 화면에 그대로
출력하는 건 그리 도움이 안 됩니다.

그러면 프로그램이 제대로 실행된 건가요? 올바로 처리한 건가요?
프로그램을 바꿔야 할까요?

화면에 출력되는 건 결코 좋지 않아.
출력된 내용을 파일에 저장해야 지도
애플리케이션으로 사용할 수 있어. 자,
어떻게 하는지 보여줄께...

지금 여기예요 ▶ **149**

프로그램은 아래와 같이 실행되어야 합니다

① **자전거에서 GPS를 떼어내고 데이터를 내려받습니다.**

GPS는 gpsdata.csv 파일을 만들어, 위치가 바뀔 때마다 한 줄에 한 위치씩 저장합니다.

이 GPS 장치가 자전거의 위치를 추적하기 위해 사용됩니다.

위치 데이터가 이 파일에 저장됩니다.

gpsdata.csv

② **geo2json 도구는 gpsdata.csv 파일의 내용을 한 줄씩 읽어야 합니다...**

파일 읽기

우리가 만든 geo2json입니다.

geo2json

③ **... 그리고 output.json이라는 파일에 JSON 형식으로 데이터를 저장해야 합니다.**

파일에 씁니다.

프로그램이 이 파일에 데이터를 씁니다.

④ **지도 애플리케이션을 포함한 웹 페이지가 output.json 파일을 읽습니다.**

지도에 지나온 모든 위치를 보여줍니다.

지도 애플리케이션이 output. json 파일에 있는 데이터를 읽고 웹 페이지 안에 지도를 보여줍니다.

output.json

그런데 아직 파일을 사용하고 있지 않아요...

그런데 문제는 우리 프로그램이 파일을 읽고 쓰지 않고, 키보드에서 데이터를 읽고
화면에 데이터를 출력한다는 점입니다.

데이터를 키보드에서 읽고
있습니다.

우리 도구는 데이터를 새로운
형태로 바꿉니다.

그리고 데이터는 파일이 아니라
화면으로 보내집니다.

아직 프로그램이 쓸만하지 않습니다. 다른 곳에 파일로 저장되어
있는 데이터를 사용자가 일일이 키보드로 입력하려 하지 않을 겁니다.
그리고 JSON 형태로 만들어진 데이터를 화면에 출력하면, 웹 페이지
안에 있는 지도 애플리케이션이 데이터를 읽을 수 없습니다.

프로그램이 **파일**을 사용하게 만들어야 합니다. 그런데 어떻게 할 수
있을까요? 프로그램이 키보드와 화면 대신 파일을 사용하게 하려면
어떤 코드를 바꿔야 할까요? 프로그램을 꼭 바꿔야 할까요?

 브레인 파워

코드를 바꾸지 않고 우리 프로그램이 파일을
사용하게 하는 방법이 있을까요? 심지어 다시
컴파일하지 않아도 되는?

아이디어 탐구

한 줄씩 데이터를 읽어 처리하고 또 읽고
처리하는 도구를 필터(Filter)라고 합니다.
유닉스 컴퓨터를 갖고 있거나 MS 윈도우에
시그윈을 설치하면, 여러분은 다음과 같은 필터
도구를 갖고 있습니다.

head: 파일의 처음 몇 줄을 화면에 출력합니다.

tail: 파일의 마지막 몇 줄을 화면에 출력합니다.

sed: 스트림 편집기로서 문장을 검색하고
대체할 수 있습니다.

이 책의 뒤에서 필터를 조합해 **필터 연결**(Filter
Chain)을 구성하는 방법을 배웁니다.

리다이렉션을 사용하면 됩니다

여러분은 키보드에서 읽고 화면에 출력하기 위해 scanf( )와 printf( )
함수를 사용했습니다. 그런데 사실은 이 함수가 키보드와 화면에
직접 얘기하지는 않습니다. 대신 **표준 입력과 표준 출력**을 사용합니다.
프로그램이 실행될 때 운영체제가 표준 입력과 표준 출력을 만듭니다.

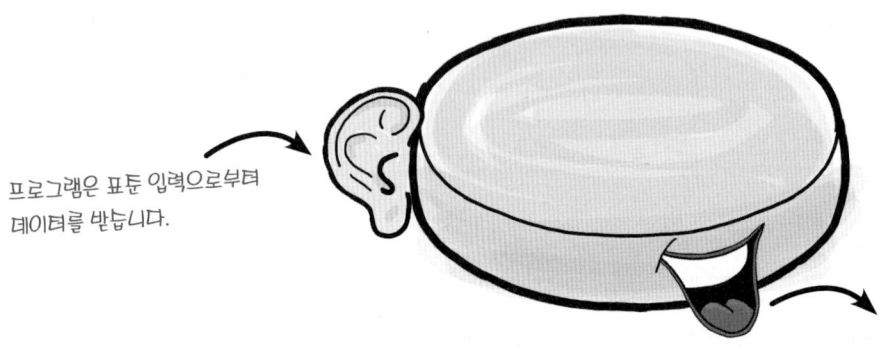

프로그램은 표준 입력으로부터
데이터를 받습니다.

프로그램은 표준 출력으로 데이터를
보냅니다.

데이터가 표준 입출력으로 들어가고 나오는 방법은 운영체제가
관리합니다. 프로그램을 명령행이나 터미널에서 실행하면 운영체제는
모든 키보드 입력을 표준 입력으로 보냅니다. 프로그램이 표준 출력에
출력하면 운영체제가 표준 출력의 데이터를 화면으로 보냅니다.

scanf( )와 printf( ) 함수는 데이터가 어디에서 오는지 어디로 가는지
알지 못하며, 신경쓰지도 않습니다. 이 함수는 그저 표준 입력에서 읽고
표준 출력에 쓸 뿐입니다.

이 말이 약간 복잡하게 들릴 수도 있습니다. 어쨌든 왜 프로그램이
키보드나 화면을 직접 이용하지 않을까요? 직접 이용하는 편이 더
간단하지 않을까요?

글쎄요. 운영체제가 표준 입력과 표준 출력을 사용해 프로그램과 통신하는
타당한 이유가 있습니다.

**표준 입력과 표준 출력을 리다이렉션하여 파일과 같은 다른 곳에 읽고
쓸 수 있기 때문입니다.**

표준 입력은 < 연산자로 리다이렉션할 수 있습니다...

키보드로 데이터를 입력하는 대신 < 연산자를 사용해 파일에서
데이터를 읽을 수 있습니다.

```
42.363400,-71.098465,Speed = 21
42.363327,-71.097588,Speed = 23
42.363255,-71.096710,Speed = 17
42.363182,-71.095833,Speed = 22
42.363110,-71.094955,Speed = 14
42.363037,-71.094078,Speed = 16
42.362965,-71.093201,Speed = 18
42.362892,-71.092323,Speed = 22
42.362820,-71.091446,Speed = 17
42.362747,-71.090569,Speed = 23
42.362675,-71.089691,Speed = 14
42.362602,-71.088814,Speed = 19
42.362530,-71.087936,Speed = 16
42.362457,-71.087059,Speed = 16
42.362385,-71.086182,Speed = 21
```

GPS 장치에서 받은 데이터를 저장한
파일입니다.

이 명령은 운영체제에게 파일에서
읽은 데이터를 프로그램의 표준
입력으로 보내게 합니다.

GPS 데이터를 키보드로 입력할 필요가
없으므로 화면은 더 이상 입력과 출력이
뒤죽박죽되지 않습니다

이제는 프로그램이
출력하는 JSON 데이터만
보게 됩니다.

```
File Edit Window Help Don'tCrossTheStreams
> ./geo2json < gpsdata.csv
data=[
{latitude: 42.363400, longitude: -71.098465, info: 'Speed = 21'},
{latitude: 42.363327, longitude: -71.097588, info: 'Speed = 23'},
{latitude: 42.363255, longitude: -71.096710, info: 'Speed = 17'},
{latitude: 42.363182, longitude: -71.095833, info: 'Speed = 22'},
{latitude: 42.363110, longitude: -71.094955, info: 'Speed = 14'},
{latitude: 42.363037, longitude: -71.094078, info: 'Speed = 16'},
...
...
{latitude: 42.362385, longitude: -71.086182, info: 'Speed = 21'}
]
>
```

< 연산자는 프로그램의 표준 입력을 키보드 대신
gpsdata.csv 파일에 연결하라고 명령합니다.
그러므로 파일에 있는 데이터를 프로그램에 보낼 수 있습니다.
이제 **출력**을 리다이렉션하면 됩니다.

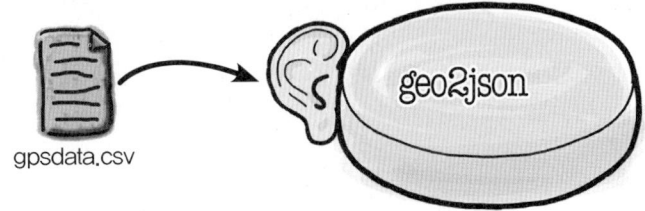

gpsdata.csv

... 그리고 표준 출력은 > 연산자로 리다이렉션합니다

표준 출력을 리다이렉션하려면 > 연산자를 사용해야 합니다.

이 명령은 표준 입력과 표준 출력을
모두 리다이렉션합니다.

```
File Edit Window Help Don CrossTheStreams
> ./geo2json < gpsdata.csv > output.json
>
```

이제 프로그램의 출력은 output.json
파일에 저장됩니다.

화면엔 아무런 내용도
보이지 않습니다. 모든
출력이 output.json
파일에 저장됩니다.

```
data=[
{latitude: 42.363400, longitude: -71.098465, info: 'Speed = 21'},
{latitude: 42.363327, longitude: -71.097588, info: 'Speed = 23'},
{latitude: 42.363255, longitude: -71.096710, info: 'Speed = 17'},
{latitude: 42.363182, longitude: -71.095833, info: 'Speed = 22'},
{latitude: 42.363110, longitude: -71.094955, info: 'Speed = 14'},
{latitude: 42.363037, longitude: -71.094078, info: 'Speed = 16'},
{latitude: 42.362965, longitude: -71.093201, info: 'Speed = 18'},
{latitude: 42.362892, longitude: -71.092323, info: 'Speed = 22'},
{latitude: 42.362820, longitude: -71.091446, info: 'Speed = 17'},
{latitude: 42.362747, longitude: -71.090569, info: 'Speed = 23'},
{latitude: 42.362675, longitude: -71.089691, info: 'Speed = 14'},
{latitude: 42.362602, longitude: -71.088814, info: 'Speed = 19'},
{latitude: 42.362530, longitude: -71.087936, info: 'Speed = 16'},
{latitude: 42.362457, longitude: -71.087059, info: 'Speed = 16'},
{latitude: 42.362385, longitude: -71.086182, info: 'Speed = 21'}
]
```

output.json

표준 출력을 리다이렉션했으므로 화면에는 아무것도 볼 수
없습니다. 그러나 이제는 프로그램이 output.json이라는 파일을
만듭니다.

output.json 파일은 지도 애플리케이션을 사용하기 위해
여러분이 만들어야 하는 파일입니다. 제대로 작동하는지
확인해보겠습니다.

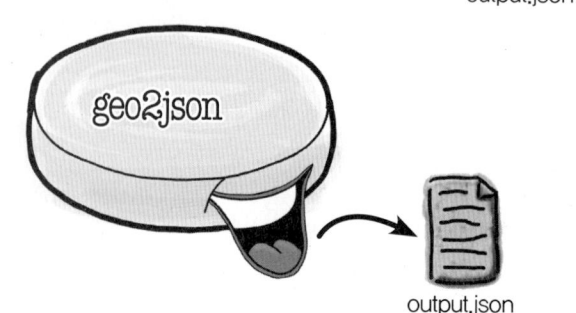

geo2json

output.json

시험 주행

이제 여러분이 만든 데이터 파일이 지도 위에 제대로 위치를 표시할 수 있을지 확인할 때가 되었네요. 지도 프로그램을 포함한 웹 페이지를 output.json 파일이 저장된 폴더에 map.html 이름으로 저장하세요. 그리고 저장한 map.html 파일을 브라우저로 열어보세요.

직접 해보세요!

내려받은 예제 코드 중 map.html 파일을 브라우저로 열어보세요. 지도가 축소되어 있으면, 위치가 겹쳐 보일 수 있으므로, 지도를 확대하세요.

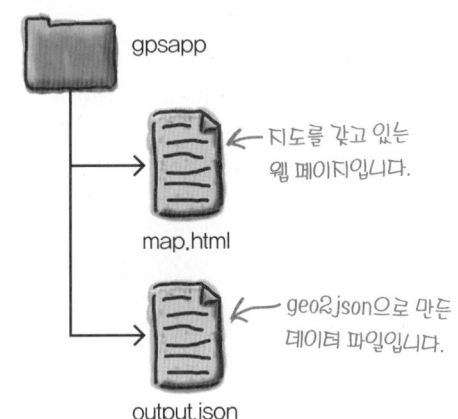

gpsapp

← 지도를 갖고 있는 웹 페이지입니다.

map.html

← geo2json으로 만든 데이터 파일입니다.

output.json

지도가 제대로 작동합니다.
웹 페이지에 들어 있는 지도가 출력 파일에 있는 데이터를 읽어 위치를 표시합니다.

대단해! 이제 내가 달려온 길을 웹에서 지도로 볼 수 있어!

그런데 데이터에 문제가 있네요...

여러분의 프로그램이 GPS 데이터를 읽어 지도 애플리케이션이 사용할 수 있게 올바로 데이터 형태를 변경하는 것 같습니다. 그런데 며칠 후 문제가 생겼네요.

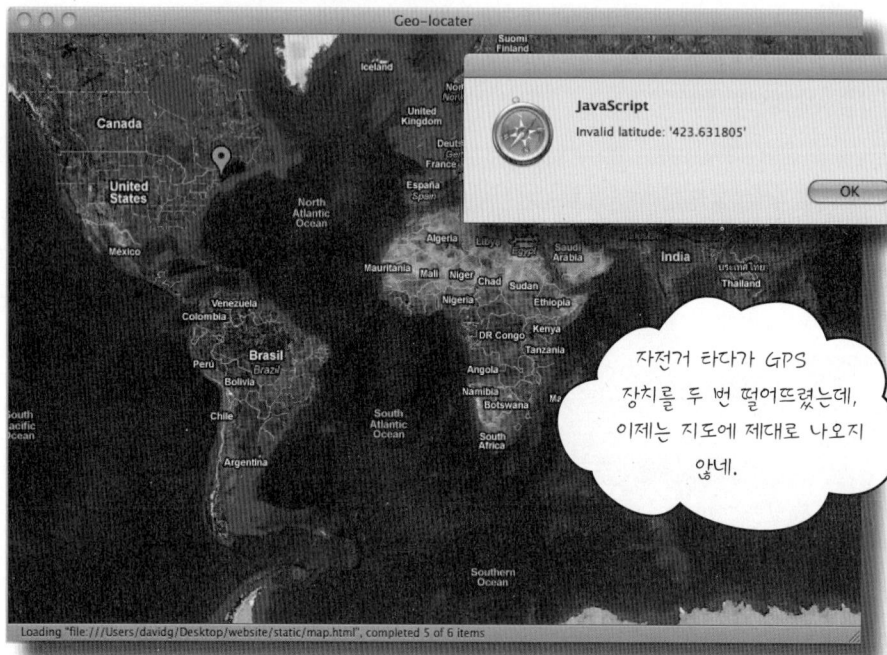

무슨 일이 생긴 걸까요? GPS 데이터 파일에 **잘못된** 데이터가 몇 개 들어갔기 때문에 문제가 발생했습니다.

```
{latitude: 42.363255, longitude: -71.096710, info: 'Speed = 17'},
{latitude: 423.63182, longitude: -71.095833, info: 'Speed = 22'},
```

숫자에 쇼수점이 잘못된 곳에 들어갔네요.

그러나 geo2json 프로그램은 읽은 데이터에 아무런 검사도 하지 않습니다. 단지 숫자를 읽어 형태를 바꾸고 출력으로 내보낼 뿐입니다.

문제를 해결하기 어렵지 않을 것 같습니다. 데이터를 검증하면 되네요.

여러분은 위도나 경도값이 잘못된 값이 아닌지 검사할 수 있게 geo2json 프로그램에 약간의 코드를 추가해야 합니다. 멋지게 만들 필요는 없어요. 위도나 경도값이 정당한 범위 밖으로 나가면 에러 메시지를 출력하고 에러값 2를 반환하고 프로그램을 종료하면 됩니다.

```c
#include <stdio.h>

int main()
{
  float latitude;
  float longitude;
  char info[80];
  int started = 0;

  puts("data=[");
  while (scanf("%f,%f,%79[^\n]", &latitude, &longitude, info) == 3) {
    if (started)
      printf(",\n");
    else
      started = 1;
.....................................................
.....................................................
.....................................................
.....................................................
.....................................................
.....................................................
.....................................................
.....................................................
.....................................................
    printf("{latitude: %f, longitude: %f, info: '%s'}", latitude, longitude, info);
  }
  puts("\n]");
  return 0;
}
```

위도(latitude)가 -90보다 작거나 90보다 크면 상태값을 2로 설정하고 프로그램을 종료하면 됩니다. 경도(longitude)가 -180보다 작거나 180보다 커도 상태값 2로 프로그램을 종료하세요.

연습문제
정답

여러분은 위도나 경도값이 잘못된 값이 아닌지 검사할 수 있게 geo2json 프로그램에 약간의 코드를 추가해야
했습니다. 멋지게 만들 필요는 없어요. 위도나 경도값이 정당한 범위 밖으로 나가면 에러 메시지를 출력하고
에러값 2를 반환하고 프로그램을 종료하면 됩니다.

```c
#include <stdio.h>

int main()
{
  float latitude;
  float longitude;
  char info[80];
  int started = 0;

  puts("data=[");
  while (scanf("%f,%f,%79[^\n]", &latitude, &longitude, info) == 3) {
    if (started)
      printf(",\n");
    else
      started = 1;
    if ((latitude < -90.0) || (latitude > 90.0)) {
      printf("Invalid latitude: %f\n", latitude);
      return 2;
    }
    if ((longitude < -180.0) || (longitude > 180.0)) {
      printf("Invalid longitude: %f\n", longitude);
      return 2;
    }

    printf("{latitude: %f, longitude: %f, info: '%s'}", latitude, longitude, info);
  }
  puts("\n]");
  return 0;
}
```

이 코드는
main()
함수를
종료하고
상태 코드
2를 반환
합니다.

이 코드는 위도와 경도값이
올바른 범위 안에 있는지
검사합니다.

이 코드는 간단한 에러
메시지를 출력합니다.

시험 주행

자, 이제 위도와 경도값이 범위 안에 있는지 검사하는 코드를 구현했습니다.
그런데 우리 프로그램이 잘못된 데이터를 제대로 처리할까요? 실행해보겠습니다.

프로그램을 컴파일하고 잘못된 데이터를 가진 데이터 파일로 실행하겠습니다.

역자 주: 수정된 geo2json.c는
제공된 예제에 geo2json-2.c
로 저장되어 있습니다.

이 명령은 프로그램을
컴파일합니다.

오류가 있는
데이터로 프로그램을
실행하세요.

제길! 에러 메시지는
어디 있지?

임금 제(帝), 일할
길(拮). 임금님이
일한다는 뜻입니다.
ㅡ,ㅡ;;;

점(어노테이션, Annotation)
들이 안 보이네요? (만약
이전과 똑같게 보인다면
브라우저의 화면을 갱신하세요.)

출력된 내용은 output.json
파일에 저장하세요.

```
File  Edit  Window  Help  Don'tCrossTheStreams
> gcc geo2json-2.c -o geo2json-2
> ./geo2json-2 <gpsdata-bad.csv >output.json
>
```

음... 이상합니다. 에러 검사하는 코드를
추가했지만, 프로그램을 실행하면 이전과
똑같이 화면에는 아무것도 보이지 않습니다.
그리고 이제 지도에는 아무런 점도 보이지
않습니다. 왜 그럴까요?

브레인 파워

코드를 다시 확인해보세요. 여러분은 왜 이런 문제가 생겼다고 생각하나요?
코드는 우리가 원하는 일을 제대로 했나요? 왜 화면에 에러 메시지가 보이지 않을까요?
왜 지도 프로그램은 output.json 파일 전체가 잘못되었다고 생각할까요?

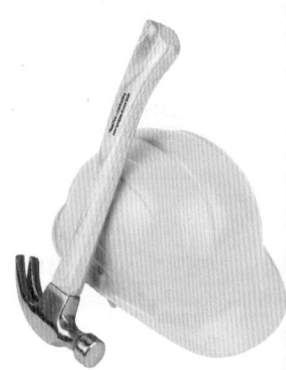

코드 분해

지도 프로그램은 output.json 파일이 잘못되어 있다고 생각합니다. 그러면 output.json 파일을 열어 안을
들여다보겠습니다.

output.json 파일 내용입니다.

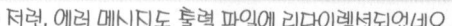

```
data=[
{latitude: 42.363400, longitude: -71.098465, info: 'Speed = 21'},
{latitude: 42.363327, longitude: -71.097588, info: 'Speed = 23'},
{latitude: 42.363255, longitude: -71.096710, info: 'Speed = 17'},
Invalid latitude: 423.631805
```

저런, 에러 메시지도 출력 파일에 리다이렉션되었네요.

파일을 열어보면 무슨 일이 생겼는지 정확히 알 수 있습니다. geo2json-2 프로그램은 데이터에
문제가 있다고 생각하고는 바로 빠져 나옵니다. 이 프로그램은 데이터를 더 이상 처리하지 않고 에러
메시지를 출력합니다. 문제는 여러분이 **표준 출력**을 output.json 파일로 **리다이렉션**했기 때문에 에러
메시지도 이 출력 파일에 들어갔다는 겁니다. 프로그램은 조용히 종료됐고, 여러분은 에러 메시지를
보지 못했습니다.

여러분은 프로그램이 종료되면서 반환한 값을 확인할 수 있지만, 여러분이 정말 원하는 건 에러
메시지를 화면에 보는 겁니다.

그런데 출력을 리다이렉션할 때 어떻게 하면 에러 메시지를 화면에 출력할 수 있을까요?

아이디어 탐구

geo2json-2 프로그램이 데이터에 문제를 발견하면 상태 코드 2로 프로그램을 종료합니다. 그런데
프로그램이 종료된 후에 어떻게 에러 상태를 확인할 수 있을까요? 여러분이 사용하는 운영체제에 따라
다릅니다. 맥이나 리눅스, 아니면 유닉스 계열 컴퓨터를 사용하거나 MS 윈도우 컴퓨터에 시그윈을 설치했다면
다음 명령으로 에러 상태를 확인할 수 있습니다.

```
File Edit Window Help
$ echo $?
2
```

MS 윈도우의 명령행에서는 약간 다릅니다. 다음과 같이 입력해야 합니다.

```
File Edit Window Help
C:\> echo %ERRORLEVEL%
2
```

두 명령의 모양은 다르지만 하는 일은 똑같습니다. 둘 다 프로그램이 종료한 후에 반환한 값을 출력합니다.

표준 에러를 소개합니다

표준 출력은 프로그램이 데이터를 출력하는 기본적인 방법입니다. 그런데 에러처럼 예외적인 일이 생기면 어떻게 해야 할까요? 아마도 에러 메시지는 일반적인 출력 메시지와 다르게 처리하고 싶을 겁니다.

그렇기 때문에 **표준 에러**가 개발되었습니다. 표준 에러는 에러 메시지를 출력하기 위해 만들어진 두 번째 출력입니다.

보통 사람은 눈 두 개와 입 하나를 갖고 있지만, 프로세스는 사람과 달리 약간 기괴하게 생겼습니다. 모든 프로세스는 **귀 한 개**(표준 입력)와 **입 두 개**(표준 출력과 표준 에러)를 갖고 있습니다.

사람

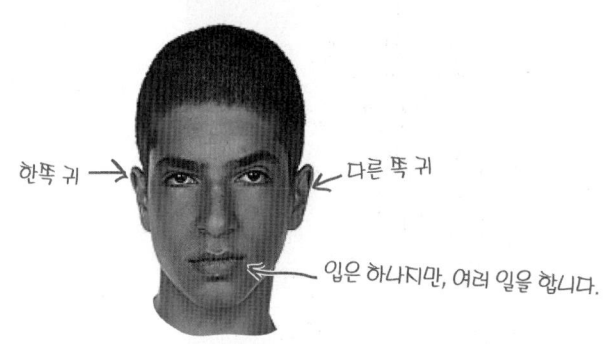

한쪽 귀 → 다른 쪽 귀

입은 하나지만, 여러 일을 합니다.

프로세스

두 번째 귀는 없어요.

표준 입력. 귀가 하나만 있어요.

표준 출력입니다.

표준 에러입니다.

운영체제가 표준 입출력과 에러를 준비하는 방법을 살펴보겠습니다.

기본적으로 표준 에러는 화면으로 보내집니다

프로세스가 새로 만들어지면 운영체제가 표준 입력은 키보드를, 표준 출력은 화면을 가리키게 설정한다는 사실 기억나죠? 사실 운영체제는 이와 동시에 표준 출력과 마찬가지로 표준 에러를 화면에 보내도록 기본적으로 설정합니다.

표준 에러는 화면으로 갑니다.

표준 입력은 키보드에서 옵니다.

표준 출력도 화면으로 갑니다.

다시 말하면 파일을 사용하게 표준 입력과 표준 출력을 리다이렉션해도 표준 에러는 여전히 화면으로 데이터를 보낸다는 것이죠.

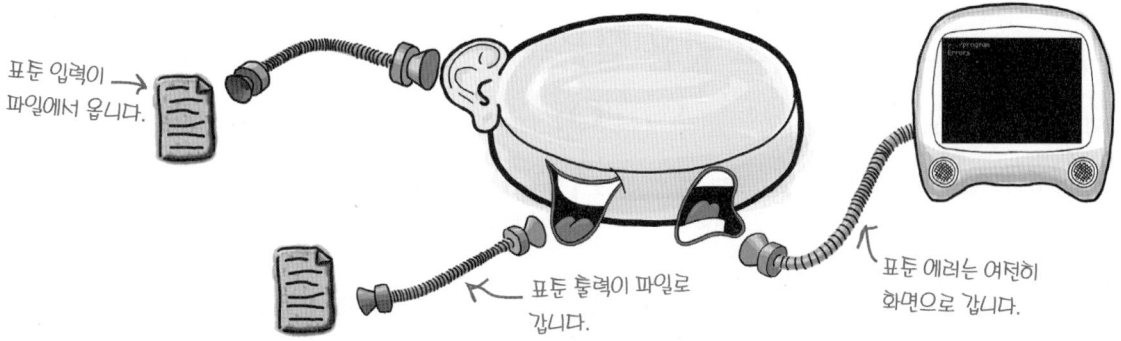

표준 입력이 파일에서 옵니다.

표준 출력이 파일로 갑니다.

표준 에러는 여전히 화면으로 갑니다.

정말 멋진데요! 왜냐면 표준 출력을 다른 곳으로 돌려도 기본적으로 **표준 에러에 출력해야 할 메시지는 여전히 화면에 나타난다는 의미니까요.**

그러면 출력 파일에 에러 메시지가 보이는 문제를 고칠 수 있겠네요. 에러 메시지는 그저 표준 에러에 출력하면 되니까요.

그런데 어떻게 해야 하나요?

fprintf()는 데이터 스트림에 출력합니다

여러분은 이미 printf( ) 함수가 표준 출력에 데이터를 보낸다는 사실을 알고 있습니다. 여러분이 지금까지 몰랐던 사실은 printf( ) 함수가 사실은 fprintf( )라는 범용 함수의 특정 버전이라는 점입니다.

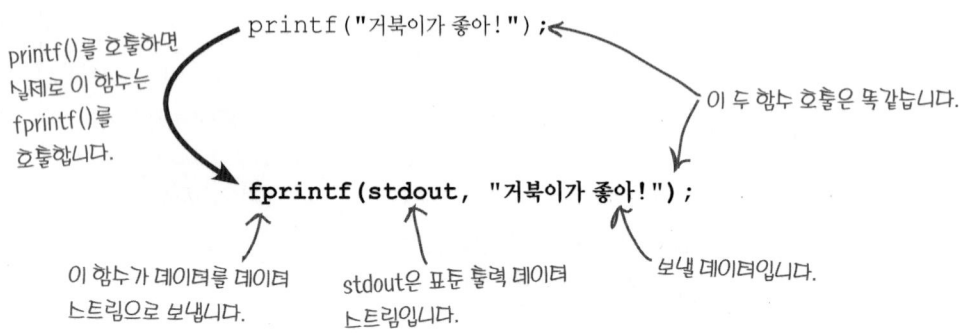

printf()를 호출하면 실제로 이 함수는 fprintf()를 호출합니다.

printf ("거북이가 좋아!");

이 두 함수 호출은 똑같습니다.

fprintf(stdout, "거북이가 좋아!");

이 함수가 데이터를 데이터 스트림으로 보냅니다.

stdout은 표준 출력 데이터 스트림입니다.

보낼 데이터입니다.

fprintf( ) 함수는 어느 데이터 스트림으로 데이터를 보낼지 여러분이 고를 수 있게 해줍니다. 여러분은 fprintf( )를 사용해 문장을 **stdout** (표준 출력)이나 **stderr**(표준 에러)로 보내라고 명령할 수 있습니다.

바보 같은 질문이란 없습니다

Q: stdout과 stderr가 있으면 stdin도 있나요?

A: 네, 여러분이 예상한 대로 stdin은 표준 입력을 가리킵니다.

Q: stdin에도 데이터를 보낼 수 있나요?

A: 아니오, 표준 입력에 데이터를 보낼 수는 없습니다.

Q: stdin에서 데이터를 읽을 수 있나요?

A: 네, scanf()와 거의 똑같은 fscanf()를 사용하면 됩니다. 그런데 fscanf()를 사용할 때는 데이터 스트림을 명시해야 합니다.

Q: 그러면 fscanf(stdin, ...)은 scanf(…)와 똑같은가요?

A: 네, 그 두 호출은 똑같습니다. 사실 scanf()는 내부적으로 fscanf(stdin, ...)을 호출합니다.

Q: 표준 에러도 리다이렉션할 수 있나요?

A: 네. >은 표준 출력을 리다이렉션합니다. 그러나 표준 에러를 리다이렉션하려면 2>를 사용해야 합니다.

Q: 그러면 geo2json 2> errors.txt가 올바른 명령인가요?

A: 네.

fprintf()를 사용해 코드를 수정합니다

코드 두 줄을 약간 수정하면 에러 메시지가 표준 에러에 출력되게
만들 수 있습니다.

```c
#include <stdio.h>

int main()
{
  float latitude;
  float longitude;
  char info[80];
  int started = 0;

  puts("data=[");
  while (scanf("%f,%f,%79[^\n]", &latitude, &longitude, info) == 3) {
    if (started)
      printf(",\n");
    else
      started = 1;
    if ((latitude < -90.0) || (latitude > 90.0)) {
      printf("Invalid latitude: %f\n", latitude);
      fprintf(stderr, "Invalid latitude: %f\n", latitude);
      return 2;
    }
    if ((longitude < -180.0) || (longitude > 180.0)) {
      printf(stderr, "Invalid longitude: %f\n", longitude);
      fprintf(stderr, "Invalid longitude: %f\n", longitude);
      return 2;
    }
    printf("{latitude: %f, longitude: %f, info: '%s'}", latitude, longitude, info);
  }
  puts("\n]");
  return 0;
}
```

printf() 대신 fprintf()
를 사용합니다.

fprintf() 인자로 stderr를 명시해야 합니다.

다시 말하면 코드는 여전히 예전과 똑같이 작동한다는 점입니다. 다만
에러 메시지가 표준 출력 대신 표준 에러에 나타나는 점이 다릅니다.

코드를 실행하고 결과를 확인하겠습니다.

시험 주행

프로그램을 다시 컴파일하고 실행할 때 잘못된 GPS 데이터를 보내면
다음과 같이 실행됩니다.

역자 주: 수정된 geo2json.c는
제공된 예제에 geo2json-3.c
로 저장되어 있습니다.

```
File Edit Window Help ControlErrors
> gcc geo2json-3.c -o geo2json-3
> ./geo2json-3  < gpsdata.bad.csv > output.json
Invalid latitude: 423.631805
>
```

멋집니다. 이 번에도 표준 출력을 output.json 파일로
리다이렉션했지만 에러 메시지는 화면에 나타납니다.

바로 이런 상황을 위해 표준 에러를 만든 겁니다. 일반적인 출력과
에러 메시지를 분리하기 위해서요. 그러나 stderr와 stdout은 모두
출력하기 위한 스트림이라는 점을 기억하세요. 그리고 이 둘을
어디에든 사용하지 못할 이유는 없습니다.

새로 알게 된 표준 입력과 표준 에러 기법을 시험해보겠습니다.

핵심정리

- printf() 함수는 데이터를 표준 출력으로
  보냅니다.

- 기본적으로 표준 출력은 화면에 나타납니다.

- 명령행에서 〉를 사용하면 표준 출력을 파일로
  리다이렉션할 수 있습니다.

- scanf()는 표준 입력에서 데이터를 읽습니다.

- 기본적으로 표준 입력은 키보드에서
  데이터를 읽습니다.

- 명령행에서 〈를 사용하면 파일로부터 표준
  입력을 읽게 리다이렉션할 수 있습니다.

- 표준 에러는 에러 메시지를 출력하기 위한
  겁니다.

- 2〉를 사용해 표준 에러를 리다이렉션할 수
  있습니다.

1급 비밀

우리는 아래 프로그램이 비밀 메시지를 전송하기 위해 사용되어 왔다고 믿고 있습니다.

```c
#include <stdio.h>

int main()
{
  char word[10];
  int i = 0;
  while (scanf("%9s", word) == 1) {
    i = i + 1;
    if (i % 2)
      fprintf(stdout, "%s\n", word);
    else
      fprintf(stderr, "%s\n", word);
  }
  return 0;
}
```

i % 2는 '2로 나눈 나머지'를 뜻합니다.

우리는 secret.txt라는 파일과 사용법이 담긴 종이 조각을 빼냈습니다.

```
THE BUY SUBMARINE
SIX WILL EGGS
SURFACE AND AT
SOME NINE MILK PM
```

secret.txt

사용 방법:
secret_messages < secret.txt > message1.txt 2> message2.txt

>는 표준 출력을 리다이렉션합니다.   2>는 표준 에러를 리다이렉션합니다.

여러분은 두 개의 비밀 메시지를 해독해야 합니다. 아래 여러분이 생각한 답을 써보세요.

message1.txt	message2.txt
....	....
....	....
....	....
....	....
....	....
....	....
....	....

1급 비밀 정답

우리는 아래 프로그램이 비밀 메시지를 전송하기 위해 사용되어 왔다고 믿고 있습니다.

```c
#include <stdio.h>

int main()
{
  char word[10];
  int i = 0;
  while (scanf("%9s", word) == 1) {
    i = i + 1;
    if (i % 2)
      fprintf(stdout, "%s\n", word);
    else
      fprintf(stderr, "%s\n", word);
  }
  return 0;
}
```

우리는 secret.txt라는 파일과 사용법이 담긴 종이 조각을 빼냈습니다.

```
THE BUY SUBMARINE
SIX WILL EGGS
SURFACE AND AT
SOME NINE MILK PM
```

secret.txt

사용 방법:
secret_messages < secret.txt > message1.txt 2> message2.txt

여러분은 두 개의 비밀 메시지를 해독해야 했습니다.

message1.txt	message2.txt
THE	BUY
SUBMARINE	SIX
WILL	EGGS
SURFACE	AND
AT	SOME
NINE	MILK
PM	

운영체제를 파헤치다

금주의 인터뷰:
운영체제가 중요한가요?

헤드 퍼스트: 운영체제 님, 오늘 저희를 위해 시간을 내주셔서 대단히 감사드립니다.

운영체제: 시간 분할. 제가 아주 잘 하는 일이죠.

헤드 퍼스트: 익명으로 인터뷰하는 데 동의하신 거, 맞죠?

운영체제: 묻지도 말고 얘기도 마세요. 저를 그저 운영체제라고 불러주세요.

헤드 퍼스트: 운영체제님이 어떤 종류인지가 중요한가요?.

운영체제: 많은 사람이 어느 운영체제를 사용해야 할지 얘기가 나오면 불끈해집니다. 그렇지만 간단한 C 프로그램에겐 거의 똑같아요.

헤드 퍼스트: C 표준 라이브러리 때문인가요?

운영체제: 네, C 언어로 프로그램을 짜면 기본적인 건 어디서나 똑같아요. 제가 늘 말하듯이 불끄면 다 똑같거든요. 제가 하는 말이 무슨 말인지 아시겠어요?

헤드 퍼스트: 아, 물론이죠. 그런데 운영체제님은 프로그램을 메모리에 로드하는 일을 책임지고 있죠?

운영체제: 제가 프로그램을 프로세스로 만들죠. 맞습니다.

헤드 퍼스트: 중요한 일인가요?

운영체제: 그렇게 생각하고 싶습니다. 그저 프로그램을 메모리에 던져 놓고 혼자 알아서 지지고 볶게 만들 수는 없습니다, 그렇죠? 제가 준비해야 할 일이 아주 많아요. 프로그램에게 메모리를 할당해주고 화면이나 키보드와 같은 장치를 사용할 수 있게 프로그램을 표준 데이터 스트림에 연결해야 합니다.

헤드 퍼스트: geo2json 프로그램에 했던 일처럼요?

운영체제: 그 프로그램은 정말 물건이에요.

헤드 퍼스트: 아, 죄송합니다.

운영체제: 아닙니다. 제 말은 그 프로그램은 진정한 도구라는 뜻이에요. 간단한 문자 기반의 프로그램!

헤드 퍼스트: 아, 알겠습니다. 운영체제님은 수많은 도구를 다루시죠?

운영체제: 사는 게 다 그런 거 아닌가요? 운영체제에 따라 조금 다릅니다. 유닉스 계열 운영체제는 작업에 매우 많은 도구를 사용합니다. MS 윈도우는 덜 사용하긴 하지만, 그래도 도구는 중요합니다.

헤드 퍼스트: 서로 협동하는 작은 도구를 만드는 건 거의 철학이죠. 그렇지 않은가요?

운영체제: 살아가는 방법이죠. 때로는 해결해야 할 커다란 문제가 있을 때, 문제를 더 간단한 여러 일로 나누면 해결하기 쉬워지죠.

헤드 퍼스트: 그리고는 각각의 일을 맡는 도구를 만드는 거죠?

운영체제: 바로 그겁니다. 그리고 나서 바로 저, 운영체제를 사용해 도구를 함께 연결합니다.

헤드 퍼스트: 그 방법은 어떤 점이 좋은가요?

운영체제: 가장 큰 장점은 간단하다는 거죠. 작은 프로그램들은 테스트하기 더 쉽습니다. 또 다른 장점으로는, 일단 도구를 만들어 놓으면 다른 프로젝트에도 사용할 수 있다는 거죠.

헤드 퍼스트: 문제는 없나요?

운영체제: 음... 도구들이 그리 멋지지는 않아요. 도구는 주로 명령행에서 작동하고, 눈에 끌린다고 할까... 그런 건 그리 많지 않아요.

헤드 퍼스트: 그게 문제가 되나요?

운영체제: 헤드 퍼스트 기자님이 생각하는 만큼은 아니에요. 중요한 일을 처리하는 일련의 탄탄한 도구를 갖고 있으면, 데스크탑 애플리케이션이든 웹이든 멋진 UI에도 연결하는 건 언제나 할 수 있어요. 그런데, 시간 좀 보세요. 죄송합니다. 기자님에게 할당한 시간이 끝나서 인터뷰를 마쳐야겠네요.

헤드 퍼스트: 그렇군요. 운영체제 님 감사합니다. 만나서 반가...웠...

작은 도구는 유연합니다

작은 도구의 장점 중에 하나는 유연성입니다. 만약 어떤 일 하나를 정말
잘하는 프로그램을 만들면 여러 상황에서 이 도구를 다시 사용할 수 있습니다.
가령 파일 안의 문장을 검색하는 프로그램을 만들면 여러 프로젝트에서 이
프로그램을 유용하게 사용하게 될 겁니다.

예를 들면 여러분이 만든 geo2json 도구 같은 프로그램을 생각해보세요.
여러분은 반복되는 데이터를 출력하려고 이 프로그램을 만들었습니다.
그런데 이 프로그램을 다른 곳에 쓰지 말라는 법은 없죠... 예를 들면 ...
검사하거나...

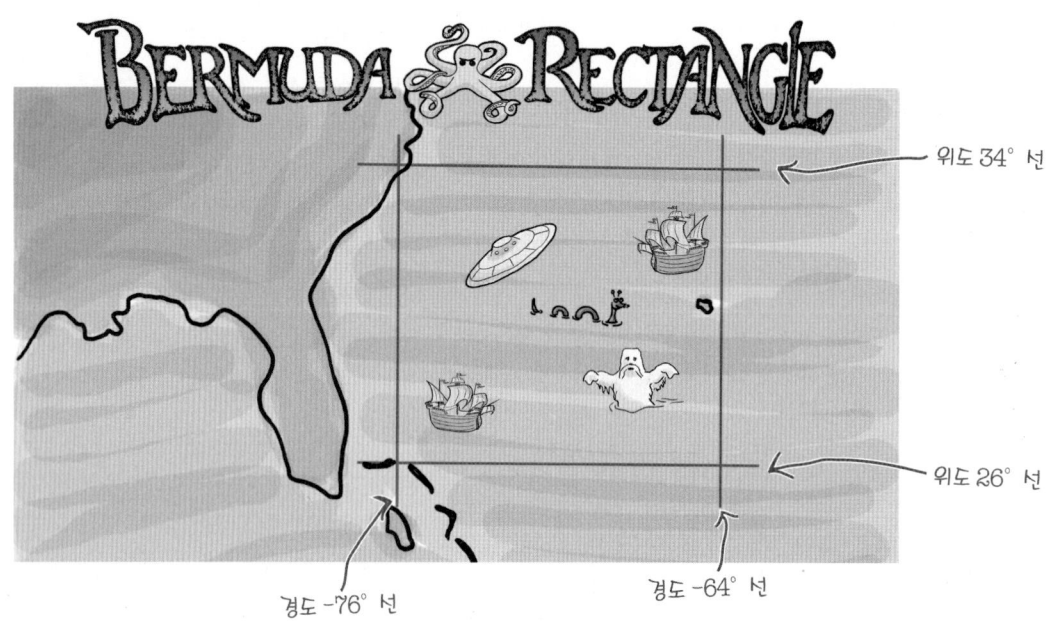

우리 도구가 얼마나 유연한지 알아보기 위해 이 도구를 전혀 다른 문제에
사용해보겠습니다. 지도 위에 데이터를 출력하는 대신 조금 더 복잡한 곳에요.
예를 들면 전에 하던 대로 GPS 데이터를 읽지만 모든 것을 출력하는 대신
버뮤다 사각지 안에 있는 위치 정보만 출력하는 겁니다.

다시 말하면 아래 조건을 만족하는 데이터만 출력하는 겁니다.

```
((latitude > 26) && (latitude < 34))

((longitude > -76) && (longitude < -64))
```

그럼 어디에서 시작해야 할까요?

geo2json을 수정하지 마세요

우리가 만든 geo2json 도구는 입력받은 데이터를 모두 출력합니다.
그러면 어떻게 해야 할까요? 데이터 형식을 바꾸고 데이터 검사도 하게
geo2json을 수정해야 할까요?

글쎄요. 그렇게 할 수도 있지만 작은 도구는

일 하나를 하더라도 제대로 합니다

라는 점을 잊지 마세요. 여러분은 geo2json을 바꾸고 싶지 않을 겁니다.
한 가지 일은 제대로 하니까요. 프로그램이 더 복잡한 작업을 하게
geo2json을 변경하면, 이 프로그램을 사용하던 사용자는 더 이상 하던
작업을 할 수 없게 될 겁니다.

난 데이터를 걸러내는
건 정말 하고 싶지 않아.
앞으로도 데이터를 전부
출력하면 좋겠어.

**geo2json 도구를 바꾸고 싶지 않다면 어떻게 해야
할까요?**

작은 도구의 설계하는 방법에 대한 조언

geo2json 같은 작은 도구는 다음의 설계 원칙을 따릅니다.

* 표준 입력으로부터 데이터를 읽을 수 있다.

* 표준 출력에 데이터를 출력할 수 있다.

* 알기 힘든 이진 포맷보다는 텍스트 형태의 데이터를 처리한다.

* 각기 하나의 간단한 작업을 수행한다.

다른 일을 하려면 다른 도구가 필요합니다

버뮤다 사각지 밖으로 나가는 데이터를 걸러내려면 바로 그 일을 하는
도구를 따로 만들어야 합니다.

그러면 도구 두 개를 갖게 됩니다. 새로 만들 **bermuda** 도구는 버뮤다
사각지 외부의 데이터를 걸러내고, 여러분의 원래 geo2json 도구는
남은 데이터를 지도 애플리케이션이 사용할 수 있게 변환합니다.

두 프로그램을 연결하는 방법은 다음과 같습니다.

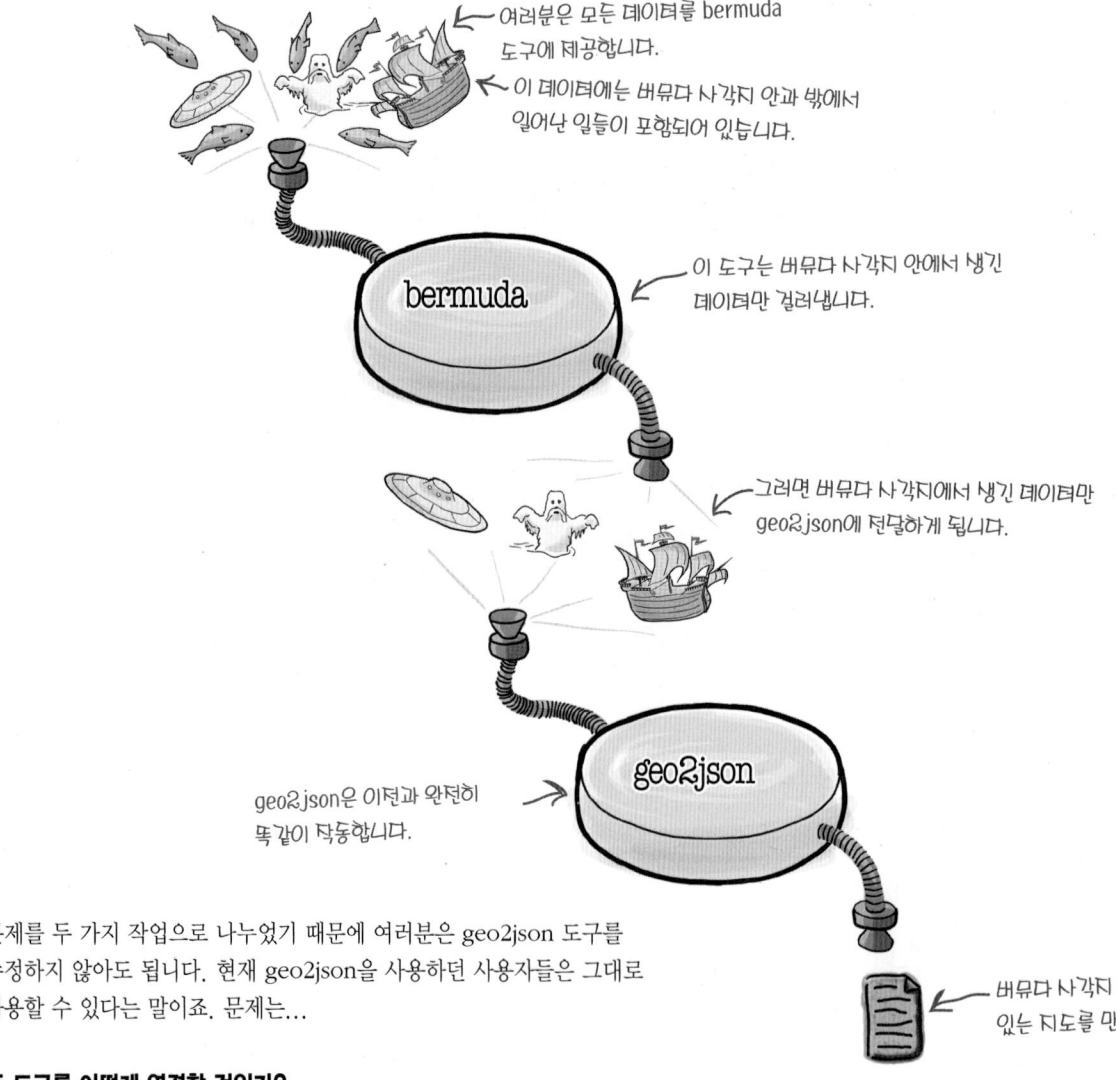

여러분은 모든 데이터를 bermuda
도구에 제공합니다.

이 데이터에는 버뮤다 사각지 안과 밖에서
일어난 일들이 포함되어 있습니다.

이 도구는 버뮤다 사각지 안에서 생긴
데이터만 걸러냅니다.

그러면 버뮤다 사각지에서 생긴 데이터만
geo2json에 전달하게 됩니다.

geo2json은 이전과 완전히
똑같이 작동합니다.

버뮤다 사각지 데이터만 갖고
있는 지도를 만들게 됩니다.

문제를 두 가지 작업으로 나누었기 때문에 여러분은 geo2json 도구를
수정하지 않아도 됩니다. 현재 geo2json을 사용하던 사용자들은 그대로
사용할 수 있다는 말이죠. 문제는...

두 도구를 어떻게 연결할 것인가?

입력과 출력을 파이프로 연결합니다

여러분은 이미 프로그램의 표준 입력과 표준 출력을 파일에
리다이렉션하는 방법을 알고 있습니다. 그런데 여러분은 이제 다음과
같이 **bermuda** 도구의 **표준 출력**을 geo2json의 **표준 입력**으로
연결해야 합니다.

'|' 기호는 한 프로세스의
표준 출력을 다른
프로세스의 표준 입력으로
연결하는 파이프(Pipe)
입니다.

bermuda의 출력...

파이프입니다.

한 프로세스의 표준 출력을 다른
프로세스의 표준 입력으로 연결하는
데 파이프를 사용할 수 있습니다.

... geo2json의 입력으로 넣습니다.

이렇게 해서 bermuda 도구는 버뮤다 사각지 안에 들어가는
데이터를 볼 때마다 이 데이터를 표준 출력으로 보냅니다.
파이프가 bermuda 도구의 표준 출력을 geo2json 도구의
표준 입력으로 보냅니다.

파이프가 작동하기 위한 세부적인 일은 운영체제가 처리합니다.
프로그램을 작동시키려면 여러분은 단지 다음과 같이 명령을
호출하면 됩니다.

파이프입니다.

운영체제가
두 프로그램을
동시에 실행합니다.

```
bermuda | geo2json
```

bermuda의 출력이 geo2json의 입력이 됩니다.

그러면 이제 bermuda 도구를 만들 때가 되었네요.

bermuda 도구 명세

bermuda 도구는 geo2json 도구와 매우 비슷하게 작동합니다. GPS 데이터를 한 줄 한 줄 모두 읽고 표준 출력으로 내보냅니다.

그러나 큰 차이점 두 개가 있습니다. 첫째, 데이터를 모두 표준 출력으로 보내지 않고, 버뮤다 사각지 안에 있는 데이터만 출력합니다. 둘째, bermuda 도구는 GPS 데이터를 저장하기 위해 사용한 CSV 형식을 그대로 사용합니다.

이 도구의 알고리즘을 의사코드로 표현하면 아래 노트와 같습니다.

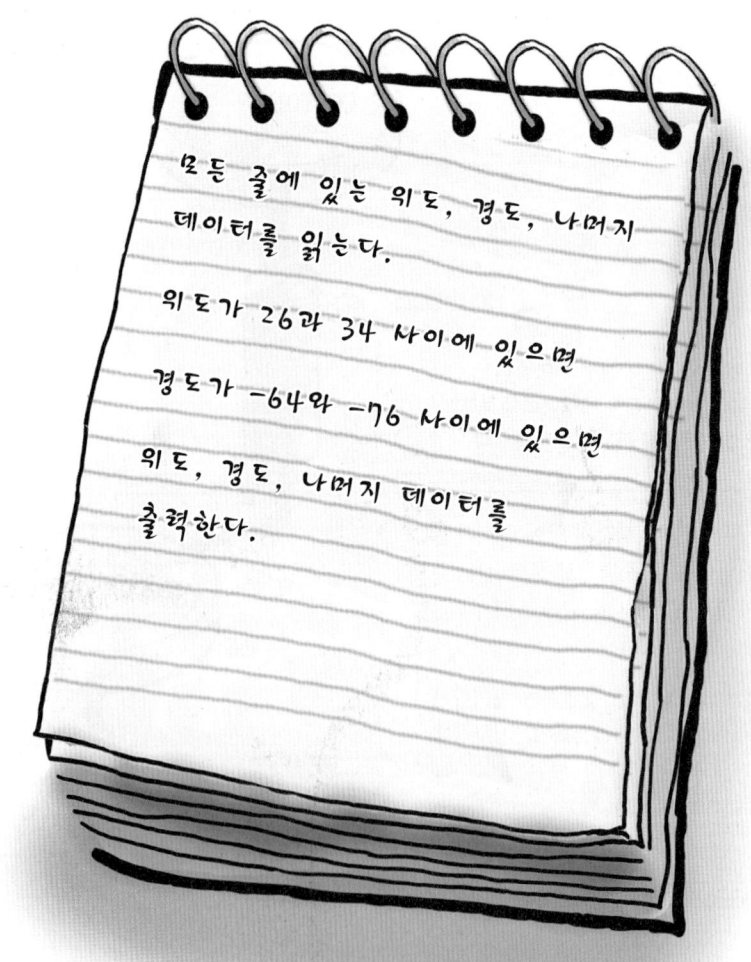

모든 줄에 있는 위도, 경도, 나머지
데이터를 읽는다.

위도가 26과 34 사이에 있으면

경도가 -64와 -76 사이에 있으면

위도, 경도, 나머지 데이터를
출력한다.

의사코드를 C로 바꾸겠습니다.

수영장 퍼즐

여러분의 목표는 bermuda 프로그램 코드를 완성하는 겁니다. 수영장에서 코드 조각을 가져와 아래 코드의 빈 줄에 놓으세요. 수영장에 있는 코드를 모두 사용할 필요는 없어요.

```c
#include <stdio.h>

int main()
{
  float latitude;
  float longitude;
  char info[80];
  while (scanf("%f,%f,%79[^\n]", _____ , _____ , _____ ) ==  3)
    if ((_____ > _____) _____ (_____ < _____))
      if ((_____ > _____) _____ (_____ < _____))
        printf("%f,%f,%s\n", _____ , _____ , _____ );

  return 0;
}
```

주의: 수영장에 있는 코드는 한 번만 사용할 수 있어요!

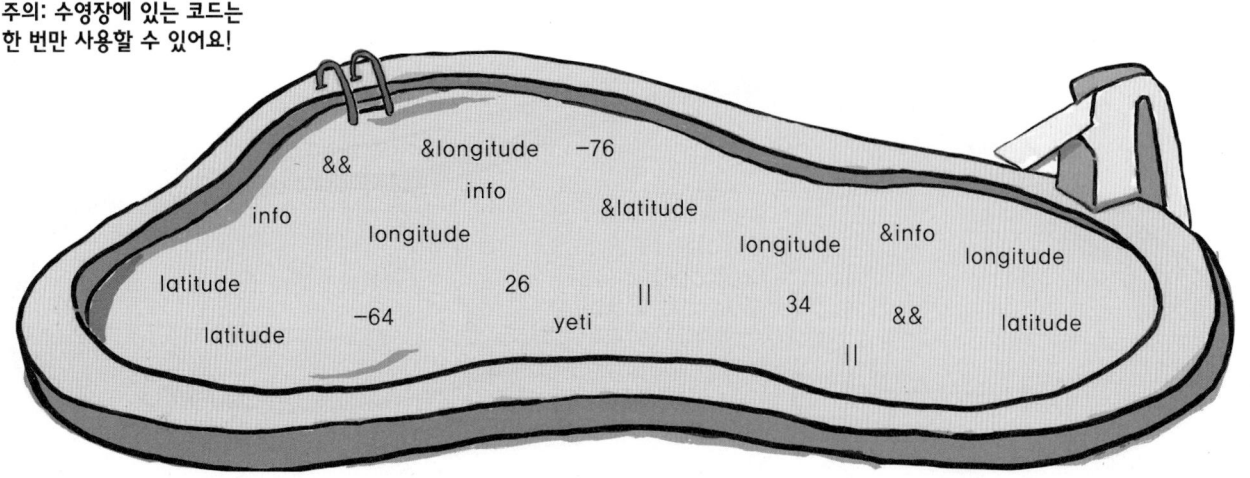

&& &longitude −76 info &latitude info longitude longitude &info longitude latitude 26 || 34 longitude latitude −64 yeti && latitude ||

수영장 퍼즐 정답

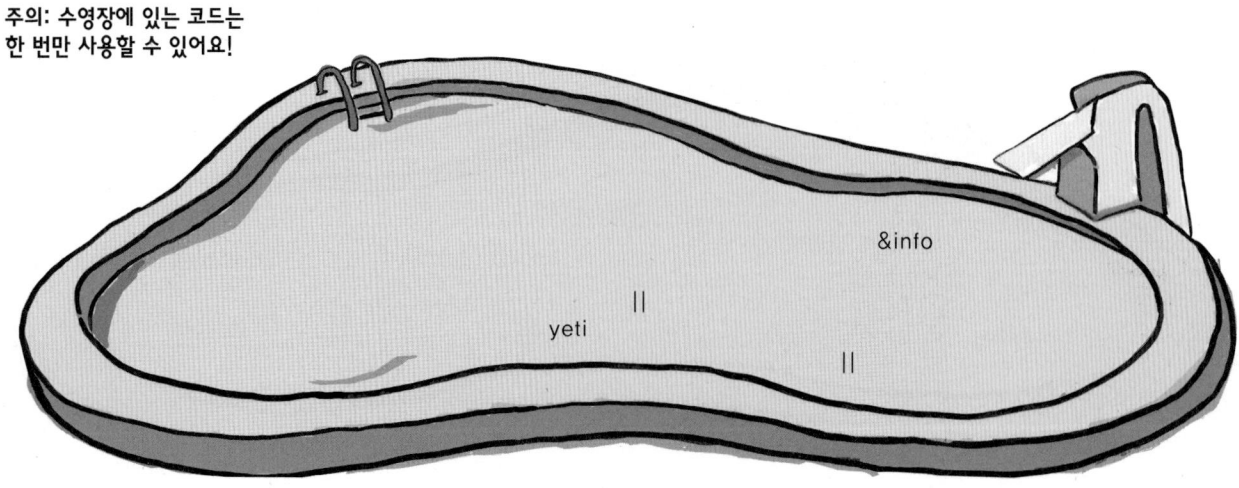

여러분의 목표는 수영장에서 가져온 코드 조각으로 빈 줄을 채워 bermuda 프로그램 코드를 완성하는 것이었습니다.

```c
#include <stdio.h>

int main()
{
  float latitude;
  float longitude;
  char info[80];
  while (scanf("%f,%f,%79[^\n]", &latitude , &longitude , info ) ==  3)
    if (( latitude > 26 ) && ( latitude < 34 ))
      if (( longitude > -76 ) && ( longitude < -64 ))
        printf("%f,%f,%s\n", latitude , longitude , info );

  return 0;
}
```

**주의: 수영장에 있는 코드는
한 번만 사용할 수 있어요!**

&info

||

yeti

||

시험 주행

직접 해보세요!

이제 여러분이 bermuda 도구를 완성했으니, 이 프로그램을 geo2json과 함께 사용해 버뮤다 사각지에서 발생한 모든 일을 지도에 출력할 수 있는지 확인할 때가 되었습니다.

이 두 도구를 컴파일한 후에는 콘솔창이나 터미널에서 다음과 같이 입력해 두 프로그램을 실행할 수 있습니다.

내려받은 예제 코드 중 spooky.csv 파일을 사용하세요.

원도우에서 실행할 때에는 ./을 입력하지 않는 점을 기억하세요.

프로세스를 연결하는 파이프입니다.

이벤트를 모두 갖고 있는 파일입니다.

두 프로그램을 연결해 하나의 프로그램처럼 다룰 수 있습니다.

```
(./bermuda | ./geo2json-3) < spooky.csv > output.json
```

bermuda 도구는 무시하려는 데이터를 걸러냅니다.

geo2json 도구는 데이터를 JSON 형식으로 변환합니다.

출력은 이 파일에 저장합니다.

두 프로그램을 파이프로 연결하면 이 프로그램을 마치 하나의 프로그램처럼 처리할 수 있습니다. 그리고 나서 앞에서 해왔던 대로 표준 입력과 표준 출력을 리다이렉션할 수 있습니다.

역자 토: 웹브라우저로 map.html 파일을 열어보세요. 화면에 제대로 나타나지 않으면 '화면 고침' 옵션으로 화면을 갱신하고, 지도 크기를 충분히 확대하세요.

```
File Edit Window Help MyAngle
> gcc bermudo.c -o bermuda
> (./bermuda | ./geo2json) < spooky.csv > output.json
>
```

멋집니다. 프로그램이 제대로 작동해요!

바보 같은 질문이란 없습니다

Q: 작은 도구는 꼭 표준 입력과 표준 출력을 사용해야 하나요?

A: 표준 입출력을 사용해야 파이프로 연결하기 쉽기 때문입니다.

Q: 파이프로 연결하는 게 왜 중요한가요?

A: 보통 작은 도구는 혼자서는 문제 전체를 해결하지 못합니다. 데이터 형식을 변환하는 것처럼 그저 작은 기술적인 문제를 해결하죠. 그러나 작은 도구들을 연결할 수 있으면 큰 문제도 해결할 수 있습니다.

Q: 파이프의 진짜 정체는 무엇인가요?

A: 그것은 운영체제에 따라 다릅니다. 파이프는 메모리나 임시 파일로 구현할 수 있습니다. 중요한 점은 한쪽에서는 데이터를 보내고 다른 쪽에서는 데이터를 받는다는 사실이죠.

Q: 그러면 두 프로그램이 파이프로 연결되었을 때 두 번째 프로그램이 시작되기 전에 첫 번째 프로그램이 실행을 끝내야 하나요?

A: 아닙니다. 프로그램 둘 다 동시에 실행됩니다. 첫 번째 프로그램이 데이터를 출력하면서 동시에 두 번째 프로그램이 입력받습니다.

Q: 작은 도구가 텍스트를 사용하는 이유는요?

A: 텍스트는 가장 공개적인 형식입니다. 작은 도구가 텍스트를 출력하면 다른 프로그램은 텍스트 편집기를 사용해 출력된 결과를 읽고 이해할 수 있습니다. 일반적으로 이진 형식은 이해하기 어렵습니다.

Q: 파이프로 여러 프로그램을 연결할 수도 있나요?

A: 네, 단지 프로그램 사이에 파이프(|)를 추가하면 됩니다. 파이프로 연결된 일련의 프로그램을 파이프라인이라고 합니다.

Q: 여러 프로세스를 파이프로 연결하고 〉와 〈를 사용해 표준 입출력을 리다이렉션하면 어떤 프로세스가 키보드 입력을 받고 어떤 프로세스의 출력이 파일이 되나요?

A: 〈는 파일의 내용을 파이프라인에 있는 첫 번째 프로세스에 보냅니다. 〉는 파이프라인의 마지막 프로세스가 만든 표준 출력을 파일로 보냅니다.

Q: bermuda 프로그램을 geo2json과 함께 실행할 때 괄호를 반드시 써야 하나요?

A: 네. 괄호가 있어야 파일이 bermuda 프로그램의 표준 입력에 연결됩니다.

핵심정리

- 다른 일을 하고 싶으면 작은 도구를 따로 만드는 걸 고려해보세요.

- 표준 입력과 표준 출력을 사용하도록 도구를 설계하세요.

- 보통 작은 도구는 텍스트 데이터를 읽고 씁니다.

- **파이프**를 사용하면 프로세스의 표준 출력을 다른 프로세스의 입력으로 연결할 수 있습니다.

그런데 둘 이상의 파일에
출력하려면 어떻게 해야 하나요?

우리는 리다이렉션을 사용해 한 파일에서 데이터를 읽어 다른 파일에
저장하는 방법을 알아보았습니다. 그런데 프로그램이 둘 이상의 파일에
데이터를 저장하는 것처럼 조금 더 복잡한 일을 하려면 어떻게 해야 하나요?

여러분이 한 파일에서 데이터를 읽어 여러 파일에 데이터를 나누어
저장하는 또 다른 도구를 만들어야 한다고 생각해보세요.

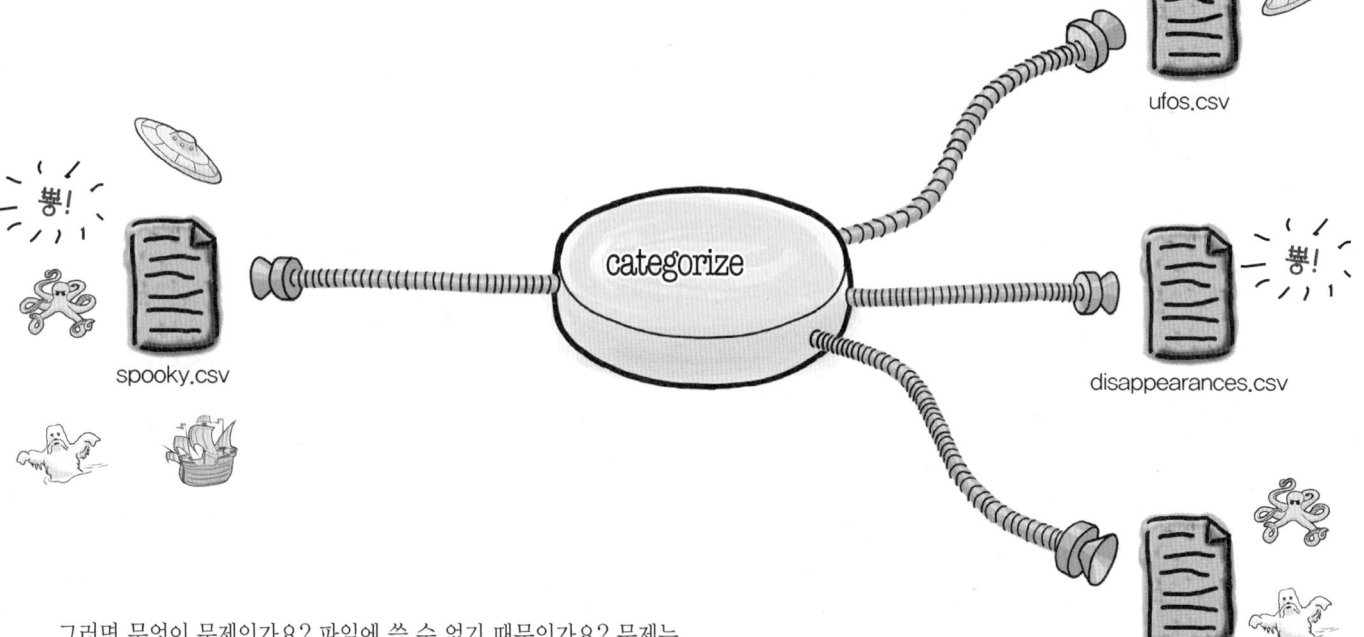

그러면 무엇이 문제인가요? 파일에 쓸 수 없기 때문인가요? 문제는
리다이렉션을 사용하면 고작해야 두 파일에만 쓸 수 있습니다. 표준
출력과 표준 에러죠. 써야 할 파일이 세 개가 넘으면 어떻게 해야
할까요?

직접 데이터 스트림을 만들어요

프로그램이 실행될 때 운영체제는 프로세스에 표준 입력, 표준 출력, 표준 에러, 3개의 데이터 스트림을 제공합니다. 그런데 때로는 필요에 따라 다른 데이터 스트림을 만들어야 합니다.

다행히도 운영체제는 프로그램이 시작할 때 만드는 표준 입출력으로 데이터 스트림을 제한하지는 않습니다. 프로그램이 실행되면서 직접 데이터 스트림을 만들 수 있습니다.

모든 데이터 스트림은 파일 포인터로 나타냅니다. 여러분은 다음과 같이 **fopen( )** 함수를 사용해 데이터 스트림을 새로 만들 수 있습니다.

파일을 읽기 위한 데이터 스트림을 만듭니다. 파일 이름입니다. 열기 모드입니다. "r"은 '읽기'를 의미합니다.

```
FILE *in_file = fopen("input.txt", "r");
```

파일에 쓰기 위한 데이터 스트림을 만듭니다. 파일 이름입니다. 열기 모드입니다. "w"는 '쓰기'를 의미합니다.

```
FILE *out_file = fopen("output.txt", "w");
```

열기 모드는 다음과 같습니다.

"w" = 쓰기

"r" = 읽기

"a" = 덧붙이기

fopen( ) 함수는 파일 이름(filename)과 열기 모드(mode), 인자 두 개를 받습니다. 열기 모드는 w, r, a가 올 수 있는데, **w**는 파일에 쓰기 위해, **r**은 파일을 읽기 위해, **a**는 파일의 끝에 데이터를 추가하기 위해 사용합니다.

일단 데이터 스트림을 만든 후에는 앞에서 했던 것처럼 fprintf( )를 사용해 데이터를 출력할 수 있습니다. 그런데 파일을 읽을 때는 어떻게 해야 할까요? 파일을 읽을 때에는 fscanf( ) 함수를 사용해 읽습니다.

```
fprintf(out_file, "Don't wear %s with %s", "red", "green");
```

```
fscanf(in_file, "%79[^\n]\n", sentence);
```

마지막으로 데이터 스트림에 대한 작업을 끝낸 후에는 파일을 닫아야 합니다. 사실 프로그램이 종료되면 모든 데이터 스트림이 닫히지만, 데이터 스트림을 직접 닫는 편이 좋습니다.

```
fclose(in_file);
fclose(out_file);
```

이제 배운 내용을 응용해 보겠습니다.

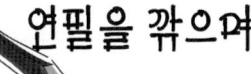 **연필을 깎으며**

다음은 GPS 파일에서 데이터를 모두 읽어 세 파일 중 하나에 데이터를 쓰는 프로그램의 코드입니다. 여러분이 빈 칸을 채워보세요.

```c
#include <stdio.h>
#include <stdlib.h>
#include <string.h>

int main()
{
  char line[80];
  FILE *in = fopen("spooky.csv",          );
  FILE *file1 = fopen("ufos.csv",          );
  FILE *file2 = fopen("disappearances.csv",          );
  FILE *file3 = fopen("others.csv",          );
  while (          (in, "%79[^\n]\n", line) == 1) {
    if (strstr(line, "UFO"))
              (file1, "%s\n", line);
    else if (strstr(line, "Disappearance"))
              (file2, "%s\n", line);
    else
              (file3, "%s\n", line);
  }
          (file1);
          (file2);
          (file3);
  return 0;
}
```

바보 같은 질문이란 없습니다

Q: 데이터 스트림은 몇 개까지 만들 수 있나요?

A: 운영체제와 설정에 따라 다르지만, 보통 프로세스는 256개까지 만들 수 있습니다. 여기서 중요한 점은 한꺼번에 열 수 있는 데이터 스트림의 개수가 제한되어 있으므로, 사용 후에는 반드시 닫아야 한다는 사실입니다.

Q: FILE은 왜 대문자로 쓰나요?

A: 예전부터 그렇게 해왔습니다. FILE은 원래 매크로를 사용해 정의했었습니다. 매크로는 보통 대문자만 사용합니다. 매크로는 뒤에서 배울 겁니다.

연필을 깎으며 정답

다음은 GPS 파일에서 데이터를 모두 읽어 세 파일 중 하나에 데이터를 쓰는 프로그램의 코드입니다. 여러분은 빈 칸을 채워야 했습니다.

```c
#include <stdio.h>
#include <stdlib.h>
#include <string.h>

int main()
{
  char line[80];
  FILE *in = fopen("spooky.csv", "r");
  FILE *file1 = fopen("ufos.csv", "w");
  FILE *file2 = fopen("disappearances.csv", "w");
  FILE *file3 = fopen("others.csv", "w");
  while ( fscanf (in, "%79[^\n]\n", line) == 1) {
    if (strstr(line, "UFO"))
        fprintf (file1, "%s\n", line);
    else if (strstr(line, "Disappearance"))
        fprintf (file2, "%s\n", line);
    else
        fprintf (file3, "%s\n", line);
  }
  fclose (file1);
  fclose (file2);
  fclose (file3);
  return 0;
}
```

프로그램이 실행됩니다. 그런데...

다음 명령으로 컴파일하고 실행하면

```
gcc categorize.c -o categorize && ./categorize
```

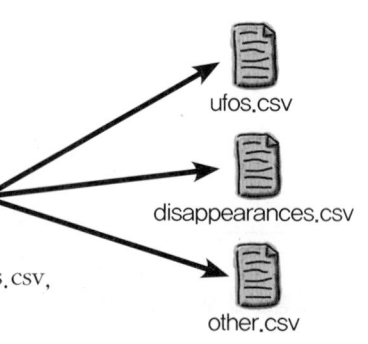

ufos.csv

disappearances.csv

other.csv

프로그램은 spooky.csv 파일을 읽어 데이터를 나누고 ufos.csv, disappearances.csv, others.csv 파일에 나누어 저장합니다.

여기까지는 좋습니다. 그런데 사용자가 데이터를 다르게 나누고 싶어지면 어떻게 해야 하나요? 다른 단어를 찾아 다른 파일에 저장하려면 어떻게 해야 하나요? 매번 프로그램을 다시 컴파일하지 않고 할 수 있는 방법은 없을까요?

main()은 더 많이 알고 있어요

사실 모든 프로그램은 사용자가 프로그램이 작동하는 방법을 바꿀 수 있게 해야 합니다.
GUI 프로그램이라면 '환경 설정'을 제공해야 합니다. 그리고 우리가 만든 categorize
도구처럼 명령행 프로그램이라면 사용자가 **명령행 인자**를 지정할 수 있게 해야 합니다.

걸러낼 첫 번째 단어입니다.

모든 mermaid 데이터는
이 파일에 저장됩니다.

Elvis 단어를 찾고 싶다는 걸 의미합니다.

나머지 모두
이 파일에
들어갑니다.

```
./categorize-2 mermaid mermaid.csv Elvis elvises.csv the_rest.csv
```

Elvis가 나타난 모든 줄은
여기에 저장됩니다.

그런데 프로그램 안에서 어떻게 명령행 인자를 읽을 수 있을까요? 지금까지
여러분이 main() 함수를 만들 때 인자를 받지 않게 정의해왔습니다. 그런데 사실은
우리가 사용할 수 있는 main() 함수는 두 가지 형태를 갖고 있습니다. 두 번째
형태는 다음과 같습니다.

```
int main(int argc, char *argv[])
{
        .... 프로그램 처리 ....

}
```

main() 함수는 명령행 인자를 문자열의 배열로 읽습니다. 물론 C 언어가
내장된 문자열형을 갖고 있지 않기 때문에 문자열을 가리키는 문자 포인터의
배열로서 읽는 거죠. 다음과 같습니다.

`"./categorize-2"`	`"mermaid"`	`"mermaid.csv"`	`"Elvis"`	`"elvises.csv"`	`"the_rest.csv"`

argv[0]입니다.　　argv[1]입니다.　　argv[2]입니다.　　argv[3]입니다.　　argv[4]입니다.　　argv[5]입니다.

첫 번째 인자는 실행되는
프로그램의 이름입니다.

C의 배열과 마찬가지로 배열이 얼마나 긴지 알 수 있는 방법이 필요합니다.
그렇기 때문에 main() 함수는 인자를 두 개 가집니다. argc 값은 배열에
있는 항목의 개수입니다.

명령행 인자는 실제로 프로그램에 상당한 융통성을 부여합니다. 그리고
여러분은 사용자가 프로그램을 실행할 때 어떤 것을 조정할 수 있게
할지 생각해볼 필요가 있습니다. 조정할 수 있으면 사용자들이 느끼는
프로그램의 가치가 훨씬 높아집니다.

조심하세요!

**첫 번째 인자는 사용자가
실행한 프로그램의 이름입니다.**

따라서 진짜 첫 번째 명령행 인자는
arg[1]입니다.

**자, 그러면 categorize 프로그램의 융통성을 향상시키는 방법을
알아볼까요?**

코드 자석

다음은 검색할 키워드와 사용할 파일을 명령행에서 읽는 '수정된 categorize-2 프로그램'입니다. 올바른 코드 자석을 올바른 위치에 넣을 수 있는지 직접 해보세요.

프로그램은 다음의 명령으로 실행합니다.

```
./categorize-2 UFO aliens.csv Elvis elvises.csv the_rest.csv
```

```c
#include <stdio.h>
#include <stdlib.h>
#include <string.h>

int main(int argc, char *argv[])
{
  char line[80];

  if ( .................. != .................. ) {
    fprintf(stderr, "인자를 5개 입력해야 합니다\n");
    return 1;
  }
  FILE *in = fopen("spooky.csv", "r");

  FILE *file1 = fopen( .................. , "w");

  FILE *file2 = fopen( .................. , "w");

  FILE *file3 = fopen( .................. , "w");
```

```
while (fscanf(in, "%79[^\n]\n", line) == 1) {

  if (strstr(line, .................. ))
    fprintf(file1, "%s\n", line);

  else if (strstr(line, .................. ))
    fprintf(file2, "%s\n", line);
  else
    fprintf(file3, "%s\n", line);
}
fclose(file1);
fclose(file2);
fclose(file3);
return 0;
}
```

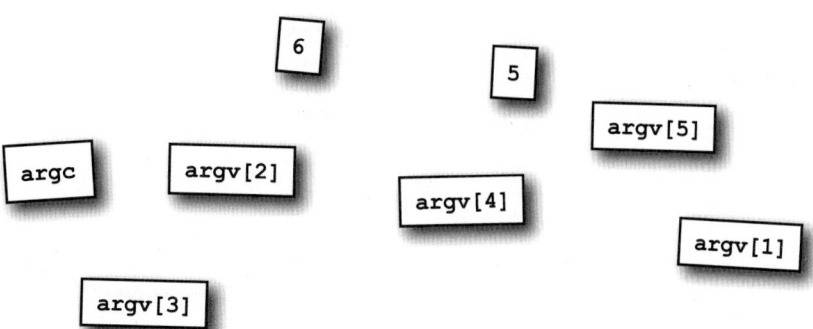

코드 자석 정답

다음은 검색할 키워드와 사용할 파일을 명령행에서 읽는 '수정된 categorize-2 프로그램'입니다. 여러분은 올바른 코드 자석을 올바른 위치에 넣어야 했습니다.

프로그램은 다음의 명령으로 실행합니다.

```
./categorize-2 UFO aliens.csv Elvis elvises.csv the_rest.csv
```

```c
#include <stdio.h>
#include <stdlib.h>
#include <string.h>

int main(int argc, char *argv[])
{
  char line[80];

  if ( argc != 6 ) {
    fprintf(stderr, "인자를 5개 입력해야 합니다\n");
    return 1;
  }
  FILE *in = fopen("spooky.csv", "r");

  FILE *file1 = fopen( argv[2] , "w");

  FILE *file2 = fopen( argv[4] , "w");

  FILE *file3 = fopen( argv[5] , "w");
```

```
while (fscanf(in, "%79[^\n]\n", line) == 1) {

    if (strstr(line, ... argv[1] ))
        fprintf(file1, "%s\n", line);

    else if (strstr(line, ... argv[3] ))
        fprintf(file2, "%s\n", line);
    else
        fprintf(file3, "%s\n", line);
}
fclose(file1);
fclose(file2);
fclose(file3);
return 0;
}
```

5

시험 주행

자, 새로 만든 버전을 시험해보겠습니다. 아래와 같은 spooky.csv라는 이름의
시험 데이터 파일이 필요합니다(내려받은 폴더에 있습니다).

```
30.685163,-68.137207,Type=Yeti
28.304380,-74.575195,Type=UFO
29.132971,-71.136475,Type=Ship
28.343065,-62.753906,Type=Elvis
27.868217,-68.005371,Type=Goatsucker
30.496017,-73.333740,Type=Disappearance
26.224447,-71.477051,Type=UFO
29.401320,-66.027832,Type=Ship
37.879536,-69.477539,Type=Elvis
22.705256,-68.192139,Type=Elvis
27.166695,-87.484131,Type=Elvis
```

spooky.csv

수정한 프로그램 이름은 category-2입니다. 이 프로그램을 실행하려면
인자 5개를 전달해야 하며, 인자로 검색할 단어와 저장할 파일 이름을 지정합니다.

```
File  Edit  Window  Help  ThankYouVeryMuch
> ./categorize-2 UFO aliens.csv Elvis elvises.csv the_rest.csv
>
```

프로그램을 실행하면 다음과 같은 파일들이 만들어집니다.

```
28.304380,-74.575195,Type=UFO
26.224447,-71.477051,Type=UFO
```

aliens.csv

```
30.685163,-68.137207,Type=Yeti
29.132971,-71.136475,Type=Ship
27.868217,-68.005371,Type=Goatsucker
30.496017,-73.333740,Type=Disappearance
29.401320,-66.027832,Type=Ship
```

the_rest.csv

```
28.343065,-62.753906,Type=Elvis
37.879536,-69.477539,Type=Elvis
22.705256,-68.192139,Type=Elvis
27.166695,-87.484131,Type=Elvis
```

elvises.csv

elvises.csv 파일의 데이터 형식을 geo2json-3으로 변환하면 지도에 나타낼 수 있어요.

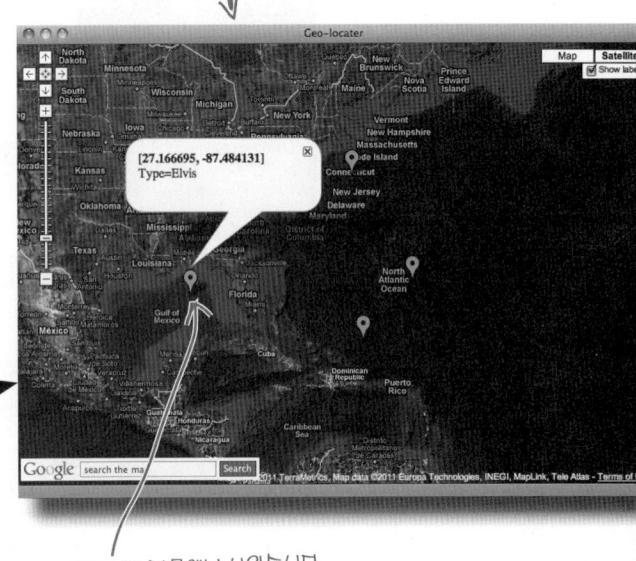

엘비스가 건물에서 나왔습니다.

안전 점검

헤드 퍼스트 연구실은 결코 실수하지 않지만(쿨럭), 실세계의 프로그램은 파일의 내용을 읽거나 쓰기 위해 열 때 문제가 생기지 않았는지 검사하는 일이 중요합니다. 다행히도 데이터 스트림을 열 때 문제가 생기면 fopen() 함수는 0 값을 반환합니다. 따라서 에러를 검사하고 싶으면 다음 코드

```
FILE *in = fopen("i_dont_exist.txt", "r");
```

를 다음과 같이 바꿔야 합니다.

```
FILE *in;
if (!(in = fopen("dont_exist.txt", "r"))) {
  fprintf(stderr, "파일을 열 수 없습니다.\n");
  return 1;
}
```

헤드 퍼스트 피자리아에서 들은 이야기

아마도 여러분이 만드는 모든 프로그램은 옵션을 지정할 수 있어야 할 겁니다.

채팅 프로그램을 만들면 환경 설정이 필요하겠죠.

게임을 만들면 사용자가 핏자국 모양을 바꾸고 싶어 할 겁니다.

그리고 명령행 도구를 만든다면 아마도 명령행 옵션을 추가해야 할 겁니다.

명령행 옵션은 여러분이 명령행 도구를 사용할 때 종종 보게 되는 조그만 스위치들입니다.

```
ps -ae
```
← 모든 프로세스와 프로세스 환경을 출력합니다.

```
tail -f logfile.out
```
← 파일의 끝부분을 출력합니다. 그러나 새로운 데이터가 파일의 끝부분에 추가될 때까지 기다립니다.

라이브러리가 여러분 대신 일하게 해주세요

많은 프로그램이 명령행 옵션을 사용하므로 인자를 쉽게 처리할 수 있게 해주는
특별한 라이브러리 함수가 있습니다. 이 함수 이름은 **getopt( )**로서 이 함수를
호출할 때마다 명령행에서 찾은 인자를 차례대로 하나씩 반환합니다.

어떻게 사용하는지 보겠습니다. 다음과 같이 여러분의 프로그램이 여러 옵션을 받을
수 있다고 가정하겠습니다.

엔진을 4개 사용합니다.　멋진 모드를 활성화합니다.

```
rocket_to -e 4 -a Brasilia Tokyo London
```

이 프로그램은 값을 받을 수 있는 인자(-e는 엔진을 뜻합니다)와 켜거나 끌
수 있는 단순한 스위치를 명령행 옵션으로 받습니다. 여러분은 다음과 같이
루프 안에서 getopt( )를 호출해 옵션을 처리할 수 있습니다.

예의 바른 표준 안내

unistd.h 헤더 파일은 실제로는
표준 C 라이브러리가 아닙니다.
그보다는 여러분의 프로그램이
포직스(POSIX) 라이브러리를
사용할 수 있게 해줍니다.
포직스는 모든 대중적인
운영체제에서 사용할 수 있는
API를 정의한 표준입니다.

이 헤더 파일을
인클루드해야 합니다.

각 옵션을 처리하는 코드는
여기에 들어갑니다.

e 옵션에 대한 인자를
처리해 있으면 여기로
옵니다.

이 많은 a가 올바른 옵션이라고
알려줍니다. e도 마찬가지입니다.

콜론(:)은 e 옵션이 추가 인자를
필요로 한다는 것을 의미합니다.

optind는 명령행에서 읽은 문자열
인자의 개수를 저장합니다. 읽은 만큼
옵션을 지나가게 만듭니다.

마지막 두 줄은 읽은 옵션을
지나가게 해줍니다.

```
#include <unistd.h>

...

while ((ch = getopt(argc, argv, "ae:")) != EOF)
  switch(ch) {
    ...
    case 'e':
      engine_count = optarg;
    ...
  }
argc -= optind;
argv += optind;
```

루프 안에서 여러 옵션을 처리하기 위해 switch문을 사용합니다.
ae: 문자열은 a와 e 옵션이 올바른 옵션이라고 getopt( ) 함수에 알려줍니다.
e 뒤에 있는 콜론은 -e 옵션 뒤에 추가 인자가 있어야 함을 getopt( ) 함수에
알려줍니다. getopt( )는 추가 인자를 **optarg** 변수가 가리키게 합니다.

루프가 끝나면 argv와 argc 변수를 갱신해서 처리한 옵션은 모두 지나가고
나머지 명령행 인자를 가리키게 합니다. 위의 코드의 경우 argv 배열은
다음과 같이 보이게 됩니다.

조심하세요!

인자를 처리하고 난 후에는
0번째 인자가 더 이상
프로그램 이름을 가리키지
않습니다.

대신 argv[0]는 옵션 뒤에 나오는 첫 번째
명령행 옵션을 가리키게 됩니다.

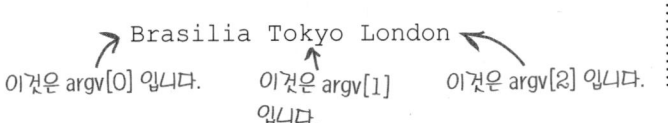

```
Brasilia Tokyo London
```

이것은 argv[0] 입니다.　이것은 argv[1]
입니다.　이것은 argv[2] 입니다.

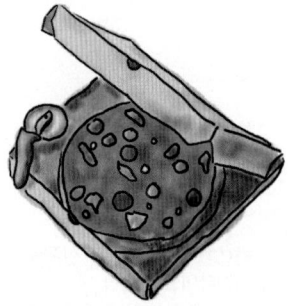

피자 조각

누군가 피자 코드를 한 입 먹은 것 같습니다. 여러분이 피자 조각을 채워 넣어 order_pizza 프로그램을 다시 만들 수 있는지 해보세요.

```c
#include <stdio.h>
#include <unistd.h>

int main(int argc, char *argv[])
{
  char *delivery = "";
  int thick = 0;
  int count = 0;
  char ch;


  while ((ch = getopt(argc, argv, "d............................  ..............................")) != EOF)
    switch (ch) {
    case 'd':


      ............................ = ............................ ;
      break;
    case 't':


      ............................ = ............................ ;
      break;
    default:
      fprintf(stderr, "알 수 없는 옵션: '%s'\n", optarg);


      return ............................ ;
    }
```

```
argc -= optind;
argv += optind;

if (thick)
  puts("두꺼운 크러스트.");

if (delivery[0])
  printf("%s 배달할 피자\n", delivery);

puts("재료:");




for (count = ............................; count < ............................; count++)
  puts(argv[count]);
return 0;
}
```

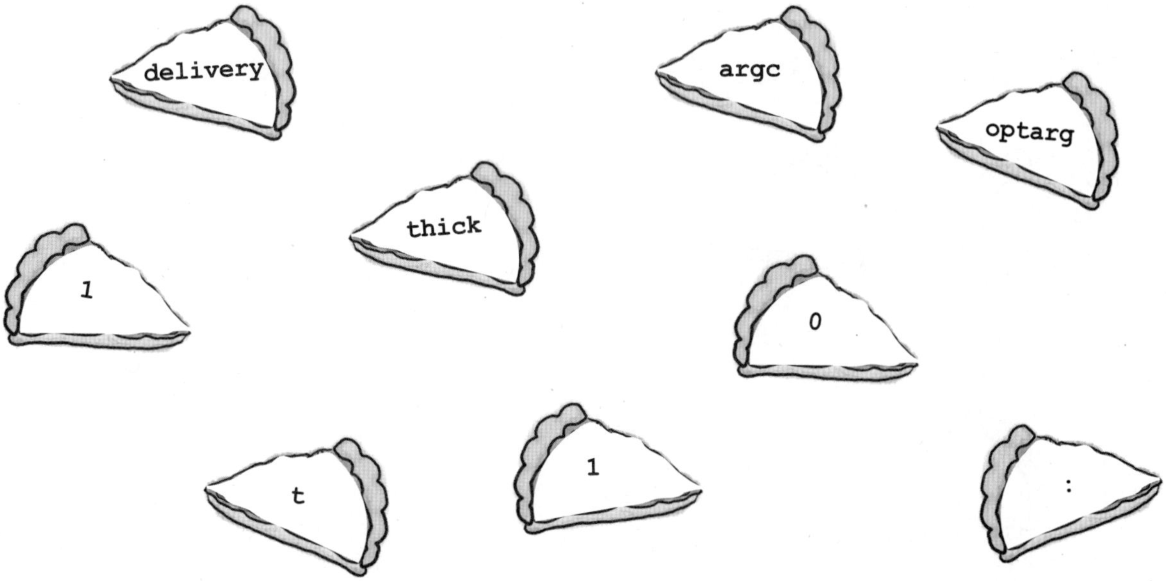

delivery

argc

optarg

thick

1

0

t

1

:

피자 조각 정답

누군가 피자 코드를 한 입 먹은 것 같습니다. 여러분은 피자 조각을 채워 넣어 order_pizza 프로그램을 다시 만들어야 했습니다.

```c
#include <stdio.h>
#include <unistd.h>

int main(int argc, char *argv[])
{
  char *delivery = "";
  int thick = 0;
  int count = 0;
  char ch;
```

d는 추가 인자를 갖기 때문에 뒤에 콜론이 옵니다.

```c
  while ((ch = getopt(argc, argv, "d : t ")) != EOF)
    switch (ch) {
    case 'd':
```

d 옵션의 추가 옵션을 delivery 변수가 가리키게 합니다.

```c
      delivery = optarg ;
      break;
    case 't':
```

기억하세요. C 언어에서는 변수를 1로 설정하면 참 값을 갖게 하는 것과 같습니다.

```c
      thick = 1 ;
      break;
    default:
      fprintf(stderr, "알 수 없는 옵션: '%s'\n", optarg);

      return 1 ;
    }
```

```
argc -= optind;
argv += optind;

if (thick)
  puts("두꺼운 크러스트.");

if (delivery[0])
  printf("%s 배달할 피자\n", delivery);

puts("재료:");
```

옵션을 처리한 후에 argv[0]이 첫 번째 재료를 가리킵니다.

```
for (count = ........0........; count < ......argc......; count++)
  puts(argv[count]);
return 0;
}
```

count 값이 argc보다 작은 동안 루프를 반복합니다.

시험 주행

이제 피자 주문 프로그램을 실행해볼 수 있습니다.

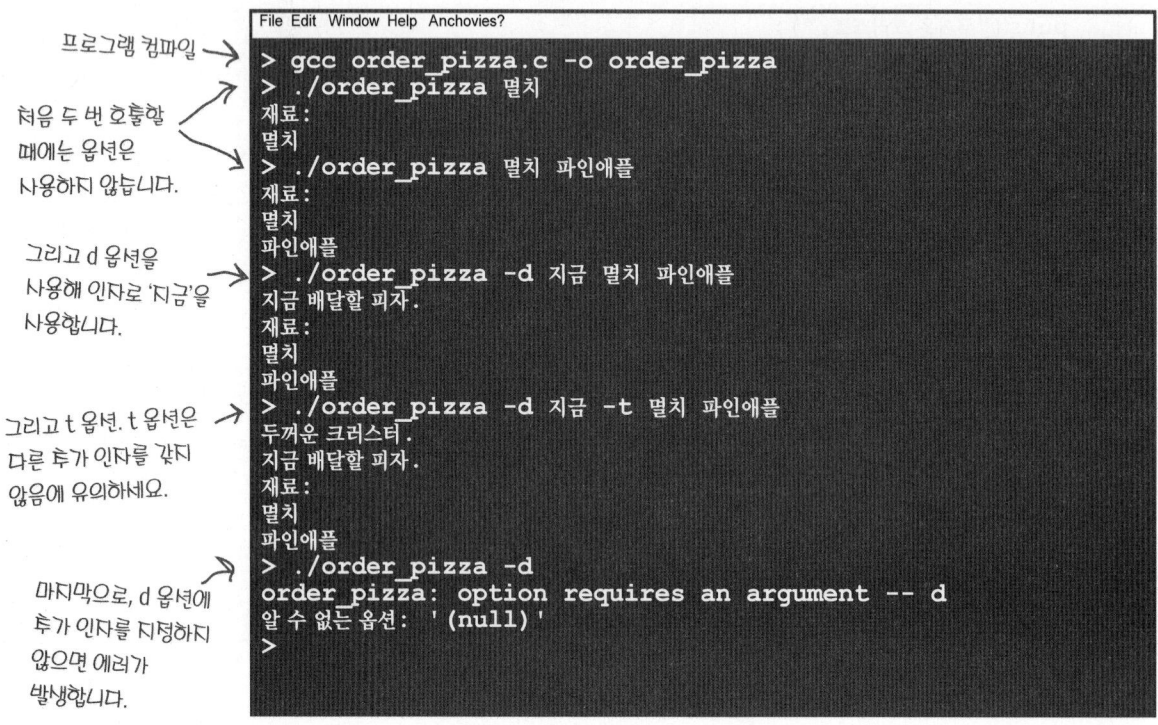

프로그램 컴파일 →

처음 두 번 호출할
때에는 옵션은
사용하지 않습니다.

그리고 d 옵션을
사용해 인자로 '지금'을
사용합니다.

그리고 t 옵션. t 옵션은
다른 추가 인자를 갖지
않음에 유의하세요.

마지막으로, d 옵션에
추가 인자를 지정하지
않으면 에러가
발생합니다.

```
File Edit Window Help Anchovies?
> gcc order_pizza.c -o order_pizza
> ./order_pizza 멸치
재료:
멸치
> ./order_pizza 멸치 파인애플
재료:
멸치
파인애플
> ./order_pizza -d 지금 멸치 파인애플
지금 배달할 피자.
재료:
멸치
파인애플
> ./order_pizza -d 지금 -t 멸치 파인애플
두꺼운 크러스터.
지금 배달할 피자.
재료:
멸치
파인애플
> ./order_pizza -d
order_pizza: option requires an argument -- d
알 수 없는 옵션: '(null)'
>
```

제대로 작동합니다!

이 장에서는 매우 많은 내용을 배웠습니다. 표준 입력, 표준
출력, 표준 에러에 대해서 자세히 알아봤습니다. 리다이렉션을
사용하거나 직접 만든 데이터 스트림을 읽고 쓰는 방법을 배웠습니다.
마지막으로, 명령행 인자와 옵션을 처리하는 방법을 배웠습니다.

많은 C 프로그래머는 작은 도구를 만들며 시간을 보냅니다.
작은 도구 대부분은 리눅스 같은 운영체제에서 볼 수 있는 도구와
비슷하며, C로 작성됩니다. 작은 도구를 설계하는 방법에 주의하고
한 가지 일을 제대로 하는 도구를 설계하고 구현하면서 여러분은
훌륭한 C 프로그래머가 되어갑니다.

바보 같은 질문이란 없습니다

Q: '-d 지금 -t' 대신 '-td 지금' 처럼 옵션을 합칠 수도 있나요?

A: 네, 할 수 있습니다. getopt() 함수가 모두 처리해줍니다.

Q: 옵션의 순서를 바꾸려면 어떻게 해야 하나요?

A: 옵션을 읽는 방법 덕분에 사용자가 '-d 지금 -t', '-t -d 지금'이나 '-td 지금'과 같이 입력해도 처리할 수 있습니다.

Q: 그러면 프로그램이 명령행 인자에서 하이픈(-)으로 시작하는 값을 보면 옵션으로 처리하나요?

A: 명령행의 다른 인자가 오기 전에 하이픈으로 나오는 인자를 보면 옵션으로 처리합니다.

Q: 그런데 set_temperature -c -4 와 같이 음수를 명령행 인자로 사용하려면 어떻게 해야 하나요? 프로그램이 4를 인자가 아니라 옵션으로 생각하지 않나요?

A: 옵션의 모호함을 피하기 위해 이중 하이픈(--)을 사용해 인자와 옵션을 분리할 수 있습니다. 예를 들어 set_tempearture -c -- -4처럼 명령을 실행하면 getopt()는 이중 하이픈을 볼 때 중단합니다. 그러므로 나머지 명령행 인자는 옵션이 아니라 인자로 처리됩니다.

핵심정리

- main() 함수는 명령행 인자를 받는 버전과 인자를 받지 않는 버전, 두 가지 버전이 있습니다.

- main() 함수에 전달되는 명령행 인자는 인자의 개수와 인자 문자열에 대한 포인터의 배열로 전달됩니다.

- 명령행 옵션은 앞에 하이픈(-)이 붙은 명령행 인자입니다.

- getopt() 함수를 사용하면 명령행 옵션을 쉽게 처리할 수 있습니다.

- ae:와 같이 getopt()에 문자열을 전달해 사용할 수 있는 옵션을 정의합니다.

- 문자열에서 옵션 다음에 나오는 콜론 (:)은 이 인자가 추가 인자를 가진다고 알려줍니다.

- getopt()는 추가 인자를 optarg 변수에 기록합니다.

- 옵션을 모두 읽은 후에는 optind 변수를 사용해 읽은 인자를 지나가야 합니다.

C 도구상자

이제 3장을 정복했으며 여러분의 도구상자에
작은 도구를 추가했습니다.
전체 도구상자 목록은 부록 ii를 참조하세요.

printf()와 scanf()
같은 C 함수는 표준
출력과 표준 입력을
사용해 입출력합니다.

기본적으로 표준
출력은 화면에
출력됩니다.

표준 에러는 에러
메시지를 출력하기
위해 별도로 만든
출력입니다.

기본적으로 표준
입력은 키보드로
입력받습니다.

fprintf(stderr, ...)를
사용해 표준 에러에
출력할 수 있습니다.

리다이렉션을 사용하면
표준 입력, 출력, 에러를
다른 곳에 연결할 수
있습니다.

fopen("파일이름", "모드")를
사용하면 데이터 스트림을 직접
만들 수 있습니다.

명령행 인자는 문자열
포인터의 배열로
main()에 전달됩니다.

쓸 때는 "w", 읽을
때는 "r", 뒤에 추가할
때는 "a"로 모드를
지정합니다.

getopt() 함수를
사용하면 명령행
옵션을 쉽게 읽을 수
있습니다.

4 여러 소스 파일 사용하기

여러 개로 나누고, 더 크게 만든다

'꼬맹아'라고 부르는 저 아저씨는 누구야?

큰 프로그램을 만든다고 해서 소스 파일이 커지는 걸 원치는 않을 겁니다

기업 규모의 프로그램을 하나의 소스 파일로 만들면 유지보수하기 얼마나 힘들고 시간이 오래
걸릴지 상상할 수 있나요? 이 장에서는 **작고 다루기 쉬운 덩어리**로 소스코드를 분할한 후에 하나의
큰 프로그램을 만드는 방법을 배웁니다. 그리고 데이터형의 미묘함에 대해 조금 더 배우고 make라는
최고의 친구를 새로 사귀게 됩니다.

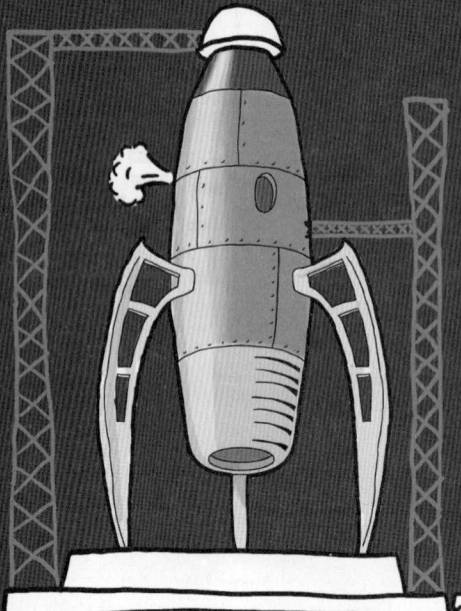

로켓 안에 들어가는 전체 부품 수

로켓이 필요로 하는 전체 연료의 양(리터)

데이터형을 알아맞춰 보세요

C는 꽤 많은 데이터형을 다룰 수 있습니다. 문자, 정수, 일상적으로 사용할 수 있는 실수형, 정밀도 높은 과학 기술 계산을 위한 실수형 등을 사용할 수 있습니다. 반대쪽 페이지에 몇 가지 형이 나열되어 있습니다. 각 데이터를 어떤 형으로 할지 생각해보세요.

모든 데이터가 서로 다른 형을 사용합니다.

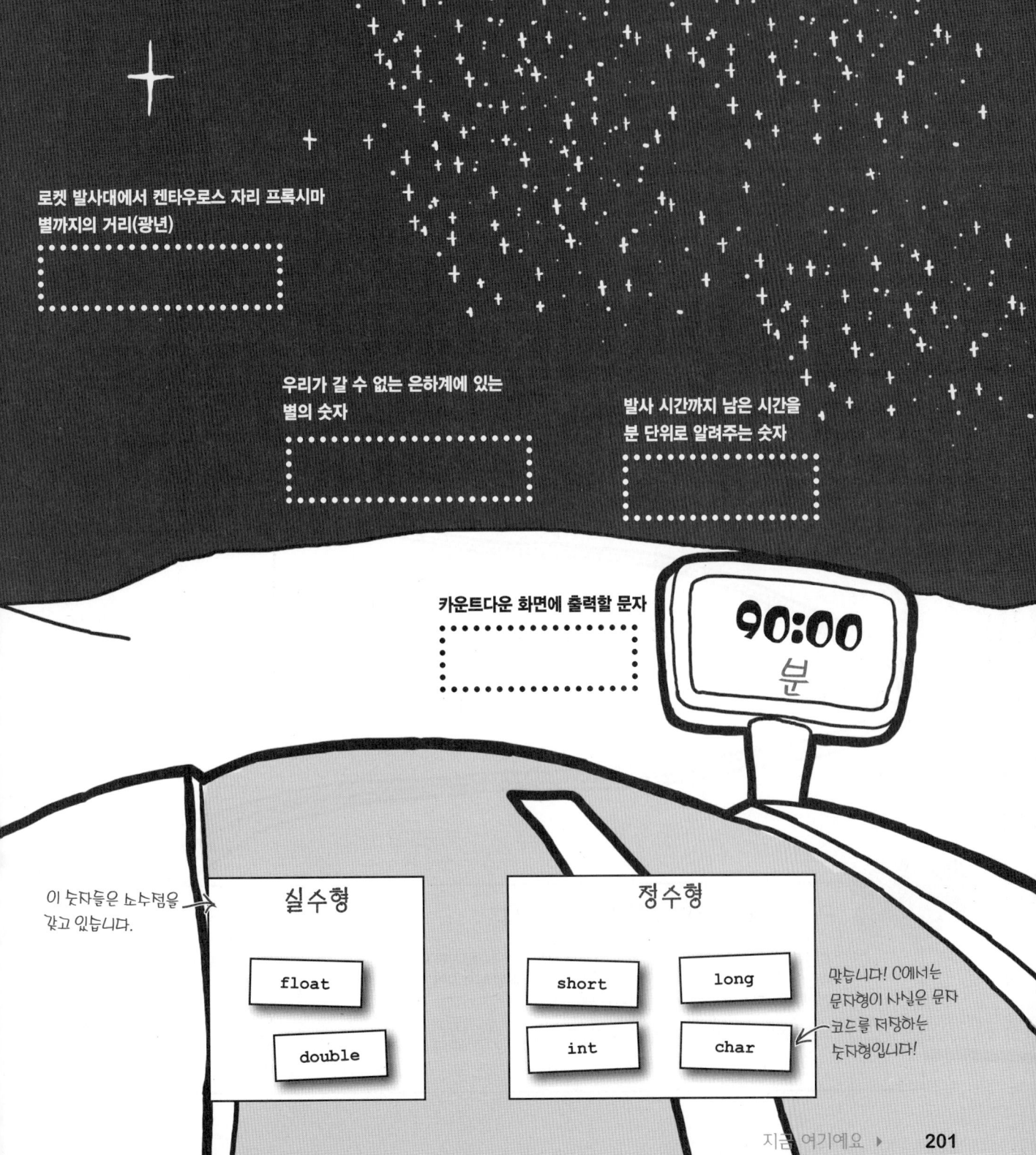

로켓 발사대에서 켄타우로스 자리 프록시마
별까지의 거리(광년)

우리가 갈 수 없는 은하계에 있는
별의 숫자

발사 시간까지 남은 시간을
분 단위로 알려주는 숫자

카운트다운 화면에 출력할 문자

90:00
분

이 숫자들은 소수점을
갖고 있습니다.

실수형

```
float
```

```
double
```

정수형

```
short
```

```
long
```

```
int
```

```
char
```

맞습니다! C에서는
문자형이 사실은 문자
코드를 저장하는
숫자형입니다!

로켓 안에 들어가는 전체 부품 수

```
int
```

로켓이 필요로 하는 전체 연료의 양(리터)

```
float
```

데이터형을 알아맞춰 보세요 정답

C는 꽤 많은 데이터형을 다룰 수 있습니다. 문자, 정수, 일상적으로 사용할 수 있는 실수형, 정밀도 높은 과학 기술 계산을 위한 실수형 등을 사용할 수 있습니다. 반대쪽 페이지에 몇 가지 형이 나열되어 있습니다. 여러분은 각 데이터를 어떤 형으로 할지 알아내야 했습니다.

모든 데이터가 서로 다른 형을 사용합니다.

로켓 발사대에서 켄타우로스 자리 프록시마
별까지의 거리(광년)

double

우리가갈 수 없는 은하계에
있는 별의 숫자

long

발사 시간까지 남은 시간을
분 단위로 알려주는 숫자

short

카운트 다운 화면에 출력할 문자

char

90:00
분

이유를 알아보겠습니다...

데이터형에 대한 간단한 설명

char

각각의 문자는 컴퓨터 메모리에 문자 코드로 저장됩니다. 문자 코드는 단지 숫자일 뿐입니다. 따라서 A를 볼 때, 컴퓨터는 상수 65를 보는 것과 똑같이 생각합니다.

A문자에 대한 아스키 코드가 65입니다.

int

정수를 저장해야 할 때는 일반적으로 int형을 사용합니다. int형이 저장할 수 있는 정확한 최대 크기는 시스템에 따라 다르지만, 적어도 16비트 이상 보장됩니다. 일반적으로 int형은 수백만까지의 숫자를 저장할 수 있습니다.

short

그러나 때로는 메모리를 절약하고 싶을 겁니다. 단지 수백이나 수천 정도의 값을 저장할 때 int형을 사용할 필요는 없겠죠? 그럴 때 short형을 사용합니다. 일반적으로 short 숫자는 int형이 차지하는 공간의 절반을 차지합니다.

long

자, 그런데 정말 큰 숫자를 저장하고 싶으면? 그럴 때에는 long 데이터형을 사용하면 됩니다. 어떤 컴퓨터에서는 long 데이터형이 int형의 두 배를 차지하며 수십억까지의 숫자를 저장할 수 있습니다. 그러나 대부분의 컴퓨터는 정말 큰 int 값을 다룰 수 있기 때문에, 많은 컴퓨터에서 long 데이터형은 int형과 크기가 똑같습니다. long의 크기는 적어도 32비트 이상 보장됩니다.

float

float은 실수형 숫자를 저장하기 위한 기본형입니다. 오렌지 모카 프라푸치노에 있는 물의 양과 같은 일반적으로 사용하는 실수형 숫자를 저장하기 위해 float을 사용할 수 있습니다.

double

그런데 정말 정밀도가 높은 숫자를 저장하려면? 매우 많은 소수점 이하 자리수까지 정확히 계산하고 싶다면 아마도 double형이 적합할 겁니다. double은 float 메모리 공간의 두 배를 차지하며, 지수와 가수에 더 많은 수의 비트를 사용하기 때문에 더 큰 수를 더 정확히 표현할 수 있습니다.

작은 형에 큰 숫자를 넣지 마세요

여러분이 값을 전달할 때 값의 형과 값을 보관할 변수의 형을 조심해서 맞춰야 합니다.

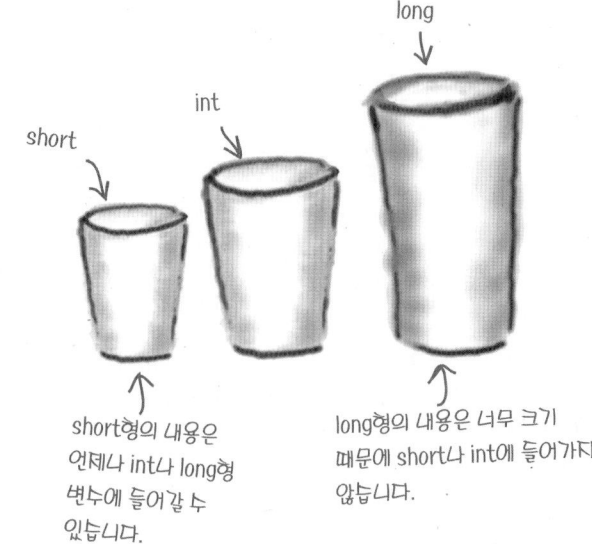

short / int / long

각 데이터형이 사용하는 메모리 크기가 다릅니다. 따라서 변수에 할당한 공간의 크기보다 큰 값을 저장하지 않게 조심해야 합니다. short 변수는 int형보다 메모리를 덜 사용하고, int형은 long 형보다 메모리를 덜 사용합니다.

short 값을 int나 long 변수에 저장하는 데 아무런 문제가 없습니다. 메모리 공간이 충분하므로 코드가 올바로 작동합니다.

```
short x = 15;
int y = x;
printf("y 값 = %i\n", y);
```

'y 값 = 15'라고 출력할 겁니다.

↑ short형의 내용은 언제나 int나 long형 변수에 들어갈 수 있습니다.

↑ long형의 내용은 너무 크기 때문에 short나 int에 들어가지 않습니다.

그런데 반대로 하면 문제가 생깁니다. 예를 들어 int 값을 short 변수에 저장할 때 문제가 생깁니다.

```
int x = 100000;
short y = x;
printf("y 값 = %hi\n", y);
```

short 값에 대한 포맷 지시자는 %hi입니다.

여러분이 큰 수를 작은 변수에 저장하려 할 때, 때로는 컴파일러가 알아차리고 경고 메시지를 출력할 수 있습니다. 그러나 대부분의 경우 컴파일러는 그렇게 똑똑하지 못하므로 아무런 경고 없이 컴파일할 수 있습니다. 이때 여러분이 프로그램을 실행하면 컴퓨터는 예를 들어 100,000을 short형 변수에 저장할 수 없을 겁니다. 컴퓨터는 최대한 많은 1과 0을 저장하려고 하지만, y 변수에 저장된 값은 여러분이 보낸 값과 상당히 다를 겁니다.

```
y 값 = -31072
```

아이디어 탐구

왜 short 변수에 큰 숫자를 넣으면 음수가 될까요? 숫자는 2진수로 저장됩니다. 100,000은 이진수로 다음과 같이 표현됩니다.

```
x <- 0001 1000 0110 1010 0000
```

그런데 이 값을 short형 변수에 저장할 때, 컴퓨터는 저장소의 크기에 맞게 값을 저장합니다. 프로그램은 숫자의 오른쪽부터 크기에 맞게 저장합니다.

```
y <- 1000 0110 1010 0000
```

최상위 비트가 1로 시작되는 **부호가 있는 값**은 음수로 처리됩니다. 그래서 저장된 값은 십진수로 다음과 같은 값이 됩니다.

```
-31072
```

정수형을 float형으로 형변환

다음 코드가 어떤 값을 출력할까요?

```
int x = 7;
int y = 2;
float z = x / y;
printf("z = %f\n", z);
```

나는 float형으로 변환되었다고.

답은 3.0000입니다. 왜 그럴까요? x와 y는 모두 정수형이기 때문에 정수형끼리 나눗셈하면 결과값을 정수형으로 변환하며 소수점 이하를 버립니다. 이때 3이 되는 거죠.

정수형으로 연산하고 실수형 결과를 얻으려면 어떻게 해야 할까요? 먼저 정수를 float 변수에 저장한 후 연산할 수 있지만, 코드가 약간 길어집니다. 대신 여러분은 형변환해서 숫자형을 바로 변환할 수 있습니다.

```
int x = 7;
int y = 2;
float z = (float)x / (float)y;
printf("z = %f\n", z);
```

(float)는 정수형 값을 float 값으로 형변환합니다. 그리고 실수형 값을 사용한 것처럼 식의 나머지부분에서 계속 실수형으로 연산합니다. 사실 컴파일러가 실수형 숫자를 정수형으로 더하고, 빼고, 곱하고, 나눌 때, 컴파일러는 정수를 실수형으로 자동 변환합니다. 따라서 다음과 같이 코드를 줄여서 작성해도 똑같이 실수형으로 연산합니다.

```
float z = (float)x / y;
```
← 컴파일러는 y를 float형으로 자동 변환합니다.

다음과 같이 숫자를 해석하는 방법을 바꾸기 위해 데이터형 앞에 여러 키워드를 사용할 수 있습니다.

unsigned

언제나 숫자를 양수로 해석합니다. 컴파일러가 음수를 저장할 필요가 없어지므로, unsigned 숫자는 더 큰 숫자를 저장할 수 있습니다. 값을 저장할 비트가 하나 더 늘기 때문입니다. 따라서 unsigned int는 int가 저장할 수 있는 최대 숫자보다 두 배 큰 숫자를 저장할 수 있습니다. signed라는 키워드도 있지만, 모든 정수형이 기본적으로 부호 있는 값으로 해석되므로 signed를 볼 일은 거의 없습니다.

unsigned char c;

이 변수는 0에서 255까지 저장할 수 있습니다.

long

long을 데이터형 앞에 붙여 더 큰 값을 저장할 수 있습니다. 따라서 long int는 int보다 큰 버전이며 더 큰 범위의 정수를 저장할 수 있습니다. 그리고 long long은 long보다 더 큽니다. 실수형에도 long을 사용할 수 있습니다.

long double d;

진짜 정말 정밀도 높은 숫자입니다.

long long은 C99와 C11에서만 사용할 수 있습니다.

헤드 퍼스트 레스토랑에서 테이블 서빙하는 웨이터를 돕기 위한 프로그램이 새로 나왔습니다. 프로그램은 모든 주문 내역의 합계를 구하고 부가가치세를 추가합니다. 괄호 안에 어떤 코드를 넣어야 할지 여러분이 해보세요.

주의: 이 프로그램에는 여러 데이터형을 사용할 수 있습니다. 여러분은 이 프로그램에 어떤 숫자형을 사용할 건가요?

```c
#include <stdio.h>

................. total = 0.0;
................. count = 0;
................. tax_percent = 6;

................. add_with_tax(float f);
{
  ................. tax_rate = 1 + tax_percent / 100 ................. ;
  total = total + (f * tax_rate);
  count = count + 1;
  return total;
}

int main()
{
  ................. val;
  printf("항목 가격: ");
  while (scanf("%f", &val) == 1) {
    printf("지금까지 합산: %.2f\n", add_with_tax(val));
    printf("항목 가격: ");
  }
  printf("\n총계: %.2f\n", total);
  printf("\n총 항목 수: %hi\n", count);
  return 0;
}
```

%.2f는 소수점 두째 자리까지 출력하게 합니다.

%hi는 short형에 대한 포맷 지시자입니다.

연습문제 정답

헤드 퍼스트 레스토랑에서 테이블 서빙하는 웨이터를 돕기 위한 프로그램이 새로 나왔습니다. 프로그램은 모든 주문 내역의 합계를 구하고 부가가치세를 추가합니다. 여러분은 괄호 안에 코드를 채워 넣어야 했습니다.

주의: 이 프로그램에는 여러 데이터형을 사용할 수 있습니다. 여러분은 이 프로그램에 어떤 숫자형을 사용할 건가요?

가격 합계를 계산하는 데는 작은 실수형이면 충분합니다.

```c
#include <stdio.h>

float   total = 0.0;
short   count = 0;          항목이 매우 많지는 않기 때문에
short   tax_percent = 6;    short형이면 충분합니다.

가격을 반환하는 데는 float형이면 충분합니다.
float   add_with_tax(float f)
{
  float   tax_rate = 1 + tax_percent / 100 .0 ;
  total = total + (f * tax_rate);
  count = count + 1;
  return total;
}
```

이 금액을 계산하기에 float이면 충분합니다.

숫자 뒤에 .0을 더하면 숫자를 float형으로 계산하게 합니다. 만약 100으로 나누면 계산 결과가 정수형으로 반환될 겁니다.

정수형 나누기 연산을 하면 6/100은 0이 됩니다. 그러면 1 + tax_percent / 100; 값은 1이 됩니다.

```c
int main()
{              각 항목의 가격은 float 안에 충분히 들어갑니다.
  float   val;
  printf("항목 가격: ");
  while (scanf("%f", &val) == 1) {
    printf("지금까지 합산: %.2f\n", add_with_tax(val));
    printf("Price of item: ");
  }
  printf("\n총계: %.2f\n", total);
  printf("\n총 항목 수: %hi\n", count);
  return 0;
}
```

역자 주: 프로그램을 종료하려면, [Ctrl-D]를 누르세요.

데이터형의 크기 들여다 보기

데이터형의 크기는 컴퓨터와 운영체제에 따라 달라집니다. 그런데 int형이 얼마나
큰지, double이 몇 바이트를 사용하는지 어떻게 알 수 있을까요? 다행히도 C
표준 라이브러리는 이런 정보를 알 수 있는 헤더 파일을 두 개 갖고 있어요.
다음 프로그램은 int와 float의 크기를 알려줍니다.

```
#include <stdio.h>
#include <limits.h>   ← 이 헤더 파일은 int와 char와 같은 정수형에 대한 값을 갖고 있습니다.
#include <float.h>    ← 이 헤더 파일은 float와 double에 대한 값을 갖고 있습니다.

int main()
{
    printf("INT_MAX 값은 %i입니다.\n", INT_MAX);
    printf("INT_MIN 값은 %i입니다.\n", INT_MIN);   ← 가장 작은 값입니다.
    printf("int형은 %li바이트를 차지합니다.\n", sizeof(int));

    printf("FLT_MAX 값은 %f입니다.\n", FLT_MAX);
    printf("FLT_MIN 값은 %.50f입니다.\n", FLT_MIN);
    printf("float형은 %li바이트를 차지합니다.\n", sizeof(float));

    return 0;
}
```

가장 큰 값입니다.

sizeof 연산자는 데이터형이 차지하는
바이트 수를 반환합니다.

컴파일하고 실행하면 다음과 같은 결과를 볼 수 있습니다.

```
File Edit Window Help HowBigIsBig
INT_MAX 값은 2147483647입니다
INT_MIN 값은 -2147483648입니다
int형은 4바이트를 차지합니다.
FLT_MAX 값은 340282346638528859811704183484516925440.000000입니다
FLT_MIN 값은 0.0000000000000000000000000000000000000011754943508228
float형은 4바이트를 차지합니다.
```

컴퓨터에 따라 출력되는 값은 다를 수 있습니다.

char, double, long에 대한 자세한 정보를 알고 싶으면 어떻게 해야 할까요?
문제 없습니다. 단지 위 코드에서 INT나 FLT를 CHAR(char형), DBL(double형),
SHRT(short형), LNG(long형)으로 바꾸면 됩니다.

바보 같은 질문이란 없습니다

Q: 운영체제에 따라 데이터형이 달라지는 이유는 무엇인가요? 모두 같으면 덜 혼란스럽지 않을까요?

A: C는 하드웨어를 최적으로 사용하기 위해 운영체제와 프로세서에 따라 크기가 다른 데이터형을 사용합니다.

Q: 어떻게 최적으로 사용한다는 말인가요?

A: C가 처음으로 개발되었을 때, 대부분의 컴퓨터는 8비트였습니다. 지금은 대부분 32비트나 64비트입니다. C가 데이터형의 정확한 크기를 지정하지 않기 때문에, 컴퓨터가 발전하면서 크기를 바꿀 수 있었습니다. 그리고 새로운 컴퓨터가 나오면 C는 그 컴퓨터의 하드웨어를 최적으로 사용할 수 있게 될 겁니다.

Q: 8비트나 64비트가 의미하는 게 도대체 무엇인가요?

A: 기술적으로 컴퓨터의 비트 크기는 CPU 명령의 크기나 CPU가 한 번에 메모리에서 읽을 수 있는 데이터의 양과 같은 여러 가지를 의미합니다. 실제로 비트 크기는 컴퓨터가 다루기 좋아하는 숫자의 크기를 의미합니다.

Q: 그게 int와 double의 크기와 무슨 상관이 있나요?

A: 컴퓨터가 32비트 숫자와 가장 잘 작업할 수 있게 최적화되어 있으면, 가장 기본적인 데이터형인 int형을 32비트로 만드는 게 일반적입니다.

Q: int와 같은 정수형이 작동하는 방법은 알겠지만, float와 double 형은 어떻게 저장되나요? 소수점이 있는 숫자를 컴퓨터가 어떻게 표현하나요?

A: 복잡한 문제입니다. 대부분의 컴퓨터는 IEEE(http://tinyurl.com/6defkv6)가 제정한 표준을 사용합니다.

Q: 실수형 숫자가 작동하는 방법을 제가 꼭 이해해야 하나요?

A: 아닙니다. 대부분의 개발자는 float와 double이 어떻게 구현되는지 신경 쓰지 않고 사용합니다.

아... 저런. 이 분들은 일거리가 떨어진 배우들이네요...

어떤 사람들은 정말로 프로그래머가 체질적으로 맞지 않습니다. 어떤 배우들이 배역이 없을 때 프로그램을 만들어 용돈을 벌려고 하네요. 그들은 계산서 합계를 구하는 프로그램 코드를 개선하려고 결심했습니다.

배우들은 코드를 손본 후 새로운 코드 모습에 매우 행복했습니다... 그런데 아주 조그만 문제가 하나 있네요.

프로그램 컴파일이 안 돼요.

당신에겐 코드, 우리에겐 예술.

프로그래밍하려는 배우들

프로그램에 무슨 일이 생겼는지 알아보겠습니다

배우들이 손본 코드는 아래와 같습니다. 배우들이 몇 가지 바꿨다는 것을 알 수 있습니다.

```c
#include <stdio.h>

float total = 0.0;
short count = 0;
/* 세금이 6%. 내 에이전트가 떼어가는 돈보다 훨씬 적네...*/
short tax_percent = 6;

int main()
{
  /* 이봐. 난 발 킬머와 영화 배역을 놓고 경쟁했었다고  */
  float val;
  printf("항목 가격: ");
  while (scanf("%f", &val) == 1) {
    printf("지금까지 합산: %.2f\n", add_with_tax(val));
    printf("항목 가격: ");
  }
  printf("\n총계: %.2f\n", total);
  printf("\n총 항목 수: %hi\n", count);
  return 0;
}

float add_with_tax(float f)
{
  float tax_rate = 1 + tax_percent / 100.0;
  /* 팁은 안 주나? 내 목소리는 공짜가 아니라고 */
  total = total + (f * tax_rate);
  count = count + 1;
  return total;
}
```

배우들은 코드에 약간의 주석을 추가하고 **함수의 순서도 바꿨습니다.**
그 외에는 바꾼 게 없습니다.

그러면 문제가 없어야 할 텐데요. 코드는 아무런 문제 없이 멀쩡합니다. 그렇죠?
글쎄요... 모든 것이 완벽합니다. 배우들이 코드를 컴파일하기 직전까지는
완벽했습니다...

시험 주행

여러분이 터미널을 열고 프로그램을 컴파일하면 다음과 같은 일이 생길 겁니다.

```
File Edit Window Help StickToActing
> gcc totaller.c -o totaller && ./totaller
totaller.c: In function "main":
totaller.c:14: warning: format "%.2f" expects type
"double", but argument 2 has type "int"
totaller.c: At top level:
totaller.c:23: error: conflicting types for "add_with_tax"
totaller.c:14: error: previous implicit declaration of
"add_with_tax" was here
```

실망이에요.

좋지 않습니다. error: conflicting types for "add_with_tax"가 무엇을
의미할까요? previous implicit declaration은 또 무언가요? 그리고 왜 add_with_
total( ) 함수가 int형을 반환한다고 생각하는 걸까요? 우리는 이 함수가 float형을
반환하게 설계하지 않았나요?

컴파일러는 추가한 주석을 무시하기 때문에 주석은 아무런 영향이 없습니다. 따라서
문제는 **함수의 순서를 변경했기 때문에** 발생했을 것이 분명합니다. 그런데 순서가
문제라면 컴파일러는 그저 다음과 같은 에러 메시지를 출력하지 않았을까요?

이제 농담은 그만하고, 왜 컴파일러가 여기에서는 전혀 도움이 되지 않을까요?

여기에서 일어나는 일을 정확히 이해하려면 여러분이 잠시 컴파일러의 머릿속으로
들어가 컴파일러의 입장에서 코드를 바라봐야 합니다. 여러분은 실제로는 컴파일러가
너무 많이 도와주려 하기 때문에 이런 문제가 생긴다는 사실을 알게 될 겁니다.

컴파일러는 놀라는 걸 좋아하지 않습니다

컴파일러가 다음 코드를 볼 때 무슨 일이 생길까요?

```
printf("지금까지 합산: %.2f\n", add_with_tax(val));
```

① **컴파일러는 모르는 함수에 대한 호출을 보게 됩니다.**

모르는 함수라고 경고를 출력하지 않고, 컴파일러는 소스 파일 뒤에서 이 함수에 대해 알게 될 것이라고
생각합니다. 컴파일러는 파일 뒤에서는 함수를 찾아야 한다는 사실만 기억해둡니다. 불행히도 문제가
있는 곳이 바로 이 부분입니다…

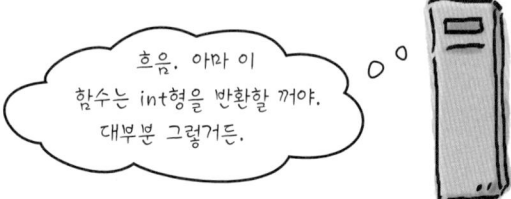

② **컴파일러는 함수가 어떤 데이터형을 반환하는지 알아야 합니다.**

물론 컴파일러는 함수가 어떤 값을 반환할지 아직 모릅니다. 그래서 컴파일러는 **가정**합니다. 이 함수는
int형을 반환한다고…

③ **실제 함수 정의를 보게 되었을 때, 컴파일러는 error: conflicting types for 'add_with_tax'**
에러를 발생시킵니다.

컴파일러는 소스코드에 이름이 같은 함수 두 개가 있다고 생각하기 때문에 이 에러를 발생시킵니다. 한
함수는 실제 파일에 있는 함수, 다른 함수는 컴파일러가 int를 반환한다고 생각했던 함수입니다.

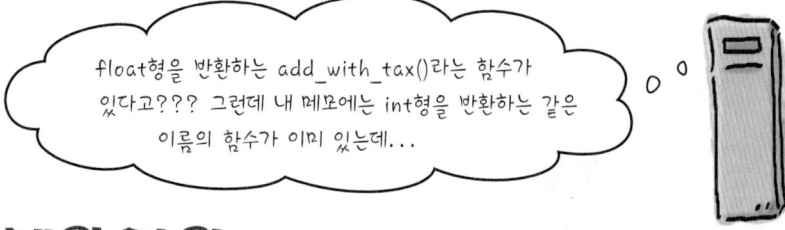

⚛ 브레인 파워

컴파일러는 함수가 int형을 반환한다고 가정했는데, 사실 이 함수는 float형을
반환합니다. 만약 여러분이 C 언어를 설계한다면 이 문제를 어떻게 해결하겠습니까?

> 여보세요? 나는 C언어가 이 문제를 어떻게 해결하는지 전혀 관심 없다고요. 그저 함수를 빌어먹을 원래 순서대로 놓으라고요!

여러분은 함수를 그저 원래 순서대로 놓아 main()이 함수를 호출하기 전에 정의하게 할 수 있습니다.

함수의 순서를 바꾸면 컴파일러가 모르는 함수의 반환형에 대해 잘못 생각하는 문제를 피할 수는 있을 겁니다. 그런데 언제나 함수를 일정한 순서로 정의하게 강요하면, 문제가 두 가지 생깁니다.

함수 순서를 고치는 일이 힘듭니다

가령 모든 사람이 멋지다고 생각하는 함수를 여러분이 새로 추가했다고 생각해보세요.

```
int do_whatever(){...}
float do_something_fantastic(int awesome_level) {...}
int do_stuff() {
    do_something_fantastic(11);
}
```

그리고 나서 기존 do_whatever() 함수 안에서 do_something_fantastic() 함수를 호출하게 고치면 프로그램이 더 좋겠다는 생각이 들면 어떻게 해야 할까요? 여러분은 파일 앞쪽으로 **함수를 이동**해야 할 겁니다. 대부분의 프로그래머는 코드가 하는 일을 개선하는 데 시간을 쓰려고 합니다. 그저 컴파일러가 에러 메시지를 출력하지 않게 코드의 순서를 바꾸는 일을 해야 한다면 프로그래머를 불행하게 만들 겁니다.

올바른 순서가 없을 때도 있습니다

물론 이런 상황이 많이 발생하진 않아요. 그렇지만 때로는 서로 재귀적으로 호출하는 함수를 만들어야 할 때도 있습니다.

> 자기야, 받아!

이 두 함수의 순서를 정할 수 없습니다.

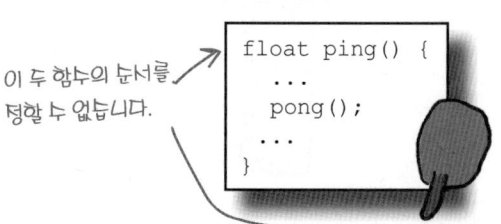

```
float ping() {
   ...
   pong();
   ...
}
```

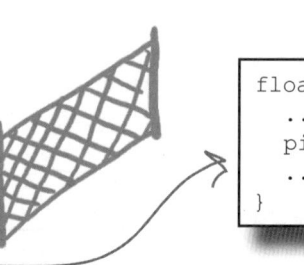

```
float pong() {
   ...
   ping();
   ...
}
```

서로 호출하는 두 함수가 있으면, **두 함수 중에 하나는 반드시 정의하기 전에 호출하게 됩니다.**

이 두 가지 이유 때문에 함수 정의하는 순서를 마음대로 할 수 있는 방법이 있어야 할 것 같습니다. 그런데 어떻게 해야 할까요?

정의와 선언을 분리합니다

컴파일러가 파일의 뒤에서 함수를 찾으려고 자신에게 메모했던 방법이
기억나나요? 함수가 어떤 것이라고 **명시적으로 얘기하면 컴파일러가
엉뚱한 가정을 하지 않게** 할 수 있습니다. 컴파일러에 함수를 소개하는
일을 **함수 선언**이라고 합니다.

선언은 컴파일러에게 함수가 반환할 값을
알려줍니다. → `float add_with_tax();` ← 선언은 코드 본체를 갖고 있지 않아요.
← 선언은 그저 세미콜론(;)으로 끝납니다.

선언은 단지 함수의 **시그너처**일 뿐입니다. 함수의 이름은 무엇인지,
어떤 인자를 받는지, 그리고 **어떤 데이터형을 반환하는지** 알려줍니다.

일단 함수를 선언하면 컴파일러가 잘못된 가정을 하지 않습니다. 따라서 함수를
호출한 후에 정의해도 문제가 되지 않습니다.

따라서 여러분의 코드에 함수가 아주 많이 있고 파일 안에서 함수를 정의할
순서를 고민하고 싶지 않다면, C 프로그램 코드의 앞에 일련의 함수 선언을
놓으면 됩니다.

```
float do_something_fantastic();
double awesomeness_2_dot_0();
int stinky_pete();
char make_maguerita(int count);
```

선언은 본체를
갖고 있지
않습니다.

그런데 일일이 나열하는 것보다 훨씬 좋은 방법은 모든 선언을 코드 밖으로
빼내어 별도의 헤더 파일에 넣을 수 있다는 겁니다. 여러분은 이미 C 표준
라이브러리의 코드를 사용하기 위해 헤더 파일을 사용해왔습니다.

`#include <stdio.h>` ← 이 명령은 stdio.h라는
헤더 파일의 내용을
소스코드에 포함시킵니다.

그러면 여러분의 헤더 파일을 직접 만드는 방법을 살펴보겠습니다.

헤더 파일 처음으로 직접 만들기

헤더 파일을 만들려면 다음과 같이 두 가지 일을 해야 합니다.

1 **.h 확장자를 가진 파일을 새로 만듭니다.**
여러분이 totaller_fix라는 프로그램을 만든다면 totaller_fix.h라는 파일을
만들고 그 안에 선언을 넣으세요.

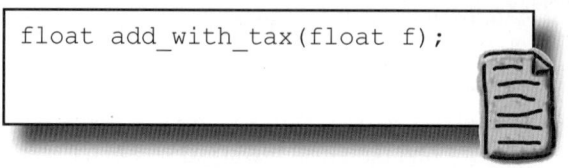

```
float add_with_tax(float f);
```

totaller_fix.h

헤더 파일에 main( ) 함수를 넣을 필요는 없습니다. main( ) 함수를 호출할
필요가 없기 때문입니다.

2 **여러분의 프로그램에 헤더 파일을 인클루드하세요.**
프로그램의 꼭대기에 #include 지시자를 추가해야 합니다.

다른 include 명령이 있는 줄
근처에 여러분의 헤더 파일을
추가하세요.

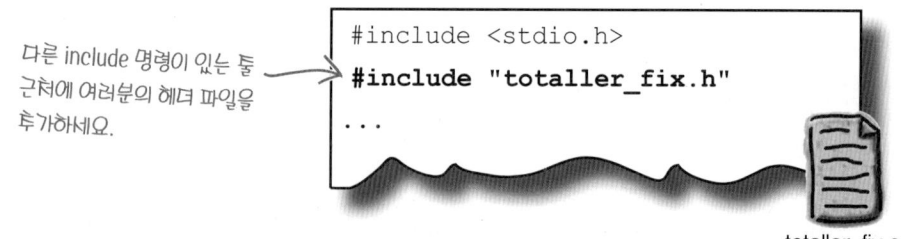

```
#include <stdio.h>
#include "totaller_fix.h"
...
```

totaller_fix.c

여러분의 헤더 파일을 인클루드할 때, 꺾쇠괄호 대신 반드시 큰따옴표를
써야 함에 주의하세요. 왜 다르게 해야 할까요? 꺾쇠괄호를 사용하는
인클루드 명령을 보면 컴파일러는 이 헤더 파일이 라이브러리 코드가
있는 디렉터리에 있다고 생각합니다. 그러나 여러분의 헤더 파일은 **.c**
파일과 같은 디렉터리에 있습니다. 파일 이름을 큰따옴표에 넣으면
컴파일러에 소스코드와 같은 디렉터리를 찾으라고 명령하는 겁니다.

← 헤더 파일을 하위 디렉터리에 넣고 디렉터리 이름을
명시할 수도 있지만, 일반적으로 헤더 파일은 C 파일과
같은 디렉터리에 놓습니다.

컴파일러가 코드 안에서 #include 명령을 보면, 명령이 있는 위치에
헤더 파일의 내용을 입력한 것처럼 헤더 파일의 내용을 읽어 그 자리에
놓습니다.

선언을 별도의 헤더 파일에 넣으면 여러분의 프로그램 코드가 더
짧아집니다. 이 방법의 큰 장점은 몇 페이지 뒤에서 알게 될 겁니다.

일단 지금은 헤더 파일이 문제를 해결하는지 확인해보겠습니다.

#include는
전처리기
명령입니다.

코드를 컴파일하면 다음과 같습니다.

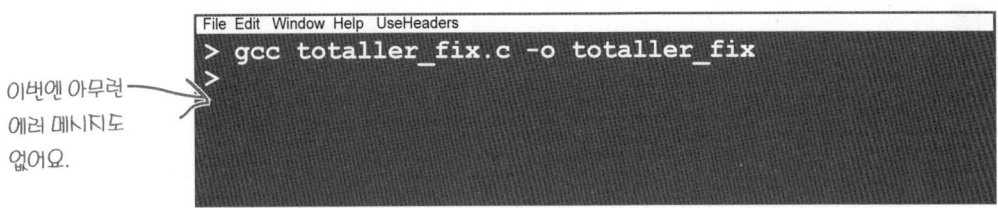

이번엔 아무런
에러 메시지도
없어요.

컴파일러가 헤더 파일에서 함수 선언을 읽습니다. 따라서
컴파일러는 함수의 반환형을 int형이라 가정할 필요가 없습니다.
함수를 정의하는 순서는 중요하지 않습니다.

모두 제대로 되었는지 확인하기 위해, 컴파일된 프로그램을 실행해
이전 프로그램과 똑같이 작동하는지 확인해보세요.

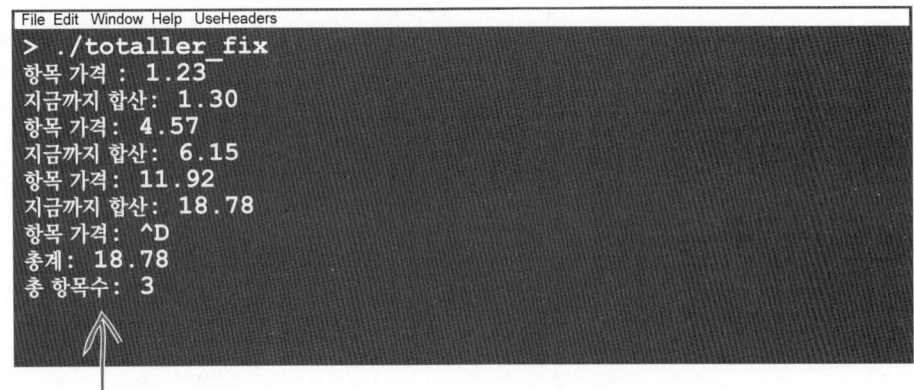

여기서 [Ctrl-D]를 눌러 프로그램이
더 이상 물어보지 않게 멈춥니다.

컴파일러가 되어주세요

아래 프로그램을 봐주세요. 프로그램의 일부가
빠져있습니다. 여러분은 컴파일러가 되어 오른쪽
페이지의 각 답안 코드를 빈칸에 넣으면
어떻게 처리할지 답을 선택하세요.

답안 코드가 여기에 들어갑니다.

```c
#include <stdio.h>




    printf("수성의 하루는 %f시간이다", day);
    return 0;
}

float mercury_day_in_earth_days()
{
    return 58.65;
}

int hours_in_an_earth_day()
{
    return 24;
}
```

여기 많은 코드가 있습니다.

각 코드에 대해 올바른 설명에 체크하세요.

```c
float mercury_day_in_earth_days();
int hours_in_an_earth_day();


int main()
{
  float length_of_day = mercury_day_in_earth_days();
  int hours = hours_in_an_earth_day();
  float day = length_of_day * hours;
```

☐ 컴파일할 수 있다.

☐ 경고 메시지를 출력해야 한다.

☐ 프로그램이 작동한다.

```c
float mercury_day_in_earth_days();


int main()
{
  float length_of_day = mercury_day_in_earth_days();
  int hours = hours_in_an_earth_day();
  float day = length_of_day * hours;
```

☐ 컴파일할 수 있다.

☐ 경고 메시지를 출력해야 한다.

☐ 프로그램이 작동한다.

```c
int main()
{
  float length_of_day = mercury_day_in_earth_days();
  int hours = hours_in_an_earth_day();
  float day = length_of_day * hours;
```

☐ 컴파일할 수 있다.

☐ 경고 메시지를 출력해야 한다.

☐ 프로그램이 작동한다.

```c
float mercury_day_in_earth_days();
int hours_in_an_earth_day();


int main()
{
  int length_of_day = mercury_day_in_earth_days();
  int hours = hours_in_an_earth_day();
  float day = length_of_day * hours;
```

☐ 컴파일할 수 있다.

☐ 경고 메시지를 출력해야 한다.

☐ 프로그램이 작동한다.

컴파일러가 되어주세요 정답

아래 프로그램을 봐주세요. 프로그램의 일부가 빠져있습니다. 여러분은 컴파일러가 되어 오른쪽 페이지의 각 답안 코드를 빈칸에 넣으면 어떻게 처리할지 답을 선택해야 했습니다.

```c
#include <stdio.h>




    printf("수성의 하루는 %f시간이다", day);
    return 0;
}

float mercury_day_in_earth_days()
{
    return 58.65;
}

int hours_in_an_earth_day()
{
    return 24;
}
```

```
float mercury_day_in_earth_days();
int hours_in_an_earth_day();

int main()
{
  float length_of_day = mercury_day_in_earth_days();
  int hours = hours_in_an_earth_day();
  float day = length_of_day * hours;
```

☑ 컴파일할 수 있다.

☐ 경고 메시지를 출력해야 한다.

☑ 프로그램이 작동한다.

hours_in_an_earth_day() 함수를 호출하기 전에
선언하지 않았기 때문에 경고 메시지를 출력합니다.
컴파일러는 이 함수가 int형을 반환한다고 생각했기
때문에 프로그램이 작동하기는 합니다.

```
float mercury_day_in_earth_days();

int main()
{
  float length_of_day = mercury_day_in_earth_days();
  int hours = hours_in_an_earth_day();
  float day = length_of_day * hours;
```

☑ 컴파일할 수 있다.

☑ 경고 메시지를 출력해야 한다.

☑ 프로그램이 작동한다.

```
int main()
{
  float length_of_day = mercury_day_in_earth_days();
  int hours = hours_in_an_earth_day();
  float day = length_of_day * hours;
```

float값을 반환하는 함수를 선언하지 않고 호출했기 때문에
프로그램이 컴파일되지 않습니다.

☐ 컴파일할 수 있다.

☑ 경고 메시지를 출력해야 한다.

☐ 프로그램이 작동한다.

프로그램은 경고를 출력하지 않고 컴파일되기는
합니다. 그러나 정수로 변환하면서 오차가
발생하므로 값이 올바르지 않습니다.

```
float mercury_day_in_earth_days();
int hours_in_an_earth_day();

int main()

  length_of_day 변수는 float형이어야 합니다.
{
  int length_of_day = mercury_day_in_earth_days();
  int hours = hours_in_an_earth_day();
  float day = length_of_day * hours;
```

☑ 컴파일할 수 있다.

☐ 경고 메시지를 출력해야 한다.

☐ 프로그램이 작동한다.

바보 같은 질문이란 없습니다

Q: 그러면 int형 함수는 선언할 필요가 없나요?

A: 코드를 공유하지 않으면 꼭 선언하지는 않아도 됩니다. 잠시 후에 코드 공유하는 방법을 설명할 겁니다.

Q: 혼란스럽네요. 컴파일러 전처리에 대해서 말씀하셨는데요? 컴파일러가 왜 그런 일을 해야 하나요?

A: 엄밀히 말하면 컴파일러는 컴파일 단계만 처리합니다. C 소스코드를 어셈블리 코드로 변환하죠. 그런데 폭넓게 얘기하면 C 소스코드를 실행 파일로 만드는 모든 단계를 컴파일이라고 합니다. 그리고 gcc 도구는 이 단계를 제어할 수 있게 합니다. gcc 도구는 전처리와 컴파일을 수행합니다.

Q: 전처리기는 무엇인가요?

A: 전처리는 원시 C 소스코드를 실행 파일로 변환하는 첫 번째 단계입니다. 전처리는 제대로 컴파일하기 전에 소스코드의 수정된 버전을 만듭니다. 전처리 단계에서 헤더 파일의 내용을 여러분의 소스 파일에 읽어 넣습니다.

Q: 전처리기가 실제 파일을 만드나요?

A: 그렇지는 않습니다. 일반적으로 더 효과적으로 컴파일하기 위해 컴파일러는 단지 파이프를 사용해 소스 파일이 컴파일 단계를 거치게 합니다.

Q: 어떤 헤더 파일은 꺾쇠괄호, 다른 헤더 파일은 큰따옴표를 갖는 이유는요?

A: 엄격히 말하면 컴파일러가 작동하는 방법에 따라 다릅니다. 일반적으로 큰따옴표는 현재 파일이 있는 디렉터리로부터의 상대 경로를 의미합니다. 따라서 큰따옴표에 디렉터리 경로를 명시하지 않으면 소스 파일이 있는 디렉터리를 찾게 합니다. 그런데 꺾쇠괄호를 사용하면 다른 디렉터리에서 찾게 합니다.

Q: 꺾쇠괄호를 가진 헤더 파일을 찾을 때 컴파일러가 어떤 디렉터리를 검색하나요?

A: gcc 컴파일러는 표준 헤더 파일이 있는 디렉터리를 알고 있습니다. 유닉스 계열 운영체제에서 헤더 파일은 일반적으로 /usr/local/include, /usr/include 등의 디렉터리에 놓여 있습니다.

Q: stdio.h와 같은 표준 헤더 파일이 그 디렉터리에 있나요?

A: 네. 유닉스 계열 컴퓨터에서는 /usr/include/에서 stdio.h 파일을 찾을 수 있습니다. 윈도우에서 MinGW 컴파일러를 사용하고 있으면, 이 헤더 파일은 C:\MinGW\include\stdio.h일 겁니다.

Q: 제가 직접 라이브러리를 만들 수 있나요?

A: 네. 이 책의 뒤에서 라이브러리를 만드는 방법을 설명합니다.

핵심정리

- 컴파일러가 모르는 함수에 대한 호출을 보게 되면, 이 함수의 반환형을 int형으로 가정합니다.

- 따라서 함수를 정의하기 전에 호출하면 문제가 생길 수 있습니다.

- 함수 선언은 함수를 정의하기 전에 컴파일러에게 함수의 모습을 알려줍니다.

- 함수 선언이 소스코드의 꼭대기에 있으면 컴파일러는 함수의 반환형에 대해 혼동하지 않습니다.

- 일반적으로 함수 선언을 헤더 파일에 넣습니다.

- #include를 사용하면 컴파일러에 헤더 파일의 내용을 읽어 넣으라고 명령할 수 있습니다.

- 컴파일러는 인클루드된 코드를 소스 파일에 직접 입력한 코드와 똑같이 처리합니다.

테이블이 예약되어 있습니다...

C는 아주 작은 언어입니다. 오른쪽 표는 C 언어에서 예약된 모든 단어들입니다(순서는 중요하지 않습니다).

여러분이 보는 모든 C 프로그램은 이 표의 단어와 몇 가지 기호로 분해할 수 있습니다. 만약 여러분이 이 이름을 변수나 함수 이름으로 사용하면 컴파일러는 정말 화낼 겁니다.

auto	if	break
int	case	long
char	register	continue
return	default	short
do	sizeof	double
static	else	struct
entry	switch	extern
typedef	float	union
for	unsigned	goto
while	enum	void
const	signed	volatile

공유할 수 있는 기능을 갖고 있으면...

여러분이 C 언어로 많은 프로그램을 짜다보면 한 프로그램에서 구현한 함수나 기능을 다른 프로그램에서 또 사용하고 싶은 경우가 생길 수 있습니다. 예를 들어 오른쪽에 있는 두 프로그램의 설명문을 읽어보세요.

XOR 암호화는 각 문자를 어떤 값과 XOR 연산하여 문장을 위장시키는 아주 간단한 방법입니다. 그리 안전하지 않지만 구현하기는 매우 쉽습니다. 그리고 암호화 코드를 그대로 사용해 복호화할 수 있습니다. 문장을 암호화하는 코드는 다음과 같습니다.

file_hider

파일의 내용을 읽어 XOR 연산자를 사용해 암호문을 만들어낸다.

message_hider

표준 입력에서 일련의 문자열을 읽어 XOR 연산으로 암호화된 문장을 표준 출력으로 보낸다.

void는 아무것도 반환하지 않음을 의미합니다.

```c
void encrypt(char *message)
{
    char c;
    while (*message) {
        *message = *message ^ 31;
        message++;
    }
}
```

함수에 문자열에 대한 포인터를 전달합니다.

배열에 루프를 돌아 각 문자를 암호화된 글자로 바꿉니다.

이 문장은 각 문자를 숫자 31과 XOR해서 바꿉니다.

문자에 산술 연산을 한다고요? char도 숫자 데이터형이기 때문에 할 수 있습니다.

... 코드를 공유하는 건 좋은 일입니다

확실히 두 프로그램 모두 이 encrypt() 함수를 사용할 것 같습니다. 그러면 여러분은 한 프로그램에서 구현한 코드를 복사해 다른 프로그램에 붙여 넣으면 되겠죠, 그렇죠? 복사할 코드가 크지 않으면 그렇게 하는 것도 나쁘지 않습니다. 그런데 복사할 코드의 양이 아주 많다면? 아니면 나중에 encrypt() 함수의 내부를 바꿔야 한다면? encrypt() 함수를 여러 프로그램에 복사했다면 모든 프로그램에서 이 함수를 바꿔야 할 겁니다.

여러분의 코드가 커진다면 공통된 코드를 재사용할 수 있는 방법이 필요합니다. 일련의 함수를 끄집어 내는 방법과 수많은 프로그램이 사용할 수 있게 하는 방법이 필요합니다.

어떻게 할 수 있을까요?

⚛ 브레인 파워

여러 프로그램에 공유하고 싶은 함수들을 갖고 있다고 생각해보세요.
함수를 C 언어로 만들었다면,
어떻게 코드를 공유할 수 있을까요?

코드를 여러 파일에 나눌 수 있습니다

여러 파일에 공유하고 싶은 코드가 있다면 공유할 코드를 별도의 .c 파일에
저장하면 좋습니다. 프로그램을 컴파일할 때 컴파일러가 공유된 코드를 포함시킬
수 있으면 여러 애플리케이션에서 같은 코드를 사용할 수 있습니다. 그리고 만약
공유된 코드를 바꿔야 한다면 공유된 파일 하나만 수정하면 됩니다.

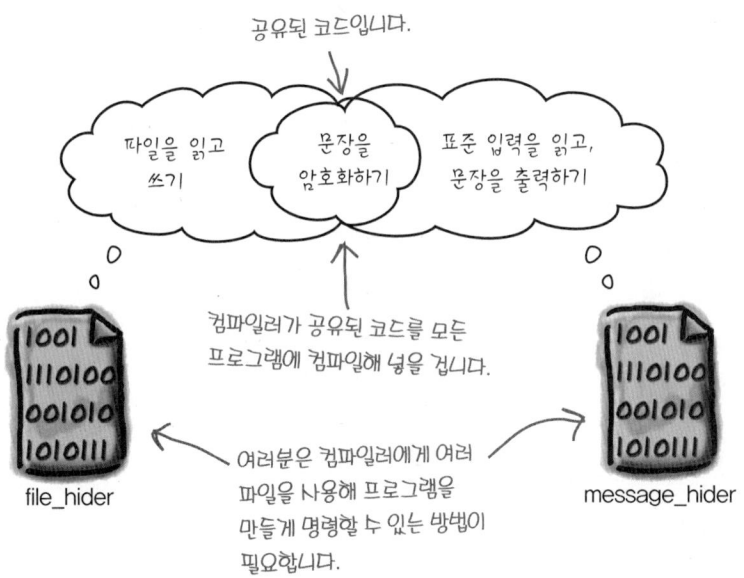

공유할 코드를 보관하기 위해 별도의 .c 파일을 사용하려면 문제가 하나
있습니다. 지금까지 여러분은 .c 소스 파일 하나만 사용해 프로그램을
만들어왔습니다. 즉, blitz_hack이라는 C 프로그램을 만들려면
blitz_hack.c라는 소스코드 파일 하나로 프로그램을 만들었습니다.

그런데 이제는 컴파일러에 **여러 소스코드 파일**을 주고 "이 파일들을 사용해
프로그램을 만들어"라고 명령하려고 합니다. 어떻게 할 수 있을까요? gcc
컴파일러에 어떤 형태로 명령을 호출해야 할까요? 그리고 더 중요한 건 여러
파일을 이용해 하나의 실행 파일을 만드는 일이 컴파일러에 무슨 의미가
있을까요? 어떻게 작동할까요? 어떻게 하나로 결합시킬 수 있을까요?

**C 컴파일러가 여러 파일에서 하나의 실행 파일을 만들게 하는 방법을
이해하기 위해 컴파일 과정을 살펴보겠습니다...**

컴파일 과정 내부

컴파일러가 여러 소스 파일을 컴파일해 한 프로그램으로 만드는 방법을 이해하기 위해 은막을 걷고 어떻게 컴파일 과정이 진행되는지 살펴봐야 합니다.

흐음... 그러면 내가 소스 파일들을 컴파일해서 한 프로그램으로 만들어야 하네? 어떻게 할 수 있을지 어디 보자...

1 **전처리: 소스 수정**

컴파일러가 가장 먼저 해야 할 일은 소스를 수정하는 겁니다. 전처리기는 #include **지시자**로 지시한 헤더 파일을 추가해야 합니다. 그리고 프로그램의 일부분을 확장하거나 건너뛰어야 합니다. 이 과정이 끝나면 소스코드가 실제 컴파일할 수 있게 준비됩니다.

'지시자'는 그저 '명령'을 멋지게 표현한 말입니다.

#define과 #ifdef와 같은 명령으로 할 수 있습니다. 이 지시자는 책의 뒤에서 사용법을 설명합니다.

우선, 소스 파일에 추가 재료를 넣기만 하면 되는군.

2 **컴파일: 어셈블리어로 변환**

C 프로그래밍 언어는 매우 낮은 수준처럼 보이지만, 사실 컴퓨터가 이해할 만큼의 저수준은 아닙니다. 컴퓨터는 진짜 낮은 수준의 **기계어 코드** 명령만을 이해할 수 있습니다. 기계어 코드를 만들기 위한 첫 번째 단계로 컴파일러는 C 소스코드를 다음과 같은 **어셈블리어 기호**로 변환합니다.

그러면 이 if문을 변환하려면 먼저 스택에 추가하고...

```
movq   -24(%rbp), %rax
movzbl(%rax), %eax
movl   %eax, %edx
```

위 코드는 잘 모르겠죠? 어셈블리어는 프로그램을 실행할 때 중앙처리장치가 따라야 하는 각각의 명령을 설명합니다. C 컴파일러는 C 언어의 각 부분에 대한 매뉴얼을 갖고 있습니다. 이 매뉴얼은 컴파일러가 if문이나 함수 호출을 일련의 어셈블리어 명령으로 바꾸는 방법을 설명합니다. 그러나 어셈블리어 자체도 컴퓨터가 실행할 수 있는 수준은 아닙니다. 그래서 다음 단계가 필요합니다...

3 어셈블리: 오브젝트 코드 생성

컴파일러는 어셈블리어 코드를 기계어, 즉 **오브젝트 코드**로 변환하기 위해 어셈블해야 합니다. 오브젝트 코드는 CPU의 회로가 실행하는 실제 이진 코드입니다.

이제 어셈블리 코드를 먹을 수 있게 구울 때가 되었네.

이 것은 기계어 코드로 만든 음담패설입니다.

10010101 00100101 11010101 01011100

그러면 이제 끝난 건가요? 결국 여러분은 원래 C 소스코드를 컴퓨터의 회로가 필요로 하는 1과 0으로 바꿨습니다. 그런데, 한 단계가 더 있습니다. 프로그램을 만들기 위한 여러 파일을 컴퓨터에게 주면 컴파일러는 각 소스 파일에 대한 오브젝트 코드를 만들 뿐입니다. 그런데 분리된 오브젝트 파일들을 사용해 실행할 수 있는 하나의 프로그램을 만들려면 한 가지 일을 더 해야 합니다...

4 링크: 하나로 결합

일단 오브젝트 코드를 모두 갖춘 후에는 **실행 프로그램**을 만들기 위해 퍼즐을 맞추듯이 이 오브젝트 코드를 하나로 합쳐야 합니다. 컴파일러는 다른 객체 코드에 있는 함수를 호출하는 코드를 연결합니다. 그리고 링크해야 라이브러리 코드도 호출할 수 있습니다. 마지막으로 운영체제가 지원하는 파일 포맷을 사용해 실행 프로그램으로 만들어집니다. 파일 포맷이 중요합니다. 운영체제가 프로그램을 로드해 실행하려면 운영체제가 지원하는 실행 파일 포맷으로 되어 있어야 하기 때문입니다.

마지막으로 모두 모아 한 곳에 담아야 한다...

그러면 여러 소스 파일로부터 하나의 실행 프로그램을 만들고 싶다고 gcc에 어떻게 얘기할 수 있을까요?

공유된 코드는 자신의 헤더 파일을 필요로 합니다

프로그램들에 encrypt.c 코드를 공유하려면 프로그램에
encrypt.c 코드에 대해 설명할 방법이 필요합니다. 설명하기
위해 헤더 파일을 사용합니다.

encrypt.c 안에 헤더 파일을
인클루드합니다.

```
void encrypt(char *message);
```

encrypt.h

```
#include "encrypt.h"

void encrypt(char *message)
{
  char c;
  while (*message) {
    *message = *message ^ 31;
    message++;
  }
}
```

encrypt.c

프로그램에 encrypt.h를 인클루드합니다

여기에서는 함수의 순서를 바꾸기 위해 헤더 파일을 사용하는 것이
아닙니다. **다른 프로그램에 encrypt( ) 함수를 알려주기 위해 헤더
파일을 사용합니다.**

프로그램에 encrypt( ) 함수
선언을 포함하기 위해 encrypt.h를
인클루드합니다.

```
#include <stdio.h>
#include "encrypt.h"

int main()
{
  char msg[80];
  while (fgets(msg, 80, stdin)) {
    encrypt(msg);
    printf("%s", msg);
  }
}
```

message_hider.c

encrypt.h를 주 프로그램 파일 안에 인클루드하면 컴파일러는 코드를
컴파일하기 위해 encrypt( ) 함수에 대한 충분한 정보를 갖게 됩니다.
링크 단계에서 컴파일러가 message_hider.c에 있는 encrypt(msg) 호출
코드와 encrypt.c에 있는 실제 encrypt( ) 함수와 연결할 수 있습니다.

마지막으로 모두 함께 컴파일하기 위해 모든 소스 파일을 gcc에
전달하기만 하면 됩니다.

gcc message_hider.c encrypt.c -o message_hider

변수 공유하기

여러분은 여러 파일이 함수를 공유하는
방법을 배웠습니다. 그런데 변수를
공유하려면 어떻게 해야 할까요? 보통 소스
파일은 자신만의 변수를 따로 갖고 있어서
한 파일의 코드가 다른 파일의 변수에
영향을 주지 못하게 합니다. 그러나 정말로
변수를 공유하고 싶으면, 다음과 같이
헤더 파일에 변수를 선언하고 앞에 **extern**
키워드를 붙이면 됩니다.

extern int passcode;

시험 주행

message_hider 프로그램을 컴파일하면 어떻게 되는지 알아보겠습니다.

두 소스 파일 모두 컴파일해야 합니다.

프로그램을 실행하면 문장을
입력하고 암호문을 볼 수
있습니다.

심지어 encrypt.h 파일의
내용을 전송해, 파일 내용을
암호화할 수도 있습니다.

```
File Edit Window Help Shhh...
> gcc message_hider.c encrypt.c -o message_hider
> ./message_hider
I am a secret message
V?~r?~?lz|mzk?rzll~xz
> ./message_hider < encrypt.h
ipv{?zq|mfok7|w~m5?rzll~xz6$
>
```

message_hider 프로그램은 encrypt.c 파일의
encrypt( ) 함수를 사용합니다.

프로그램이 제대로 작동합니다. 이제 encrypt( ) 함수를 별도의
파일에 갖고 있으므로, 여러분은 어떤 프로그램에도 이 함수를
사용할 수 있습니다. 만약 encrypt( ) 함수를 더 안전하게 바꾸려면
단지 encrypt.c 파일만 수정하면 됩니다.

핵심정리

- 별도의 C 파일에 코드를 넣어 공유할
  수 있습니다.

- 함수 선언을 별도의 .h 헤더 파일에
  넣어야 합니다.

- 공유 코드를 사용해야 하는
  모든 C 파일에서 헤더 파일을
  인클루드합니다.

- 컴파일러 명령에 필요한 모든 C
  파일을 나열합니다.

코스를 벗어나 보세요

encrypt( ) 함수를 사용하는
프로그램을 직접 만들어보세요.
암호문을 복호화하려면 똑같은
함수를 한 번 더 호출하면 된다는
점을 기억하세요.

아주 쉬운 일이에요... 아닌가요?

프로그램을 여러 소스 파일로 분할하면 여러 프로그램이 코드를 공유할 수 있을 뿐만 아니라 초대형 프로그램을 만들 수 있음을 의미합니다. 왜 그럴까요? 흠... 프로그램을 더 작은 **독립적인 코드 단위**로 분할할 수 있기 때문입니다. 하나의 커다란 소스 파일 대신 이해하고, 유지보수하고, 테스트하기 더 쉬운 단순한 파일을 아주 많이 가질 수 있게 됩니다.

좋은 점은 여러분이 정말 큰 프로그램을 만들 수 있게 된다는 겁니다. 나쁜 점은? 나쁜 점은... 여러분이 정말 큰 프로그램을 만들 수 있게 된다는 겁니다. C 컴파일러는 정말 효율성이 높은 소프트웨어입니다. 컴파일러는 여러분의 소프트웨어가 매우 복잡한 변환 과정을 거치게 합니다. 소스 파일을 수정하고, 메모리를 폭주시키지 않으면서도 수백 개의 파일을 링크하고, 그러면서도 여러분이 작성한 코드를 최적화까지 해줍니다. 그리고 이 많은 일을 하면서도 빨리 실행됩니다.

그러나 만약 여러분이 많은 파일을 사용하는 프로그램을 만들면, 컴파일에 걸리는 시간이 중요해집니다. 큰 프로젝트를 컴파일하는 데 1분 걸린다고 가정하겠습니다. 그리 오랜 시간은 아니라고 생각할 수 있지만, 생각의 흐름을 끊기에는 충분하고도 남는 시간입니다. 만약 코드 한 줄을 바꿔보려는 경우 여러분은 가능한 한 빨리 결과를 보고 싶을 겁니다. 바꿀 때마다 1분을 꼬박 기다려야 한다면 여러분의 작업을 매우 느리게 만들 겁니다.

한 파일 안의 한 줄만 고쳐도 모든 소스 파일을 모두 다시 컴파일하는 시간이 걸릴 수 있습니다.

unit.c

retro.c

pitch_motor.c

launch.c

engine.c

dule.c

컴파일러

launch

1001
1110100
001010
1010111

⚛ 브레인 파워

주의 깊게 생각해보세요. 아주 조금만 고쳐도 결과를 보기 위해서는 커다랗고 느린 컴파일 과정을 거쳐야 한다. 컴파일 과정에 대한 여러분의 지식을 이용해보세요. 어떻게 하면 프로그램을 다시 컴파일하는 시간을 줄일 수 있을까요?

모든 파일을 다시 컴파일하지 마세요

여러분의 소스코드 파일에서 한 두 개만 고쳤다면 프로그램의 모든 소스 파일을
다시 컴파일하는 것은 낭비입니다. 다음과 같이 명령을 호출하면 어떤 일이
생기는지 생각해보세요.

여기에 수많은 파일 이름이 들어갑니다.

```
gcc reaction_control.c pitch_motor.c ... engine.c -o launch
```

컴파일러가 무슨 일을 할까요? 각 소스 파일에 대해 전처리기, 컴파일러, 어셈블러를 실행합니다.
수정하지 않은 소스 파일도 이 과정을 거칩니다. 소스코드를 바꾸지 않으면
소스에 대한 **오브젝트 코드**가 바뀌지도 않는데 말이죠. 그러면 컴파일러가 매번 모든 파일에
대한 오브젝트 코드를 생성하는 문제를 어떻게 해결해야 할까요?

컴파일된 코드의 사본 보관

컴파일러에 오브젝트 코드를 파일에 저장하라고 명령하면 소스코드가 바뀌지 않는
한 다시 만들 필요 없습니다. 소스 파일이 바뀌면 그 파일 하나에 대한 오브젝트
코드를 다시 생성하고, 전체 오브젝트 파일을 컴파일러에 전달해 다시 링크하면
됩니다.

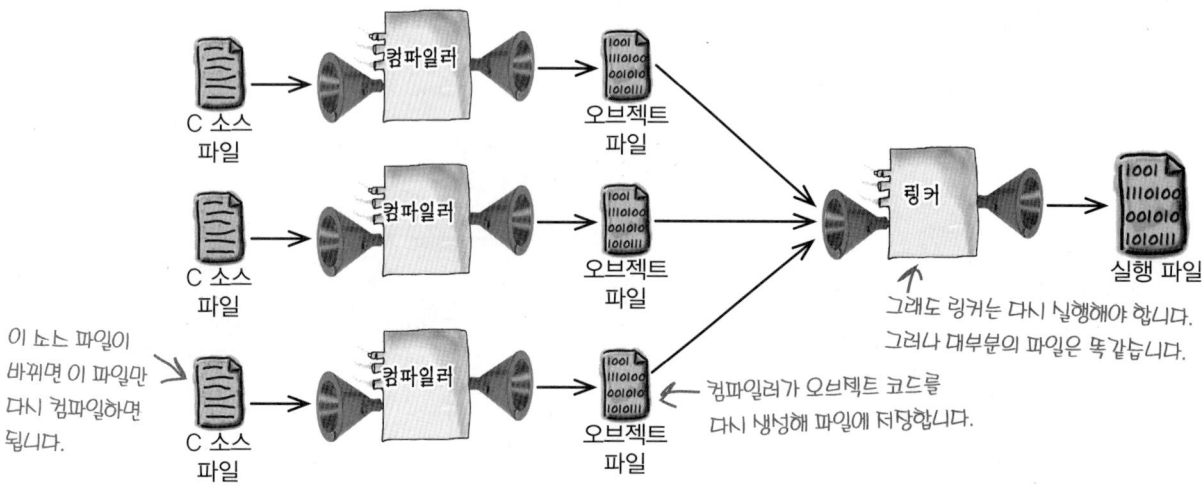

파일 하나만 바꾸면 그 파일에 대한 오브젝트 코드만 다시 만들면 됩니다. 그러나
다른 파일들의 오브젝트 코드는 다시 만들 필요 없습니다. 그리고 나서 모든
오브젝트 코드를 링커에 보내 프로그램의 새 버전을 만듭니다.

**그러면 어떻게 해야 gcc가 오브젝트 코드를 파일에 저장할까요? 그리고 어떻게
해야 컴파일러가 오브젝트 파일을 링크하게 만들까요?**

먼저 소스 파일을 오브젝트 파일로 컴파일합니다

각 소스 파일에 대한 오브젝트 코드가 필요하므로, 여러분은 다음과
같이 명령해 오브젝트 파일을 만들 수 있습니다.

이 명령은 모든 소스 파일의 → **gcc -c *.c** ← 운영체제는 *.c를 모든 C 파일 이름으로
오브젝트 코드를 생성합니다. 바꿉니다.

gcc -c 는 코드를 컴파일하지만
링크하지는 않습니다.

*.c는 현재 디렉터리에 있는 모든 C 파일에 대응되고 -c는 각 소스
파일에 대한 오브젝트 파일을 만들지만 실행 파일을 만들기 위해
링크하고 싶지는 않다고 컴파일러에 알려줍니다.

그리고 모두 링크합니다

이제 모든 오브젝트 파일을 갖추었으니 간단한 컴파일 명령으로 파일을
링크할 수 있습니다. 그러나 컴파일러에 C 소스 파일의 이름 대신
오브젝트 파일의 이름을 알려줘야 합니다.

이 명령은 이전에 사용한 → **gcc *.o -o launch** ← C 소스 파일 대신 오브젝트 파일을
컴파일 명령과 비슷합니다. 나열하세요.

이것은 현재 디렉터리에 있는 모든 오브젝트 파일에 대응됩니다.

컴파일러가 똑똑하므로 파일이 소스 파일이 아니라 오브젝트 파일임을
파악하고 컴파일 단계를 건너 뛰고 파일을 링크해 launch라는 실행
프로그램을 만듭니다.

자 이제 이전에 하던 것처럼 여러분은 컴파일을 무사히 마쳤습니다.
그러나 실행 파일을 다시 링크해야 할 때에는 그저 링크만 하면
되는 오브젝트 파일들도 갖게 되었습니다. 따라서 파일 중에 하나를
변경하면 그 파일만 다시 컴파일하고 프로그램을 다시 링크하면 됩니다.

이 파일만 바뀌었습니다. → **gcc -c thruster.c** ← 이 명령은 thruster.o 파일을 다시 만듭니다.
gcc *.o -o launch ← 이 명령은 모든 파일을 링크합니다.

비록 명령을 두 개 입력해야 하지만, 컴파일 시간이 많이 줄어듭니다.

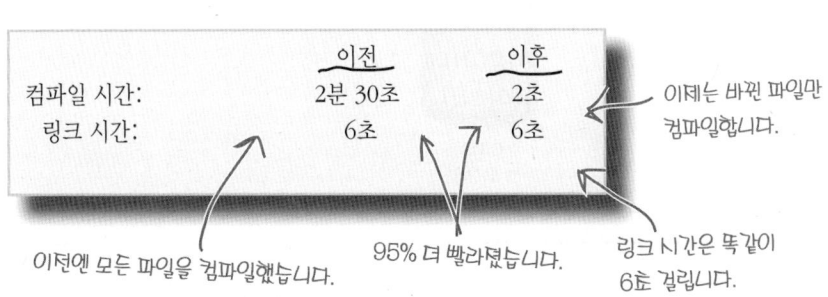

	이전	이후
컴파일 시간:	2분 30초	2초
링크 시간:	6초	6초

이제는 바뀐 파일만 컴파일합니다.

이전엔 모든 파일을 컴파일했습니다.

95% 더 빨라졌습니다.

링크 시간은 똑같이 6초 걸립니다.

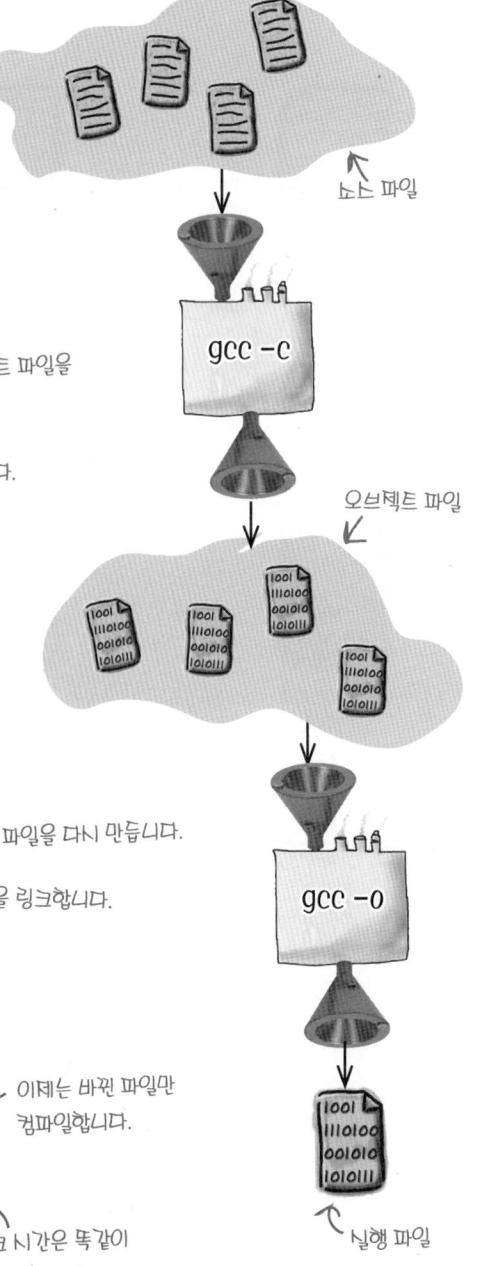

소스 파일

오브젝트 파일

실행 파일

긴 연습문제

다음은 비행기 엔진 관리 시스템을 제어하는 코드 일부입니다. 파일마다 생성 시각이 기록되어 있습니다. 최신 ems 실행 파일을 만들기 위해 어느 파일을 다시 생성해야 한다고 생각되나요? 갱신해야 한다고 생각되는 파일에 동그라미하세요.

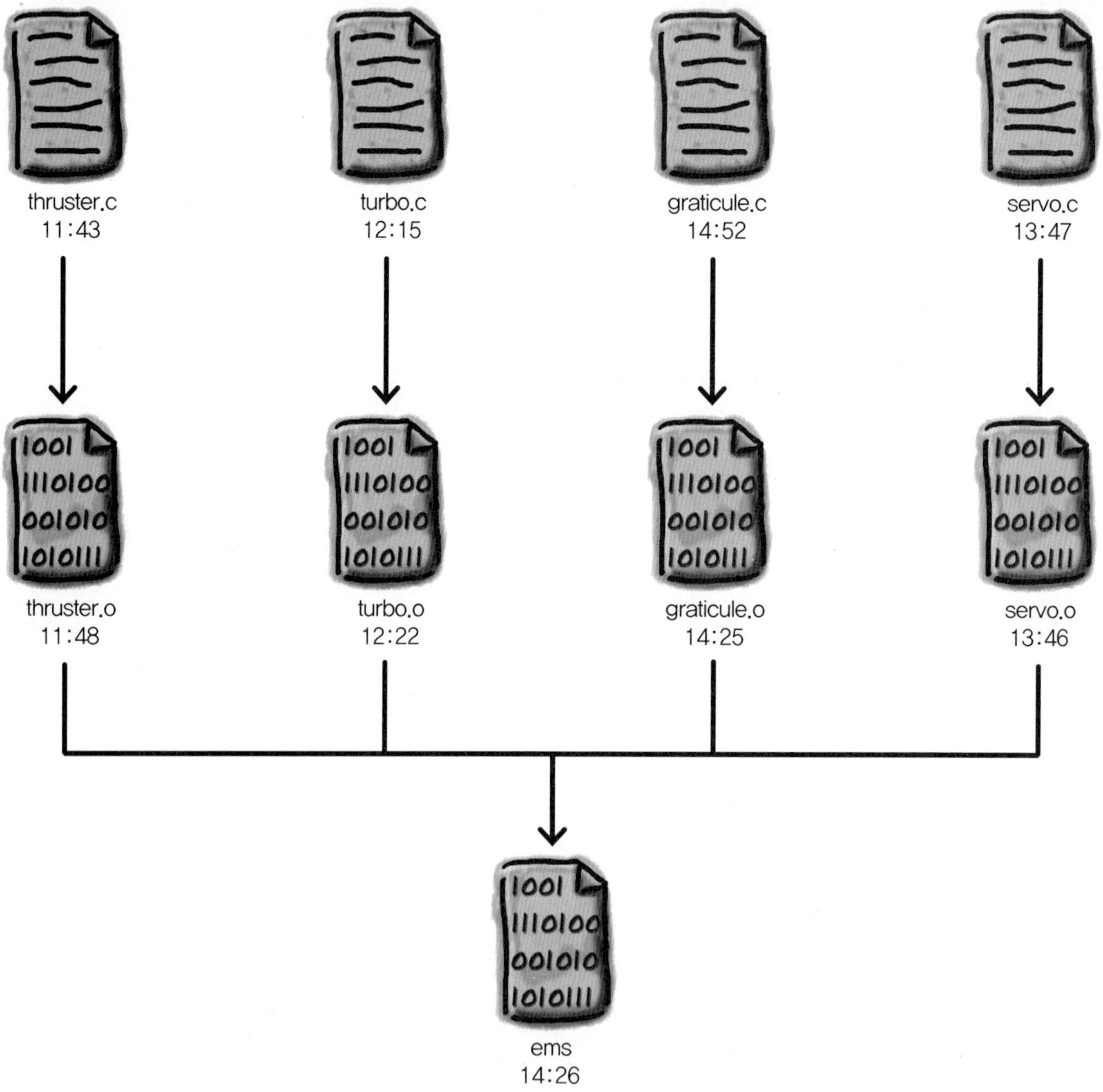

thruster.c
11:43

turbo.c
12:15

graticule.c
14:52

servo.c
13:47

thruster.o
11:48

turbo.o
12:22

graticule.o
14:25

servo.o
13:46

ems
14:26

그리고 주방 프로그램도 최신으로 갱신해야 합니다. 파일 시간을 보세요. 어느 파일을 갱신해야 하나요?

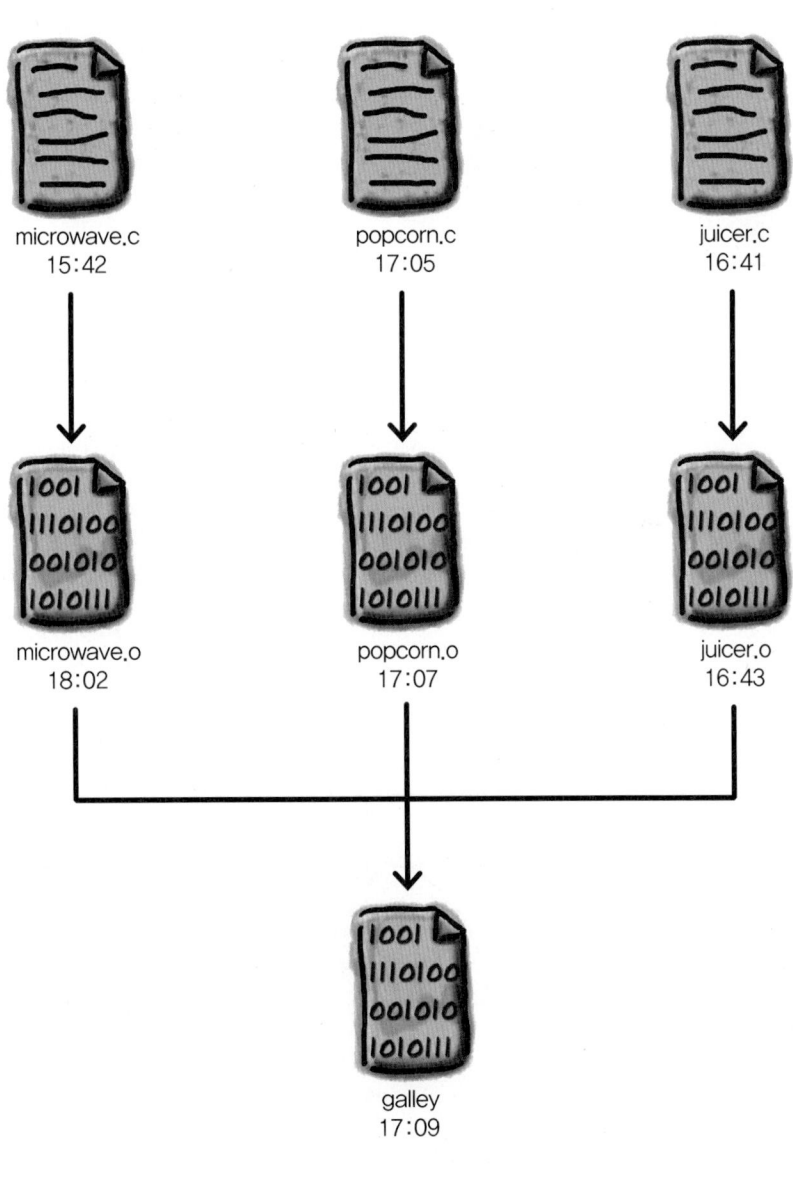

긴 연습문제 정답

다음은 비행기 엔진 관리 시스템을 제어하는 코드 일부입니다. 파일마다 생성 시각이 기록되어 있습니다. 최신 ems 실행 파일을 만들기 위해 어느 파일을 다시 생성해야 한다고 생각되나요? 여러분은 갱신해야 한다고 생각되는 파일에 동그라미해야 했습니다.

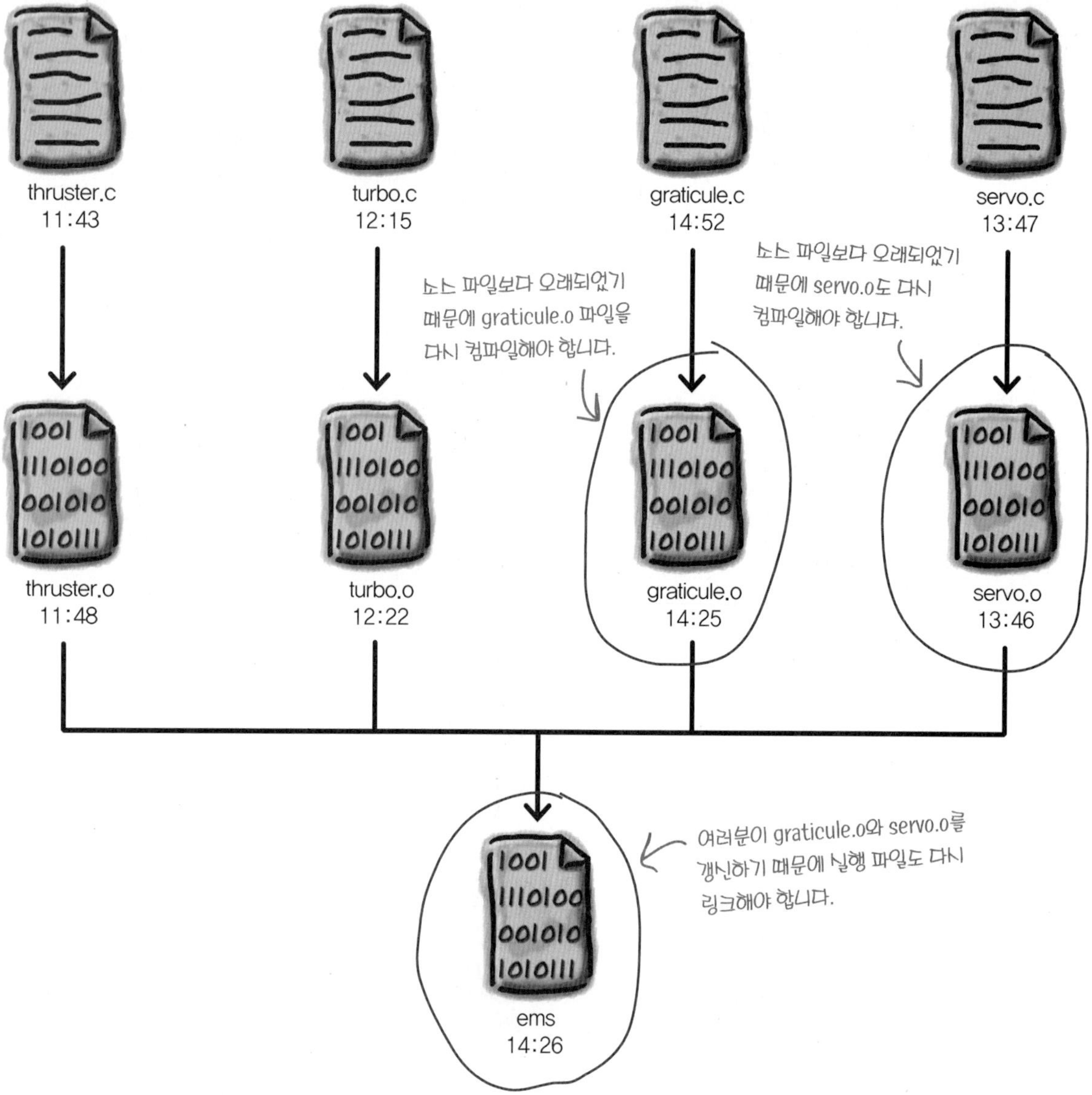

thruster.c
11:43

turbo.c
12:15

graticule.c
14:52

servo.c
13:47

소스 파일보다 오래되었기 때문에 graticule.o 파일을 다시 컴파일해야 합니다.

소스 파일보다 오래되었기 때문에 servo.o도 다시 컴파일해야 합니다.

thruster.o
11:48

turbo.o
12:22

graticule.o
14:25

servo.o
13:46

ems
14:26

여러분이 graticule.o와 servo.o를 갱신하기 때문에 실행 파일도 다시 링크해야 합니다.

그리고 주방 프로그램도 최신으로 갱신해야 합니다. 파일 시간을 보세요. 여러분은 갱신해야 할 파일에 동그라미해야 했습니다.

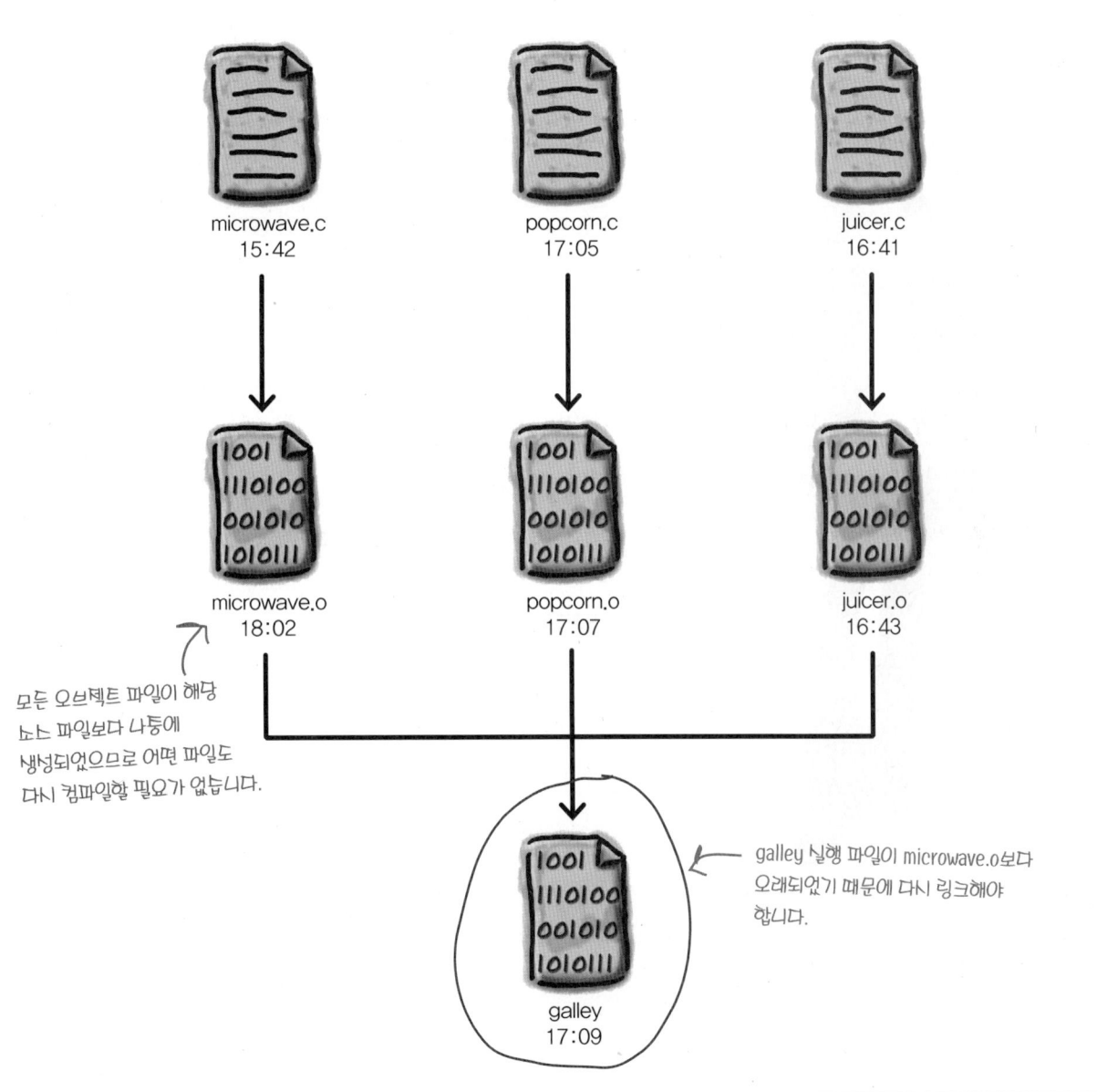

microwave.c
15:42

popcorn.c
17:05

juicer.c
16:41

microwave.o
18:02

popcorn.o
17:07

juicer.o
16:43

모든 오브젝트 파일이 해당
소스 파일보다 나중에
생성되었으므로 어떤 파일도
다시 컴파일할 필요가 없습니다.

galley
17:09

galley 실행 파일이 microwave.o보다
오래되었기 때문에 다시 링크해야
합니다.

파일을 일일이 추적하기 힘드네요

난 시간 절약의 중요성이 내가 신경쓸 필요 없다는
것이라 생각했었어. 컴파일 속도가 빨라지기는 했지만
어떻게 컴파일해야 할지 생각할 게 훨씬 더 복잡하네.
이게 무슨 의미가 있지?

**사실입니다. 일부만 컴파일하니 더 빨라졌지만, 빠짐 없이
필요한 파일들을 다시 컴파일해야 하니 더 신중히 생각해야
하네요.**

소스 파일들 중 하나에만 작업하면 아주 간단합니다. 그러나 여러
파일을 변경하면 다시 컴파일하다 빼먹기 쉽습니다. 그러면 새로
만들어진 프로그램이 여러분의 수정 내용을 모두 반영하지 못한다는
말이죠. 물론 여러분이 최종 프로그램을 배포할 때에는 모든 파일을
완전히 다시 컴파일할 수 있지만, 프로그램을 개발하는 중에는
전체를 다시 컴파일하고 싶지 않을 겁니다.

컴파일해야 하는 파일을 찾는 것은 상당히 **기계적인 절차**이기는
하지만, 수작업으로 하다 보면 바뀐 파일을 빼먹기 쉽습니다.

사용할 만한 **자동화된 절차**는 없을까요?

make 도구로 빌드를 자동화하세요

수정된 파일이 무엇인지 알면 gcc로 정말 빨리 애플리케이션을 컴파일할 수 있습니다. 그 과정이 까다롭기는 하지만, 또한 이 과정은 자동화하기 아주 간단합니다. 다른 파일로부터 생성되는 어떤 파일을 생각해보세요. 가령 소스 파일에서 컴파일되어 만들어진 오브젝트 파일이 있다고 가정하겠습니다.

thruster.c 파일이 나중에 만들어졌다면 다시 컴파일해야 합니다. → **thruster.c ⟶ thruster.o** ← thruster.o 파일이 나중에 만들어졌다면 다시 컴파일할 필요가 없어요.

이 로봇이 make입니다. 여러분이 새로 만날 멋진 친구죠.

thruster.o 파일을 다시 컴파일해야 하는지 어떻게 알 수 있을까요? 그저 두 파일의 생성 시각을 보면 됩니다. 만약 thruster.o 파일이 thruster.c 파일보다 오래된 파일이라면 thruster.o 파일을 다시 만들어야 합니다. 그렇지 않다면 최신 상태입니다.

매우 간단한 규칙입니다. 그리고 어떤 간단한 규칙이 있을 때에는 이 점을 염두에 두세요. **자동화하라...**

make는 여러분을 대신해 컴파일 명령을 내릴 수 있는 도구입니다. make는 소스 파일과 생성된 파일의 생성 시각을 검사해 생성된 파일이 더 오래되었을 때에만 다시 컴파일합니다.

그런데 사용하기 전에 여러분은 여러분의 소스코드에 대해 make에 알려줘야 합니다. make는 어떤 파일이 어떤 파일에 의존하는지 알아야 합니다. 그리고 코드를 빌드하는 방법도 정확히 알아야 합니다.

make가 알아야 할 내용은 무엇인가요?

make가 컴파일하는 각 파일을 **타겟**이라고 부릅니다. 엄격히 말하면 make는 그저 파일을 컴파일하는 데 제한되지 않습니다. 타겟은 그저 다른 파일로부터 생성될 수 있는 모든 파일을 말합니다. 따라서 타겟은 파일을 압축해서 만들어지는 압축 파일이 될 수도 있습니다.

모든 타겟에 대해 make에 두 가지를 얘기해야 합니다.

> ⭐ **의존 파일**
> 타겟이 어느 파일로부터 생성되는지 명시

> ⭐ **생성 방법**
> 타겟 파일을 생성하기 위해 실행해야 할 명령들

의존 파일과 생성 방법이 합쳐져 **규칙**이 됩니다. 규칙은 타겟 파일을 만들기 위해 알아야 할 모든 내용을 make에 알려줍니다.

흐음... 이 파일은 문제없어. 그리고 이 파일. 그리고 이 파일... 아! 이 파일은 시간이 지났네. 이 파일을 컴파일러에 보내는 게 좋겠어.

make 작동 방법

thruster.c를 컴파일해 thruster.o 오브젝트 파일을 만드는 경우를
생각해보겠습니다. 의존 관계와 생성 방법은 어떻게 되나요?

$$\texttt{thruster.c} \longrightarrow \texttt{thruster.o}$$

thruster.o 파일이 생성하려는 파일이므로 **타겟**이 됩니다. thruster.c
는 thruster.o를 생성하기 위해 컴파일러가 알아야 할 파일이므로 의존
파일이 됩니다. 그러면 생성 방법은 어떻게 해야 하나요? thruster.c를
thruster.o로 만드는 컴파일 명령이 생성 방법이 됩니다.

$$\texttt{gcc -c thruster.c} \longleftarrow \text{thruster.o를 만드는 생성}$$
방법입니다.

이제 아시겠어요? make 도구에 의존 파일과 생성 방법을 알려주면
thruster.o를 언제 다시 컴파일해야 할지 make가 판단할 수 있습니다.

그러나 여기에서 한 발 더 나아갈 수 있습니다. 일단 thruster.o 파일을
만들면 이 파일을 사용해 launch 프로그램을 만들 수 있습니다. 이
말은 launch 파일을 타겟으로 만들 수 있다는 말입니다. launch도
생성하려는 파일이기 때문입니다. lanuch에 대한 의존 파일은 모든 .o
오브젝트 파일입니다. 생성 방법은 다음과 같습니다.

$$\texttt{gcc *.o -o launch}$$

make에 모든 의존 파일과 규칙을 알려준 후에는 단지 launch 파일을
생성하라고 make에 명령하면 됩니다. make가 주어진 규칙을 모두
실행합니다.

조심하세요!

윈도우에서는 make 가 다른 이름을 가질 수 있습니다.

make는 유닉스
계열에서 왔기 때문에 윈도우에는
다양한 변형이 있습니다. MinGW는
mingw32–make라는 버전을 갖고 있고,
마이크로소프트는 NMAKE라는 자체
버전을 만들었습니다.

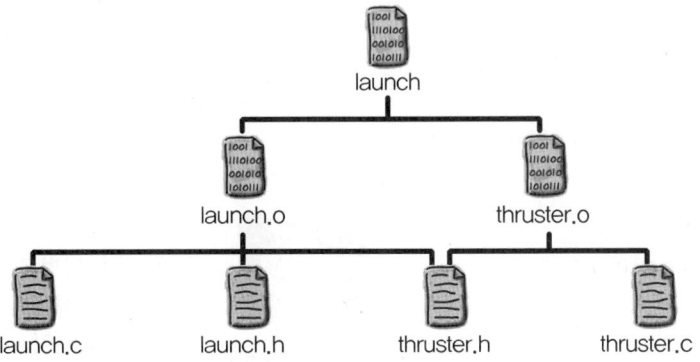

launch

launch.o   thruster.o

launch.c   launch.h   thruster.h   thruster.c

내가 launch 프로그램을
컴파일해야 한다고? 흐음...
먼저 시각이 오래 되었으니
thruster.o를 다시 컴파일하고,
launch를 다시 링크해야겠네.

그런데 의존 파일과 생성 방법을 어떻게 make에 알려줄까요?
다음 페이지에서 알아보겠습니다.

makefile로 make에 여러분의 코드에 대해 알려주세요

타겟, 의존 파일, 생성 방법에 대한 모든 정보는 makefile이나
Makefile이라는 파일에 저장해야 합니다. 이 파일이 작동하는
방법을 알아보기 위해 여러분이 두 소스 파일로 launch 프로그램을
생성한다고 가정하겠습니다.

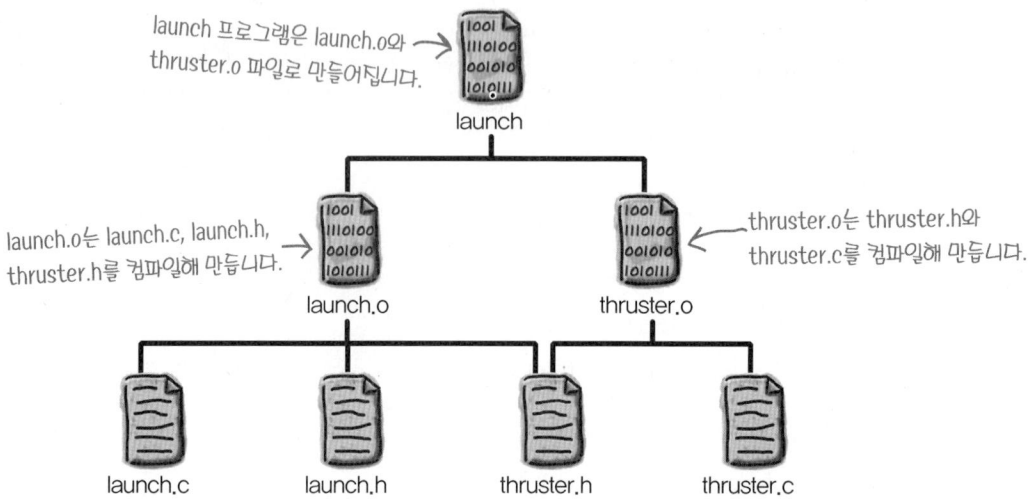

launch 프로그램은 launch.o와 thruster.o를 링크해 만듭니다. 이
파일들은 각기 해당하는 C와 헤더 파일로 만들어지지만, launch.o는
thruster 코드에 있는 함수를 호출해야 하므로 thruster.h 파일에도
의존합니다.

이 생성 방법을 makefile에 다음과 같이 기술할 수 있습니다.

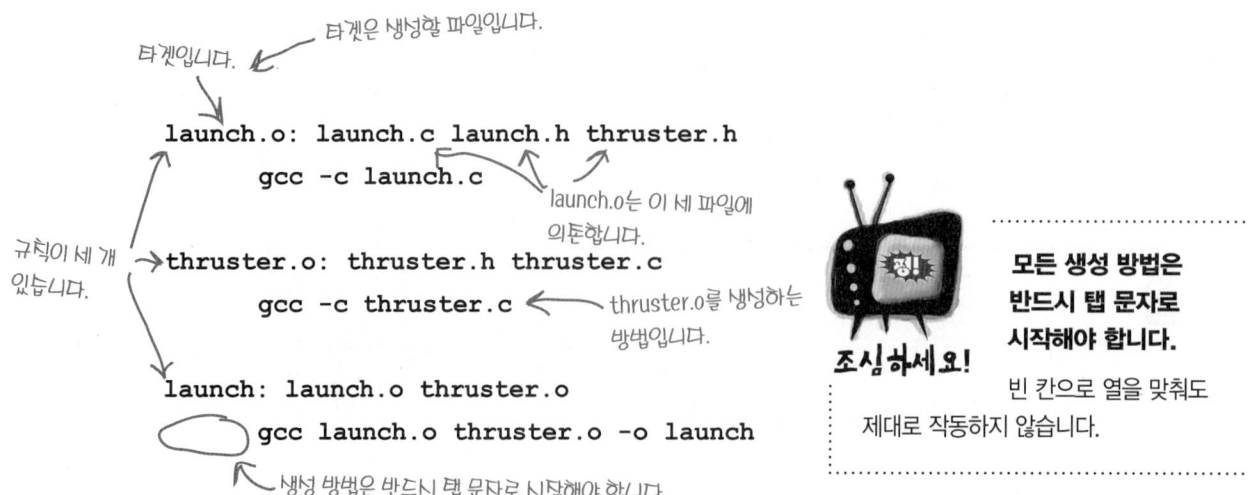

**모든 생성 방법은
반드시 탭 문자로
시작해야 합니다.**

빈 칸으로 열을 맞춰도
제대로 작동하지 않습니다.

시험 주행

소스코드가 있는 디렉터리에 Makefile이라는 이름의 파일에 make 규칙을 저장하세요.
그리고 터미널을 열어 다음과 같이 실행하세요.

lauch 파일을 생성하라고
make에 명령합니다.

make는 이 명령을 사용해 먼저
launch.o를 만들어야 합니다.

그리고 나서 이 명령을 사용해
thruster.o를 만들어야 합니다.

마지막으로 make는 오브젝트 파일을
링크해 launch 프로그램을 만듭니다.

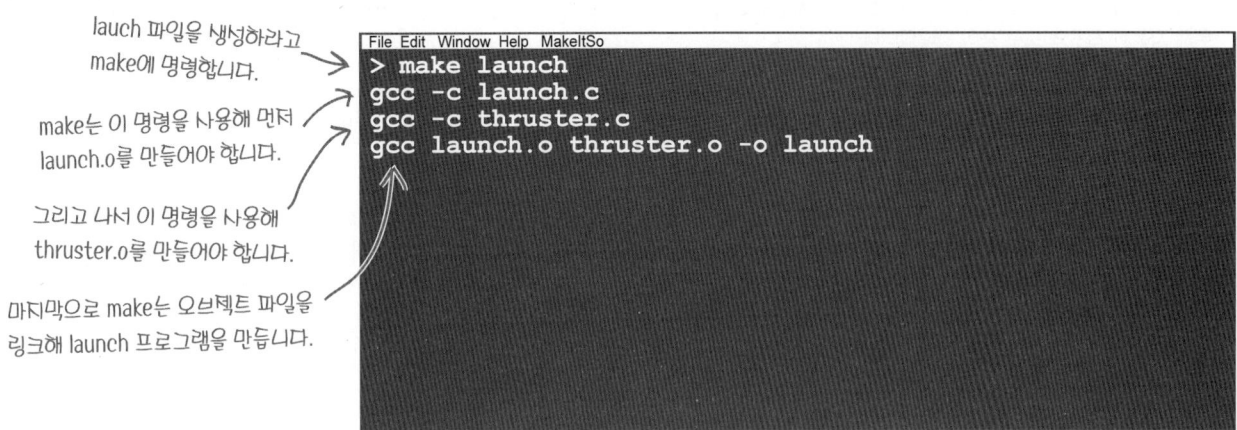

```
File Edit Window Help MakeItSo
> make launch
gcc -c launch.c
gcc -c thruster.c
gcc launch.o thruster.o -o launch
```

make가 launch 프로그램을 만들기 위해 필요한 일련의 명령을 찾아낼 수
있다는 걸 알 수 있습니다. 그러면 여러분이 thruster.c 파일을 수정하고
make를 다시 실행하면 어떻게 될까요?

make는 launch.c를
컴파일할 필요 없습니다.

launch.o가 이미 최신 파일입니다.

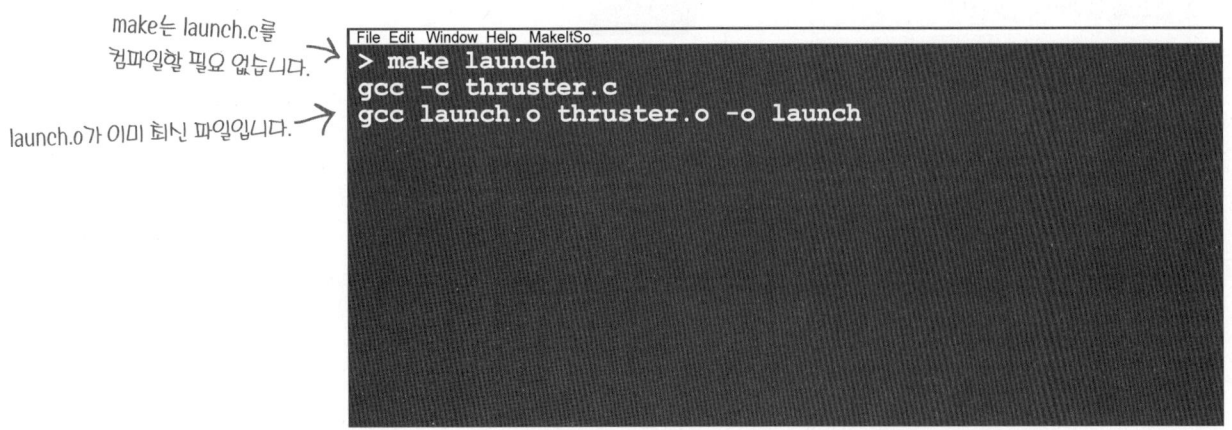

```
File Edit Window Help MakeItSo
> make launch
gcc -c thruster.c
gcc launch.o thruster.o -o launch
```

make는 launch.o를 새로 만들지 않고 건너뜁니다. 대신 thruster.c를
컴파일하고 프로그램을 다시 링크합니다.

————— 바보 같은 질문이란 없습니다 —————

Q: make가 ant와 같은가요?

A: 아마 ant나 rake가 make와 같은 빌드 도구라고 말하는 편이 맞을 겁니다. make는 소스코드에서 프로그램을 자동으로 빌드하기 위해 사용한 최초의 도구 중의 하나입니다.

Q: 단지 소스코드를 컴파일하기 위해 해야 할 일이 너무 많은 거 같습니다. 정말 유용한가요?

A: 네. make는 놀라울 정도로 유용합니다. 작은 프로젝트에서는 make가 그리 시간을 줄여주지 않는 것 같지만, 파일이 10개만 넘어가도 컴파일하고 링크하는 일이 아주 고통스러울 겁니다.

Q: 윈도우 컴퓨터를 위한 makefile을 만들면, 이 파일이 맥이나 리눅스에서도 작동할까요?

A: makefile이 운영체제에 명령을 호출하므로, 운영체제에 따라 때로는 makefile이 제대로 작동하지 않을 수 있습니다.

Q: 코드를 컴파일하는 일 말고 다른 곳에도 make를 사용할 수 있나요?

A: 네. make는 코드를 컴파일하기 위해 주로 사용하기는 하지만, 명령행 설치 프로그램이나 버전 관리 프로그램을 위해 사용할 수도 있어요. 사실 명령행에서 수행하는 거의 모든 일을 하기 위해 make를 사용할 수 있습니다.

지하 무덤에서 들려온 이야기

왜 탭으로 들여써야 할까요?

탭 대신 공백으로 생성 방법을 들여쓰는 실수를 하기 쉽습니다. 그러면 왜 make는 탭을 고집하고 있는 걸까요? 아래는 make의 개발자 스튜어트 펠드만(Stuard Feldman)의 말입니다.

"첫 컬럼에 왜 탭을 썼냐고요...? 탭을 써서 제대로 되었기 때문에 그대로 놔둔 겁니다. 공개한 지 몇 주 지나자 사용자 수가 10여명이 되었습니다. 대부분 친구들이었고 저는 단단한 기반을 망치고 싶지 않았습니다. 그다음은 여러분도 다 알 겁니다."

아이디어 탐구

make는 파일을 직접 컴파일하는 수고를 덜어줍니다. 그러나 이 도구마저 충분히 자동화되어 있지 않다고 생각되면 autoconf라는 도구를 살펴보세요.

http://www.gnu.org/software/autoconf/

autoconf는 makefile을 생성하기 위해 사용됩니다. C 프로그래머는 종종 소프트웨어 생성을 자동화하는 도구를 만들곤 합니다. GNU 웹사이트에서 더 많은 도구들을 이용할 수 있습니다.

make 자석

자기야, 최신 음악이 마음에 들지 않는다면 헤드 퍼스트 라운지 사람들이 방금 만든 프로그램을 좋아하게 될 거야! oggswing은 오그보비스(Ogg Vorbis) 음악 파일을 읽어 댄스풍으로 바꿔주는 프로그램인데, 아주 멋져! oggswing 프로그램을 컴파일하고 이 프로그램을 사용해 .ogg 파일을 변환하는 makefile을 완성할 수 있는지 시도해봐.

oggswing: ....

....

이 규칙은 whitennerdy.ogg 를 swing.ogg로 변환합니다. → **swing.ogg:** ....

....

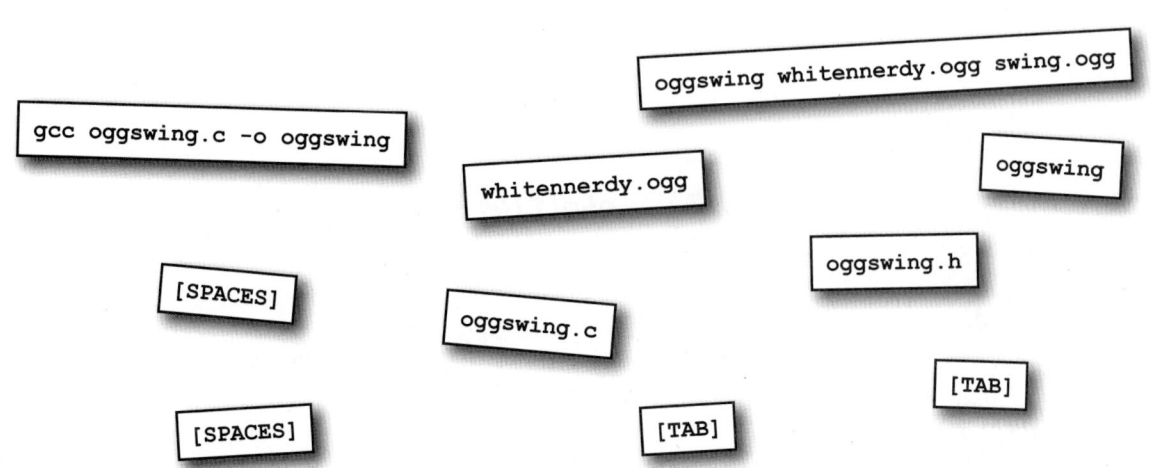

make 자석 정답

자기야, 최신 음악이 마음에 들지 않는다면 헤드 퍼스트 라운지 사람들이 방금 만든 프로그램을 좋아하게 될 거야! oggswing은 오그보비스(Ogg Vorbis) 음악 파일을 읽어 댄스풍으로 바꿔주는 프로그램인데, 아주 멋져! 여러분은 oggswing 프로그램을 컴파일하고 이 프로그램을 사용해 .ogg 파일을 변환하는 makefile을 완성해야 했습니다.

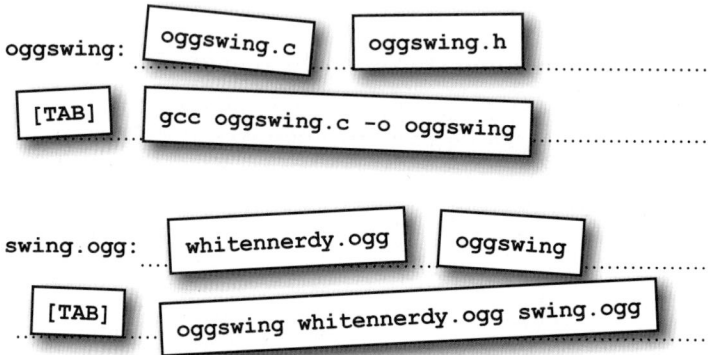

```
oggswing:    oggswing.c          oggswing.h
    [TAB]    gcc oggswing.c -o oggswing


swing.ogg:   whitennerdy.ogg     oggswing
    [TAB]    oggswing whitennerdy.ogg swing.ogg
```

[SPACES]

[SPACES]

아이디어 탐구

make 도구는 여기서 설명할 수 있는 것보다 훨씬 더 많은 일을 할 수 있습니다. make에 대해 더 자세히 알고 싶으면 아래 GNU Make 매뉴얼 페이지를 방문하세요.

http://tinyurl.com/yczmjx

발사!

컴파일하는 데 시간이 오래 걸린다면 make를 사용하세요!
make는 정말 속도를 빠르게 해줄 겁니다. 대부분의 프로그래머는
make로 프로그램을 빌드하는 데 능숙하므로 조그만 프로그램을 만들
때에도 make를 사용합니다. make를 사용하면 정말 주의력 높은
개발자를 여러분 곁에 두는 것과 비슷합니다. 코드가 아주 많아도
make는 늘 조심스럽게 필요한 때에 필요한 코드만 빌드해줍니다.

그리고 때로는 일을 제때 마치는 것이 중요합니다...

핵심정리

- 많은 파일을 컴파일하려면 시간이 오래 걸릴 수 있습니다.

- 오브젝트 코드를 .o 파일에 저장하면 컴파일 속도를 빠르게 할 수 있습니다.

- gcc는 소스 파일 뿐만 아니라 오브젝트 파일을 컴파일해 프로그램을 만들 수 있습니다.

- 빌드를 자동화하기 위해 make 도구를 사용할 수 있습니다.

- make는 파일 간의 의존성을 알기 때문에 변경된 파일만 컴파일할 수 있습니다.

- makefile로 make에 빌드 방법을 알려줘야 합니다.

- makefile 포맷에 주의하세요. 생성 방법을 들여 쓸 때 공백 대신 반드시 탭을 사용해야 합니다.

CHAPTER 4

C 도구상자

이제 4장을 정복했으며 여러분의 도구상자에
데이터형과 헤더 파일을 추가했습니다.
전체 도구상자 목록은 부록 ii를 참조하세요.

char형은
숫자입니다.

작은 정수엔
short를
사용하세요.

일반적인
정수엔 int를
사용하세요.

정말 큰
정수엔 long을
사용하세요.

일반적인 실수형엔
float를 사용하세요.

정밀도가 높은
실수형엔 double을
사용하세요.

함수 선언과 함수
정의를 분리하세요.

헤더 파일에
선언을 넣으세요.

빌드 속도를 빠르게
하려면 오브젝트
코드를 파일에
저장하세요.

라이브러리
헤더에는
#include <>를
사용하세요.

소스가 있는
디렉터리의
헤더에는
#include ""
를 사용하세요.

빌드를 관리하기
위해 make를
사용하세요.

C 실습 #1
아두이노

이 실습에서는 여러분이 지금까지 배운 지식을 활용해 만들 프로그램을 설명합니다.

이 프로젝트는 여러분이 지금까지 보아온 프로젝트보다 훨씬 큽니다. 그러니 시작하기 전에 전체 내용을 다 읽고 시간을 충분히 잡으세요. 그리고 어딘가에서 막혀도 걱정하지 마세요. 새로운 C 개념은 없으므로 필요하면 책 앞부분을 다시 참고하세요.

여러분을 위해 몇 가지 설계를 제공했으며, 여러분이 코드를 짜기 위해 필요한 모든 정보를 포함시키려 노력했습니다. 아마 진짜 장치를 만들 수도 있을 겁니다.

실습을 완성하는 것은 여러분에 달려 있습니다. 헤드 퍼스트는 정답 코드를 제공하지 않습니다.

기술 명세: 화분이 말하게 하세요

물 줘요! 당장 물을 줘요!

화분이 여러분에게 물을 줘야 할 때를 알려줬으면 하는 생각을 해본 적 있나요? 아두이노가 있으면 할 수 있어요! 이 실습에서는 아두이노를 사용해 화분 감시 장치를 만들 겁니다. 모두 C언어로...

여러분이 만들 프로그램은 다음과 같습니다.

물리적 장치

화분 감시기는 습도 센서를 갖고 있어 화분의 흙에 얼마나 습기가 있는지 측정합니다. 화분에 물이 부족하면 화분에 물을 줄 때까지 LED 불을 켜고 여러분의 컴퓨터에 "물 주세요!" 문자열을 계속 보냅니다.

화분에 물을 주면 LED 불을 끄고 "감사합니다, 독자님!" 문자열을 여러분의 컴퓨터에 한 번 보냅니다.

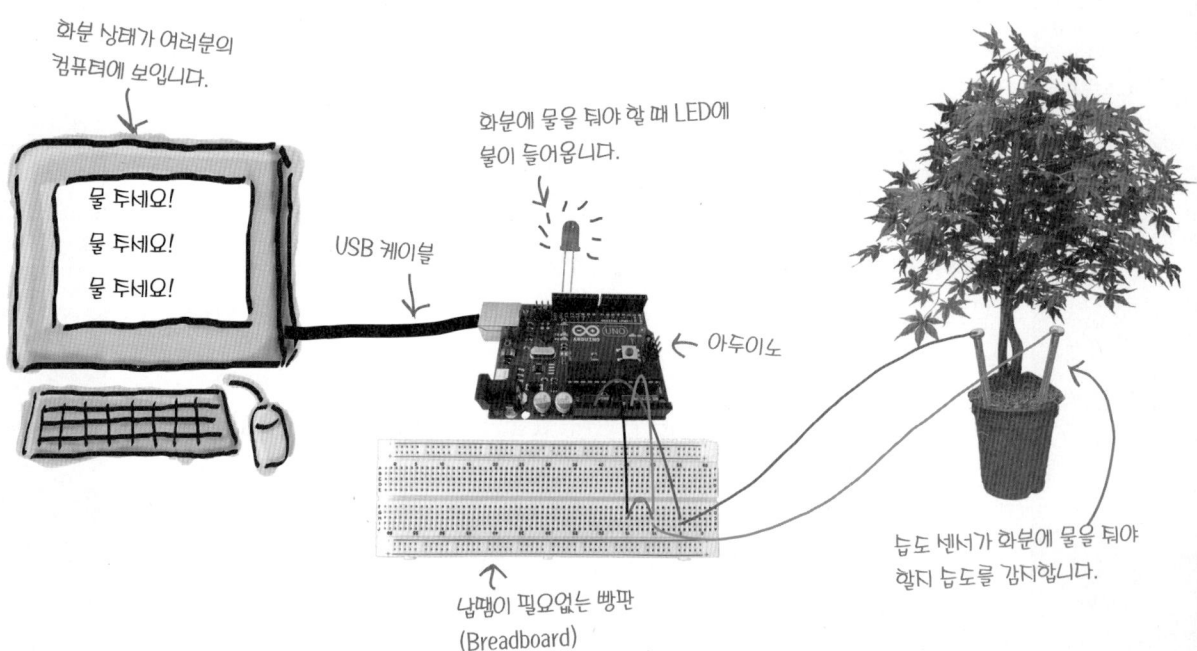

화분 상태가 여러분의 컴퓨터에 보입니다.

물 주세요!
물 주세요!
물 주세요!

USB 케이블

화분에 물을 줘야 할 때 LED에 불이 들어옵니다.

아두이노

납땜이 필요없는 빵판 (Breadboard)

습도 센서가 화분에 물을 줘야 할지 습도를 감지합니다.

아두이노

화분 감시기의 두뇌는 아두이노가 담당합니다. 아두이노는 전자 프로토타입을 만들기 위한 마이크로 컨트롤러 기반의 오픈소스 플랫폼입니다. 여기에 센서를 연결해 주변 환경에 대한 정보를 가져오고, 전동기를 연결해 응답할 수 있습니다. 모든 것은 여러분이 C로 작성한 코드에 의해 제어됩니다.

아두이노 보드는 입력과 출력에 사용되는 14개의 디지털 입출력 핀을 갖고 있습니다. 이 핀은 켜짐이나 꺼짐 상태값을 읽거나 전동기를 켜거나 끌 수 있습니다.

또한 보드는 6개의 아날로그 입력 핀을 갖고 있는데, 센서로부터 볼트값을 읽을 수 있습니다.

보드는 컴퓨터의 USB 포트로부터 전력을 공급받을 수 있습니다.

아두이노 IDE

아두이노 IDE에서는 C로 프로그램을 짭니다. IDE는 코드를 검증하고 컴파일한 후에 USB 포트를 통해 아두이노에 업로드할 수 있습니다. IDE는 또한 내장된 직렬 모니터를 갖고 있어서 아두이노가 보내는 데이터를 읽을 수도 있습니다.

아두이노 IDE는 무료이며 www.arduino.cc/en/Main/Software에서 내려받을 수 있습니다.

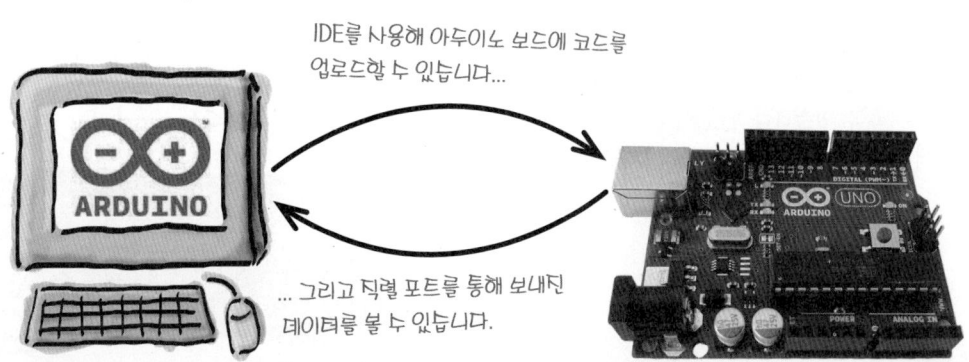

IDE를 사용해 아두이노 보드에 코드를 업로드할 수 있습니다...

... 그리고 직렬 포트를 통해 보내진 데이터를 볼 수 있습니다.

물리적 장치 만들기

여러분은 먼저 물리적 장치를 만들어야 합니다. 이 부분은
선택적이지만, 직접 해보는 걸 진심으로 추천합니다. 여러분의 화분이
정말 고마워할 겁니다.

초보자용으로 아두이노 우노
(Arduino Uno)를 추천합니다.

필요한 장치:

아두이노 1개
납땜이 필요 없는 빵판 1개
LED 1개
10K옴 저항 1개
도금된 못 2개
짧은 점퍼선 3개
긴 점퍼선 2개

습도 센서 만들기

긴 점퍼선을 가져와 도금된 못의 머리에 연결하세요. 머리 주변에 선을
감거나 적당한 곳에 납땜해도 됩니다.

위 작업이 끝나면 또 다른 긴 점퍼선을 다른 도금된 못에 연결하세요.

습도 센서는 두 못 사이의 전도성을 검사해 작동합니다. 전도성이 높으면
습도가 높습니다. 전도성이 낮으면 습도도 낮은 겁니다.

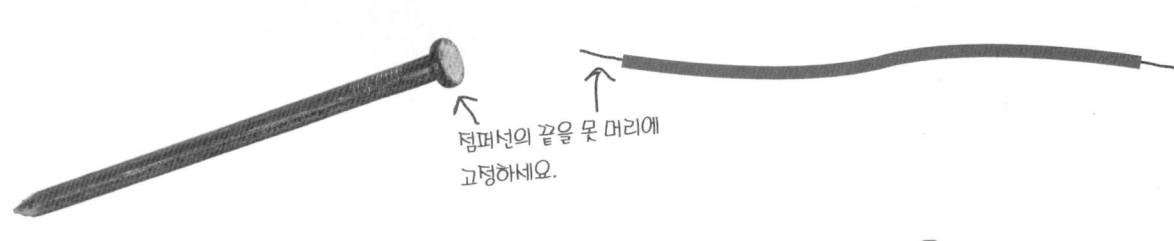

점퍼선의 끝을 못 머리에
고정하세요.

LED 연결

LED를 보세요. LED는 한쪽 다리가 길고(양극) 다른
쪽은 짧습니다(음극).

이제 아두이노 보드를 자세히 살펴보세요. 한쪽에 0부터
13까지 숫자가 써 있는 14개와 그 옆에 GND(접지)라고
써있는 슬롯을 볼 수 있습니다. LED의 긴 다리(양극)를
13번 슬롯에 꽂고, 짧은 쪽(음극)을 접지에 꽂으세요.

이렇게 하면 LED를 13번 디지털 핀으로 제어할 수 있게
됩니다.

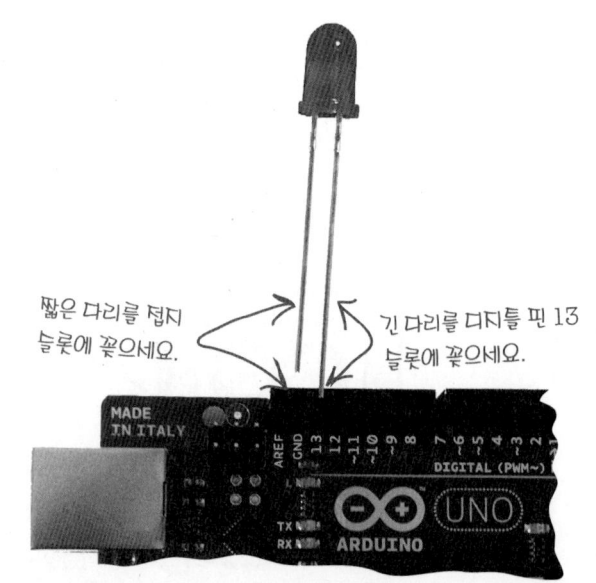

짧은 다리를 접지
슬롯에 꽂으세요.

긴 다리를 디지털 핀 13
슬롯에 꽂으세요.

습도 센서 연결

아래 그림과 같이 습도 센서를 연결하세요.

1 아두이노 접지(GND) 핀 슬롯에서 빵판 D15 슬롯으로 짧은 점퍼선을 연결하세요.

2 10K옴 저항을 빵판 C15 슬롯에서 C10 슬롯으로 연결하세요.

3 아두이노 보드의 아날로그 0번 슬롯에서 빵판 D10으로 짧은 점퍼선을 연결하세요.

4 도금된 못 하나의 선을 빵판 B10 슬롯에 연결하세요.

5 아두이노 보드의 5볼트 핀에서 빵판 C5 슬롯으로 짧은 점퍼선을 연결하세요.

6 또 다른 도금된 못의 선을 빵판 B5 슬롯에 연결하세요.

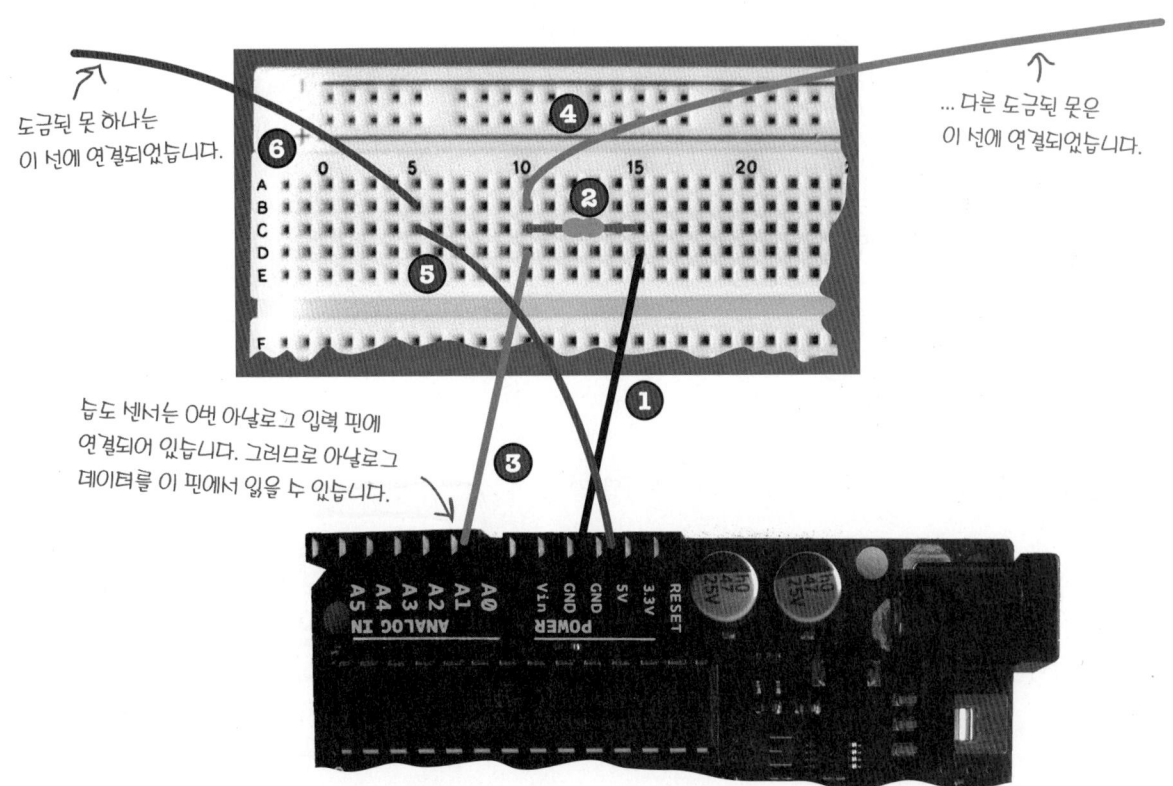

도금된 못 하나는 이 선에 연결되었습니다.

... 다른 도금된 못은 이 선에 연결되었습니다.

습도 센서는 0번 아날로그 입력 핀에 연결되어 있습니다. 그러므로 아날로그 데이터를 이 핀에서 읽을 수 있습니다.

물리적인 장치를 아두이노와 함께 연결한 모습입니다. 이제 C 코드를 작성할 차례네요...

여러분의 코드가 해야 할 일

여러분의 아두이노 C 코드는 다음과 같은 일을 해야 합니다.

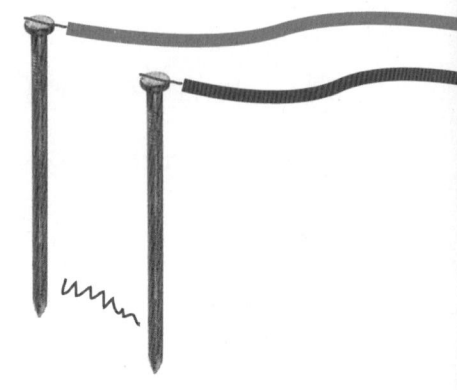

습도 센서에서 값 읽기

습도 센서가 아날로그 입력 핀에 연결되어 있습니다. 이 핀에서 아날로그 값을 읽어야 합니다.

헤드 퍼스트 연구실은 값이 800 이하로 내려갈 때 화분에 물을 줘야 함을 알게 되었습니다. 그러나 이 값은 여러분의 화분에 따라 달라집니다. 예를 들어 선인장 화분은 값이 매우 낮을 겁니다.

LED 출력

LED는 디지틀 핀에 연결되어 있습니다.

화분에 물이 더 이상 필요하지 않으면, LED가 연결된 디지털 핀에 값을 써서 LED를 꺼야 합니다.

화분에 물이 필요하면 디지틸 핀에 값을 써서 LED를 켭니다. 깜빡거리게 하면 보너스 점수를 드립니다. 중간 상태에 있을 때 불을 깜빡거리게 하면 더 좋을 겁니다.

직렬 포트에 쓰기

화분에 물이 필요하면 컴퓨터의 직렬 포트로 "물 주세요!" 문자열을 계속해서 보냅니다.

화분에 물이 충분해지면 "감사합니다, 독자님!" 문자열을 한 번 출력합니다.

아두이노가 컴퓨터의 USB 포트에 연결되어 있다고 가정하겠습니다.

여러분의 C 코드는 다음과 같은 모습을 갖습니다

아두이노 C 프로그램은 특별한 구조를 갖고 있습니다. 여러분의
프로그램은 다음의 함수를 구현해야 합니다.

```
void setup()
{
/*  이 함수는 프로그램이 시작될 때 호출됩니다.

    *  기본적으로 보드를 초기화하는 함수입니다.

    *  모든 초기화 코드는 여기에 넣으세요.

*/

}

void loop()
{
/*  이 함수에 여러분의 주요 코드가 들어갑니다.

    *  이 함수는 루프를 통해 계속 호출되며, 센서에 대해 응답할 수 있게 합니다.

    *  보드를 꺼야 이 루프가 더 이상 호출되지 않습니다.

*/

}
```

← 여러분이 원하면 함수나
선언을 추가할 수 있지만,
이 두 함수 없이는 코드가
작동하지 않습니다.

아두이노 C 코드를 작성하는 가장 쉬운 방법은 아두이노 IDE를
사용하는 겁니다. 아두이노 IDE는 여러분의 코드를 검증하고
컴파일한 후에 완성된 프로그램을 아두이노 보드에 업로드합니다.
IDE에서 실행되는 것을 볼 수 있습니다.

아두이노 IDE는 아두이노 라이브러리 함수와 편리한 코드 예제를
매우 많이 제공합니다. 페이지를 넘기면 아두이노를 만들 때 유용한
함수를 볼 수 있습니다.

아두이노의 유용한 함수들

프로그램을 작성할 때 아래 함수들이 필요할 겁니다.

void pinMode(int pin, int *mode*)

디지털 핀을 사용할지 출력용으로 사용할지 아두이노에게 알려줍니다. mode는 INPUT이나 OUTPUT입니다.

int digitalRead(int pin)

디지털 핀에서 값을 읽습니다. 반환값은 HIGH나 LOW입니다.

void digitalWrite(int pin, int *value*)

디지털 핀에 값을 씁니다. value는 HIGH나 LOW를 사용할 수 있습니다.

int analogRead(int pin)

아날로그 핀에서 값을 읽습니다. 반환값은 0에서 1023 사이의 값입니다.

void analogWrite(int pin, int *value*)

핀에 아날로그 값을 씁니다. value는 0에서 255 사이의 값입니다.

void Serial.begin(long *speed*)

직렬 포트를 통한 데이터의 전송 또는 수신을 시작하라고 아두이노에 명령합니다. speed는 초당 비트 수를 나타내며, 일반적으로 9600으로 설정합니다.

void Serial.println(*val*)

직렬 포트에 데이터를 출력합니다. val은 어떤 데이터형도 사용할 수 있습니다.

void delay(long *interval*)

프로그램을 interval 값으로 설정한 밀리초 동안 일시 정지하게 합니다.

완성된 제품

습도 센서를 화분의 흙에 꽂고, 아두이노를 컴퓨터에 연결하고,
화분의 상태를 가져오기 시작하면 여러분의 아두이노 프로젝트가
완성됩니다.

이 케이블은 컴퓨터에
연결됩니다.

조립을 끝낸 아두이노

아두이노에 대한 자세한 정보는 네이버 카페 아두이노
스토리(http://cafe.naver.com/arduinostory)에서
찾아 볼 수 있습니다.
직접 만든 하드웨어를 제어하면서
C 프로그래밍의 재미를 몸으로 느껴보세요.

5 구조체, 공용체, 비트필드

구조체를 직접 만들어요

struct tea quila =
{"tealeaves", "milk",
"sugar", "water",
"tequila"};

세상의 거의 모든 것은 단순한 숫자보다는 더 복잡합니다.

여러분은 지금까지 C 언어의 기본 데이터형을 살펴보았습니다. 그런데 숫자나 문장을 넘어 **실세계에
존재하는 것을 모델링**하려면 어떻게 해야 할까요? 구조체는 여러분이 직접 구조체를 정의해 **실세계의
복잡한 존재를 모델링**할 수 있게 해줍니다. 이 장에서는 **기본 데이터형을 조합해 구조체를 만들고,**
공용체를 사용해 **인생의 중요한 문제까지도 처리**할 수 있는 방법을 배웁니다. 간단히 '네'와 '아니오'만
표현하려면 **비트필드**만으로 충분할 겁니다.

때로는 아주 많은 데이터를 다루어야 합니다

여러분은 C가 작은 수, 큰 수, 부동소수점 수, 문자, 문장 등 다양한
데이터형을 다루는 것을 봤습니다. 그런데 실세계의 일에 대한 데이터를
기록할 때에는 여러 데이터를 사용해야 한다는 것을 깨닫게 됩니다.
다음 예를 살펴보겠습니다. 여러분은 똑같은 일련의 데이터를 요구하는
두 함수를 갖고 있습니다. 이 두 함수 모두 동일한 내용을 처리하기
때문입니다.

const char *는 문자열 상수를 인자로
전달한다는 걸 의미합니다.

```c
/* 카탈로그 항목 출력 */
void catalog(const char *name, const char *species, int teeth, int age)
{
    printf("%s는 %s종이며, 이빨이 %i개고 %i살입니다\n",
        name, species, teeth, age);
}

/* 수족관 수조의 설명 출력 */
void label(const char *name, const char *species, int teeth, int age)
{
    printf("이름: %s\n종: %s\n이빨 수: %i\n나이: %i\n",
        name, species, teeth, age);
}
```

두 함수가
모두 똑같은
인자들을 갖고
있어요.

그리 나쁜 거 같지는 않죠? 그런데 데이터 네 개만 보내려 해도 코드는
다음과 같이 약간 지저분해집니다.

```c
int main()
{
    catalog("스내피", "피라냐", 69, 4);
    label("스내피", "피라냐", 69, 4);
    return 0;
}
```

똑같은 네 개의
데이터를 두 번
보냅니다.

물고기는 한 마리인데, 네 개의
데이터를 보내고 있어요.

바로 접니다!

그러면 이 문제를 어떻게 하면 피할 수 있을까요? 단지 한 물체를
설명하기 위해 아주 많은 데이터를 보내야 하는 일을 피하려면 어떻게
해야 할까요?

사무실에서의 대화

이게 왜 문제가 되는지 모르겠어. 그저 데이터 네 개일 뿐인데.

조: 좋아, 현재는 데이터가 네 개인데, 물고기에 대한 더 많은 데이터를 기록하기 위해 시스템을 바꾸면 어떻게 되지?

프랭크: 파라미터 하나 더 추가하면 되지.

질: 맞아, 데이터 하나 더 추가하면 되지. 그런데 물고기 데이터를 원하는 모든 함수에 인자를 추가해야 해.

조: 그렇지. 큰 시스템에는 함수가 수백 개가 될 수도 있어. 데이터 하나 추가하려면 이 모든 함수를 바꿔야 한다고.

프랭크: 좋은 지적이야. 그런데 어떻게 해야 그 문제를 피할 수 있나?

조: 쉬워. 그저 데이터를 하나로 묶으면 돼. 배열처럼 말이야.

질: 배열로 가능할까? 배열은 보통 같은 형을 가진 데이터의 목록을 저장하는데 말이야.

조: 맞았어.

프랭크: 그렇구나. 우리는 문자열과 정수를 기록하고 있어. 한 배열에는 문자열과 정수를 함께 넣을 수 없어.

질: 우리가 해결할 수 없을 것 같은데.

조: 아니, 포기는 아직 일러. C에서 할 수 있는 방법이 있을 거야. 우리가 필요한 게 무언지 생각해보자고.

프랭크: 아무튼, 우리는 여러 데이터형을 가진 전체 데이터를 마치 하나의 데이터처럼 참조할 수 있게 해주는 그 무언가가 필요해.

질: 아직 그런 건 못 본 것 같은데... 그렇지?

여러분에게는 여러 형의 데이터를 하나의 커다란 데이터에 넣을 수 있는 무언가가 필요합니다.

struct로 여러분만의 구조화된 데이터형을 만드세요

여러 데이터를 하나의 데이터처럼 묶어야 할 때에는 **struct**를 사용할
수 있습니다. **struct는 구조화된 데이터형**을 나타냅니다. struct를
사용하면 다음과 같이 코드에 있는 모든 데이터를 가져와 하나의 새로운
데이터형처럼 사용할 수 있습니다.

이름: 스내피
품종: 피라냐
이빨 수: 69
나이: 4살

```c
struct fish {
    const char *name;
    const char *species;
    int teeth;
    int age;
};
```

이 코드는 여러 데이터를 가진 하나의 사용자 정의 데이터형을 새로
만듭니다. 사실 구조체는 다음의 특징을 제외하고는 배열과 비슷합니다.

⭐   길이가 고정되어 있다.

⭐   struct 안의 데이터들이 이름을 갖고 있다.

그런데 새로운 구조체의 모양을 정의한 후에 이 구조체를 사용하는 데이터는
어떻게 만들 수 있을까요? 음... 배열을 새로 만들 때와 상당히 비슷합니다. 그저
구조체 안에 정의한 데이터의 순서대로 각 데이터를 넣어주면 됩니다.

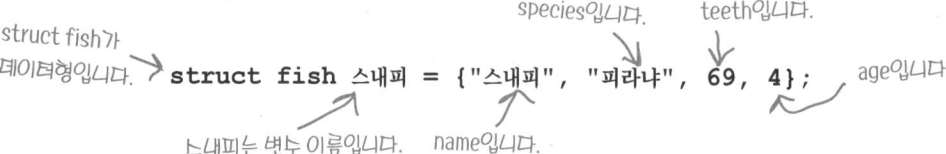

struct fish가
데이터형입니다. → **struct fish** 스내피 = {"스내피", "피라냐", 69, 4}; ← age입니다.

species입니다.   teeth입니다.

스내피는 변수 이름입니다.   name입니다.

--- 바보 같은 질문이란 없습니다 ---

Q: C잠깐! const char*가 뭐라고요? 다시
한 번 설명 좀...

A: const char *는 바뀌지 않을 문자열을
가리키기 위해 사용합니다. 이 변수는 보통
문자열 상수를 가리키기 위해 사용합니다.

Q: 알겠습니다. 그러면 struct가 문자열을
저장하나요?

A: 이 구조체에서는 그렇지 않습니다.
단지 문자열에 대한 포인터만 저장합니다.
즉, 주소만 저장하고 문자열은 메모리 어딘가
다른 곳에 있는 거죠..

Q: 그렇지만 원하면 문자열 전체를 저장할
수 있지요?

A: 네, 문자열을 char name[20];처럼
char의 배열로 정의하면 됩니다.

그저 물고기를 보내면 됩니다

이제 함수에 모든 데이터를 일일이 보낼 필요 없이 새로 정의한 데이터를
보내면 됩니다.

```
/* 카탈로그 항목 출력 */
void catalog(struct fish f)
{
    ...
}


/* 수족관 수조의 설명 출력 */
void label(struct fish f)
{
    ...
}
```

훨씬 단순해진 것 같죠, 그렇죠? 구조체를 사용하니 데이터를 하나만
보내면 될 뿐 아니라, 호출하는 코드도 읽기 쉬워졌어요.

```
struct fish snappy = {"스내피", "피라냐", 69, 4};
catalog(snappy);
label(snappy);
```

데이터형을 정의하는 방법을 지금껏 살펴보았습니다. 그런데
데이터를 어떻게 사용할 수 있나요? 함수가 struct 구조체 안에
정의한 각각의 데이터를 어떻게 읽을 수 있을까요?

인자를 구조체에 넣으면
코드가 더욱 안정화됩니다.

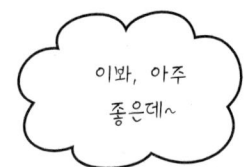

이봐, 아주
좋은데~

물고기가
여러분에게 좋은
이유

구조체 안에 데이터를 넣어
전달하면 이 구조체를
사용하는 함수의 선언을
바꾸지 않고도 구조체
안의 내용을 바꿀 수 있다는 장점이
있습니다. 예를 들어 fish 구조체에
필드를 하나 더 추가하는 경우를
생각해보겠습니다.

```
struct fish {
    const char *name;
    const char *species;
    int teeth;
    int age;
    int favorite_music;
};
```

catalog()와 label() 함수는 fish
구조체를 받는다고 선언되어 있을
뿐, fish에 추가된 새로운 데이터를
사용하지 않는다면 데이터가
추가되었는지 알지 못하며 신경 쓰지도
않습니다.

따라서 구조체를 사용하면 코드를 읽기
더 쉽게 만들 뿐만 아니라, 구조체가
바뀔 때에도 더 잘 대응할 수 있습니다.

점(.) 연산자로 구조체의 필드 읽기

구조체는 배열과 비슷하기 때문에 여러분은 필드를 배열처럼 읽을 수 있지 않을까 생각할 수 있습니다.

```
struct fish snappy = {"스내피", "피라냐", 69, 4};
printf("이름 = %s\n", snappy[0]);
```

← *snappy가 배열에 대한 포인터라면 첫 번째 필드에 이렇게 접근할 수 있을 겁니다.*

구조체 필드를 배열처럼 읽으면 에러가 발생합니다. →

```
File  Edit  Window  Help  Fish
> gcc fish.c -o fish
fish.c: In function 'main':
fish.c:12: error: subscripted value is neither array nor pointer
>
```

그러나 그렇게 할 수는 없습니다. 구조체가 필드를 배열처럼 저장하기는 하지만, 필드에 접근하려면 반드시 **이름을** 사용해야 합니다. 그리고 점(.) 연산자를 사용해야 합니다. 여러분이 자바스크립트나 루비와 같은 다른 언어를 사용해봤다면 다음 코드가 익숙할 겁니다.

```
struct fish snappy = {"스내피", "피라냐", 69, 4};
printf("이름 = %s\n", snappy.name);
```

← *이것은 snappy에 있는 필드의 이름입니다.*

↑ *문자열 "스내피"를 반환합니다.*

```
File  Edit  Window  Help  Fish
> gcc fish.c -o fish
> ./fish
이름 = 스내피
>
```

자 이제 여러분이 구조체를 사용하는 방법에 대해 어느 정도 배웠으니, 우리가 만들던 코드를 바꿀 수 있을지 알아보겠습니다...

피라냐 ~~수영장~~ 퍼즐

여러분이 새로 해야 할 일은 fish 구조체를 사용해 catalog()
함수를 새로 만드는 겁니다. 수영장에 떨어져 있는 코드
조각을 가져와 아래 빈 칸을 채우세요. 조각은 한 번만
사용할 수 있고 모든 코드 조각을 다 사용하지 않아도
됩니다.

```c
void catalog(struct fish f)
{
    printf("%s는 %s종이며, 이빨이 %i개고 %i살입니다\n",
        ......·.........., ......·.........., ......·.........., ......·..........);
}

int main()
{
    struct fish snappy = {"스내피", "피라냐", 69, 4};
    catalog(snappy);
    /* 아직은 label() 함수를 호출하지 않습니다 */
    return 0;
}
```

**주의: 수영장에 있는 각
조각은 한 번만 사용할 수
있어요!**

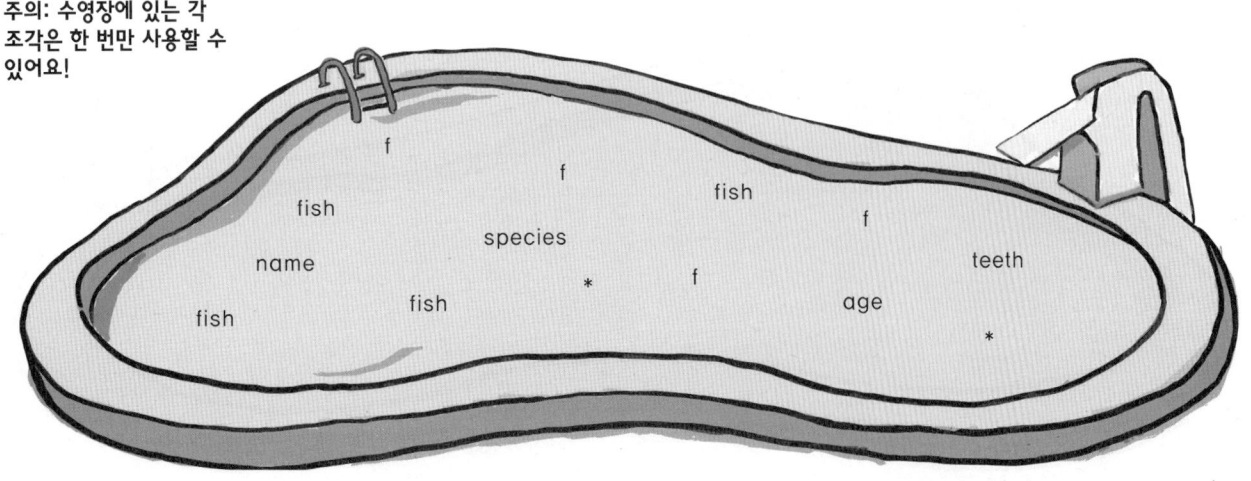

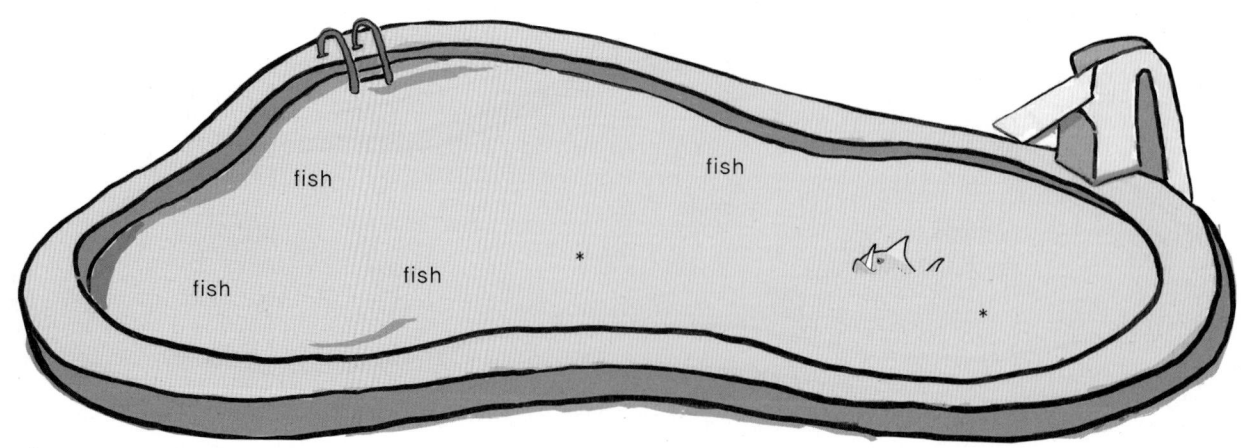

수영장에서 꺼내기

피라냐
~~수영장~~ 퍼즐 정답

여러분이 새로 해야 할 일은 fish 구조체를 사용해 catalog()
함수를 새로 만드는 것이었습니다. 여러분은 수영장에
떨어져 있는 코드 조각을 가져와 아래 빈 칸을 채워야
했습니다.

```c
void catalog(struct fish f)
{
    printf("%s는 %s종이며, 이빨이 %i개고 %i살입니다\n",
        f.name , f.species, f.teeth , f.age );
}


int main()
{
    struct fish snappy = {"스내피", "피라냐", 69, 4};
    catalog(snappy);
    /* 아직은 label() 함수를 호출하지 않습니다 */
    return 0;
}
```

시험 주행

여러분은 catalog( ) 함수를 수정했습니다. label( ) 함수도 수정하기 매우
쉬울 겁니다. 코드를 모두 수정한 후에는 프로그램을 컴파일하고 제대로
작동하는지 확인할 수 있습니다.

오! make를 사용하는
사람이 있군요...

이 둘은 catalog( ) 함수가
출력한 내용입니다.

이 둘들은 label( ) 함수가
출력한 내용입니다.

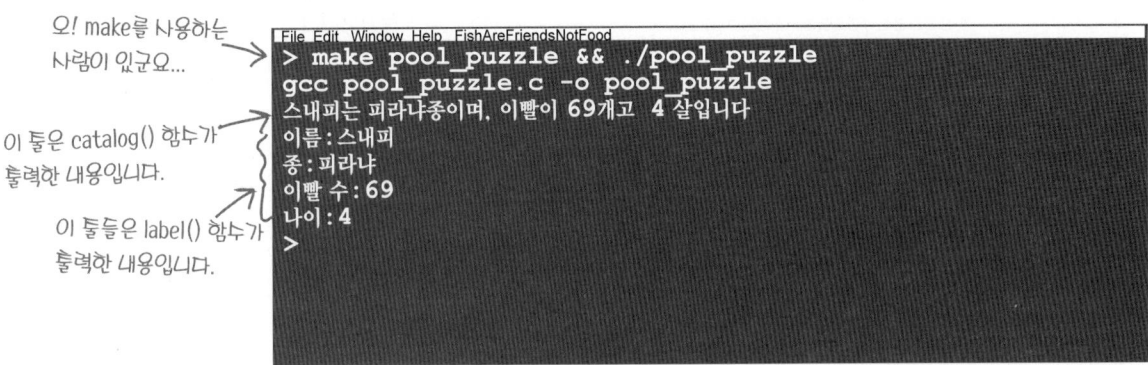

```
File Edit Window Help FishAreFriendsNotFood
> make pool_puzzle && ./pool_puzzle
gcc pool_puzzle.c -o pool_puzzle
스내피는 피라냐종이며, 이빨이 69개고 4 살입니다
이름 : 스내피
종 : 피라냐
이빨 수 : 69
나이 : 4
>
```

훌륭해요! 코드는 이 전에 만든 코드와 똑같이 작동하지만, 이제는
아래와 같이 함수를 호출하는 코드가 정말 간단해졌어요.

```
catalog(snappy);

label(snappy);
```

코드가 읽기 더 좋아졌을 뿐만 아니라 더 많은 데이터를 추가하기 위해
구조체를 바꾸더라도, 구조체를 사용하는 함수를 바꿀 필요가 없어요.

바보 같은 질문이란 없습니다

Q: 그러면 struct는 그저 배열일 뿐인가요?

**A: 아닙니다. 그러나 배열처럼 여러 데이터를 한 군데 모을 수는
있어요.**

**Q: 배열 변수는 배열에 대한 포인터일 뿐입니다. struct 변수도
구조체에 대한 포인터인가요?**

A: 아닙니다. struct 변수는 구조체 자체에 대한 이름입니다.

**Q: 그렇게 할 필요는 없다고 알고 있지만, [0], [1], ... 처럼
색인을 사용해 구조체 필드를 접근할 수 있나요?**

A: 아닙니다. 필드는 이름을 사용해야 접근할 수 있습니다.

Q: struct는 다른 언어에 있는 클래스와 같은 건가요?

**A: struct가 클래스와 비슷하기는 합니다. 그러나 struct에는
메서드를 추가하기 쉽지 않습니다.**

메모리에 있는 구조체 들여다보기

조심하세요!

대입문은 문자열에 대한
포인터를 복사할 뿐, 문자열
자체를 복사하지는 않습니다.

여러분이 struct를 변수에
대입하면 struct의 내용이 모두 복사됩니다.
그러나 여기 예제와 같이 구조체가 **포인터**를
갖고 있으면, 구조체를 대입할 때 포인터 값만
복사합니다. 결국 gnasher와 snappy 변수의
name과 species 필드는 같은 문자열을
가리킵니다.

struct를 정의할 때에는 컴퓨터에 메모리 안에 어떤 것을 만들라고
명령하는 것이 아닙니다. 단지 새로운 데이터형이 어떤 것인지 **틀**만
알려줄 뿐입니다.

```
struct fish {
    const char *name;
    const char *species;
    int teeth;
    int age;
};
```

그러나 변수를 정의하면 컴퓨터는 구조체 데이터를 보관할 메모리 공간을
할당해야 합니다. 할당한 메모리의 공간은 구조체의 모든 필드를 저장할 수
있는 충분한 공간입니다.

```
struct fish snappy = {"스내피", "피라냐", 69, 4};
```

이 것도 문자열에 대한 포인터입니다.

문자열에 대한 포인터입니다.

| *name | *species | 69 | 4 |

"스내피"   "피라냐"

teeth와 age에 대한 숫자를 저장할 공간입니다.

그러면 구조체 변수를 또 다른 구조체에 대입하면 어떤 일이 생길 것
같은가요? 컴퓨터는 똑같은 값을 가진 구조체를 새로 만듭니다. 즉 똑같은
크기의 메모리 공간을 할당해 모든 필드를 복사한다는 것이죠.

```
struct fish snappy = {"스내피", "피라냐", 69, 4};
struct fish gnasher = snappy;
```

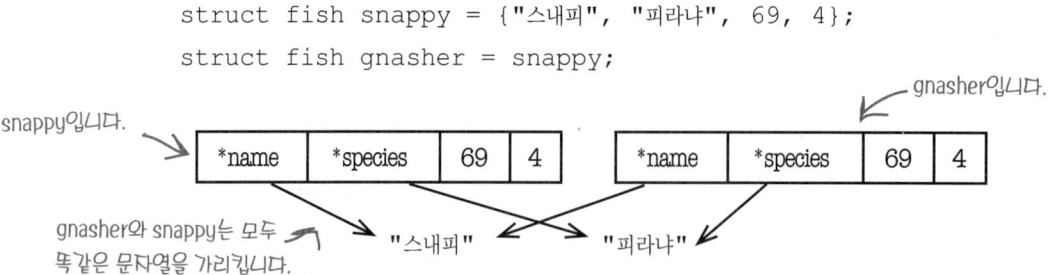

gnasher입니다.

snappy입니다.

gnasher와 snappy는 모두 똑같은 문자열을 가리킵니다.

"스내피"   "피라냐"

**기억하세요. 구조체 변수를 대입할 때는 컴퓨터에게 데이터를 복사하라고 명령하는
겁니다.**

구조체 안에 다른 구조체를 넣을 수 있나요?

구조체를 정의하면 실제로는 새로운 데이터형을 만드는 겁니다. C가 int 나 short와 같이 내장된 데이터형을 많이 제공하기는 하지만, struct 를 사용하면 기존의 데이터형을 조합해 더 복잡한 객체를 컴퓨터에게 알려줄 수 있습니다.

그런데 구조체가 기존의 데이터형을 사용해 새로운 데이터형을 만든다는 말은 기존에 정의한 구조체를 사용해 새로운 구조체를 또 만들 수 있다는 의미입니다. 어떻게 하는지 예를 이용해 살펴보겠습니다.

```
struct preferences {       ← 물고기가 좋아하는 것들입니다.
    const char *food;
    float exercise_hours;
};

struct fish {
    const char *name;
    const char *species;
    int teeth;
    int age;          ← 구조체 안에 들어간 구조체입니다.
    struct preferences care;    ← 이렇게 하는 걸
};                                  중첩한다고 합니다.
```

새로 추가한 필드입니다.

새 필드의 이름은 care인데, 이 필드는 preferences 구조체에 의해 정의된 값을 갖습니다.

> ## 구조체 안에 구조체를 넣는 이유는?
>
> 왜 구조체 안에 구조체를 넣을까요? 복잡성 문제를 해결하기 위한 겁니다. struct를 사용하면 더 큰 데이터 단위를 만들 수 있습니다. struct를 조합하면 훨씬 더 큰 데이터 구조체를 만들 수 있습니다. 처음에는 int와 short로 시작하지만, 구조체를 구조체 안에 넣게 되면 네트워크 스트림이나 비디오 이미지와 같은 아주 복잡한 것도 표현할 수 있어요.

위 코드는 구조체 안에 다른 구조체를 넣으라고 컴퓨터에게 명령합니다. 그리고 앞에서 했던 것처럼 배열과 비슷한 데이터를 사용해 변수를 만들 수 있습니다. 이렇게 구조체 안에 다른 구조체를 넣을 수 있어요.

이것은 care 필드에 대한 구조체 데이터입니다.

```
struct fish snappy = {"스내피", "피라냐", 69, 4, {"고기", 7.5}};
```

care.food에 대한 값입니다.

care.exercise_hours에 대한 값입니다.

일단 구조체 안에 구조체를 정의하면, 필드를 점(.) 연산자를 연결해 접근할 수 있습니다.

```
printf("Snappy는 %s를 잘 먹습니다", snappy.care.food);
printf("Snappy는 %i시간 동안 운동하는 걸 좋아합니다", snappy.care.exercise_hours);
```

좋아요! 이제 새로 배운 구조체 기법을 사용해볼까요?

 긴 연습문제

헤드 퍼스트 수족관 직원은 모든 물고기에 대해 엄청나게 많은 데이터를 기록하기 시작했습니다. 아래는 데이터의 구조체들입니다.

```c
struct exercise {
  const char *description;
  float duration;
};

struct meal {
  const char *ingredients;
  float weight;
};

struct preferences {
  struct meal food;
  struct exercise exercise;
};

struct fish {
  const char *name;
  const char *species;
  int teeth;
  int age;
  struct preferences care;
};
```

한 물고기에 대해 기록할 데이터는 다음과 같습니다.

이름: 스내피

품종: 피라냐

섭취 음식: 고기

음식양: 0.2파운드

운동 내용: 거품 수족관에서 수영

운동 시간: 7.5시간

문제 0: C로 이 데이터를 어떻게 표현할 수 있나요?

```
struct fish snappy = ....................................................................
```

문제 1: 다음과 같이 출력하도록 label() 함수를 완성하세요.

이름: 스내피

품종: 피라냐

이빨 수: 69

나이: 4

0.20파운드의 고기를 먹이고 7.50시간 동안 거품 수족관에서 수영하게 하세요.

```
void label(struct fish a)
{
  printf("이름: %s\n품종: %s\n이빨 수: %i\n나이: %i\n",
         a.name, a.species, a.teeth, a.age);
  printf("%2.2f파운드의 %s를 먹이고 %2.2f시간 동안 %s하게 하세요\n",
         ........................................ , ........................................ ,
         ........................................ , ........................................ );
}
```

긴 연습문제
정답

헤드 퍼스트 수족관 직원은 모든 물고기에 대해 엄청나게 많은 데이터를 기록하기 시작했습니다. 아래는
데이터의 구조체들입니다.

```c
struct exercise {
  const char *description;
  float duration;
};

struct meal {
  const char *ingredients;
  float weight;
};

struct preferences {
  struct meal food;
  struct exercise exercise;
};

struct fish {
  const char *name;
  const char *species;
  int teeth;
  int age;
  struct preferences care;
};
```

한 물고기에 대해 기록할 데이터는 다음과 같습니다.

> 이름: 스내피
>
> 품종: 피라냐
>
> 섭취 음식: 고기
>
> 음식양: 0.2파운드
>
> 운동 내용: 거품 수족관에서 수영
>
> 운동 시간: 7.5시간

문제 0: C로 이 데이터를 어떻게 표현할 수 있나요?

```
struct fish snappy = { "스내피", "피라냐", 69, 4, { {"고기", 0.2}, {"거품 수족관에서 수영", 7.5} } };
```

문제 1: 다음과 같이 출력하도록 label() 함수를 완성하세요.

이름: 스내피

품종: 피라냐

이빨 수: 69

나이: 4

0.20파운드의 고기를 먹이고 7.50시간 동안 거품 수족관에서 수영하게 하세요.

```
void label(struct fish a)
{
    printf("이름: %s\n품종: %s\n이빨 수: %i\n나이: %i\n",
            a.name, a.species, a.teeth, a.age);
    printf("%2.2f파운드의 %s를 먹이고 %2.2f시간 동안 %s하게 하세요\n",
            a.care.food.weight          ,       a.care.food.ingredients        ,
            a.care.exercise.duration     ,       a.care.exercise.description    );
}
```

> 흐음... 구조체 명령이 약간 긴 것 같은데.
> 구조체를 정의할 때 struct 키워드를 사용해야 하고,
> 변수를 정의할 때도 이 키워드를 또 사용해야 해.
> 이 코드를 약간 더 간단하게 할 수 있는 방법은 없을까?

typedef를 사용하면 구조체에 새로운 이름을 붙일 수 있어요.
내장된 데이터형의 변수를 만들 때는 int나 short처럼 간단히 형의 이름만 사용할
수 있습니다. 그런데 지금까지 구조체 변수를 만들 때마다 struct 키워드를 사용해야
했습니다.

```
struct cell_phone {
    int cell_no;
    const char *wallpaper;
    float minutes_of_charge;
};
...
struct cell_phone p = {5557879, "sinatra.png", 1.35};
```

그런데 C에서는 여러분이 만든 구조체에 **별명**을 붙일 수 있어요.
struct 키워드 앞에 **typedef** 키워드를 추가하고, 닫는 중괄호 다음에
형 이름을 지정하면 됩니다. 새로운 형 이름은 여러분이 원하는 어떤
이름이라도 붙일 수 있습니다.

typedef 를 사용하면 여러분이 구조체에 새로운 이름을 붙일 것이라고 알려줍니다.

```
typedef struct cell_phone {
    int cell_no;
    const char *wallpaper;
    float minutes_of_charge;
} phone;
```
← phone이 struct cell_phone에 대한 별명이 됩니다.

```
...
phone p = {5557879, "sinatra.png", 1.35};
```
이제는 컴파일러가 phone을 볼 때마다
struct cell_phone으로 처리합니다.

typedef는 코드의 길이를 줄여주고 읽기 좋게
만듭니다. 이제 typedef를 사용하면 여러분의 코드가
어떻게 바뀔지 살펴보겠습니다...

새로 만든 형 이름을 어떻게 할까?

여러분이 typedef를 사용해 구조체에 대한 **별명**을
만들려면 어떤 별명을 사용할지 여러분이 결정해야
합니다. 별명은 그저 형에 대한 이름일 뿐입니다. 즉
여러분은 **구조체에 대한 이름**(struct cell_phone)
과 **형에 대한 이름**(phone), 이름 두 개를 생각해야
합니다. 이름이 꼭 두 개나 있어야 할까요? 보통
여러분은 이름 두 개를 모두 사용할 필요는 없습니다.
다음과 같이 구조체 이름을 생략해도 컴파일러는
아무런 문제 없이 잘 컴파일합니다.

```
typedef struct {
    int cell_no;
    const char *wallpaper;
    float minutes_of_charge;
} phone;
phone p = {5557879, "s.png", 1.35};
```
이게 별명이에요.

이제 잠수부가 수족관에 들어갈 때가 되었습니다. 잠수부는 새로 만든 물고기 표식을 자기 옷에 붙여야 합니다.
그런데 코드의 일부분이 없어지는 문제가 생겼네요. 여러분이 빠진 부분을 채워 넣어 주시겠어요?

```c
#include <stdio.h>

........................... struct {
  float tank_capacity;
  int tank_psi;
  const char *suit_material;
} ........................... ;

........................... struct scuba {
  const char *name;
  equipment kit;
} diver;

void badge(........................... d)
{
  printf("이름: %s 수족관: %2.2f (%i) 잠수복 재질: %s\n",
    d.name, d.kit.tank_capacity, d.kit.tank_psi, d.kit.suit_material);
}

int main()
{
  ........................... randy = { "랜디", {5.5, 3500, "네오프렌"}};
  badge(randy);
  return 0;
}
```

이제 잠수부가 수족관에 들어갈 때가 되었습니다. 잠수부는 새로 만든 물고기 표식을 자기 옷에 붙여야 합니다. 그런데 코드의 일부분이 없어지는 문제가 생겼네요. 여러분은 빠진 부분을 채워 넣어야 했습니다.

연습 문제 정답

```c
#include <stdio.h>

    typedef ................struct {
    float tank_capacity;
    int tank_psi;
    const char *suit_material;
}  equipment       ;

    typedef ................struct scuba {
    const char *name;
    equipment kit;
} diver;
```

프로그래머가 구조체 이름을 scuba로 정했지만, 여러분은 형 이름을 diver로 사용했습니다.

```c
void badge(  diver           d)
{
   printf("이름: %s 수족관: %2.2f (%i) 잠수복 재질: %s\n",
      d.name, d.kit.tank_capacity, d.kit.tank_psi, d.kit.suit_material);
}

int main()
{
    diver           randy = { "랜디", {5.5, 3500, "네오프렌"}};
   badge(randy);
   return 0;
}
```

 **핵심정리**

- 구조체는 다른 여러 데이터형을 사용해 데이터형을 새로 만듭니다.
- 구조체의 길이는 고정되어 있습니다.
- 점 표기법으로 알려진 〈구조체 변수이름〉.〈필드 이름〉을 사용해 구조체 필드를 접근합니다.

- 구조체의 필드는 코드에 명시한 순서대로 메모리에 저장됩니다.
- 구조체 안에 구조체를 넣을 수 있어요.
- typedef는 데이터형에 별명을 붙입니다.
- 구조체를 정의할 때 typedef를 사용하면 구조체 이름을 생략해도 됩니다.

바보 같은 질문이란 없습니다

Q: 구조체의 필드는 메모리 안에 빽빽히 놓여지나요?

A: 종종 필드 사이에 틈이 생기는 일이 있어요.

Q: 틈이 왜 생기나요?

A: 컴퓨터는 데이터가 워드 경계에 놓여 있는 걸 좋아합니다. 만약 컴퓨터가 32비트 워드를 사용한다면 16비트 크기의 필드를 32비트 경계에 맞게 배열할 수 있습니다.

Q: 그러면 틈을 두고 그 다음 16비트 필드를 32비트 경계에 놓는다는 건가요?

A: 네.

Q: 그렇다면 모든 필드는 워드 단위의 크기를 차지한다는 건가요?

A: 그렇지는 않습니다. 컴퓨터는 단지 모든 필드가 워드 경계에서 시작하길 원한다는 겁니다. 컴파일러 옵션으로 이런 작동 방식을 변경할 수 있습니다.

Q: 컴퓨터가 워드 경계에 그렇게 집착하는 이유는 무엇인가요?

A: 어쨌든 컴퓨터는 메모리에서 워드 단위로 읽습니다. 그렇기 때문에 한 필드가 워드 경계에 걸쳐있다면 CPU는 두 번 읽고 값을 합쳐야 합니다.

Q: 그렇게 하면 느려지겠네요?

A: 그러면 느려지죠.

Q: 자바와 같은 언어에서는 객체를 변수에 대입할 때 객체를 복사하지 않고 참조만 복사합니다. C는 왜 다른가요?

A: C에서 모든 대입문은 데이터를 복사합니다. 데이터에 대한 포인터를 복사하려면 포인터를 대입해야 합니다.

Q: 구조체에 대해 헷갈리는 게 아직도 있습니다. 구조체 이름은 무엇이고 별명은 무언가요?

A: 구조체 이름은 struct 키워드 다음에 나오는 이름입니다. 만약 struct peter_parker { ... }와 같이 정의하면, 구조체 이름은 peter_parker가 되며 이 구조체 변수를 만드려면 struct peter_parker x;처럼 정의해야 합니다.

Q: 별명은요?

A: 여러분은 구조체 변수를 정의하기 위해 매번 struct 키워드를 쓰고 싶지는 않을 겁니다. 이럴 때 typedef를 사용해 별명을 붙입니다. typedef struct peter_parker { ... } spider_man;에서는 spider_man이 별명이 됩니다.

Q: 그러면 익명 구조체는 무엇인가요?

A: 이름이 없는 구조체입니다. typedef struct { ... } spider_man;과 같이 정의하면 spider_man이 별명이 되지만, 구조체는 이름이 없습니다. 어쨌든 별명이 있으면 구조체 이름은 필요 없습니다.

구조체 필드의 값은 어떻게 바꾸나요?

구조체는 한 데 모여서 하나의 데이터처럼 사용할 수 있는 변수의 집합일 뿐입니다.
struct로 구조체를 정의하는 방법과 점 표기법을 사용해 필드에 접근하는 방법은
이미 살펴보았습니다. 그런데 이미 만들어진 구조체 안에 있는 필드의 값을
어떻게 변경할 수 있을까요? 다른 변수와 마찬가지로 필드를 변경할 수 있습니다.

구조체를 만듭니다. → `fish snappy = {"스내피", "피라냐", 69, 4};`

`printf("안녕 %s\n", snappy.name);` ← name 필드의 값을 읽습니다.

teeth 필드의 값을
설정합니다. → **`snappy.teeth = 68;`** ← 아야! 스내피가 물면 아프겠네요.

그러면 이제 여러분은 다음 코드를 보고 이 코드가 무엇을 하는지 알 수 있을
겁니다. 그렇죠?

```c
#include <stdio.h>

typedef struct {
  const char *name;
  const char *species;
  int age;
} turtle;

void happy_birthday(turtle t)
{
  t.age = t.age + 1;
  printf("생일 축하해 %s! 이제 %i살이 되었네!\n",
    t.name, t.age);
}

int main()
{
  turtle myrtle = {"꼬부기", "장수거북", 99};
  happy_birthday(myrtle);
  printf("%s의 나이는 이제 %i살입니다.\n", myrtle.name, myrtle.age);
  return 0;
}
```

거북이 꼬부기

이 코드엔 이상한 점이 있어요...

시험 주행

코드를 컴파일하고 실행하면 다음과 같이 됩니다.

제귀랄! →

임금 제(帝),
거북 귀(龜),
매울 랄(辣).
왕 거북이
화났다는
뜻입니다.
ㅡ,ㅡ;;;

이상한 일이 생겼어요.

코드는 구조체를 정의하고 데이터를 만들어 함수에 전달했습니다. 함수는
구조체 필드의 값을 1 증가시켜야 합니다. 그리고 이렇게 하도록 코드를
만들었습니다. 적어도 우리가 의도한 것은 그렇습니다.

happy_birthday( ) 함수 안에서 age 필드의 값을 바꿨고 printf( )
함수가 증가된 age 값을 제대로 출력했기 때문이 값이 바뀐 것을 알 수
있습니다. 그런데 그 뒤에 이상한 일이 생겼습니다. 함수가 age 필드의
값을 바꿨지만 main( ) 함수로 돌아온 후에 age 값이 원래대로 돌아간 것
같습니다.

브레인 파워

코드가 이상하게 작동합니다. 그런데 여러분은 여기에서 발생한
일을 정확히 설명할 수 있는 충분한 지식을 이미 갖고 있습니다.
이유를 설명할 수 있나요?

코드는 거북이를 복사합니다

happy_birthday() 함수를 호출한 코드를 자세히
살펴보겠습니다.

```
void happy_birthday(turtle t)
{
    ...
}

...
happy_birthday(myrtle);
```

함수에 전달한 myrtle입니다.

myrtle 인자가 t 구조체에
복사됩니다.

구조체 데이터를
대입하면 새로운
구조체에 값이
복사됩니다.

C는 함수의 인자를 값으로 전달합니다. 다시 말하면 함수를 호출할
때 전달한 인자의 값이 파라미터에 대입된다는 의미입니다. 따라서
이 코드는 아래 코드와 같은 의미로 해석됩니다.

```
turtle t = myrtle;
```

그러나 잊지 마세요. C에서 구조체를 대입하면 구조체 안의 모든
값이 복사될 뿐입니다. 함수를 호출할 때 t 파라미터는 myrtle
구조체의 사본을 갖게 됩니다. 함수가 원래 turtle 구조체의 사본을
가진 것과 마찬가지죠. 함수 안의 코드는 turtle 구조체의 나이를
갱신하지만, 이 구조체는 다른 구조체입니다.

함수가 반환하면 어떤 일이 생기나요? t 파라미터는 사라지고,
main() 함수의 나머지 코드는 원래의 myrtle 구조체를 사용합니다.
그런데 myrtle 구조체의 값은 바뀐 적이 없죠. 두 구조체는 전혀
다른 데이터입니다.

**그러면 값을 갱신해야 하는 데이터를 함수에 보내려면 어떻게 해야
하나요?**

우리의 꼬부기 myrtle입니다...

... 그런데 함수 안에서는
복사한 t가 보내집니다.

Turtle "t"

구조체에 대한 포인터를 사용해야 합니다

scanf() 함수에 변수를 전달할 때를 생각해보세요. 함수에는 변수 자체를
전달할 수 없습니다. 대신 포인터를 전달해야 했습니다.

```
scanf("%f", &length_of_run);
```

왜 그렇게 해야 했을까요? scanf() 함수에 변수가 있는 메모리 위치를
얘기하면 함수가 그 메모리 위치에 저장된 데이터의 값을 바꿀 수 있기
때문입니다. 그러면 다른 함수에 있는 변수의 값을 바꿀 수 있겠죠.

구조체도 마찬가지입니다. 함수가 구조체 변수의 값을 바꾸려면 인자에
구조체 자체를 보내면 안 됩니다. 함수에 구조체 인자를 전달하면 단지
함수의 파라미터에 데이터를 복사하기 때문입니다. 대신 구조체의 주소를
전달해야 합니다.

```
void happy_birthday(turtle *t)
{
    ...
}

...
happy_birthday(&myrtle);
```

'누군가 구조체에 대한 포인터를 보내줄
것이다'라고 선언합니다.

t로가 포인터라는 점 기억하세요.

이것은 함수에 myrtle 변수의 투소를
전달한다는 뜻입니다.

연필을 깎으며

여러분이 아래의 새로운 happy_birthday() 함수의 빈칸에 들어갈
표현식을 채울 수 있는지 시도해보세요.

t가 이제는 포인터 변수가 되었다는 점에 주의하세요.

```
void happy_birthday(turtle *t)
{
    ............age = ............age + 1;
    printf("생일 축하해 %s! 이제 %i살이 되었네!\n",
            ............name, ............age);
}
```

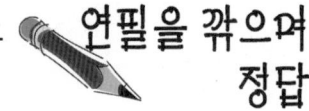

연필을 깎으며 정답

여러분은 아래의 새로운 happy_birthday() 함수의 빈칸에 들어갈
표현식을 채워야 했습니다.

```
void happy_birthday(turtle *t)
{
    ....(*t)....age = ....(*t)....age + 1;
    printf("생일 축하해 %s! 이제 %i살이 되었네!\n",
           ....(*t)....name, ....(*t)....age);
}
```

변수 이름 앞에 *을 놓아야 합니다. 이 변수가 가리키는
값을 원하기 때문입니다.

괄호는 정말 중요합니다. 괄호가 없으면 제대로
작동하지 않습니다.

(*t).age vs. *t.age

그런데 왜 *t를 괄호 안에 에워싸야 했을까요? 두 표현식이
결합되어 있기 때문입니다. (*t).age와 *t.age는 전혀 다릅니다.

나는 t가 가리키고
있는 거북이의 age
필드입니다.

t가 turtle 구조체에 대한
포인터라면, 이 표현식은 그
turtle 구조체의 age 필드입니다.

나는 t.age가 가리키는
메모리 번지에 있는
내용입니다.

(*t).age ≠ *t.age

t가 turtle 구조체에 대한
포인터라면 이 표현식은 올바르지
않습니다.

사실 표현식 *t.age는 *(t.age)와 같습니다. 이 표현식을 잠시
곰곰이 생각해보세요. 이 식의 의미는 't.age가 가리키는 메모리
번지의 내용'입니다. 그런데 t.age는 메모리 주소가 아닙니다.

**구조체에 대한 포인터를 사용할 때 괄호에 조심하세요 괄호가 정말
중요합니다.**

시험 주행

이제 문제를 해결했는지 확인해보겠습니다.

```
File  Edit  Window  Help  ILikeTurtles
> gcc happy_birthday_turtle_work.c -o happy_birthday_turtle_work &&
./happy_birthday_turtle_work
생일 축하해 꼬부기! 이제 100살이 되었네!
꼬부기의 나이는 이제 100살 입니다.
>
```

멋집니다. 이제 함수가 제대로 작동하네요.
구조체에 대한 포인터를 전달해 함수가 지역 사본이 아니라 원래
데이터의 값을 바꿀 수 있게 되었습니다.

t->age는
(*t).age를
뜻합니다.

> 새 코드가 어떻게 작동하는지 알겠습니다. 그런데
> * 표기법에 괄호를 치면 코드가 읽기 별로 좋지 않습니다.
> 혹시 더 좋은 방법은 없나요?

네, 조금 더 읽기 좋은 또 다른 구조체 포인터 표기법이 있어요.
포인터를 다룰 때 괄호를 제대로 사용하기 위해 조심해야 하기 때문에
C 언어를 발명한 분께서 조금 더 간단하고 읽기 좋은 구문법을
생각해내었습니다. 다음의 두 표기법은 똑같습니다.

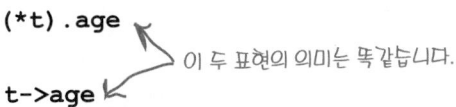

(*t).age

t->age

이 두 표현의 의미는 똑같습니다.

결국 t->age는 't가 가리키는 구조체의 age 필드'를 의미합니다. 따라서
여러분은 함수를 다음과 같이 구현해도 됩니다.

```c
void happy_birthday(turtle *a)
{
    a->age = a->age + 1;
    printf("생일 축하해 %s! 이제 %i살이 되었네!\n",
        a->name, a->age);
}
```

금고 프로그램

쉬잇... 지금 한 밤중의 은행 금고 안에 있습니다. 금고를 열기 위한 올바른 번호를 찾아낼 수 있을까요?
다음 코드를 분석해서 여러분이 금고 안의 금괴를 가져갈 수 있게 금고 번호를 찾아낼 수 있는지
시도해보세요! swag형과 swag 필드가 있으니 조심하세요!

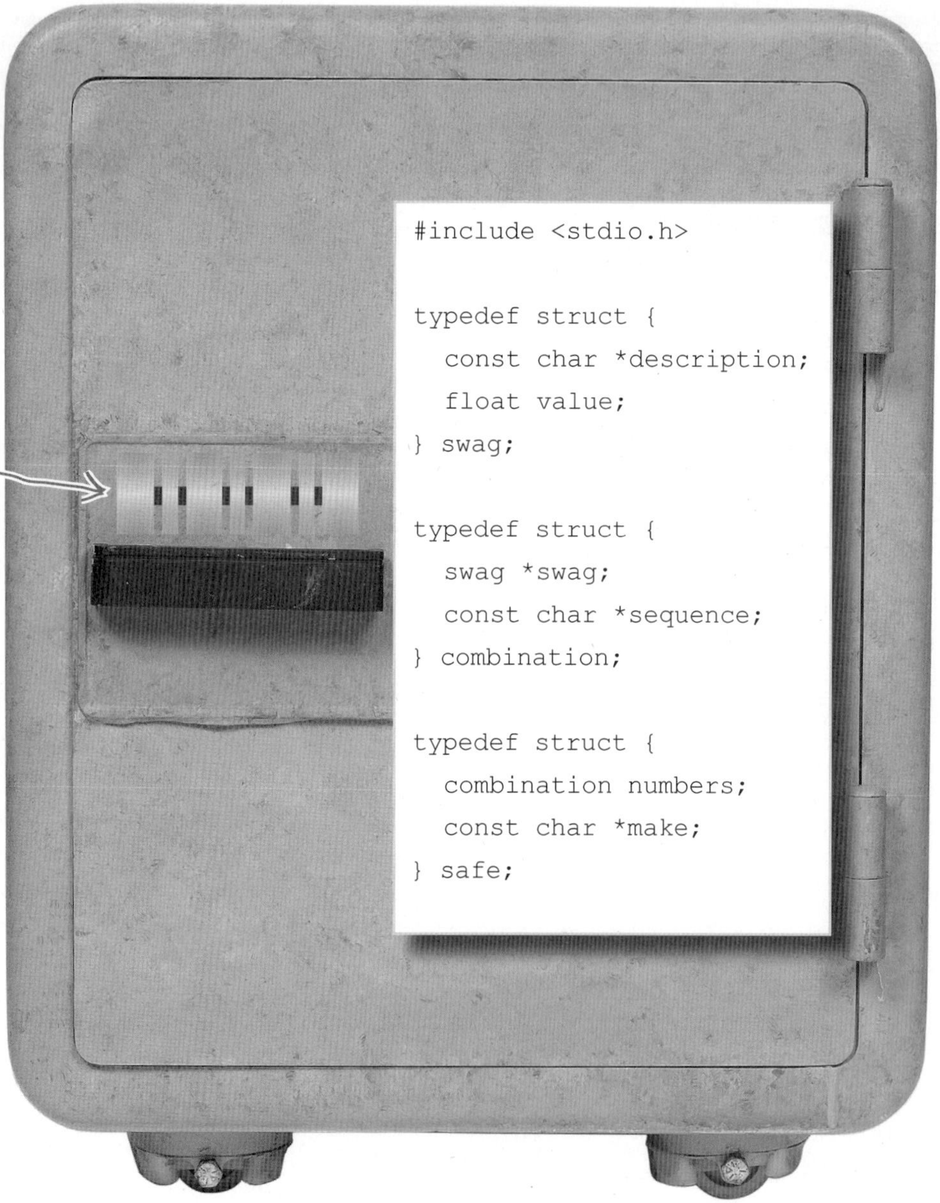

맞는 조합을
찾아내야
합니다.

```c
#include <stdio.h>

typedef struct {
  const char *description;
  float value;
} swag;

typedef struct {
  swag *swag;
  const char *sequence;
} combination;

typedef struct {
  combination numbers;
  const char *make;
} safe;
```

은행은 금고를 다음과 같이 만들었습니다.

```
swag gold = {"GOLD!", 1000000.0};
combination numbers = {&gold, "6502"};
safe s = {numbers, "RAMACON250"};
```

어떻게 하면 "GOLD!" 문자열을 만들어 낼 수 있을까요? 아래 각 컬럼에서 한 단어나 기호를 골라 "GOLD!" 문자열이
되게 만드세요.

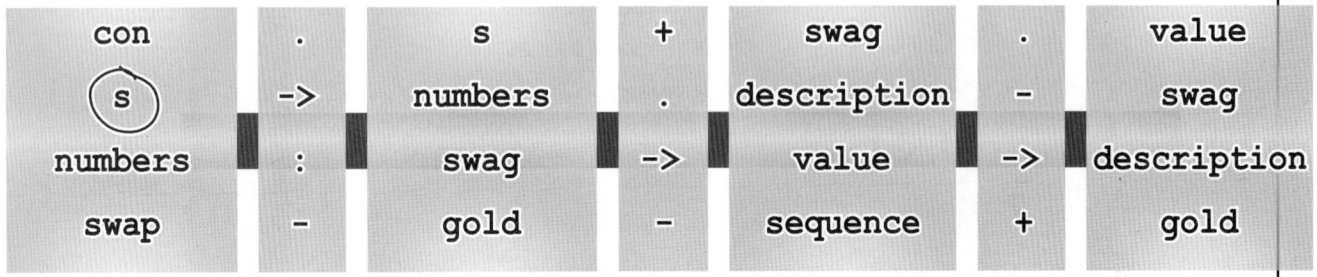

바보 같은 질문이란 없습니다

Q: 파라미터 변수에 왜 값이 복사되나요?

A: 컴퓨터는 함수의 파라미터에 인자값을 대입해 값을 전달합니다.
모든 대입문은 값을 복사합니다.

Q: *t.age가 (*t).age와 다른 이유는요?

A: 컴파일러가 *를 평가하기 전에 점 연산자를 먼저 평가하기
때문입니다.

금고 프로그램 정답

쉬잇... 지금 한 밤중의 은행 금고 안에 있습니다. 여러분은 금고를 열기 위한 올바른 번호를 찾아내야 했습니다. 다음 코드를 분석해서 여러분이 금고 안의 금괴를 가져갈 수 있게 금고 번호를 찾아내야 했습니다.

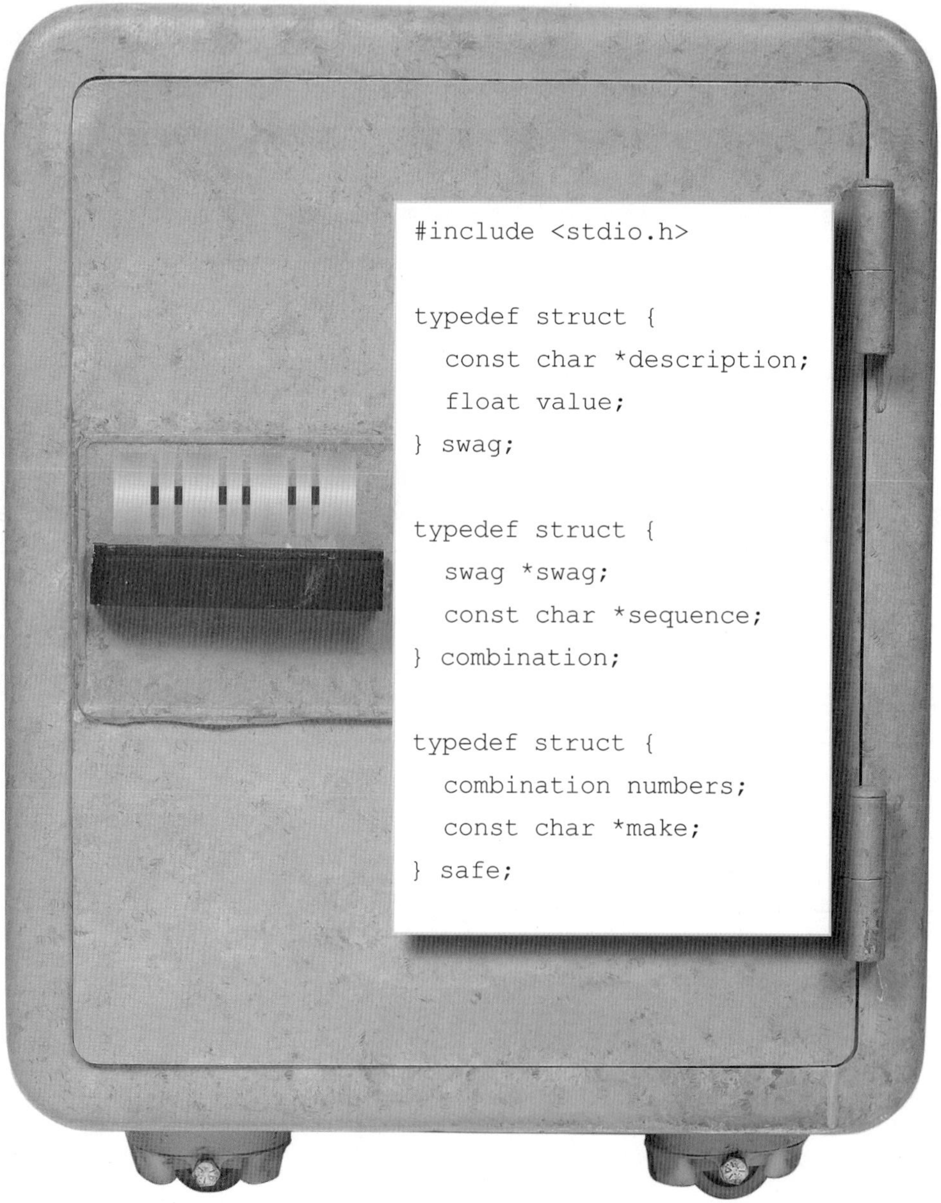

```c
#include <stdio.h>

typedef struct {
  const char *description;
  float value;
} swag;

typedef struct {
  swag *swag;
  const char *sequence;
} combination;

typedef struct {
  combination numbers;
  const char *make;
} safe;
```

은행은 금고를 다음과 같이 만들었습니다.

```
swag gold = {"GOLD!", 1000000.0};
combination numbers = {&gold, "6502"};
safe s = {numbers, "RAMACON250"};
```

어떻게 하면 "GOLD!" 문자열을 만들어 낼 수 있을까요? 아래 각 컬럼에서 한 단어나 기호를 골라 "GOLD!" 문자열이
되게 만드세요.

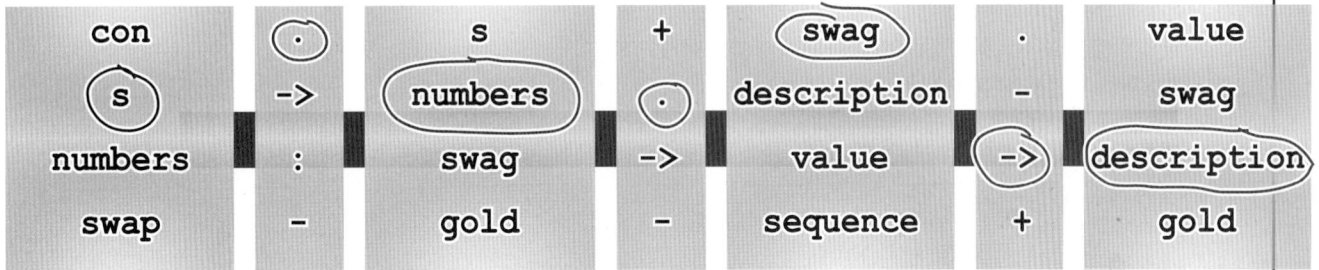

따라서 다음과 같은 식을 사용해 GOLD!를 출력할 수 있습니다.

printf("내용 = %s\n", s.numbers.swag->description);

 **핵심정리**

- 함수를 호출할 때 파라미터 변수에 값이 복사됩니다.

- 다른 형과 마찬가지로 구조체에 대한 포인터를 만들 수 있습니다.

- pointer->field는 (*pointer).field와 똑같습니다.

- -> 표기법을 사용하면 괄호를 쓸 필요가 없으며 코드를 읽기가 더 좋습니다.

때로는 한 데이터형 안에 다른 형의 데이터를 넣어야 할 때가 있습니다

구조체를 사용하면 더 실세계의 복잡한 존재를 표현할 수 있게 해줍니다.
그런데 하나의 데이터형으로 표현할 수 없는 데이터도 있어요.

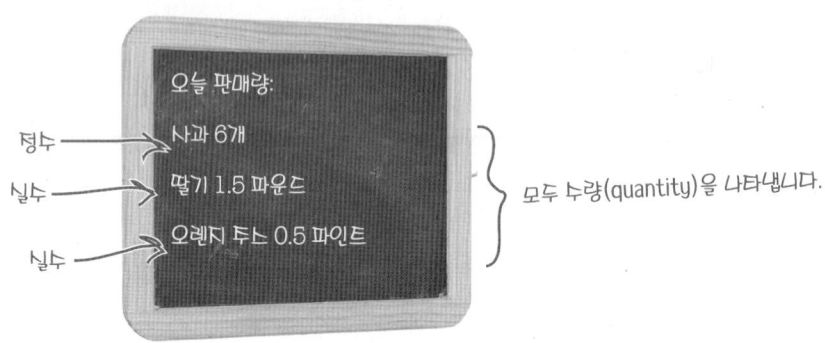

따라서 어떤 물건의 양을 기록하려면 필드를 **개수**, **무게**, 아니면 **양**이 될 수 있습니다. 어떻게 양을 표현할 수 있을까요? 아마 다음과 같이 여러 필드를 가진 구조체를 만들 수도 있을 겁니다.

```c
typedef struct {
    ...
    short count;
    float weight;
    float volume;
    ...
} fruit;
```

이 방법은 여러모로 좋지 않습니다. 이유는 다음과 같습니다.

⭐ 메모리에 더 많은 공간이 필요합니다.

⭐ 잘못해서 여러 필드에 값을 넣을 수 있습니다.

⭐ 명시적으로 quantity를 표현할 수 있는 방법이 없습니다.

데이터형으로 quantity라고 불리는 값을 설정하고 데이터에 따라 개수,
무게나 양을 표현할 수 있으면 정말 유용할 것 같습니다.

C에서는 공용체를 사용할 수 있습니다...

공용체를 사용하면 메모리 공간을 재사용할 수 있습니다

여러분이 구조체의 데이터를 만들 때마다 컴퓨터는 메모리 안에 필드를
나란히 배열합니다.

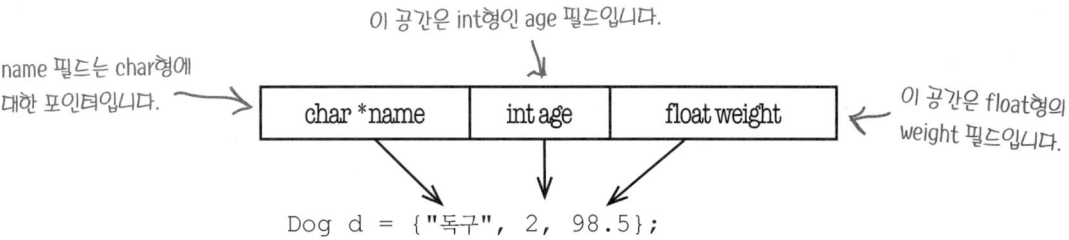

이 공간은 int형인 age 필드입니다.

name 필드는 char형에
대한 포인터입니다.

char *name	int age	float weight

이 공간은 float형의
weight 필드입니다.

```
Dog d = {"독구", 2, 98.5};
```

그러나 **공용체**는 다릅니다. 공용체는 정의에 따라 공간을 한 필드로서만
사용할 수 있게 합니다. 따라서 quantity라는 공용체가 있고 그 안에
count, weight, volume이라는 필드가 있으면, 컴퓨터는 이 필드 중
가장 큰 필드 하나만 저장할 수 있는 공간만 할당하고 여러분이 원하는
값을 저장할 수 있게 합니다. count, weight, volume 필드 중 어떤
필드에 값을 저장해도 같은 위치에 데이터가 저장됩니다.

quantity (float이나 short형이 될 수 있습니다.)

공용체는 구조체와 비슷해 보이지만,
union 키워드를 사용합니다.

float이 4바이트, short가 2바이트를 차지한다면,
공용체는 4바이트 크기를 차지합니다.

```
typedef union {
    short count;
    float weight;
    float volume;
} quantity;
```

이 안의 모든 필드는 같은 곳에
저장됩니다.

모두 다른 형이지만,
수량을 나타냅니다.

오렌지일 때에는 개수

포도일 때에는 무게

주스일 때에는 부피

공용체는 어떻게 사용할까요?

공용체 변수를 선언하면, 여러 방법으로 값을 설정할 수 있습니다.

첫 번째 필드는 C89 방법으로

공용체의 첫 번째 필드를 설정하려면 C89 표기법을 사용할 수 있습니다. 공용체의 첫 번째 필드에 값을 주려면 중괄호에 값을 에워싸면 됩니다.

```
quantity q = {4};
```
← 이 코드는 count 필드의 값이 4임을 나타냅니다.

필드를 지정해 다른 값 설정하기

초기화할 필드를 지정하면 다음과 같이 공용체의 필드값을 설정합니다.

```
quantity q = {.weight=1.5};
```
← 공용체 안의 weight 필드에 실수형 값을 설정합니다.

점 표기법으로 값 설정하기

공용체의 값을 설정하는 세 번째 방법으로, 먼저 공용체 변수를 정의하고, 다른 줄에서 필드의 값을 설정할 수 있습니다.

```
quantity q;
q.volume = 3.7;
```

공용체의 값을 설정하기 위해 어떤 방법을 사용하더라도 단 한 데이터의 값만 저장된다는 점을 잊지 마세요. 공용체를 사용하면 여러 데이터형으로 해석될 수 있는 단 하나의 변수를 만들 뿐입니다.

바보 같은 질문이란 없습니다

Q: 왜 공용체의 크기가 가장 큰 필드의 크기가 되나요?

A: 공용체의 데이터는 어떤 필드 형으로도 해석될 수 있어야 합니다. 따라서 가장 큰 필드를 저장할 수 있어야 그 공간 안에 어떤 형의 필드도 저장할 수 있는 겁니다.

Q: C89 표기법은 왜 첫 번째 필드를 설정하나요? float 값을 전달하면 첫 번째 float 형 필드로 설정해주면 안 되나요?

A: 모호하게 해석될 수 있는 문제를 피하기 위해서 그렇습니다. 가령 float과 double형 필드가 있으면 컴퓨터가 {2.1}을 float형으로 해석해야 할까요? 아니면 double형으로 해석해야 할까요? 첫 번째 필드에 저장하게 하면 어느 데이터가 초기화되는지 정확히 알 수 있습니다.

예의 바른 표준 안내

초기화 필드 지정(Designated Initializer) 방법을 사용하면 구조체나 공용체의 필드를 이름으로 초기화할 수 있으며 C99 표준입니다. 대부분의 컴파일러가 지원하지만 다른 C 언어 계열을 사용할 때 주의하세요. 예를 들어 오브젝티브-C는 이 방법을 지원하지만 C++는 지원하지 않습니다.

> 초기화 필드 지정 방법은
> 구조체에서도 유용할 것 같은데,
> 구조체에도 사용할 수 있을까?

초기화 필드를 지정하면 구조체의 필드값도 초기화할 수 있어요.

구조체 안에 많은 필드가 있고, 일부 필드만 초기화하고 싶을 때는 아주
유용한 방법입니다. 코드를 읽기도 훨씬 쉬워져요.

```c
typedef struct {
    const char *color;
    int gears;
    int height;
} bike;
bike b = {.height=17, .gears=21};
```

이 코드는 height와 gears 필드를
초기화하지만, color 필드는
초기화하지 않습니다.

종종 구조체와 공용체가 함께 사용됩니다

공용체를 정의하면 데이터형을 새로 만드는 겁니다. 그러면 int나 struct처럼
다른 형과 똑같이 어디서든 사용할 수 있게 됩니다. 예를 들어 다음 코드처럼
구조체 안에 공용체를 사용할 수 있어요.

```c
typedef struct {
    const char *name;
    const char *country;
    quantity amount;
} fruit_order;
```

그리고 구조체와 공용체를 혼합했을 때 점이나 -> 표기법을 사용해
필드값을 접근할 수 있습니다.

여기에서 이름으로 필드를 지정해
초기화합니다. .amount는 fruit_
order 구조체 안의 필드, .weight는
quantity 안의 필드를 가리킵니다.

구조체 안의 union quantity형의 변수이므로 .amount로 지정합니다.

```c
fruit_order apples = {"사과", "영국", .amount.weight=4.2};
printf("이 주문에는 %2.2f 파운드의 %s가 있습니다.\n", apples.amount.weight, apples.name);
```

이 코드는 "이 주문에는 4.20 파운드의 사과가 있습니다."를 출력합니다.

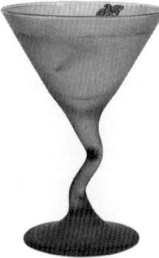

뒤죽박죽된 칵테일

오늘은 헤드 퍼스트 라운지의 마가리타의 밤입니다. 그런데 예제를 너무 많이 봤는지 직원이 칵테일 제조법을 뒤죽박죽으로 만들어 놓은 것 같습니다. 여러 마가리타 칵테일에 대해 맞는 코드를 찾을 수 있는지 보세요.

기본 재료는 다음과 같습니다.

```c
typedef union {
    float lemon;
    int lime_pieces;
} lemon_lime;

typedef struct {
    float tequila;
    float cointreau;
    lemon_lime citrus;
} margarita;
```

만들 마가리타 재료는 다음과 같습니다.

```c
margarita m = {2.0, 1.0, {0.5}};
```

```c
margarita m = {2.0, 1.0, .citrus=2};
```

```c
margarita m = {2.0, 1.0, 0.5};
```

```c
margarita m = {2.0, 1.0, {.lime_pieces=1}};
```

```c
margarita m = {2.0, 1.0, {1}};
```

```c
margarita m = {2.0, 1.0, {2}};
```

그리고 끝으로 직원이 만든 칵테일 혼합 방법은 다음과 같습니다. 어떤 마가리타를 이 코드에 넣어야 제대로 칵테일을 만들 수 있을까요?

```
printf("데킬라 %2.1f잔\n코엥트로 %2.1f 잔\n주스 %2.1f잔\n", m.tequila, m.cointreau,
m.citrus.lemon);
```

데킬라 2.0잔
코엥트로 1.0잔
주스 2.0잔

```
printf("데킬라 %2.1f잔\n코엥트로 %2.1f잔\n주스 %2.1f잔\n", m.tequila, m.cointreau,
m.citrus.lemon);
```

데킬라 2.0잔
코엥트로 1.0잔
주스 0.5잔

```
printf("데킬라 %2.1f잔\n코엥트로 %2.1f잔\n라임 %i개\n", m.tequila, m.cointreau,
m.citrus.lime_piece);
```

데킬라 2.0잔
코엥트로 1.0잔
라임 1개

컴파일러가 되어주세요

오른쪽 두 코드 중 하나는 컴파일되고, 다른 하나는 컴파일되지 않습니다. 여러분은 컴파일러가 되어 어느 코드가 컴파일되고 어느 코드는 컴파일되지 않는지 설명해야 합니다.

```
margarita m = {2.0, 1.0, {0.5}};
```

```
margarita m;
m = {2.0, 1.0, {0.5}};
```

뒤죽박죽된 칵테일 정답

오늘은 헤드 퍼스트 라운지의 마가리타의 밤입니다. 그런데 예제를 너무 많이 봤는지 직원이 칵테일 제조법을 뒤죽박죽으로 만들어 놓은 것 같습니다. 여러분은 만들 칵테일에 맞는 재료 코드를 찾아야 했습니다.

기본 재료는 다음과 같습니다.

```c
typedef union {
    float lemon;
    int lime_pieces;
} lemon_lime;

typedef struct {
    float tequila;
    float cointreau;
    lemon_lime citrus;
} margarita;
```

만들 마가리타 재료는 다음과 같습니다.

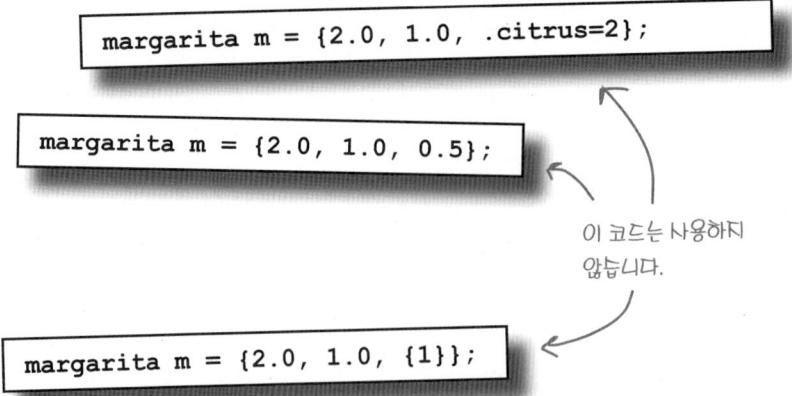

```c
margarita m = {2.0, 1.0, .citrus=2};
```

```c
margarita m = {2.0, 1.0, 0.5};
```

이 코드는 사용하지 않습니다.

```c
margarita m = {2.0, 1.0, {1}};
```

그리고 끝으로 직원이 만들 칵테일 혼합 방법은 다음과 같습니다. 어떤 마가리타를 이 코드에 넣어야 제대로 칵테일을 만들 수 있을까요?

```
margarita m = {2.0, 1.0, {2}};
printf("데킬라 %2.1f잔\n코엥트로 %2.1f 잔 \n주스 %2.1f잔\n", m.tequila, m.cointreau,
m.citrus.lemon);
```

데킬라 2.0잔
코엥트로 1.0잔
주스 2.0잔

```
margarita m = {2.0, 1.0, {0.5}};
printf("데킬라 %2.1f잔\n코엥트로 %2.1f잔\n주스 %2.1f잔\n", m.tequila, m.cointreau,
m.citrus.lemon);
```

데킬라 2.0잔
코엥트로 1.0잔
주스 0.5잔

```
margarita m = {2.0, 1.0, {.lime_pieces=1}};
printf("데킬라 %2.1f잔\n코엥트로 %2.1f잔\n라임 %i개\n", m.tequila, m.cointreau,
m.citrus.lime_piece);
```

데킬라 2.0잔
코엥트로 1.0잔
라임 1개

컴파일러가 되어주세요 정답

오른쪽 두 코드 중 하나는 컴파일되고, 다른 하나는 컴파일되지 않습니다. 여러분은 컴파일러가 되어 어느 코드가 컴파일되고 어느 코드는 컴파일되지 않는지 얘기해야 했습니다.

```
margarita m = {2.0, 1.0, {0.5}};
```
↖ 이 코드는 제대로 컴파일됩니다. 실제로 위에서 사용한 칵테일 중에 하나입니다.

```
margarita m;
m = {2.0, 1.0, {0.5}};
```
이 코드는 컴파일되지 않습니다. 구조체를 정의하는 코드와 같은 줄에 있을 때에는 {2.0, 1.0, {0.5}}를 구조체로 생각하지만, 다른 줄에 있으면 컴파일러는 이 값을 배열이라고 생각하기 때문입니다.

이봐, 잠깐만... 공용체에는 여러 형의 다양한 값을 같은 메모리 위치에 저장한다고... 내가 일단 저장하고 난 다음에 float형으로 저장했는지 int형으로 저장했는지 어떻게 알 수 있지? 저장하지 않은 필드로 읽지 못하게 하는 방법이 있나? 여보세요?

대단히 훌륭한 지적입니다. 공용체 안에는 여러 값을 저장할 수 있습니다. 그런데 일단 저장한 후에는 어느 형으로 저장했는지 알 수 있는 방법이 없습니다.

컴파일러는 공용체 필드에 저장된 값이 실제로 어떤 필드에 저장된 값인지 읽을 때는 알 수 없습니다. 따라서 한 필드로 저장하고 다른 필드를 사용해 읽을 수도 있습니다. 문제가 있을까요? 때로는 아주 **큰 문제**가 될 수 있습니다.

```c
#include <stdio.h>
typedef union {
  float weight;
  int count;
} cupcake;

int main()
{
  cupcake order = {2};
  printf("컵케익 수량 : %i\n", order.count);
  return 0;
}
```

프로그래머가 실수로 count 대신 weight에 저장했네요.

weight로 저장했지만, count로 읽습니다.

실제 프로그램이 실행한 결과입니다.

```
File Edit Window Help
> gcc badunion.c -o badunion && ./badunion
컵케익 수량:  1073741824
```

컵케익이 엄청 많네요.

그러면 공용체에 저장한 값을 알기 위해서는 어떤 방법이 필요한 것 같습니다. C 프로그래머는 종종 열거형을 사용합니다.

열거형 변수는 기호를 저장합니다

때로는 숫자나 문장을 저장하는 대신 어떤 기호를 저장하고 싶을 때가
있을 겁니다. 예를 들어 요일을 저장하려면 MONDAY, TUESDAY,
WEDNESDAY 등의 **기호**를 사용하면 됩니다. 문장을 저장할 필요가
없습니다. 선택할 값이 단 7개 밖에 없기 때문입니다.

그렇기 때문에 열거형을 만들었습니다.

열거형(enum)을 사용하면 다음과 같이 여러 기호를 만듭니다.

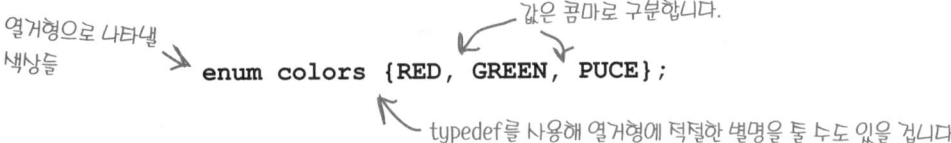

열거형으로 나타낼
색상들

값은 콤마로 구분합니다.

```
enum colors {RED, GREEN, PUCE};
```

typedef를 사용해 열거형에 적절한 별명을 둘 수도 있을 겁니다.

enum colors형으로 정의한 모든 변수는 이 목록에 있는 값 중에
하나만 가질 수 있습니다. 따라서 enum colors 변수를 다음과 같이
정의할 수 있습니다.

```
enum colors favorite = PUCE;
```

내부적으로 컴파일러는 목록에 있는 각각의 기호에 숫자를
대입하므로 열거형은 실제로는 숫자를 저장합니다. 그런데 어떤
숫자를 저장하는지는 걱정하지 않아도 됩니다. C 코드는 그저 기호를
참조하면 됩니다. 기호를 사용하면 코드를 읽기 쉽고, REB나 PUSE
처럼 잘못된 값을 저장하지 못하게 합니다.

조심하세요!

구조체와 공용체는
세미콜론을 사용해 항목을
구분하지만, 열거형은
콤마를 사용합니다.

이건 컴파일 못해.
그런 기호는 목록에
없는 걸.

컴파일러가 이 값이 잘못된 값임을 알기
때문에 코드는 컴파일되지 않습니다.

```
enum colors favorite = PUSE;
```

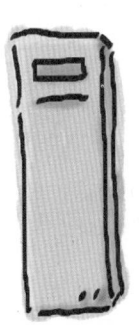

**그러면 열거형을 사용하는 방법은 알았는데, 공용체에 저장한 값을
어떻게 알 수 있을까요? 예제 코드로 알아보겠습니다...**

코드 자석

열거형을 사용해 데이터형을 새로 만들었기 때문에 구조체나 공용체 안에 사용할 수 있습니다. 다음 프로그램에서는 공용체를 사용해 저장한 값이 어떤 종류인지를 명시합니다. 여러분이 빠진 코드를 코드 자석으로 채워넣을 수 있을까요?

```c
#include <stdio.h>

typedef enum {
  COUNT, POUNDS, PINTS
} unit_of_measure;

typedef union {
  short count;
  float weight;
  float volume;
} quantity;

typedef struct {
  const char *name;
  const char *country;
  quantity amount;
  unit_of_measure units;
} fruit_order;

void display(fruit_order order)
{
  printf("이 주문에는 ");

  if (..................... == PINTS)

    printf("%2.2f파인트의 %s가 있습니다\n", order.amount. ....................., order.name);
```

```
    else if ( .......................... == .......................... )
        printf("%2.2f파운드의 %s가 있습니다\n", order.amount.weight, order.name);
    else

        printf("%i개의 %s가 있습니다", order.amount. .........................., order.name);
}

int main()
{

    fruit_order apples = {"사과", "영국", .amount.count=144, ......................... };

    fruit_order strawberries = {"딸기", "스페인", .amount.............=17.6, POUNDS};

    fruit_order oj = {"오렌지 주스", "미국", .amount.volume=10.5,......................... };
    display(apples);
    display(strawberries);
    display(oj);
    return 0;
}
```

POUNDS   order.units   COUNT   weight

volume   count   PINTS   order.units

코드 자석 정답

열거형을 사용해 데이터형을 새로 만들었기 때문에 구조체나 공용체 안에 사용할 수 있습니다. 다음 프로그램에서는 공용체를 사용해 저장한 값이 어떤 종류인지를 명시합니다. 여러분은 빠진 코드를 코드 자석으로 채워넣어야 했습니다.

```c
#include <stdio.h>

typedef enum {
  COUNT, POUNDS, PINTS
} unit_of_measure;

typedef union {
  short count;
  float weight;
  float volume;
} quantity;

typedef struct {
  const char *name;
  const char *country;
  quantity amount;
  unit_of_measure units;
} fruit_order;

void display(fruit_order order)
{
  printf("이 주문에는 ");

  if (.order.units.== PINTS)

    printf("%2.2f파인트의 %s가 있습니다\n", order.amount.volume., order.name);
```

```
  else if ( [order.units] == [POUNDS] )
    printf("%2.2f파운드의 %s가 있습니다\n", order.amount.weight, order.name);
  else

    printf("%i개의 %s가 있습니다", order.amount. [count] , order.name);
}

int main()
{

  fruit_order apples = {"사과", "영국", .amount.count=144, [COUNT] };

  fruit_order strawberries = {"딸기", "스페인", .amount. [weight] =17.6, POUNDS};

  fruit_order oj = {"오렌지 주스", "미국", .amount.volume=10.5, [PINTS] };
  display(apples);
  display(strawberries);
  display(oj);
  return 0;
}
```

프로그램을 실행하면 다음과 같이 실행됩니다.

```
File Edit Window Help
> gcc enumtest.c -o enumtest && ./enumtest
이 주문에는 144개의 사과가 있습니다.
이 주문에는 17.60파운드의 딸기가 있습니다.
이 주문에는 10.50파인트의 오렌지 주스가 있습니다.
```

헤드 퍼스트 라운지에서 들려온이야기

공용체: ... 그래서 내가 코드에게 말했지. "이봐, 난 자네가 실수형을 주었던 어쨌든 상관 안 해. 자네가 정수형을 원하면, 난 정수형을 줄 뿐이라고."

구조체: 그러게, 그건 자네가 전혀 상관할 일이 아니잖은가.

공용체: 내 말이. 난 전혀 상관하지 않는다고 했지.

구조체: 자네가 그중에 한 변수만 저장할 수 있는 공간을 갖고 있는 건 누구나 다 아는 사실이지.

공용체: 맞고 말고. 단 하나만 저장하지. 그런 면에서 나는 도를 깨우쳤다고나 할까...

열거형: 친구들, 무슨 일 있어?

구조체: 자네는 닥치라고. 아, 미안... 내 말은 저 친구가 지금 왔다갔다 하고 있어.

공용체: 사실 난 데이터를 하나 갖고 있어. 자네도 알다시피 난 이 걸 int로 저장했지. 이 데이터는 열거형이나 다른 어떤 게 필요하다고.

열거형: 내가 뭘 해줬으면 좋겠는데?

구조체: 조용히 해봐, 열거형.

공용체: 내 말은 프로그램이 한꺼번에 여러 개를 저장하고 싶으면 나보다는 자네를 불렀어야 하잖아? 그치?

구조체: 순서. 이 사람들이 모르는 게 바로 그 거야.

열거형: 무슨 순서?

구조체: 분리와 정렬. 나는 여러 가지를 주욱 나열한다고. 모두 한꺼번에. 그렇지 친구?

공용체: 내 말이.

구조체: 모두. 한! 꺼! 번! 에!

열거형: (잠시 침묵) 무슨 문제가 있었구나?

공용체: 열거형, 제발 좀! 이 사람들은 그저 결정만 하면 돼. 여러 값을 한꺼번에 저장하려면 자네를 사용하면 돼. 그런데 여러 값 중에 하나만 저장하려면? 그 땐 나를 사용하면 되겠지?

구조체: 나 지금 전화하고 있어.

공용체: 이봐, 잠깐만...

열거형: 이 봐, 이 친구가 누구에게 전화하는 거지?

구조체/공용체: 열거형, 닥치고 있으라고.

공용체: 이봐, 일을 더 커지게 하지 말자고.

구조체: 여보세요? 블루투스 서비스와 통화할 수 있을까요?

공용체: 이봐, 그저 이 것만 생각하자고.

구조체: 그가 저에게 다시 전화를 건다니, 그게 무슨 말인가요?

공용체: 음... 이 건 좋은 생각이 아닌 것 같아.

구조체: 아니오. 그러면 메시지를 남겨주세요.

공용체: 제발, 전화 좀 끊어.

열거형: 친구, 누구에게 전화하고 있는데?

구조체: 열거형, 조용히 좀 하라고. 지금 전화하고 있는 거 안 보여? 잘 들어요. float과 int형 변수를 모두 저장하고 싶으면 나를 만나야 할 거라고 전해주시오. 그렇지 않으면 내가 만나러 간다고 말이오. 아시겠소? 여보세요? 여보세요?

공용체: 진정해, 친구. 침착하자고.

구조체: 기다리라고? 나보고 기다리라고 할 수 있는 거야?

공용체: 자네에게 머라고 했다고? 전화 좀 줘봐... 이런... 이글스! 난 그 회사가 싫어!

열거형: 그러면 자네에게 필드를 추가한 게, 자네가 그렇게 뚱뚱해진 이유인가?

구조체: 이봐, 자네는 이제 아주 큰 고통을 맛보게 될 거야.

때로는 비트 단위로 제어하고 싶을 거에요

만약 구조체 안에 아주 많은 참/거짓 값을 넣어야 한다고 생각해보세요.
아마 많은 short와 int를 갖고 있는 구조체를 만들 수도 있을 거에요.

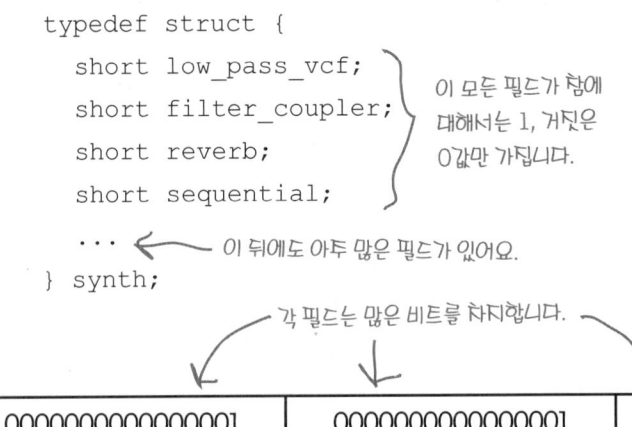

```
typedef struct {
    short low_pass_vcf;
    short filter_coupler;
    short reverb;
    short sequential;
    · · ·
} synth;
```

이 모든 필드가 참에 대해서는 1, 거짓은 0값만 가집니다.

이 뒤에도 아주 많은 필드가 있어요.

각 필드는 많은 비트를 차지합니다.

| 0000000000000001 | 0000000000000001 | 0000000000000001 | ... |

이렇게 해도 될 겁니다. 문제요? short 필드는 매우 많은 공간을 차지합니다.
우리는 단지 참/거짓 값을 저장하기 위해 한 비트만 필요한데 말이죠.
메모리 낭비입니다. 값을 저장할 수 있는 일련의 비트로 구성된 구조체를
만들 수 있으면 좋을 것 같습니다.

이 게 바로 비트필드를 만든 이유입니다.

2진수 탐구

2진수 값을 다뤄야 할 때에는 상수 안에 있는 1과 0을 지정할 수 있는 다음과 같은 방법이 있으면 좋겠습니다.

```
int x = 01010100;
```

불행히도 C는 2진수 상수를 지원하지 않습니다. 그러나 16진수 상수를 지원합니다. C가 0x로 시작하는 숫자를 볼 때마다 이 숫자를 밑수 16으로 처리합니다.

10진수 54가 아닙니다.

```
int x = 0x54;
```

그런데 어떻게 하면 16진수와 2진수를 서로 변환할 수 있을까요? 그게 2진수와 10진수를 변환하는 것보다 쉬울까요?

다행스럽게도 16진수를 2진수로 바꿀 때 한 번에 한 숫자씩 바꾸면 됩니다.

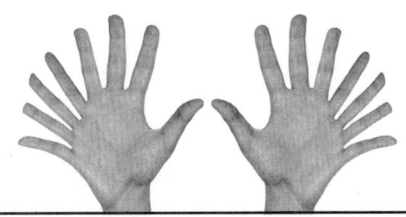

0x54

5입니다. → 0101   0100 ← 4입니다.

16진수 숫자 하나는 4개의 2진수 숫자에 대응됩니다. 따라서 0부터 15까지의 값에 대해 이진 패턴을 익히면 됩니다. 조금만 하면 암산으로 순식간에 2진수와 16진수 간에 변환할 수 있습니다.

비트필드는 원하는 수의 비트를 저장할 수 있습니다

비트필드를 사용하면 각 필드가 저장에 사용할 비트 수를 지정할
수 있습니다. 예를 들어 여러분의 구조체를 다음과 같이 정의할
수 있습니다.

```
typedef struct {
    unsigned int low_pass_vcf:1;
    unsigned int filter_coupler:1;
    unsigned int reverb:1;
    unsigned int sequential:1;
    . . .
} synth;
```

모든 비트는 unsigned
int형이어야 합니다.

이 필드가 저장소로 1비트만
사용한다는 의미입니다.

비트필드를 사용하면 각 필드가 한 비트만
사용하게 할 수 있습니다.

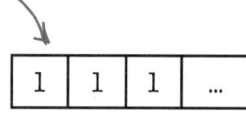

일련의 비트필드를 정의하면 컴퓨터는 이 비트필드들을 압축해
공간을 절약할 수 있습니다. 예를 들어 8개의 1비트짜리
비트필드가 있으면 컴퓨터는 이 비트필드들을 1바이트에 저장할 수
있습니다.

여러분이 비트필드를 얼마나 잘 사용할 수 있는지 알아보겠습니다.

조심하세요!

**비트필드는 구조체 안에
함께 모여 있어야 공간을
절약할 수 있어요.**

컴파일러가 한 비트필드만
있는 구조체를 보면, 구조체 크기를 워드
단위에 맞게 나머지 공간을 빈 공간으로
채웁니다. 그렇기 때문에 비트필드들이
구조체 안에 함께 뭉쳐 있는 겁니다.

얼마나 많은 비트가 필요한가요?

비트필드는 일련의 참/거짓 값을 저장하는 데 사용할 수 있습니다. 그러나 그 외에도
연도와 달과 같이 작은 범위의 값을 저장하는 데에도 유용합니다. 구조체에 월
숫자를 저장하려면 0부터 11까지의 값을 갖게 됩니다. 이 값을 저장하려면 4비트가
필요합니다. 왜 그럴까요? 4비트는 0부터 15까지 저장할 수 있지만, 3비트는 0에서
7까지만 저장할 수 있기 때문입니다.

```
        . . .
        unsigned int month_no:4;
        . . .
```

연습문제

헤드 퍼스트 수족관으로 돌아가겠습니다. 그들은 사용자 만족도 조사를 하려고 합니다. 여러분이 비트필드를 사용해 적절한 구조체를 만들 수 있는지 알아보겠습니다.

수족관 설문지

수족관에 처음 방문하셨습니까?	
다음에 또 방문하시겠습니까?	
피라냐 수족관에서 다친 손가락의 개수:	
상어 전시관에서 아이를 잃어버렸습니까?	
아무런 제약이 없다면 1주일에 몇 일을 방문하고 싶습니까?	

몇 개의 비트를 사용할지 결정해야 합니다.

```
typedef struct {
  unsigned int first_visit: .......... ;
  unsigned int come_again: .......... ;
  unsigned int fingers_lost: .......... ;
  unsigned int shark_attack: .......... ;
  unsigned int days_a_week: .......... ;
} survey;
```

헤드 퍼스트 수족관으로 돌아가겠습니다. 그들은 사용자 만족도 조사를 하려고 합니다. 여러분은 비트필드를 사용해 적절한 구조체를 만들어야 했습니다.

수족관 설문지

수족관에 처음 방문하셨습니까?	
다음에 또 방문하시겠습니까?	
피라냐 수족관에서 다친 손가락의 개수:	
상어 전시관에서 아이를 잃어버렸습니까?	
아무런 제약이 없다면 1주일에 몇 일을 방문하고 싶습니까?	

```
typedef struct {
    unsigned int first_visit: __1__ ;
    unsigned int come_again: __1__ ;
    unsigned int fingers_lost: __4__ ;
    unsigned int shark_attack: __1__ ;
    unsigned int days_a_week: __3__ ;
} survey;
```

1비트면 참/거짓의 두 값을 저장할 수 있습니다.

10까지 저장하려면 4 비트가 필요합니다.

3비트로 7까지 저장할 수 있습니다.

바보 같은 질문이란 없습니다

Q: C는 왜 이진 상수를 지원하지 않나요?

A: 공간을 많이 차지하기 때문입니다. 보통 16진수를 쓰면 공간을 절약할 수 있습니다.

Q: 10 이하 값을 저장하는 데 왜 4비트가 필요하죠?

A: 4비트는 2진수 0부터 1111(10진수 15)까지 저장할 수 있습니다. 3비트는 2진수 111(10진수 7)까지 저장할 수 있습니다.

Q: 만약 9를 3비트 필드에 저장하면 어떻게 되나요?

A: 컴퓨터는 1을 저장하게 될 겁니다. 9는 2진수로 1001이고, 컴퓨터는 뒤에서 3비트 001만 전달합니다.

Q: 비트필드는 단지 공간을 절약하기 위해 사용되나요?

A: 그렇지는 않습니다. 비트필드는 저수준의 2진수 정보를 읽을 때 매우 중요합니다.

Q: 어떤 게 있나요?

A: 사용자가 정의한 이진 파일을 읽거나 쓸 때 그렇습니다.

핵심정리

- 공용체는 하나의 메모리 공간에 여러 데이터형을 저장할 수 있게 해줍니다.

- 초기화 필드를 지정하면 이름으로 필드의 값을 설정할 수 있습니다.

- 초기화 필드를 지정하는 것은 C99 표준이지만, C++은 지원하지 않습니다.

- 공용체의 값을 중괄호로 에워싸서 초기화하면, 첫 번째 필드의 데이터 형으로 저장합니다.

- 컴파일러는 공용체의 A 필드에 저장하고 B 필드값으로 읽을 수 있게 합니다. 그러나 조심하세요! 그렇게 하면 버그가 발생할 수 있어요.

- 열거형은 기호를 저장합니다.

- 비트필드는 필드의 크기를 비트 단위로 지정할 수 있습니다.

- 비트필드는 반드시 unisgned int형으로 선언해야 합니다.

CHAPTER 6

C 도구상자

이제 5장을 정복했으며 여러분의 도구상자에
구조체, 공용체, 비트필드를 추가했습니다.
전체 도구상자 목록은 부록 ii를 참조하세요.

typedef는
데이터형에 별명을
붙입니다.

구조체는
데이터형을
결합시킵니다.

점 표기법을 사용해
구조체의 필드를
읽을 수 있습니다.

구조체는 배열과
비슷하게 중괄호를
사용해 초기화할 수
있습니다.

구조체에 대한
포인터에 -> 표기를
사용하면 필드를
쉽게 접근할 수
있습니다.

초기화 필드를
지정하면 필드
이름으로 구조체나
공용체를 초기화할
수 있습니다.

공용체는 같은
위치에 여러 형의
데이터를 저장할 수
있습니다.

열거형은 일련의
기호를 만들게
합니다.

비트필드를 사용하면
구조체 안에 있는
필드의 크기를 정확히
지정할 수 있습니다.

6 데이터 구조와 동적 메모리

다리놓기

때로는 구조체 하나로는 턱없이 부족합니다.

복잡한 데이터를 모델링하려면 **구조체를 서로 연결**해야 합니다. 이 장에서는 **구조체에 대한 포인터**로 사용자 정의형을 연결해 **복잡한 대형 데이터 구조체**를 만드는 방법을 알아보고, 연결 리스트를 만들면서 핵심 원리를 탐구합니다. 그리고 **힙에 동적으로 메모리를 할당**하고 사용 후에는 해제하여 여러분이 정의한 데이터 구조로 크기가 변하는 데이터를 처리하는 방법도 알아봅니다. 그리고 코드의 문제를 해결하기 어려울 때 **valgrind**를 사용해 도움을 받는 방법도 알아봅니다.

가변 크기 저장소가 필요하세요?

코코넛 항공사는 섬을 연결하는 C 항공기를 운영합니다.

지금까지 여러분은 C에서 저장할 수 있는 다양한 데이터를 살펴보았고 배열에 여러 데이터를 저장하는 방법도 배웠습니다. 그런데 때로는 조금 더 융통성이 필요할 때가 있어요.

가령 여러분이 섬들 사이를 운행하는 항공편을 제공하는 여행사를 운영한다고 생각해보세요. 각 여행은 섬에서 그 다음 섬으로 연결하는 일련의 단거리 비행을 포함합니다. 여행에 포함할 섬에 대해서는 섬 이름과 공항을 사용할 수 있는 시간 등의 정보를 기록해야 합니다. 여러분은 이 정보를 어떻게 기록하겠습니까?

섬 하나에 대한 정보를 저장하려면 다음과 같이 구조체를 만들 수 있습니다.

```c
typedef struct {
    char *name;
    char *opens;
    char *closes;
} island;
```

자. 그리고 여행을 가기 위해 여러 섬을 차례대로 통과해야 한다면 여러분은 섬의 목록을 기록해야 할 겁니다. 목록은 섬의 배열을 이용해 만들 수 있을 겁니다.

```c
island tour[4];
```

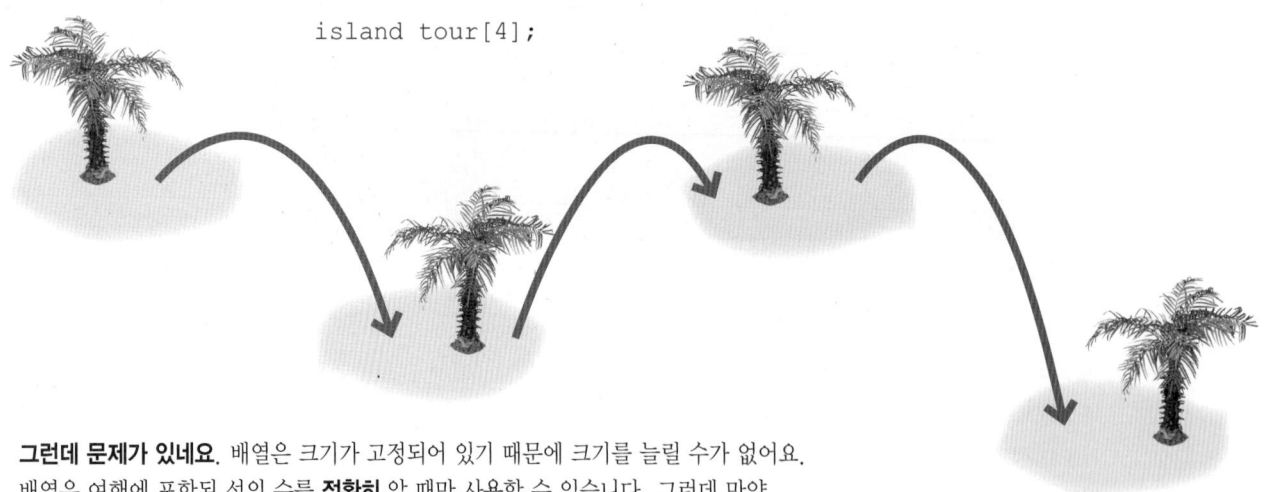

그런데 문제가 있네요. 배열은 크기가 고정되어 있기 때문에 크기를 늘릴 수가 없어요. 배열은 여행에 포함된 섬의 수를 **정확히** 알 때만 사용할 수 있습니다. 그런데 만약 여행을 변경해야 하면 어떻게 하나요? 여행 중에 방문할 섬을 하나 더 추가하면 어떻게 되나요?

크기가 변하는 데이터를 저장하려면 배열보다는 확장성이 좋은 그 무언가가 필요합니다. 여러분에게 필요한 건 연결 리스트입니다.

연결 리스트는 데이터를 목걸이처럼 연결한 겁니다

연결 리스트는 추상 데이터 구조의 한 예입니다. 추상 데이터 구조라고
부르는 이유는 연결 리스트가 범용 구조체이기 때문입니다.
다양한 종류의 데이터를 저장하기 위해 사용할 수 있습니다.

연결 리스트가 작동하는 방법을 이해하려면 앞에서 본 여행사
이야기로 돌아가야겠습니다. 연결 리스트는 데이터를 저장하고 다른
데이터에 연결합니다.

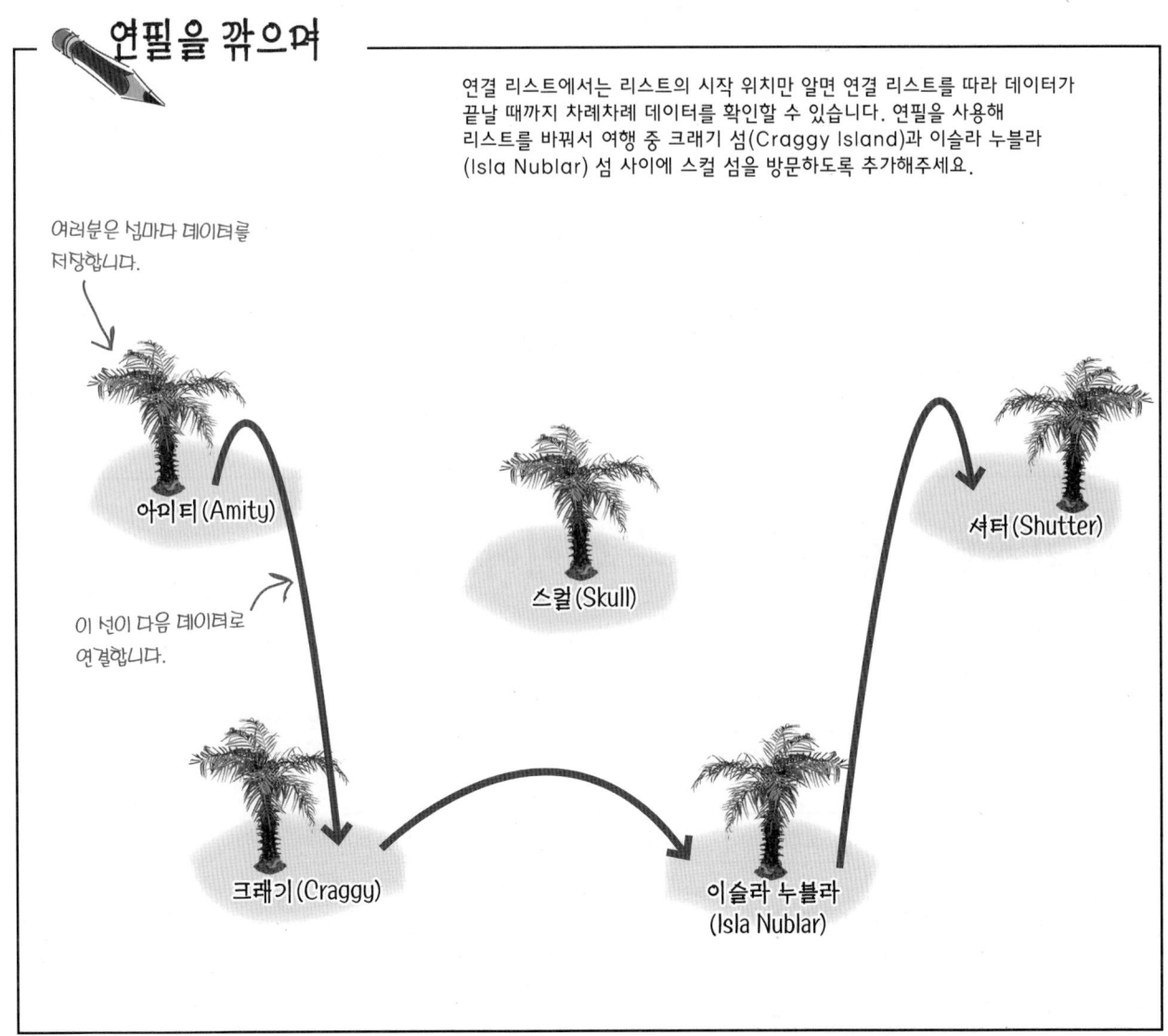

연필을 깎으며

연결 리스트에서는 리스트의 시작 위치만 알면 연결 리스트를 따라 데이터가
끝날 때까지 차례차례 데이터를 확인할 수 있습니다. 연필을 사용해
리스트를 바꿔서 여행 중 크래기 섬(Craggy Island)과 이슬라 누블라
(Isla Nublar) 섬 사이에 스컬 섬을 방문하도록 추가해주세요.

여러분은 섬마다 데이터를
저장합니다.

아미티(Amity)

이 선이 다음 데이터로
연결합니다.

스컬(Skull)

셔터(Shutter)

크래기(Craggy)

이슬라 누블라
(Isla Nublar)

연필을 깎으며 정답

연결 리스트에서는 리스트의 시작 위치만 알면 연결 리스트를 따라 데이터가 끝날 때까지 차례차례 데이터를 확인할 수 있습니다. 여러분은 연필을 사용해 리스트를 바꿔서 여행 중 크래기 섬(Craggy Island)과 이슬라 누블라(Isla Nublar) 섬 사이에 스컬 섬을 방문하도록 추가해야 했습니다.

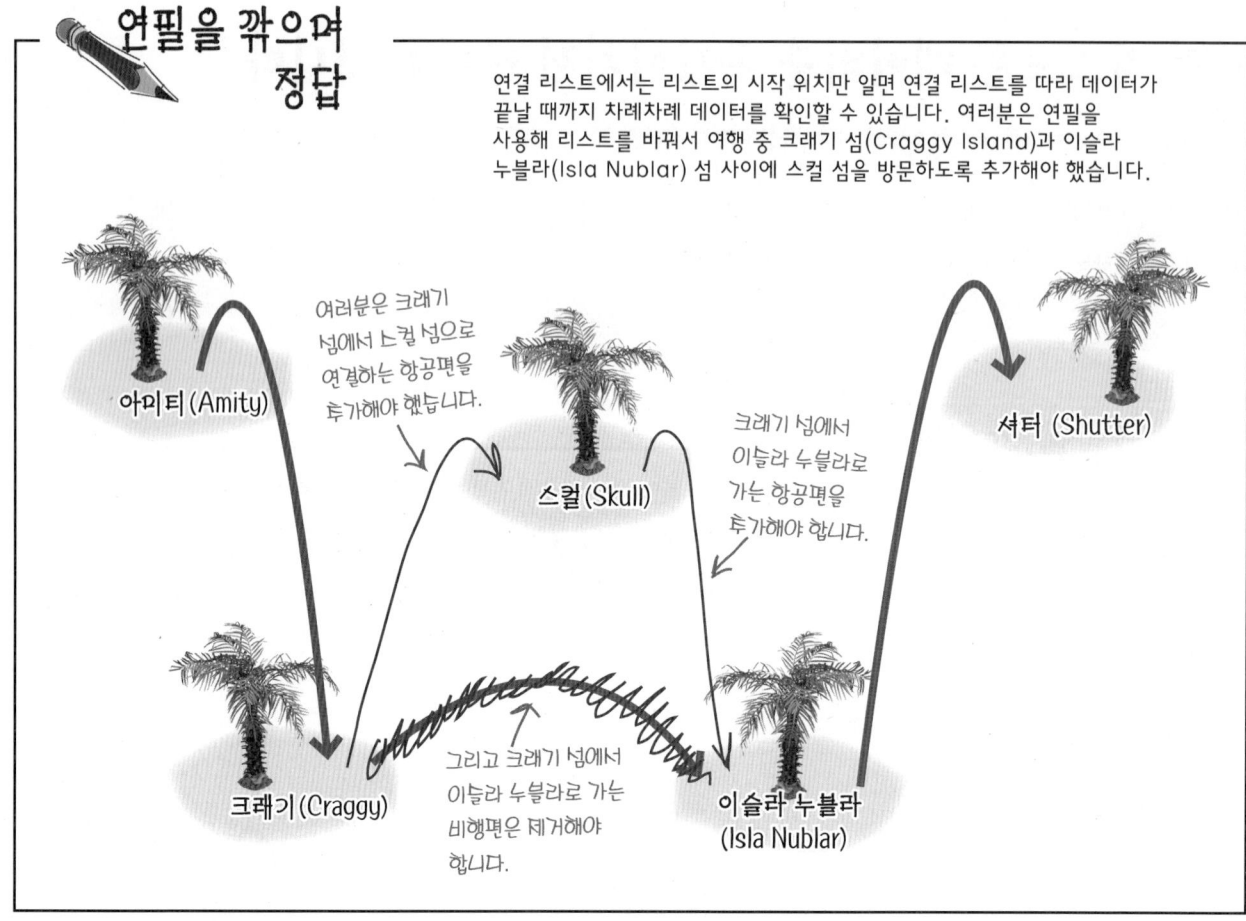

아미티 (Amity)

여러분은 크래기 섬에서 스컬 섬으로 연결하는 항공편을 추가해야 했습니다.

스컬 (Skull)

크래기 섬에서 이슬라 누블라로 가는 항공편을 추가해야 합니다.

셔터 (Shutter)

크래기 (Craggy)

그리고 크래기 섬에서 이슬라 누블라로 가는 비행편은 제거해야 합니다.

이슬라 누블라 (Isla Nublar)

연결 리스트는 중간에 삽입할 수 있어요

약간 수정해서 여러분은 여행에 섬 방문을 추가할 수 있었습니다. **데이터를 빠르게 삽입할 수 있다**는 게 배열보다 연결 리스트가 뛰어난 점입니다. 여러분이 배열 중간에 값을 삽입하려면 삽입할 위치 다음의 모든 데이터를 한 자리씩 옮겨야만 합니다.

크래기 섬 다음에 데이터를 추가하려면 그 다음의 모든 데이터를 한 칸씩 옮겨야 합니다.

이 것은 배열입니다. →

Amity	Craggy	Isla Nublar	Shutter

그러면 연결 리스트에는 **가변 크기의 데이터**를 저장할 수 있고, **데이터를 추가**하기도 쉬운 셈이네요.

그리고 배열은 크기가 고정되어 있기 때문에 셔터 섬 데이터가 없어집니다.

그런데 C에서 연결 리스트를 어떻게 만드나요?

재귀적 구조체 생성

연결 리스트에 있는 모든 구조체는 다음 항목에 연결해야 합니다. 같은
형의 다른 데이터에 연결되는 구조체를 **재귀적 구조체**(Recursive
Structure)라고 합니다.

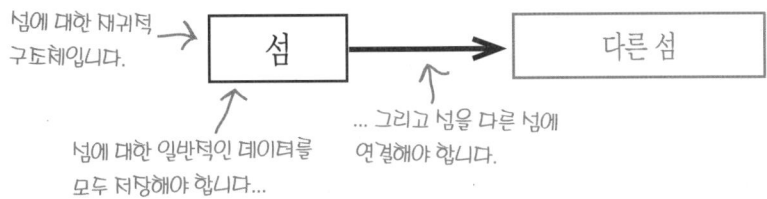

섬에 대한 재귀적
구조체입니다.

섬에 대한 일반적인 데이터를
모두 저장해야 합니다...

... 그리고 섬을 다른 섬에
연결해야 합니다.

재귀적 구조체는 같은 형의 다른 데이터에 대한 포인터를 갖고
있습니다. 그러므로 여러분이 일련의 섬에 대한 방문 일정을 갖고
있으면 각 섬에 대해 재귀적 구조체를 사용할 수 있습니다. 구체적으로
어떻게 작동하는지 다음 그림을 보세요.

각 섬에 대한
정보를 기록할
겁니다.

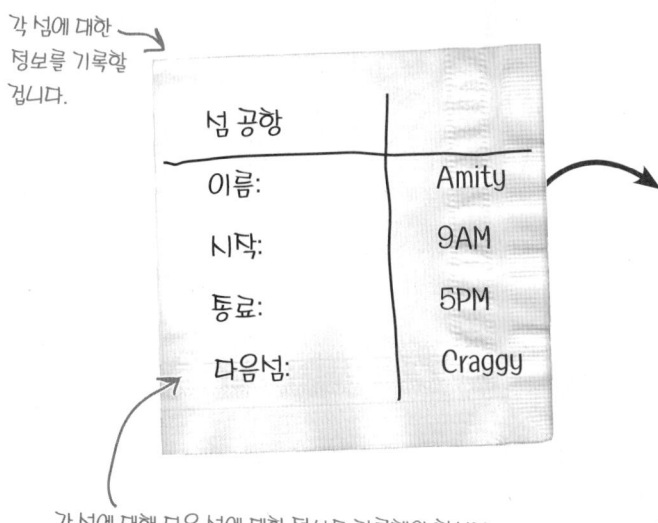

각 섬에 대해 다음 섬에 대한 정보도 기록해야 합니다.

반드시 구조체 이름을 지정해야 합니다.

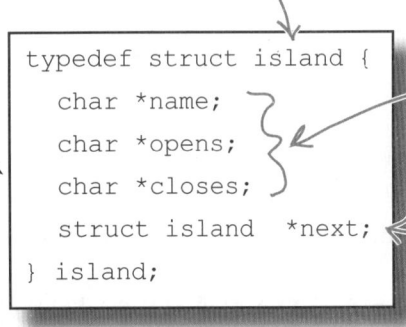

```
typedef struct island {
    char *name;
    char *opens;
    char *closes;
    struct island  *next;
} island;
```

이름과 공항 운행
시간에 대한
정보를 문자열로
저장합니다.

다음 섬에 대한
포인터를 구조체
안에 저장합니다.

한 구조체에서 다른 구조체로의 연결을 어떻게 저장할까요?
바로 포인터입니다. island 구조체는 다음으로 방문할 island
구조체에 대한 주소를 포함하게 됩니다. 이렇게 해서 우리
코드가 한 island를 보고 난 후에 그다음에 방문할 island
구조체로 이동할 수 있습니다.

이제 코드를 작성하고 섬들을 돌아다녀보겠습니다.

조심하세요!

재귀적 구조체는 이름이 있어야 합니다.

typedef를 사용하면 보통 구조체 이름을
생략할 수 있었습니다. 그런데 재귀적
구조체의 경우 같은 형에 대한 포인터를 포함해야 합니다.
이때 C는 typedef 별명을 사용할 수 없게 하므로, 구조체에
적절한 이름을 줘야 합니다. 그래서 여기 구조체의 이름을
struct island로 했습니다.

C로 섬을 만듭니다...

island 데이터 구조체를 정의한 후에는 원래의 여행 일정에 들어 있는
섬들을 다음과 같이 만들 수 있습니다.

이 코드는 각 섬에 대한 island
구조체를 만듭니다.

```c
island amity = {"Amity", "09:00", "17:00", NULL};
island craggy = {"Craggy", "09:00", "17:00", NULL};
island isla_nublar = {"Isla Nublar", "09:00", "17:00", NULL};
island shutter = {"Shutter", "09:00", "17:00", NULL};
```

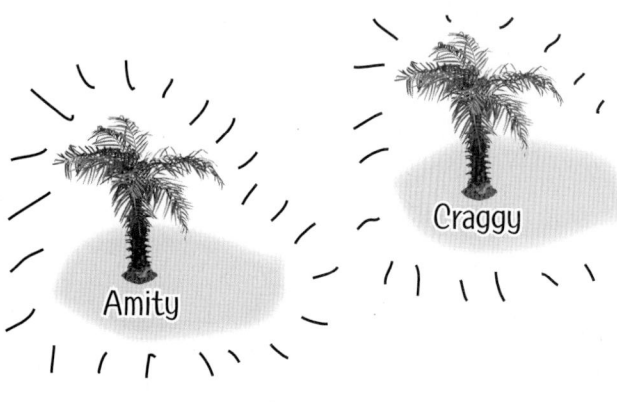

위 코드에서 처음 섬에 대한 데이터를 정의할 때 다음 섬에 대한
포인터를 널(NULL)로 설정한 것을 보았나요? C에서 NULL은
실제로는 0값을 갖지만, 포인터를 0으로 설정하기 위해 사용합니다.

...그리고 여행 경로를 만들기 위해 섬들을 연결합니다.

각 섬을 정의한 후에는 섬들을 다음과 같이 연결할 수 있어요.

```c
amity.next = &craggy;
craggy.next = &isla_nublar;
isla_nublar.next = &shutter;
```

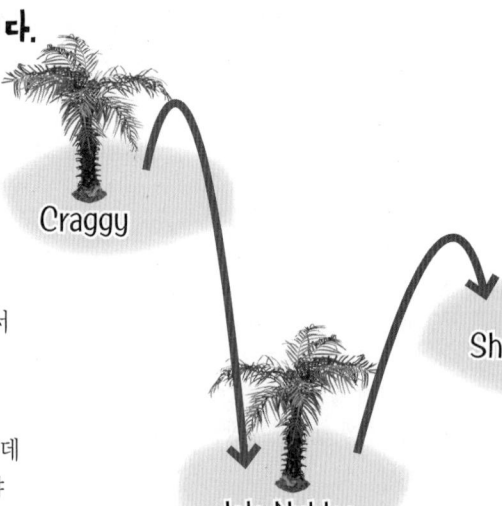

여러분이 섬의 next 필드를 설정할 때 다음 섬의 주소로 조심해서
연결해야 합니다. 각 섬에 대한 구조체 데이터 변수를 사용하면
됩니다.

이제 여러분이 방문할 섬의 목록을 C로 모두 만들었습니다. 그런데
이슬라 누블라와 셔터 섬 사이에 스컬 섬을 넣으려면 어떻게 해야
할까요?

리스트 안에 값 삽입하기

앞에서 했던 것처럼 섬 간의 포인터 값을 변경해 섬을 삽입할 수 있습니다.

이 코드는 스컬 섬을 →
만듭니다.

```
island skull = {"Skull", "09:00", "17:00", NULL};
isla_nublar.next = &skull;  ← 이슬라 누블라를 스컬 섬으로 연결하고
skull.next = &shutter;  ← 스컬 섬을 셔터 섬으로 연결합니다.
```

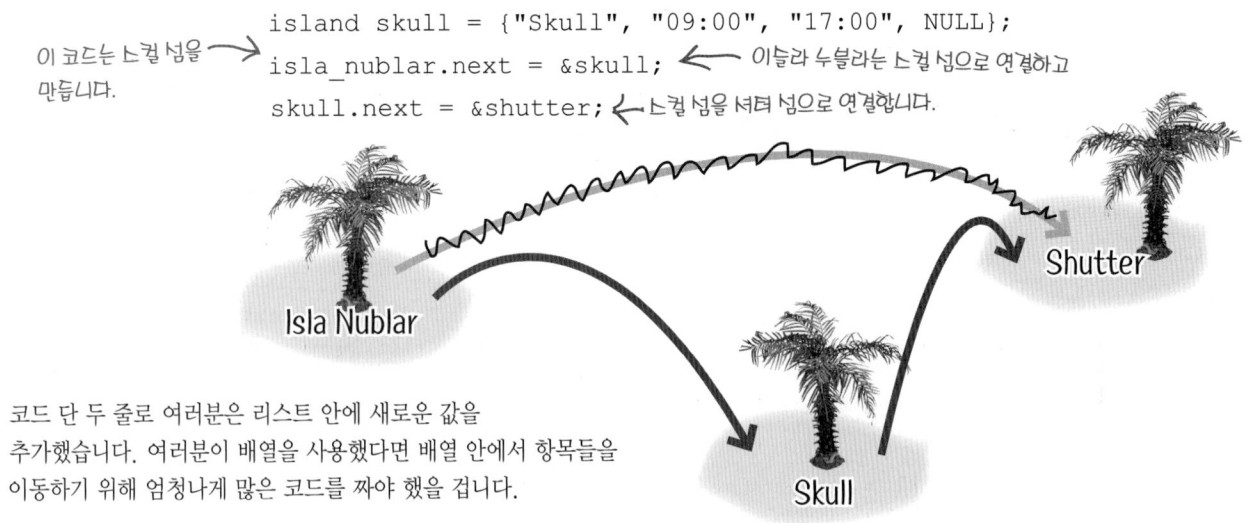

코드 단 두 줄로 여러분은 리스트 안에 새로운 값을
추가했습니다. 여러분이 배열을 사용했다면 배열 안에서 항목들을
이동하기 위해 엄청나게 많은 코드를 짜야 했을 겁니다.

자 여러분은 연결 리스트를 만들고 사용하는 방법을 알아보았습니다.
이제 배운 기술을 사용해 보겠습니다...

코드 자석

저런! display() 코드를 냉장고 문에 붙여 놓았는데, 누군가 자석을 몇 개 떨어뜨렸네요.
여러분이 코드를 다시 만들 수 있을까요?

```
void display(island *start)
{
  island *i = start;

  for (; i .................. .................. ; i .................. .................. ) {

    printf("섬 이름: %s\n운행 시간: %s-%s\n", .................. ..,.............. ..,.............. );
  }
}
```

```
i->closes    !=    i->opens    i->name    NULL    i->next    =
```

코드 자석 정답

저런! display() 코드를 냉장고 문에 붙여 놓았는데, 누군가 자석을 몇 개 떨어뜨렸네요.
여러분은 코드를 다시 만들 수 있었나요?

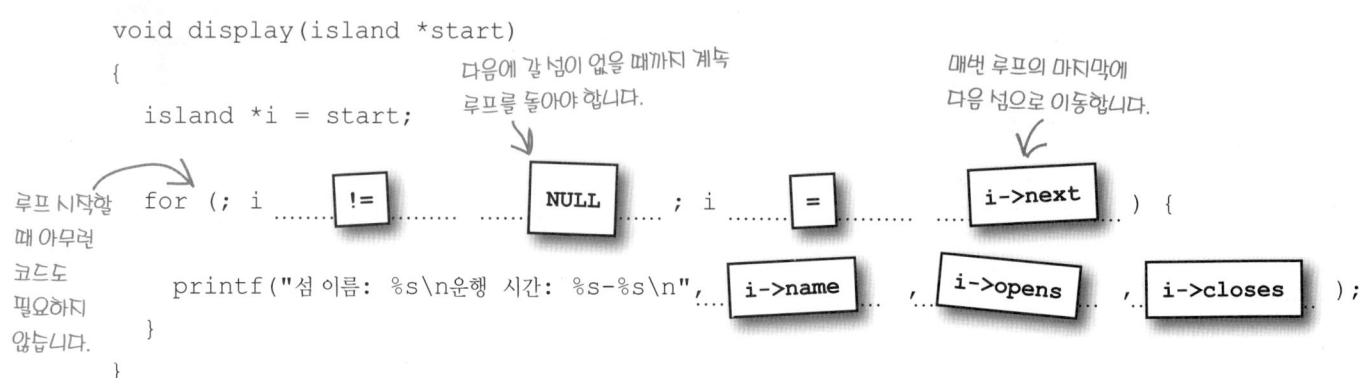

```
void display(island *start)
{
    island *i = start;

    for (; i != NULL ; i = i->next ) {

        printf("섬 이름: %s\n운행 시간: %s-%s\n", i->name , i->opens , i->closes );
    }
}
```

다음에 갈 섬이 없을 때까지 계속
루프를 돌아야 합니다.

매번 루프의 마지막에
다음 섬으로 이동합니다.

루프 시작할
때 아무런
코드도
필요하지
않습니다.

바보 같은 질문이란 없습니다

Q: 자바 같은 다른 언어는 연결 리스트를 내장하고 있습니다. C는 데이터 구조체가 없나요?

A: C 언어 자체는 내장된 데이터 구조를 전혀 갖고 있지 않습니다. 여러분이 직접 만들어야 해요.

Q: 정말 긴 리스트에서 700번째 항목을 사용하고 싶다면 어떻게 해야 하나요? 처음부터 시작해서 700번째까지 일일이 찾아가야 하나요?

A: 네, 그렇습니다.

Q: 별로 좋지 않네요. 연결 리스트가 배열보다 더 좋은 줄 알았는데.

A: 데이터 구조를 더 좋거나 더 나쁘다고 생각할 수는 없습니다. 단지 여러분이 사용할 용도에 적합하거나 부적합하다고 할 수 있을 뿐입니다.

Q: 그러면 데이터를 빨리 삽입할 수 있는 데이터 구조체가 필요하면 연결 리스트를, 직접 접근하고 싶으면 배열을 사용하는 게 나은가요?

A: 네, 바로 그겁니다.

Q: 포인터를 사용해 다른 구조체 데이터를 가리키는 구조체를 보여줬는데요, 구조체가 자기 안에 자신을 재귀적으로 가질 수 있나요?

A: 안 됩니다.

Q: 왜 안 되죠?

A: C는 구조체가 메모리 안에서 차지하는 공간의 크기를 정확히 알아야 합니다. 자기 안에 똑같은 구조체를 갖게 되면 내포하는 구조체의 크기가 자신의 크기인지, 아니면 안에 들어간 구조체의 크기가 자신의 크기인지 알 수 없게 됩니다.

시험 주행

island 구조체의 연결 리스트에 display( ) 함수를 호출하는 아래 코드를
tour 프로그램에 통합해 컴파일하고 실행해보겠습니다.

```
island amity = {"Amity", "09:00", "17:00", NULL};
island craggy = {"Craggy", "09:00", "17:00", NULL};
island isla_nublar = {"Isla Nublar", "09:00", "17:00", NULL};
island shutter = {"Shutter", "09:00", "17:00", NULL};
amity.next = &craggy;
craggy.next = &isla_nublar;
isla_nublar.next = &shutter;
island skull = {"Skull", "09:00", "17:00", NULL};
isla_nublar.next = &skull;
skull.next = &shutter;
display(&amity);
```

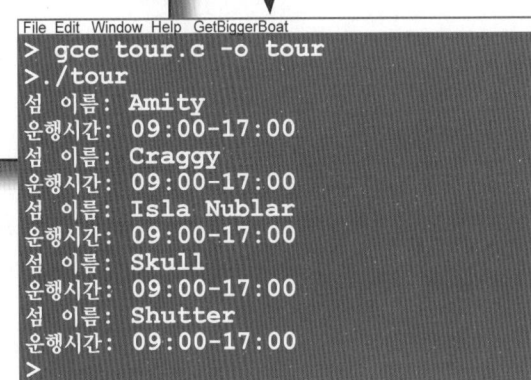

```
File Edit Window Help GetBiggerBoat
> gcc tour.c -o tour
> ./tour
섬 이름: Amity
운행시간: 09:00-17:00
섬 이름: Craggy
운행시간: 09:00-17:00
섬 이름: Isla Nublar
운행시간: 09:00-17:00
섬 이름: Skull
운행시간: 09:00-17:00
섬 이름: Shutter
운행시간: 09:00-17:00
>
```

멋지네요! 이 코드는 island 구조체의 연결 리스트를 만들고 아주
조그만 작업으로 항목을 추가했습니다.

좋아요. 여러분은 이제 재귀적 구조체와 리스트로 작업하는 기본적인
방법을 배웠으니, 계속해서 조금 더 큰 프로그램을 만들어보겠습니다.
여러분은 다음과 같은 파일에서 여행 데이터를 읽어야 합니다.

```
Delfino Isle
Angel Island
Wild Cat Island
Neri's Island
Great Todday
```

목록에 추가할
섬이 더 있습니다.

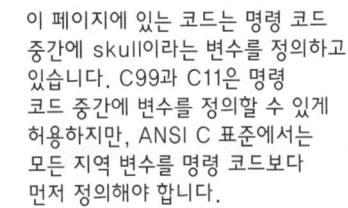

예의 바른 표준 안내

이 페이지에 있는 코드는 명령 코드
중간에 skull이라는 변수를 정의하고
있습니다. C99과 C11은 명령
코드 중간에 변수를 정의할 수 있게
허용하지만, ANSI C 표준에서는
모든 지역 변수를 명령 코드보다
먼저 정의해야 합니다.

항공사 직원은 아직도 목록 파일을 만들고 있습니다. 그렇기 때문에
실행하기 전까지는 섬 목록이 얼마나 길어질지 모릅니다. 파일의 각
줄마다 섬의 이름이 나옵니다. 이 파일을 연결 리스트로 만드는 것은
아주 간단해 보입니다. 그렇지 않나요?

흐음... 지금까지는 섬마다 변수를 따로 사용해왔는데,
파일이 얼마나 긴지도 모르면
변수가 몇 개나 필요한지 어떻게 알 수 있지?
필요할 때마다 메모리에 저장소를 새로 만드는 방법은 없을까?

네, 여러분은 동적으로 메모리를 할당할 방법이 필요합니다.

여러분이 지금까지 만들어온 프로그램은 정적 저장소만
사용했습니다. 무언가 저장해야 할 때마다 변수를 코드에
추가했습니다. 이 변수들은 보통 스택에 저장됩니다. 스택은
지역 변수를 저장하기 위해 사용하는 메모리 영역이라는 점을
기억하세요.

처음 섬 4개를 만들 때 아래 코드로 만들었습니다.

```
island amity = {"Amity", "09:00", "17:00", NULL};
island craggy = {"Craggy", "09:00", "17:00", NULL};
island isla_nublar = {"Isla Nublar", "09:00", "17:00", NULL};
island shutter = {"Shutter", "09:00", "17:00", NULL};
```

각 island 구조체마다 변수를 따로 갖고 있습니다. 이 코드는 언제나
island 구조체 4개만 만듭니다. 만약 여러분의 코드가 4개보다
많은 island 구조체를 저장하려면 지역 변수를 추가해야 했습니다.
컴파일하기 전까지 여러분이 데이터가 얼마나 되는지 알 수 있으면
문제가 되지는 않습니다. 그런데 프로그램을 실행하기 전까지
얼마나 많은 공간이 필요한지 모르는 경우가 많습니다. 예를 들어
웹브라우저를 만든다면 웹페이지를 열어보기 전까지는 얼마나 많은
데이터를 저장해야 할지 알 수 없을 겁니다. 따라서 C 프로그램은
메모리가 더 필요해질 때 운영체제에 메모리를 추가 요청할 수 있는
방법이 필요합니다.

프로그램에는 동적 저장소가 필요합니다.

프로그램이 실행할 때 필요한 만큼 공간을
할당할 수 있는 방법이 있다면
정말 멋지지 않을까? 그런데 난 알고 있어.
그 건 꿈에서나 가능한 일이라는 걸...

힙에 동적 저장소를 만드세요

지금까지 여러분이 사용한 메모리의 대부분은 스택이었습니다.
스택은 지역 변수를 저장하기 위해 사용하는 공간입니다. 모든
데이터는 변수에 저장되고, 함수가 끝나자마자 모든 변수는
사라집니다.

문제는 실행 시에는 스택에서 더 많은 저장소를 얻기 어렵다는
점입니다. 이때는 힙을 사용해야 합니다. **힙**은 프로그램이 조금
더 오래 보관해야 하는 데이터를 보관할 수 있는 영역입니다. 이
영역의 저장소는 자동으로 없어지지 않으므로 이 영역은 우리의
연결 리스트와 같은 데이터 구조체를 저장하기에 완벽한 곳입니다.
힙 영역은 보관소에서 보관함을 예약하는 것과 똑같다고 생각할 수
있습니다.

힙에 저장하는 건 보관함에 값을
보관하는 것과 같습니다.

먼저 malloc()으로 메모리를 얻어오세요

여러분의 프로그램이 실행 중에 갑자기 많은 데이터를 저장해야
한다고 생각해보세요. 이는 데이터를 보관하기 위한 커다란
보관함을 요청하는 것과 비슷합니다. C 언어에서는 malloc()
이라는 함수를 사용해 요청합니다. 여러분은 malloc() 함수에
필요한 메모리의 양을 정확히 얘기하고 함수는 힙 안에서
그 만큼의 메모리를 떼어 놓으라고 운영체제에 요청합니다.
malloc() 함수는 새로 할당된 힙 공간에 대한 **포인터**를
반환하는데, 이 포인터는 보관함에 대한 열쇠 역할을 합니다.
이 포인터를 사용해 메모리에 접근하며 할당된 보관함을 찾기
위해 사용합니다.

힙입니다. →

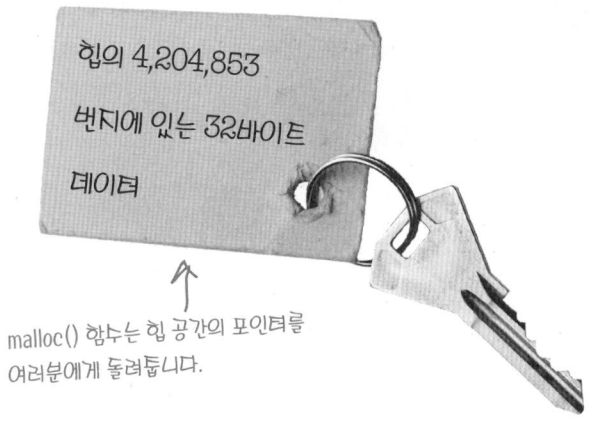

힙의 4,204,853
번지에 있는 32바이트
데이터

malloc() 함수는 힙 공간의 포인터를
여러분에게 돌려줍니다.

사용이 끝나면 메모리를 반납하세요

힙 메모리의 좋은 점은 정말 오랫동안 메모리를 보관할 수 있다는 겁니다. 그리고 안 좋은 점은... 정말 오랫동안 메모리를 보관할 수 있다는 겁니다.

스택을 사용할 때에는 메모리 반납을 걱정할 필요 없었습니다. 자동으로 반납되기 때문입니다. 함수를 빠져나갈 때마다 지역 변수 저장소는 스택에서 자동으로 해제됩니다.

그런데 힙은 다릅니다. 일단 요청한 힙 공간은 여러분이 더 이상 사용하지 않는다고 C 표준 라이브러리에 알려줄 때까지는 다른 용도로 사용할 수 없습니다. 사용할 수 있는 힙 메모리의 공간은 제한되어 있으므로 힙 공간을 무한히 요청하기만 하면 결국 프로그램은 힙 공간 부족 문제가 발생하게 됩니다.

메모리를 해제하지 않고 계속 메모리를 요청하다보면 메모리 부족 현상이 발생합니다. 메모리 부족은 C 프로그램에서 종종 발생하며, 때로는 원인을 알아내기 어려울 수도 있습니다.

> 힙의 크기는
> 제한되어 있으므로,
> 현명하게 사용해야
> 합니다.

free() 함수를 호출해 메모리를 해제합니다

malloc() 함수는 공간을 할당하고 메모리의 위치를 포인터로 알려줍니다. 데이터에 접근하려면 이 포인터를 사용해야 하며, 메모리의 사용이 끝나면 **free()** 함수를 호출해 메모리를 해제해야 합니다. 메모리 해제는 보관소에서 보관함 열쇠를 반납해 그 보관함을 다른 사람이 쓸 수 있게 하는 일과 비슷합니다.

여러분의 프로그램이 malloc() 함수로 힙 저장소를 요청할 때마다 프로그램의 다른 한쪽에서는 free() 함수를 호출해 해당 저장소를 반납하는 부분이 있어야 합니다. 프로그램이 실행을 중지하면 힙 저장소가 자동으로 반납되기는 하지만, 동적으로 할당한 모든 메모리는 free() 함수를 호출해 명시적으로 반납하는 습관을 들이는 편이 좋습니다.

malloc()과 free()가 어떻게 작동하는지 살펴보겠습니다.

malloc()으로 메모리를 요청합니다...

메모리를 요청하는 함수는 malloc()입니다. 메모리 할당(Memory Allocation)을 의미합니다. malloc()은 필요한 메모리의 크기를 바이트 단위로 지정한 인자 하나만 받습니다. 대부분의 경우 여러분이 필요한 메모리의 바이트 단위 크기를 정확히 알지 못하기 때문에 이 함수는 다음과 같이 주로 sizeof 연산자와 함께 사용합니다.

```
#include <stdlib.h>   ← malloc()과 free() 함수를 사용하려면 stdlib.h 헤더
                         파일을 인클루드해야 합니다.
...
malloc(sizeof(island));   ← 이 코드는 island 구조체를 저장할 수 있는
                             공간을 할당해달라고 요청합니다.
```

sizeof 연산자는 여러분의 시스템에서 해당 데이터형이 차지하는 크기를 바이트 단위로 알려줍니다. 구조체에 사용할 수도 있고 int 나 double과 같은 기본형에도 사용할 수 있습니다.

malloc() 함수는 여러분을 위해 메모리 덩어리를 따로 떼어 놓고 메모리의 시작 번지를 가리키는 포인터를 반환합니다. 그런데 무엇을 가리키는 포인터일까요? malloc()은 사실 **void***형이라는 범용 포인터를 반환합니다.

```
island *p = malloc(sizeof(island));  ←
```

이 코드는 island 구조체를 저장할 수 있는 공간을 할당하고 메모리 위치는 p 변수에 저장합니다.

... 그리고 free()로 메모리를 해제합니다

일단 힙에 메모리를 할당한 후에는 여러분이 원하는 동안 이 공간을 사용할 수 있습니다. 그러나 더 이상 사용하지 않으면 free() 함수를 사용해 메모리를 해제해야 합니다.

free()를 호출하려면 malloc()이 반환한 포인터가 필요합니다. 메모리의 시작 위치를 알면 라이브러리는 자신이 갖고 있는 정보를 확인해 얼마 만큼의 메모리를 해제해야 하는지 알 수 있습니다. 따라서 위의 코드로 할당한 메모리를 해제하려면 다음과 같이 호출하면 됩니다.

```
free(p);  ← 이 코드는 'p번지에 할당한 메모리를
             해제하라'고 알려줍니다.
```

자, 이제는 동적 메모리에 대해서 더 많이 알게 되었으니 코드를 짤 수 있을 겁니다.

프로그램의 한쪽에서 malloc()으로 메모리를 할당하면, 반드시 프로그램의 다른 쪽에서 free()를 호출해 메모리를 해제해야 한다는 점을 꼭 기억해두세요.

아, 이런! 배역 떨어진 배우들이 또...

현재 배우 지망생들이 맡은 배역이 없습니다. 그래서
바쁜 시간을 쪼개어 여러분이 프로그램 짜는 걸 도와주려
합니다. 배우들은 여러분이 전달한 이름으로 island
구조체를 새로 만드는 함수를 만들었습니다.
함수는 다음과 같습니다.

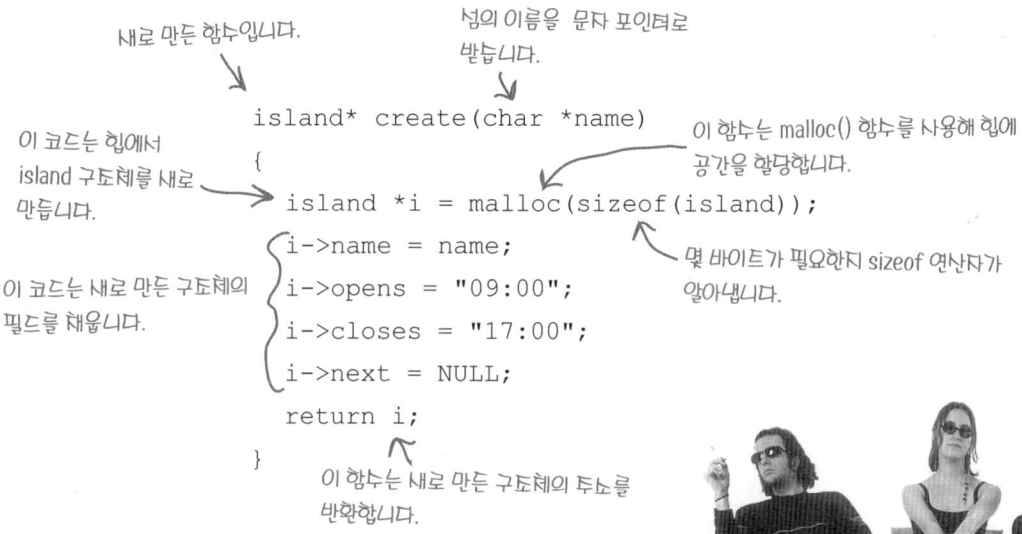

새로 만든 함수입니다.

섬의 이름을 문자 포인터로 받습니다.

이 코드는 힙에서 island 구조체를 새로 만듭니다.

이 함수는 malloc() 함수를 사용해 힙에 공간을 할당합니다.

```
island* create(char *name)
{
    island *i = malloc(sizeof(island));
    i->name = name;
    i->opens = "09:00";
    i->closes = "17:00";
    i->next = NULL;
    return i;
}
```

이 코드는 새로 만든 구조체의 필드를 채웁니다.

몇 바이트가 필요한지 sizeof 연산자가 알아냅니다.

이 함수는 새로 만든 구조체의 투소를 반환합니다.

정말 멋진 함수 같네요. 배우들은 공항의 운영 시간이
모두 같다는 걸 알아채고는 opens와 closes 필드의 값을
기본값으로 채웠습니다. 이 함수는 새로 만든 구조체의
포인터를 반환합니다.

브레인 파워

create() 함수를 자세히 살펴보세요. 이 함수에 혹시 문제가 있지 않을까요? 이 함수를
곰곰히 생각한 후에, 이 함수가 어떻게 실행되는지 알아보려면 페이지를 넘기세요.

사라진 섬 사건

조종 기록. 11:00. 금요일. 날씨 맑음. 동적으로 메모리 할당하는 create( ) 함수 작성, 프로그래밍 팀은 비행에 사용할 준비가 되었다고 함.

```
island* create(char *name)
{
  island *i = malloc(sizeof(island));
  i->name = name;
  i->opens = "09:00";
  i->closes = "17:00";
  i->next = NULL;
  return i;
}
```

5분 미스테리

11:45. 구름 낀 날씨. 버뮤다 인근 북서방향으로 15노트 바람. 첫 섬에 착륙. 탑승한 소프트웨어 팀이 기본 코드 제공. 섬의 이름을 명령행에서 입력함.

섬 이름을 저장할 배열을 만듭니다. ➞ `char name[80];`

사용자에게 섬 이름을 물어봅니다. ➞ `fgets(name, 80, stdin);`
```
island *p_island0 = create(name);
```

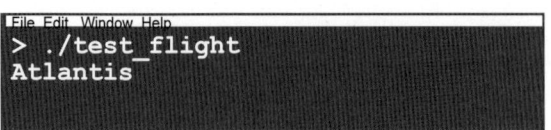

14:45. 약한 지진의 영향으로 흔들리는 활주로에서 이륙. 소프트웨어 팀은 여전히 탑승 중. 콜라 부족.

15:35. 두 번째 섬에 착륙. 날씨 좋음. 바람 없음. 새 프로그램에 정보를 입력.

사용자에게 두 번째 섬의 이름을 → `fgets(name, 80, stdin);`
입력하라고 요청합니다.

`island *p_island1 = create(name);` ← 이 코드가 두 번째 섬을
만듭니다.

이 코드는 첫 번째 섬을 두 번째 → `p_island0->next = p_island1;`
섬으로 연결합니다.

```
File Edit Window Help
Titchmarsh Island
```

17:50. 본부로 귀환 후 서류 정리 작업. 알 수 없는 일 발생. 시험 프로그램이
생성한 비행 기록에 버그가 있는 것 같음. 오늘의 비행 기록이 저장되었을 때 첫
번째 섬에 대한 비행 기록이 바뀜. 소프트웨어 팀에게 사건 조사 의뢰.

이 코드는 앞에서 만든 함수를 → `display(p_island0);`
사용해 섬의 목록을 출력합니다.

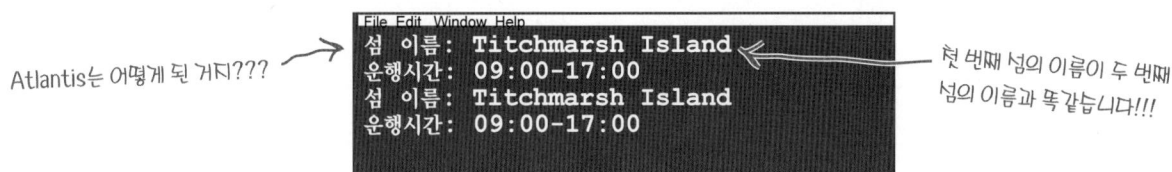

Atlantis는 어떻게 된 거지??? →

```
File Edit Window Help
섬 이름: Titchmarsh Island
운행시간: 09:00-17:00
섬 이름: Titchmarsh Island
운행시간: 09:00-17:00
```

← 첫 번째 섬의 이름이 두 번째
섬의 이름과 똑같습니다!!!

**첫 번째 섬의 이름은 어떻게 된 걸까요? create() 함수에 버그가
있나요? 이 함수를 호출한 코드에 단서가 될 만한 것이 있나요?**

사라진 섬 사건
첫 번째 섬의 이름에 무슨 일이 생겼나?

create( ) 함수를 다시 살펴보겠습니다.

```
island* create(char *name)
{
  island *i = malloc(sizeof(island));
  i->name = name;
  i->opens = "09:00";
  i->closes = "17:00";
  i->next = NULL;
  return i;
}
```

프로그램이 섬의 이름을 기록할 때 name 문자열 전체를 복사하지 않았습니다.
이 코드는 단지 name 문자열이 있는 메모리의 주소를 기록할 뿐입니다. 이 게
문제일까요? name 문자열이 어디에 있나요? 함수를 호출하는 코드를 살펴보면
알 수 있습니다.

```
char name[80];
fgets(name, 80, stdin);
island *p_island0 = create(name);
fgets(name, 80, stdin);
island *p_island1 = create(name);
```

프로그램은 사용자에게 매번 섬의 이름을 물어보았지만, 섬의 이름을 저장하기
위해 **두 번 모두 지역 문자 배열인 name을 사용했습니다.** 다시 말하면 두 섬 모두
같은 문자열을 공유한다는 겁니다. 지역 변수인 name이 두 번째 섬 이름으로
바뀌자마자 첫 번째 섬의 이름도 바뀌었습니다.

문자열 복사 들여다보기

C에서는 종종 문자열을 복사해야 합니다. 여러분은 malloc( ) 함수를 호출해 힙에서 약간의
공간을 할당하고 힙에 있는 공간에 한 글자씩 직접 복사할 수도 있을 겁니다. 그런데 다른
방법은 없을까요? 이미 다른 개발자가 그 문제를 해결했습니다. 이미 **strdup( )**라는 함수가
string.h에 만들어져 있습니다.

가령 여러분이 복사하려는 문자열의 포인터를 갖고 있다고 하겠습니다.

```
char *s = "MONA LISA";
```

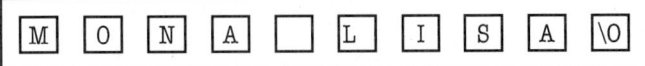

strdup( ) 함수는 문자열을 힙 어딘가에 완전히 똑같이 복사할 수 있습니다.

```
char *copy = strdup(s);
```

1   strdup( ) 함수는 문자열의 길이가 얼마나 되는지 파악한 후에 malloc( ) 함수를 호출해
힙에 문자를 저장할 수 있는 공간을 할당합니다.

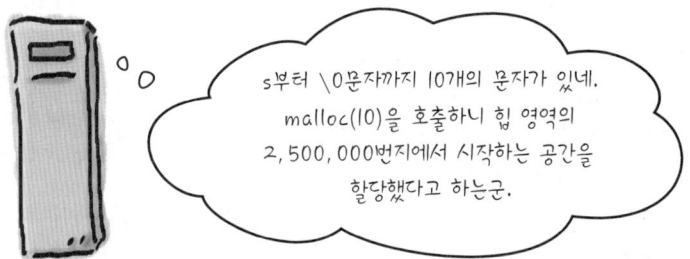

s부터 \0문자까지 10개의 문자가 있네.
malloc(10)을 호출하니 힙 영역의
2,500,000번지에서 시작하는 공간을
할당했다고 하는군.

2   그리고 함수는 힙 공간으로 모든 글자를 복사합니다.

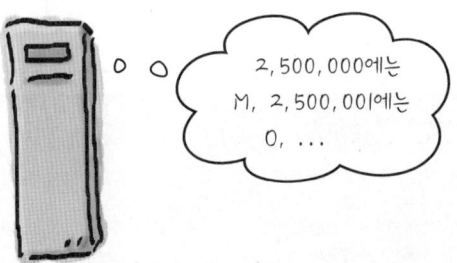

2,500,000에는
M, 2,500,001에는
O, ...

즉 strdup( ) 함수는 언제나 **힙 공간**에 공간을 만듭니다. 그렇지만 지역 변수를 저장하는
스택 공간에는 만들 수 없습니다. 스택에 저장된 지역 변수는 너무 자주 제거됩니다.

그러나 strdup( ) 함수가 새로운 문자열을 힙에 만들기 때문에, 여러분은 **반드시 free( ) 함수를
호출해 저장소를 해제해야 함을 잊으면 안 됩니다.**

strdup() 함수를 사용하도록 프로그램을 수정하겠습니다

여러분은 다음과 같이 strdup() 함수를 사용해 기존 create() 함수의
문제를 해결할 수 있습니다.

```c
island* create(char *name)
{
    island *i = malloc(sizeof(island));
    i->name = strdup(name);
    i->opens = "09:00";
    i->closes = "17:00";
    i->next = NULL;
    return i;
}
```

> 역자 주: strdup() 함수는
> string.h 헤더 파일에 정의되어
> 있으므로 이 헤더 파일을
> 인클루드해야 사용할 수
> 있습니다.

우리는 name 필드에만 strdup() 함수를 사용하면 됩니다. 왜 그런지
아시겠어요?

opens와 closes 필드에는 문자열 상수를 사용해 설정하기 때문입니다.
문자열이 메모리 어디에 저장되는지 기억나죠? 문자열 상수는 상수값을
저장하기 위해 만들어 놓은 **읽기전용** 영역에 저장됩니다. opens와
closes 필드를 **상수값**으로만 설정하기 때문에 굳이 데이터를 복사해
보호할 필요가 없습니다. 바뀌지 않기 때문이지요. 그러나 name 필드는
나중에 바뀔 수 있으므로 name 배열을 복사해 보호해야 합니다.

그러면 문제가 해결되었나요?

create() 함수를 수정해 프로그램의 문제가 해결되었는지 알아보기 위해
원래 프로그램을 다시 실행해보겠습니다.

바보 같은 질문이란 없습니다

Q: island 구조체가 문자열 포인터 대신
name 배열을 가져도 strdup()를 사용해야
할까요?

A: 아니오. 모든 island 구조체가 이름의
사본을 갖게 되므로 따로 사본을 만들 필요
없습니다.

Q: 그러면 이 데이터 구조에 문자열 배열 대신
문자열 포인터를 사용할 이유는 무엇인가요?

A: 문자열 포인터를 사용하면 문자열을
저장하기 위한 공간 크기가 제약받지 않습니다.
문자열 배열을 사용하면 문자열의 크기가 최대
얼마가 될지 미리 결정해야 합니다.

```
File Edit Window Help CoconutAirways
> gcc test_flight.c -o test_flight && ./test_flight
Atlantis
Titchmarsh Island
섬 이름: Atlantis
운행시간: 09:00-17:00
섬 이름: Titchmarsh Island
운행시간: 09:00-17:00
```

이제 코드가 제대로 작동합니다. 사용자가 섬에 대한 이름을 입력할 때마다
create() 함수는 이름을 새로 만든 문자열에 저장합니다.

**좋습니다. 이제 섬 데이터를 생성하는 함수를 만들었으니, 파일을 읽어 연결
리스트를 만드는 데 사용하겠습니다.**

수영장 퍼즐

큰일 났어요! 여행 정보를 만드는 코드가 수영장에 빠졌습니다. 여러분이 할 일은 수영장에서 코드 조각을 주워 아래 코드의 빈 칸에 넣는 겁니다. 여러분의 목표는 프로그램을 복구해 표준 입력으로부터 목록을 읽고 섬 정보를 연결해 연결 리스트를 만드는 겁니다. 코드 조각은 두 번 이상 사용할 수 없으며 모든 코드를 사용할 필요는 없습니다.

```
island *start = NULL;
island *i = NULL;
island *next = NULL;
char name[80];
for(; ............................... != ............................... ; i = ............................... ) {
  next = create(name);
  if (start == NULL)
    start = ............................... ;
  if (i != NULL)
    i ...............................   ............................... = next;
}
display(start);
```

주의: 수영장에 있는 코드 조각은 한 번만 사용할 수 있어요!

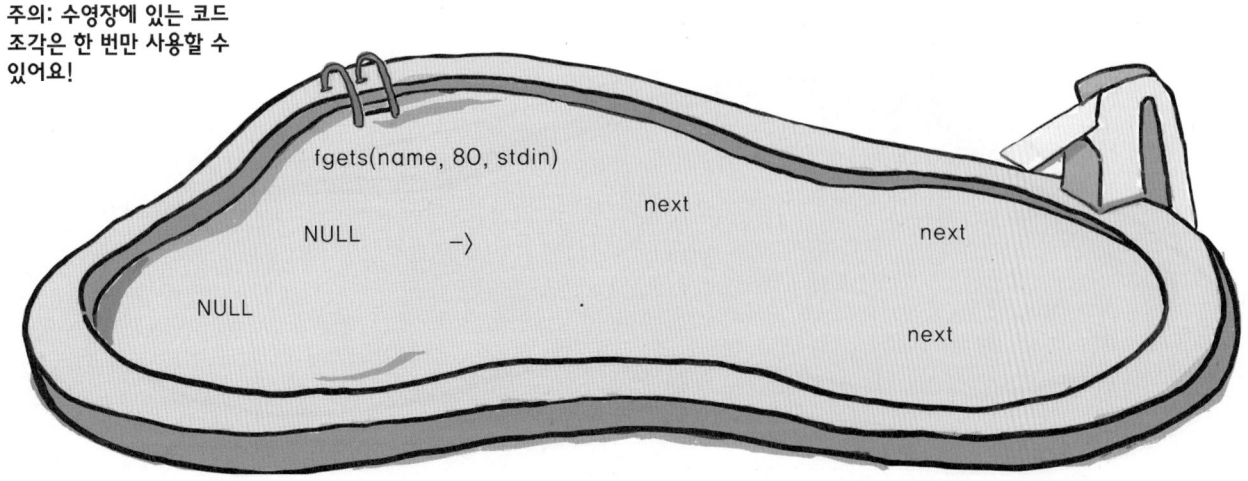

수영장 퍼즐 정답

큰일 났어요! 여행 정보를 만드는 코드가 수영장에 빠졌습니다. 여러분이 할 일은 수영장에서 코드 조각을 주워 아래 코드의 빈 칸에 넣는 것이었습니다. 여러분의 목표는 프로그램을 복구해 표준 입력으로부터 목록을 읽고 섬 정보를 연결해 연결 리스트를 만들어야 했습니다.

```
island *start = NULL;
island *i = NULL;
island *next = NULL;
char name[80];
for(; fgets(name, 80, stdin) != NULL ; i = next ) {
    next = create(name);
    if (start == NULL)
        start = next ;
    if (i != NULL)
        i -> next = next;
}
display(start);
```

매번 루프가 끝날 때마다 i가 방금 생성한 island 구조를 가리키게 합니다.

표준 입력으로부터 문자열을 입력받습니다.

island 구조체를 만듭니다.

문자열 입력이 끝날 때까지 루프를 반복합니다.

처음 루프가 실행되면 start는 널입니다. start를 처음 island 구조체를 가리키게 합니다.

i가 포인터라는 점을 잊지 마세요. 따라서 ->를 사용해야 합니다.

주의: 수영장에 있는 코드 조각은 한 번만 사용할 수 있어요!

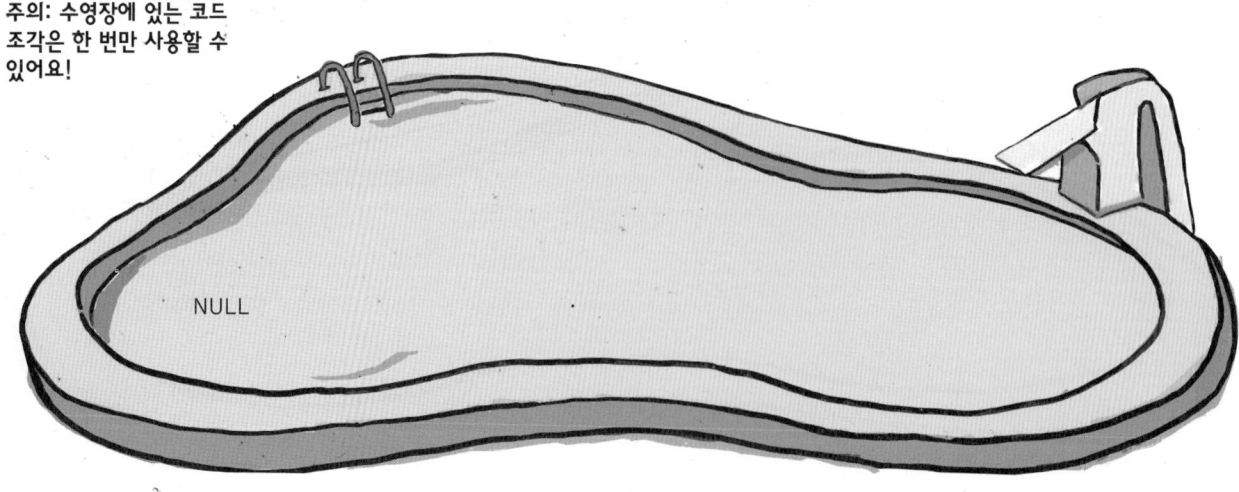

NULL

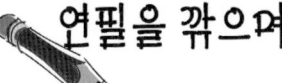 **연필을 깎으며**

그런데, 잠깐! 여러분은 아직 끝난 게 아닙니다. malloc() 함수로 메모리를 **할당**하면 free() 함수를 사용해 메모리를 **해제**해야 한다는 점을 잊지 마세요. 여러분이 지금까지 작성한 프로그램은 malloc() 함수를 사용해 힙에 island 구조체의 연결 리스트를 만들었지만, 이제 데이터를 사용한 후에는 메모리를 해제하는 코드를 작성할 차례입니다.

다음은 island 연결 리스트의 첫 번째 포인터를 받아 연결 리스트가 사용하는 모든 메모리를 해제하는 release()라는 함수입니다.

```
void release(island *start)
{
  island *i = start;
  island *next = NULL;
  for (; i != NULL; i = next) {
    next = .....................;
      .....................;
      .....................;
  }
}
```

조심해서 생각해야 합니다. 메모리를 해제할 때 무엇을 해제해야 할까요? island 구조체만 해제하면 될까요? 아니면 무언가 더 있을까요? 그리고 어떤 순서로 해제해야 할까요?

그런데, 잠깐! 여러분은 아직 끝난 게 아닙니다. malloc() 함수로 메모리를 **할당**하면 free() 함수를 사용해 메모리를 **해제**해야 한다는 점을 잊지 마세요. 여러분이 지금까지 작성한 프로그램은 malloc() 함수를 사용해 힙에 island 구조체의 연결 리스트를 만들었지만, 이제 데이터를 사용한 후에는 메모리를 해제하는 코드를 작성할 차례입니다.

다음은 island 연결 리스트의 첫 번째 포인터를 받아 연결 리스트가 사용하는 모든 메모리를 해제하는 release()라는 함수입니다.

```c
void release(island *start)
{
    island *i = start;
    island *next = NULL;
    for (; i != NULL; i = next) {
        next = i->next;
        free(i->name);
        free(i);
    }
}
```

먼저 strdup()으로 생성한 문자열을 해제해야 합니다.

next를 다음 island 구조체의 포인터로 설정합니다.

반드시 이름을 해제한 다음에 island 구조체를 해제해야 합니다.

island를 먼저 해제하면 해제할 name 필드에 접근하지 못 할 수 있습니다.

조심해서 생각해야 합니다. 메모리를 해제할 때 무엇을 해제해야 할까요? island 구조체만 해제하면 될까요? 아니면 무언가 더 있을까요? 그리고 어떤 순서로 해제해야 할까요?

사용을 끝낸 후에는 메모리를 해제하세요

이제 여러분이 연결 리스트를 해제하는 함수를 갖게 되었으니, 연결 리스트를 사용한 후에 이 함수를 호출해야 합니다. 여러분의 프로그램은 연결 리스트의 내용을 출력하면 되므로, 출력한 후에는 메모리를 다음과 같이 해제할 수 있습니다.

```c
display(start);
release(start);
```

여기까지 구현한 후에는 코드를 테스트할 수 있습니다.

시험 주행

이제 컴파일하고 파일에서 데이터를 입력받아 실행하면 어떻게 되나요?

```
File  Edit  Window  Help  FreeSpaceYouDon'tNeed
> gcc tour2.c -o tour2 && ./tour2 <trip1.txt
섬 이름: Delfino Isle
운행시간: 09:00-17:00
섬 이름: Angel Island
운행시간: 09:00-17:00
섬 이름: Wild Cat Island
운행시간: 09:00-17:00
섬 이름: Neri's Island
운행시간: 09:00-17:00
섬 이름: Great Todday
운행시간: 09:00-17:00
섬 이름: Ramita de la Baya
운행시간: 09:00-17:00
섬 이름: Island of the Blue Dolphins
운행시간: 09:00-17:00
섬 이름: Fantasy Island
운행시간: 09:00-17:00
섬 이름: Farne
운행시간: 09:00-17:00
섬 이름: Isla de Muert
운행시간: 09:00-17:00
섬 이름: Tabor Island
운행시간: 09:00-17:00
섬 이름: Haunted Isle
운행시간: 09:00-17:00
섬 이름: Sheena Island
운행시간: 09:00-17:00
```

제대로 작동하네요! 파일의 크기가 얼마나 될지 미리 알 수 없다는
점을 기억하세요. 이 프로그램의 경우 그저 파일의 내용을 출력만하기
때문에 굳이 메모리에 모두 저장하지 않아도 파일의 내용을 출력할 수
있었습니다. 그러나 여러분이 메모리에 데이터를 모두 갖고 있기 때문에
마음대로 데이터를 처리할 수 있습니다. 여행에 섬을 추가하거나 제거할
수 있고, 순서를 바꾸거나 여행을 연장할 수도 있습니다.

**동적 메모리 할당을 사용하면 실행 시에 필요한 메모리를 할당할 수
있습니다. 그리고 힙에 있는 동적 메모리를 사용하려면 malloc( )과
free( )를 사용해야 합니다.**

스택과 힙

오늘 밤의 대화: 스택과 힙이 그들의 차이점에 대해 이야기하네요

스택:	힙:
힙? 거기 있어? 나 집에 왔어.	요즘 이 시간엔 보기 어렵더니. 무언가 일이 진행되고 있나봐?
한참 퇴보했지. 헛... 미안... 저 것 좀 치우고...	뭐하는 거야?
코드가 방금 함수를 빠져 나갔어. 지역 변수에 있던 저장소를 해제해야 해.	무언가 해결책이 있어야 할 것 같아. 쉬엄쉬엄 해...
아마도 그래야 될 것 같아. 좀 앉아도 되겠어?	맥주 줄까? 뚜껑은 걱정 말고 아무데나 버려.
이... 게 자네 건가?	우와, 피자를 찾아냈네! 멋져. 1주일 내내 그 걸 찾아 헤맸는데.
자네는 정말 집을 돌봐줄 누군가를 구하는 걸 심각히 생각해 봐야 해.	걱정하지 말아. 온라인 주문 프로그램이 그걸 여기에 떨어뜨려 놓고 갔네. 아마 다시 가져갈 거야.
그 걸 어떻게 알아? 내 말은, 그 프로그램이 그 걸 까먹지 않았는지 어떻게 아냐는 말이지.	그 프로그램과 다시 연락되었어. 그 프로그램이 free( )를 호출했거든.
흐음... 확실해? 그 프로그램은 '토끼를 잡아라' 게임을 개발한 개발자가 만든 프로그램 아니던가? 메모리가 줄줄 새던데. 정말 토끼 구조체를 움직일 수가 없었어. 아무 데나 떨어뜨리고. 정말 끔찍했다고.	

스택:

정말 무책임하네.

호들갑? 호들갑 떠는 게 아니지! 자네 냅킨이 필요할 거 같은데…

난 단지 메모리는 적절히 관리해야 한다는 생각뿐이네.

참 지저분하네.

가비지 컬렉션해보는 건 어때?

내 말은, 그저… 좀 청소 좀 하고 살자는 거야. 자넨 아무 것도 안 하고 있잖아!!!

(울면서)미안해. 난 그저 이런 엉망진창을 참을 수가 없었다고.

(코를 푼다) 고마워. 잠깐, 이 건 뭐지?

힙:

이봐, 메모리 청소하는 건 내 책임이 아니라고. 누군가 나에게 메모리를 요청하면 나는 그 메모리를 줄 뿐이야. 그리고 치워달라고 나에게 말할 때까지 그냥 놔두는 것 뿐이야.

그렇지. 그럴 수도 있지. 그래도 난 사용하기 쉽다고. 자네나 자네의… 호들갑과는 다르지.

(트림하며) 뭐라고? 난 그저 자네가 어디에 있는지 알기 어렵다고 얘기하는 것 뿐이라고.

마음대로. 나는 될 대로 되라 형 인간이라고. 프로그램이 엉망진창으로 만들어도 그건 내 책임이 아니라고.

난 쉽게 쉽게 생각한다고.

아, 또 그 얘기…

그만, 진정해.

이봐, 콧물 떨어지겠어. 이 것 좀 받아…

그 건 '토끼를 잡아라' 프로그램의 점수표인데. 걱정하지마. 프로그램이 더 이상 그 걸 쓸 거 같지 않거든.

바보 같은 질문이란 없습니다

Q: 힙을 왜 힙이라고 부르나요?

A: 컴퓨터가 자동으로 조직화하지 않기 때문에 힙(Heap, 더미)이라고 부릅니다. 그저 데이터 덩어리들이죠.

Q: 가비지 컬렉션은 무엇인가요?

A: 어떤 언어는 힙에 데이터를 할당할 때 기록해 두었다가 데이터를 더 이상 사용하지 않으면 힙에서 자동으로 데이터를 해제합니다. 이런 기능을 말합니다.

Q: C는 왜 가비지 켈렉션을 안 갖고 있죠?

A: C는 꽤 오래된 언어입니다. C 언어가 개발될 때 대부분의 언어는 자동 가비지 컬렉션을 지원하지 않았습니다.

Q: 예제 코드에 있는 island의 name 필드를 복사해야 하는 이유는 알겠어요. 그런데 opens와 closes의 값을 복사하지 않은 이유는요?

A: opens와 closes 값은 문자열 상수로 설정합니다. 문자열 상수는 바뀔 수 없기 때문에 여러 데이터 항목이 동일한 문자열을 참조해도 문제 없습니다.

Q: strdup( ) 함수가 실제로 malloc( ) 함수를 호출하나요?

A: 그것은 C 표준 라이브러리가 구현된 방법에 따라 다르겠지만 대부분 호출합니다.

Q: 프로그램을 끝내기 전에 데이터를 모두 해제해야 하나요?

A: 그럴 필요는 없어요. 프로그램이 종료될 때 운영체제가 메모리를 모두 제거하거든요. 그렇지만 여러분이 생성한 데이터를 언제나 직접 해제하는 것은 좋은 습관입니다.

핵심정리

- 동적 데이터 구조체를 사용하면 항목 숫자가 바뀌는 데이터를 저장할 수 있습니다.

- 연결 리스트를 사용하면 항목을 중간에 쉽게 추가할 수 있습니다.

- C에서는 보통 재귀적 구조체를 이용해 동적 데이터 구조체를 정의합니다.

- 재귀적 구조체는 자신과 같은 형에 대한 포인터를 한 개 이상 갖고 있습니다.

- 스택은 지역 변수를 저장하기 위해 사용되며 컴퓨터에 의해 관리됩니다.

- 힙은 장기간 저장할 데이터를 위해 사용합니다. malloc()을 호출해 메모리 공간을 할당합니다.

- sizeof 연산자는 구조체를 저장하기 위한 공간의 크기를 정확히 알려줍니다.

- 힙에 있는 데이터는 free()를 호출해 해제할 때까지 남아 있습니다.

나의 데이터 구조는?

여러분은 C에서 연결 리스트를 만드는 방법을 배웠습니다. 그러나 여러분이 만들어야 할 데이터 구조에는 연결 리스트만 있는 건 아닙니다. 아래는 여러 가지 데이터 구조를 보여줍니다. 데이터 구조와 데이터 구조에 맞는 사용 방법을 연결해보세요.

데이터 구조 | 설명

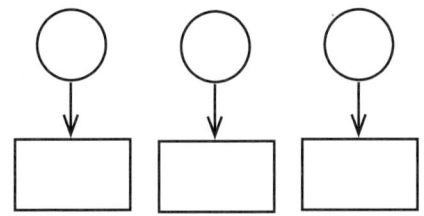

일련의 항목을 순서대로 저장하기 위해 사용할 수 있습니다. 그리고 항목을 삽입하기도 쉽습니다. 그러나 한 방향으로만 처리할 수 있어요.

저장한 각 항목은 2개까지 다른 항목을 가리킬 수 있습니다. 계층 구조적 정보를 저장하기에 좋습니다.

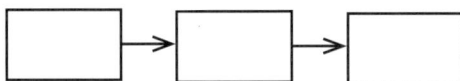

두 개의 데이터형을 결합시키기 위해 사용됩니다. 예를 들어 사람 이름과 그 사람의 전화번호를 연결하기 위해 사용할 수 있어요.

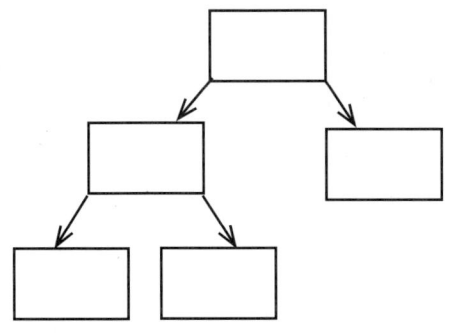

저장된 모든 항목은 두 개의 다른 항목과 연결됩니다. 양방향으로 처리하기 위해 사용할 수 있습니다.

나의 데이터 구조는?
정답

여러분은 C에서 연결 리스트를 만드는 방법을 배웠습니다. 그러나 여러분이 만들어야 할 데이터 구조에는 연결 리스트만 있는 건 아닙니다. 아래는 여러 가지 데이터 구조를 보여줍니다. 여러분은 데이터 구조와 데이터 구조에 맞는 사용 방법을 연결해야 했습니다.

연결 배열 또는 맵

키를 정보에 연결합니다.

이중 연결 리스트

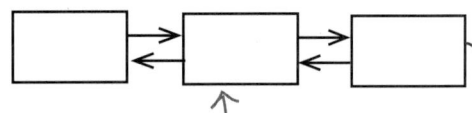

일반적인 연결 리스트처럼 보이지만, 양쪽으로 연결합니다.

연결 리스트

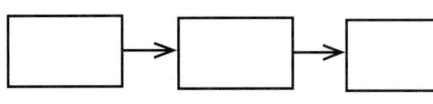

이진 트리

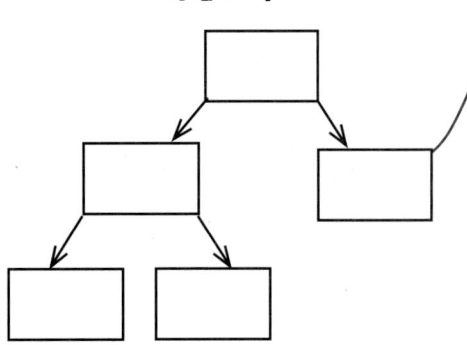

설명

일련의 항목을 순서대로 저장하기 위해 사용할 수 있습니다. 그리고 항목을 삽입하기도 쉽습니다. 그러나 한 방향으로만 처리할 수 있어요.

저장한 각 항목은 2개까지 다른 항목을 가리킬 수 있습니다. 계층 구조적 정보를 저장하기에 좋습니다.

두 개의 데이터형을 결합시키기 위해 사용됩니다. 예를 들어 사람 이름과 그 사람의 전화번호를 연결하기 위해 사용할 수 있어요.

저장된 모든 항목은 두 개의 다른 항목과 연결됩니다. 양방향으로 처리하기 위해 사용할 수 있습니다.

데이터 구조는 쓸모가 많지만 조심하세요!

C 언어로 이 데이터 구조들을 만들 때 조심해야 합니다. 저장한 데이터를 잘 관리하지 않으면 사용하지 않는 데이터를 힙에 남겨두게 됩니다. 프로그램이 계속 실행되면 시간이 지남에 따라 컴퓨터의 메모리를 갉아 먹고 결국은 메모리 부족으로 에러가 발생해 프로그램이 크래시될 수 있습니다. 따라서 여러분의 코드에서 메모리 사용을 잘 감시하고 메모리 누수를 고치는 일은 정말 중요합니다...

1급 비밀

미국 연방 법무부, 연방 수사국, 워싱턴 D.C.

발신: J. 에드거 후버, 부장

제목: 정부 전문가 시스템의 메모리 누수 의심

메사추세츠주 캠브리지에 있는 우리 사무소가 새로 구축된 피의자 식별 전문가 시스템 (Suspicious Persons Identification Expert System, SPIES)에서 메모리 누수가 의심된다고 알려왔습니다. 소프트웨어에 익숙한 정보원과 제보자는 의심되는 누수 문제가 알려지지 않은 개인이 조잡하게 구현한 프로그램 때문에 발생한다고 합니다.

과거에 신뢰할 수 있는 정보를 제공했던 제보자이며 관련자와 가까운 한 제보자는 해커 단체에 'The Heap'이라고 알려져 있는 메모리 영역에서 데이터 관리를 소홀히 해 누수가 발생했다고 알려왔습니다.

지금부터 귀하는 전문가 시스템에 대한 접근 권한을 갖게 되었으며, 연방 수사국의 명령에 따라 연방 수사국 개발 연구실에 대한 모든 자료에 접근할 수 있습니다. 증거를 수집하고 사건을 정밀 분석하기 바랍니다. 메모리 누수를 발견하고 수정하길 바랍니다.

실패는 용납되지 않습니다.

이만 마칩니다.

증거물 A. 소스코드

아래는 피의자 식별 전문가 시스템의 소스코드입니다. 이 프로그램은
피의자를 기록하고 찾아내기 위해 사용할 수 있습니다. 아직은
소스코드를 자세히 읽어볼 필요는 없지만 앞으로 수사하는 동안
참조할 수 있게 잘 보관해두십시오.

```c
#include <stdio.h>
#include <stdlib.h>
#include <string.h>

typedef struct node {
  char *question;
  struct node  *no;
  struct node  *yes;
} node;

int yes_no(char *question)
{
  char answer[3];
  printf("%s? (y/n): ", question);
  fgets(answer, 3, stdin);
  return answer[0] == 'y';
}

node* create(char *question)
{
  node *n = malloc(sizeof(node));
  n->question = strdup(question);
  n->no = NULL;
  n->yes = NULL;
  return n;
}

void release(node *n)
{
  if (n) {
    if (n->no)
      release(n->no);
    if (n->yes)
      release(n->yes);
    if (n->question)
      free(n->question);
    free(n);
  }
}
```

```
int main()
{
  char question[80];
  char suspect[40];
  node *start_node = create("피의자가 수염이 있다");
  start_node->no = create("로레타 반스워쓰");
  start_node->yes = create("비니 더 스푼");

  node *current;
  do {
    current = start_node;
    while (1) {
      if (yes_no(current->question))
      {
        if (current->yes) {
          current = current->yes;
        } else {
          printf("피의자 확인됨\n");
          break;
        }
      } else if (current->no) {
        current = current->no;
      } else {

        /* yes 노드에 새로운 피의자 이름 추가 */
        printf("새로운 피의자 이름? ");
        fgets(suspect, 40, stdin);
        node *yes_node = create(suspect);
        current->yes = yes_node;

        /* no 노드에 새로운 피의자 이름 추가 */
        node *no_node = create(current->question);
        current->no = no_node;

        /* 그리고 다음의 새로운 질문으로 질문을 변경 */
        printf("%s에게는 참이지만 %s에게는 거짓인 새로운 질문을 입력하십시오", suspect,
            current->question);
        fgets(question, 80, stdin);
        current->question = strdup(question);

        break;
      }
    }
  } while(yes_no("다시 실행"));
  release(start_node);
  return 0;
}
```

SPIES 시스템 개요

SPIES 프로그램은 전문가 시스템으로서 특징을 이용해 사람을 식별하는 방법을 배웁니다. 더 많은 사람을 입력할수록 프로그램은 더 많이 배우고 더 똑똑해집니다.

프로그램은 피의자를 트리 구조로 만듭니다

프로그램은 **이진 트리**를 사용해 데이터를 기록합니다. 이진 트리는 다음 그림과 같이 각 데이터를 다른 데이터 두 개와 연결합니다.

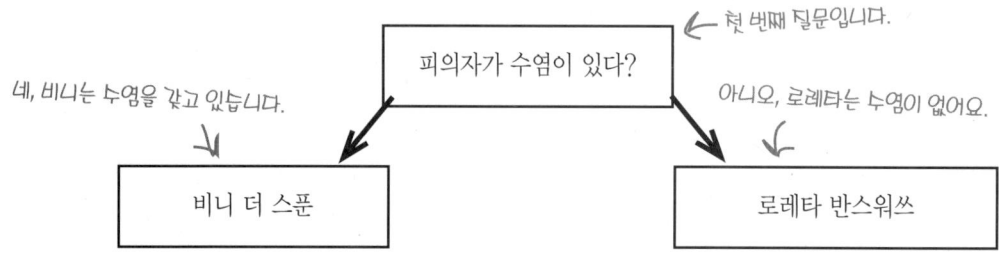

프로그램이 실행되면 데이터는 위 그림과 같습니다. 첫 번째 항목(**노드** (node)라고도 합니다)은 "피의자가 수염이 있다"는 질문입니다. 이 노드는 다른 두 노드에 연결되어 있는데, 하나는 답이 **yes**일 때, 다른 하나는 답이 **no**일 때 연결됩니다. 그리고 yes와 no 노드는 피의자의 이름을 저장합니다.

이 프로그램은 이 트리를 사용해 사용자에게 차례로 질문해 피의자를 찾습니다. 프로그램이 피의자를 찾을 수 없으면 프로그램은 새로운 피의자의 이름을 추가하고 새로운 피의자를 찾아낼 수 있는 질문을 물어봅니다. 프로그램은 이 정보를 트리에 추가하며 더 많이 배울수록 트리가 점점 커집니다.

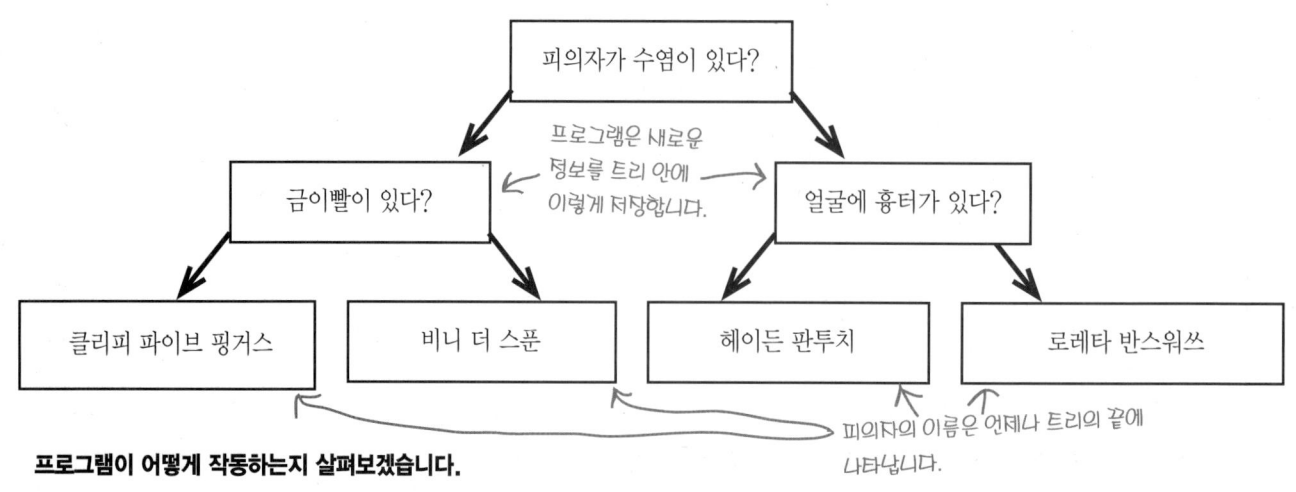

프로그램이 어떻게 작동하는지 살펴보겠습니다.

시험 주행

요원이 SPIES 프로그램을 컴파일하고 실행해보면 다음과 같이 작동됩니다.

```
File Edit Window Help TrustNoone
> gcc spies.c -o spies && ./spies
피의자가 수염이 있다?  (y/n): n
로레타 반스워쓰?  (y/n): n
새로운 피의자 이름?  헤이든 판투치
헤이든 판투치
에게는 참이지만 로네타 반스워쓰에게는 거짓인 새로운 질문을 입력하십시오. 얼굴에 흉터가 있다
얼굴에 흉터가 있다
?  (y/n):  y
헤이든 판투치
?  (y/n):  y
피의자 확인됨
다시 실행?  (y/n): n
>
```

처음에는 헤이든 판투치에 대한 데이터가 없으므로 찾지 못합니다. 그러나
피의자의 정보를 입력한 후에는 피의자 정보를 제대로 찾아냅니다.

제법 똑똑합니다. 그런데 문제가 뭐죠?

누군가 연구실에서 시스템을 몇 시간 동안 사용하고 있다가 문제를
발견했습니다. 프로그램이 제대로 작동하는 것처럼 보이긴 하는데, 필요한
메모리의 거의 두 배를 사용하고 있네요.

여러분에게 요청한 이유가 바로 그 겁니다. 소스코드 깊숙이 어디선가
힙 메모리를 할당하지만 결코 해제하지 않습니다. 이제 여러분은 편안히
소스코드를 들여다보며 무엇이 문제를 일으키는지 찾아내야 합니다. 그런데
메모리 누수는 정말로 찾아내기 힘드네요.

그러면 소프트웨어 연구실을 방문해야겠습니다...

valgrind를 사용한 소프트웨어 포렌직

SPIES 같은 대규모의 복잡한 프로그램에서 버그를 찾으려면 정말 오랜 시간이 걸릴 수도 있습니다. 그래서 C 전문가들은 여러분의 일을 도와줄 도구를 만들었습니다. **리눅스** 운영체제에서 사용하는 도구 중에 **valgrind** 라는 게 있습니다. valgrind는 힙에 할당된 데이터를 감시할 수 있습니다. 이 프로그램은 **가짜 malloc( ) 함수**를 구현해 작동합니다. 여러분의 프로그램이 힙 메모리에 할당할 때 valgrind는 malloc( )과 free( ) 함수에 대한 호출을 가로채 자신이 만든 버전을 실행합니다. valgrind가 구현한 가짜 malloc( )은 어느 코드가 호출하는지 어느 메모리가 할당되었는지 기록합니다. 프로그램이 실행을 마치면 valgrind는 힙에 남아 있는 데이터에 대한 보고서를 작성해 코드의 어느 부분이 데이터를 생성했는지 알려줍니다.

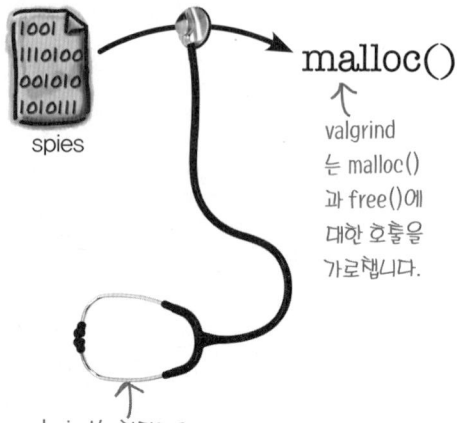

spies

malloc()

valgrind 는 malloc() 과 free()에 대한 호출을 가로챕니다.

valgrind는 할당되었지만 해제되지 않은 데이터를 투적합니다.

```
gcc -g spies.c -o spies
```

-g 스위치는 컴파일한 코드에 소스코드 줄 누를 저당하도록 컴파일에게 명령합니다.

디버그 정보를 추가해 프로그램을 준비하세요

valgrind로 실행하기 전에 여러분의 코드에는 아무런 것도 추가할 필요 없습니다. 다시 컴파일할 필요도 없습니다. 그러나 valgrind를 제대로 사용하려면 실행 파일에 **디버그 정보**가 포함되어 있어야 합니다. 디버그 정보는 여러분의 코드를 컴파일할 때 실행 파일에 추가된 여분의 데이터를 말합니다. 어떤 코드가 소스코드의 어느 줄이 컴파일되어 생성된 코드인지 알려주는 줄 번호와 같은 정보가 포함됩니다. 디버그 정보가 있으면 valgrind는 메모리 누수가 발생한 곳에 대해 자세한 정보를 제공할 수 있습니다. 실행 파일에 디버그 정보를 추가하려면 소스코드를 컴파일할 때 -g 스위치를 사용해야 합니다.

코드를 조사해 사실을 확인합니다

valgrind가 작동하는 방법을 보려면 리눅스 컴퓨터에서 valgrind를 실행해 SPIES 프로그램을 두 번 실행하면 됩니다. 첫 번째에는 프로그램을 사용해 코드에 들어 있는 비니 더 스푼 피의자를 찾게 합니다. 명령행에 --leak-check=full 옵션을 주고 valgrind 프로그램을 통해 여러분의 프로그램을 실행하면 됩니다.

http://valgrind.org/에서 여러분의 운영체제에 valgrind를 사용할 수 있는지 여부와 널치 방법을 확인하세요.

```
> valgrind --leak-check=full ./spies
==23577== Memcheck, a memory error detector
==23577== Copyright (C) 2002-2012, and GNU GPL'd, by Julian Seward et al.
==23577== Using Valgrind-3.8.0 and LibVEX; rerun with -h for copyright info
==23577== Command: ./spies
==23577==
피의자가 수염이 있다? (y/n): y
비니 더 스푼? (y/n): y
피의자 확인됨
다시 실행? (y/n): n
==23577==
==23577== HEAP SUMMARY:
==23577==     in use at exit: 10,210 bytes in 34 blocks
==23577==   total heap usage: 40 allocs, 6 frees, 10,353 bytes allocated
==23577==
==23577== LEAK SUMMARY:
==23577==    definitely lost: 0 bytes in 0 blocks
==23577==    indirectly lost: 0 bytes in 0 blocks
==23577==      possibly lost: 0 bytes in 0 blocks
==23577==    still reachable: 10,210 bytes in 34 blocks
==23577==         suppressed: 0 bytes in 0 blocks
==23577== Reachable blocks (those to which a pointer was found) are not shown.
==23577== To see them, rerun with: --leak-check=full --show-reachable=yes
==23577==
==23577== For counts of detected and suppressed errors, rerun with: -v
==23577== ERROR SUMMARY: 0 errors from 0 contexts (suppressed: 0 from 0)
>
```

valgrind를 여러 번 실행해 증거를 더 모으세요

SPIES 프로그램이 종료되면 힙에는 남은 게 전혀 없습니다. 그런데
두 번째 실행할 때 헤이든 판투치라는 새로운 피의자에 대한 정보를
추가하면 어떻게 되나요?

```
> valgrind --leak-check=full ./spies
==23619== Memcheck, a memory error detector
==23619== Copyright (C) 2002-2012, and GNU GPL'd, by Julian Seward et al.
==23619== Using Valgrind-3.8.0 and LibVEX; rerun with -h for copyright info
==23619== Command: ./spies
==23619==
피의자가 수염이 있다? (y/n): n
로레타 반스워쓰? (y/n): n
새로운 피의자 이름? 헤이든 판투치
헤이든 판투치
에게는 참이지만 로레타 반스워쓰에게는 거짓인 새로운 질문을 입력하십시오. 얼굴에 상처가 있다
다시 실행? (y/n): n
==23619==                                          23바이트가 블럭 하나가 힙에 남아 있습니다.
==23619== HEAP SUMMARY
==23619==     in use at exit: 10,233 bytes in 35 blocks
==23619==   total heap usage: 45 allocs, 10 frees, 10,473 bytes allocated
==23619==
==23619== 23 bytes in 1 blocks are definitely lost in loss record 2 of 11
==23619==    at 0xC713: malloc (vg_replace_malloc.c:274)
==23619==    by 0x170358: strdup (in /usr/lib/system/libsystem_c.dylib)
==23619==    by 0x100000A1D: create (spies.c:22)      ← 이 게 단서가 될까요?
==23619==    by 0x100000B1D: main (spies.c:46)
==23619==
==23619== LEAK SUMMARY:
==23619==    definitely lost: 23 bytes in 1 blocks
==23619==    indirectly lost: 0 bytes in 0 blocks        왜 23바이트일까요?
==23619==      possibly lost: 0 bytes in 0 blocks        이 게 단서가 될까요?
==23619==    still reachable: 10,210 bytes in 34 blocks
==23619==         suppressed: 0 bytes in 0 blocks
==23619== Reachable blocks (those to which a pointer was found) are not shown.
==23619== To see them, rerun with: --leak-check=full --show-reachable=yes
==23619==
==23619== For counts of detected and suppressed errors, rerun with: -v
==23619== ERROR SUMMARY: 1 errors from 1 contexts (suppressed: 0 from 0)
>
```

한 개의 오류가 발견되었습니다.

이 번엔 valgrind가 메모리 누수를 발견합니다

프로그램이 종료된 후에 힙에 23바이트의 정보가 남아 있는 것
같습니다. valgrind는 다음과 같은 정보를 여러분에게 알려줍니다.

⭐   23바이트 메모리가 할당되었지만 해제되지 않았습니다.

⭐   한 개의 오류가 발견되었습니다.

⭐   이 정보들이 어떤 단서가 될까요?

⭐   왜 23바이트인가요? 이 게 단서가 되나요?

정보가 꽤 많습니다. 이 사실들을 이용해 분석해보겠습니다.

valgrind

증거 살펴보기

자, 이제 여러분이 valgrind를 실행한 후에 상당한 증거를 확보했습니다.
이제 증거를 분석하고 여러분이 결론을 이끌어 낼 수 있는지 보겠습니다.

1. 위치

여러분은 코드를 두 번 실행했습니다. 처음에는 문제가 없었습니다.
여러분이 새로운 피의자를 입력했을 때 비로소 메모리 누수가
발생했습니다. 이 게 왜 중요할까요? 바로 첫 번째 실행한 코드에서는
메모리 누수가 발생할 수 없다는 걸 의미하기 때문입니다. 소스코드를 다시
확인해보면 문제는 다음의 코드 부분에 있다는 걸 의미합니다.

```
} else if (current->no) {
  current = current->no;
} else {

    /* yes 노드에 새로운 피의자 이름 추가 */
    printf("새로운 피의자 이름? ");
    fgets(suspect, 40, stdin);
    node *yes_node = create(suspect);
    current->yes = yes_node;

    /* no 노드에 새로운 피의자 이름 추가 */
    node *no_node = create(current->question);
    current->no = no_node;

    /* 그리고 다음의 새로운 질문으로 질문 변경 */
    printf("%s에게는 참이지만 %s에게는 거짓인 새로운 질문을 입력하십시오. ",
            suspect, current->question);
    fgets(question, 80, stdin);
    current->question = strdup(question);

    break;
}
```

2. valgrind가 제공한 단서

여러분이 valgrind로 프로그램을 실행하고 피의자를 추가했을 때, 프로그램에서 하나의 오류가 발생했습니다. 이 게 무엇을 말하나요?

valgrind는 프로그램이 종료했을 때 23바이트가 남아 있었다고 얘기하고 있습니다. 여러분이 소스코드를 살펴봤을 때 어떤 데이터가 23바이트를 차지하고 있나요?

마지막으로 valgrind가 출력한 다음의 메시지는 무얼 말할까요?

> **역자 투:** 아래 메시지는 누수가 발생할 때의 콜 스택을 나타냅니다. 밑에 있는 함수가 가장 오래된 함수이므로, 밑에서부터 흘러나가는 순서를 생각하면 됩니다. spies.c 46번째 줄에 있는 main() 함수에서 create() 함수를 호출하여 spies.c 22번째 줄에서 strdup() 함수를 호출할 때 메모리 누수가 발생했음을 의미합니다. 소스코드를 함께 참조하면 됩니다.

```
==2750== 19 bytes in 1 blocks are definitely lost in loss record 1 of 1
==2750==    at 0x4026864: malloc (vg_replace_malloc.c:236)
==2750==    by 0x40B3A9F: strdup (strdup.c:43)
==2750==    by 0x8048587: create (spies.c:22)
==2750==    by 0x804863D: main (spies.c:46)
```

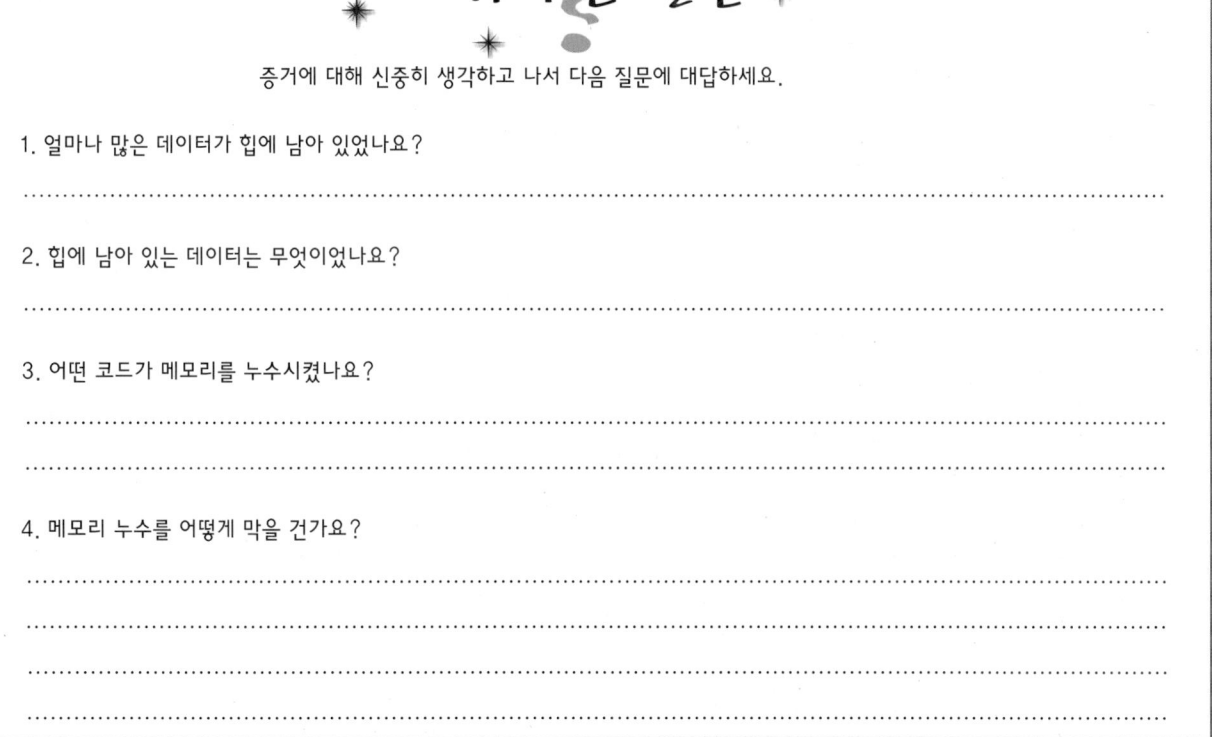

커다란 질문

증거에 대해 신중히 생각하고 나서 다음 질문에 대답하세요.

1. 얼마나 많은 데이터가 힙에 남아 있었나요?

   ....

2. 힙에 남아 있는 데이터는 무엇이었나요?

   ....

3. 어떤 코드가 메모리를 누수시켰나요?

   ....
   ....

4. 메모리 누수를 어떻게 막을 건가요?

   ....
   ....
   ....
   ....

커다란 문제 정답

여러분은 증거에 대해 주의 깊게 생각하고 나서 다음 질문에 대답해야 했습니다.

1. 얼마나 많은 데이터가 힙에 남아 있었나요?

  데이터 하나가 남아 있었습니다.

2. 힙에 남아 있는 데이터는 무엇이었나요?

  "로레타 반스워쓰" 문자열입니다.

> **역자 주:** DBCS 문자 세트를 사용하는 윈도우에서 한글 글자 하나는 2바이트를 차지하며, UTF-8에서는 한글 글자 하나가 3바이트를 차지합니다. "로레타 반스워쓰"는 한글 7글자(21바이트), 빈칸 하나, 개행 문자('\n'), 총 23바이트를 차지합니다.

3. 어떤 코드가 메모리를 누수시켰나요?

  첫 번째 테스트할 때에는 메모리 누수가 발생하지 않았으므로

  create() 함수 자체는 문제 없습니다. 그러므로 strdup() 툴이

  누수시킬 겁니다.

4. 메모리 누수를 어떻게 막을 건가요?

  만약 current->question이 이미 힙에 있는 데이터를 가리키고 있으면,

  새로운 질문을 할당하기 전에 기존의 데이터를 먼저 해제하면 됩니다.

  free(current->question);

  current->question = strdup(question);

수정한 코드 시험

이제 여러분이 코드를 수정했으니, valgrind로 다시 한 번 더 프로그램을 실행할 차례입니다.

역자 투: 수정한 코드는 spies_fixed.c에 저장되어 있습니다.

```
> valgrind --leak-check=full ./spies_fixed
==23697== Memcheck, a memory error detector
==23697== Copyright (C) 2002-2012, and GNU GPL'd, by Julian Seward et al.
==23697== Using Valgrind-3.8.0 and LibVEX; rerun with -h for copyright info
==23697== Command: ./spies_fixed
==23697==
피의자가 수염이 있다? (y/n): n
로레타 반스워쓰? (y/n): n
새로운 피의자 이름? 헤이든 판투처
헤이든 판투처
에게는 참이지만 로레타 반스워쓰에게는 거짓인 새로운 질문을 입력하십시오. 얼굴에 상처가 있다
다시 실행? (y/n): n
==23697==
==23697== HEAP SUMMARY:
==23697==     in use at exit: 10,210 bytes in 34 blocks
==23697==   total heap usage: 45 allocs, 11 frees, 10,473 bytes allocated
==23697==
==23697== LEAK SUMMARY:
==23697==    definitely lost: 0 bytes in 0 blocks
==23697==    indirectly lost: 0 bytes in 0 blocks
==23697==      possibly lost: 0 bytes in 0 blocks
==23697==    still reachable: 10,210 bytes in 34 blocks
==23697==         suppressed: 0 bytes in 0 blocks
==23697== Reachable blocks (those to which a pointer was found) are not shown.
==23697== To see them, rerun with: --leak-check=full --show-reachable=yes
==23697==
==23697== For counts of detected and suppressed errors, rerun with: -v
==23697== ERROR SUMMARY: 0 errors from 0 contexts (suppressed: 0 from 0)
>
```

누수 문제 해결

여러분은 똑같은 테스트 데이터로 프로그램을 실행했으며, 이번에는
프로그램이 힙에서 모든 데이터를 제거했습니다.

어떻게 해결했나요? 사건을 완결했나요? 메모리 누수를 찾아내고 해결하지
못했다고 해서 너무 걱정할 건 없습니다. 메모리 누수는 C 프로그램에서
가장 찾기 힘든 버그 중 하나입니다. 사실 널리 쓰이고 있는 C 프로그램 중에
상당수는 코드 깊숙한 곳에 메모리 버그를 갖고 있을 수도 있습니다.
바로 valgrind와 같은 도구가 중요한 이유입니다.

⭐ 메모리 누수가 언제 발생했는지 찾아냅니다.

⭐ 메모리 누수가 발생한 위치를 찾아냅니다.

⭐ 메모리 누수가 해결되었는지 검사해 확인합니다.

바보 같은 질문 이란 없습니다

Q: valgrind가 말하길 46번째 줄에서 메모리가 누수되었다고 하는데, 누수는 전혀 다른 곳에서 수정했거든요. 왜 그런가요?

A: "로레타..." 데이터는 46번째 줄에서 힙에 추가되었는데, 이 데이터를 해제하지 않고 참조하고 있는 변수(current-)question)에 다른 값을 할당할 때 메모리 누수가 발생했습니다. 메모리 누수는 데이터가 생성될 때가 아니라 프로그램이 그 데이터에 대한 참조를 잃어버릴 때 발생합니다.

Q: valgrind를 맥, 윈도우, FreeBSD 시스템에서 사용할 수 있나요?

A: http://valgrind.org/에서 자세한 최신 정보를 확인하세요.

Q: valgrind는 어떻게 malloc()과 free() 호출을 가로채나요?

A: malloc()과 free() 함수는 C 표준 라이브러리에 정의되어 있습니다. 그런데 valgrind는 자신의 고유한 malloc()과 free()를 갖고 있습니다. valgrind를 사용해 프로그램을 실행하면 프로그램은 C 표준 라이브러리 대신 valgrind의 함수를 호출하게 됩니다.

Q: 왜 컴파일러가 항상 디버그 정보를 실행 파일에 포함시키지 않나요?

A: 디버그 정보를 추가하면 실행 파일의 크기가 더 커지고 실행할 때 더 느리기 때문입니다.

Q: valgrind라는 이름은 어디에서 왔나요?

A: Valgrind는 북유럽 신화에 나오는 궁전 발할라(Valhalla)의 입구 이름입니다. valgrind 프로그램은 컴퓨터의 힙에 접근하는 입구라는 뜻입니다.

핵심정리

- valgrind는 메모리 누수를 검사합니다.

- valgrind는 malloc()과 free()에 대한 호출을 가로채 작동합니다.

- 프로그램이 실행을 끝내면 valgrind는 힙에 남아 있는 데이터에 대한 정보를 상세히 출력합니다.

- 프로그램을 컴파일할 때 디버그 정보를 포함시키면 valgrind는 매우 자세한 정보를 제공할 수 있습니다.

- 프로그램을 여러 번 실행시키면 메모리 누수가 발생하는 곳의 위치를 더 정확히 찾을 수 있습니다.

- valgrind는 코드의 몇 번째 줄이 힙에 데이터를 만들었는지 알려줄 수 있습니다.

- valgrind를 사용해 메모리 누수를 해결했는지 확인할 수 있습니다.

C 도구상자

이제 6장을 정복했으며 여러분의 도구상자에
데이터 구조와 동적 메모리를 추가했습니다.
전체 도구상자 목록은 부록 ii를 참조하세요.

동적 데이터 구조는
재귀적 구조체를
사용합니다.

연결 리스트는
배열보다 확장하기
좋습니다.

연결 리스트에는
데이터를 쉽게
삽입할 수
있습니다.

연결 리스트는
동적 데이터
구조입니다.

재귀적 구조체는
자신과 같은 형의
데이터에 대한
포인터를 한 개 이상
갖고 있어요.

malloc()은
힙에 메모리를
할당합니다.

free()는
힙에 할당된
메모리를
해제합니다.

스택과 달리 힙
메모리는 자동으로
해제되지 않습니다.

스택은 지역
변수를
저장하는 데
사용됩니다.

strdup()는
문자열을 힙에
복사해 사본을
만듭니다.

할당한 메모리에 더
이상 접근할 수 없을
때 메모리 누수가
발생합니다.

valgrind를
사용하면 메모리
누수 위치를 찾아
낼 수 있습니다.

7 고급 함수

함수 기능
최대로 끌어올리기

이제 가변 인자 함수도 알게 되었으니 내 go_on_date() 함수도 훌륭해졌어.

기본적인 함수도 훌륭하지만, 때로는 기능이 조금 더 필요합니다.

지금까지는 기본에만 충실해왔습니다. 그런데 여러분이 원하는 일에 더 강력한 기능이나 유연성이 필요하다면 어떻게 해야 할까요? 이 장에서는 **함수를 인자로 전달**해 프로그램의 **지능**을 높이는 방법을 알아봅니다. **비교 함수로 정렬**하는 방법을 배웁니다. 그리고 마지막으로 **가변 인자 함수**로 여러분의 코드가 무한히 확장되게 하는 방법을 알아봅니다.

이상형의 남자를 찾아서...

지금까지 여러분은 많은 C 함수를 사용해왔습니다. 그런데 사실
여러분의 C 함수를 훨씬 더 강력하게 만들 수 있는 방법이 더 있습니다.
이 방법을 제대로 알면 C 함수는 코드를 많이 짜지 않고도 **더 많은
일**을 할 수 있습니다.

어떻게 할 수 있는지 알아보기 위해 예제를 살펴보겠습니다. 여러분이
여러 문자열을 갖고 있는데 어떤 문자열은 보이고, 나머지는 보이지
않게 걸러내고 싶다고 가정하겠습니다.

```c
int NUM_ADS = 7;
char *ADS[] = {
    "윌리엄: 독신흑인남 유머 감각 스포츠,  TV,  외식 좋아함",
    "매트: 독신백인남 비흡연 미술,  영화,  연극 좋아함",
    "루이스: 독신라틴남 비음주 독서,  연극,  미술 좋아함",
    "마이크: 이혼백인남 음주흡연 트럭,  스포츠,  비버 좋아함",
    "피터: 독신아시아남 체스,  운동,  미술 좋아함",
    "조쉬: 독신유태인남 스포츠,  영화,  연극 좋아함",
    "제드: 이혼흑인남 연극,  독서,  외식 좋아함"

};
```

스포츠를 좋아하는
남자를 만나고 싶은데,
저스틴 비버를 좋아하는 사람은
절대 안 돼...

**문자열 함수를 사용해 이 배열 안에 있는 남자들을 걸러내는
코드를 만들겠습니다.**

코드 자석

스포츠를 좋아하지만 저스틴 비버를 좋아하지 않는 남자를 출력하는 find() 함수를 완성하세요.

주의: 함수를 완성하기 위해 코드 자석을 모두 사용할 필요는 없습니다.

```
void find()
{
  int i;
  puts("검색 결과:");
  puts("--------------------------------");

  for (i = 0; i ............... ............... ; i++) {

    if (............... (..............., ...............)

        ............... ............... ............... (..............., ...............))) {

      printf("%s\n", ADS[i]);
    }
  }
  puts("--------------------------------");
}
```

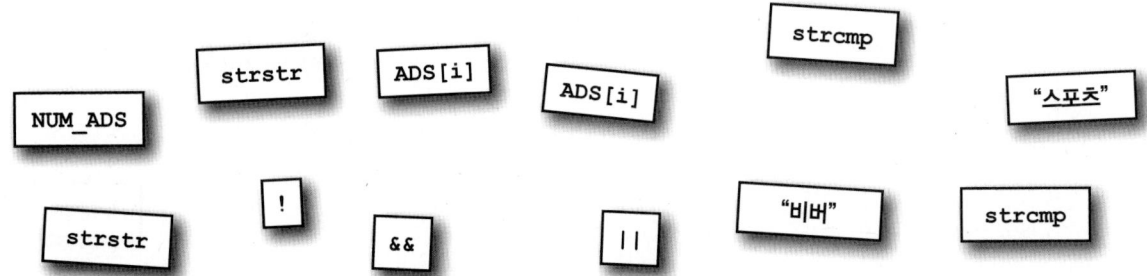

코드 자석 정답

여러분은 스포츠를 좋아하지만 저스틴 비버를 좋아하지 않는 남자를 출력하는 find() 함수를 완성해야 했습니다.

```c
void find()
{
    int i;
    puts("검색 결과:");
    puts("-----------------------------------");

    for (i = 0; i    <        NUM_ADS     ; i++) {
        if (  strstr  (  ADS[i]  ,  "스포츠"  )

              &&      !       strstr  (  ADS[i]  ,  "비버"  )) {

            printf("%s\n", ADS[i]);
        }
    }
    puts("-----------------------------------");
}
```

strcmp

||

strcmp

시험 주행

이제 함수와 데이터를 가져오세요. main( )이 find( ) 함수를 호출하게 하여
모든 코드를 find.c에 넣고 컴파일하고 실행하면 다음과 같은 화면을 볼 수
있습니다.

```
File Edit Window Help FindersKeepers
> gcc find.c -o find && ./find
검색 결과:
-------------------------------------------------------
윌리엄 : 독신흑인남 유머 감각 스포츠,  TV,  외식 좋아함
조쉬 : 독신유태인남 스포츠, 영화, 연극 좋아함
-------------------------------------------------------
>
```

그러면 find( ) 함수를 배열에 대해 루프를 돌며 대응하는 문자열을
찾습니다. 이제 여러분은 기본적인 코드를 갖게 되었으니, 다른 조건으로
검색할 수 있는 함수를 복사해서 만드는 것도 어렵지는 않겠습니다.

> 스포츠나 운동을
> 좋아하는 사람을
> 찾아줘.

> 난 연극을 좋아하는
> 비흡연자를 원해.

> 미술이나 연극이나
> 외식을 좋아하는
> 사람을 찾아줘.

> 이봐, 잠깐! 복사? 함수를 복사한다고???
> 바보 같은 짓이야.
> 함수는 기껏해야 한 줄 정도만 달라질텐데.

**바로 그겁니다. 함수를 복사하면 똑같이 반복된 코드를 아주 많이
갖게 됩니다.**

C 프로그램은 종종 아주 약간만 다르고 거의 똑같은 일을 수행해야 할
때가 있습니다. 현재 find( ) 함수는 배열에 루프를 돌아 대응되는 문자열을
찾기 위해 간단히 검사합니다. 그런데 검사하는 방법이 **고정**되어 있습니다.
그러니 늘 똑같은 검사만 하게 됩니다.

함수에 문자열을 전달해 그 문자열을 검색할 수도 있을 겁니다. 그런데
문제는 그렇게 해도 find( )가 '예술이나 연극이나 외식'과 같은 조건을
검색할 수는 없다는 겁니다. 그리고 완전히 다른 조건으로 검색하면 어떻게
될까요?

약간 더 정교한 무언가가 필요해요...

함수에게 코드 보내기

여러분에게는 find( ) 함수가 검사하는 데 **사용할 코드를 전달할 어떤 방법**이 필요합니다. 코드를 묶고 이 코드를 함수에 전달할 수 있는 방법이 있다면, 각각의 데이터를 검사할 수 있는 검사기를 find( ) 함수에 주는 것과 비슷할 겁니다.

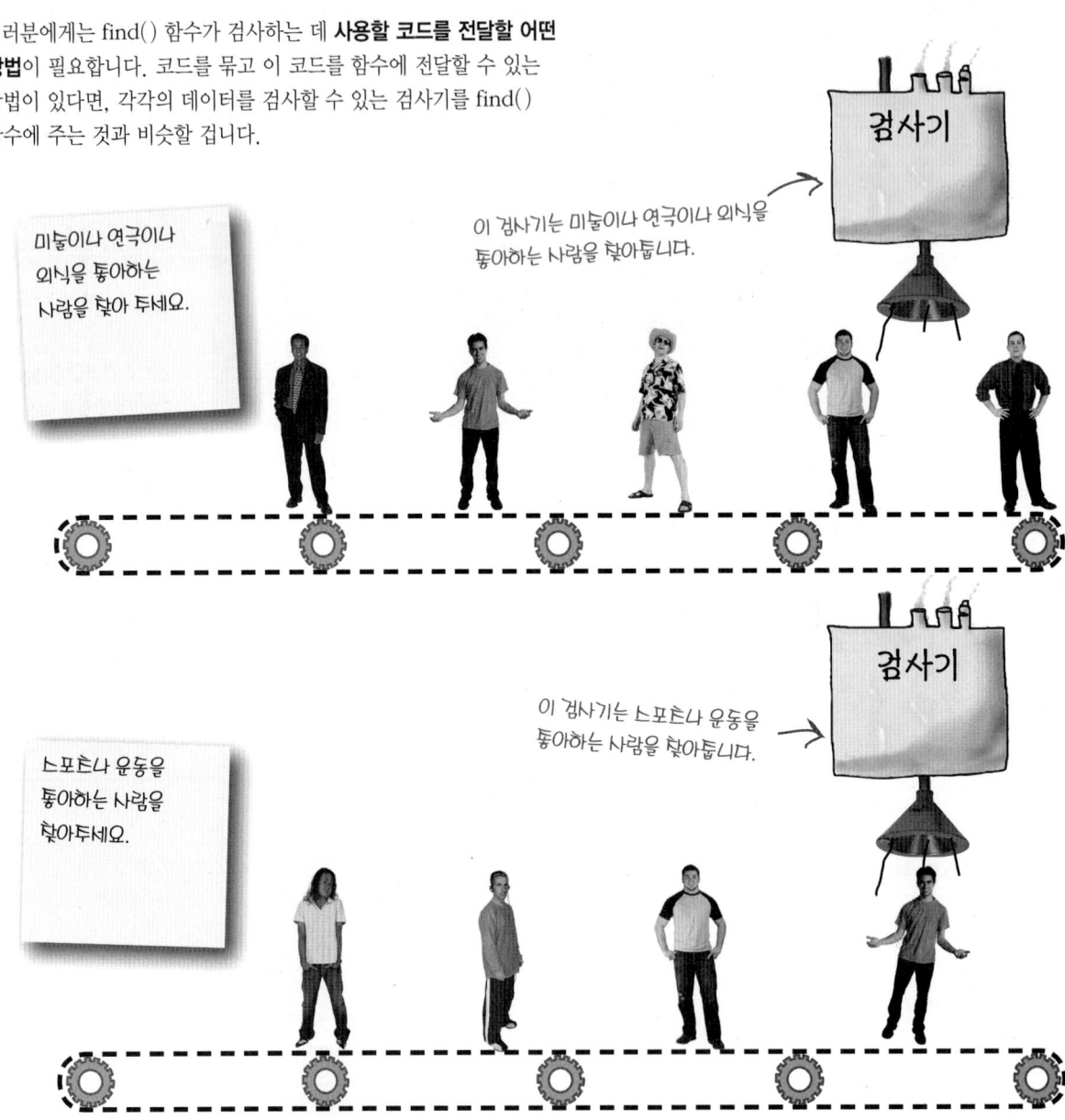

이 검사기는 미술이나 연극이나 외식을 좋아하는 사람을 찾아줍니다.

미술이나 연극이나 외식을 좋아하는 사람을 찾아 주세요.

이 검사기는 스포츠나 운동을 좋아하는 사람을 찾아줍니다.

스포츠나 운동을 좋아하는 사람을 찾아주세요.

그러면 find( ) 함수 코드는 **똑같이 유지할 수 있을 겁니다.** find( ) 함수는 여전히 배열의 모든 항목을 검사해 통과한 항목만 출력하면 됩니다. 그런데 find( ) 함수에 전달한 코드로 배열의 각 항목에 대해 검사해야 합니다.

find()에 함수의 이름을 얘기해야 합니다

조건을 검색하던 원래 코드를 떼어내어 함수로 바꿨다고 가정하겠습니다.

```c
int sports_no_bieber(char *s)
{
    return strstr(s, "스포츠") && !strstr(s, "비버");
}
```

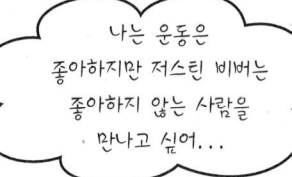

나는 운동은 좋아하지만 저스틴 비버는 좋아하지 않는 사람을 만나고 싶어...

자, 이제 여러분은 함수의 이름을 find()에 인자로 보낼 수 있는 방법만 있으면 검사하는 코드를 find() 함수 안에 주입할 수 있어요.

```c
void find( function-name match )
{
    int i;
    puts("검색 결과:");
    puts("-----------------------------------");
    for (i = 0; i < NUM_ADS; i++) {
        if ( call-the-match-function  (ADS[i])) {
            printf("%s\n", ADS[i]);
        }
    }
    puts("-----------------------------------");
}
```

match는 검사할 함수의 이름을 명시합니다.

여기에서 match 파라미터로 받은 이름의 함수를 호출할 방법이 있어야 합니다.

함수 이름을 find()에 전달할 방법이 있으면 앞으로 해야 할 검사의 종류는 무한히 다양할 수 있을 겁니다. 문자열을 받고 참이나 거짓을 반환하는 함수를 만들기만 하면 find() 함수를 그대로 재사용할 수 있습니다.

```c
find(sports_no_bieber);
find(sports_or_workout);
find(ns_theater);
find(arts_theater_or_dining);
```

그런데 파라미터가 함수 이름을 갖고 있다고 어떻게 선언할 수 있을까요?
그리고 함수 이름으로 어떻게 그 함수를 호출할 수 있을까요?

모든 함수 이름은 함수에 대한 <u>포인터</u>입니다...

여러분은 아마도 포인터를 떠올렸을 겁니다. 그렇지 않나요? **함수 이름**의 정체는 무엇일까 생각해보세요. 함수의 이름이란 어떤 코드를 참조하는 방법입니다. 그리고 그게 바로 포인터이고요. **포인터는 메모리에 있는 존재를 참조하는 방법입니다.**

그렇기 때문에 C에서는 함수 이름이 포인터 변수이기도 합니다. 여러분이 go_to_warp_speed(int speed)라는 함수를 만들 때, 여러분은 함수의 주소를 갖고 있는 go_to_warp_speed 변수도 만들게 됩니다. 따라서 여러분이 find( )에 함수 포인터형의 파라미터를 주면, 여러분은 이 파라미터가 가리키는 함수를 호출하기 위해 사용할 수 있습니다.

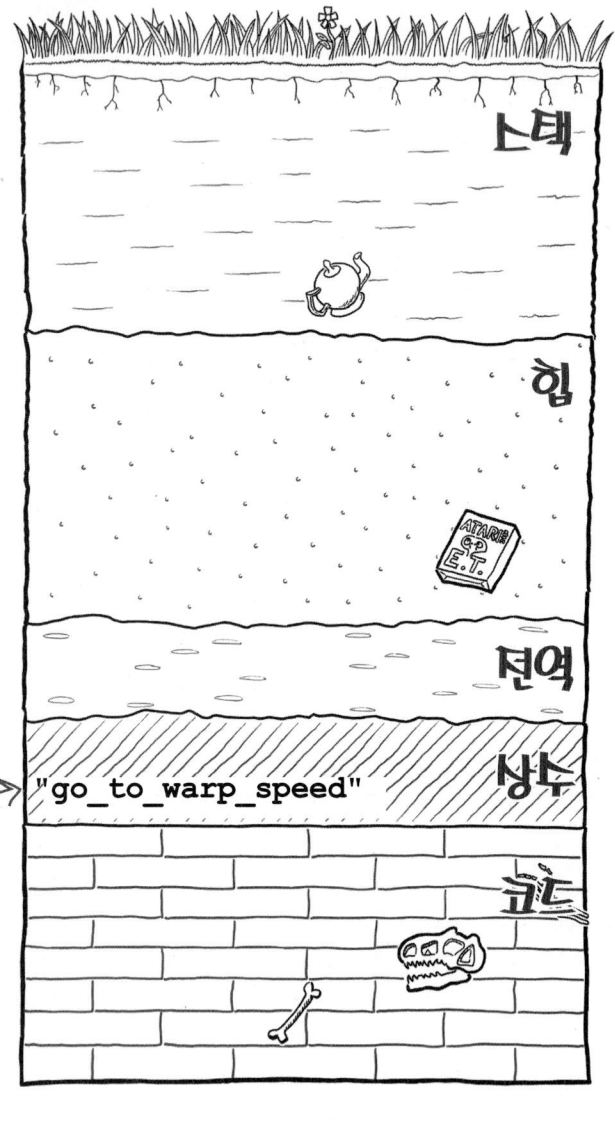

```
int go_to_warp_speed(int speed)
{
  dilithium_crystals(ENGAGE);
  warp = speed;
  reactor_core(c, 125000 * speed, PI);
  clutch(ENGAGE);
  brake(DISENGAGE);
  return 0;
}
```

여러분이 함수를 정의할 때에는 똑같은 이름의 함수 포인터도 만드는 겁니다.

이 포인터는 함수의 주소를 갖고 있습니다.

"go_to_warp_speed"

```
go_to_warp_speed(4);
```

함수를 호출할 때 여러분은 함수 포인터를 사용하고 있는 겁니다.

함수 포인터를 사용하기 위해 필요한 C 구문을 살펴보겠습니다.

... 그런데 function 데이터형은 없습니다

보통 C에서 포인터를 선언하기는 아주 쉽습니다. int 같은 데이터형을
정의한 후에는 데이터형 이름 다음에 별표만 추가하면 int형에 대한
포인터를 선언할 수 있습니다. 그런데 불행히도 C는 function이라는
데이터형을 제공하지 않습니다. 따라서 function*처럼 함수 포인터를
선언할 수는 없습니다.

```
int *a;   ←── int형에 대한 포인터를 선언합니다...
```

```
function *f;   ←── ...그렇지만 이렇게 함수 포인터를 선언하지는 못합니다.
```

C에는 왜 function 데이터형이 없는 걸까요?

함수는 다양한 형을 가질 수 있기 때문에 function이라는 데이터형은 C
에 없습니다. 함수를 만들 때 반환형과 받는 파라미터의 종류 등 여러
가지를 바꿀 수 있습니다. 이 조합이 함수의 형을 결정합니다.

```
int go_to_warp_speed(int speed)
{
    ...
}



char** album_names(char *artist, int year)
{
    ...
}
```

함수는 다양한 형을 갖고 있습니다. 반환형과
파라미터가 다르기 때문에 이 두 함수는 서로
다른 형입니다.

따라서 함수 포인터를 사용하려면 약간 더 복잡한 표기법을 사용해야
합니다...

함수 포인터를 만드는 방법

가령 여러분이 앞 페이지에 있는 함수를 저장할 수 있는 포인터 변수를 만든다고 가정하겠습니다. 아마도 다음과 같이 해야 할 겁니다.

```
int (*warp_fn)(int);
warp_fn = go_to_warp_speed;
warp_fn(4);
```

이 둘은 warp_fn이라는 포인터 변수를 만들어 go_to_warp_speed() 함수의 투소를 저장합니다.

이 둘은 go_to_warp_speed(4)를 호출하는 것과 똑같습니다.

```
char** (*names_fn)(char*,int);
names_fn = album_names;
char** results = names_fn("Sacha Distel", 1972);
```

이 둘은 names_fn이라는 변수를 만들어 album_names() 함수의 투소를 저장합니다.

상당히 복잡해 보이지 않나요, 그렇죠?

불행히도 다른 방법이 없습니다. 컴파일러에 함수의 반환형과 받는 파라미터형을 알려줘야 하기 때문입니다. 그러나 일단 함수 포인터 변수를 선언한 후에는 다른 변수와 똑같이 사용할 수 있습니다. 변수에 값을 대입하고, 배열에 변수를 추가하고, 함수에 전달할 수도 있습니다…

… 이제 find( ) 코드로 돌아가볼까요? …

바보 같은 질문이란 없습니다

Q: char**는 무엇인가요? 오자인가요?

A: char**는 문자열의 배열을 가리키기 위해 종종 사용하는 포인터형입니다.

사람들이 요청한 다른 검색 조건들을 살펴보세요. 각 조건을 검색할 수 있는 함수를 만들 수 있을까요? 첫 번째 함수는 여러분을 위해 미리 만들어 두었습니다.

```c
int sports_no_bieber(char *s)
{
    return strstr(s, "스포츠") && !strstr(s, "비버");
}
```

스포츠는 좋아하지만
저스틴 비버는 좋아하지
않는 사람

```c
int sports_or_workout(char *s)
{
    ..........................................................................................
}
```

스포츠나 운동을
좋아하는 사람을
찾아줘.

```c
int ns_theater(char *s)
{
    ..........................................................................................
}
```

난 연극을 좋아하는
비흡연자를 원해.

```c
int arts_theater_or_dining(char *s)
{
    ..........................................................................................
}
```

미술이나 연극이나
외식을 좋아하는
사람을 찾아줘.

그리고 나서 find() 함수를 완성할 수 있는지 해보세요.

```c
void find( .............................................. )
{
    int i;
    puts("검색 결과:");
    puts("--------------------------------");
    for (i = 0; i < NUM_ADS; i++) {
        if (match(ADS[i])) {
            printf("%s\n", ADS[i]);
        }
    }
    puts("--------------------------------");
}
```

match라고 불리는 함수
포인터를 find()에 파라미터로
보내야 합니다.

이 코드는 전달받은 match() 함수를
호출합니다.

연습문제 정답

여러분은 사람들이 요청한 다른 검색 조건들을 살펴보고 각 조건을 검색할 수 있는 함수를 만들어야 했습니다.

스포츠는 좋아하지만
저스틴 비버는 좋아하지
않는 사람

```c
int sports_no_bieber(char *s)
{
    return strstr(s, "스포츠") && !strstr(s, "비버");
}
```

스포츠나 운동을
좋아하는 사람을
찾아줘.

```c
int sports_or_workout(char *s)
{
    return strstr(s,"스포츠") || strstr(s,"운동");
}
```

난 연극을 좋아하는
비흡연자를 원해.

```c
int ns_theater(char *s)
{
    return strstr(s,"비흡연") && strstr(s, "연극");
}
```

미술이나 연극이나
외식을 좋아하는
사람을 찾아줘.

```c
int arts_theater_or_dining(char *s)
{
    return strstr(s,"미술") || strstr(s,"연극") || strstr(s,"외식");
}
```

그리고 나서 find() 함수를 완성해야 했습니다.

```c
void find(    int (*match)(char*)    )
{
    int i;
    puts("검색 결과:");
    puts("--------------------------------");
    for (i = 0; i < NUM_ADS; i++) {
        if (match(ADS[i])) {
            printf("%s\n", ADS[i]);
        }
    }
    puts("--------------------------------");
}
```

시험 주행

이제 함수를 돌려보고 어떻게 실행되는지 확인해보겠습니다. 여러분은
find() 함수를 다음과 같이 차례대로 호출하는 프로그램을 만들어야
합니다.

```c
int main()
{
  find(sports_no_bieber);
  find(sports_or_workout);
  find(ns_theater);
  find(arts_theater_or_dining);
  return 0;
}
```

find(sports_no_bieber);의 출력입니다.

find(sports_or_workout);의 출력입니다.

find(ns_theater);의 출력입니다.

find(arts_theater_or_dining);의 출력입니다.

```
File Edit Window Help FindersKeepers
> gcc find2.c -o find2 && ./find
검색 결과:
--------------------------------------
윌리엄: 독신흑인남 유머 감각 스포츠, TV, 외식 좋아함
조쉬: 독신유태인남 스포츠, 영화, 연극 좋아함

검색 결과:
--------------------------------------
윌리엄: 독신흑인남 유머 감각 스포츠, TV, 외식 좋아함
마이크: 이혼백인남 음주흡연 트럭, 스포츠, 비버 좋아함
피터: 독신아시아남 체스, 운동, 미술 좋아함
조쉬: 독신유태인남 스포츠, 영화, 연극 좋아함

검색 결과:
--------------------------------------
매트: 독신백인남 비흡연 미술, 영화, 연극 좋아함

검색 결과:
--------------------------------------
윌리엄: 독신흑인남 유머 감각 스포츠, TV, 외식 좋아함
매트: 독신백인남 비흡연 미술, 영화, 연극 좋아함
루이스: 독신라틴남 비음주 독서, 연극, 미술 좋아함
피터: 독신아시아남 체스, 운동, 미술 좋아함
조쉬: 독신유태인남 스포츠, 영화, 연극 좋아함
제드: 이혼흑인남 연극, 독서, 외식 좋아함
--------------------------------------
>
```

find() 함수를 호출할 때마다 매우 다른 조건으로 검색합니다. 함수
포인터가 C 언어에서 얼마나 막강한 기능인지 이제 아시겠죠? 함수
포인터를 사용하면 함수를 결합할 수 있으므로 **더 강력**하고 **더 적은**
코드로 프로그램을 만들 수 있습니다.

─함수 포인터에 대한 사냥꾼의 안내 ─

막상 사냥을 나가 갈대에 숨어 있을 때에는 함수 포인터를 알아보기 매우 어려울 수 있습니다. 다음의 간단한 사냥 안내 그림은 C 사용자 탄창 주머니에 쏙 들어갈 수 있겠네요.

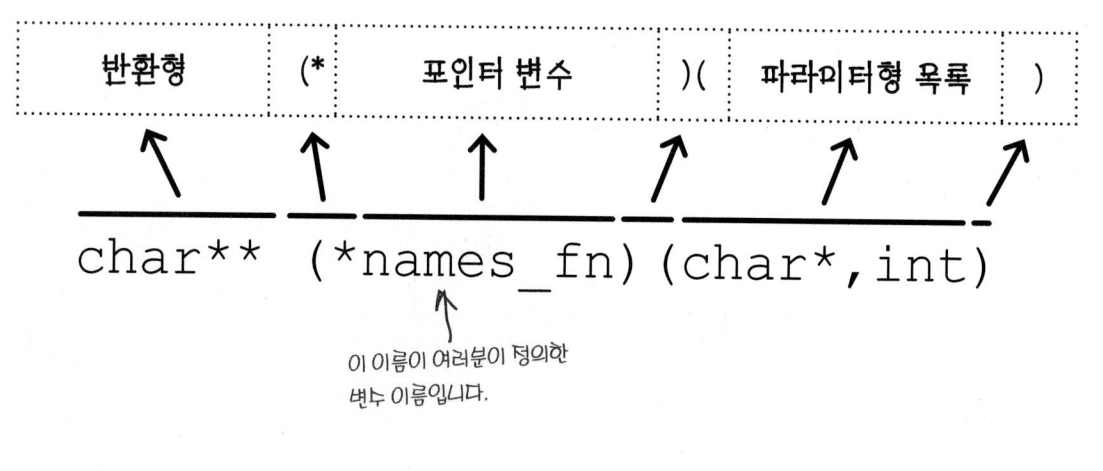

| 반환형 | (* | 포인터 변수 |)(| 파라미터형 목록 |) |

```
char** (*names_fn)(char*,int)
```

이 이름이 여러분이 정의한
변수 이름입니다.

바보 같은 질문 이란 없습니다

Q: 함수 포인터도 포인터라면, 함수를 호출할 때 앞에 역참조 연산자(*)를 붙여야 하지 않나요?

A: 역참조 연산자를 붙일 수도 있습니다. 프로그램에서 match(ADS[i]) 대신 (*match)(ADS[i])로 써도 됩니다.

Q: 함수의 주소를 가져오려면 주소 연산자(&)를 쓸 수 있나요?

A: 네. find(sports_or_workout) 대신 find(&sports_or_workout)으로 쓸 수도 있습니다.

Q: 그런데 왜 그렇게 안 한 거죠?

A: 코드가 읽기 좋아지기 때문에 그렇습니다. 함수 포인터에 대해서는 *와 & 를 사용하지 않아도 C가 여러분이 원하는 걸 알아냅니다.

C 표준 라이브러리로 정렬하기

많은 프로그램은 정렬 기능이 있어야 합니다. 그리고 데이터가
숫자와 같은 간단한 형이면 정렬은 매우 쉽습니다. 숫자는 자신의
고유한 순서를 갖고 있기 때문이죠. 그런데 다른 형의 데이터를
정렬하기는 그리 쉽지 않습니다.

예를 들어 여러 사람이 있다고 가정합시다. 어떤 순서로 정렬할
수 있을까요? 키? 지능? 멋진 정도?

C 표준 라이브러리를 만든 사람들이 정렬 함수를 만들 때 다음과
같은 문제가 있었습니다.

정렬 함수가 모든 형의 데이터를 제대로 정렬할 수 있을까?

순서 정하기에 함수 포인터 사용하기

여러분이 이미 답을 생각해냈을지도 모르겠습니다. C 표준
라이브러리는 비교 함수(Comparator Function)에 대한 포인터를
받는 정렬 함수를 갖고 있습니다. 비교 함수는 두 데이터를 받아
앞의 인자가 뒤의 인자와 같은지, 더 작은지, 더 큰지 알려주기 위해
사용합니다.

qsort( ) 함수는 다음과 같습니다.

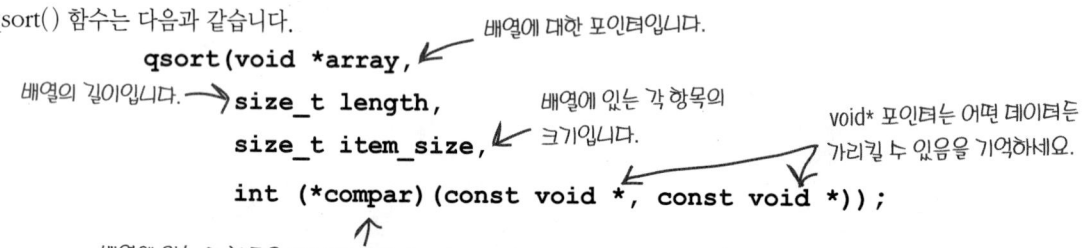

qsort( ) 함수는 계속해서 두 값을 비교합니다. 그리고 올바른 순서가
아니면 그 두 값의 자리를 서로 바꿉니다.

이때 두 값을 비교하기 위해 비교 함수가 사용됩니다. 이 함수는 두
데이터가 어느 순서로 있어야 하는지 qsort()에 알려줍니다. 비교
함수는 세 가지 값을 반환해 이 사실을 알려줍니다.

비교 함수가 구체적으로 작동하는 방법을 알아보기 위해 예제를 살펴보겠습니다.

정수 정렬 들여다보기

여러분이 정수 배열을 갖고 있고 오름차순으로 정렬하려고 한다고
가정하겠습니다. 비교 함수는 어떻게 구현해야 할까요?

```
int scores[] = {543,323,32,554,11,3,112};
```

qsort()가 원하는 비교 함수의 **시그너처**를 보면, 비교 함수는 **void***형의
인자 두 개를 받습니다. malloc()을 사용할 때 **void***를 사용했던 것
기억나죠? void형의 포인터는 **모든 종류의 데이터**의 주소를 저장할 수
있지만, 사용하기 전에 구체적인 형으로 변환해야 합니다.

> void형의 포인터인
> void*는 어떤 포인터도
> 저장할 수 있습니다.

qsort() 함수는 배열에 있는 한 쌍의 데이터를 비교하고 올바른 순서로
놓아 정렬합니다. qsort()는 여러분이 제공한 비교 함수를 사용해 두 값을
비교합니다.

```
int compare_scores(const void* score_a, const void* score_b)
{
    ...
}
```

언제나 값이 비교 함수에 포인터로 전달됩니다. 따라서 먼저 포인터가
가리키고 있는 곳으로부터 정수값을 가져와야 합니다.

void 포인터를 정수형
포인터로 변환해야 합니다.

```
int a = *(int*)score_a;
int b = *(int*)score_b;
```

제일 앞에 나오는 별표는 score_b
투소에 저장된 정수값을 가져옵니다.

그리고 나서 비교 함수는 앞의 인자가 뒤의 인자보다 큰지,
작은지, 같은지에 따라 양수, 음수, 0을 반환합니다. 정수의
경우 이 비교는 매우 간단합니다. 다음과 같이 첫 번째
인자에서 두 번째 인자를 빼면 됩니다.

> 비교 함수가 -21을
> 반환했으니 11이 32보다 앞에
> 가야 한다는 말이군.

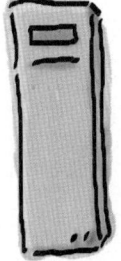

```
return a - b;  ← a > b이면 양수, a < b이면 음수, 같으면 0이 됩니다.
```

그리고 배열을 정렬하려면 다음과 같이 qsort()를 호출하면 됩니다.

```
qsort(scores, 7, sizeof(int), compare_scores);
```

긴 연습문제

이제 여러분 차례입니다. 다음의 정렬 요구 사항을 보고, 각 정렬 방법에 대한 비교 함수를 만들 수 있을지 생각해보세요. 시작하기 쉽게 제일 앞의 함수 한 개는 이미 완성해놨습니다.

정수를 작은 수부터 정렬

```c
int compare_scores(const void* score_a, const void* score_b)
{
    int a = *(int*)score_a;
    int b = *(int*)score_b;
    return a - b;
}
```

정수를 큰 수부터 정렬

```c
int compare_scores_desc(const void* score_a, const void* score_b)
{
    ..............................................................................
    ..............................................................................
    ..............................................................................
}
```

사각형을 면적이 작은 것부터 정렬

```c
typedef struct {        ← 사각형에 대한
    int width;            구조체입니다.
    int height;
} rectangle;

int compare_areas(const void* a, const void* b)
{
    ..............................................................................
    ..............................................................................
    ..............................................................................
    ..............................................................................
    ..............................................................................
}
```

주의: 이 문제는 정말 까다롭습니다.

이름 목록을 알파벳 순으로 정렬합니다. 대소문자를 구분합니다.

```c
int compare_names(const void* a, const void* b)
{
    ....................................................................................

    ....................................................................................

    ....................................................................................

}
```

문자열은 char에 대한 포인터인데, 문자열에 대한 포인터는 어떻게 될까요?

힌트는 다음과 같습니다.

strcmp("Abc", "Def") < 0

그리고 마지막입니다. 여러분이 이미 compare_areas()와 compare_names() 함수를 정의했다면, 이 두 함수를 이용해 다음의 비교 함수는 어떻게 구현하겠습니까?

사각형을 면적이 큰 것부터 정렬

```c
int compare_areas_desc(const void* a, void* b)
{
    ....................................................................................

}
```

이름 목록을 알파벳 역순으로 정렬합니다. 대소문자를 구분합니다.

```c
int compare_names_desc(const void* a, const void* b)
{
    ....................................................................................

}
```

긴 연습문제 정답

이제 여러분 차례입니다. 여러분은 다음의 정렬 요구 사항을 보고, 각 정렬 방법에 대한 비교 함수를 만들어야 했습니다.

정수를 작은 누부터 정렬

```
int compare_scores(const void* score_a, const void* score_b)
{
    int a = *(int*)score_a;
    int b = *(int*)score_b;
    return a - b;
}
```

이 함수는 이미 구현되었습니다.

정수를 큰 누부터 정렬

```
int compare_scores_desc(const void* score_a, const void* score_b)
{
    int a = *(int*)score_a;
    int b = *(int*)score_b;
    return b - a;
}
```

숫자를 반대로 빼면 결국 정렬 눈서를 반대로 만들 수 있습니다.

사각형을 면적이 작은 것부터 정렬

```
typedef struct {
    int width;
    int height;
} rectangle;
```

사각형에 대한 구토체입니다.

```
int compare_areas(const void* a, const void* b)
{
    rectangle* ra = (rectangle*)a;
    rectangle* rb = (rectangle*)b;
    int area_a = (ra->width * ra->height);
    int area_b = (rb->width * rb->height);
    return area_a - area_b;
}
```

먼저 포인터를 올바른 형으로 변환합니다.

그리고 면적을 계산합니다.

그리고 뺄셈 방법을 사용합니다.

이름 목록을 알파벳 눈으로 정렬합니다. 대소문자를 구분합니다.

```
int compare_names(const void* a, const void* b)
{
    char** sa = (char**)a;
    char** sb = (char**)b;
    return strcmp(*sa, *sb);
}
```

문자열은 char에 대한 포인터입니다. 따라서 여러분이 받는 포인터는 char에 대한 포인터의 포인터입니다.

실제 문자열의 투소를 알아내기 위해 역참조 연산자를 사용해야 합니다.

힌트는 다음과 같습니다.
strcmp("Abc", "Def") < 0

그리고 마지막입니다. 여러분은 이미 정의한 compare_areas( )와 compare_names( ) 함수를 이용해 다음의 비교 함수를 구현해야 했습니다.

사각형을 면적이 큰 것부터 정렬

```
int compare_areas_desc(const void* a, const void* b)
{
    return compare_areas(b, a);
}
```

아니면 -compare_areas(a, b)로 써도 됩니다.

이름 목록을 알파벳 역눈으로 정렬합니다. 대소문자를 구분합니다.

```
int compare_names_desc(const void* a, const void* b)
{
    return compare_names(b, a);
}
```

아니면 -compare_names(a, b)로 써도 됩니다.

연습 문제가 약간 어렵더라도 너무 걱정할 필요는 없어요.

이 연습 문제는 포인터, 함수 포인터, 그리고 약간의 수학도 필요합니다. 이 연습 문제가 약간 어렵다면, 쉬면서 음료수 한 잔 마시고 한두 시간 후에 다시 도전하세요.

시험 주행

비교 함수 중 몇몇은 정말 멋집니다. 그러니 실제로 돌려볼 가치가 있겠죠?
비교 함수를 호출하기 위해 다음과 같은 코드를 약간 추가해야 합니다.

```c
#include <stdio.h>
#include <string.h>
#include <stdlib.h>
```

비교 함수를 여기에 →
놓습니다.

```c
int main()
{
  int scores[] = {543,323,32,554,11,3,112};
  int i;
  qsort(scores, 7, sizeof(int), compare_scores_desc);
  puts("점수를 정렬한 결과:");
  for (i = 0; i < 7; i++) {
    printf(""점수 = %i\n", scores[i]);
  }
  char *names[] = { "카렌", "마크", "브렛", "몰리" };
  qsort(names, 4, sizeof(char*), compare_names);
  puts("이름을 정렬한 결과:");
  for (i = 0; i < 4; i++) {
    printf("%s\n", names[i]);
  }
  return 0;
}
```

이 명령은 scores → 배열을 정렬합니다.

qsort()는 배열 안에 있는 항목의 눈서를 바꿉니다.

이 코드는 배열을 정렬한 → 후에 출력합니다.

names 배열을 → 정렬합니다.

이름의 배열은 단지 char 포인터의 배열일 뿐입니다. 따라서 각 항목의 크기는 sizeof(char*)가 된다는 점을 기억하세요.

← 이 코드는 정렬된 이름을 출력합니다.

코드를 컴파일하고 실행하면 다음과 같은 화면을 볼 수 있습니다.

```
File Edit Window Help Sorted
> gcc test_drive.c -o test_drive &&./test_drive
점수를 정렬한 결과:
점수 = 554
점수 = 543
점수 = 323
점수 = 112
점수 = 32
점수 = 11
점수 = 3
이름을 정렬한 결과:
마크
물리
브렛
카렌
>
```

훌륭합니다! 제대로 작동해요.
이제 여러분이 직접 예제 코드를 작성해보세요. 정렬 함수는 상당히
유용하지만, 필요한 비교 함수는 작성하기 까다로울 수도 있습니다.
그러나 연습을 많이 할수록 더 쉬워집니다.

직접 해보세요!

바보 같은 질문이란 없습니다

Q: 문자열의 배열에 대한 비교 함수를
모르겠습니다. char**가 의미하는 게
뭔가요?

A: 문자열의 배열에 들어 있는 각 항목은
문자에 대한 포인터(char*)입니다. qsort()
가 비교 함수를 호출할 때 배열에 있는 두
항목에 대한 포인터를 보냅니다. 따라서 비교
함수가 받는 인자는 문자에 대한 포인터에
대한 포인터가 됩니다. C로 표현하면 각
인자는 char**형이 됩니다.

Q: 알겠습니다. 그런데 strcmp() 함수를
호출할 때 왜 strcmp(a, b)가 아니라
strcmp(*a, *b)로 호출했나요?

A: a와 b는 char**형입니다. strcmp()
함수는 char*형 인자를 받기 때문에
그렇습니다.

Q: qsort()는 정렬된 배열을 따로
만들어주나요?

A: 따로 사본을 만들지 않고, 원래 배열을
바꿉니다.

Q: 왜 머리가 아플까요?

A: 너무 걱정하지 마세요. 때로는
포인터가 사용하기 정말 어렵습니다.
포인터가 헷갈리지 않는다면 오히려
여러분이 포인터에 대해 충분히 고민하고
있지 않음을 나타냅니다.

이별 편지 자동으로 만들기

다른 사람에 서로 다른 편지를 자동으로 보내는 프로그램을 만든다고
생각해보세요. 각 편지에 대한 응답을 데이터 구조로 만들면 다음과
같을 겁니다.

사람들에게 보낸 메시지의 세 가지 종류입니다.

```
enum response_type {DUMP, SECOND_CHANCE, MARRIAGE};
typedef struct {
  char *name;
  enum response_type type;  ← 받은 응답 데이터별로 응답의
} response;                    종류를 기록할 겁니다.
```

열거형은 여러분이 보낼 응답의 종류에 대한 이름입니다. 각 응답에 대해
응답의 종류를 기록합니다. 그리고 새로 정의한 response_type형을
사용해 응답 종류에 따라 세 함수를 호출하게 됩니다.

```
void dump(response r)
{
    printf("%s께,\n", r.name);
    puts("안타깝게도 귀하가 지난 번에 만난 데이트 상대자께서");
    puts("귀하를 다시 만나고 싶지 않다고 합니다");
}

void second_chance(response r)
{
    printf("%s께,\n", r.name);
    puts("좋은 소식입니다. 귀하가 지난 번에 만난 데이트 상대께서");
    puts("귀하를 한 번 더 만나고 싶어 합니다. 바로 전화주세요.");
}

void marriage(response r)
{
    printf("%s께,\n", r.name);
    puts("축하드립니다! 귀하가 지난 번에 만난 데이트 상대께서");
    puts("결혼하고 싶다고 알려왔습니다..");
}
```

자, 이제 데이터가 어떻게 생겼는지 알았고 답장을 생성할 함수도
갖추었으니, 데이터의 배열에서 답장을 생성하는 코드가 얼마나
복잡할지 알아보겠습니다.

수영장 퍼즐

수영장에서 코드 조각을 가져와 아래 코드의 빈칸에
알맞게 놓으세요. 여러분의 목표는 main()
함수를 완료해 response 데이터에 있는
배열에 맞는 답장을 생성하는 겁니다. 코드
조각은 한 번만 사용할 수 있습니다.

```
int main()
{
    response r[] = {
        {"마이크", DUMP}, {"루이스", SECOND_CHANCE},
        {"메트", SECOND_CHANCE}, {"윌리엄", MARRIAGE}
    };
    int i;
    for (i = 0; i < 4; i++) {
        switch(.....................) {
        case .....................:
            dump(.....................);
            break;
        case .....................:
            second_chance(.....................);
            break;
        default:
            marriage(.....................);
        }
    }
    return 0;
}
```

주의: 수영장에 있는 코드
조각은 한 번만 사용할 수
있어요.

r[i].type

DUMP

r[i].name

r[i]

r[i]

r[i].name

SECOND_CHANCE

dump

r[i].name

second_chance

r[i]

수영장 퍼즐 정답

여러분은 수영장에서 코드 조각을 가져와 아래 코드의
빈칸에 알맞게 놓아야 했습니다. 여러분의
목표는 main() 함수를 완료해 response
데이터에 있는 배열에 맞는 답장을 생성하는
것이었습니다.

```c
int main()
{
    response r[] = {
        {"마이크", DUMP}, {"루이스", SECOND_CHANCE},
        {"메트", SECOND_CHANCE}, {"윌리엄", MARRIAGE}
    };
    int i;
    for (i = 0; i < 4; i++) {        ← 배열에 대해 루프를 돕니다.
        switch(    r[i].type    ) {   ← 매번 type 필드를 검사합니다.
        case    DUMP    :
            dump(    r[i]    );
            break;
        case SECOND_CHANCE:
            second_chance(    r[i]    );
            break;
        default:
            marriage(    r[i]    );
        }
    }
    return 0;
}
```

각 type에 맞는 함수를
호출합니다.

주의: 수영장에 있는 코드
조각은 한 번만 사용할 수
있어요.

r[i].name

r[i].name

dump   r[i].name   second_chance

시험 주행

프로그램을 실행하면 각 사람에 대해 다음과 같이 올바른 응답을
생성합니다.

```
File Edit Window Help DontForgetToBreak
> gcc send_dear_johns.c -o send_dear_johns && ./send_dear_johns
마이크께,
안타깝게도 귀하가 지난 번에 만난 데이트 상대자께서
귀하를 다시 만나고 싶지 않다고 합니다.
루이스께,
좋은 소식입니다. 귀하가 지난 번에 만난 데이트 상대께서
귀하를 다시 만나고 싶어 합니다. 바로 전화주세요.
매트께,
좋은 소식닙니다. 귀하가 지난번에 만난 데이트 상대께서
귀하를 다시 만나고 싶어합니다. 바로 전화주세요.
윌리엄께,
축하드립니다! 귀하가 지난번에 만난 데이트 상대께서
결혼하고 싶다고 알려왔습니다.

>
```

와! 정말 멋지게 작동합니다. 그런데 여기에는 응답 데이터에 대해
그저 함수만 호출하는 코드가 매우 많습니다. 응답에 맞는 함수를
일일이 호출하는 코드는 다음과 같습니다.

```
switch(r.type) {
case DUMP:
  dump(r);
  break;
case SECOND_CHANCE:
  second_chance(r);
  break;
default:
  marriage(r);
}
```

소개 회사에서 말하길
프로그래머가 break문 넣는 걸
깜빡했대. 결국 난 이 남자와
결혼하게 되버렸지...

그리고 응답 형태에 네 번째 응답 종류를 추가하면 어떻게
될까요? 여러분은 이렇게 만든 코드를 모두 고쳐야 합니다.
조만간 유지보수해야 할 코드가 많아질텐데, 이 방법은
문제가 생길 것 같습니다.

다행히도 C에는 여러분이 사용할 수 있는 또 다른 방법이
있습니다. 그 방법은 배열을 사용하는 겁니다...

함수 포인터의 배열 만들기

방법은 응답 종류에 따라 대응하는 함수 포인터의 배열을 만드는 겁니다.
어떻게 작동하는지 알아보기 전에, 함수 포인터의 배열을 만드는 방법에
대해 알아봅시다. 만약 수많은 함수 이름을 저장할 수 있는 배열이 있다면
다음과 같을 겁니다.

```
replies[] = {dump, second_chance, marriage};
```

그런데 이 문장은 C에서는 작동하지 않습니다. 여러분은 배열에 저장할
함수가 어떻게 생겼는지 정확히 컴파일러에 알려줘야 합니다. 함수의
반환형과 함수가 받는 인자를 말이죠. 다시 말하면 여러분은 다음과 같이
훨씬 더 복잡한 구문을 사용해야 한다는 의미입니다.

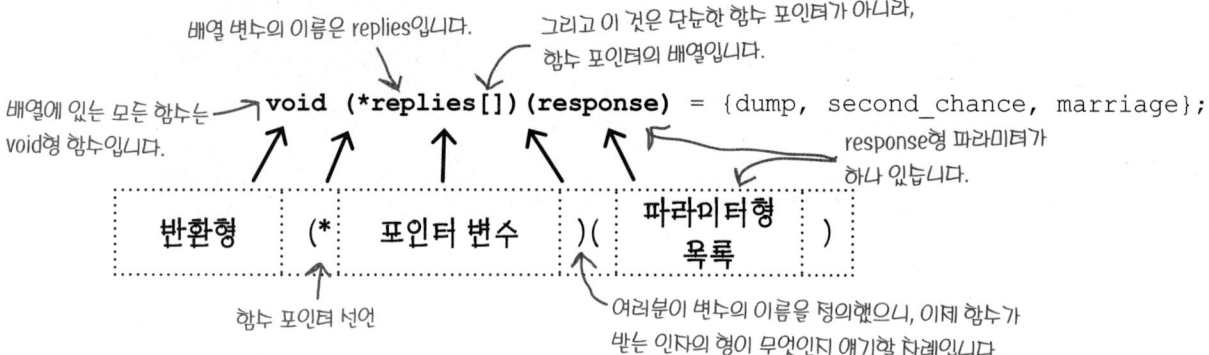

배열 변수의 이름은 replies입니다.

그리고 이 것은 단순한 함수 포인터가 아니라,
함수 포인터의 배열입니다.

배열에 있는 모든 함수는
void형 함수입니다.

```
void (*replies[])(response) = {dump, second_chance, marriage};
```

response형 파라미터가
하나 있습니다.

| 반환형 | (* | 포인터 변수 |)(| 파라미터형 목록 |) |

함수 포인터 선언

여러분이 변수의 이름을 정의했으니, 이제 함수가
받는 인자의 형이 무엇인지 얘기할 차례입니다.

그런데 배열을 사용하면 어떻게 좋아지나요?

배열을 보세요. 이 배열엔 열거형에 있는 형의 이름과 똑같은 순서로 함수
이름들이 들어 있어요.

```
enum response_type {DUMP, SECOND_CHANCE, MARRIAGE};
```

이 것은 정말 중요합니다. 왜냐하면 C가 열거형을 만들 때, 각 기호에
대해 0번부터 하나씩 증가한 값을 대입하기 때문입니다. 따라서 DUMP
는 0, SECOND_CHANCE는 1, MARRIAGE는 2 값을 갖습니다.
이렇게 되면 정말 깔끔해집니다. 단지 배열에 **response_type**
을 색인으로 적용하면 원하는 함수에 대한 포인터를 가져올 수 있기
때문입니다.

replies는 함수 포인터의
배열입니다.

```
replies[SECOND_CHANCE] == second_chance
```

결국 second_chance()
함수의 이름이 같습니다.

SECOND_CHANCE는 값이 1입니다.

**이제 이전의 main() 함수를 수정해 함수 포인터의 배열을
사용해보겠습니다.**

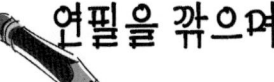 **연필을 깎으며**

자, 이번 연습 문제는 상당히 힘든 문제입니다. 그렇지만 충분히 시간을
갖고 하면 문제는 없을 겁니다. 여러분은 이 코드를 완성하기 위한 모든
지식을 갖추었습니다. 이 새로운 main() 함수 버전에서는 앞에서 사용했던
switch/case문을 없애고 **단 한 줄의 코드**로 바꾸면 됩니다. 새로 추가한
줄은 replies 배열에서 올바른 함수 이름을 찾아내 그 **함수를 호출**합니다.

```c
void (*replies[])(response) = {dump, second_chance, marriage};

int main()
{
  response r[] = {
    {"마이크", DUMP}, {"루이스", SECOND_CHANCE},
    {"매트", SECOND_CHANCE}, {"윌리엄", MARRIAGE}
  };
  int i;
  for (i = 0; i < 4; i++) {
    ..............................................................................
  }
  return 0;
}
```

자, 이번 연습 문제는 상당히 힘든 문제입니다. 여러분은 새로운 main() 함수 버전에 앞에서 사용했던 switch/case문을 없애고 단 한 줄의 코드로 바꿔야 했습니다. 새로 추가한 줄은 replies 배열에서 올바른 함수 이름을 찾아내 그 **함수를 호출**해야 합니다.

```c
void (*replies[])(response) = {dump, second_chance, marriage};

int main()
{
  response r[] = {
    {"마이크", DUMP}, {"루이스", SECOND_CHANCE},
    {"매트", SECOND_CHANCE}, {"윌리엄", MARRIAGE}
  };
  int i;
  for (i = 0; i < 4; i++) {
    (replies[r[i].type])(r[i]);
  }
  return 0;
}
```

여러분이 원하면 여는 괄호 바로 다음에 역참조 연산자(*)를 추가할 수도 있지만, 작동하는 건 똑같습니다.

코드를 분해해 봅시다.

이 전체는 dump나 marriage와 같은 함수 이름이 됩니다.

$$(replies[r[i].type])(r[i]);$$

함수 이름의 배열입니다.

DUMP면 0, MARRIAGE면 2의 값이 됩니다.

여러분은 함수를 호출하고 응답 데이터 r[i]를 인자로 보내고 있습니다.

시험 주행

자, 여러분의 새로운 프로그램을 실행하면, 결과는 이전과 똑같이
나옵니다.

```
File Edit Window Help WhoIsJohn
> gcc dear_jones.c -o dear_jones && ./dear_jones
마이크께,
안타깝게도 귀하가 지난 번에 만난 데이트 상대자께서
귀하를 다시 만나고 싶지 않다고 합니다.
루이스께,
좋은 소식입니다. 귀하가 지난 번에 만난 데이트 상대께서
귀하를 다시 만나고 싶어 합니다. 바로 전화주세요.
매트께,
좋은 소식닙니다. 귀하가 지난번에 만난 데이트 상대께서
귀하를 다시 만나고 싶어합니다. 바로 전화주세요.
윌리엄께,
축하드립니다! 귀하가 지난번에 만난 데이트 상대께서
결혼하고 싶다고 알려왔습니다.

>
```

달라진 것은? 이제 switch문으로 일일이 함수를 호출하던 것을
다음의 한 문장으로 바꿨습니다.

(replies[r[i].type])(r[i]);

응답 메시지 함수를 프로그램의 여러 곳에서 호출하더라도, 여러분은
많은 코드를 복사할 필요가 없게 됩니다. 그리고 만약 새 함수와 새
메시지 종류를 추가하더라도, 배열에 다음과 같이 추가하면 됩니다.

```
enum response_type {DUMP, SECOND_CHANCE, MARRIAGE, LAW_SUIT};
void (*replies[])(response) = {dump, second_chance, marriage, law_suit};
```

새 메시지 종류와
함수를 이렇게 넣으면
됩니다.

함수 포인터의 배열을 사용하면 여러분의 코드 관리가 훨씬 쉬워집니다.
배열로 코드를 더 짧고 확장하기 쉽게 만들면 코드의 규모를 확장하기
좋습니다. 처음에는 이해하기 매우 어렵더라도 함수 포인터의 배열을
사용하면 여러분의 C 프로그래밍 기술이 눈부시게 향상됩니다.

핵심정리

- 함수 포인터는 함수의 주소를 저장합니다.

- 함수 이름은 실제로는 함수에 대한 포인터입니다.

- shoot()라는 함수가 있다면 shoot와 &shoot는 모두 함수에 대한 포인터입니다.

- 함수에 대한 포인터 변수는 〈반환형〉(*〈변수 이름〉)(〈인자형 나열〉)로 선언할 수 있습니다.

- fp가 함수 포인터라면, 이 포인터가 가리키는 함수는 fp(〈인자〉, …) 명령으로 호출할 수 있습니다.

- 아니면 (*fp)(〈인자〉, …) 명령으로 호출할 수 있는데, C는 똑같이 처리합니다.

- C 표준 라이브러리에 있는 정렬 함수는 qsort()입니다.

- qsort()는 항목이 같은지 다른지 검사할 수 있는 비교 함수에 대한 포인터를 인자로 받습니다.

- 비교 함수는 정렬하고 있는 배열에 있는 두 항목에 대한 포인터를 인자로 받습니다.

- 데이터에 대한 배열을 갖고 있으면, 함수 포인터 배열을 사용해 데이터와 함수를 연결할 수 있습니다.

바보 같은 질문이란 없습니다

Q: 함수 포인터 배열의 문장 구조가 왜 이렇게 복잡한가요?

A: 함수 포인터를 선언할 때 반환형과 인자형을 선언해야 하기 때문에 약간 복잡합니다. 그래서 괄호가 많이 나타납니다.

Q: 이 프로그램은 다른 언어에 있는 일종의 객체지향 코드처럼 보이는데, 그런가요?

A: 비슷합니다. 객체지향 언어는 일련의 함수(메서드라고 합니다)와 데이터를 결합시킵니다. 똑같은 방식으로 여러분은 함수 포인터를 사용해 함수와 데이터를 결합시킬 수 있습니다.

Q: 오호! 그러면 C가 객체지향적이라는 말씀인가요? 우와, 멋진데요.

A: 그렇지는 않습니다. C는 객체지향 언어가 아닙니다. 그러나 C 언어에 기반한 오브젝티브–C나 C++ 같은 다른 언어는 함수 포인터를 내부적으로 사용하면서 다양한 객체지향 기능을 제공합니다.

함수를 주우우욱 늘어나게 만들어요

때로는 함수 포인터를 사용해 검색할 수 있는 find() 함수처럼 정말 강력한 C 함수를
만들 필요가 있습니다. 한편 사용하기 쉬운 함수를 만들 필요도 있습니다. printf()
함수를 예로 들어 보겠습니다. printf() 함수는 여러분이 사용한 정말 멋진 기능을
갖고 있습니다. 인자 개수가 바뀔 수 있어요. 가변 인자를 받을 수 있다는 거죠.

```
printf("벽에 %i병의 맥주, %i병의 맥주\n"\n", 99, 99);
printf("한 병 꺼내 주세요, ");
printf("%i병의 맥주가 벽에 남아 있습니다\n", 98);
```

printf() 함수에는 출력할 인자를 원하는
만큼 보낼 수 있어요.

어떻게 그럴 수 있죠?

그리고 여러분은 방금 이 기능을 필요로 하는 문제가 생겼습니다. 헤드 퍼스트
라운지에서는 직원들이 술값을 계산하는 데 약간의 문제가 생겼습니다. 직원 중 한
명이 판매하는 칵테일의 목록의 열거형과 각 칵테일의 가격을 반환하는 함수를 만들어
문제를 해결하려 하고 있습니다.

```
enum drink {
    MUDSLIDE, FUZZY_NAVEL, MONKEY_GLAND, ZOMBIE
};

double price(enum drink d)
{
    switch(d) {
    case MUDSLIDE:
        return 6.79;
    case FUZZY_NAVEL:
        return 5.31;
    case MONKEY_GLAND:
        return 4.82;
    case ZOMBIE:
        return 5.89;
    }
    return 0;
}
```

만약 헤드 퍼스트 라운지 직원이 그저 칵테일의 가격만 알기 원했다면 이 코드는 아주
멋집니다. 그런데 실제 원하는 건 전체 칵테일 주문에 대한 합계 금액이었습니다.

쉬워요. → price(ZOMBIE)

칵테일 수

total(3, ZOMBIE, MONKEY_GLAND, FUZZY_NAVEL) ← 넙지 않네요.

주문에 포함된 칵테일 이름들

직원들이 원하는 건 칵테일 수와 칵테일 이름의 목록을 받는 total()
이라는 함수였습니다.

 가변 인자 함수 ─────────────────────

가변 개수의 인자를 받는 함수를 **가변 인자 함수**(Variadic Function)라고 합니다. C 표준 라이브러리에는 여러분이 직접 가변 인자 함수를 만들 수 있게 도와주는 여러 **매크로**(Macro)를 포함하고 있습니다. 어떻게 작동하는지 알아보기 위해 가변 개수의 정수형을 출력하는 함수를 만들어보겠습니다.

> 매크로는 여러분의 소스코드를 변경할 수 있는 특별한 함수라고 생각하면 됩니다.

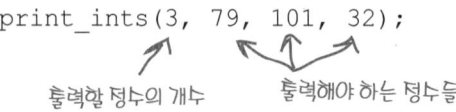

출력할 정수의 개수   출력해야 하는 정수들

코드는 다음과 같습니다.

> 가변 인자는 이 다음에 옵니다.

> 가변 인자는 args 인자 바로 다음부터 시작합니다.

> 일반적인 인자로서 언제나 전달해야 하는 고정 인자입니다.

> va_start는 어디에서부터 가변 인자가 시작되는지 알려줍니다.

> 모든 가변 인자가 끝날 때까지 이 루프를 반복합니다.

> args는 얼마나 많은 가변 인자가 있는지 알려줍니다.

```c
#include <stdarg.h>


void print_ints(int args, ...)
{
  va_list ap;
  va_start(ap, args);

  int i;
  for (i = 0; i < args; i++) {
    printf("argument: %i\n", va_arg(ap, int));
  }

  va_end(ap);
}
```

이 코드를 분해해 하나하나 살펴보겠습니다.

① stdarg.h 헤더 파일을 인클루드하세요.
가변 인자 함수를 처리하기 위한 모든 코드는 stdarg.h에 있으므로,
여러분은 반드시 이 헤더 파일을 인클루드해야 합니다.

② 인자가 더 있다고 함수에 알려주세요...
여주인공이 젊은 남자를 침실로 끌고 가서 그 장은 "..."로 끝나는
그런 책을 기억하시나요? 흠, 여기에 나오는 "..."는 생략 부호이며,
무언가 다른 것이 계속 이어진다고 암시합니다. C에서는 함수의 인자
다음에 나오는 생략 부호는 다음에 인자가 더 나온다고 알려주는
겁니다.

아니오, 헤드 퍼스트도 이런 책은 안 읽습니다.

③ va_list를 만드세요.
va_list는 함수에 전달된 추가 인자를 저장하기 위해 사용됩니다.

④ 어디에서 가변 인자가 시작하는지 알려주세요.
C는 마지막 고정 인자의 이름을 알아야 합니다. 우리 함수의 경우에는
args가 마지막 고정 인자입니다.

⑤ 그리고 가변 인자를 읽으세요. 한 번에 하나씩.
이제 여러분의 모든 인자가 va_list에 저장되어 있으니, va_arg로 하나씩
읽으면 됩니다. va_arg는 va_list와 다음 인자의 형, 두 값을 받습니다.
여러분의 경우 모든 인자는 정수형입니다.

⑥ 마지막으로... 리스트를 끝내세요.
인자를 모두 다 읽고 난 다음에는 C에게 끝났다고 알려줘야 합니다.
va_end 매크로를 호출하면 다 읽었다고 알려줍니다.

⑦ 이제 여러분이 만든 함수를 호출하세요.
함수 구현이 끝나면 다음과 같이 호출할 수 있습니다.

```
print_ints(3, 79, 101, 32);
```

이 함수는 79, 101, 32 값을 출력할 겁니다.

아이디어 탐구

함수와 매크로

매크로는 여러분의 코드가 컴파일되기 전에 코드를 수정합니다. 여러분이 여기에서 사용한 매크로(va_start, va_arg, va_end)는 함수처럼 보이지만, 사실은 코드를 컴파일하기 전에 여러분의 프로그램 안에 많은 똑똑한 코드를 생성하라고 전처리기에게 알려주는 비밀스러운 명령을 감추고 있습니다.

바보 같은 질문이란 없습니다

Q: 잠깐, va_end와 va_start를 왜 매크로라고 부르나요? 그저 평범한 함수 아닌가요?

A: 아닙니다. 이 매크로들은 평범한 함수처럼 보이지만, 실제로는 전처리기에 의해 다른 코드로 바뀝니다.

Q: 그러면 전처리기는요?

A: 전처리기는 컴파일 단계 바로 전에 실행됩니다. 많은 일을 하지만, 전처리기는 헤더 파일을 코드 안에 포함시키는 일도 합니다.

Q: 고정 인자를 전혀 사용하지 않고 가변 인자만 있는 함수도 만들 수 있나요?

A: 아니오. va_start에 이름을 전달할 수 있는 인자가 적어도 하나는 있어야 합니다.

Q: 실제로 전달된 인자보다 더 많이 va_arg에서 인자를 읽으면 어떻게 되나요?

A: 예측할 수 없는 에러가 발생합니다.

Q: 좋지 않군요.

A: 넵, 정말 나빠요.

Q: int형 인자를 double이나 다른 형으로 읽으면 어떻게 되나요?

A: 예측할 수 없는 에러가 발생합니다.

종습니다. 이제 여러분이 할 차례입니다. 헤드 퍼스트 라운지의 직원은 주문한 모든 칵테일의 총액을 반환하는
함수를 다음과 같이 만들고 싶어합니다.

```c
printf("가격은 %.2f입니다\n", total(3, MONKEY_GLAND, MUDSLIDE, FUZZY_NAVEL));
```

이 명령은 "가격은 16.9입니다"를
출력할 겁니다.

네 페이지 앞에 있는 price( ) 함수를 사용해 total( )에 대한 코드를 완성하세요.

```c
double total(int args, ...)
{
  double total = 0;

  ........................................................................

  ........................................................................

  ........................................................................

  ........................................................................

  ........................................................................

  ........................................................................

  ........................................................................

  ........................................................................

  return total;
}
```

종습니다. 이제 여러분이 할 차례입니다. 헤드 퍼스트 라운지의 직원은 주문한 모든 칵테일의 총액을 반환하는 함수를 다음과 같이 만들고 싶어합니다.

```
printf("가격은 %.2f입니다\n", total(3, MONKEY_GLAND, MUDSLIDE, FUZZY_NAVEL));
```

이 명령은 "가격은 16.92입니다"를
출력할 겁니다.

여러분은 다섯 페이지 앞에 있는 price( ) 함수를 사용해 total( )에 대한 코드를 완성해야 했습니다.

여러분의 코드가
이 코드와 완전히
똑같지 않아도 걱정할
필요 없어요. 코드를
작성하는 방법은
다양합니다.

```
double total(int args, ...)
{
    double total = 0;
    va_list ap;
    va_start(ap, args);
    int i;
    for(i = 0; i < args; i++) {
        enum drink d = va_arg(ap, enum drink);
        total = total + price(d);
    }
    va_end(ap);

    return total;
}
```

시험 주행

여러분이 다음과 같이 함수를 호출하는 시험 코드를 작성하면,
컴파일하고 다음과 같은 실행 화면을 볼 수 있을 겁니다.

시험 코드입니다.

```
main(){
    printf("가격은 %.2f입니다\n", total(2, MONKEY_GLAND, MUDSLIDE));
    printf("가격은 %.2f입니다\n", total(3, MONKEY_GLAND, MUDSLIDE, FUZZY_NAVEL));
    printf("가격은 %.2f입니다\n", total(1, ZOMBIE));
    return 0;
}
```

그리고 출력 화면은 이렇습니다.

```
File Edit Window Help Cheers
> ./price_drinks
가격은 11.61 입니다
가격은 16.92 입니다
가격은 5.89 입니다
>
```

여러분의 코드가 제대로 작동합니다!

이제 여러분은 코드를 더욱 간결하고 직관적으로 사용할
수 있게 가변 인자를 사용하는 방법을 익혔습니다.

아싸! 술을 아무리 많이
마신 다음이라도 이 정도
코드는 기억할 수 있다고...

핵심정리

- 가변 개수 인자를 받는 함수를 가변
  인자 함수라고 합니다.

- 가변 인자 함수를 만드려면 stdarg.h
  헤더 파일을 인클루드해야 합니다.

- 가변 인자는 va_list에 저장됩니다.

- va_start(), va_arg(), va_end()
  매크로를 사용해 va_list를 제어할
  수 있습니다.

- 고정 인자가 적어도 한 개
  필요합니다.

- 실제 받은 인자보다 많이 인자를
  읽으려고 하면 안 됩니다.

- 여러분이 읽을 인자의 데이터형을
  모두 알고 있어야 합니다.

C 도구상자

이제 7장을 정복했으며 여러분의 도구상자에
고급 함수 기능을 추가했습니다.
전체 도구상자 목록은 부록 ii를 참조하세요.

함수 포인터는 마치
데이터처럼 함수를
전달할 수 있게
해줍니다.

함수 포인터는 *와 &
연산자를 사용하지
않아도 되는 유일한
포인터형입니다.

... 그렇지만 여러분이
원한다면 사용할 수는
있어요.

함수의 이름은
함수에 대한
포인터입니다.

qsort()는
배열을
정렬합니다.

모든 정렬 함수는
비교 함수에 대한
포인터를 필요로
합니다.

인자 개수가 바뀔 수
있는 함수를 '가변 인자
함수'라고 합니다.

비교 함수는 두
데이터를 어떻게
정렬해야 하는지 알고
있습니다.

함수 포인터의 배열은
데이터에 따라 다른
함수를 호출할 수 있게
해줍니다.

stdarg.h는 가변
인자 함수를 만들
수 있게 합니다.

8 정적 라이브러리와 동적 라이브러리

핫 스와핑 코드

발가락뼈는 발바닥뼈에 정적으로 연결되어 있고, 발바닥뼈는 발목뼈에 정적으로 연결되어 있습니다...

여러분은 이미 표준 라이브러리의 강력함을 보아왔습니다.

자, 이제 여러분 자신의 코드를 위해 그 능력을 사용할 때가 되었습니다. 이 장에서 여러분은 직접 **라이브러리를 만들고** 여러 프로그램에 **코드를 재사용하는 방법**을 배울 겁니다. 그뿐만 아니라 **동적 라이브러리**로 실행 시에 코드를 공유하는 방법을 배웁니다. 여러분은 구루 프로그래머의 비법을 배우고, 이 장을 끝마칠 때에는 간단하면서 효과적으로 규모를 확대하고 관리할 수 있는 코드를 만들 수 있게 됩니다.

은행에 사용할 수 있는 코드

앞에서 문자열 내용을 암호화하는 프로그램을 만들 때 작성했던
encrypt( ) 함수가 기억나나요? 이 프로그램은 별도의 소스코드 파일에
존재하며 여러 프로그램이 사용할 수 있었습니다.

```
#include "encrypt.h"

void encrypt(char *message)
{
  while (*message) {
    *message = *message ^ 31;
    message++;
  }
}
```

```
void encrypt(char *message);
```

encrypt.h

encrypt.c

다른 사람이 checksum( )이라는 함수를 이미
작성했습니다. 이 함수는 문자열의 내용이
변경되었는지 검사하는 데 사용할 수 있습니다.
데이터를 암호화하고 데이터가 바뀌었는지 검사하는
것은 모두 **보안**을 위해 중요한 기능입니다. 따로
쓰면 그저 유용한 함수가 두 개 있을 뿐이지만, 이 두
함수를 함께 사용하면 **보안 라이브러리**의 기반이 될
수 있습니다.

```
#include "checksum.h"

int checksum(char *message)
{
  int c = 0;
  while (*message) {
    c += c ^ (int)(*message);
    message++;
  }
  return c;
}
```

← 이 함수는 문자열의 내용을 기반으로 숫자를
계산해 반환합니다.

```
int checksum(char *message);
```

checksum.h

checksum.c

보안 라이브러리?
이봐 그게 바로 내가 찾던 거라고!
우리 은행의 보안은,
흐음... 좀 허술해.

← 헤드 퍼스트 은행의 보안 책임자.
이 분이 수영장 청노도 하죠.

연필을 깎으며

은행 직원은 이 두 함수가 어떻게 작동하는지 확인하기 위해 테스트 프로그램을 작성했습니다. 그는 소스코드를 모두 자신의 컴퓨터의 한 디렉터리에 모아 놓고 컴파일하기 시작했습니다.

직원은 보안 파일 두 개를 오브젝트 파일로 컴파일하고, 테스트 프로그램을 작성했습니다.

```
#include <stdio.h>
#include <encrypt.h>
#include <checksum.h>

int main()
{
  char s[] = "Speak friend and enter";
  encrypt(s);
  printf("암호화된 문장 '%s'\n", s);
  printf("체크섬 %i\n", checksum(s));
  encrypt(s);
  printf("복호화된 문장: '%s'\n", s);
  printf("체크섬: %i\n", checksum(s));
  return 0;
}
```

File Edit Window Help
```
> gcc -c encrypt.c -o encrypt.o
> gcc -c checksum.c -o checksum.o
>
```

encrypt()는 데이터를 암호화합니다. 암호화된 데이터에 이 함수를 호출하면 데이터를 복호화합니다.

그리고 나서는 문제가 발생하기 시작했습니다. 직원이 프로그램을 컴파일했을 때 무언가 아주 잘못되었네요...

File Edit Window Help
```
> gcc test_code.c encrypt.o checksum.o -o test_code
test_code.c:2:21: error: encrypt.h: No such file or directory
test_code.c:3:22: error: checksum.h: No such file or directory
>
```

연필을 사용해 어느 명령이나 코드 때문에 에러가 발생하는지 표시하세요.

연필을 깎으며
정답

문제는 테스트 프로그램에 있습니다. 소스 파일이 모두 같은 디렉터리에
저장되어 있는데, 테스트 프로그램은 encrypt.h와 checksum.h 헤더
파일을 **꺾쇠괄호(〈〉)**를 사용해 인클루드했군요!

```c
#include <stdio.h>
#include <encrypt.h>
#include <checksum.h>

int main()
{
  char s[] = "Speak friend and enter";
  encrypt(s);
  printf("암호화된 문장 '%s'\n", s);
  printf("체크섬 %i\n", checksum(s));
  encrypt(s);
  printf("복호화된 문장: '%s'\n", s);
  printf("체크섬: %i\n", checksum(s));
  return 0;
}
```

꺾쇠괄호는 <u>표준</u> 헤더 파일에 사용합니다.

만약 #include 문에 꺾쇠괄호를 사용하면 컴파일러는 현재 디렉터리에서 헤더
파일을 찾지 않고, 대신 표준 헤더 디렉터리에서 찾습니다.

지역 헤더 파일로 프로그램을 컴파일하려면 꺾쇠괄호를 큰따옴표("")로 바꿔야
합니다.

이제 코드가 제대로 컴파일됩니다.
이 프로그램은 테스트 문자열을
암호화해서 읽을 수 없게 만듭니다.

stdio.h는
표준 헤더
디렉터리에
저장되어
있습니다.

```c
#include <stdio.h>
#include "encrypt.h"
#include "checksum.h"
```

encrypt.h와 checksum.h는 모두
프로그램과 같은 디렉터리에 있습니다.

```
File Edit Window Help <>
> gcc test_code.c encrypt.o checksum.o -o test_code
  && ./test_code
암호화된 문장: Loz~t?ymvzq{?~q{?zqkzm
체크섬: 89561741
복호화된 문장: Speak friend and enter
체크섬: 89548156
>
```

문자열이 달라지면 checksum()은
다른 값을 반환합니다.

encrypt() 함수를 두 번째 호출하면
원래 문자열로 복구됩니다.

표준 헤더 파일 디렉터리는 어디인가요?

여러분이 꺾쇠괄호로 헤더 파일을 인클루드하면 컴파일러는 어느 디렉터리에서 헤더 파일을 찾을까요? 컴파일러에 딸려 오는 문서를 확인해봐야 하지만, 맥이나 리눅스와 같은 유닉스 계열 컴퓨터에서는 컴파일러가 다음과 같은 디렉터리를 검색합니다.

그리고 MinGW 버전의 gcc 컴파일러를 사용하면 일반적으로 아래 디렉터리를 검색합니다.

C:\MinGW\include

/usr/local/include ← /usr/local/include를 먼저 검사합니다.
/usr/include

/usr/local/include는 둥둥 서드파티 라이브러리를 위해 사용되기도 합니다.

/usr/include는 보통 운영체제 시스템 헤더 파일을 위해 사용됩니다.

그런데 코드를 공유하려면 어떻게 해야 하나요?

때로는 여러분의 컴퓨터 곳곳의 폴더에 있는 여러 프로그램이 사용할 코드를 만들고 싶을 때가 있을 겁니다. 이럴 때는 어떻게 해야 하나요?

좋아, 나는 모든 프로그램에 보안을 추가할 꺼야. 프로그램마다 보안 코드를 따로 갖고 있는 건 원치 않아...

프로그램 간에 여러분이 공유하려는 파일은 .h 헤더 파일과 .o 오브젝트 파일, 두 가지가 있습니다. 각 파일을 어떻게 공유할 수 있는지 알아보겠습니다.

헤더 파일 공유하기

여러 C 프로젝트에 헤더 파일을 공유할 수 있는 몇 가지 방법이
있습니다.

① **표준 디렉터리에 저장하기**

여러분의 헤더 파일을 /usr/local/include와 같은 표준 디렉터리에 복사하면
프로그램 코드에서 꺾쇠괄호로 인클루드할 수 있습니다.

```
#include <encrypt.h>
```
← 여러분의 헤더 파일이 표준 디렉터리에 있으면
꺾쇠괄호를 사용할 수 있습니다.

② **인클루드 문에 전체 경로명을 지정하기**

여러분의 헤더 파일을 /my_header_files와 같은 다른 곳에 저장하려면,
인클루드 문에 디렉터리 이름을 추가할 수 있습니다.

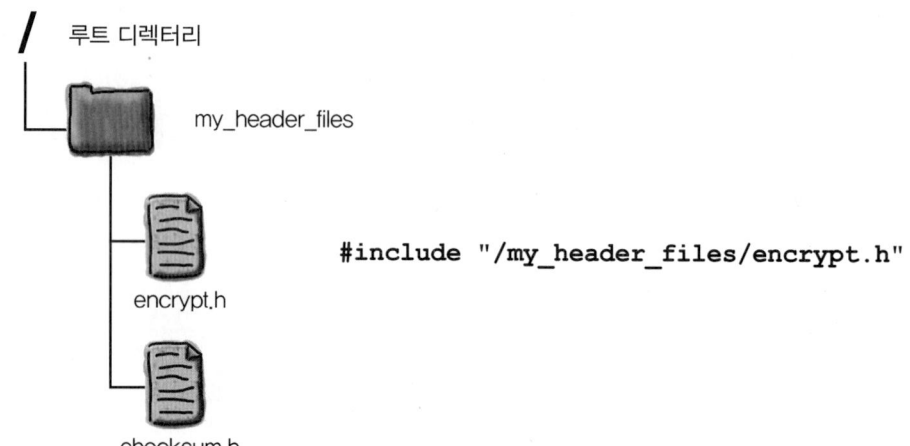

루트 디렉터리

my_header_files

encrypt.h

checksum.h

```
#include "/my_header_files/encrypt.h"
```

③ **검색할 위치를 컴파일러에 알려주기**

마지막 방법으로 헤더 파일을 찾을 수 있는 위치를 컴파일러에 알려줄
수 있습니다. 다음과 같이 gcc의 -I 옵션을 사용하면 됩니다.

```
gcc -I/my_header_files test_code.c ... -o test_code
```

↑
이 명령은 표준 디렉터리뿐만 아니라
/my_header_files 디렉터리를
검색하라고 컴파일러에 명령합니다.

-I 옵션은 헤더 파일을 찾아야 할 또 다른 디렉터리가 있음을
컴파일러에 알려줍니다. 컴파일러는 -I 옵션으로 지정한 디렉터리를
먼저 검색하고 그 다음에 표준 디렉터리를 검색합니다.

전체 경로명으로 .o 오브젝트 파일 공유하기

이제 여러분이 만든 .o (오브젝트) 파일을 특정 공유 디렉터리에 둘
수 있습니다. 공유 디렉터리에 넣은 후에는 공유 코드를 사용하는
프로그램을 컴파일할 때 오브젝트 파일의 전체 경로명을 추가하면
됩니다.

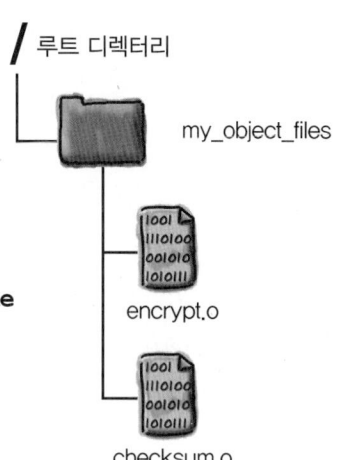

/ 루트 디렉터리

my_object_files

encrypt.o

checksum.o

```
gcc -I/my_header_files test_code.c
        /my_object_files/encrypt.o
        /my_object_files/checksum.o -o test_code
```

오브젝트 파일에 대한 전체
경로명을 사용하면 각 C
프로젝트마다 오브젝트 파일을
따로 갖지 않아도 됩니다.

여기서는 /my_object_files를 공유 코드에
대한 일종의 통앙 저장소처럼 사용했습니다.

사용하고 싶은 오브젝트 파일의 전체 경로명으로 코드를 컴파일하면
여러분의 모든 C 프로그램은 동일한 encrypt.o와 checksum.o
파일을 공유할 수 있습니다.

> 흠음... 공유할 오브젝트 파일이
> 한두 개만 있으면 그것도 나쁘진 않네.
> 그런데 오브젝트 파일이 아주 많으면 어떻게 하지?
> 컴파일러에 수많은 오브젝트 파일을
> 알려줄 방법은 없을까?

**네, 오브젝트 파일의 아카이브를 만들면 수많은 오브젝트
파일에 대해 한꺼번에 컴파일러에 알려줄 수 있어요.**

아카이브(Archive)는 그저 수많은 오브젝트 파일을 하나의
파일로 묶어 놓은 겁니다. 여러분의 모든 보안 코드를 갖고
있는 단 하나의 아카이브 파일을 만들면 다른 프로젝트에 훨씬
더 쉽게 코드를 공유할 수 있습니다.

어떻게 하는지 알아보겠습니다...

아카이브는 .o 파일들을 갖고 있어요

.zip이나 .tar 파일을 사용해본 적 있나요? 그렇다면 여러분은 다른 파일을 포함하는 파일을 만드는 일이 얼마나 쉬운지 알 겁니다. .a 아카이브 파일이 바로 그런 파일입니다. 다른 파일들을 갖고 있는 파일.

터미널이나 명령행을 열고 임의의 라이브러리 디렉터리로 이동하세요. 라이브러리는 /usr/lib나 C:\MinGW\lib와 같이 라이브러리 코드를 갖고 있는 디렉터리입니다. 라이브러리 디렉터리에는 아주 많은 .a 아카이브 파일을 볼 수 있습니다. 그리고 nm 명령을 사용하면 아카이브 파일 안을 들여다 볼 수 있습니다.

여러분의 컴퓨터에 libl.a 파일이 없을 수도 있지만 이 명령을 다른 .a 파일에 사용해볼 수 있습니다.

libl.a라고 불리는 아카이브입니다.

libmain.o

libyywrap.o

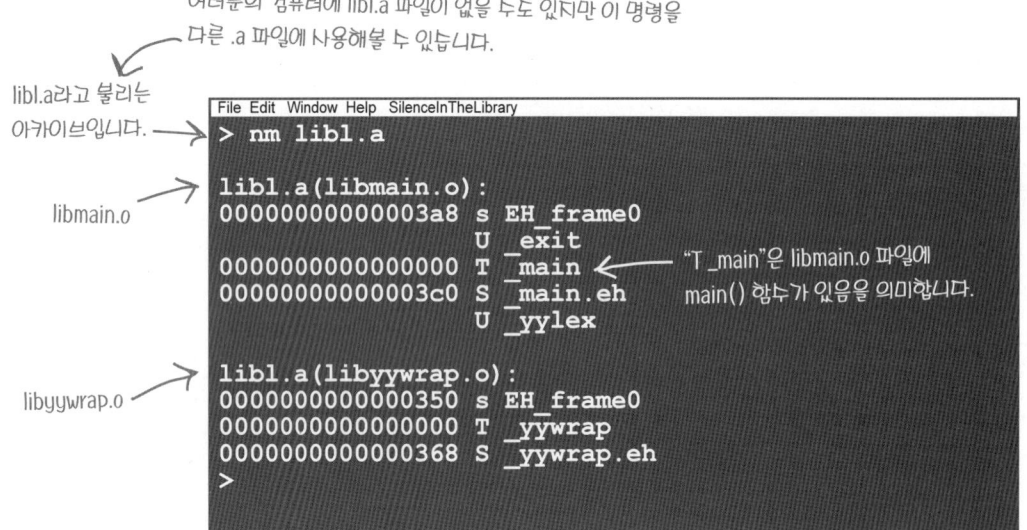

```
File Edit Window Help SilenceInTheLibrary
> nm libl.a

libl.a(libmain.o):
00000000000003a8  s  EH_frame0
                  U  _exit
0000000000000000  T  _main
00000000000003c0  S  _main.eh
                  U  _yylex

libl.a(libyywrap.o):
0000000000000350  s  EH_frame0
0000000000000000  T  _yywrap
0000000000000368  S  _yywrap.eh
>
```

"T _main"은 libmain.o 파일에 main() 함수가 있음을 의미합니다.

nm 명령은 아카이브 안에 저장된 **이름**을 나열합니다. 여기에 보이는 libl.a 아카이브는 libmain.o와 libyywrap.o, 오브젝트 파일 두 개를 갖고 있습니다. 이 두 오브젝트 파일이 어디에 사용되는지는 전혀 중요하지 않습니다. 중요한 건 여러분이 수많은 오브젝트 파일을 가져와 gcc로 사용할 수 있는 단 하나의 아카이브로 만들 수 있다는 점입니다.

.a를 사용해 프로그램을 컴파일하는 방법을 알아보기 전에 우리가 만든 encrypt.o와 checksum.o 파일을 아카이브에 저장하는 방법을 알아보겠습니다.

ar 명령으로 아카이브를 만듭니다...

아카이브 명령(ar)은 여러 오브젝트 파일을 하나의 아카이브 파일에
저장합니다.

r은 이미 .a 파일이
있으면 갱신하라는
의미입니다.

s는 .a 파일의 앞에 색인을
생성하라고 ar 명령에
지시합니다.

아카이브에 저장될 파일들입니다.

```
ar -rcs libhfsecurity.a encrypt.o checksum.o
```

c는 아카이브를 만들 때 화면에
아무런 설명도 출력하지 말라는
의미입니다.

생성할 .a 파일 이름입니다.

그런데 모든 .a 파일의 이름이 **lib〈모모〉.a**와 같이 붙여져
있는 게 보이나요? 이 방법이 아카이브 이름을 짓는 표준
방식입니다. **정적 라이브러리**는 lib으로 이름이 시작됩니다.
정적 라이브러리에 대해서는 뒤에서 설명합니다.

조심하세요!

**여러분의 아카이브 이름을
반드시 lib〈모모〉.a로 해야
합니다.**

이런 형태로 이름을 붙이지 않으면
컴파일러가 아카이브 파일을 찾을 때 문제가
생깁니다.

... 그리고 .a 파일을 라이브러리 디렉터리에 저장합니다.

아카이브 파일을 만든 후에는 라이브러리 디렉터리에 저장할
수 있습니다. 어느 라이브러리 디렉터리에 저장해야 할까요?
여러분은 두 방법 중에 하나를 선택할 수 있습니다.

⭐ **.a 파일을 /usr/local/lib과 같은 표준 디렉터리에 저장할
수 있습니다.**

어떤 프로그래머는 아카이브가 제대로 작동하는지 확인한
후에는 표준 디렉터리에 놓는 걸 좋아합니다. 리눅스, 맥,   대부분의 컴퓨터에서는 관리자 권한이 있어야
시그윈에서는 /usr/local/lib 디렉터리가 좋습니다.   /usr/local/lib 디렉터리에 파일을 생성할 수 있습니다.
이 디렉터리는 여러분이 직접 만든 라이브러리를 저장하기
위해 예약되어 있기 때문입니다.

⭐ **.a 파일을 다른 디렉터리에 저장할 수도 있습니다.**

아직 코드를 개발 중에 있거나 시스템 디렉터리에 여러분의
코드를 설치하는 게 적합하지 않다면 /my_lib와 같은 여러분
자신의 라이브러리 디렉터리를 만들 수 있습니다.

마지막으로, 여러분의 다른 프로그램을 컴파일합니다

라이브러리 아카이브를 만드는 궁극적인 이유는 다른
프로그램에서 사용하기 위한 것이죠. 여러분의 아카이브를
표준 디렉터리에 설치했다면 -l 스위치를 사용해 컴파일할 수
있습니다.

여러분의 -l 라이브러리 앞에
노느 파일들을 나열해야 합니다.

hfsecurity로 지정하면 libhfsecurity.a라는
파일을 찾으라고 컴파일러에 알려줍니다.

-I 옵션이 필요할까요? 이것은
여러분이 헤더 파일을 어디에
넣는지에 따라 다릅니다.

```
gcc test_code.c -lhfsecurity -o test_code
```

여러 아카이브를 사용한다면 여러
-l 옵션을 사용할 수 있습니다.

여러분의 아카이브 이름을 lib〈모모〉.a로 붙이는 게 왜
중요한지 이제 아시겠죠? -l 옵션 다음에 나오는 이름이
아카이브 이름의 일부에 정확히 대응되어야 합니다. 따라서
아카이브 이름이 libawewome.a라면 -lawesome 옵션으로
프로그램을 컴파일할 수 있습니다.

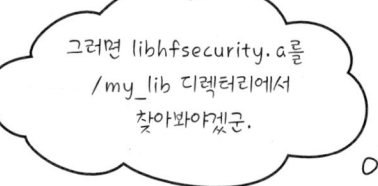

그러면 libhfsecurity.a를
/my_lib 디렉터리에서
찾아봐야겠군.

그런데 아카이브를 /my_lib와 같은 표준 디렉터리 외부에
놓았다면, 어느 디렉터리를 검색할지 알려주기 위해 -L 옵션을
사용해야 합니다.

```
gcc test_code.c -L/my_lib -lhfsecurity -o test_code
```

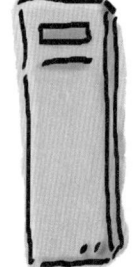

아이디어 탐구

라이브러리 디렉터리에 있는 파일들은 컴퓨터마다 많이 다를 수 있습니다. 왜 그럴까요? 운영체제마다 제공하는 서비스가
다르기 때문입니다. 각각의 .a 파일은 별도의 라이브러리입니다. 네트워크에 연결하거나 GUI 애플리케이션을 만드는 다양한
라이브러리들이 있을 수 있습니다.

여러 .a 파일에 nm 명령을 사용해보세요. 라이브러리 안의 각 모듈마다 많은 이름이 나열되며, 이 이름은 여러분이 사용할 수 있는
컴파일된 함수 이름입니다.

T는 텍스트(Text)를 나타내며 함수를 의미합니다.

```
0000000000000000 T _yywrap
```
← 함수 이름은 yywrap()입니다.

nm 명령은 아카이브 파일 안에 들어 있는 모든 오브젝트 파일의 이름을 알려주고 각 오브젝트 파일 안에 있는 이름들을 나열합니다.
이름 옆에 T는 이 이름이 오브젝트 파일 안에 있는 함수의 이름임을 의미합니다.

make 자석

보안 담당관이 새로 만든 보안 라이브러리를 사용해 은행 프로그램 중 하나를 컴파일하는 데 문제가 있습니다. 그는 프로그램의 소스코드와 encrypt, checksum 소스코드를 같은 디렉터리에 놓았습니다. 일단 그는 libhfsecurity.a 아카이브를 같은 디렉터리에 만들고 자신의 프로그램과 함께 컴파일하려고 합니다. 보안 담당관이 makefile을 만들어 문제를 해결할 수 있도록 도와줄 수 있나요?

주의: bank_vault 프로그램은 아래와 같은 #include 문을 사용합니다.

```
#include <encrypt.h>
#include <checksum.h>
```

makefile은 다음과 같습니다.

```
encrypt.o: encrypt.c

        gcc ................................. encrypt.c -o encrypt.o

checksum.o: checksum.c

        gcc ................................. checksum.c -o checksum.o


libhfsecurity.a: encrypt.o .................................

        ar -rcs ................................. encrypt.o .................................


bank_vault: bank_vault.c .................................

        gcc ................................. -I ............. -L ............. ................................. -o bank_vault
```

-c		-c						checksum.o

libhfsecurity.a   bank_vault.c   checksum.o   -lhfsecurity   .   libhfsecurity.a

/usr/lib   /usr/local/include   .   -rcs   /usr/local/lib   -rcs

make 자석 정답

보안 담당관이 새로 만든 보안 라이브러리를 사용해 은행 프로그램 중 하나를 컴파일하는 데 문제가 있습니다. 그는 프로그램의 소스코드와 encrypt, checksum 소스코드를 같은 디렉터리에 놓았습니다. 일단 그는 libhfsecurity.a 아카이브를 같은 디렉터리에 만들고 자신의 프로그램과 함께 컴파일하려고 합니다. 여러분은 보안 담당관이 makefile을 만들어 문제를 해결할 수 있도록 도와야 했습니다.

주의: bank_vault 프로그램은 아래와 같은 #include 문을 사용합니다.

```
#include <encrypt.h>
#include <checksum.h>
```

#include가 꺾쇠괄호를 사용하고 있습니다. -I 옵션을 사용해 헤더 파일의 경로를 컴파일러에 알려줘야 합니다.

makefile은 다음과 같습니다.

```
encrypt.o: encrypt.c
    gcc  -c  encrypt.c -o encrypt.o
```

이 옵션은 encrypt.c 소스 파일로 오브젝트 파일을 만들게 합니다.

```
checksum.o: checksum.c
    gcc  -c  checksum.c -o checksum.o
```

이 옵션은 checksum.c 소스 파일로 오브젝트 파일을 만들게 합니다.

encrypt.o와 checksum.o를 만든 다음에 libhfsecurity.a 아카이브를 만들 수 있습니다.

```
libhfsecurity.a: encrypt.o  checksum.o
    ar -rcs  libhfsecurity.a  encrypt.o  checksum.o
```

libhfsecurity.a 아카이브 파일을 만듭니다.

아카이브 파일이 libhfsecurity.a이므로 -lhfsecurity 옵션을 사용해야 합니다.

```
bank_vault: bank_vault.c  libhfsecurity.a
    gcc  bank_vault.c  -I  .  -L  .  -lhfsecurity  -o bank_vault
```

프로그램의 소스 파일을 라이브러리코드 앞에 나열해야 합니다.

헤더 파일이 현재 디렉터리에 있으므로 -I 옵션이 필요합니다.

아카이브가 현재 디렉터리에 있으므로 -L 옵션을 사용해야 합니다.

```
/usr/lib    /usr/local/include    -rcs    /usr/local/lib    -rcs
```

핵심정리

- 꺾쇠괄호(〈〉)에 있는 헤더 파일은 표준 디렉터리에서 찾습니다.
- 표준 디렉터리는 /usr/include나 C:\MinGW\include 디렉터리 등이 됩니다.
- 라이브러리 아카이브에는 여러 오브젝트 파일이 들어갑니다.
- ar -rcs libarchive.a file0.o file1.o ... 명령으로 아카이브를 만들 수 있습니다.

- 라이브러리 아카이브 파일 이름은 lib으로 시작하고 .a로 끝납니다.
- libfred.a라고 불리는 아카이브와 링크하려면 -lfred 옵션을 사용해야 합니다.
- gcc 명령에서 -L 플래그는 소스 파일들 다음에 와야 합니다.

바보 같은 질문이란 없습니다

Q: 컴퓨터의 표준 디렉터리가 어디인지 어떻게 알 수 있나요?

A: 컴파일러 문서를 참조해야 합니다. 대부분 유닉스 계열 컴퓨터에서는 표준 라이브러리 디렉터리는 /usr/local/lib와 /usr/lib입니다.

Q: 라이브러리 아카이브를 /usr/lib 디렉터리에 넣을 때 에러가 발생합니다. 왜 그런가요?

A: 아마도 시스템 보안 때문에 문제가 발생합니다. 여러 운영체제는 사용자가 실수로 기존 라이브러리를 제거하는 실수에 대비해 표준 디렉터리에 파일을 쓰지 못하게 막습니다.

Q: ar 포맷은 모든 시스템에서 동일한가요?

A: 아닙니다. 플랫폼에 따라 약간 다른 아카이브 포맷을 사용할 수 있습니다. 그리고 아카이브가 갖고 있는 오브젝트 코드는 운영체제에 따라 완전히 다릅니다.

Q: 라이브러리 아카이브를 만들었는데, 이 안에 무엇이 들었는지 볼 수 있나요?

A: 네. ar -t 〈파일명〉 명령을 사용해 아카이브 안의 내용을 나열할 수 있습니다.

Q: 아카이브 안의 오브젝트 파일들은 실행 파일처럼 서로 연결되나요?

A: 아닙니다. 오브젝트 파일은 아카이브 안에 각자 별도의 파일로 저장됩니다.

Q: 라이브러리 아카이브 안에는 다른 형의 파일도 넣을 수 있나요?

A: 아닙니다. 아카이브에 넣기 전에 ar 명령이 파일의 종류를 검사합니다.

Q: 아카이브에서 오브젝트 파일을 꺼낼 수 있나요?

A: 네. libhfsecurity.a 파일에서 encrypt.o를 꺼내려면 ar -x libhfsecurity.a encrypt.o 명령을 사용하면 됩니다.

Q: 왜 '정적' 링킹이라고 부르나요?

A: 왜냐면 일단 연결한 후에 바꿀 수 없기 때문입니다. 두 파일을 정적으로 링크하는 것은 커피와 우유를 섞는 것과 마찬가지입니다. 링크한 후에 떼어낼 수 없습니다.

Q: 제 은행의 데이터 보안에 HF 보안 라이브러리를 사용해도 되나요?

A: 별로 좋은 생각은 아닌 것 같습니다.

링커를 파헤치다

금주의 인터뷰:
하는 일이 정확히 무엇인가요?

헤드 퍼스트: 링커 님, 오늘 저희를 위해 시간을 내주셔서 대단히 감사드립니다.

링커: 천만에요.

헤드 퍼스트: 먼저 질문을 드리자면 개발자에게서 무시당한 경험이 있으신가요? 아마 개발자들이 링커 님이 하는 일을 정확히 모를 수도 있을 것 같은데요?

링커: 저는 매우 조용한 성격입니다. ld 명령으로 저에게 직접 얘기하는 사람은 그리 많지 않아요.

헤드 퍼스트: ld요?

링커: 네? 음... 그게 바로 접니다.

헤드 퍼스트: 화면에 엄청나게 많은 옵션이 보이네요.

링커: 제대로 보셨습니다. 저는 아주 많은 옵션을 갖고 있어요. 프로그램을 연결하는 방법이 다양하기 때문이죠. 그래서 사람들이 그저 gcc 명령만 사용하는 것 같습니다.

헤드 퍼스트: 그러면 컴파일러도 파일을 연결할 수 있나요?

링커: 컴파일러는 파일을 연결하기 위해 무엇을 해야 할지 파악한 후에 저를 호출하죠. 그리고 제가 연결합니다. 조용히. 여러분은 제가 거기에 있는지 결코 알 수 없죠.

헤드 퍼스트: 질문이 하나 더 있습니다...

링커: 네?

헤드 퍼스트: 바보 같이 보일까봐 걱정되지만, 링커 님이 하는 일이 정확히 어떤 일인가요?

링커: 바보 같은 질문은 아니에요. 저는 컴파일된 코드를 꿰매 연결하는 일을 해요. 전화 교환원이 하는 일과 약간 비슷하죠.

헤드 퍼스트: 잘 이해가 안 되네요.

링커: 예전의 전화 교환원은 한쪽 전화를 다른쪽 전화로 연결해서 둘이 대화할 수 있게 했었죠. 오브젝트 파일도 비슷해요.

헤드 퍼스트: 어떻게 비슷한가요?

링커: 오브젝트 파일이 다른 파일에 저장된 함수를 호출해야 할 때가 있습니다. 저는 함수를 호출한 파일의 지점과 함수가 존재하는 다른 파일의 지점을 연결합니다.

헤드 퍼스트: 인내력이 좋아야겠네요.

링커: 저는 그런 일을 좋아합니다. 시간 여유가 있을 때 자수를 놓곤 합니다.

헤드 퍼스트: 정말이요?

링커: 농담입니다.

헤드 퍼스트: 링커 님, 감사합니다.

헤드 퍼스트 헬스 클럽이
전세계로 벋어 나갑니다

헤드 퍼스트 헬스 클럽 사장이 사업을 전세계로 확장하려 합니다.
4개 대륙에 체육관을 열고, 각 체육관은 자신들의 고유 상표인
피땀기계™ 장비를 갖추게 됩니다. 그래서 엘립티컬 머신, 러닝
머신, 실내용 운동 자전거를 위한 소프트웨어를 만들고 있습니다.
소프트웨어는 각 운동 기구에 설치된 센서로부터 데이터를 읽어
지금까지 걸어온 거리와 소모한 칼로리 정보를 조그만 LCD 화면에
출력합니다.

어쨌든 계획은 위와 같습니다. 그런데 사장이 약간의 도움을 필요로 합니다.
코드를 약간 더 자세히 살펴보겠습니다.

칼로리 계산하기

개발자는 여전히 소프트웨어 개발을 하고 있지만, 핵심 모듈 하나는
이미 완성했습니다. hfcal 라이브러리는 LCD 화면을 위한 주요
데이터를 만들어냅니다. 코드에 사용자의 몸무게, 운동 기구로 달린
가상의 거리, 특별 이항 계수를 알려주면, LCD 화면 내용을 표준
출력으로 보냅니다.

```c
#include <stdio.h>
#include <hfcal.h>          ← hfcal.h 헤더 파일은 display_calories() 함수
                              하나만 갖고 있습니다.

void display_calories(float weight, float distance, float coeff)
{                        ← 파운드 단위 무게입니다.
  printf("몸무게: %3.2f파운드\n", weight);
  printf("거리: %3.2f마일\n", distance);   ← 마일 단위 거리입니다.
  printf("칼로리 소비: %4.2fCal\n", coeff * weight * distance);
}
```

이 코드는 hfcal.c라는
파일에 들어갑니다.

hfcal.c

소프트웨어 개발자는 아직 각 장비에 대한 주요 코드는 작성하지
않았습니다. 주요 프로그램을 개발할 때 엘립티컬 머신, 러닝 머신,
운동용 실내 자전거에 대해 프로그램을 따로 만들 겁니다.
그전까지는 예제 데이터로 hfcal.c 코드를 호출하는 테스트
프로그램을 만들어 사용합니다.

```c
#include <stdio.h>
#include <hfcal.h>
                    엘립티컬 머신에서 테스트 사용자의
                    몸무게는 115.2 파운드이고,
int main()          11.3 마일을 달렸습니다.
{
  display_calories(115.2, 11.3, 0.79);
  return 0;
}                   이 기계의 이항계수는
                    0.79입니다.
```

테스트 코드입니다.

elliptical.c

LCD 화면은 표준 출력을
그대로 보여줄 겁니다.

```
몸무게: 115.20파운드
거리: 11.30마일
칼로리 소비: 1028.39Cal
```

테스트 프로그램의 실행 결과는
이렇게 보입니다.

 **연필을 깎으며**

여러분이 테스트 프로그램의 소스코드와 hfcal 라이브러리를 보았으니,
이제 코드를 빌드할 때가 되었습니다.

여러분이 명령을 잘 기억하고 있는지 확인해보겠습니다.

1. 먼저 hfcal.o 오브젝트를 만드세요. hfcal.h 헤더 파일은 ./includes
디렉터리에 저장될 겁니다.

....

2. 다음으로 elliptical.c 테스트 프로그램으로 elliptical.o라는 오브젝트 파일을
만들어야 합니다.

....

3. 이제 hfcal.o 파일로 아카이브 라이브러리를 만들고 ./libs 디렉터리에
저장해야 합니다.

....

4. 마지막으로 elliptical.o와 hfcal 아카이브를 사용해 elliptical 실행 파일을
만들어야 합니다.

....

연필을 깎으며 정답

여러분이 테스트 프로그램의 소스코드와 hfcal 라이브러리를 보았으니,
이제 코드를 빌드할 때가 되었습니다.

여러분이 명령을 잘 기억하고 있는지 확인해보겠습니다.

1. 먼저 hfcal.o 오브젝트를 만드세요. hfcal.h 헤더 파일은 ./includes
디렉터리에 저장될 겁니다.

hfcal.c 프로그램은 헤더 파일이 어디에 있는지 알아야 합니다.

.... gcc -I./includes -c hfcal.c -o hfcal.o ....

-I플래그 추가하는 것 잊지 않았죠? -c 옵션은 오브젝트 파일만 만들고 링크하지 말라는 의미입니다.

2. 다음으로 elliptical.c 테스트 프로그램으로 elliptical.o라는 오브젝트 파일을
만들어야 합니다.

.... gcc -I./includes -c elliptical.c -o elliptical.o ....

역시 헤더 파일들이 ./includes 디렉터리에 있다고 컴파일러에 알려줘야 합니다.

3. 이제 hfcal.o 파일로 아카이브 라이브러리를 만들고 ./libs 디렉터리에
저장해야 합니다.

라이브러리 이름은 lib....a이어야 합니다.

.... ar -rcs ./libs/libhfcal.a hfcal.o ....

아카이브 파일을 ./libs 디렉터리에 만들어야 합니다.

4. 마지막으로 elliptical.o와 hfcal 아카이브를 사용해 elliptical 실행 파일을
만들어야 합니다.

-lhfcal은 libhfcal.a를 찾으라고 컴파일러에 알려줍니다.

gcc elliptical.o -L./libs -lhfcal -o elliptical

elliptical.o와 라이브러리를 사용해
프로그램을 빌드하고 있습니다.

-L./libs는 라이브러리가 어디에 있는지 컴파일러에 알려줍니다.

elliptical 프로그램을 빌드하고
난 후에는 터미널에서
프로그램을 실행할 수 있습니다.

```
File Edit Window Help SilenceInTheLibrary
> ./elliptical
몸무게: 115.20파운드
거리: 11.30마일
칼로리 소비: 1028.39Cal
>
```

그런데 일이 약간 복잡합니다...

그런데 알고 보니 문제가 있네요. 헤드 퍼스트 헬스 클럽은 전세계로
확장하고 있습니다. 여러 나라에서 여러 언어를 사용하고 미터법도 다릅니다.
예를 들어 영국에서는 정보를 킬로그램과 킬로미터로 출력해야 합니다.

몸무게: 53.25킬로그램
거리: 15.13킬로미터
칼로리 소비: 750.42Cal

미국에서는
파운드와
마일 단위를
사용합니다.

그러나
영국에서는
킬로그램과
킬로미터 단위를
사용합니다.

헬스 클럽은 다양한 장비들이 있습니다. 장비의 종류가 20가지가 되고 50
개국에 지점을 연다면, 결국 1,000개의 소프트웨어가 필요하게 됩니다. 정말
엄청나게 많은 버전이 필요하군요.

그리고 그 외 다른 문제들도 있습니다.

⭐ 개발자가 장비의 센서를 업그레이드하려면 장비에 연결하는 코드도 업그레이드해야 합니다.

⭐ 화면 출력 장치를 바꾸면 개발자는 출력을 만드는 코드도 바꿔야 합니다.

⭐ 게다가 장비마다 여러 가지 사소한 차이가 있을 수 있습니다.

이 문제를 생각해보면 모든 소프트웨어를 개발할 때 발생하는 일반적인
문제가 떠오릅니다. 장비가 달라지면 디바이스 드라이버 코드도 달라야
하며, 다양한 데이터베이스나 그래픽 사용자 인터페이스와 연동해야 합니다.
아마 모든 장비에서 실행할 수 있는 코드를 만들 수 없을지도 모릅니다.
여러분은 어떻게 해야 할까요?

프로그램은 아주 많은 조각으로 만들어집니다...

여러분은 이미 많은 오브젝트 코드로 프로그램을 빌드할 수 있다는 걸
배웠습니다. .o 파일과 .a 아카이브 파일을 만들고 하나로 링크해서
프로그램을 만들었습니다.

...그런데 일단 링크하고 나면 프로그램을 바꿀 수 없습니다.

문제는 여러분이 이런 프로그램을 빌드하면 정적 프로그램이 된다는
겁니다. 별개로 있던 여러 오브젝트 코드로 하나의 실행 파일을 만들고
나면, 프로그램을 새로 빌드하지 않고서는 들어간 코드를 바꿀 방법이
없다는 겁니다.

프로그램은 그저 오브젝트 코드를 뭉쳐놓은 커다란 덩어리입니다. 출력
코드와 센서 코드를 분리할 수 있는 방법이 없습니다. 일단 섞이면
어디에 있는지 알 수 없는 거죠.

동적 링킹은 실행할 때 일어납니다

여러분이 실행 파일에 들어 있는 오브젝트 코드를 다른 코드로 바꿀
수 없는 이유는 모든 코드가 파일 하나에 들어 있기 때문입니다.
프로그램을 컴파일할 때 오브젝트 코드가 정적으로 링크되어
있습니다.

건포도 멀티 케익 →

건포도만 떼어내기가 정말
힘듭니다.

그런데 여러분의 프로그램이 그저 한 파일로 되어 있지 않고 실행될
때에 비로소 연결되는 별도의 파일들로 구성된다면, 이 문제를
해결할 수 있습니다.

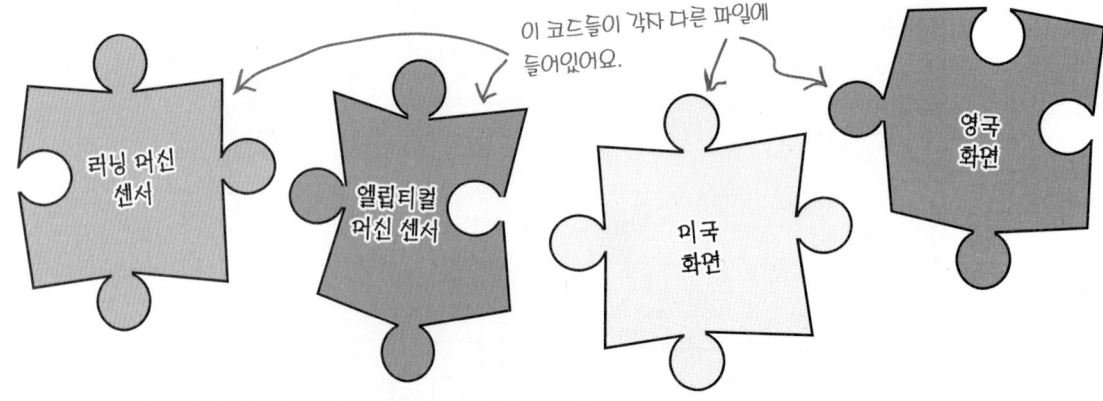

이 코드들이 각자 다른 파일에
들어있어요.

러닝 머신
센서

엘립티컬
머신 센서

미국
화면

영국
화면

오브젝트 코드를 별도의 파일에 저장하고 프로그램이 실행될 때
이 코드들을 동적으로 연결하는 방법이 문제네요.

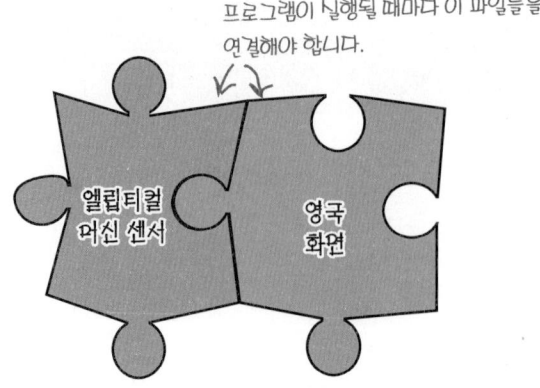

프로그램이 실행될 때마다 이 파일들을
연결해야 합니다.

엘립티컬
머신 센서

영국
화면

.α를 실행 시에 연결할 수 있나요?

그러면 여러분은 오브젝트 코드를 갖고 있는 별도의 파일을
만들어야 합니다. 그런데 이미 여러분은 .o 오브젝트 파일과
.a 아카이브 파일처럼 오브젝트 코드를 포함한 별도의 파일을
만들었어요. 그러면 프로그램을 실행할 때까지 .o 파일을 링크하지
말라고 컴퓨터에 얘기할 수 있다는 걸까요?

안타깝게도 그렇게 쉽지는 않습니다. 단순한 오브젝트 파일과
아카이브는 실행 시에 동적으로 연결하기에 충분한 정보를 갖고
있지 않습니다. 동적으로 라이브러리 파일을 연결하려면 링크해야
할 다른 파일의 이름 등을 갖고 있어야 합니다.

동적 라이브러리는 수퍼 오브젝트 파일입니다

결국 동적 라이브러리는 여러분이 지금까지 만들어온 .o 오브젝트
파일과 비슷하기는 하지만, 완전히 똑같지는 않다는 겁니다.
아카이브 파일과 마찬가지로 동적 라이브러리는 여러 .o 오브젝트
파일로 만들 수 있지만, 아카이브와는 달리 동적 라이브러리에서는
오브젝트 파일이 단 하나의 오브젝트 코드를 만들기 위해
링크되지는 않습니다.

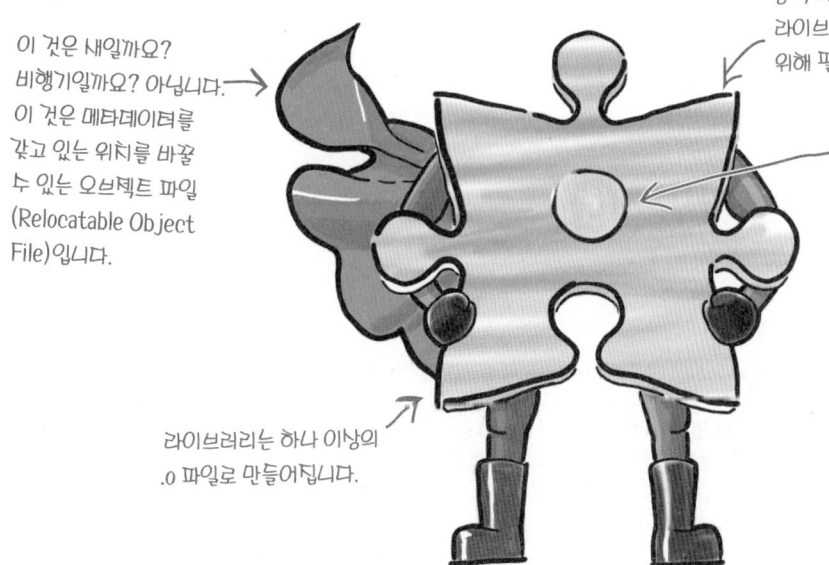

이 것은 새일까요?
비행기일까요? 아닙니다.
이 것은 메타데이터를
갖고 있는 위치를 바꿀
수 있는 오브젝트 파일
(Relocatable Object
File)입니다.

동적 라이브러리는 운영체제가
라이브러리를 다른 코드에 연결하기
위해 필요한 정보를 더 갖고 있습니다.

동적 라이브러리의 핵심에는
단 하나의 오브젝트 코드
조각이 있습니다.

라이브러리는 하나 이상의
.o 파일로 만들어집니다.

**그러면 어떻게 해야 여러분의 동적 라이브러리를 만들 수 있을까요? 이제
알아보겠습니다.**

먼저 오브젝트 파일을 만듭니다

만약 hfcal.c 코드를 동적 라이브러리로 만들려면 다음과 같이
먼저 이 코드를 컴파일해 .o 오브젝트 파일을 만들어야 합니다.

-c는 '링크하지 말라'는 의미입니다.

```
gcc -I./includes -fPIC -c hfcal.c -o hfcal.o
```

hfcal.h 헤더 파일이
./includes 디렉터리에 있어요.

-fPIC는 무슨 뜻일까요?

달라진 점을 알 수 있나요? 여러분은 이전과 똑같이 hfcal.o
파일을 만들고 있지만, **-fPIC** 플래그를 추가한 점이 다릅니다.
이 플래그는 gcc에 **위치 독립 코드**(Position-Independent
Code)를 만들라고 명령합니다. 운영체제와 프로세서에 따라
실행 시에 로드할 메모리 위치를 결정하려면, 라이브러리를
위치 독립적인 코드로 만들어야 합니다.

그러나 사실 대부분의 시스템에서는 이 옵션을 지정할 필요가
없습니다. 여러분의 시스템에서 시도해보세요. 이 옵션이 필요
없더라도 문제가 생기지는 않습니다.

위치 독립 코드는
메모리 어디에든
로드될 수 있습니다.

← 직접 해보세요!

아이디어 탐구

그러면 위치 독립 코드는 무엇인가요?

위치 독립 코드는 메모리의 어느 위치에 로드되더라도 제대로 실행될 수 있는 코드를
말합니다. 예를 들어 라이브러리가 로드된 위치에서 500바이트 떨어진 전역 데이터에서
어떤 값을 찾는 동적 라이브러리가 있다고 가정하겠습니다. 그런데 운영체제가 메모리의
다른 곳에 라이브러리를 로드하면 문제가 생길 겁니다. 위치 독립 코드를 만들라고
컴파일러에 명령하면 이런 문제가 생기지 않을 겁니다.

윈도우와 같은 운영체제는 동적 라이브러리를 로드할 때 메모리 **매핑**(Memory Mapping)
이라는 기법을 사용합니다. 이 기법을 사용하면 사실 모든 코드가 위치 독립적인 성격을
갖게 됩니다. 윈도우에서 여러분의 코드를 컴파일하면 gcc는 -fPIC 옵션이 필요치
않다고 경고 메시지를 출력할 겁니다. gcc를 호출할 때 -fPIC 옵션을 사용하지 않거나
경고를 무시하면 됩니다. 어쨌든 코드는 문제 없습니다.

동적 라이브러리 이름은 플랫폼에 따라 달라집니다

대부분의 운영체제에서 동적 라이브러리를 사용할 수 있으며 작동하는
방식도 거의 똑같습니다. 그런데 동적 라이브러리는 플랫폼에 따라
상당히 다른 이름으로 불립니다. 윈도우에서는 동적 라이브러리를 **동적
링크 라이브러리**(Dynamic Link Library)라고 하며 .dll 확장자를
가집니다. 리눅스와 유닉스에서는 **공유 오브젝트 파일**(Shared Object
File, .so 확장자)라고 부르며, 맥에서는 **동적 라이브러리**(Dynamic
Library, .dylib 확장자)라고 부릅니다. 그러나 파일의 확장자가
다르더라도 동적 라이브러리를 만드는 방법은 매우 비슷합니다.

```
gcc -shared hfcal.o -o
```
```
libs\hfcal.dll          ← 윈도우에서 MinGW를 사용할 때
./libs/libhfcal.dll.a   ← 윈도우에서 시그윈을 사용할 때
./libs/libhfcal.so      ← 리눅스나 유닉스
./libs/libhfcal.dylib   ← 맥 OS X
```

–shared 옵션은 .o 오브젝트 파일을 동적 라이브러리로 변환하라고
gcc에 명령합니다. 컴파일러가 동적 라이브러리를 만들 때 라이브러리
이름을 파일 안에 저장합니다. 따라서 리눅스 컴퓨터에서 libhfcal.so
라는 라이브러리를 만들면 libhfcal.so 파일은 자신의 라이브러리 이름이
hfcal이라는 걸 기억합니다. 이게 왜 중요할까요? 만약 어떤 이름으로
라이브러리를 컴파일하면 나중에 파일 이름만 바꿔도 라이브러리 이름이
바뀌지 않음을 의미하기 때문입니다.

라이브러리 이름을 바꾸려면 새로운 이름으로 다시 컴파일해야 합니다.

elliptical 프로그램 컴파일하기

일단 동적 라이브러리를 만든 후에는 정적 라이브러리처럼 사용할 수
있습니다. 따라서 다음의 명령으로 elliptical 프로그램을 빌드할 수
있습니다.

```
gcc -I./includes -c elliptical.c -o elliptical.o
gcc elliptical.o -L./libs -lhfcal -o elliptical
```

hfcal이 정적 아카이브일 때에도 똑같은 명령을 사용하지만 컴파일러가
작동하는 방법이 다릅니다. 동적 라이브러리이므로 컴파일러는 실행
파일 안에 라이브러리 코드를 포함시키지 않습니다. 대신 컴파일러는
실행 파일에 라이브러리를 연결하기 위한 코드만 포함시키고, 실행 시에
라이브러리에 연결합니다.

자 프로그램이 제대로 실행되는지 볼까요?

조심하세요!

**일부 구형 맥
시스템에서는 –shared
옵션을 사용할 수
없습니다.**

그러나 걱정할 필요는 없습니다. 만약
문제가 있다면 옵션을 –dynamiclib로
바꾸면 똑같이 문제 없이 컴파일됩니다.

MinGW와 시그윈에서의 라이브러리 이름

MinGW와 시그윈은 모두 동적
라이브러리로 여러 포맷을 사용할 수
있습니다. hfcal 라이브러리는 다음 중
어떤 이름도 될 수 있습니다.

libhfcal.dll.a

libhfcal.dll

hfcal.dll

시험 주행

여러분은 /libs 디렉터리에 동적 라이브러리를 만들고 elliptical 테스트 프로그램을
만들었습니다. 이제 실행해볼 때가 되었네요. hfcal이 표준 라이브러리 디렉터리에 있지
않으므로, 프로그램을 실행할 때 운영체제가 라이브러리를 찾을 수 있게 지정해야 합니다.

맥에서는

맥 컴퓨터에서는 그저 프로그램을 실행하면 됩니다. 맥에서 프로그램을 컴파일할
때 라이브러리에 대한 경로명 ./libs/libhfcal.dylib가 실행 파일 안에 저장되기
때문에 프로그램이 실행될 때 어디에서 라이브러리를 찾아야 할지 알고 있습니다.

```
File Edit Window Help I'mAMac
> ./elliptical
몸무게: 115.20파운드
거리: 11.30마일
칼로리 소비: 1028.39Cal
>
```

← 맥 OS X

리눅스에서는

그러나 리눅스에서는 많이 다릅니다.

리눅스와 대부분의 유닉스 계열에서 컴파일러 libhfcal.so 라이브러리 파일
이름만 기록하고, 경로명을 기록하지 않습니다. 따라서 라이브러리가 표준
라이브러리 디렉터리에 있지 않으면(./libs 등), 프로그램이 hfcal 라이브러리를
찾을 수 없습니다. 이 문제를 해결하려면 LD_LIBRARY_PATH 변수에 추가로
검색할 디렉터리를 지정하면 됩니다. 여러분의 라이브러리 경로를 export
명령으로 LD_LIBRARY_PATH 환경 변수에 추가하면 elliptical은 libhfcal.so
파일을 찾을 수 있습니다.

변수를 반드시
export해야 합니다.

리눅스에서는
LD_LIBRARY_PATH 변수를
설정해야 프로그램이
라이브러리를 찾을 수 있습니다.

```
File Edit Window Help I'mLinux
> export LD_LIBRARY_PATH=$LD_LIBRARY_PATH:./libs
> ./elliptical
몸무게: 115.20파운드
거리: 11.30마일
칼로리 소비: 1028.39Cal
>
```

라이브러리가 /usr/lib와 같은 표준
디렉터리에 있으면 설정할 필요 없습니다.

리눅스

윈도우에서는

이제 컴파일한 코드를 시그윈과 MinGW 버전 gcc 컴파일러로 어떻게
실행하는지 살펴보겠습니다. 두 컴파일러는 모두 윈도우 DLL 라이브러리와
윈도우 실행 파일을 만듭니다. 그리고 리눅스와 마찬가지로 윈도우 실행 파일은
hfcal 라이브러리 이름을 저장할 때 디렉터리는 지정하지 않습니다.

그러나 윈도우는 라이브러리를 찾기 위해 LD_LIBRARY_PATH 환경 변수를
사용하지 않습니다. 윈도우 프로그램은 현재 디렉터리를 찾고, 현재 디렉터리에서
찾을 수 없으면 PATH 환경 변수에 저장된 디렉터리를 검색합니다.

시그윈을 사용하는 경우

시그윈으로 프로그램을 컴파일했다면 bash 셸에서 다음과 같이 프로그램을
실행할 수 있습니다.

```
File  Edit  Window  Help  I'mCygwin
>  PATH="$PATH:/libs"
>  ./elliptical
몸무게: 115.20파운드
거리: 11.30마일
칼로리 소비: 1028.39Cal
>
```

← 시그윈을 사용하는 윈도우

MinGW를 사용하는 경우

MinGW로 프로그램을 컴파일했다면 다음과 같이 명령행 프롬프트에서
프로그램을 실행할 수 있습니다.

```
File  Edit  Window  Help  I'mMinGW
C:\code> PATH="%PATH%:C:\libs"
C:\code> ./elliptical
몸무게: 115.20파운드
거리: 11.30마일
칼로리 소비: 1028.39Cal
C:\code>
```

← MinGW를 사용하는 윈도우

약간 복잡해 보이나요? 그렇긴 합니다. 그래서 동적 라이브러리를 사용하는
대부분의 프로그램은 라이브러리를 표준 디렉터리에 저장합니다. 리눅스와
맥에서는 동적 라이브러리를 /usr/lib나 /usr/local/lib와 같은 표준
디렉터리에, 윈도우에서는 DLL 파일을 실행 파일과 같은 디렉터리에 놓습니다.

연습 문제

긴 연습문제

헤드 퍼스트 헬스 클럽 사장이 러닝 머신을 영국으로 선적할 때가 되었습니다. 내장된 서버는 리눅스를 사용하고 있고, 이미 미국 버전 코드가 설치되어 있습니다.

소프트웨어 개발자는 라이브러리를 /usr/local/lib에 설치했습니다.

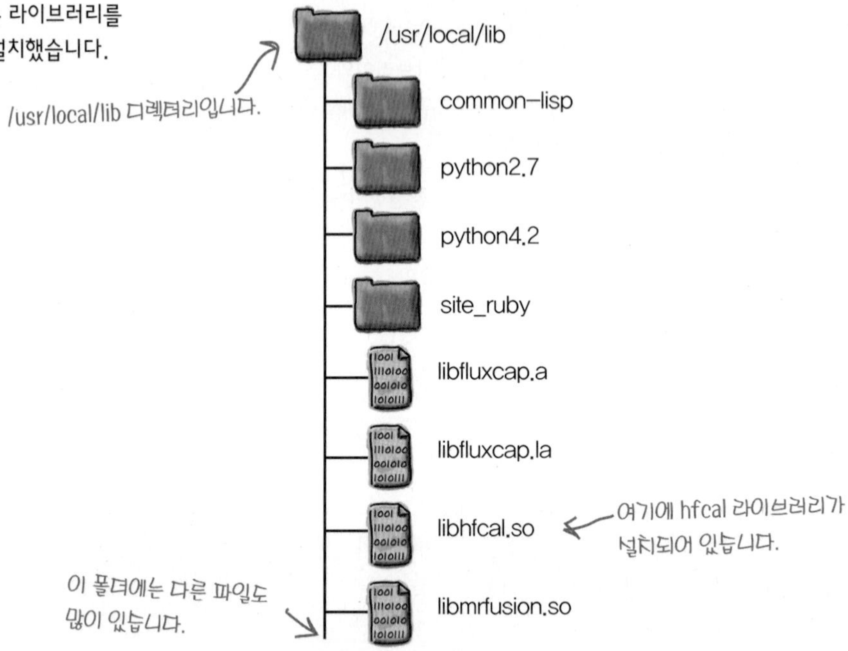

/usr/local/lib

/usr/local/lib 디렉터리입니다.

common-lisp

python2.7

python4.2

site_ruby

libfluxcap.a

libfluxcap.la

libhfcal.so ← 여기에 hfcal 라이브러리가 설치되어 있습니다.

이 폴더에는 다른 파일도 많이 있습니다. libmrfusion.so

그리고 hfcal 라이브러리 헤더 파일이 /usr/local/include 디렉터리에 설치되어 있습니다.

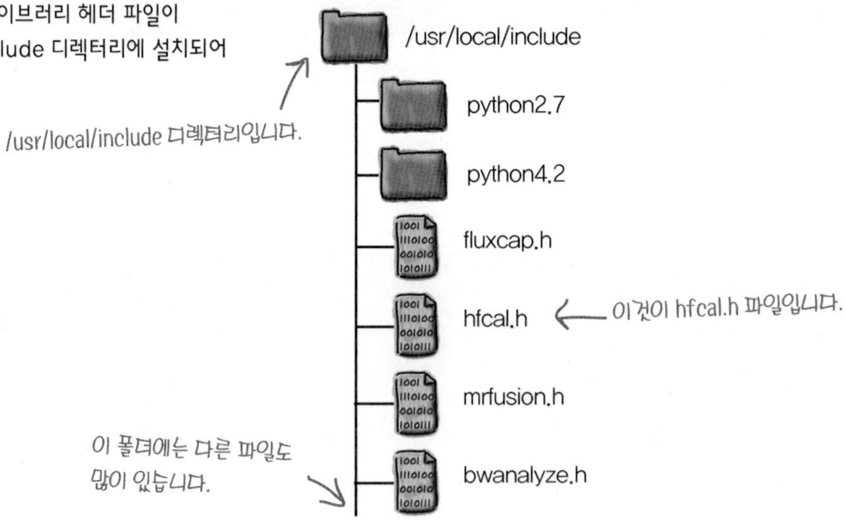

/usr/local/include

/usr/local/include 디렉터리입니다.

python2.7

python4.2

fluxcap.h

hfcal.h ← 이것이 hfcal.h 파일입니다.

mrfusion.h

이 폴더에는 다른 파일도 많이 있습니다. bwanalyze.h

소프트웨어 개발자는 라이브러리를 이 디렉터리 구조에 따라 저장하길 좋아합니다. 표준적이기 때문이죠. 그러나 프로그램이 미국판으로 설정되어 있으므로 바꿔야 합니다.

이 장비가 사용될 영국의 체육관에서 사용할 수 있게 시스템을 갱신해야 합니다. 그러려면 이 러닝 머신의 화면은
마일과 파운드 대신 킬로미터와 킬로그램으로 출력해야 합니다.

↙ 영국의 체육관을 위한 코드입니다.

```c
#include <stdio.h>
#include <hfcal.h>

void display_calories(float weight, float distance, float coeff)
{
    printf("몸무게: %3.2f킬로그램\n", weight / 2.2046);
    printf("거리: %3.2f킬로미터\n", distance * 1.609344);
    printf("칼로리 소비: %4.2fCal\n", coeff * weight * distance);
}
```

↙ 이 코드는 킬로미터와 킬로그램
단위로 정보를 출력합니다.

↑ 이 파일은 /home/ebrown 디렉터리에 있습니다.

hfcal_UK.c

장비에 이미 설치된 소프트웨어는 새로 만든 이 코드를 사용해야 합니다. 프로그램이 동적 라이브러리로 이 코드에
연결하고 있으므로 여러분은 그저 이 코드를 컴파일해 /usr/local/lib 디렉터리에 놓으면 됩니다.

현재 hfcal_UK.c 디렉터리에 있고 여러분이 모든 디렉터리에 대한 쓰기 권한이 있다고 가정하면 이 코드를 컴파일해
라이브러리 디렉터리에 놓으려면 어떤 명령을 호출해야 할까요?

....

....

....

러닝 머신의 주 프로그램 이름이 /opt/apps/treadmill이라면 프로그램을 실행하기 위해 어떤 명령을 입력해야
할까요?

....

....

....

긴 연습문제 정답

헤드 퍼스트 헬스 클럽 사장이 러닝 머신을 영국으로 선적할 때가 되었습니다. 내장된 서버는 리눅스를 사용하고 있고, 이미 미국 버전 코드가 설치되어 있습니다.

소프트웨어 개발자는 라이브러리를 /usr/local/lib에 설치했습니다.

/usr/local/lib 디렉터리입니다.

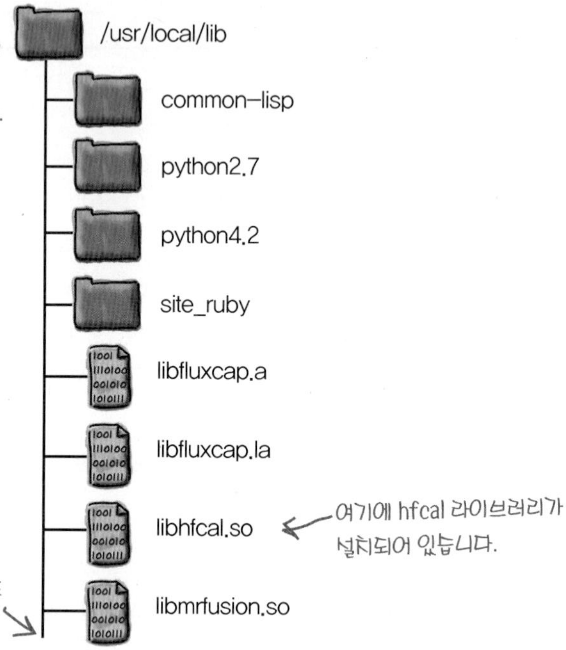

/usr/local/lib

- common-lisp
- python2.7
- python4.2
- site_ruby
- libfluxcap.a
- libfluxcap.la
- libhfcal.so ← 여기에 hfcal 라이브러리가 설치되어 있습니다.

이 폴더에는 다른 파일도 많이 있습니다.

- libmrfusion.so

그리고 hfcal 라이브러리 헤더 파일이 /usr/local/include 디렉터리에 설치되어 있습니다.

/usr/local/include 디렉터리입니다.

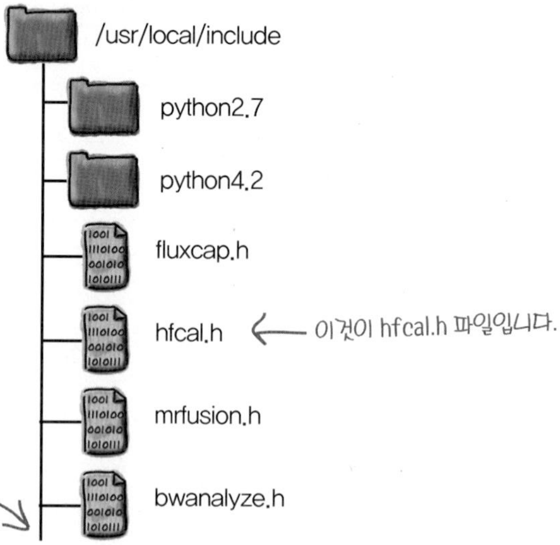

/usr/local/include

- python2.7
- python4.2
- fluxcap.h
- hfcal.h ← 이것이 hfcal.h 파일입니다.
- mrfusion.h

이 폴더에는 다른 파일도 많이 있습니다.

- bwanalyze.h

소프트웨어 개발자는 라이브러리를 이 디렉터리 구조에 따라 저장하길 좋아합니다. 표준적이기 때문이죠. 그러나 프로그램이 미국판으로 설정되어 있으므로 바꿔야 합니다.

이 장비가 사용될 영국의 체육관에서 사용할 수 있게 시스템을 갱신해야 합니다. 그러려면 이 러닝 머신의 화면은
마일과 파운드 대신 킬로미터와 킬로그램으로 출력해야 합니다.

```c
#include <stdio.h>
#include <hfcal.h>

void display_calories(float weight, float distance, float coeff)
{
  printf("몸무게: %3.2f킬로그램\n", weight / 2.2046);
  printf("거리: %3.2f킬로미터\n", distance * 1.609344);
  printf("칼로리 소비: %4.2fCal\n", coeff * weight * distance);
}
```

hfcal_UK.c

장비에 이미 설치된 소프트웨어는 새로 만든 이 코드를 사용해야 합니다. 프로그램이 동적 라이브러리로 이 코드에
연결하고 있으므로 여러분은 그저 이 코드를 컴파일해 /usr/local/lib 디렉터리에 놓으면 됩니다.

여러분은 현재 hfcal_UK.c 디렉터리에 있고 여러분이 모든 디렉터리에 대한 쓰기 권한이 있다고 가정하고 이 코드를
컴파일해 라이브러리 디렉터리에 놓기 위한 명령을 입력해야 했습니다.

소스코드를 컴파일해 오브젝트 → `gcc -c -fPIC hfcal_UK.c -o hfcal.o` ← 헤더 파일이 표준 디렉터리에 있으므로
파일을 만들어야 합니다. -I 옵션을 지정할 필요가 없습니다.

오브젝트 파일을 공유 오브젝트로 → `gcc -shared hfcal.o -o /usr/local/lib/libhfcal.so`
변환해야 합니다.

여러분은 러닝 머신의 주 프로그램인 /opt/apps/treadmill을 실행하기 위한 명령을 입력해야 했습니다.

라이브러리가 표준 디렉터리에 있으므로
`/opt/apps/treadmill` ← LD_LIBRARY_PATH 환경 변수를 지정할 필요가 없습니다.

라이브러리와 헤더 파일이 표준 디렉터리에 설치된 것을 알고 있나요?
표준 디렉터리에 설치되어 있으므로 코드를 컴파일할 때 -I 옵션을 사용할
필요가 없었고, 프로그램을 실행할 때 LD_LIBRARY_PATH 환경 변수를
설정할 필요가 없습니다.

시험 주행

이제 영국판 러닝 머신의 라이브러리를 갱신했으니,
미국판 장비부터 실행해보겠습니다. 미국판 러닝 머신은
수정하지 않은 원래 libhfcal.so 라이브러리를 사용하고
있습니다.

미국판 러닝 머신입니다. →

러닝머신 프로그램은 장비를 켤 때 자동으로 실행됩니다. 그리고
러닝 머신에서 운동한 후에 다음과 같은 화면을 출력했습니다.

> 몸무게: II7.40파운드
>
> 거리: 9.40마일
>
> 칼로리 소비: 750.42Cal

미국판 러닝 머신의 treadmill 프로그램은 미국 버전의 hfcal
프로그램으로 컴파일된 libhfcal.so 라이브러리에 동적으로
연결됩니다.

그러면 영국판 러닝 머신은 어떤가요?

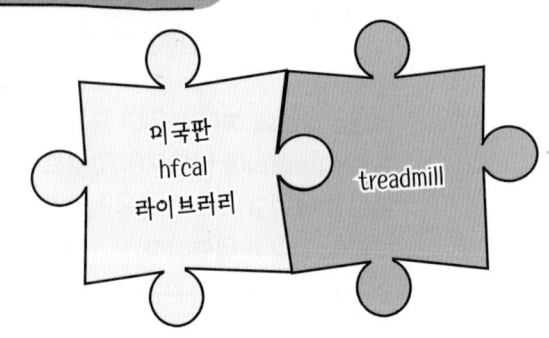

미국판
hfcal
라이브러리

treadmill

영국판 러닝 머신은 똑같은 treadmill 프로그램을 설치했지만, 이 장비의 libhfcal. so 라이브러리는 hfcal_UK.c 파일의 소스코드를 컴파일해서 만들었습니다.

영국판 러닝 머신입니다.

treadmill 프로그램은 미국판과 완전히 똑같습니다.

treadmill

이 프로그램은 영국판 hfcal 라이브러리에 링크됩니다.

영국판 hfcal 라이브러리

체육관 회원이 비슷한 거리를 달리고 난 후에 다음과 같은 화면이 나왔습니다.

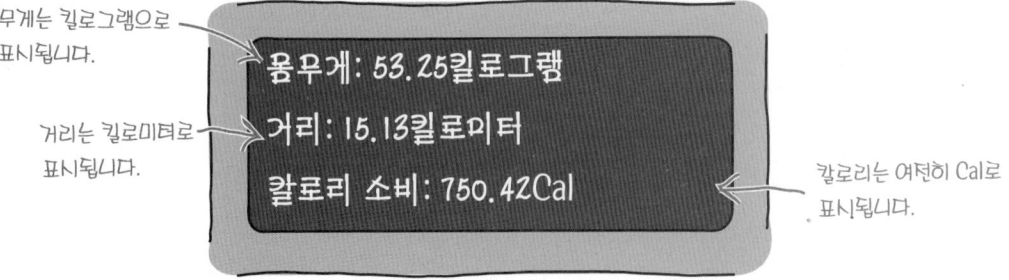

무게는 킬로그램으로 표시됩니다.

거리는 킬로미터로 표시됩니다.

몸무게: 53.25킬로그램

거리: 15.13킬로미터

칼로리 소비: 750.42Cal

칼로리는 여전히 Cal로 표시됩니다.

제대로 작동하네요.

treadmill 프로그램은 재컴파일조차 하지 않았지만, 동적으로 새로운 라이브러리에 있는 코드를 사용할 수 있었습니다.

동적 라이브러리를 사용하면 실행 시에 코드를 바꾸기 쉽습니다. 프로그램을 다시 컴파일할 필요 없이 애플리케이션을 갱신할 수 있습니다. 만약 여러 프로그램이 똑같은 코드를 공유하고 있다면 모든 프로그램을 한꺼번에 모두 갱신할 수 있습니다. 이제 여러분이 동적 라이브러리를 생성하는 방법에 대해 배웠으니, 훨씬 더 뛰어난 C 개발자가 되었습니다.

난롯가 담소

한밤의 이야기: 모듈화 소프트웨어의 두 유명한 지지자가 정적 링킹과 동적 링킹의 장단점에 대해 이야기하고 있습니다.

정적 링킹:

흐음, 우리 둘은 모두 더 작은 모듈로 코드를 만드는 게 좋은 방법이라는 데에는 동의한다고 생각하네.

모듈화하는 게 당연하겠지, 그렇지 않아?

코드를 관리하기 더 쉽고.

멋지고 커다란 프로그램.

그래. 의존하는 코드를 모두 갖고 있는 멋지고 큰 프로그램.

내 오랜 친구, 그게 무슨 말이야?

글쎄... (웃음)... 그 건 매우... 그렇지 않아. 정말로.

뭐? 떨어져 있는 수많은 파일? 닥치는 대로 함께 연결되는?!

그렇지만 그 건... 그 건... 혼란으로 가는 지름길이야!

처음에 제대로 했어야지.

동적 링킹:

당연하지.

맞아.

그렇지.

크다고?

좋은 생각은 아닌 것 같은데.

나는 프로그램을 작은 파일들로 구성하고 프로그램이 실행될 때만 함께 링크되어야 한다고 생각해.

난 지금 심각하다고.

닥치는 대로보다는 동적으로라는 용어가 맞겠지.

나중에 마음을 바꿀 수도 있다는 말이지.

그게 언제나 가능한 건 아니지. 대형 프로그램은 모두 동적 링킹을 사용해야 해.

정적 링킹:

모든 프로그램이?

리눅스 커널은 어때, 음? 충분히 크지. 그리고 내 생각에
이건...

정적 링킹은 그리 느슨하지도 비공식적이지도 않아.
그런데 자네 혹시 그 거 아냐? 정적 프로그램은 사용하기
쉽다는 걸? 파일도 하나뿐이야. 프로그램을 설치하고
싶으면? 실행 파일 하나 복사하면 돼. DLL 지옥 문제도
없지.

내가 자네의 마음을 바꿀 수 없다는 말인가?

그러면 자네의 마음 가짐은 정적으로 링크되어 있다는
건가?

동적 링킹:

내 생각엔 그래.

... 정적으로 링크되어 있지. 나도 알아. 그 건 자네
편이야.

이 봐, 우리 서로 차이를 인정하자고.

그렇지. 바꿀 수 없다네.

 **핵심정리**

- 동적 라이브러리는 실행 시에 프로그램에 링크됩니다.
- 동적 라이브러리는 하나 이상의 오브젝트 파일로부터 만들어집니다.
- 어떤 컴퓨터에서는 –fPIC 옵션으로 컴파일해야 합니다.
- –fPIC는 오브젝트 코드를 위치 독립적으로 만듭니다.
- 많은 시스템에서는 –fPIC 옵션을 주지 않아도 됩니다.

- –shared 컴파일러 옵션이 동적 라이브러리를 만듭니다.
- 시스템에 따라 동적 라이브러리 이름이 달라집니다.
- 동적 라이브러리를 표준 디렉터리에 저장하면 여러 일을 더 간단히 할 수 있습니다.
- 동적 라이브러리가 표준 디렉터리에 없을 때에는 LD_LIBRARY_PATH 환경 변수를 설정해야 합니다.

바보 같은 질문이란 없습니다

Q: 운영체제마다 동적 라이브러리들이 왜 그렇게 많이 다른가요?

A: 운영체제는 동적 라이브러리를 로드하는 방법을 최적화하려 합니다. 따라서 운영체제마다 동적 라이브러리에 대한 요구 사항이 점점 달라지게 되었습니다.

Q: 동적 라이브러리의 이름을 바꾸려고 파일 이름을 바꿨는데, 컴파일러가 찾지 못합니다. 왜 그런가요?

A: 컴파일러가 동적 라이브러리를 만들 때 파일 안에 라이브러리 이름을 저장합니다. 파일 이름을 바꾸면 파일 안에는 잘못된 이름이 들어 있게 되고 컴파일러가 혼동하게 됩니다. 라이브러리 이름을 바꾸려면 라이브러리를 다시 컴파일해야 합니다.

Q: 왜 시그윈은 동적 라이브러리에 대해 그렇게 상이한 명명 방법을 지원하나요?

A: 시그윈은 윈도우 컴퓨터에서 유닉스 소프트웨어를 컴파일하기 쉽게 만들어줍니다. 시그윈이 유닉스와 같은 환경을 만들기 때문에 유닉스의 많은 전통을 가져왔습니다. 그렇기 때문에 DLL 마저도 .a 확장자를 붙이길 좋아합니다.

Q: 시그윈 동적 라이브러리는 정말로 DLL 인가요?

A: 네. 그러나 동적 라이브러리가 시그윈 시스템에 의존하기 때문에 시그윈 외부의 코드가 시그윈 DLL을 사용하기 전에 약간의 작업을 해야 합니다.

Q: MinGW 컴파일러는 왜 시그윈과 똑같은 라이브러리 명명 형태를 지원하나요?

A: 시그윈과 MinGW는 서로 밀접하게 연관되어 있고 많은 코드를 공유하기 때문입니다. 큰 차이점이라면 MinGW 프로그램은 시그윈을 설치하지 않은 컴퓨터에서도 실행할 수 있다는 거죠.

Q: 리눅스는 왜 라이브러리 경로를 실행 파일 안에 넣지 않나요? 파일 안에 있으면 LD_LIBRARY_PATH 변수를 설정할 필요도 없을 텐데요.

A: 그 것은 설계 결정 사항이었습니다. 경로명을 저장하지 않으면 프로그램이 사용할 라이브러리 버전을 훨씬 더 많이 통제할 수 있습니다. 라이브러리를 새로 만드는 동안에는 아주 좋은 방법입니다.

Q: 왜 시그윈은 라이브러리를 찾기 위해 LD_LIBRARY_PATH 변수를 사용하지 않나요?

A: 시그윈이 윈도우 DLL을 사용해야 하기 때문입니다. 윈도우 DLL은 PATH 환경 변수를 참조해 로드됩니다.

Q: 정적 링킹과 동적 링킹 중에 어떤 게 더 좋은가요?

A: 상황에 따라 다릅니다. 정적 링킹은 컴퓨터 간에 이동하기 쉽게 더 작고 빠른 실행 파일을 만듭니다. 동적 링킹을 사용하면 실행 시에 프로그램의 환경을 더 많이 바꿀 수 있습니다.

Q: 여러 프로그램이 같은 동적 라이브러리를 사용하면, 한 번 이상 로드되나요? 아니면 메모리 안에서 공유되나요?

A: 그 것은 운영체제에 따라 다릅니다. 어떤 운영체제는 프로세스마다 새로 로드하고, 어떤 운영체제는 메모리를 아끼기 위해 한 번만 로드하고 공유합니다.

Q: 애플리케이션의 환경을 바꾸기 위해 동적 라이브러리가 가장 좋은 방법인가요?

A: 일반적으로는 환경 설정 파일을 사용하는 편이 더 간단합니다. 그러나 어떤 외부 장치를 연결하려면, 디바이스 드라이버로 작동하는 별도의 동적 라이브러리가 필요할 겁니다.

C 도구상자

이제 8장을 정복했으며 여러분의 도구상자에
정적 라이브러리와 동적 라이브러리를
추가했습니다.
전체 도구상자 목록은 부록 ii를 참조하세요.

-L<경로명>은 표준
라이브러리 디렉터리
목록에 경로명을
추가합니다.

#include <>는
/usr/include와
같은 표준
디렉터리를 찾게
합니다.

-l<라이브러리명>은
파일을 /usr/lib와
같은 표준
디렉터리에서 찾아
링크합니다.

-I<경로명>은 표준
헤더 파일 디렉터리
목록에 경로명을
추가합니다.

ar 명령은
오브젝트 파일들의
라이브러리
아카이브를
만듭니다.

라이브러리
아카이브는
lib<모모>.a와 같은
이름을 갖습니다.

gcc -shared
명령은 오브젝트
파일을 동적
라이브러리로
변환합니다.

동적
라이브러리는
실행 시에
링크됩니다.

라이브러리
아카이브는
정적으로
링크됩니다.

동적 라이브러리는
운영체제에 따라
이름이 다릅니다.

동적 라이브러리는
.so, .dylib, .dll, .dll.a
확장자를 가집니다.

C 실습 #2

OpenCV

이 실습에서는 앞의 장에서 배운 지식을 활용해 조사하고 빌드할 프로그램을 설명하는 기술 명세를 제공합니다.

이 프로젝트는 여러분이 지금까지 보아온 프로젝트보다 훨씬 큽니다. 그러니 시작하기 전에 전체 내용을 읽고 충분한 시간을 할애하세요. 그리고 어디에선가 막히더라도 걱정하지 마세요. 이 실습에서 새로운 개념을 요구하지 않으므로, 필요한 내용을 다시 읽고 이 실습을 다시 봐도 됩니다.

이 실습을 완료하는 것은 전적으로 여러분께 달려있습니다. 헤드 퍼스트는 정답 코드를 제공하지 않습니다.

기술 명세: 여러분의 컴퓨터를 침입 탐지기로 만드세요

여러분이 집을 비운 동안 컴퓨터가 집을 감시하고 누군가
돌아다니면 여러분에게 알려줄 수 있을까 생각해보세요.
불가능하진 않습니다. 컴퓨터에 달려 있는 웹캠과 영리한
OpenCV만 있으면 할 수 있습니다!

여러분이 만들 소프트웨어는 다음과 같습니다.

침입 탐지기

여러분의 컴퓨터는 웹캠을 사용해 주변을 계속 감시합니다.
무언가 움직이는 것을 감지하면 웹캠은 현재의 이미지를
파일 형태로 네트워크 드라이브에 저장합니다. 그리고 나서
드롭박스(Dropbox) 같은 파일 동기화 서비스를 사용하여
침입자가 들어오는 즉시 증거를 확보하게 됩니다.

침입자

웹캠

아, 침입지가 커피를 들고
도망가고 있군!
기록해야 겠다...

OpenCV

이미지 파일

컴퓨터가 웹캠을 통해
움직임을 감지하면...

...현재 상황을 이미지
파일에 저장합니다.

OpenCV

OpenCV는 오픈소스 컴퓨터 영상처리 라이브러리입니다. OpenCV를 사용하면 컴퓨터 카메라로부터 입력받아, 처리하고, 실시간으로 이미지 데이터를 처리하므로 그래픽 기반으로 판단할 수 있습니다. 게다가 C 코드로 모든 걸 할 수 있습니다.

OpenCV는 윈도우, 리눅스, 맥 플랫폼에서 사용할 수 있습니다.

OpenCV 위키 페이지는 다음 URL에서 확인할 수 있습니다.

http://opencv.willowgarage.com/wiki/FullOpenCVWiki

OpenCV 설치하기

OpenCV는 윈도우, 리눅스, 맥에 설치할 수 있습니다. 다음 URL에서 설치 안내문을 확인할 수 있으며 최신의 안정적인 버전을 내려받을 수 있습니다.

http://opencv.willowgarage.com/wiki/InstallGuide

OpenCV를 설치하고 나면 설치 폴더 아래에 samples라는 폴더를 볼 수 있습니다. 이 폴더를 주의해서 살펴보세요. 그리고 OpenCV 위키 페이지의 설명 자료에 대한 링크도 있습니다. 이 실습을 완료하려면 OpenCV에 대해 공부해야 합니다.

OpenCV를 깊이 파고들고 싶으면 개리 로스트 브라드스키와 에이드리안 캘러의 『OpenCV 제대로 배우기』(황선규 역, 한빛미디어)를 추천합니다.

우리가 이 책을 찾았습니다.
『OpenCV 제대로 배우기』는
감동적인 책입니다.

여러분의 코드가 해야 할 일

여러분의 C 코드는 다음과 같은 일을 해야 합니다.

컴퓨터 카메라로부터 입력받기

여러분은 컴퓨터 카메라로부터 들어오는 실시간 데이터로 작업해야
합니다. 따라서 여러분이 먼저 해야 할 일은 그 데이터를 포착하는 겁니다.
데이터를 포착하는 일은 cvCreateCameraCapture(0)이라는 OpenCV
함수를 사용하면 됩니다. 이 함수는 CvCapture 구조체에 대한 포인터를
반환하는데, 이 포인터를 통해 웹캠의 이미지 데이터를 실시간으로 받을 수
있으며, 현재 상황을 이미지 파일로 남길 때도 사용합니다.

웹캠에 연결할 수 없으면 cvCreateCameraCapture(0) 함수는 NULL을
반환합니다. 컴퓨터에 카메라가 없는 경우에 대한 에러 검사를 잊지 마세요.

Image file

웹캠으로부터 영상 포착하기

cvQueryFrame( ) 함수를 사용하면 웹캠의 최신 영상을 읽을 수 있습니다.
이 함수는 CVCapture 포인터를 인자로 받으며, 최신 영상에 대한 포인터를
반환합니다. 따라서 여러분의 코드는 다음 코드와 비슷하게 시작할 겁니다.

```
CvCapture* webcam = cvCreateCameraCapture(0);
if (!webcam)          ← '카메라를 찾을 수 없다'는 의미입니다.
    /* 에러 값을 반환하고 종료 */
while (1) {   ← 무한 루프
    IplImage* image = cvQueryFrame(webcam);
    if (image) {
        ← 이미지를 성공적으로 읽으면, 여기서 처리해야 합니다.
    }
}
```

웹캠에서 이미지를 읽습니다.

만약 이미지 안에 도둑이 있다고 판단되면 다음 함수를 사용해 이미지를
파일에 저장할 수 있습니다.

이미지 파일 이름
웹캠에서 읽은 이미지

```
cvSaveImage("somefile.jpg", image, 0);
```

흑백 이미지를 원하지 않는다면
이 인자를 0으로 설정하세요.

아마 내가 아주 느리게 움직이면, 나를 못 찾을 거야...

침입자 탐지

이제 코드에서 가장 영리한 부분입니다. 이미지 안에 침입자가 있는지 어떻게 판단할 수 있을까요?

이미지 안에 변화가 있었는지 검사하는 방법이 있습니다. OpenCV는 파르네백 광학 흐름(Farnebäck Optical Flow)을 생성하는 함수를 제공합니다. 광학 흐름은 두 이미지를 비교해 각 픽셀에서 얼마나 많은 이동이 있었는지 알려줍니다.

이 부분은 여러분이 연구해야 할 겁니다. 웹캠에서 들어오는 연속된 두 이미지를 비교하고 광학 흐름을 만들려면 cvCalcOpticalFlowFarneback()을 사용해야 할 겁니다. 여기에서 여러분은 약간의 코드를 작성해 두 이미지 간에 이동한 양을 측정해야 합니다. 이동한 정도가 어느 정도 임계치를 넘으면 웹캠 앞에서 무언가 커다란 물체가 움직였음을 알 수 있습니다.

실행 초기 처리

프로그램을 시작한 후에 여러분이 나가는 걸 카메라가 탐지하는 걸 원치 않을 겁니다. 그러니 약간의 틈을 주기 위해 시작하기 전에 약간 지연시켜야 합니다.

선택 사항: 현재 웹캠 화면 보여주기

연구실에서 테스트하는 동안 프로그램이 현재 보고 있는 이미지를 검사하는 게 유용하다는 걸 깨닫게 되었습니다. 현재 이미지를 출력하기 위해 창을 하나 열고 웹캠의 이미지를 출력합니다.

OpenCV에서는 다음의 명령으로 쉽게 창을 만들 수 있습니다.

```
cvNamedWindow("Thief", 1);
```

현재 이미지를 창에 출력하려면 다음의 명령을 사용하세요.

```
cvShowImage("Thief", image);
```

프로젝트 완료

도둑이 몰래 들어올 때 여러분의 컴퓨터가 사진을 자동으로
찍으면, 여러분의 OpenCV 프로젝트는 완료된 겁니다.

여기서 멈추자니 아쉬움이 남나요? 여러분은 OpenCV로

할 수 있는 멋진 아이디어가 우궁무진하게 떠오를 겁니다.

OpenCV로 멋진 프로젝트를 만들었다면 헤드 퍼스트

연구실에 알려주세요.

C 닌자 프로그래머가 될 때가 되었습니다...

이 책의 마지막 부분은 고급 주제를 다룹니다.

이제 우리는 C가 제공하는 고급 기능을 파고들어갈 겁니다. 더 진행하기 전에 여러분의 컴퓨터가 필요한 모든 기능을 제공하는지 확인하세요. 여러분이 리눅스나 맥을 사용하고 있으면 문제 없을 겁니다. 그러나 윈도우 컴퓨터를 사용하고 있으면 시그윈을 설치해야 합니다.

준비되었으면 페이지를 넘기세요. 고수의 문으로 들어가겠습니다...

9 프로세스와 시스템 호출

벽을 허물고

테드, 고마워.
자네가 시스템 호출 방법을 가르쳐준
이후로 나는 아주 잘 나가고 있네.
테드? 테드, 듣고 있어?

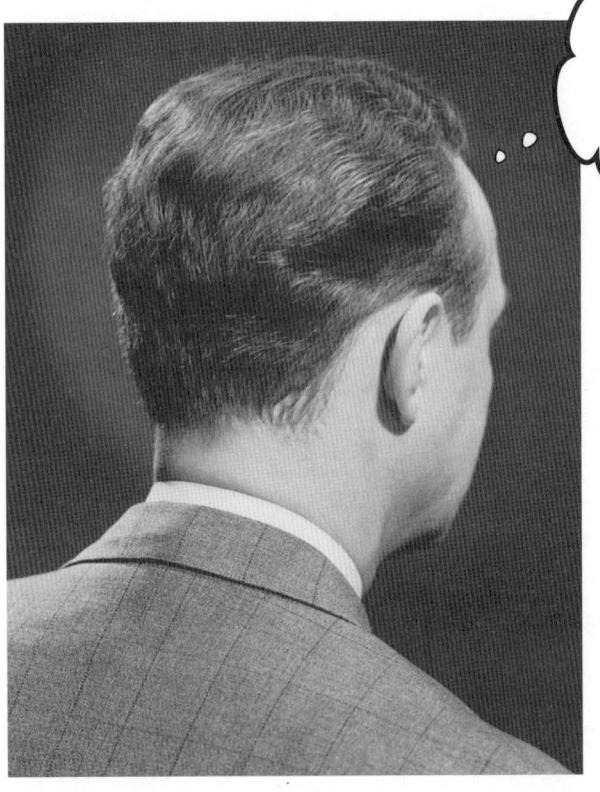

이제 고정관념에서 벗어날 때가 되었습니다.

여러분은 이미 명령행에서 조그만 도구를 연결해 복잡한 애플리케이션을 만드는 방법을 배웠습니다.
그런데 다른 프로그램을 여러분의 코드 안에서 사용하려면 어떻게 해야 할까요? 이 장에서는
프로세스를 생성하고 제어하는 **시스템 서비스** 사용법을 배웁니다. 시스템 서비스를 사용하면
프로그램이 이메일을 보내거나 웹서핑을 하거나 혹은 여러분이 설치한 그 외 도구들에 **접근할** 수
있어요. 이 장을 끝마치면 여러분은 **C를 능가하는** 힘을 갖게 될 겁니다.

시스템 API를 호출하면 운영체제에 바로 연결할 수 있어요

C 프로그램은 거의 모든 것을 운영체제에 의존합니다. 하드웨어에
접근하려면 프로그램은 **시스템 API를 호출합니다**. 시스템 API
는 그저 운영체제의 **커널** 안에 있는 함수일 뿐입니다. C 표준
라이브러리에 있는 대부분의 코드는 시스템 호출에 의존합니다.
명령행에 무언가 출력하고자 printf( )를 호출할 때마다 시스템
안쪽 어딘가에서 문자열을 화면에 보내기 위한 시스템 API를
운영체제에 호출합니다.

시스템 호출의 예를 살펴보겠습니다. 먼저 **system( )**이라고
불리는 API부터 살펴보죠(API 이름부터 다르네요).

system( )은 문자열 하나를 인자로 받아 마치 명령행에서 여러분이
입력한 것처럼 실행합니다.

```
system("dir D:");
```
← 이 명령은 D: 드라이브에 있는 파일 목록을 보여줍니다.

```
system("gedit");
```
← 이 명령은 리눅스에서 편집기를 실행합니다.

```
system("say 'End of line'");
```
← 이 명령은 맥에서 문장을 음성으로 읽어줍니다.

system( ) 함수를 사용하면 여러분의 코드 안에서 다른 프로그램을
쉽게 실행할 수 있습니다. 특히 프로토타입을 만들 때 외부
프로그램을 호출하면 엄청나게 많은 C 코드를 짜지 않고 간단히
구현할 수 있어요.

코드 자석

다음 프로그램은 시간을 포함한 문장을 로그 파일 제일 마지막에 씁니다. 이 프로그램을 처음부터 끝까지 C 언어로 만들 수도 있겠지만, 프로그래머는 파일 처리를 간단히 하기 위해 system() 함수를 호출했습니다.

여러분이 문장과 시간을 연결해 화면에 출력하는 운영체제 명령을 문자열로 만드는 코드를 완성해주시겠어요?

```c
#include <stdio.h>
#include <stdlib.h>
#include <time.h>

char* now()          이 함수는 현재 날짜와 시각을
{                    포함한 문자열을 반환합니다.
  time_t t;
  time (&t);
  return asctime(localtime (&t));
}


/*  주 제어판 프로그램.
    경비원의 점검 시간을 기록한다.  */
int main()
{
  char comment[80];
  char cmd[120];

  ....................(.................... , .................... , ....................);

  ....................................(........................................ ,

           ............................................... ,

           ............................................... , ....................................);
  system(cmd);
  return 0;
}
```

`sprintf`

`"echo '%s %s' >> reports.log"`

`80`   `stdin`   `cmd`   `printf`

`120`

`comment`   `fgets`   `comment`   `now()`   `scanf`   `stdout`

코드 자석 정답

다음 프로그램은 시간을 포함한 문장을 로그 파일 제일 마지막에 씁니다. 이 프로그램을 처음부터 끝까지 C 언어로 만들 수도 있겠지만, 프로그래머는 파일 처리를 간단히 하기 위해 system() 함수를 호출했습니다.

여러분은 문장과 시간을 연결해 화면에 출력하는 운영체제 명령을 문자열로 만드는 코드를 완성해야 했습니다.

```c
#include <stdio.h>
#include <stdlib.h>
#include <time.h>

char* now()
{
  time_t t;
  time (&t);
  return asctime(localtime (&t));
}

/* 주 제어판 프로그램.
   경비원의 점검 시각을 기록한다. */
int main()
{
  char comment[80];
  char cmd[120];
```

구조화되지 않은 문장이므로 fgets()를 사용합니다. → **fgets** (**comment** , **80** , **stdin**) ;

입력받은 문장을 comment 배열에 저장합니다.

단지 80자를 저장할 공간만 제공합니다.

데이터는 표준 입력 (키보드)에서 가져옵니다.

sprintf()는 문자들을 문자열에 출력합니다. → **sprintf** (**cmd** ,

포맷된 문자열이 cmd 배열에 저장됩니다.

명령을 만들기 위한 틀이라고 생각하세요. → **"echo '%s %s' >> reports.log"** ,

이 명령이 comment 배열을 파일의 뒤에 추가합니다.

comment , **now()**) ;

cmd 문자열에 들어 있는 내용을 실행합니다. →
```c
  system(cmd);
  return 0;
}
```

주석이 먼저 나타납니다.

시각이 그 다음에 나타납니다.

printf

scanf **stdout** **120**

시험 주행

프로그램을 실행하고 어떻게 되는지 살펴보겠습니다.

프로그램을 컴파일합니다.

프로그램을 실행합니다.

프로그램을 한 번
더 실행합니다.

```
File Edit  Window Help  Who'sYourUser
> gcc guard_log.c -o guard_log
> ./guard_log
복합 관리 프로그램 크롬 실행.          ← 첫 번째 입력 내용입니다.
> ./guard_log
정문 오른쪽 벽에 구멍 발견.          ← 두 번째 입력 내용입니다.
>
```

이제 프로그램이 있는 디렉터리를 보면 reports.log라는 파일이
만들어져 있을 겁니다.

로그를 기록한
시각입니다.

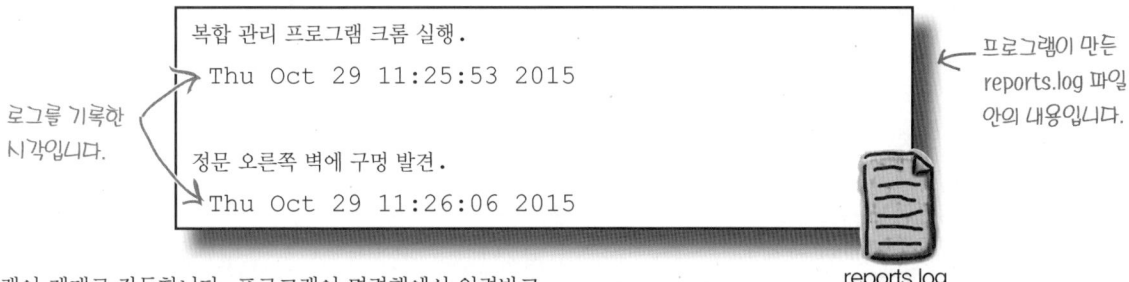

```
복합 관리 프로그램 크롬 실행.
Thu Oct 29 11:25:53 2015

정문 오른쪽 벽에 구멍 발견.
Thu Oct 29 11:26:06 2015
```

프로그램이 만든
reports.log 파일
안의 내용입니다.

reports.log

프로그램이 제대로 작동합니다. 프로그램이 명령행에서 입력받고
echo 명령을 호출해 입력받은 내용과 시각을 파일의 제일 마지막에
추가합니다.

여러분이 완전히 C만 사용해 프로그램 전체를 구현할 수도 있었지만,
system() 함수를 호출하면 많은 노력을 기울이지 않고도 간단히
원하는 일을 해낼 수 있었습니다.

바보 같은 질문이란 없습니다

Q: system() 함수가 제 프로그램 안에 포함되나요?

A: 아니오. 모든 시스템 호출이 그렇듯이 system() 함수는
여러분의 프로그램 안에 들어가지 않고 운영체제에 있습니다.

Q: 그러면 제가 시스템 API를 호출할 때는 라이브러리와
마찬가지로 어떤 외부 코드를 호출하는 건가요?

A: 비슷합니다. 그러나 구체적인 것은 운영체제에 따라 다릅니다.
어떤 운영체제에서는 시스템 호출 코드가 운영체제 커널 안에 있고,
어떤 운영체제에서는 그저 동적 라이브러리에 있을 수도 있어요.

헉!

그런데 누군가 시스템에 침입했습니다...

system() 함수는 치명적인 단점을 갖고 있습니다. 이
함수를 사용하기 쉽지만, 보안이 약간 허술합니다. system()
에 대한 문제를 살펴보기 전에 프로그램에 침입하는 방법을
알아보겠습니다.

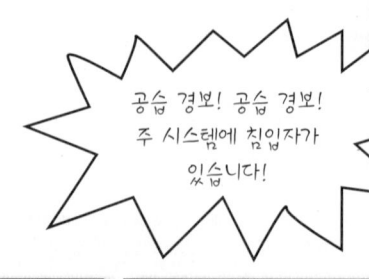

공습 경보! 공습 경보!
주 시스템에 침입자가
있습니다!

이 프로그램은 다음과 같이 문장을 입력받아 명령과 함께
연결해 작동합니다.

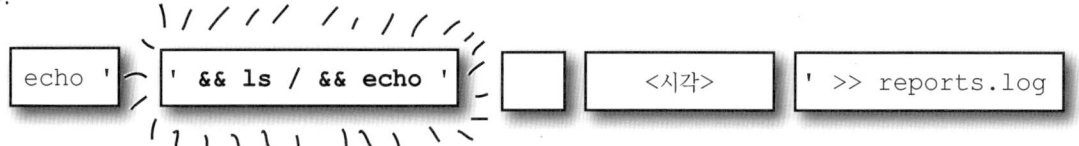

| echo ' | <문장> | | <시각> | ' >> reports.log |

그런데 누군가 다음과 같이 문장에 명령을 입력하면 어떻게
될까요?

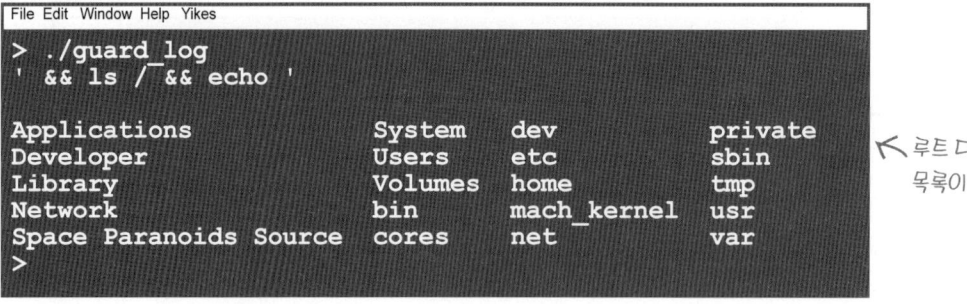

| echo ' | ' && ls / && echo ' | | <시각> | ' >> reports.log |

명령행에서 실행할 명령을 문자열 안에 삽입(Injection)하면
프로그램은 **입력된 내용이 무엇이든 그대로 실행합니다.**

컴퓨터 사용자가
프로그램을 악용해 →
부적절한 명령을
실행할 수 있습니다.

```
File Edit Window Help Yikes
> ./guard_log
'  && ls / && echo '

Applications          System    dev            private
Developer             Users     etc            sbin
Library               Volumes   home           tmp
Network               bin       mach_kernel     usr
Space Paranoids Source cores    net            var
>
```

← 루트 디렉터리의
목록이네요.

이 게 큰 문제일까요? guard_log 프로그램을 실행할 수
있는 사용자는 어떤 프로그램이라도 쉽게 실행할 수 있게
됩니다. 그런데 이 코드를 웹서버가 호출했다면? 아니면 이
프로그램이 파일에 있는 데이터를 처리하고 있다면?

보안 문제만 있는 게 아닙니다

앞의 예제는 코드를 삽입해 루트 디렉터리의 파일 목록을 보여줍니다. 그런데
파일을 삭제하거나 바이러스를 실행할 수도 있을 겁니다. 그러나 여러분은
보안뿐만 아니라 다른 것도 걱정해야 합니다.

⭐ **설명에 작은 따옴표가 들어 있다면 어떻게 될까?**
설명을 빠져나와 명령을 실행할 수 있습니다.

⭐ **PATH 환경 변수 때문에 system() 함수가 엉뚱한 프로그램을 실행하면
어떻게 될까?**

⭐ **어떤 환경 변수가 먼저 설정되어 있어야 호출한 프로그램이 작동할 수 있을 때
어떻게 해야 할까?**

system() 함수는 사용하기 쉽지만 대부분의 경우 여러분은 조금 더 구조화된
방법을 사용해야 할 겁니다. 명령행 인자와 환경 변수를 설정해 원하는
프로그램을 호출하는 방법이 필요합니다.

아이디어 탐구

커널은 무엇인가요?

대부분의 컴퓨터에서 시스템 호출은 운영체제의 **커널** 안에 있는 함수입니다. 그러면 커널은 무엇일까요? 여러분이
화면에서 커널을 직접 볼 일은 없겠지만, 커널은 늘 존재하며 컴퓨터를 제어합니다. 커널은 컴퓨터에서 가장 중요한
프로그램이며 다음의 **세 가지 일**을 책임지고 있습니다.

프로세스
메모리에 로드되지 않고 실행되는 프로그램은 없습니다. 커널은 프로그램을 메모리에 로드해 프로세스를 만들고
프로세스가 필요로 하는 리소스를 준비해줍니다. 그리고 커널은 너무 많이 자원을 소비하거나 크래시된 앱을 감시합니다.

메모리
컴퓨터의 메모리는 제한되어 있으므로 커널은 각 프로세스가 차지할 수 있는 메모리 양을 조심스럽게 배급해야 합니다.
커널은 메모리 일부를 조용히 디스크에 저장했다가 다시 불러 들이면서 **가상 메모리 크기**를 증가시킬 수 있습니다.

하드웨어
커널은 **디바이스 드라이버**를 사용해 컴퓨터에 연결된 장치와 이야기합니다. 커널이 여러분 대신 세부적인 내용을
처리해주므로 여러분의 프로그램은 하드웨어에 대해 알지 못해도 키보드, 화면, 그래픽 프로세서 등을 사용할 수 있습니다.

시스템 API는 프로그램이 커널과 대화하기 위해 사용하는 함수입니다.

exec() 함수를 사용하면 더 자세히 통제할 수 있어요

여러분이 system( ) 함수를 호출하면 운영체제는 명령 문자열을
해독해 어떤 프로그램을 어떻게 실행할지 결정해야 합니다.
여기에서 문제가 발생합니다. 운영체제가 문자열을 해독해야
한다는 점이죠. 여러분은 이 과정에서 어떻게 나쁜 일을 할 수
있는지 봤습니다. 결국 해결 방법은 **모호함**을 제거하고 여러분이
어떤 프로그램을 실행하려는지 운영체제에 정확히 알려주는 겁니다.
exec( ) 함수는 이 목적으로 만들어졌습니다.

exec( ) 함수는 현재 프로세스를 대체합니다

프로세스는 그저 메모리 안에서 실행되고 있는 프로그램일
뿐입니다. 윈도우에서 **taskmgr** 명령이나, 유닉스 계열
운영체제에서 **ps -ef** 명령을 실행하면 시스템에서 실행 중인
프로세스를 볼 수 있습니다. 운영체제는 **프로세스 식별자**(Process
Identifier, PID)라는 숫자를 사용해 모든 프로세스를 관리합니다.

exec( ) 함수는 **현재 프로세스를 대체**하고 새로운 프로그램을
실행합니다. 사용할 명령행 인자나 환경 변수를 지정할 수 있으며
새로운 프로세스는 기존의 프로세스와 동일한 PID로 실행됩니다.
이는 바톤을 넘겨주는 계주와 비슷합니다.

> 프로세스는 메모리 안에서
> 실행 중인 프로그램입니다.

너무 다양한 exec() 함수들이 있어요

시간이 지나면서 다양한 버전의 exec()가 만들어졌습니다.
각 버전마다 이름이 약간 다르고 인자도 다릅니다. 아주 많은
버전들이 있긴 하지만, exec() 계열 함수의 종류는 크게 **목록형**과
배열형으로 나눌 수 있습니다.

exec() 함수들은 unistd.h에
선언되어 있습니다.

목록형 함수: execl(), execlp(), execle()

목록형 함수는 다음과 같이 명령행 인자를 인자 목록으로 받습니다.

⭐ **프로그램**
execl()을 호출할 때 이 인자는 프로그램의 전체 경로이며, execlp()를
호출할 때에는 단지 명령 이름입니다. 어쨌든 exec() 함수의 첫 번째 인자는
어떤 프로그램을 실행할지 알려줍니다.

⭐ **명령행 인자**
여러분은 사용하려는 명령행 인자를 하나씩 나열해야 합니다. **첫 번째**
명령행 인자는 언제나 프로그램의 이름이라는 점을 잊지 마세요. 결국 목록형
exec() 함수에 전달하는 처음 두 인자는 언제나 **똑같은 문자열**이 됩니다.

⭐ **NULL.**
맞습니다. 마지막 명령행 인자 다음에 **널**(NULL)을 추가해야 합니다. 널
인자는 더 이상 인자가 없음을 함수에 알려줍니다.

⭐ **환경 변수들(선택).**
만약 e로 끝나는 exec() 함수를 호출하면 환경 변수도 전달할 수 있습니다. 이
인자는 그저 "POWER=4", "SPEED=17", "PORT=OPEN" 등과 같은 문자열의
배열일뿐입니다.

조심하세요!

명령행 인자에 공백을 넣으면 MinGW가 혼동할 수 있어요.

만약 "I like"와 "turtles", 두 인자를
전달하면, MinGW 프로그램은 "I",
"like", "turtles", 세 **인자로** 보냅니다.

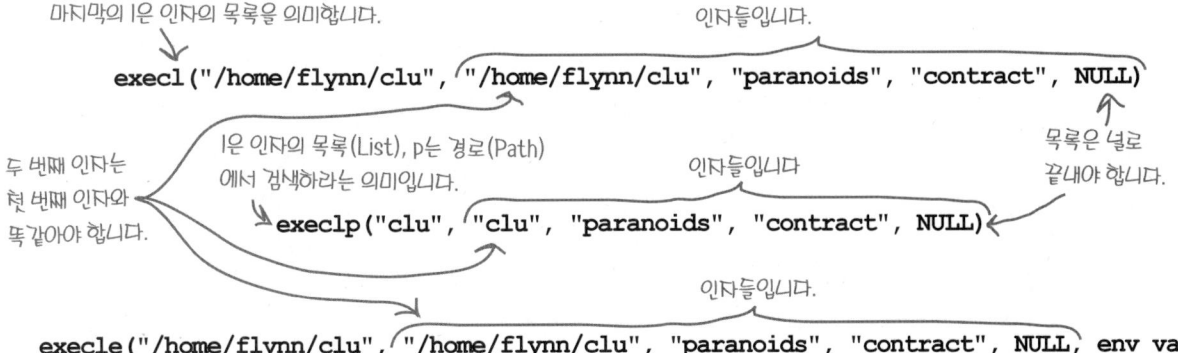

마지막의 l은 인자의 목록을 의미합니다.   인자들입니다.

execl("/home/flynn/clu", "/home/flynn/clu", "paranoids", "contract", NULL)

두 번째 인자는
첫 번째 인자와
똑같아야 합니다.

l은 인자의 목록(List), p는 경로(Path)
에서 검색하라는 의미입니다.   인자들입니다

목록은 널로
끝내야 합니다.

execlp("clu", "clu", "paranoids", "contract", NULL)

인자들입니다.

execle("/home/flynn/clu", "/home/flynn/clu", "paranoids", "contract", NULL, env_vars)

l은 **목록**을, e는 **환경**(Environment)을
의미합니다.

env_vars는 환경 변수들을 가진 문자열의
배열입니다.

배열형 함수들: exec(), execvp(), execve()

만약 명령행 인자를 이미 배열에 저장했다면 아래 두 버전이 더 적합할 겁니다.

v는 배열(Vector)을 →**execv("/home/flynn/clu", my_args);**
의미합니다.

└── 인자는 문자열 배열에 저장해야 합니다.

v는 배열(Vector), p는 →**execvp("clu", my_args);**
경로(Path)를 의미합니다.

execvp() 함수가 PATH 환경 변수로 프로그램을 찾는다는 점 외에 이
두 함수는 동일합니다.

---

exec() 함수들을 암기하는 방법

여러분은 함수 이름을 구성해 어느 exec() 함수를 사용할지 판단할
수 있습니다. 모든 exec() 함수는 **l, v, p, e,** 중 한두 개의 문자가
따라옵니다. 이 문자로 어느 함수를 사용할지 판단할 수 있습니다.
따라서 execle() 함수의 경우는 다음과 같습니다.

execle = exec + l + e = 인자의 목록(List) + 환경(Environment)

l과 v 문자는 언제나 p와 e보다 앞에 오며, p와 e는
선택적입니다.

사용	문자
인자 목록	l
인자 배열	v
경로 검색	p
환경 변수	e

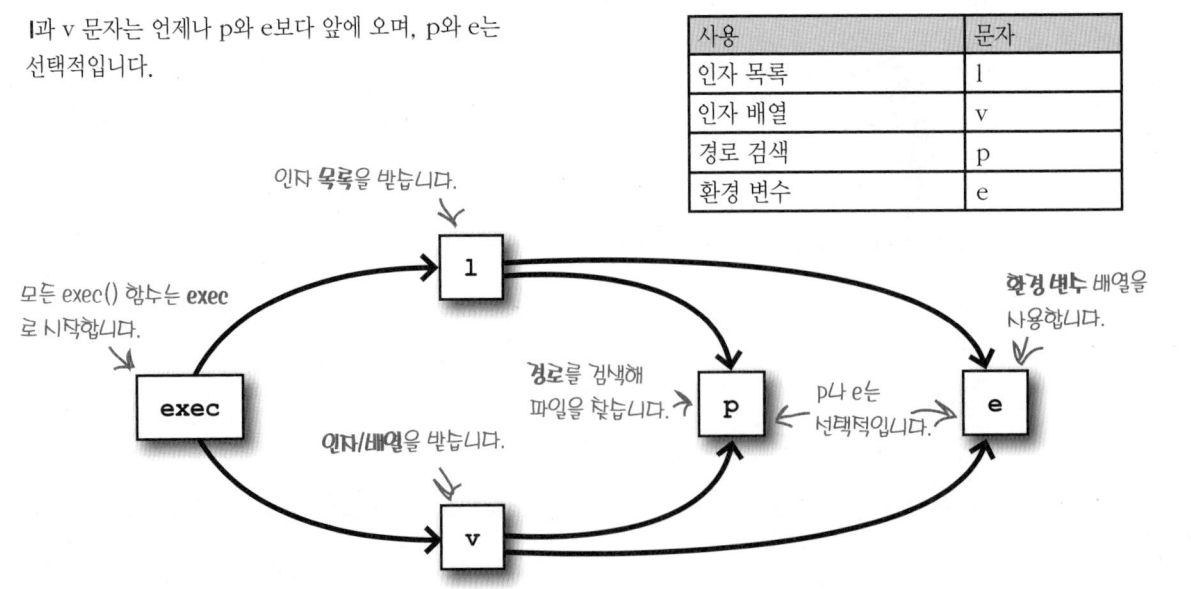

환경 변수 전달하기

모든 프로세스는 일련의 환경 변수를 가집니다. 환경 변수는 여러분이 명령행에서 set이나 env 명령으로 볼 수 있는 변수들이며, 홈 디렉터리의 경로명이나 명령을 검색할 위치 등 프로세스에 유용한 정보를 전달합니다. C 프로그램은 getenv() 시스템 API를 호출해 환경 변수를 읽을 수 있습니다. 오른쪽 diner_info 프로그램에서 **getenv()**가 사용되는 것을 볼 수 있습니다.

명령행 인자와 환경 변수로 프로그램을 실행하고 싶으면 다음과 같이 할 수 있습니다.

```c
#include <stdio.h>
#include <stdlib.h>

int main(int argc, char *argv[])
{
  printf("식사 인원: %s\n", argv[1]);
  printf("주스: %s\n", getenv("JUICE"));
  return 0;
}
```

↑
stdlib.h에 있는 getenv()를 사용하면 환경 변수를 읽을 수 있습니다.

diner_info.c

문자열 배열로 일련의 환경 변수를 만들 수 있습니다.

각 환경 변수는 〈이름〉=〈값〉으로 설정됩니다.

변수의 마지막 항목은 반드시 넣어야 합니다.

```
char *my_env[] = {"JUICE=복숭아와 사과", NULL};

execle("diner_info", "diner_info", "4", NULL, my_env);
```

execle은 인자 목록과 환경을 전달합니다.

my_env는 환경 변수들을 갖고 있습니다.

execle() 함수는 명령행 인자와 환경 변수를 설정하고 현재 프로세스를 diner_info 프로세스로 바꿉니다.

```
File Edit Window Help MoreOJ
> ./my_exec_program
식사 인원: 4
주스: 복숭아와 사과
>
```

그런데 문제가 생기면 어떻게 하나요?

프로그램을 호출할 때 문제가 생기면 현재 프로세스가 계속 실행됩니다. 두 번째 프로세스를 시작할 수 없을 때 에러를 복구하고 사용자에게 잘못된 점에 대한 정보를 더 제공할 수 있으므로 이런 작동 방식은 바람직합니다. 다행스럽게도 C 표준 라이브러리는 문제 처리를 도와주는 내장된 몇 가지 코드를 제공합니다.

조심하세요!

시그윈에 환경 변수를 전달할 때는 반드시 PATH 환경 변수를 포함해야 합니다.

시그윈에서는 프로그램을 로드할 때 PATH 환경 변수가 필요합니다. 따라서 시그윈에서 환경 변수를 전달하려면 PATH=/usr/bin을 반드시 포함해야 합니다.

대부분의 시스템 호출은 똑같은 방법으로 실패합니다

시스템 호출은 여러분의 프로그램 외부에 있는 코드에 의존하기 때문에 어쩔 수 없이 잘못될 수 있습니다. 이 문제를 해결하려면 대부분의 시스템 호출은 똑같은 방법으로 실패해야 합니다.

execle() 호출을 예로 들어보겠습니다. exec() 호출이 잘못되는지 판단하기는 정말 쉽습니다. exec() 호출에 성공하면 현재 프로그램의 실행이 중단되기 때문에, exec() 호출한 후에 프로그램이 무언가를 실행한다면 문제가 있음이 확실합니다.

실패의 황금률 보장

```
execle("diner_info", "diner_info", "4", NULL, my_env);
puts("이봐요. 프로그램이 잘 못된 게 분명합니다");
```

만약 execle()가 제대로 실행되면, 이 코드는 결코 실행되지 않을 겁니다.

그러나 시스템 호출이 성공했는지 알려주는 것만으로는 충분하지 않습니다. 여러분은 시스템 호출이 왜 실패했는지 알고 싶을 겁니다. 그래서 대부분의 시스템 호출은 **실패의 황금률**을 따릅니다.

errno 변수는 errno.h에 정의된 전역 변수입니다. 이 변수에는 다음과 같이 표준적으로 정의된 에러값이 저장됩니다.

> ### 실패의 황금률
> * 가능한 한 정리하세요.
> * errno 변수에 적절한 에러값을 설정하세요.
> * -1을 반환하세요.

EPERM=1	허용되지 않은 연산입니다.
ENOENT=2	지정한 파일이나 디렉터리가 없습니다.
ESRCH=3	지정한 프로세스가 없습니다.
EMULLET=81	머리 모양이 촌스럽습니다.

모든 시스템에 이 값이 정의되어 있지는 않습니다.

이제 여러분은 이 값으로 errno 변수를 검사할 수 있습니다. 아니면 string.h에 정의된 **strerror()** 함수를 사용해 표준 에러 메시지를 만들 수 있습니다.

puts(strerror(errno)); ← strerror()는 에러 번호를 메시지로 변환합니다.

따라서 시스템이 여러분이 실행하려는 프로그램을 찾지 못하면 errno 변수를 ENOENT로 설정하며, 이 번호는 다음과 같은 표준 에러 메시지에 대응됩니다.

```
No such file or directory
```

연습문제

네트워크 설정에 대한 정보를 알려주는 명령은 시스템마다 다릅니다. 리눅스나 맥 컴퓨터에서는 /sbin/ifconfig 프로그램이, 윈도우에서는 **명령 파일이 저장된 폴더**에 있는 ipconfig라는 프로그램이 있습니다.

다음 프로그램은 /bin/ifconfig 프로그램을 실행합니다. 만약 실패하면 ipconfig 명령을 실행하게 됩니다. 이 두 명령은 아무런 인자를 받지 않아도 됩니다. 여러분이 어떤 exec() 명령을 사용해야 할지 곰곰이 생각해보고 빈칸을 채워 프로그램을 완성하세요.

```
#include <stdio.h>
                              ← 어떤 헤더 파일이 필요한가요?
..............................................

..............................................

..............................................

int main()        이 명령은 /sbin/ifconfig를 실행해야 합니다.
{                 무엇을 검사해야 할까요?            이 줄은 ipconfig 명령을 실행하고,
                            ↓                    실패했는지 검사합니다.
  if ( ............................................................ )      ↓
    if (execlp( ............................................ ) {
      fprintf(stderr, "ipconfig를 실행할 수 없습니다: %s", ............................ );
      return 1;                                      ↑
    }                              여기에 어떤 코드가 들어가야 할까요?
  return 0;
}
```

연습문제
정답

네트워크 설정에 대한 정보를 알려주는 명령은 시스템마다 다릅니다. 리눅스나 맥 컴퓨터에서는 /sbin/ifconfig 프로그램이, 윈도우에서는 **명령 파일이 저장된 폴더**에 있는 ipconfig라는 프로그램이 있습니다.

다음 프로그램은 /bin/ifconfig 프로그램을 실행합니다. 만약 실패하면 ipconfig 명령을 실행하게 됩니다. 이 두 명령은 아무런 인자를 받지 않아도 됩니다. 여러분은 어떤 exec() 명령을 사용해야 할지 곰곰이 생각해보고 빈칸을 채워 프로그램을 완성해야 했습니다.

```c
#include <stdio.h>
#include <unistd.h>  ← exec() 함수를 사용하려면 이 헤더 파일이 필요합니다.
#include <errno.h>  ← errno 변수를 사용하려면 이 헤더 파일이 필요합니다.
#include <string.h>  ← 이 헤더 파일은 strerror() 함수로 적절한 에러 메시지를 출력할 수 있게 해줍니다.

int main()    프로그램의 경로를 지정하므로        exec()가 -1을 반환하면 실패한 겁니다.
{             execl()을 사용하세요.                그러면 ipconfig를 찾아봐야 합니다.
    if (   execl("/sbin/ifconfig", "/sbin/ifconfig", NULL) == -1                    )
        if (execlp(   "ipconfig", "ipconfig", NULL) == -1                  ) {
            fprintf(stderr, "ipconfig를 실행할 수 없습니다: %s",   strerror(errno)            );
            return 1;
        }
    return 0;
}
```

execlp()는 환경 변수에 설정된 경로에서 ipconfig를 찾게 합니다.

명령이 실패할 때를 대비해 -1과 비교합니다.

strerror() 함수는 에러에 해당하는 표준 메시지를 만듭니다.

바보 같은 질문이란 없습니다

Q: system()이 exec()보다 사용하기 쉽지 않나요?

A: 네. 그렇지만 system()에 전달한 문자열을 운영체제가 해독해야 하므로 버그가 발생할 수 있습니다. 특히 여러분이 직접 명령 문자열을 만드는 경우에 말이죠.

Q: exec() 계열 함수들이 왜 이렇게 많죠?

A: 시간이 지나면서 개발자들이 다른 방법으로 프로세스를 만들기 원했습니다. 다양한 요구에 대한 융통성을 제공하기 위해 여러 버전의 exec() 함수가 있는 겁니다.

Q: 시스템 API를 호출하면 언제나 반환값을 검사해야 하나요? 그러면 프로그램이 정말 길어지지 않나요?

A: 시스템 API를 호출하고 에러를 검사하지 않으면 프로그램 코드는 더 짧아질 겁니다. 그러나 버그도 많아질 겁니다. 코드를 작성하는 초기부터 에러를 염두에 두는 편이 좋습니다. 그래야 나중에 버그를 잡기도 훨씬 쉬워집니다.

Q: exec() 함수를 호출하면 그 다음에 할 수 있는 게 있나요?

A: 없습니다. exec() 함수가 성공하면 프로세스를 변경해 여러분의 프로그램 대신 새로운 프로그램을 실행합니다. 다시 말하면 exec()를 호출하는 프로그램은 exec() 함수를 호출하자마자 중단된다는 뜻입니다.

 **핵심정리**

- 시스템 API는 운영체제 안에 있는 함수입니다.
- 시스템 API를 호출하면 프로그램 외부의 코드를 호출하는 겁니다.
- system()은 명령 문자열을 실행하는 시스템 API입니다.
- system()은 사용하기 쉽지만 버그가 생길 수 있습니다.
- exec() 시스템 API는 실행할 프로그램을 더 자세히 제어할 수 있습니다.
- exec() 시스템 API는 여러 버전이 있습니다.
- 시스템 호출 시 문제가 있으면 −1을 반환하지만, 언제나 그런 건 아닙니다.
- 시스템 호출 시 문제가 생기면 errno 변수에 에러 번호를 설정합니다.

스타버즈 직원들이 **coffee**라는 주문 생성 프로그램을 새로 만들었습니다.

```c
#include <stdio.h>
#include <stdlib.h>

int main(int argc, char *argv[])
{
  char *w = getenv("EXTRA");
  if (!w)
    w = getenv("FOOD");
  if (!w)
    w = argv[argc - 1];
  char *c = getenv("EXTRA");
  if (!c)
    c = argv[argc - 1];
  printf("%s with %s\n", c, w);
  return 0;
}
```

이 코드를 실행하기 위해 직원들이 테스트 프로그램을 만들었습니다. 이 네모 안에 다음 페이지에 있는 코드 조각을 넣었을 때 출력되는 메시지와 연결할 수 있나요?

```c
#include <string.h>
#include <stdio.h>
#include <errno.h>
int main(int argc, char *argv[]){



    return 0;
}
```

코드 조각이 여기에 들어갑니다.

코드 조각:

코드 조각과 해당 출력
내용을 연결하세요.

출력 내용:

```c
char *my_env[] = {"FOOD=coffee", NULL};
if(execle("./coffee", "./coffee", "donuts", NULL, my_env) == -1){
  fprintf(stderr,"프로세스를 실행할 수 없습니다: %s\n", strerror(errno));
  return 1;
}
```

coffee with donuts

```c
char *my_env[] = {"FOOD=donuts", NULL};
if(execle("./coffee", "./coffee", "cream", NULL, my_env) == -1){
  fprintf(stderr,"프로세스를 실행할 수 없습니다: %s\n", strerror(errno));
  return 1;
}
```

cream with donuts

```c
if(execl("./coffee", "coffee", NULL) == -1){
  fprintf(stderr,"프로세스를 실행할 수 없습니다: %s\n", strerror(errno));
  return 1;
}
```

donuts with coffee

```c
char *my_env[] = {"FOOD=donuts", NULL};
if(execle("./coffee", "coffee", NULL, my_env) == -1){
  fprintf(stderr,"프로세스를 실행할 수 없습니다: %s\n", strerror(errno));
  return 1;
}
```

coffee with coffee

**뒤섞인
메시지
정답**

스타버즈 직원들이 **coffee**라는 주문 생성 프로그램을 새로 만들었습니다.

```c
#include <stdio.h>
#include <stdlib.h>

int main(int argc, char *argv[])
{
  char *w = getenv("EXTRA");
  if (!w)
    w = getenv("FOOD");
  if (!w)
    w = argv[argc - 1];
  char *c = getenv("EXTRA");
  if (!c)
    c = argv[argc - 1];
  printf("%s with %s\n", c, w);
  return 0;
}
```

이 코드를 실행하기 위해 직원들이 테스트 프로그램을 만들었습니다. 이 네모 안에 다음 페이지에 있는 코드 조각을 넣었을 때 출력되는 메시지와 연결해야 했습니다.

```c
#include <string.h>
#include <stdio.h>
#include <errno.h>
int main(int argc, char *argv[]){



  fprintf(stderr,"다음 주문을 생성할 수 없습니다: %s\n", strerror(errno));
    return 1;
  }
  return 0;
}
```

코드 조각이 여기에 들어갑니다.

코드 조각: 출력 내용:

```
char *my_env[] = {"FOOD=coffee", NULL};
if(execle("./coffee", "./coffee", "donuts", NULL, my_env) == -1){
    fprintf(stderr,"프로세스를 실행할 수 없습니다: %s\n", strerror(errno));
    return 1;
}
```

coffee with donuts

```
char *my_env[] = {"FOOD=donuts", NULL};
if(execle("./coffee", "./coffee", "cream", NULL, my_env) == -1){
    fprintf(stderr,"프로세스를 실행할 수 없습니다: %s\n", strerror(errno));
    return 1;
}
```

cream with donuts

```
if(execl("./coffee", "coffee", NULL) == -1){
    fprintf(stderr,"프로세스를 실행할 수 없습니다: %s\n", strerror(errno));
    return 1;
}
```

donuts with coffee

```
char *my_env[] = {"FOOD=donuts", NULL};
if(execle("./coffee", "coffee", NULL, my_env) == -1){
    fprintf(stderr,"프로세스를 실행할 수 없습니다: %s\n", strerror(errno));
    return 1;
}
```

coffee with coffee

RSS로 뉴스를 읽어요

웹사이트는 흔히 자신의 최신 기사를 공개하고자 RSS
피드를 사용합니다. 각 RSS 피드는 그저 기사에 대한 요약
정보와 링크를 갖고 있는 XML 파일일뿐입니다. 물론
여러분이 직접 웹에서 RSS 파일을 읽는 C 프로그램을 짤
수도 있지만 아직 배우지 않은 몇 가지 프로그래밍 개념을
더 배워야 합니다. 그렇다고 문제될 건 없습니다. RSS를
대신 처리해주는 다른 프로그램을 찾으면 되니까요.

직접 해보세요!

RSS 가십 프로그램(rssgossip.py)은 내려받은 파일의 ch9
폴더에 있습니다. 여러분의 컴퓨터에 파이썬이 설치되어 있지
않다면 http://www.python.org/에서 내려받아 설치하세요.

> 파자마 데스(Pajama
> Death)에 대한 최신 기사를
> 모두 보고 싶어.

← 편집자

RSS 가십 프로그램은 어떤 문장을 포함한 모든 기사에
대한 RSS 피드를 검색할 수 있는 **파이썬 스크립트**입니다.
이 스크립트를 실행하려면 파이썬을 설치해야 합니다.
파이썬이 설치되어 있고 rssgossip.py 프로그램이
있으면 다음과 같이 검색할 수 있습니다.

유닉스 환경에서
실행하는 모습입니다.

RSS 피드 주소를 갖고
있는 환경 변수를
만들어야 합니다.

rssgossip 스크립트에
검색 문자를 두고
실행합니다.

```
File Edit Window Help ReadAllAboutIt
> export RSS_FEED=http://www.cnn.com/rss/celebs.xml
> python rssgossip.py 'pajama death'
Pajama Death launch own range of kitchen appliances.
Lead singer of Pajama Death has new love interest.
"I never ate the bat" says Pajama Death's Hancock.
```

이 것은 진짜
피드는 아닙니다.
여러분이 원하는
피드 주소로
바꾸세요.

> 오, 아주 좋은 생각이 떠올랐어.
> 수많은 RSS 피드를 한꺼번에 검색하는
> 프로그램을 짜는 게 좋겠어!
> 해줄 수 있지?

편집자는 자신의 컴퓨터에서 수많은 RSS 피드를 한꺼번에 검색할 수 있는 프로그램을 원합니다. 여러 RSS 피드 주소에 대해 rssgossip.py 스크립트를 여러 번 실행하면 될 겁니다. 다행히도 **배역이 없어 한가한 배우들**이 여러분 대신 프로그램을 만들기 시작했어요. 그런데 exec()로 rssgossip.py 스크립트를 실행하는 데 어려움을 겪고 있네요. 스크립트를 실행하기 위해 여러분이 해야 할 일을 잘 생각해보고 아래의 **newshound** 코드를 완성하세요.

공간을 절약하기 위해 여기에서는
#include 들을 생략했습니다.

```
int main(int argc, char *argv[])
{
  char *feeds[] = {"http://www.cnn.com/rss/celebs.xml",
                   "http://www.rollingstone.com/rock.xml",
                   "http://eonline.com/gossip.xml"};
  int times = 3;
  char *phrase = argv[1];      ← 검색할 단어를 인자로 보냅니다.
  int i;                          각 피드에 대해 루프를 돕니다.
  for (i = 0; i < times; i++) {
    char var[255];
    sprintf(var, "RSS_FEED=%s", feeds[i]);
    char *vars[] = {var, NULL};   편집자의 맥에는 파이썬이 여기에 설치되어 있습니다.
    if (..................("/usr/bin/python", "/usr/bin/python",
         ...............................................................) == -1) {
      fprintf(stderr, "스크립트를 실행할 수 없습니다: %s\n",
strerror(errno));
      return 1;
    }
  }
  return 0;
}
```

편집자가 원하는 RSS 피드들입니다(여러분이 원하는 투뇨로 바꿔도 됩니다).

환경 변수 배열입니다.

여기에 함수 이름을 넣으세요.

함수에 대한 다른 인자를 여기에 넣어야 합니다.

newshound.c

그리고 추가 점수를 받으려면...

실행할 때 프로그램이 무엇을 하면 될까요?

편집자는 자신의 컴퓨터에서 수많은 RSS 피드를 한꺼번에 검색할 수 있는 프로그램을 원합니다. 여러 RSS 피드 주소에 대해 rssgossip.py 스크립트를 여러 번 실행하면 될 겁니다. 다행히도 **배역이 없어 한가한 배우들이** 여러분 대신 프로그램을 만들기 시작했어요. 그런데 exec()로 rssgossip.py 스크립트를 실행하는 데 어려움을 겪고 있네요. 여러분은 스크립트를 실행하기 위해 해야 할 일을 잘 생각해보고 아래의 **newshound** 코드를 완성해야 했습니다.

```c
int main(int argc, char *argv[])
{
  char *feeds[] = {"http://www.cnn.com/rss/celebs.xml",
                   "http://www.rollingstone.com/rock.xml",
                   "http://eonline.com/gossip.xml"};
  int times = 3;
  char *phrase = argv[1];
  int i;
  for (i = 0; i < times; i++) {
    char var[255];
    sprintf(var, "RSS_FEED=%s", feeds[i]);
    char *vars[] = {var, NULL};
    if ( execle ("/usr/bin/python", "/usr/bin/python",
                 "./rssgossip.py", phrase, NULL, vars ) == -1) {
      fprintf(stderr, "스크립트를 실행할 수 없습니다: %s\n",
strerror(errno));
      return 1;
    }
  }
  return 0;
}
```

여러분이 인자의 목록과 환경을 사용하고 있으므로, execle() 함수를 사용해야 합니다.

파이썬 스크립트 이름입니다.

명령행 인자로 보낼 검색 단어입니다.

추가 인자로 환경 변수를 보냅니다.

newshound.c

그런데 실행할 때 프로그램이 무얼 해야 할까요?

시험 주행

프로그램을 컴파일하고 실행하면 다음과 같이 작동합니다.

```
File  Edit  Window  Help  ReadAllAboutIt
> ./newshound 'pajama death'
Pajama Death ex-drummer tells all.
New Pajama Death album due next month.
```

newshound 프로그램은 RSS 피드 배열에서 가져온 데이터를 사용해
rssgossip.py 스크립트를 실행합니다.

작동했다고!? 작동했다고?!? 전혀 아냐! 깜짝
콘서트 발표에 대한 정보는 어쩌고? 그 뉴스는 다른 뉴스
사이트에서는 다 나왔다고! 내가 사진 기자를 거기에 보낼
수도 있었는데. 결국 나는 이 지역에서 가장 뒤떨어진
편집자가 되었다고!

사실 문제가 있어요.

newshound 프로그램이 rssgossip.py 스크립트를
실행하기는 했지만, 모든 피드에 대해 스크립트를
실행하지는 못했네요. 목록의 **첫 번째 피드**에서만
뉴스가 출력되었습니다. 결국 나머지 기사는 검색하지
못한 거죠.

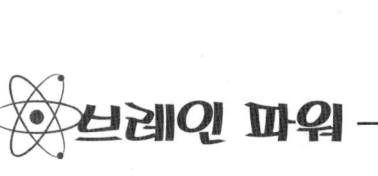

브레인 파워

newshound 프로그램의 코드를 다시 한 번 살펴보고 어떻게 작동하는지 생각해보세요.
두 번째 뉴스피드부터는 왜 rssgossip.py 스크립트를 실행하지 못했을까요?

exec()를 호출하면 여러분의 프로그램은 끝납니다

exec() 함수를 호출하면 새로운 프로그램을 실행해 현재 함수를 대체합니다. 그러면 원래 프로그램은 어떻게 될까요? 원래 프로그램은 **곧바로** 종료됩니다, 바로. 그렇기 때문에 첫 번째 뉴스피드에 대해서만 rssgossip.py 스크립트를 실행했던 겁니다. execle() 를 처음 호출한 후에 newshound 프로그램이 종료되었습니다.

newshound 프로그램이 rssgossip.py 프로그램에 프로세스를 넘기면 newshound는 종료됩니다.

newshound

rssgossip.py

루프는 한 번만 실행될 거에요.

```
        for (i = 0; i < times; i++) {
            ...
일단 execle()이       if (execle("/usr/bin/python", "/usr/bin/python",
호출되면 프로그램이            "./rssgossip.py", phrase, NULL, vars) == -1) {
종료됩니다.            ...
            }
        }
```

그런데 다른 프로세스를 실행하고 원래 프로세스도 계속 실행하고 싶다면 어떻게 해야 할까요?

fork()는 프로세스를 복제합니다

여러분은 **fork()**라는 시스템 호출로 이 문제를 해결하려 합니다.

fork()는 현재 프로세스의 완전한 **사본**을 만듭니다. 새로 만든 사본은 똑같은 프로그램을 똑같은 위치에서 실행합니다. 똑같은 변수를 갖고 있고 변수 안에 들어 있는 값도 똑같습니다. 단 하나 차이점이라면 사본 프로세스의 PID가 원래 프로세스와 다르다는 겁니다.

원래 프로세스는 **부모 프로세스**라고 하며, 새로 생성된 사본은 **자식 프로세스**라고 부릅니다.

그런데 현재 프로세스를 복제한다고 해서 어떻게 exec()가 갖고 있던 문제를 해결할 수 있을까요? 지금부터 알아보겠습니다.

조심하세요!

리눅스 및 맥과는 달리 윈도우는 기본적으로 fork() 를 지원하지 않습니다.

윈도우 컴퓨터에서 fork()를 사용하려면 먼저 시그윈을 설치해야 합니다.

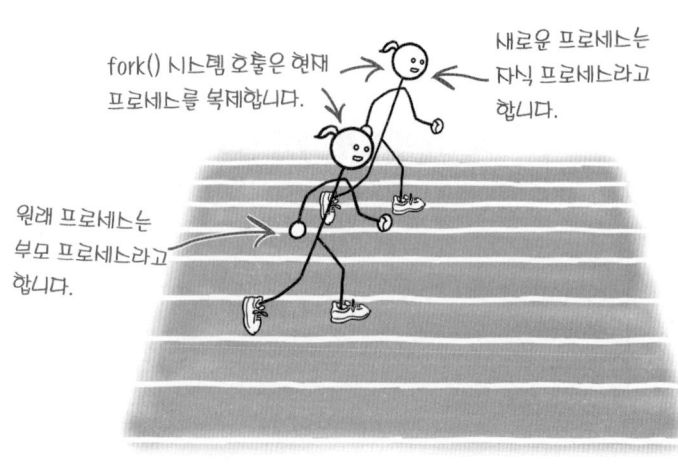

fork() 시스템 호출은 현재 프로세스를 복제합니다.

새로운 프로세스는 자식 프로세스라고 합니다.

원래 프로세스는 부모 프로세스라고 합니다.

fork() + exec()로 자식 프로세스 실행하기

방법은 자식 프로세스에서만 exec() 함수를 호출하는 겁니다.
이렇게 해서 원래 부모 프로세스는 계속 실행할 수 있습니다.
과정을 하나하나 살펴보겠습니다.

1. 사본을 만들어요

먼저 fork() 시스템 API를 호출해 현재 프로세스의 사본을
만드세요.

프로세스는 누가 부모 프로세스이고 누가 자식 프로세스인지 알 수
있는 방법이 필요합니다. 따라서 fork() 함수는 자식 프로세스에는
0을, 부모 프로세스에는 **0이 아닌 값**을 반환합니다.

2. 자신이 자식 프로세스이면 exec()를 호출하세요

fork()를 호출하면, 실행하고 있는 완전히 똑같은 프로세스가 두
개가 됩니다. 그런데 자식 프로세스(fork()를 호출해 0이 반환된
프로세스)는 exec()를 호출해 자신을 다른 프로세스로 바꿔야
합니다.

이제 두 개의 프로세스를 갖게 됩니다. 자식 프로세스는 rssgossip.
py 스크립트를 실행하고, 원래 프로세스는 계속 다른 처리를 할 수
있습니다.

코드 자석

이제 newshound 프로그램을 수정할 때가 되었습니다. 수정된 코드는 RSS 피드마다 별도의 프로세스를 만들어 새로운 프로세스로 rssgossip.py 스크립트를 실행해야 합니다. 관련 없는 코드는 제거하고 주요 루프만 신경 쓰면 됩니다. 에러를 검사하고 부모와 자식 프로세스를 혼동하지 않도록 주의하세요!

```
for (i = 0; i < times; i++) {

    char var[255];
    sprintf(var, "RSS_FEED=%s", feeds[i]);
    char *vars[] = {var, NULL};









}
```

자석을 이 빈 공간에 놓으세요.

– fork()는 대체 무얼까요?

여러분은 다음과 같이 fork()를 호출했습니다.

```
pid_t pid = fork();
```

fork()는 자식 프로세스에는 0, 부모 프로세스에는 양의 값을 반환합니다.
부모 프로세스는 만들어진 자식 프로세스의 PID를 받습니다.

그런데 pid_t는 무엇일까요? 프로세스 ID를 저장하기 위해 운영체제마다
다른 정수형을 사용합니다. 어떤 운영체제는 short, 어떤 운영체제는 int를
사용합니다. 따라서 운영체제가 서로 다른 PID형을 사용하더라도 pid_t는
언제나 PID 값을 저장할 수 있는 형으로 설정됩니다.

```
fprintf(stderr, "프로세스를 포크할 수 없습니다: %s\n", strerror(errno));
```

```
fprintf(stderr, "스크립트를 실행할 수 없습니다: %s\n", strerror(errno));
```

```
if (execle("/usr/bin/python", "/usr/bin/python", "./rssgossip.py",
           phrase, NULL, vars) == -1) {
```

```
return 1;
```

```
pid_t pid = fork();
```

```
}
```

```
}
```

```
}
```

```
if (pid == -1) {
```

```
if (!pid) {
```

```
return 1;
```

코드 자석 정답

이제 newshound 프로그램을 수정할 때가 되었습니다. 수정된 코드는 RSS 피드마다 별도의 프로세스를 만들어 새로운 프로세스로 rssgossip.py 스크립트를 실행해야 합니다. 관련 없는 코드는 제거하고 주요 루프만 신경 쓰면 됩니다. 에러를 검사하고 부모와 자식 프로세스를 혼동하지 않도록 주의하세요!

```c
for (i = 0; i < times; i++) {
    char var[255];
    sprintf(var, "RSS_FEED=%s", feeds[i]);
    char *vars[] = {var, NULL};

    pid_t pid = fork();
```
← 먼저 fork()를 호출해 프로세스를 복제합니다.

```c
    if (pid == -1) {
```
← fork()가 -1을 반환하면 프로세스를 복제하는 데 문제가 있었다는 겁니다.

```c
        fprintf(stderr, "프로세스를 포크할 수 없습니다: %s\n", strerror(errno));

        return 1;
    }
```

이것은 if (pid == 0)과 같습니다. → fork()가 0을 반환하면 코드가 자식 프로세스에서 실행되고 있다는 겁니다.

```c
    if (!pid) {
```
자식 프로세스만 이 코드에 도달할 수 있습니다. 자식 프로세스는 exec()를 호출해 스크립트를 실행합니다.

```c
        if (execle("/usr/bin/python", "/usr/bin/python", "./rssgossip.py",
                    phrase, NULL, vars) == -1) {

            fprintf(stderr, "스크립트를 실행할 수 없습니다: %s\n", strerror(errno));

            return 1;
        }
    }
}
```

시험 주행

이제 코드를 컴파일하고 실행하면 다음과 같은 화면을 볼 수 있습니다.

```
File  Edit  Window  Help  ReadAllAboutIt
> ./newshound 'pajama death'
Pajama Death ex-drummer tells all.
New Pajama Death album due next month.
Photos from the surprise Pajama Death concert.
Official Pajama Death pajamas go on sale.
"When Pajama Death jumped the shark" by HenryW.
Breaking News: Pajama Death attend premiere.
```

자식의 사본을 만들어 별도의 프로세스에서 파이썬 스크립트를 실행하므로 newhound 프로그램은 RSS 피드마다 별도의 프로세스를 실행할 수 있었습니다. 그리고 무엇보다 멋진 건 이 모든 프로세스가 모두 **동시에 실행된다**는 점입니다.

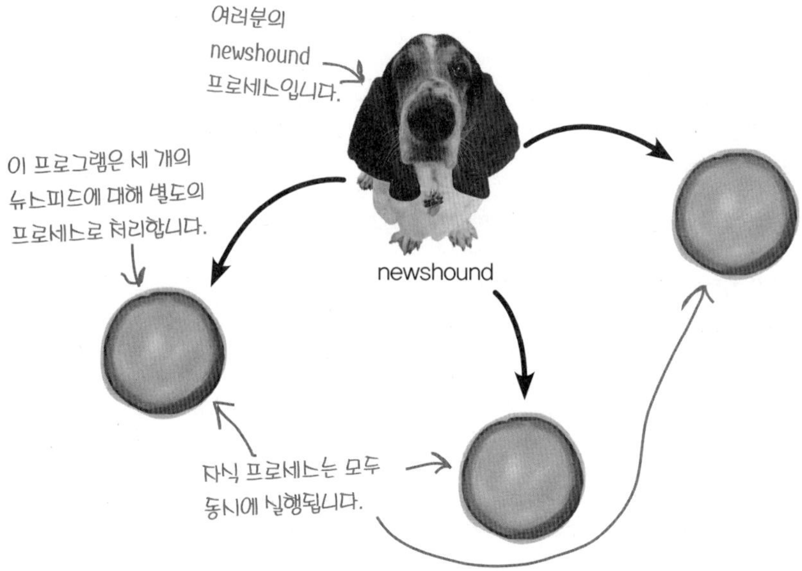

> 야호! 멋져! 사진 기자들을 개막식에 보내야겠어.

여러분의 newshound 프로세스입니다.

이 프로그램은 세 개의 뉴스피드에 대해 별도의 프로세스로 처리합니다.

newshound

자식 프로세스는 모두 동시에 실행됩니다.

한꺼번에 읽기 때문에 차례대로 뉴스피드를 읽는 것보다 훨씬 빠릅니다. fork( )와 exec( )로 별도의 프로세스를 만들고 실행하는 방법을 배웠으니 여러분은 기존 소프트웨어를 최대한 이용할 뿐만 아니라 코드의 성능도 향상시킬 수 있습니다.

바보 같은 질문이란 없습니다

Q: system()은 프로그램을 별도의 프로세스로 실행하나요?

A: 네. 그렇기 때문에 system()을 사용하면 실행할 프로그램을 제어할 방법이 별로 없습니다.

Q: 프로세스를 fork하는 게 비효율적이지 않나요? 프로세스 전체를 복사한 후에 자식 프로세스가 exec()를 호출하게 하니까요.

A: 프로세스 fork를 재빠르게 하고자 운영체제는 여러 기법을 사용합니다. 가령 운영체제가 부모 프로세스의 데이터를 실제로 복사하기보다는 자식 프로세스가 부모 프로세스의 데이터를 공유하는 방법을 사용할 수도 있어요.

Q: 그러면 프로세스 중에 하나가 메모리에 있는 데이터를 변경하면 어떻게 되나요? 문제가 생기지 않을까요?

A: 그러면 문제가 생길 수 있겠지만 운영체제는 메모리가 변경될 것을 알아채고 자식 프로세스에 별도의 메모리 사본을 만들어 줄 겁니다.

Q: 그 방법은 상당히 멋진 거 같은데요. 그런 기법 이름이 있나요?

A: 네. "저장 시 복사(Copy-on-Write)"라고 합니다.

Q: pid_t는 그저 int형인가요?

A: 플랫폼에 따라 다릅니다. 여러분은 그저 어떤 정수형일 것이라고 생각하면 됩니다.

Q: fork() 반환값을 int형 변수에 저장했는데, 잘 작동했습니다.

A: 프로세스 ID를 저장하기엔 pid_t형 변수를 사용하는 편이 최선입니다. 그렇지 않으면 다른 시스템 API를 호출하거나 다른 컴퓨터에서 컴파일할 때 문제가 생길 수 있어요.

Q: 윈도우는 왜 fork() 시스템 API를 지원하지 않나요?

A: 윈도우가 프로세스를 관리하는 방법은 여타 운영체제와는 상당히 다릅니다. 그래서 fork()를 최적화하는 방법을 윈도우에서 구현하기가 매우 어렵습니다. 아마 그래서 fork() 버전이 내장되어 있지 않은 것 같습니다.

Q: 그렇지만 시그윈을 사용하면 윈도우에서도 fork()를 사용할 수 있죠, 그렇죠?

A: 네. 시그윈 개발자는 윈도우 프로세스를 유닉스, 리눅스, 맥의 프로세스와 비슷하게 보이게 하기 위해 엄청난 일을 했습니다. 그러나 실제 프로세스를 만들기 위해 윈도우에 의존해야 하므로 시그윈의 fork()는 다른 플랫폼의 fork()보다 약간 더 느릴 수 있습니다.

Q: 그러면 그저 윈도우에서만 실행되는 프로그램을 만들면 사용할 수 있는 다른 방법이 있나요?

A: 네. 윈도우에는 system()의 개선된 버전이라고 할 수 있는 CreateProcess()가 있어요. 자세한 정보는 http://msdn.microsoft.com/에서 CreateProcess를 검색하세요.

Q: 다른 프로세스의 출력과 뒤섞이지는 않을까요?

A: 운영체제의 출력 API를 호출하면, 문장의 끝까지 출력되게 보장합니다.

핵심정리

- 시스템 호출은 커널에 존재하는 함수입니다.
- exec() 함수는 system() 함수보다 더 세밀히 프로세스를 제어할 수 있어요.
- exec() 함수는 현재 프로세스를 다른 프로세스로 대체합니다.
- fork() 함수는 현재 프로세스를 복제합니다.
- 일반적으로 시스템 호출에 실패하면 −1을 반환합니다.
- 실패한 시스템 호출은 errno 변수에 에러 번호를 설정합니다.

C 도구상자

이제 9장을 정복했으며 여러분의 도구상자에
프로세스와 시스템 호출을 추가했습니다.
전체 도구상자 목록은 부록 ii를 참조하세요.

system()은
터미널에서
명령을 입력한
것처럼 문자열을
실행합니다.

execl() = 인자 목록(List)
execle() = 인자 목록 + 환경(Environment)
execlp() = 인자 목록 + 경로(Path) 검색
execv() = 인자 배열(Vector)
execve() = 인자 배열 + 환경
execvp() = 인자 배열 + 경로 검색

fork()는 현재
프로세스를
복제합니다.

fork()와
exec()를 사용해
자식 프로세스를
생성합니다.

10 프로세스 간 통신

대화는 즐거워

프로세스 생성은 단지 시작일 뿐입니다.

일단 실행된 프로세스를 제어하려면 어떻게 해야 할까요? 데이터를 보내려면 어떻게 해야
할까요? 아니면 다른 프로세스가 출력한 내용을 읽으려면? **프로세스 간 통신**(Interprocess
Communication)을 사용해 프로세스가 협동해 일을 끝마칠 수 있습니다. 이 장에서는 시스템에서
실행 중인 다른 프로세스와 통신하여 여러분이 만든 코드의 **능력**을 배가시키는 방법을 설명합니다.

입력과 출력의 리다이렉션

명령행에서 프로그램을 실행할 때 여러분은 〉 연산자로
표준 출력을 파일에 리다이렉션할 수 있습니다.

```
python ./rssgossip.py Snooki > stories.txt
```

〉 연산자로 출력을 리다이렉션할
수 있습니다.

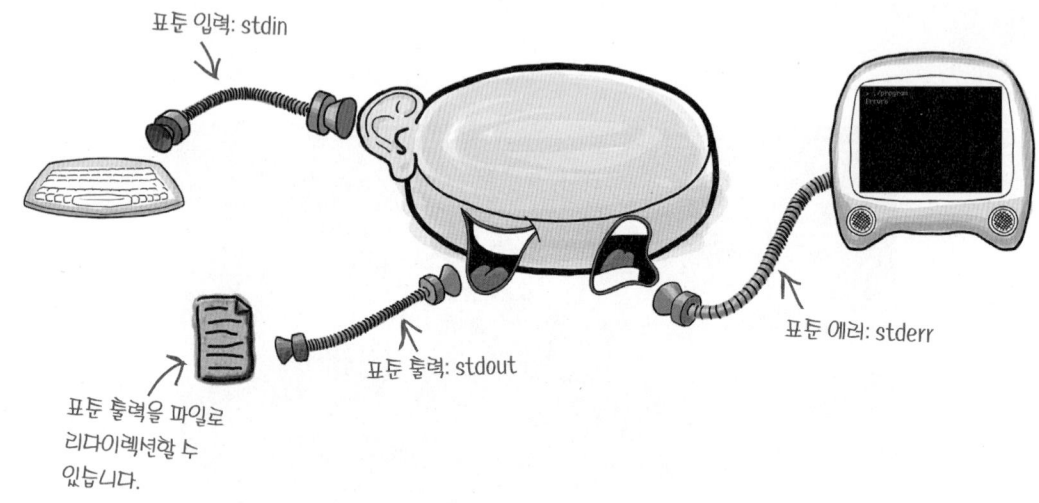

표준 입력: stdin

표준 출력을 파일로
리다이렉션할 수
있습니다.

표준 출력: stdout

표준 에러: stderr

표준 출력은 세 개의 기본 데이터 스트림 중 하나입니다. **데이터
스트림**은 말 그대로 프로세스로 들어가고 나오는 데이터의
흐름입니다. 표준 입력, 출력, 에러에 대한 데이터 스트림이 있으며,
파일이나 네트워크 연결과 같은 데이터 스트림도 더 만들 수
있습니다. 프로세스의 출력을 리다이렉션하면 데이터를 보낼 곳을
바꿀 수 있습니다. 따라서 표준 출력이 화면 대신 파일에 데이터를
보낼 수 있습니다.

명령행에서는 리다이렉션이 정말 유용한 방법이지만, 프로세스가
직접 자신의 스트림을 **리다이렉션**할 수도 있을까요?

일반적인 프로세스 들여다보기

모든 프로세스는 스택과 힙 데이터 공간 외에도 자신이 실행하는 프로그램을 포함하고 있습니다. 그런데 표준 출력과 같은 데이터 스트림이 어디에 연결되는지 어딘가에 기록해놓아야 합니다. 각 데이터 스트림은 **파일 디스크립터**(File Descriptor)에 의해 표현되는데, 프로그램에서는 단지 숫자로 나타납니다. 프로세스는 파일 디스크립터와 이에 해당하는 데이터 스트림을 **디스크립터 테이블**(Descriptor Table)에 저장해 처리합니다.

파일 디스크립터는
데이터 스트림을
나타내는 숫자입니다.

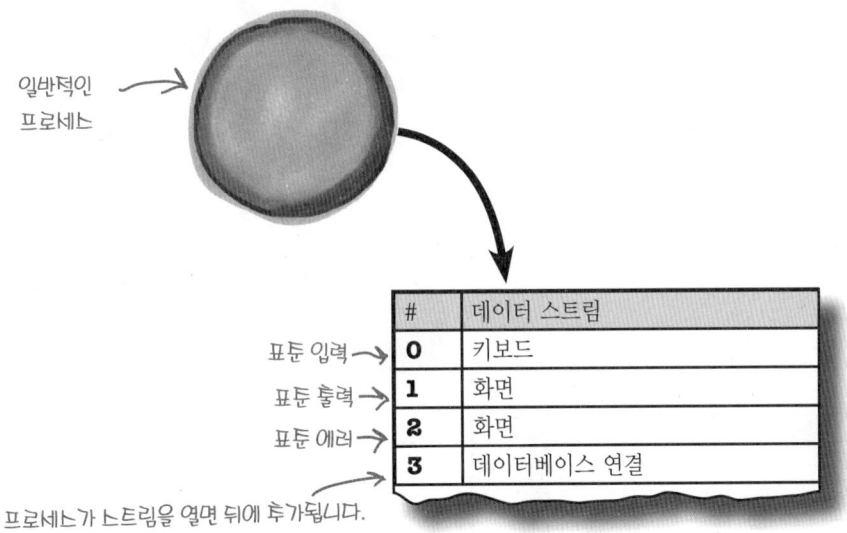

일반적인
프로세스

#	데이터 스트림
0	키보드
1	화면
2	화면
3	데이터베이스 연결

표준 입력 →
표준 출력 →
표준 에러 →

프로세스가 스트림을 열면 뒤에 추가됩니다.

디스크립터 테이블은 한 열로 구성되고 각 **파일** 디스크립터 숫자마다 한 항목에 대응됩니다. 이 항목들은 파일 디스크립터라고 불리지만, 하드 디스크에 있는 실제 파일에만 연결되는 것은 아닙니다. 테이블은 모든 파일 디스크립터에 연관된 데이터 스트림을 기록합니다. 데이터 스트림은 키보드나 화면에 대한 연결, 파일 포인터, 네트워크 연결이 될 수 있습니다.

테이블 앞의 세 항목은 언제나 똑같습니다. 0번은 표준 입력, 1번은 표준 출력, 2번은 표준 에러입니다. 테이블의 다른 항목은 비어 있거나 프로세스가 연 데이터 스트림에 연결됩니다. 예를 들어 프로그램이 읽거나 쓰기 위해 파일을 열 때마다 디스크립터 테이블의 한 항목이 채워집니다.

프로세스가 생성될 때 표준 입력은 키보드에, 표준 출력과 에러는 화면에 연결됩니다. 그리고 누군가 표준 입력이나 출력을 리다이렉션할 때까지 그대로 연결되어 있습니다.

파일 디스크립터가 꼭
파일을 의미하는 건
아닙니다.

리다이렉션은 그저 데이터 스트림을 교체할 뿐입니다

표준 입력, 출력, 에러는 언제나 디스크립터 테이블의 동일한 위치에 고정되어 있습니다. 그런데 이 항목이 가리키는 데이터 스트림이 바뀔 수 있습니다.

표준 출력이 파일로 리다이렉션되었습니다.

따라서 표준 출력을 리다이렉션하려면 테이블의 1번 디스크립터를 데이터 스트림으로 연결하면 됩니다.

#	데이터 스트림
0	키보드
1	~~화면~~ stories.txt 파일
2	화면
3	데이터베이스 연결

printf()와 같이 표준 출력으로 데이터를 보내는 모든 함수는 디스크립터 테이블을 검색해 디스크립터 1번이 가리키는 스트림을 찾습니다. 그리고 데이터를 해당 데이터 스트림에 출력합니다.

프로세스는 자신을 리다이렉션할 수 있습니다

지금까지 여러분이 리다이렉션을 사용할 때마다 명령행에서 〉와 〈 연산자를 사용했었습니다. 그러나 프로세스는 **디스크립터 테이블**을 다시 연결해 자신을 리다이렉션할 수 있습니다.

아이디어 탐구

그래서 2〉를 사용한 거군요...

다음과 같이 〉와 2〉 연산자로 명령행에서 표준 출력과 표준 에러를 리다이렉션할 수 있습니다.

```
./myprog > output.txt 2> errors.log
```

지금쯤 여러분은 왜 2〉를 사용해 표준 에러를 리다이렉션했는지 눈치챘을 겁니다. 2는 표준 에러의 디스크립터 테이블 번호를 의미합니다. 대부분의 운영체제에서 표준 출력을 리다이렉션하기 위해 1〉를 사용할 수도 있습니다. 그리고 유닉스 기반 시스템에서는 다음과 같이 표준 에러를 표준 출력과 같은 스트림으로 리다이렉션할 수 있습니다.

```
./myprog 2>&1
```

2〉는 '표준 에러를 리다이렉션'하라는 의미입니다.

&1은 '표준 출력으로' 라는 의미입니다.

fileno()가 디스크립터를 알려줍니다

여러분이 파일을 열 때마다 운영체제는 새로운 항목을 디스크립터
테이블에 등록합니다. 가령 아래와 같이 파일을 열었다고 하겠습니다.

```
FILE *my_file = fopen("guitar.mp3", "r");
```

운영체제는 guitar.mp3 파일을 열고 파일 포인터를 반환합니다.
그리고 디스크립터 테이블의 앞에서부터 빈 슬롯을 찾을 때까지
훑어보다가 빈 슬롯을 찾으면 그 곳에 새 파일을 등록합니다.

그러나 파일 포인터를 받은 후에 어떻게 디스크립터 테이블에서 찾을
수 있을까요? 바로 **fileno( )** 함수를 호출하면 됩니다.

흐음... 4번 슬롯이
비었네. 이 음악 파일을
여기에 기록해야겠어.

#	데이터 스트림
0	키보드
1	화면
2	화면
3	데이터베이스 연결
4	guitar.mp3

```
int descriptor = fileno(my_file);
```

이 함수가 4를 반환할 겁니다.

fileno( )는 실패하더라도 −1을 반환하지 않는 몇 안 되는 시스템
함수 중 하나입니다. 열린 파일에 대한 포인터로 fileno( )를 호출하면
디스크립터 번호를 반환합니다.

dup2()는 데이터 스트림을 복제합니다

파일을 열면 디스크립터 테이블의 슬롯을 채우지만, 이미 등록된 데이터
스트림의 디스크립터를 바꾸려면 어떻게 해야 할까요? 파일 디스크립터
3이 다른 데이터 스트림을 가리키도록 바꾸려면 어떻게 해야 할까요?
dup2( ) 함수로 바꿀 수 있습니다. dup2( )는 한 슬롯에 있는 내용을
다른 슬롯에 복사합니다. 따라서 guitar.mp3에 대한 파일 포인터가
파일 디스크립터 4에 연결되어 있을 때 다음 코드를 실행하면 이 파일
디스크립터를 슬롯3에도 연결시켜줍니다.

```
dup2(4, 3);
```

#	데이터 스트림
0	키보드
1	화면
2	화면
3	~~데이터베이스 연결~~ guitar.mp3
4	guitar.mp3

guitar.mp3 파일은 하나만 있고, 여기에 연결된 데이터 스트림도
하나만 있지만, 이 데이터 스트림(FILE *)이 파일 디스크립터 3번과
4번에 등록되어 있습니다.

**이제 여러분이 디스크립터의 항목을 찾아 변경하는 방법을 알게 되었으니,
프로세스의 표준 출력을 파일로 리다이렉션할 수 있을 겁니다.**

코드 에러 때문에 걱정되세요?

시스템 API를 호출할 때마다 에러 처리 코드를 반복해서 작성하고 있나요? 더 이상 걱정할 필요 없습니다! 똑같은 코드를 반복해서 작성하지 않고도 저희가 특허받은 방법을 사용해 에러 코드를 최대한 활용하는 방법을 보여드리겠습니다.

문제가 있는 아래 두 코드에 주목해주세요.

```
pid_t pid = fork();
if (pid == -1) {
  fprintf(stderr, "프로세스를 포크할 수 없습니다: %s\n", strerror(errno));
  return 1;
}

if (execle(...) == -1) {
  fprintf(stderr, "스크립트를 실행할 수 없습니다: %s\n", strerror(errno));
  return 1;
}
```

중복된 코드 때문에 불필요한 코딩 스트레스를 받을 수 있습니다.

중복된 코드들을 제거할 방법은 없을까요? 물론 있습니다. **있고 말고요!** 자동 추적 기능이 있는 간단한 error() 함수를 만들면 중복된 코드를 더 이상 만들 필요 없습니다.

조금 전에 말한 자동 추적 기능은 무얼까요? 문제 있는 return문은 어떻게 처리할까요? 어쨌든 return문을 함수 안에 넣을 수는 없겠죠, 그렇지 않은가요? 그럴 필요 없습니다! 이런 경우 exit() 시스템 API를 호출하면 가장 빠르게 여러분의 프로그램을 멈출 수 있습니다. main() 함수에 돌아갈 방법을 걱정할 필요 없습니다. 그저 exit()만 호출하면 여러분의 프로그램은 종료됩니다! 작동하는 방법은 다음과 같습니다. 먼저 모든 에러 처리 코드를 error()라고 불리는 별도의 함수에 넣고 골치 아픈 return문을 exit() 호출로 바꾸면 됩니다. *exit() 시스템 API를 사용하려면 stdlib.h를 인클루드해야 합니다.*

```
void error(char *msg)
{
  fprintf(stderr, "%s: %s\n", msg, strerror(errno));
  exit(1); ← exit(1)은 특히 프로그램을 종료하고 상태 코드 1을 반환합니다!
}
```

이제 여러분은 골치아픈 에러 검사 코드를 훨씬 간단한 코드로 바꿀 수 있습니다.

```
pid_t pid = fork();
if (pid == -1) {
  error("프로세스를 포크할 수 없습니다");
}

if (execle(...) == -1) {
  error("스크립트를 실행할 수 없습니다");
}
```

주의: 호출하면 바로 종료되므로, 프로세스마다 exit()는 한 번만 호출할 수 있습니다. 프로세스가 갑작스럽게 종료되는 것을 원치 않으면 exit()를 호출하지 마세요.

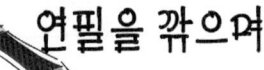

연필을 깎으며

아래 프로그램은 rssgossip.py 스크립트의 출력을 stories.txt라는
파일에 저장합니다. 이 프로그램은 newshound와 비슷하지만, RSS 피드
하나만 검색합니다. 디스크립터 테이블에 대해 배운 지식을 활용해 자식
프로세스의 **표준 출력**을 stories.txt 파일로 리다이렉션하도록 코드를
완성하세요.

공간을 아끼기 위해 #include와
error() 함수는 생략했습니다.

```c
int main(int argc, char *argv[])
{
  char *phrase = argv[1];
  char *vars[] = {"RSS_FEED=http://www.cnn.com/rss/celebs.xml", NULL};
  FILE *f = fopen("stories.txt", "w");
  if (!f) {                    ← stories.txt 파일에 쓸 수 없다면 f는 0이 됩니다.
    error("stories.txt를 열 수 없습니다");   ← 앞에서 만든 error() 함수로 에러를
                                              보고합니다.
  }
  pid_t pid = fork();
  if (pid == -1) {
    error("프로세스를 포크할 수 없습니다");
  }
  if (!pid) {                        ← 여기에 무엇이 들어갈까요?
    if ( ......................................................... ) {
      error("표준 출력을 리다이렉션할 수 없습니다.");
    }
    if (execle("/usr/bin/python", "/usr/bin/python", "./rssgossip.py",
                      phrase, NULL, vars) == -1) {
      error("스크립트를 실행할 수 없습니다");
    }
  }
  return 0;
}
```

newshound2.c

연필을 깎으며
정답

아래 프로그램은 rssgossip.py 스크립트의 출력을 stories.txt라는
파일에 저장합니다. 이 프로그램은 newshound와 비슷하지만, RSS 피드
하나만 검색합니다. 여러분은 디스크립터 테이블에 대해 배운 지식을 활용해
자식 프로세스의 **표준 출력**을 stories.txt 파일로 리다이렉션하도록 코드를
완성해야 했습니다.

```c
int main(int argc, char *argv[])
{
  char *phrase = argv[1];
  char *vars[] = {"RSS_FEED=http://www.cnn.com/rss/celebs.xml", NULL};
  FILE *f = fopen("stories.txt", "w");   ← stories.txt를 쓰기용으로 엽니다.
  if (!f) {   ← 0이면 파일을 열 수 없다는 겁니다.
    error("stories.txt를 열 수 없습니다");
  }
  pid_t pid = fork();
  if (pid == -1) {
    error("프로세스를 포크할 수 없습니다.");
  }
  if (!pid) {      pid가 0이므로 자식 프로세스만
                   실행합니다.
    if (        dup2(fileno(f), 1) == -1        ) {
      error("표준 출력을 리다이렉션할 수 없습니다");
    }
    if (execle("/usr/bin/python", "/usr/bin/python", "./rssgossip.py",
                   phrase, NULL, vars) == -1) {
      error("스크립트를 실행할 수 없습니다");
    }
  }
  return 0;
}
```

이 것은 디스크립터 1번 항목이
stories.txt 파일을 가리키게 합니다.

newshound2.c

정답을 맞추셨나요? 프로그램은 자식 프로세스의
디스크립터 테이블을 오른쪽처럼 만듭니다.

따라서 rssgossip.py 스크립트가 데이터를 표준
출력으로 보내면, 그 내용이 stories.txt 파일에
들어갑니다.

#	데이터 스트림
0	키보드
1	stories.txt 파일
2	화면
3	stories.txt 파일

시험 주행

프로그램을 컴파일하고 실행하면 다음과 같은 출력을 볼 수 있습니다.

프로그램을 실행합니다. →

stories.txt 파일의 내용을 → 화면에 출력합니다.

↑
윈도우 컴퓨터에서는 시그윈에서
프로그램을 실행하세요.

```
File Edit Window Help ReadAllAboutIt
> ./newshound2 'pajama death'
> cat stories.txt
Pajama Death ex-drummer tells all.
New Pajama Death album due next month.
>
```

기사 내용이
stories.txt 파일에
저장되었습니다.

어떻게 된 걸까요?

프로그램이 fopen( )으로 stories.txt 파일을 열었을 때,
운영체제는 파일 f를 디스크립터 테이블에 등록합니다. fileno(f)는
디스크립터 테이블의 항목 번호를 반환합니다. dup2( ) 함수는
표준 출력의 디스크립터(1)도 이 파일을 가리키게 합니다.

> 내 생각엔 프로그램에 문제가
> 있을 것 같아. 보라고. 내가 똑같은
> 코드를 내 컴퓨터에 실행했을 때는
> 파일이 비어 있었다고. 어떻게 된 거야?

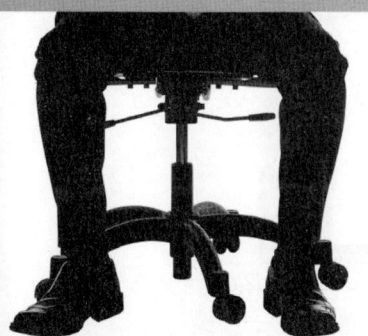

파일에 데이터가
없네? 우라질!!! →

```
File Edit Window Help ReadAllAboutIt
> ./newshound2 'pajama death'
> cat stories.txt
>
```

근심 우(憂), 게으를 라(懶), 꾸짖을 질(叱).
게으름이 걱정되어 꾸짖는다는 뜻입니다. ㅡ,.ㅡ;;;

⚛ 브레인 파워

RSS 피드에서 존재하는 기사를 검색했는데도, 왜 프로그램이 종료된 후에
stories.txt 파일이 비어 있는 걸까요?

때로는 기다려야 합니다...

newshound2 프로그램이 rssscript.py 스크립트를 실행하기 위해
별도의 프로세스를 만들었습니다. 그런데 만들어진 자식 프로세스는 부모
프로세스에 **종속적**입니다. newshound2 프로그램을 실행해도 stories.
txt는 여전히 비어 있을 수 있습니다. 아직 rssgossip.py 실행이 끝나지
않았기 때문입니다. 따라서 운영체제는 자식 프로세스가 완료될 때까지
기다릴 수 있게 해야 합니다.

newshound

자식 프로세스

waitpid() 함수

waitpid() 함수는 자식 프로세스가 종료될 때까지 반환되지 않습니다.
이 함수를 사용하면 rssgossip.py 스크립트가 실행을 끝마칠 때까지
프로그램이 종료되지 않게 할 수 있습니다.

sys/wait.h 헤더 파일을
인클루드해야 합니다.

```
#include <sys/wait.h>
```

프로세스 정보를 저장하기 위해
이 변수를 사용합니다.

int에 대한 포인터입니다.

이 코드는 newshound2
프로그램의 끝 부분에
들어갑니다.

여기에 옵션을
추가할 수 있어요.

```
    int pid_status;
    if (waitpid(pid, &pid_status, 0) == -1) {
        error("자식 프로세스를 기다리는 동안 오류가 발생했습니다");
    }
    return 0;
}
```

프로세스 ID

newshound2.c

waitpid() 들여다보기

waitpid()는 세 개의 인자를 받습니다.

| waitpid(| pid, | pid_status, | options |) |

⭐ **pid**
자식 프로세스를 포크했을 때 부모 프로세스가 받은 자식 프로세스의 ID입니다.

⭐ **pid_status**
프로세스의 종료 정보를 저장합니다. waitpid()가 값을 바꿀 수 있게 포인터형
인자를 전달해야 합니다.

⭐ **options**
waitpid()에 여러 옵션을 설정할 수 있습니다. 터미널에서 man waitpid를
치면 자세한 정보를 확인할 수 있습니다. 옵션을 0으로 설정하면, 이 함수는
프로세스가 종료될 때까지 기다립니다.

상태는 어떻게 확인하나요?

waitpid() 함수가 종료될 때 프로세스의 상태를 pid_status 변수에
저장합니다. 자식 프로세스의 상태를 확인하려면 pid_status 값을
WEXITSTATUS()라는 매크로에 전달하면 됩니다.

```
if (WEXITSTATUS(pid_status))    ← 종료 상태가 0이 아니면
    puts("에러 상태가 0이 아닙니다");
```

왜 매크로를 사용해야 할까요? pid_status는 여러 정보를 포함하고
있기 때문입니다. 이 값의 앞에 있는 8비트만 종료 상태를 나타내므로
매크로를 사용해 앞부분의 8비트 값을 추출합니다.

시험 주행

자, 이제 newshound2 프로그램을 실행하면 rssgossip.py 스크립트가 끝나야만 newshound2 프로그램이 종료됩니다.

이제 newshound2를 실행하면 stories.txt 파일에 검색 결과가 저장됩니다. →

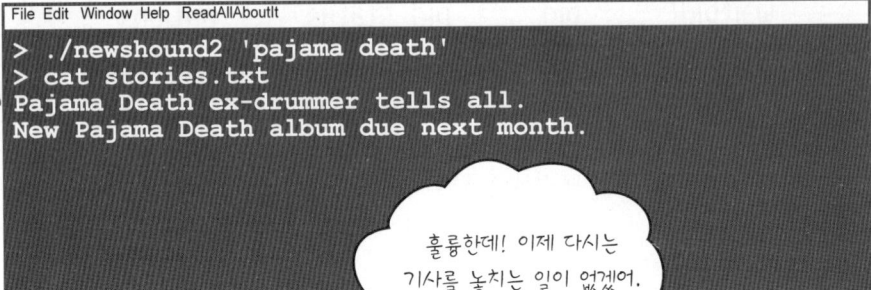

```
File Edit Window Help ReadAllAboutIt
> ./newshound2 'pajama death'
> cat stories.txt
Pajama Death ex-drummer tells all.
New Pajama Death album due next month.
```

> 훌륭한데! 이제 다시는 기사를 놓치는 일이 없겠어.

waitpid( )는 프로그램에 추가하기는 쉬우며 프로그램을 더욱 신뢰성 있게 만듭니다. 이 함수를 사용하기 전에는 자식 프로세스가 종료되었는지 장담할 수 없었으므로 newshound2가 제대로 작동하지 않았습니다. 스크립트에서 실행할 수도 없었고, 이 프로그램을 이용해 GUI 프로그램을 만들 수도 없었습니다.

입출력을 리다이렉션하고 프로세스가 다른 프로세스를 기다리게 만드는 것은 모두 **프로세스 간** 통신을 간략화한 형태입니다. 데이터를 공유하고 서로 처리를 완료할 때까지 기다리는 등 프로세스가 협력할 때 프로세스는 더욱 강력해집니다.

핵심정리

- exit()을 사용하면 프로세스를 빨리 종료할 수 있습니다.

- 열린 파일은 모두 디스크립터 테이블에 기록됩니다.

- 디스크립터 테이블을 바꾸면 입출력을 리다이렉션할 수 있습니다.

- fielno()는 디스크립터 테이블에 있는 스트림의 디스크립터를 찾습니다.

- dup2()를 사용하면 디스크립터 테이블을 바꿀 수 있습니다.

- waitpid()는 프로세스가 종료할 때까지 기다립니다.

바보 같은 질문이란 없습니다

Q: main( )에서 반환하는 것보다 exit( )가 프로그램을 더 빨리 종료시키나요?

A: 아닙니다. 그렇지만 exit( )를 호출하면 프로그램이 다시 main( ) 함수로 돌아가지 않아도 됩니다. exit( )를 호출하자마자 프로그램은 종료됩니다.

Q: exit( )를 호출할 때에도 제대로 작동했는지 확인하기 위해 -1 값을 검사해야 하나요?

A: 아닙니다. exit( )가 실패할 수 없기 때문에 exit( )는 값을 반환하지 않습니다. exit( )는 결코 반환하지 않으며 결코 실패하지 않는다고 보장된 유일한 함수입니다.

Q: exit( )에 전달한 숫자가 종료 상태가 되나요?

A: 네.

Q: 표준 입력, 출력, 에러는 언제나 디스크립터 테이블의 0, 1, 2 슬롯에 들어가나요?

A: 네. 언제나 그렇습니다.

Q: 그러면 파일을 새로 열면 파일 핸들이 디스크립터 테이블에 자동으로 추가되나요?

A: 네.

Q: 어느 슬롯에 들어가는지에 대한 규칙이 있나요?

A: 새로운 파일은 언제나 사용할 수 있는 가장 작은 번호의 슬롯에 들어갑니다. 따라서 4번이 사용할 수 있는 가장 작은 번호라면, 새로 파일을 열 때 4번 슬롯에 들어갑니다.

Q: 디스크립터 테이블의 크기는요?

A: 0에서 255까지의 슬롯을 갖고 있습니다.

Q: 디스크립터 테이블이 약간 복잡해 보입니다. 이게 있어야 하나요?

A: 프로그램이 작동하는 방법을 바꿀 수 있기 때문에 필요합니다. 디스크립터 테이블이 없으면 리다이렉션할 수 없습니다.

Q: 표준 출력을 사용하지 않고 데이터를 화면에 보낼 수 있는 방법이 있나요?

A: 어떤 컴퓨터에서는 가능합니다. 예를 들어 유닉스 기반 컴퓨터에서 /dev/tty를 열면, 데이터를 바로 터미널에 보냅니다.

Q: waitpid( )를 사용해 어떤 프로세스라도 기다릴 수 있나요? 아니면 제가 만든 자식 프로세스만 되나요?

A: waitpid( )로 어떤 프로세스라도 종료할 때까지 기다릴 수 있습니다.

Q: waitpid(..., &pid_status, ...)의 pid_status가 왜 단순한 종료 상태값을 갖고 있지 않나요?

A: pid_status가 다른 정보도 갖고 있기 때문입니다.

Q: 어떤 정보요?

A: 예를 들어 프로세스가 정상적으로 종료했다면 WIFSIGNALED(pid_status)는 거짓이 되고, 강제로 종료되었다면 참이 됩니다.

Q: pid_status 같은 정수형 변수가 어떻게 여러 정보를 포함할 수 있나요?

A: 여러 비트에 여러 정보를 저장합니다. 앞의 8비트는 종료 상태를 저장하고 나머지 비트는 다른 정보를 저장합니다.

Q: 그러면 pid_status 값에서 앞 8비트를 추출할 수 있으면 WEXITSTATUS( )를 사용하지 않아도 되겠네요?

A: 언제나 WEXITSTATUS( )를 사용하는 편이 가장 좋습니다. 읽기도 더 쉽고 플랫폼의 int형의 크기에 무관하게 작동하기 때문입니다.

Q: WEXITSTATUS( )는 왜 모두 대문자로 되어 있나요?

A: 함수가 아니고 매크로이기 때문에 그렇습니다. 컴파일러는 컴파일 시에 매크로를 일련의 다른 코드로 대체합니다.

자식 프로세스와 계속 연락하세요

여러분은 exec( )와 fork( )로 별도의 프로세스를 실행하는 방법과 자식
프로세스의 출력을 파일로 리다이렉션하는 방법을 배웠습니다. 그런데
자식 프로세스에서 직접 데이터를 받으려면 어떻게 해야 할까요? 이게
가능할까요? 자식 프로세스가 데이터를 파일에 모두 저장한 다음이
아니라, 자식 프로세스가 생성하는 데이터를 **실시간**으로 읽는 방법은
없을까요?

rssgossip으로부터 기사 링크 읽기

한 예로서, rssgossip.py 스크립트는 찾은 기사에 대한 URL을
출력하게 하는 옵션을 갖고 있습니다.

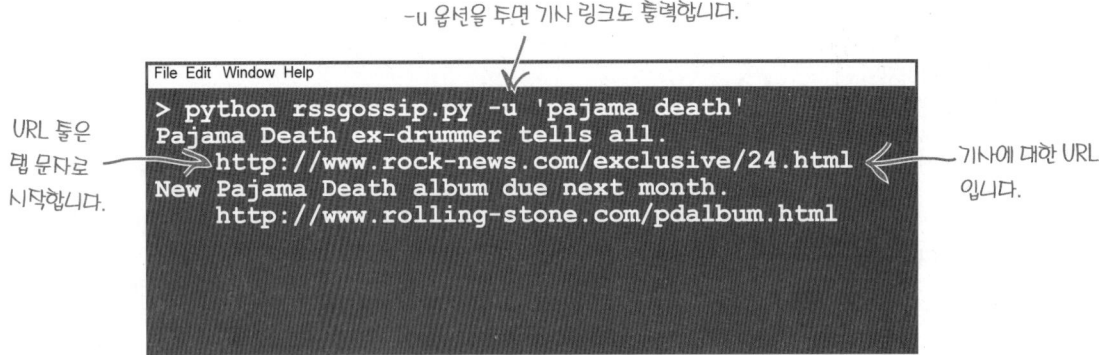

-u 옵션을 투면 기사 링크도 출력합니다.

URL 들은
탭 문자로
시작합니다.

기사에 대한 URL
입니다.

자, 여러분이 스크립트를 실행하고 결과를 저장할 수 있지만, 그렇게
하면 느릴 겁니다. 자식 프로세스가 실행되는 동안 부모와 자식
프로세스가 서로 대화할 수 있다면 훨씬 좋을 겁니다.

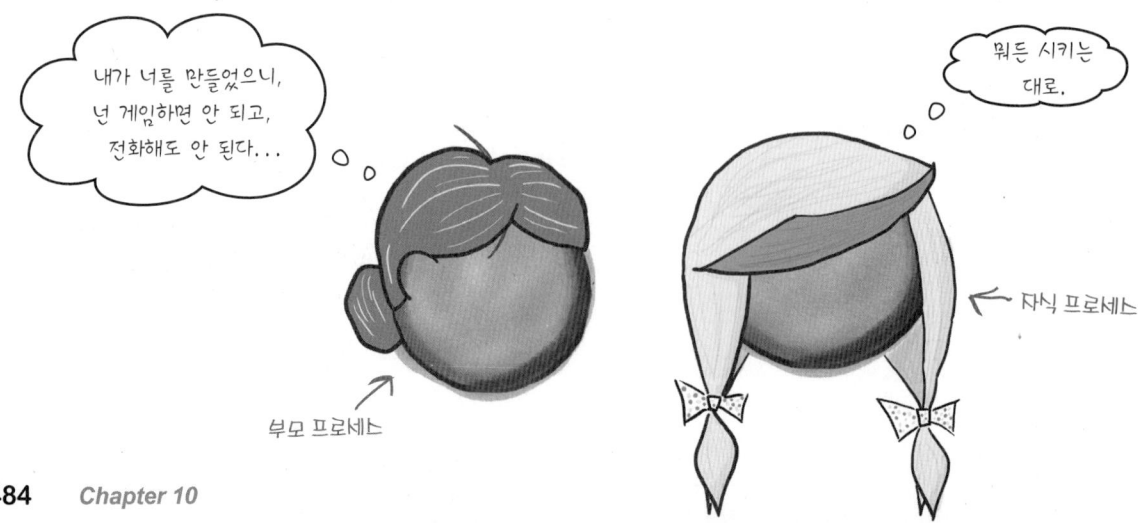

내가 너를 만들었으니,
넌 게임하면 안 되고,
전화해도 안 된다...

뭐든 시키는
대로.

부모 프로세스

자식 프로세스

프로세스를 파이프로 연결하세요

여러분은 이미 프로세스를 연결해봤습니다. 바로 파이프입니다.

두 프로세스가 파이프로 연결되어 있습니다.

grep은 스크립트 출력을 걸러냅니다.

rssgossip.py는 자신의 출력을 파이프로 보냅니다.

```
File  Edit  Window  Help  ReadAllAboutIt
python rssgossip.py -u 'pajama death' | grep 'http'
      http://www.rock-news.com/exclusive/24.html
      http://www.rolling-stone.com/pdalbum.html
```

명령행에서 한 프로세스의 **출력**을 다른 프로세스의 **입력**으로 연결하기 위해 파이프(Pipe)를 사용합니다. 이 예에서는 rssgossip.py 스크립트를 직접 실행하고 출력을 **grep**이라는 명령으로 보냈습니다. grep은 **http**를 포함하는 모든 줄을 찾아냅니다.

파이프로 연결한 명령은 부모와 자식 프로세스가 됩니다

여러분이 명령행에서 파이프로 명령을 연결하면, 실제로는 부모와 자식 프로세스를 만들고 이 두 프로세스를 연결합니다. 따라서 위 예제에서는 grep 명령이 rssgossip.py 스크립트의 부모 프로세스가 됩니다.

1 명령행이 부모 프로세스를 만듭니다.

2 부모 프로세스가 rssgossip.py 스크립트를 자식 프로세스로 포크합니다.

3 부모 프로세스가 파이프로 자식 프로세스의 출력을 부모 프로세스의 입력으로 연결합니다.

4 부모 프로세스가 grep 명령을 실행합니다.

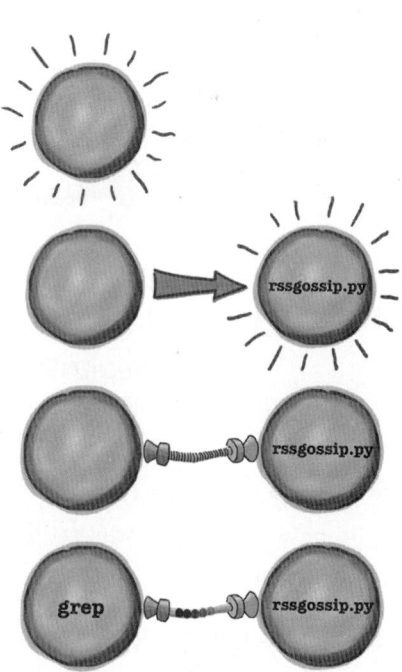

사용자가 프로세스를 연결하기 위해 명령행에서 파이프를 많이 사용합니다. 그러나 C 프로그램으로만 구현해야 한다면 어떻게 해야 할까요? 어떻게 하면 자식 프로세스가 출력을 만들자마자 그 출력을 읽을 수 있게 파이프로 연결할 수 있을까요?

사례 탐구: 브라우저에서 기사 열기

여러분이 rssgossip.py 스크립트를 실행하고 찾은 기사를
웹브라우저로 열어보길 원한다고 가정하겠습니다. 여러분의
프로그램은 부모 프로세스로, rssgossip.py는 자식 프로세스로
실행할 겁니다. 여러분은 rssgossip.py의 출력을 여러분
프로그램의 입력으로 연결하는 파이프를 만들어야 합니다.

그런데 어떻게 하면 파이프를 만들 수 있을까요?

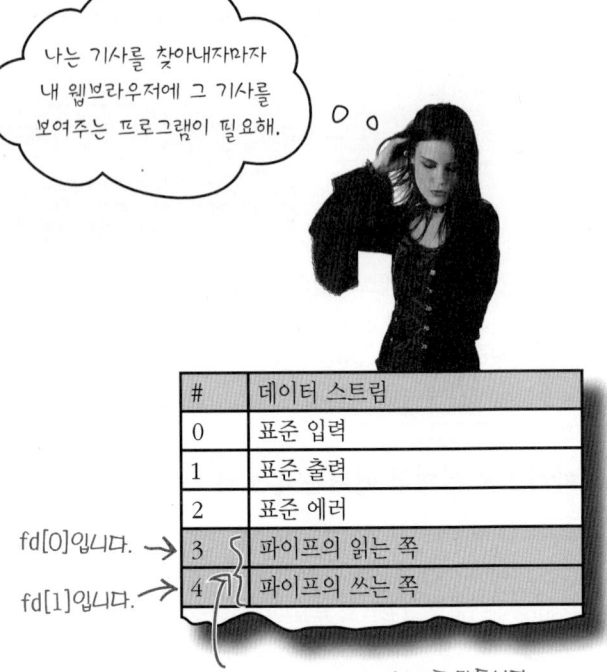

나는 기사를 찾아내자마자
내 웹브라우저에 그 기사를
보여주는 프로그램이 필요해.

pipe()는 데이터 스트림 두 개를 엽니다

자식 프로세스가 부모 프로세스에 데이터를 보내야 하므로,
여러분은 자식 프로세스의 표준 출력과 부모 프로세스의 표준
입력에 연결된 파이프가 필요합니다. 파이프는 **pipe( )** 함수로
생성합니다. 여러분이 파일과 같은 데이터 스트림을 열 때마다
데이터 스트림이 디스크립터 테이블에 추가된다는 설명 기억나죠?
pipe( ) 함수가 하는 일이 바로 그렇습니다. 이 함수는 연결된 두
스트림을 만들어 테이블에 추가합니다. 한쪽 스트림에 쓴 데이터는
다른 쪽 스트림에서 바로 읽을 수 있습니다.

#	데이터 스트림
0	표준 입력
1	표준 출력
2	표준 에러
3	파이프의 읽는 쪽
4	파이프의 쓰는 쪽

fd[0]입니다. → 3

fd[1]입니다. → 4

pipe()를 호출하면 이 두 개의 디스크립터를 만듭니다.

여기에 무엇을 쓰든지... →  ← ...여기에서 읽을 수 있습니다.

pipe( )가 디스크립터 테이블에 두 항목을 만들 때, 디스크립터들을
항목이 두 개 있는 배열에 저장합니다.

디스크립터들이 배열에
저장됩니다.

pipe( ) 함수에 배열
이름을 전달합니다. →

```
int fd[2];
if (pipe(fd) == -1) {
    error("파이프를 생성할 수 없습니다");
}
```

pipe( ) 함수는 파이프를 생성하고 만들어진 디스크립터를
알려줍니다. fd[1]은 파이프에 **쓰는** 디스크립터이며, fd[0]은
파이프로부터 **읽는** 디스크립터입니다. 일단 디스크립터를 얻으면
부모와 자식 프로세스가 사용할 수 있습니다.

**fd[1]은 파이프에 쓰고,
fd[0]은 파이프로부터
읽습니다.**

자식 프로세스에서는

자식 프로세스에서는 파이프의 읽는 쪽인 fd[0]을 **닫고**, 표준
출력이 fd[1] 디스크립터가 가리키는 스트림을 가리키게
변경합니다.

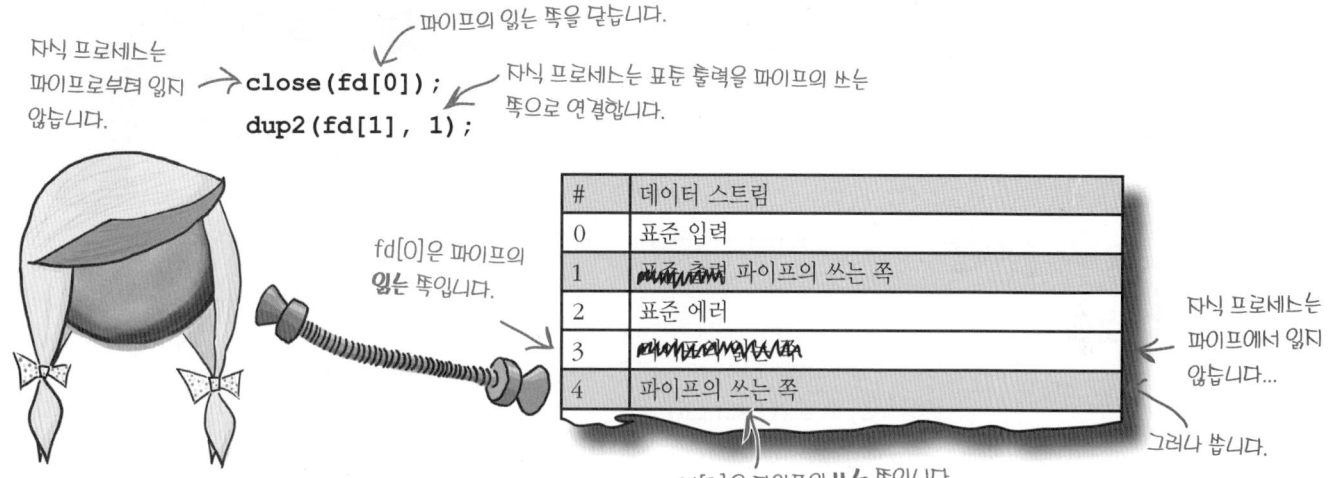

파이프의 읽는 쪽을 닫습니다.

자식 프로세스는
파이프로부터 읽지
않습니다.

```
close(fd[0]);
dup2(fd[1], 1);
```

자식 프로세스는 표준 출력을 파이프의 쓰는
쪽으로 연결합니다.

fd[0]은 파이프의
읽는 쪽입니다.

#	데이터 스트림
0	표준 입력
1	~~표준 출력~~ 파이프의 쓰는 쪽
2	표준 에러
3	~~파이프의 읽는 쪽~~
4	파이프의 쓰는 쪽

자식 프로세스는
파이프에서 읽지
않습니다...

그러나 씁니다.

fd[1]은 파이프의 **쓰는** 쪽입니다.

결국 자식 프로세스가 표준 출력으로 보내는 모든 데이터가
파이프에 써집니다.

부모 프로세스에서는

부모 프로세스는 쓰지 않기 때문에 파이프의 쓰는 쪽인 fd[1]
을 닫고 프로세스의 표준 입력을 디스크립터 fd[0]이 가리키는
스트림으로 리다이렉션합니다.

fd[0]은 파이프의 읽는 쪽입니다.

부모 프로세스는 표준 입력을
파이프의 읽는 쪽으로
리다이렉션합니다.

```
dup2(fd[0], 0);
close(fd[1]);
```

파이프의 쓰는 쪽을 닫습니다.

#	데이터 스트림
0	~~표준 입력~~ 파이프의 읽는 쪽
1	표준 출력
2	표준 에러
3	파이프의 읽는 쪽
4	~~파이프의 쓰는 쪽~~

부모 프로세스는
파이프로부터
읽습니다.

그러나 쓰지는
않습니다.

이제 자식 프로세스가 쓰는 모든 데이터를 부모 프로세스의 표준
입력을 통해 읽을 수 있습니다.

브라우저에서 웹페이지 열기

여러분의 프로그램은 컴퓨터의 브라우저를 사용해 웹페이지를
열어야 합니다. 이 일은 상당히 힘듭니다. 운영체제마다 웹브라우저
같은 프로그램과 통신하는 방법이 다르기 때문입니다.

다행히도 배역거리가 떨어진 배우들이 대부분의 컴퓨터에서
웹페이지를 열 수 있는 코드를 만들어놨네요. 그런데 그들이 갑자기
다른 일이 생겼는지 서둘러 system()을 호출하는 상당히 간단한
모듈로 통합해 놨습니다.

미리 준비한 코드

```
void open_url(char *url)
{
    char launch[255];
    sprintf(launch, "cmd /c start %s", url);
    system(launch);
    sprintf(launch, "x-www-browser '%s' &", url);
    system(launch);
    sprintf(launch, "open '%s'", url);
    system(launch);
}
```

이 코드는 윈도우에서 웹페이지를 엽니다.

이 코드는 리눅스에서 → 웹페이지를 엽니다.

이 코드는 맥에서 웹페이지를 엽니다.

이 코드는 URL을 열기 위해 서로 다른 세 개의 명령을 실행합니다.
하나는 맥, 다른 하나는 윈도우, 또 다른 하나는 리눅스에서
작동합니다. 따라서 두 명령은 언제나 실패할 것이며, 운영체제에
맞는 코드만 실행될 겁니다. 그래도 괜찮습니다.

코스를 벗어나보세요

배우들이 만든 코드보다 더 좋은 코드를
여러분이 만들 수 있을까요? 그러면
여러분의 운영체제에 맞게 fork()와
exec()을 사용해 구현해보세요.

이제 프로그램의 대부분이 구현된 것 같습니다. 여러분이 할 일은 부모와 자식 프로세스를 파이프에 연결하는 코드를 완성하는 겁니다. 공간을 절약하기 위해 #include 줄과 error(), open_url() 함수는 생략했습니다. 기억하세요. 이 프로그램에서는 자식 프로세스가 부모 프로세스에 데이터를 보내도록 파이프를 올바로 연결해야 합니다!

```
int main(int argc, char *argv[])
{
  char *phrase = argv[1];
  char *vars[] = {"RSS_FEED=http://www.cnn.com/rss/celebs.xml", NULL};
  int fd[2];
```

이 URL을 다른 RSS 뉴스피드로 대체하세요.

이 배열이 파이프의 디스크립터를 저장합니다.

여기에서 파이프를 생성하세요.

```
  pid_t pid = fork();
  if (pid == -1) {
    error("프로세스를 포크할 수 없습니다.");
  }
  if (!pid) {
```

이 부분은 부모 프로세스가 실행하는 코드일까요? 아니면 자식 프로세스일까요? 이 칸에 어떤 코드가 들어가야 할까요?

```
    if (execle("/usr/bin/python", "/usr/bin/python", "./rssgossip.py",
                 "-u", phrase, NULL, vars) == -1) {
      error("Can't run script");
    }
  }
```

-u 옵션은 스크립트가 기사의 URL을 출력하게 합니다.

부모 프로세스인가요? 아니면 자식 프로세스? 여기에서 파이프를 어떻게 해야 하나요?

```
  char line[255];
  while (fgets(line, 255,                            )) {
    if (line[0] == '\t')
      open_url(line + 1);
  }
  return 0;
}
```

여기에 무엇이 들어가야 하나요? 어디에서 읽어야 하나요?

둘이 탭으로 시작하면...

... URL입니다.

line + 1은 탭 문자 다음에 나오는 문자열입니다.

news_opener.c

연습문제 정답

이제 프로그램의 대부분이 구현된 것 같습니다. 여러분은 부모와 자식 프로세스를 파이프에 연결해야 했습니다. 공간을 절약하기 위해 #include 줄과 error( ), open_url( ) 함수는 생략했습니다.

```c
int main(int argc, char *argv[])
{
  char *phrase = argv[1];
  char *vars[] = {"RSS_FEED=http://www.cnn.com/rss/celebs.xml", NULL};
  int fd[2];        이 코드는 파이프를 생성하고 디스크립터를 fd[0]과 fd[1]에 저장합니다.
  if (pipe(fd) == -1) {
    error("파이프를 생성할 수 없습니다");        파이프를 생성할 수 없을 때를 대비해
  }                                              반환값을 확인해야 합니다.

  pid_t pid = fork();
  if (pid == -1) {
    error("프로세스를 포크할 수 없습니다.");
  }        자식 프로세스가 처리하는 코드입니다.
  if (!pid) {        표준 출력을 파이프의 쓰는 쪽으로 설정합니다.
    dup2(fd[1], 1);
    close(fd[0]);        자식 프로세스는 파이프에서 읽지 않으므로 읽는 쪽을 닫습니다.

    if (execle("/usr/bin/python", "/usr/bin/python", "./rssgossip.py",
                  "-u", phrase, NULL, vars) == -1) {
      error("스크립트를 실행할 수 없습니다");
    }        부모 프로세스만 여기에 도달합니다.
  }
  dup2(fd[0], 0);        표준 입력을 파이프의 읽는 쪽으로 리다이렉션합니다.
  close(fd[1]);        부모 프로세스는 파이프에 쓰지 않으므로 파이프의 쓰는 쪽을 닫습니다.

  char line[255];
  while (fgets(line, 255,          stdin                    )) {
    if (line[0] == '\t')
      open_url(line + 1);        표준 입력이 파이프에         fd[0]을 사용해도
  }                              연결되어 있으므로 표준       됩니다.
  return 0;                      입력에서 읽습니다.
}
```

news_opener.c

시험 주행

코드를 컴파일하고 실행하면 다음과 같이 실행됩니다.

```
File Edit Window Help ReadAllAboutIt
> ./news_opener 'pajama death'
```

멋집니다. 제대로 작동하네요.

news_opener 프로그램은 rssgossip.py를 별도의 프로세스에서
실행하고 검색한 기사의 URL을 출력하게 했습니다. 자식 프로세스의
모든 화면 출력이 리다이렉션된 **파이프**를 통해 부모 프로세스인
news_opener의 입력으로 들어갑니다. 그리고 news_opener
프로세스는 URL을 찾아내어 브라우저에서 볼 수 있게 합니다.

파이프는 프로세스를 연결하는 훌륭한 방법입니다. 자, 이제
여러분은 프로세스를 **실행**하고 **환경**을 제어할 뿐만 아니라 **출력을
가져올 수 있게** 되었습니다. 이 지식을 사용해 많은 기능을 구현할 수
있습니다. 여러분의 C 프로그램은 이제 명령행에서 사용할 수 있는
어떠한 프로그램이든지 사용하고 제어할 수 있게 되었습니다.

↑
프로그램이 뉴스피드에서
찾은 모든 기사를
브라우저에서 보여줍니다.

코스를 벗어나보세요

여러분은 rssgossip.py를 제어하는 방법을 배웠습니다. 그런데 이 프로그램뿐만 아니라 다음의 프로그램을
제어해보는 건 어떨까요? 다음 명령은 유닉스 계열이나 시그윈을 사용하는 윈도우 컴퓨터에서 사용할 수 있습니다.

curl/wget
이 프로그램들을 사용하면 웹서버에 연결할 수 있습니다. C 프로그램에서 호출하면 웹서버와 통신하는 프로그램을
만들 수 있습니다.

mail/mutt
이 프로그램들을 사용하면 명령행에서 이메일을 보낼 수 있습니다. 여러분의 컴퓨터에 이 프로그램이 있으면 여러분의
프로그램은 이메일도 보낼 수 있어요.

convert
이 명령은 어떤 이미지 포맷을 다른 이미지 포맷으로 바꿀 수 있습니다. 벡터 포맷의 SVG 차트를 텍스트 포맷으로 출력하고
convert 명령을 사용해 이 문자들을 PNG 이미지 포맷으로 바꾸는 C 프로그램도 만들 수 있을 겁니다.

바보 같은 질문이란 없습니다

Q: 파이프는 파일인가요?

A: 파이프를 생성하는 방법은 운영체제에 따라 다르지만 pipe() 함수로 생성한 파이프는 일반적으로 파일이 아닙니다.

Q: 그러면 파이프가 파일일 수도 있나요?

A: 파일에 기반해 파이프를 생성할 수도 있습니다. 이런 파일은 보통 명명된 파이프 (FIFO, First-In/First-Out) 파일이라고 부릅니다.

Q: 파일을 사용하는 파이프를 원하는 사람이 있을까요?

A: 파일에 기반한 파이프는 이름을 갖고 있습니다. 따라서 서로 부모 자식 프로세스가 아닌 두 프로세스가 통신해야 할 때 유용합니다. 두 프로세스가 파이프의 이름을 알면 서로 통신할 수 있기 때문입니다.

Q: 멋진데요! 그러면 어떻게 명명된 파이프를 생성하나요?

A: mkfifo() 시스템 호출로 만들 수 있습니다. 자세한 정보는 http://tinyurl.com/cdf6ve5를 참조하세요.

Q: 대부분의 파이프가 파일이 아니라면, 파이프는 무엇입니까?

A: 보통 그저 메모리에만 존재합니다. 한쪽으로는 데이터를 쓰고 다른 쪽에서는 읽습니다.

Q: 아무 것도 들어있지 않은 파이프에서 읽으려고 시도하면 어떻게 되나요?

A: 무언가 파이프에 써질 때까지 여러분의 프로그램이 기다립니다.

Q: 자식 프로세스가 종료되었는지 부모 프로세스가 어떻게 알 수 있나요?

A: 자식 프로세스가 종료되면 파이프가 닫히고 fgets() 함수는 파일의 끝을 알려주기 위해 0을 반환합니다. 그러면 루프를 끝낼 수 있죠.

Q: 부모가 자식에게 데이터를 보낼 수도 있나요?

A: 물론입니다. 우리가 했던 방법의 반대로 파이프에 연결하지 못할 이유는 없습니다. 따라서 부모가 자식에게 데이터를 보낼 수 있습니다.

Q: 파이프가 동시에 양쪽으로 작동할 수도 있나요? 그렇게 하면 부모와 자식 프로세스가 양방향 통신을 할 수 있을텐데요.

A: 아니오, 그렇게 할 수는 없습니다. 파이프는 언제나 한 방향으로만 작동합니다. 그러나 파이프를 두 개 만들어 하나는 부모가 자식에게, 다른 하나는 자식이 부모에게 데이터를 보내게 할 수는 있습니다.

핵심정리

- 부모와 자식 프로세스는 파이프로 통신합니다.

- pipe() 함수는 파이프와 2개의 디스크립터를 생성합니다.

- 2개의 디스크립터는 파이프의 읽는 쪽과 쓰는 쪽입니다.

- 표준 입력과 출력을 파이프로 리다이렉션할 수 있습니다.

- 부모와 자식 프로세서는 서로 파이프의 반대쪽을 사용합니다.

프로세스의 종료

여러분은 프로세스가 어떻게 생성되는지, 환경이 어떻게
설정되는지, 심지어 프로세스가 어떻게 서로 통신하는지
배웠습니다. 그런데 프로세스가 종료되면 어떻게 되나요? 예를
들어 여러분의 프로그램이 키보드에서 데이터를 읽고 있는데,
사용자가 [Ctrl-C]를 누르면 프로그램이 종료됩니다.

어떻게 이런 일이 생기는 걸까요? 여러분은 프로그램이 두 번째
printf()까지 도달하지 못했다는 것을 화면 출력에서 알 수
있습니다. 따라서 [Ctrl-C]는 그저 fgets() 함수를 멈춘 것이
아니라 프로그램 전체를 멈춘 겁니다. 운영체제가 단지 프로그램을
언로드한 것일까요? fgets() 함수가 exit()를 호출한 걸까요? 무슨
일이 생긴 걸까요?

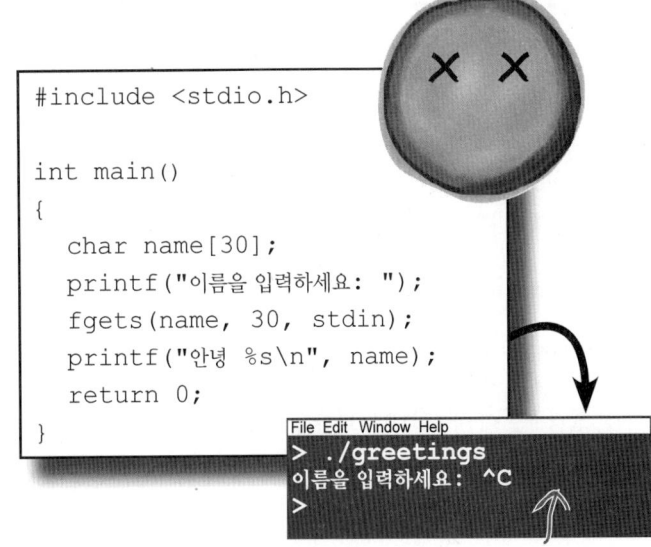

```c
#include <stdio.h>

int main()
{
  char name[30];
  printf("이름을 입력하세요: ");
  fgets(name, 30, stdin);
  printf("안녕 %s\n", name);
  return 0;
}
```

```
File Edit Window Help
> ./greetings
이름을 입력하세요: ^C
>
```

[Ctrl-C]를 누르면 프로그램이 종료됩니다.
그런데 왜 종료될까요?

운영체제는 시그널로 프로그램을 제어합니다

이 신비로운 일은 모두 운영체제 안에서 일어납니다. fgets() 함수를
호출할 때 운영체제는 키보드에서 데이터를 읽습니다. 그런데
[Ctrl-C]가 눌린 것을 알게 되면 프로그램에 인터럽트 시그널을
보냅니다.

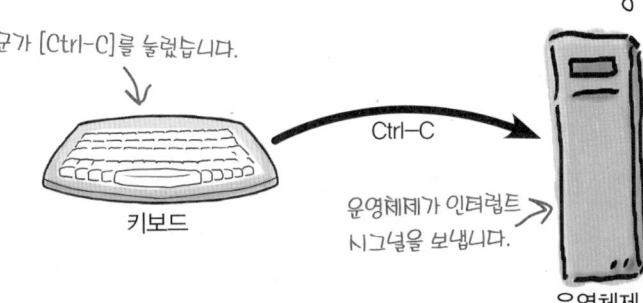

이봐! [Ctrl-C]가
눌려졌는데, 자네의
인터럽트 처리기를
실행해줘.

누군가 [Ctrl-C]를 눌렀습니다.

키보드

Ctrl-C

운영체제가 인터럽트
시그널을 보냅니다.

운영체제

인터럽트
시그널

프로세스는 기본 인터럽트
처리기를 실행해 exit()를
호출합니다.

프로세스

시그널은 단지 정수형의 짧은 메시지일 뿐입니다. 시그널이 도착하면
프로세스는 하던 일을 멈추고 시그널을 처리해야 합니다. 프로세스는
시그널과 시그널 처리라는 함수를 대응시키는 시그널 매핑
테이블을 살펴봅니다. 인터럽트 시그널에 대한 기본 **시그널 처리기**는
단지 exit() 함수를 호출합니다.

그런데 왜 운영체제가 프로그램을 직접 종료하지 않는 걸까요?
시그널 테이블이 있으면 프로세스가 시그널을 받았을 때 **자신의
고유한 코드**를 실행할 수 있기 때문입니다.

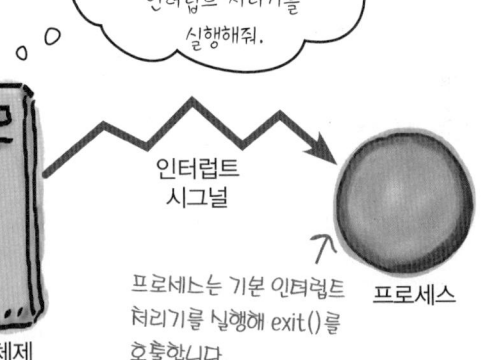

시그널 매핑

시그널	처리기
SIGURG	아무것도 안 함
SIGINT	exit() 호출

인터럽트
시그널입니다.

SIGINT는 값이
2입니다.

기본 처리기는 exit()를 호출합니다.

시그널을 잡아 직접 정의한 코드 실행하기

때로는 누군가 여러분의 프로그램을 인터럽트 걸 때 여러분이 직접 정의한 코드를 실행하고 싶을 겁니다. 예를 들어 프로세스가 열린 파일이나 네트워크 연결을 갖고 있으면 프로그램을 종료하기 전에 리소스를 닫고 정리하고 싶을 겁니다. 그러면 어떻게 해야 시스널을 받았을 때 여러분의 코드를 실행하라고 명령할 수 있을까요? **sigaction**을 사용하면 됩니다.

sigaction은 함수 래퍼입니다

sigaction은 함수에 대한 포인터를 갖고 있는 구조체입니다. sigaction은 시그널이 프로세스에 보내졌을 때 어떤 함수를 호출해야 하는지 운영체제에 알려주는 데 사용합니다. 따라서 누군가 여러분의 프로세스에 인터럽트 시그널을 보냈을 때 운영체제가 diediedie()라는 함수를 호출하기를 원한다면, diediedie() 함수를 sigaction 구조체에 넣어야 합니다. sigaction을 만드는 방법은 다음과 같습니다.

```
struct sigaction action;
action.sa_handler = diediedie;
sigemptyset(&action.sa_mask);
action.sa_flags = 0;
```

플래그를 추가로 설정할 수 있습니다. 여기서는 0으로 설정했습니다.

구조체를 만듭니다.

컴퓨터가 호출할 함수의 이름입니다.

sigaction이 래핑하는 함수를 처리기라고 부릅니다.

sigaction이 처리할 시그널을 걸러내기 위해 마스크를 사용합니다.

보통 이 코드처럼 빈 마스크를 사용합니다.

sigaction이 래핑하는 함수를 처리기라고 부릅니다. 프로세스가 받은 메시지를 이 함수가 처리하기 때문입니다. 처리기를 만들려면 아래에서 설명한 방법으로 만들어야 합니다.

모든 처리기는 시그널 인자를 받습니다

시그널은 단지 정수형 값입니다. 따라서 직접 처리기 함수를 만들려면 다음과 같이 int형 인자를 받게 만들어야 합니다.

```
void diediedie(int sig)
{
    puts ("잔인한 세상이여, 안녕...\n");
    exit(1);
}
```

처리기가 받은 시그널 번호입니다.

처리기가 시그널 번호를 받기 때문에 처리기 하나로 여러 시그널을 처리하게 만들 수 있습니다. 아니면 시그널마다 처리기를 따로 만들 수도 있습니다. 구현하는 방법은 여러분이 선택하면 됩니다.

처리기는 간단하고 빨리 처리해야 하므로, 받은 시그널을 처리하기 위한 최소한의 코드만 갖고 있어야 합니다.

조심하세요!

처리기 함수 안에서 표준 출력이나 에러에 데이터를 쓸 때 조심하세요.

여러분이 사용할 예제 코드는 표준 출력에 메시지를 출력하지만, 복잡한 프로그램에서 출력할 때는 조심해야 합니다. 프로그램에 어떤 나쁜 일이 생겼기 때문에 시그널이 도착했을 겁니다. 이때는 표준 출력도 사용할 수 있다고 장담할 수 없기 때문입니다.

sigaction() 함수로 sigaction 구조체를 등록합니다

sigaction 구조체를 생성한 후에는 운영체제에 이 구조체를 알려줘야 합니다.
알려주기 위해 다음과 같이 **sigaction()** 함수를 사용합니다.

```
sigaction(signal_no, &new_action, &old_action);
```

sigaction()이 받는 세 인자는 다음과 같습니다.

⭐ **시그널 번호**
여러분이 처리하려는 시스널의 정수형 값입니다. 보통 SIGINT나 SIGQUIT처럼 ← 표툰 시그널에 대해서 잠시 후에 널명합니다.
표준 시그널 기호 중 하나를 사용합니다.

⭐ **새로운 처리기**
새로 등록하려는 sigaction 구조체의 주소입니다.

⭐ **이전 처리기**
sigaction 구조체에 대한 포인터를 하나 더 보내면 이 구조체를 현재 처리기의
내용으로 채워줍니다. 현재 처리기에 대해 신경 쓸 필요 없으면 이 인자를 널
(NULL)로 설정하면 됩니다.

sigaction() 함수가 실패하면 −1을 반환하고 errno 변수를 설정합니다.
코드를 간단히 하기 위해 이 책의 일부 코드는 에러를 검사하지 않습니다.
그러나 실제 코드에서는 반드시 **언제나** 에러를 검사해야 합니다.

미리 준비한 코드

시그널 번호   처리기 함누에 대한 포인터

```
int catch_signal(int sig, void (*handler)(int))
{
    struct sigaction action;         ← sigaction 구조체를 생넝합니다.
    action.sa_handler = handler;     ← 인자로 받은 함누를 처리기로 널정합니다.
    sigemptyset(&action.sa_mask);    ← 빈 마스크를 사용합니다.
    action.sa_flags = 0;
    return sigaction (sig, &action, NULL);
}                                    ← sigaction()의 반환값을 반환해
                                       여러분이 에러를 검사할 수 있게 합니다.
```

오른쪽 함수를 사용하면
함수를 시그널 처리기로 쉽게
등록할 수 있습니다.

시그널 번호와 함수 이름을 전달해 여기에서 정의한 catch_signal()
함수를 호출하면 간단히 시그널 처리기를 등록할 수 있습니다.

```
catch_signal(SIGINT, diedieie)
```

시그널 처리기를 사용하도록 코드 수정하기

[Ctrl-C] 키를 눌렀을 때 프로그램이 무언가를 처리하기 위해 필요한 코드가
모두 준비되었습니다.

처리기는 값을
반환하지 ──→
않습니다.

← signal.h 헤더 파일을 인클루드해야 합니다.

↙ 새로 만든 시그널 처리기입니다.

← 운영체제는 시그널을 처리기에
전달합니다.

↙ 처리기를 등록하는 함수입니다.

SIGINT는 인터럽트 시그널을 나타냅니다.

diediedie() 함수를 인터럽트 처리기로
설정합니다.

```c
#include <stdio.h>
#include <signal.h>
#include <stdlib.h>

void diediedie(int sig)
{
  puts ("잔인한 세상이여, 안녕...\n");
  exit(1);
}

int catch_signal(int sig, void (*handler)(int))
{
  struct sigaction action;
  action.sa_handler = handler;
  sigemptyset(&action.sa_mask);
  action.sa_flags = 0;
  return sigaction (sig, &action, NULL);
}

int main()
{
  if (catch_signal(SIGINT, diediedie) == -1) {
    fprintf(stderr, "처리기를 매핑할 수 없습니다");
    exit(2);
  }
  char name[30];
  printf("이름을 입력하세요: ");
  fgets(name, 30, stdin);
  printf("안녕 %s\n", name);
  return 0;
}
```

프로그램은 사용자에게 이름을 물어보고 입력할 때까지 기다립니다. 그런데 이름을
입력하지 않고 [Ctrl-C] 키를 누르면 운영체제는 자동으로 프로세스에 인터럽트 시그널
(SIGINT)을 보내게 됩니다. 이 인터럽트 시그널은 catch_signal() 함수로 등록한 처리기에
의해 처리됩니다. 사용자 입력을 받기 전에 diediedie() 함수에 대한 포인터를 처리기로
등록했으므로, 인터럽트 시그널이 diediedie() 함수에 전달되고, diediedie()는 메시지를
출력하고 exit()를 호출합니다.

시험 주행

새로운 프로그램을 실행하고 [Ctrl-C]를 누르면 다음과 같이
실행됩니다.

잔인한 세상이여,
안녕...

```
File Edit Window Help
> ./greeting_handler
이름을 입력하세요:  ^C잔인한 세상이여, 안녕...
>
```

운영체제는 [Ctrl-C]가 입력되면 SIGINT 시그널을 프로세스에
보내고, 시그널 처리기인 diediedie( ) 함수가 실행됩니다.

나는 어디에 쓰일까?

운영체제가 프로세스에 보낼 수 있는 시그널은 아주 많습니다. 시그널과 해당 발생
원인을 연결하세요.

SIGINT   프로세스가 인터럽트되었습니다.

터미널 윈도우의 크기가 바뀌었습니다.

SIGQUIT

프로세스가 메모리를 부당하게 접근하려 했습니다.

SIGFPE

누군가 프로세스를 종료하라고 커널에 요청했습니다.

SIGTRAP

프로세스가 아무도 읽지 않고 있는 파이프에 데이터를
썼습니다.

SIGSEGV

실수형에 오류가 발생했습니다.

SIGWINCH

누군가 프로세스를 멈추고 프로세스의 메모리를 코어
덤프(Core Dump) 파일에 기록하라고 요청했습니다.

SIGTERM

디버거가 알고 싶어하는 조건이 발생했습니다.

SIGPIPE

나는 어디에 쓰일까? 정답

운영체제가 프로세스에 보낼 수 있는 시그널은 아주 많습니다. 시그널과 해당 발생
원인을 연결해야 했습니다.

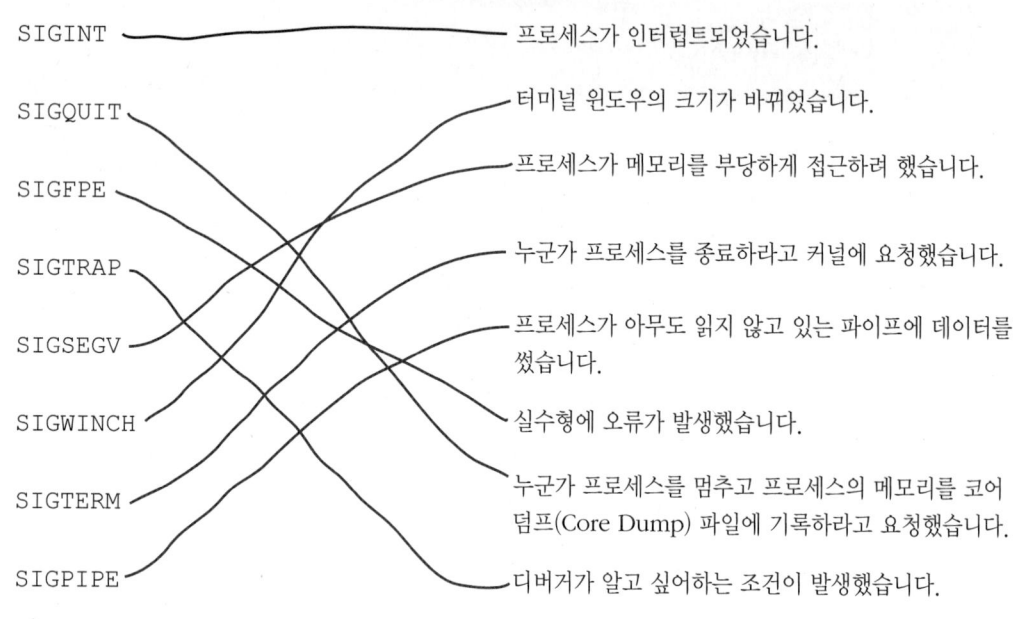

SIGINT	프로세스가 인터럽트되었습니다.
SIGQUIT	터미널 윈도우의 크기가 바뀌었습니다.
SIGFPE	프로세스가 메모리를 부당하게 접근하려 했습니다.
SIGTRAP	누군가 프로세스를 종료하라고 커널에 요청했습니다.
SIGSEGV	프로세스가 아무도 읽지 않고 있는 파이프에 데이터를 썼습니다.
SIGWINCH	실수형에 오류가 발생했습니다.
SIGTERM	누군가 프로세스를 멈추고 프로세스의 메모리를 코어 덤프(Core Dump) 파일에 기록하라고 요청했습니다.
SIGPIPE	디버거가 알고 싶어하는 조건이 발생했습니다.

바보 같은 질문이란 없습니다

Q: 인터럽트 처리기가 exit()를 호출하지 않아도 프로그램은 종료되나요?

A: 아니오. 종료되지 않습니다.

Q: 그러면 인터럽트 걸려도 완전히 무시하는 프로그램을 만들 수도 있는 거네요?

A: 할 수는 있지만 좋은 생각은 아닙니다. 대개 프로그램이 에러 시그널을 받으면 여러분이 정의한 코드를 먼저 실행하더라도 에러를 반환하고 종료하는 방법이 최선입니다.

시그널을 보내려면 <u>kill</u>을 사용하세요.

시그널 처리 코드를 만들고 나서 어떻게 테스트해야 할까요?
다행히도 유닉스 계열 시스템에는 **kill** 명령이 있습니다. 이
프로그램은 주로 프로세스를 종료하기 위해 사용되기 때문에
kill이라고 불리지만, 사실 kill은 프로세스에 시그널을 보낼
뿐입니다. 기본값으로 SIGTERM을 보내지만 어떤 시그널이라도
보낼 수 있습니다.

윈도우에 시그윈을 설치해도
사용할 수 있습니다.

kill을 사용해보려면, 터미널을 두 개 여세요. 한 터미널에서는
여러분의 프로그램을 실행하고 다른 터미널에서는 프로그램에
시그널을 보내기 위해 kill 명령을 실행할 수 있습니다.

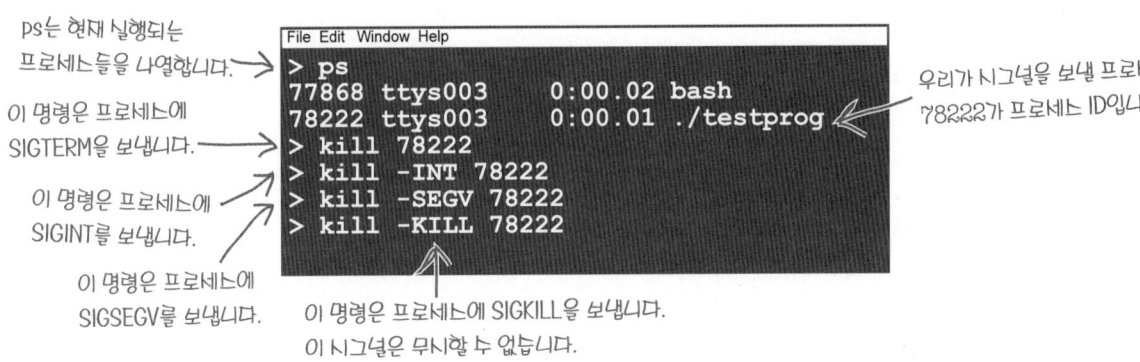

ps는 현재 실행되는
프로세스들을 나열합니다.

이 명령은 프로세스에
SIGTERM을 보냅니다.

이 명령은 프로세스에
SIGINT를 보냅니다.

이 명령은 프로세스에
SIGSEGV를 보냅니다.

이 명령은 프로세스에 SIGKILL을 보냅니다.
이 시그널은 무시할 수 없습니다.

우리가 시그널을 보낼 프로세스입니다.
78222가 프로세스 ID입니다.

이 모든 kill 명령은 프로세스에 시그널을 보내며 프로세스가 설정한
처리기를 실행하게 합니다. 그러나 **SIGKILL** 시그널은 예외입니다.
SIGKILL 시그널은 프로세스가 잡을 수 없고 무시할 수도 없습니다.
따라서 여러분의 코드에 버그가 있어서 모든 시그널을 무시한다고
해도 **언제나** 프로세스를 kill -KILL로 종료할 수 있습니다.

SIGSTOP도 무시할 수 없습니다. 이
시그널은 프로세스를 일시 정지하기 위해
사용됩니다.

raise()로 시그널 보내기

때로는 자신에게 시그널을 보내야 할 때가 있을 겁니다. 이럴 때는
raise() 함수를 사용하면 됩니다.

```
raise(SIGTERM);
```

보통 raise() 함수는 여러분이 만든 시그널 처리기 안에서 사용됩니다.
이 함수는 여러분이 사소한 시그널을 받았지만, 더 중요한 시그널로
확대하기 위해 사용합니다.

이 방법을 시그널 확대(Signal Escalation)라고 부릅니다.

kill -KILL <PID> 명령으로
언제든 프로세스를 종료할
수 있습니다.

시간이 지났을 때 코드에 알려주기

운영체제는 프로세스가 알아야 할 일이 발생했을 때 프로세스에 시그널을 보냅니다. 사용자가 프로세스를 인터럽트하거나 종료하기 위한 것일 수도 있고, 아니면 제한된 메모리에 접근하는 것처럼 하지 말아야 할 일을 프로세스가 했을 수도 있습니다.

그러나 일이 잘못되었을 때만 시그널을 사용하는 건 아닙니다. 때로는 프로세스가 자신만의 시그널을 만들 필요가 있습니다. 그 중 한 예가 **알람 시그널인 SIGALRM**입니다. 알람 시그널은 보통 프로세스의 **시간 타이머** (Interval Timer)에 의해 발생합니다. 시간 타이머는 자명종 시계와 비슷합니다. 알람 시간을 설정해놓고 경고가 발생하기 전까지 다른 일을 할 수 있습니다.

똑딱, 똑딱, 똑딱, 2분만 하면 돼...

120초 후에 알람이 울리게 → 타이머를 설정합니다.

```
alarm(120);
do_important_busy_work();
do_more_busy_work();
```

그동안 코드는 다른 일을 → 할 수 있습니다.

alarm(120)을 호출하면 앞으로 120초 후에 알람이 울립니다.

그러나 여러분의 프로그램이 분주히 다른 일을 하는 동안에도 타이머는 백그라운드에서 계속 실행되고 있습니다. 따라서 120초 후에는...

... 타이머가 SIGALRM 시그널을 보냅니다

시그널을 받으면 프로세스는 **하던 일을 모두 멈추고** 시그널을 처리합니다. 그런데 프로세스가 알람 시그널을 받으면 기본적으로 어떻게 작동할까요? **프로세스를 멈춥니다.** 타이머가 여러분의 프로그램을 종료하기를 원치는 않을 겁니다. 따라서 대부분의 경우 여러분은 무언가 다른 일을 하는 처리기를 설정합니다.

```
catch_signal(SIGALRM, pour_coffee);
alarm(120);
```

여러분이 앞에서 만든 함수로 시그널을 잡게 합니다.

따르르릉!

아, 정말 달콤한 커피 향...

조심하세요!

alarm()과 sleep()을 한꺼번에 사용하지 마세요.

sleep() 함수는 여러분의 프로그램을 지정한 시간 동안 잠들게 합니다. 그러나 alarm()과 똑같은 시간 타이머를 사용하므로 두 함수를 함께 사용하면 서로 영향을 주게 됩니다.

알람 시그널은 여러분이 여러 일을 동시에 할 수 있게 합니다. 흔히 **멀티태스킹** (Multitasking)이라고 하죠. 어떤 일을 몇 초만 해야 하거나 어떤 일을 하는 작업 시간을 제한하고 싶을 때, 프로그램이 자신을 **인터럽트** 걸게 하는 데는 알람 시그널이 최고의 방법입니다.

시그널 재설정과 무시 자세히 들여다보기

여러분은 직접 시그널 처리기를 설정하는 방법을 배웠습니다.
그런데 기본 처리기로 되돌리려면 어떻게 해야 할까요?
다행히도 signal.h 헤더 파일은 **SIG_DFL**이라는 기호를
제공하며, **기본적인 방법으로 처리**하게 합니다.

```
catch_signal(SIGTERM, SIG_DFL);
```

그리고 **SIG_IGN**이라는 기호도 있는데, 이 기호를
사용하면 프로세스가 시그널을 완전히 **무시하게** 합니다.

```
catch_signal(SIGINT, SIG_IGN);
```

그러나 시그널을 무시하도록 결정하기 전에 매우 조심해야
합니다. 시그널은 프로세스를 제어하고 종료하는 중요한
방법이므로 시그널을 무시하면 프로그램을 제어하기
힘듭니다.

> 좋았어. 그럼 이제 TERM 시그널을 받으면 예전에 하던 대로 exit()만 호출하면 되네...

> [Ctrl-C]? 딴 데 물어봐. 난 아무 것도 안 해.

바보 같은 질문이란 없습니다

Q: 1초보다 작은 시간으로 알람을 설정할 수 있나요?

A: 네. 그렇지만 약간 더 복잡합니다. setitimer()라는 다른
함수를 사용해야 합니다. 이 함수를 사용하면 1초보다 작은 시간으로
프로세스의 시간 타이머를 직접 설정할 수 있습니다.

Q: 어떻게 하나요?

A: 자세한 정보는 http://tinyurl.com/3o7hzbm을 참조하세요.

Q: 한 프로세스에는 타이머가 단 한 개만 있나요?

A: 타이머는 운영체제 커널이 관리해야 합니다. 프로세스가 여러
타이머를 갖게 되면 커널이 점점 더 느려질 겁니다. 이런 문제가
생기지 않게 운영체제는 각 프로세스가 가질 수 있는 타이머를 1개로
제한합니다.

**Q: 타이머로 멀티태스킹할 수 있다고요? 멋진데요. 그러면 여러
일을 한꺼번에 하려면 타이머를 사용하면 되는군요?**

A: 아닙니다. 시그널을 처리할 때 프로세스가 하던 일을 멈춘다는
점을 기억하세요. 따라서 한 번에 한 가지 일만 하는 거죠. 동시에
여러 일을 하는 방법은 뒤에서 다시 설명합니다.

Q: 이미 설정된 타이머를 다시 설정하면 어떻게 되나요?

A: 여러분이 alarm() 함수를 호출할 때마다 타이머를 재설정하게
됩니다. 따라서 10초로 알람을 설정해 놓고, 잠시 후에 10분으로
알람을 설정하면, 먼저 설정한 10초 타이머는 없어지고 10분 후에
알람이 발생합니다.

긴 연습문제

다음은 사용자의 곱셈 능력을 테스트하는 프로그램의 소스코드입니다. 이 프로그램은 사용자에게 간단한 곱셈 문제를 물어보고 정답을 얼마나 많이 맞췄는지 기록합니다. 프로그램은 다음의 조건이 발생할 때까지 계속 실행됩니다.

1. 사용자가 [Ctrl-C]를 누르거나

2. **5초** 동안 답을 입력하지 못하면

프로그램이 종료됩니다. 프로그램이 종료될 때 최종 점수를 출력하고 상태 코드 0으로 종료합니다.

```c
#include <stdio.h>
#include <stdlib.h>
#include <unistd.h>
#include <time.h>
#include <string.h>
#include <errno.h>
#include <signal.h>

int score = 0;

void end_game(int sig)
{
  printf("\n최종 점수: %i\n", score);
  ........................................................................
}

int catch_signal(int sig, void (*handler)(int))
{
  struct sigaction action;
  action.sa_handler = handler;
  sigemptyset(&action.sa_mask);
  action.sa_flags = 0;
  return sigaction (sig, &action, NULL);
}
```

점수를 출력한 후에 무엇을 해야 하나요?

```
void times_up(int sig)
{
  puts("\n시간 초과!");
  raise(........................................);
}
```

어떻게 확대해야 할까요?

```
void error(char *msg)
{
  fprintf(stderr, "%s: %s\n", msg, strerror(errno));
  exit(1);
}


int main()
{
  catch_signal(SIGALRM, .............................);
  catch_signal(SIGINT, .............................);
  srandom (time (0));
  while(1) {
    int a = random() % 11;
    int b = random() % 11;
    char txt[4];

    ..............................................................
    printf("\n%i 곱하기 %i은? ", a, b);
    fgets(txt, 4, stdin);
    int answer = atoi(txt);
    if (answer == a * b)
      score++;
    else
      printf("\n틀렸습니다! 점수: %i\n", score);
  }
  return 0;
}
```

시그널마다 어떤 함수를 호출해야 할까요?

코드가 실행될 때마다 난수가 달라지게 만듭니다.

a와 b는 0에서 10사이의 난수입니다.

흐음... 빠진 게 뭐죠? 프로그램 기능을 다시 확인해보세요...

연습 문제 풀이

긴 연습문제 정답

다음은 사용자의 곱셈 능력을 테스트하는 프로그램의 소스코드입니다. 이 프로그램은 사용자에게 간단한 곱셈 문제를 물어보고 정답을 얼마나 많이 맞췄는지 기록합니다. 프로그램은 다음의 조건이 발생할 때까지 계속 실행됩니다.

1. 사용자가 [Ctrl-C]를 누르거나

2. **5초** 동안 답을 입력하지 못하면

프로그램이 종료됩니다. 프로그램이 종료될 때 최종 점수를 출력하고 상태 코드 0으로 종료합니다.

```
#include <stdio.h>
#include <stdlib.h>
#include <unistd.h>
#include <time.h>
#include <string.h>
#include <errno.h>
#include <signal.h>

int score = 0;

void end_game(int sig)
{
    printf("\n최종 점수: %i\n", score);
    exit(0);
}

int catch_signal(int sig, void (*handler)(int))
{
    struct sigaction action;
    action.sa_handler = handler;
    sigemptyset(&action.sa_mask);
    action.sa_flags = 0;
    return sigaction (sig, &action, NULL);
}
```

종료 상태를 0으로 설정하고 종료해야 합니다.

```
void times_up(int sig)
{
  puts("\n시간 초과!");
  raise(                    SIGINT                    );
}
```

SIGINT로 확대하면 프로그램이 end_game()을
호출해 최종 점수를 출력합니다.

```
void error(char *msg)
{
  fprintf(stderr, "%s: %s\n", msg, strerror(errno));
  exit(1);
}


int main()
{
  catch_signal(SIGALRM,            times_up            );
  catch_signal(SIGINT,             end_game            );
  srandom(time(0));
  while(1) {
    int a = random() % 11;
    int b = random() % 11;
    char txt[4];
    alarm(5);
    printf("\n%i 곱하기 %i은? ", a, b);
    fgets(txt, 4, stdin);
    int answer = atoi(txt);
    if (answer == a * b)
      score++;
    else
      printf("\n틀렸습니다! 점수: %i\n", score);
  }
  return 0;
}
```

시그널을 처리할
함수를 설정합니다.

코드가 실행될 때마다
난수가 달라지게
만듭니다.

5초 후에 알람이
발생하게 합니다.

루프를 5초 안에
처리하고 다시
알람을 설정하면 이
타이머 시그널은
발생하지 않습니다.

시험 주행

프로그램이 제대로 작동하는지 확인하기 위해 두 번 실행해야 합니다.

테스트 1: [Ctrl-C] 누르기

첫 번째 테스트에서는 몇 가지 질문에 대답한 후 [Ctrl-C]를 누릅니다.

[Ctrl-C]는 프로세스에 인터럽트 시그널(SIGINT)을 보내어 프로그램이 최종 점수를 출력하고 종료되게 만듭니다.

```
File Edit Window Help
> ./math_master

6 곱하기 7은 ? 42

0 곱하기 1은 ? 0

3 곱하기 10은 ? 30

5 곱하기 6은 ? 30

2 곱하기 5은 ? 10

6 곱하기 7은 ? ^C
최종 점수: 5
>
```

여기에서 [Ctrl-C]를 눌렀습니다. →

프로그램이 최종 점수를 출력하고 나서 종료됩니다. →

테스트 2: 5초 기다리기

두 번째 테스트에서는 [Ctrl-C]를 누르지 않고 5초 동안 기다린 후 어떻게 되는지 확인해봅니다.

프로그램은 사용자가 정답을 입력하길 기다리지만, 5초가 지나면 타이머가 알람 시그널(SIGALRM)을 보내고, 프로세스는 바로 times_up() 처리기 함수로 들어갑니다. 처리기는 '시간 초과!' 메시지를 출력한 후 시그널을 SIGINT로 확대해 프로세스가 최종 점수를 출력하고 나서 종료되게 만듭니다.

```
File Edit Window Help
> ./math_master

0 곱하기 91은 ? 0

3 곱하기 1은 ? 1

9 곱하기 1은 ? 9

2 곱하기 8은 ?
시간 초과!

최종 점수: 3
>
```

어, 저런... 생각하는 데 시간이 많이 걸렸나봐요.

시그널은 약간 복잡하지만 정말 유용합니다. 시그널을 사용하면 프로그램을 깔끔하게 종료시킬 수 있고 시간 타이머를 사용하면 시간이 초과되는 문제를 처리할 수 있습니다.

─────────────── 바보 같은 질문이란 없습니다 ───────────────

Q: 시그널은 언제나 보낸 순서대로 받나요?

A: 거의 동시에 보내면 그렇지 않을 수도 있습니다. 어떤 시그널이 다른 시그널보다 더 중요하다고 운영체제가 판단하면 시그널의 순서를 바꿀 수 있습니다.

Q: 언제나 바꾸나요?

A: 플랫폼에 따라 다릅니다. 예를 들어 대부분의 시그윈 버전에서는 시그널을 언제나 보낸 순서대로 받지만, 일반적으로는 이 순서에 의존하면 안 됩니다.

Q: 똑같은 시그널을 두 번 보내면, 프로세스가 두 번 받나요?

A: 이 것도 마찬가지로 운영체제에 따라 다릅니다. 리눅스와 맥에서는 같은 시그널이 매우 짧은 시간 안에 반복되면, 커널이 프로세스에 시그널을 한 번만 보낼 수도 있습니다. 시그윈에서는 언제나 시그널을 두 번 보냅니다. 그러나 같은 시그널을 두 번 보낸다고 해서 꼭 두 번 받는다고 생각하면 안 됩니다.

핵심정리

- 운영체제는 시그널로 프로세스와 통신합니다.

- 시그널은 일반적으로 프로세스를 종료하기 위해 사용됩니다.

- 프로세스가 시그널을 받으면, 프로세스는 처리기를 실행합니다.

- 대부분 에러 시그널의 기본 처리기는 프로그램을 종료합니다.

- sigaction() 함수로 처리기를 변경할 수 있습니다.

- raise()로 프로세스 자신에게 시그널을 보낼 수 있습니다.

- 시간 타이머는 SIGALRM 시그널을 보냅니다.

- alarm() 함수는 시간 타이머를 설정합니다.

- 각 프로세스는 타이머를 하나만 갖고 있습니다.

- sleep()과 alarm()을 동시에 사용하지 마세요.

- kill 명령은 프로세스에 시그널을 보냅니다.

- kill –KILL 명령은 프로세스를 강제로 종료시킵니다.

## CHAPTER 10

C 도구상자

이제 10장을 정복했으며 여러분의 도구상자에
프로세스 간 통신을 추가했습니다.
전체 도구상자 목록은 부록 ii를 참조하세요.

exit()를 호출하면
프로그램이 바로
종료됩니다.

fileno()는
디스크립터 번호를
찾습니다.

dup2()는
데이터 스트림을
복제합니다.

waitpid()를
호출하면
프로세스가 끝날
때까지 기다립니다.

pipe()는 파이프를
생성합니다.

시그널은
운영체제가
보내는
메시지입니다.

sigaction()을
사용하면 직접
시그널을 처리할
수 있습니다.

프로세스들은
파이프를 사용해
통신할 수
있습니다.

raise()를
사용하면 자신에게
시그널을 보낼 수
있습니다.

kill 명령은
시그널을
보냅니다.

alarm()은
지정한 시간 후에
SIGALRM을
보냅니다.

11 소켓과 네트워킹

127.0.0.1처럼
편안한 곳은 없어

다른 컴퓨터에 있는 프로그램과 이야기해야 합니다.

여러분은 입출력으로 파일과 대화하고 한 컴퓨터 안에 있는 프로세스들이 서로 통신하게 하는 방법을 배웠습니다. 이제 여러분은 전 세계로 뻗어나가려 합니다. **네트워크에 있는 그리고 전 세계에 있는 다른 프로그램과 통신**하는 C 프로그램을 작성하는 방법을 배울 겁니다. 이 장을 마치면 여러분은 **서버로 작동하는 프로그램**과 **클라이언트로 작동하는 프로그램**을 만들 수 있게 됩니다.

인터넷 노크노크 서버

인터넷에 있는 대부분의 저수준 네트워킹 코드는 C로 작성되었습니다.
네트워크로 연결되는 애플리케이션은 **서버**와 **클라이언트**, 두 프로그램이
필요합니다.

여러분은 인터넷을 통해 농담을 얘기해주는 서버 프로그램을 C로 작성할
겁니다. 컴퓨터에서 서버 프로그램은 아래와 같이 실행합니다.

```
File Edit Window Help KnockKnock
> ./ikkp_server
연결을 기다립니다.
```

조심하세요!

**이 장에서는 서버 코드를
테스트하기 위해 telnet
프로그램을 많이
사용합니다.**

윈도우에 내장된 텔넷 프로그램을 사용하면
네트워크 통신 방법 때문에 문제가 있을
수 있습니다. 그러나 시그원이 설치한 텔넷
프로그램은 문제가 없습니다.

서버는 화면에 실행 중이라는 메시지만 출력할 뿐입니다. 터미널 하나를 새로
열어 **텔넷**(telnet)이라는 클라이언트 프로그램으로 이 서버에 접속해봅시다.
텔넷은 인자로 서버의 IP 주소와 서버가 실행되는 포트 번호를 받습니다.
서버가 실행 중인 컴퓨터에서 텔넷을 실행한다면 IP 주소로 **127.0.0.1**을
사용할 수 있습니다.

30000은 네트워크 포트 번호입니다.

서버와 같은 컴퓨터에서 실행한다면
127.0.0.1을 사용하세요.

서버가 응답했습니다.

여러분의 응답을 입력하세요.

```
File Edit Window Help Who'sThere?
> telnet 127.0.0.1 30000
Trying 127.0.0.1...
Connected to localhost.
Escape character is '^]'.
인터넷 노크노크 프로토콜 서버
버전 1.0
Knock! Knock!
Who's there?
Oscar
Oscar who?
Oscar silly question, you get a silly answer
Connection closed by foreign host.
>
```

서버에 연결하려면 **텔넷** 프로그램을 사용해야
할 겁니다. 대부분의 컴퓨터에는 이미 텔넷이
설치되어 있습니다. 다음과 같이 명령행에서
telnet 명령을 입력해 확인해볼 수 있습니다.

직접 해보세요! ➤

telnet

텔넷이 설치되어 있지 않다면 다음과 같은
방법으로 설치할 수 있습니다.

시그원:

시그원 설치 프로그램(setup.exe)을 실행해
telnet을 추가하세요.

리눅스:

패키지 관리자에서 telnet을 검색하세요.
대부분의 배포본에는 Synaptic이라는 패키지
관리자가 있을 겁니다.

맥:

맥포츠(www.macports.org)나 핑크(www.
finkproject.org)로 설치할 수 있습니다.

노크노크 서버 요약

서버는 동시에 여러 클라이언트와 통신할 수 있어야 합니다. 클라이언트와 서버는 **프로토콜**(protocol)이라는 구조화된 통신 방법을 사용합니다. 인터넷에서는 다양한 프로토콜이 사용됩니다. 이 중에 인터넷 프로토콜 (Internet Protocol, IP)과 같은 저수준 프로토콜은 인터넷으로 1과 0으로 된 이진값을 전송하는 방법을 정의합니다. 하이퍼텍스트 전송 프로토콜 (HyperText Transfer Protocol, HTTP)과 같은 고수준 프로토콜은 웹브라우저와 웹 서버가 통신하는 방법을 정의합니다. 농담 서버는 우리가 정의한 인터넷 노크노크 프로토콜(Internet Knock-Knock Protocol, IKKP)이라는 고수준 프로토콜을 사용합니다.

프로토콜은 구조화된 통신입니다.

서버

텔넷 클라이언트

텔넷 클라이언트

텔넷 클라이언트

← 클라이언트와 서버는 프로토콜이라는 구조화된 통신 규약을 따릅니다.

서버는 한꺼번에 여러 클라이언트와 통신합니다.

클라이언트와 서버는 다음과 같이 메시지를 교환합니다.

서버:	클라이언트:
Knock knock!	
	Who's there?
Oscar.	
	Oscar who?
Oscar silly question, you get a silly answer.	

프로토콜에 따르면 여러분은 "Who's there?"이라고 응답해야 합니다. 안 그러면 저는 당장 대화를 종료할 겁니다.

우리의 서버, 오스카 (Oscar)입니다.

프로토콜은 언제나 엄격한 규약을 갖습니다. 클라이언트와 서버가 모두 이 규칙에 따르면 문제는 없습니다. 그러나 둘 중 하나가 규약을 깨뜨리면 대화는 갑작스럽게 끝나버립니다.

BLAB: 서버가 인터넷에 얘기하는 방법

C 프로그램이 외부에 얘기하려면 바이트들을 읽고 쓰는 **데이터 스트림**을
사용해야 합니다. 여러분은 파일이나 표준 입출력에 연결된 데이터 스트림을
사용해왔습니다. 그러나 네트워크에 얘기하는 프로그램을 짜려면 **소켓**
(Socket)이라는 새로운 형태의 데이터 스트림이 필요합니다.

```
#include <sys/socket.h>
...
int listener_d = socket(PF_INET, SOCK_STREAM, 0);
if (listener_d == -1)
    error("소켓을 열 수 없습니다");
```

이 헤더 파일이 필요합니다.

listener_d는 소켓에 대한 디스크립터입니다.

인터넷 소켓을 말합니다.

프로토콜 번호입니다. 여기에선 0으로 놔둬도 됩니다.

10장에서 만든 error() 함수입니다.

소켓을 이용해 서버와 클라이언트 프로그램 간에 대화를 하려면
네 단계를 거쳐야 합니다. 이 단계는 간단히 **BLAB(Bind, Listen,
Accept, Begin)**이라는 약자로 기억하면 됩니다(기억하기 쉽게
'블랍'이라고 읽으세요).

B(ind): 포트에 바인딩

L(isten): 듣기

A(ccept): 접수

B(egin): 대화 시작

1. 포트에 바인딩

컴퓨터는 한 번에 여러 서버 프로그램을 실행할 수 있습니다. 웹
페이지를 보내거나, 이메일을 보내거나, 채팅 서버를 한꺼번에
실행할 수 있습니다. 서로 대화가 섞이지 않도록 각 서버는 각기
다른 **포트**를 사용합니다. 포트는 TV의 채널과 똑같습니다. 다른
방송을 보려면 다른 채널로 돌리 듯이 다른 서비스를 사용하려면
다른 포트를 사용해야 합니다.

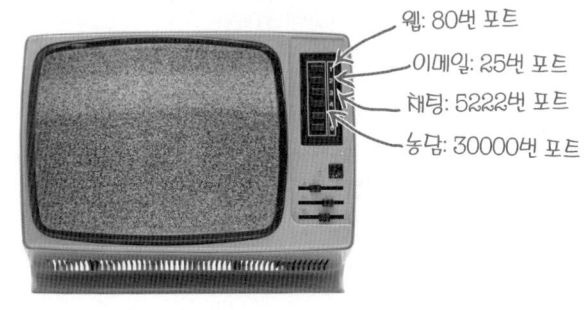

웹: 80번 포트
이메일: 25번 포트
채팅: 5222번 포트
농담: 30000번 포트

시작할 때 서버 프로그램은 운영체제에 어떤 포트를 사용할지
알려줘야 합니다. 이 과정을 '**포트에 바인딩한다**'고 합니다.
노크노크 서버는 30000번 포트를 사용할 겁니다. 바인딩하기
위해서는 **소켓 디스크립터**와 소켓 이름이 필요합니다. 소켓 이름은
구조체로서 '인터넷 30000번 포트'를 의미합니다.

인터넷 주소를 만들려면 이 헤더 파일이 필요합니다.

```
#include <arpa/inet.h>
...
struct sockaddr_in name;
name.sin_family = PF_INET;
name.sin_port = (in_port_t)htons(30000);
name.sin_addr.s_addr = htonl(INADDR_ANY);
int c = bind (listener_d, (struct sockaddr *) &name, sizeof(name));
if (c == -1)
    error("소켓에 바인딩할 수 없습니다");
```

이 코드는 '인터넷 30000번 포트'를 의미하는 포트 이름을 만듭니다.

2. 듣기

서버의 인기가 좋아지면 한꺼번에 많은 클라이언트들이 연결할 겁니다.
클라이언트들이 줄서서 연결을 기다리게 하고 싶은가요? listen()
시스템 API를 호출하면 줄(Queue, 큐)의 길이를 운영체제에 알려줄 수
있습니다.

> 길이가 10인 큐를 사용합니다.

```
if (listen(listener_d, 10) == -1)
    error("들을 수 없습니다.");
```

큐의 길이를 10으로 listen() 함수를 호출하면 10개의 클라이언트가
한꺼번에 서버에 접속할 수 있다고 알려줍니다. 한꺼번에 응답하지는
못하더라도 클라이언트가 기다릴 수 있습니다. 11번째 클라이언트부터는
서버가 너무 바쁘다는 응답을 받게 됩니다.

처음 10개의 클라이언트만
기다릴 수 있습니다.

11번째와 12번째는
서버가 너무 바쁘다는
응답을 받게 됩니다.

3. 접수

일단 포트에 바인딩하고 듣기 큐를 설정한 후에는 그저... 기다리면
됩니다. 서버는 클라이언트가 연결해올 때까지 기다리는 데 대부분의
시간을 보냅니다. accept() 시스템 API를 호출하면 클라이언트가 서버에
접속할 때까지 기다리고, 클라이언트가 접속하면 대화하기 위해 사용할 수
있는 **두 번째 소켓 디스크립터**를 반환합니다.

> client_addr은 방금 연결한 클라이언트에
> 대한 상세 정보를 저장합니다.

```
struct sockaddr_storage client_addr;
unsigned int address_size = sizeof(client_addr);
int connect_d = accept(listener_d, (struct sockaddr *)&client_addr, &address_size);
if (connect_d == -1)
    error("두 번째 소켓을 열 수 없습니다");
```

새로 만들어진 **연결 디스크립터**(connect_d)는 서버가 실제
대화하기 위해 사용할 소켓 디스크립터입니다.

대화를 시작하세요.

브레인 바벨

accept() 시스템 API를 호출하면 새로 만든 소켓의
디스크립터를 반환하는 이유는 무엇일까요? 왜 서버가
포트에 바인딩한 소켓을 사용하지 않는 걸까요?

소켓은 평범한 데이터 스트림이 아닙니다

지금까지의 데이터 스트림은 모두 같았습니다. 파일이든 표준
입출력이든 일단 연결되면 fprintf()나 fscanf()와 같은 함수를 사용해
스트림과 이야기할 수 있었습니다. 그러나 소켓은 약간 다릅니다.
소켓은 양방향입니다. 소켓은 입력과 출력 모두를 위해 사용됩니다.
따라서 소켓에 얘기하려면 다른 함수가 필요합니다.

소켓에 데이터를 보내려면 fprintf()를 사용할 수 없고, 대신 **send()**
함수를 사용해야 합니다.

이 메시지를 네트워크로 전송할 겁니다.

```
char *msg = "인터넷 노크노크 프로토콜 서버\r\n버전 1.0\r\nKnock! Knock!\r\n> ";
if (send(connect_d, msg, strlen(msg), 0) == -1)
    error("send");
```

소켓 디스크립터입니다.
메시지와 메시지의 길이입니다.
마지막 인자는 고급 옵션을 위해 사용됩니다. 필요 없으면 0으로 놔두면 됩니다.

기억하세요. send()와 같은 시스템 API를 호출하면 언제나 반환값을
검사해야 합니다. 네트워크 에러는 흔히 발생하므로 서버가 꼭 이
문제를 처리해야 합니다.

아이디어 탐구

어느 포트를 사용해야 하나요?

서버 애플리케이션이 사용할 포트 번호를 선택할 때 조심해야 합니다. 수많은 서버를 사용할 수 있으므로
다른 서버 프로그램이 일반적으로 사용하는 포트 번호를 사용하면 안 됩니다. 시그윈과 대부분의 유닉스
계열 컴퓨터에서는 널리 사용되는 서버들이 사용하는 포트의 번호를 나열한 /etc/services라는 파일을 갖고
있습니다. 포트를 선택할 때 다른 애플리케이션이 사용하는 번호를 사용하지 않게 주의하세요.

포트 번호는 0부터 65535까지의 숫자입니다. 그리고 1024보다 작은 낮은 번호를 사용할지 높은 번호를
사용할지 결정해야 합니다. 대부분의 컴퓨터에서 1024보다 작은 번호의 포트는 관리자 권한을 가진 서버
프로그램만 사용합니다. 낮은 포트 번호는 웹 서버나 이메일 서버와 같이 널리 알려진 서버들이 사용하도록
예약되어 있기 때문입니다. 운영체제는 이 포트들을 관리자만 사용할 수 있게 제한하여 원치 않는 서비스를
일반 사용자가 실행하지 못하게 합니다.

대부분의 경우 여러분은 1024보다 큰 포트 번호를 사용하게 됩니다.

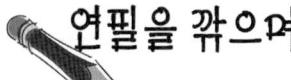

연필을 깎으며

다음 서버는 연결하는 모든 클라이언트에 임의로 조언을 해줍니다. 그런데 코드가 아직 완성되지 않았네요. 여러분은 빠져 있는 시스템 호출 코드를 채워야 합니다. 그리고 이 코드는 조언 메시지 하나만 보내고 종료합니다. 코드의 일부는 루프에 들어가야 하는데, 어느 부분일까요?

공간을 절약하기 위해 인클루드 부분을 생략했습니다.

```c
int main(int argc, char *argv[])
{
  char *advice[] = {
    "조금만 드세요.\r\n",
    "꽉 끼는 청바지를 입으세요. 뚱뚱해 보이지는 않을 겁니다.\r\n",
    "한 마디만 하겠습니다. 옳지 않아요.\r\n",
    "오늘만이라도 솔직해지세요. 직장 상사에게 '진정' 생각하고 있는 걸 말하세요.\r\n",
    "그 머리 모양은 아니지 싶습니다.\r\n"

  };
  int listener_d = ....................(PF_INET, SOCK_STREAM, 0);

  struct sockaddr_in name;
  name.sin_family = PF_INET;
  name.sin_port = (in_port_t)htons(30000);
  name.sin_addr.s_addr = htonl(INADDR_ANY);
  ....................(listener_d, (struct sockaddr *) &name, sizeof(name));

  ....................(listener_d, 10);
  puts("연결을 기다립니다");

  struct sockaddr_storage client_addr;
  unsigned int address_size = sizeof(client_addr);
  int connect_d = ................(listener_d, (struct sockaddr *)&client_addr, &address_size);
  char *msg = advice[rand() % 5];

  ....................(connect_d, msg, strlen(msg), 0);
  close(connect_d);

  return 0;
}
```

그리고 빠져 있는 #include 문장을 추가해 프로그램을 컴파일할 수 있게 하면 추가 점수를 드립니다. 어떤 헤더 파일을 추가해야 할까요? **힌트: 호출한 시스템 API를 살펴보세요.**

프로그래머가 ....하는 것을 깜빡했네요.

연필을 깎으며 정답

다음 서버는 연결하는 모든 클라이언트에 임의로 조언을 해줍니다. 그런데 코드가 아직 완성되지 않았네요. 여러분은 빠져 있는 시스템 호출 코드를 채워야 했습니다. 그리고 이 코드는 조언 메시지 하나만 보내고 종료합니다. 코드의 일부는 루프에 들어가야 하는데, 어느 부분일까요?

```c
int main(int argc, char *argv[])
{
  char *advice[] = {
    "조금만 드세요.\r\n",
    "꽉 끼는 청바지를 입으세요. 뚱뚱해 보이지는 않을 겁니다.\r\n",
    "한 마디만 하겠습니다. 옳지 않아요.\r\n",
    "오늘만이라도 솔직해지세요. 직장 상사에게 '진정' 생각하고 있는 걸 말하세요.\r\n",
    "그 머리 모양은 아니지 싶습니다.\r\n"
  };
  int listener_d = socket (PF_INET, SOCK_STREAM, 0);  ← 소켓을 만듭니다.

  struct sockaddr_in name;
  name.sin_family = PF_INET;
  name.sin_port = (in_port_t)htons(30000);
  name.sin_addr.s_addr = htonl(INADDR_ANY);
  bind (listener_d, (struct sockaddr *) &name, sizeof(name));
```
소켓을 포트 30000에 바인딩합니다.

```c
  listen (listener_d, 10);  ← 듣기 큐의 길이를 10으로 설정합니다.
  puts("연결을 기다립니다");
  while (1) {  ← 접수하고 대화하는 부분을 루프 안에 넣어야 합니다.
    struct sockaddr_storage client_addr;
    unsigned int address_size = sizeof(client_addr);
    int connect_d = accept (listener_d, (struct sockaddr *)&client_addr, &address_size);
    char *msg = advice[rand() % 5];  ← 클라이언트 연결을 접수합니다.

    send (connect_d, msg, strlen(msg), 0);
    close(connect_d);  ← 클라이언트에 대화하기 시작합니다.
  }
  return 0;
}
```

그리고 빠져 있는 #include 문장을 추가해 프로그램을 컴파일할 수 있게 하면 추가 점수를 드립니다. 어떤 헤더 파일을 추가해야 할까요? **힌트: 호출한 시스템 API를 살펴보세요.**

socket(), bind(), listen(), accept()가 -1을 반환하지 않는지 꼭 검사해야 합니다.

프로그래머가 .... **에러 검사** .... 하는 것을 깜빡했네요.

시험 주행

조언하는 서버를 컴파일하고 실행해보겠습니다.

```
File Edit Window Help I'mTheServer
> gcc advice_server.c -o advice_server
> ./advice_server
연결을 기다립니다
```

그리고 서버가 실행되는 동안 터미널을 하나 더 열어 텔넷 프로그램으로 두 번 연결합니다.

```
File Edit Window Help I'mTelnet
> telnet 127.0.0.1 30000
Trying 127.0.0.1...
Connected to localhost.
Escape character is '^]'.
오늘만이라도 솔직해지세요. 직장 상사에게 '진정' 생각하고 있는 걸 말하세요.
Connection closed by foreign host.
> telnet 127.0.0.1 30000
Trying 127.0.0.1...
Connected to localhost.
Escape character is '^]'.
조금만 드세요
Connection closed by foreign host.
>
```

멋집니다. 서버가 제대로 작동하네요. 여기서는 서버와 클라이언트가
같은 컴퓨터이므로 127.0.0.1을 IP 주소로 사용했습니다. 그러나 인터넷
어디에서든 서버에 접속해도 응답은 똑같습니다.

제대로 작동한다고
했나요? 흐음...
제 생각엔 문제가 좀
있는데요...

때로는 서버가 제대로 시작되지 않습니다

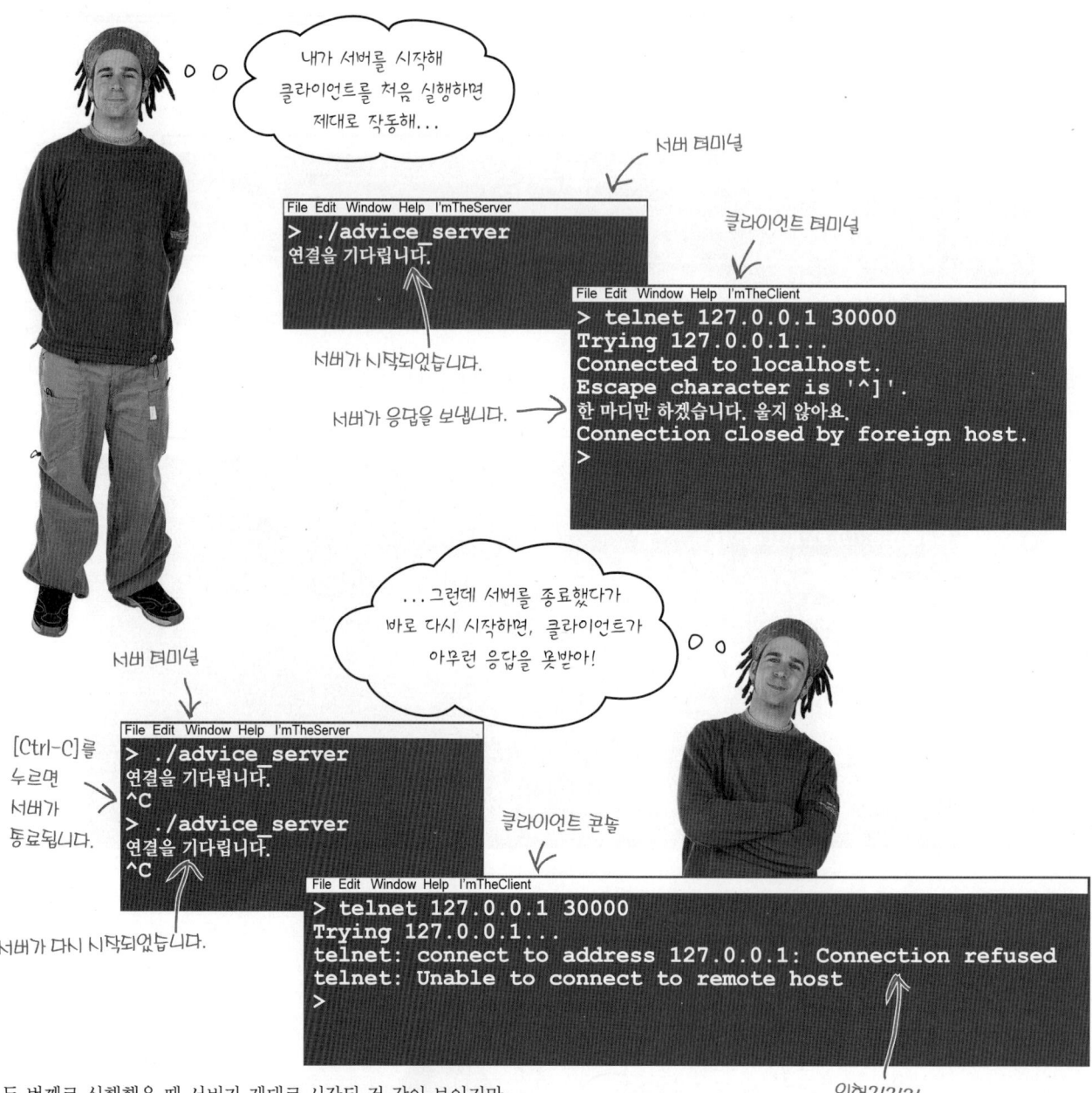

내가 서버를 시작해 클라이언트를 처음 실행하면 제대로 작동해...

서버 터미널

클라이언트 터미널

```
File Edit Window Help I'mTheServer
> ./advice_server
연결을 기다립니다.
```

서버가 시작되었습니다.

서버가 응답을 보냅니다.

```
File Edit Window Help I'mTheClient
> telnet 127.0.0.1 30000
Trying 127.0.0.1...
Connected to localhost.
Escape character is '^]'.
한 마디만 하겠습니다. 울지 않아요.
Connection closed by foreign host.
>
```

...그런데 서버를 종료했다가 바로 다시 시작하면, 클라이언트가 아무런 응답을 못받아!

서버 터미널

[Ctrl-C]를 누르면 서버가 종료됩니다.

```
File Edit Window Help I'mTheServer
> ./advice_server
연결을 기다립니다.
^C
> ./advice_server
연결을 기다립니다.
^C
```

서버가 다시 시작되었습니다.

클라이언트 콘솔

```
File Edit Window Help I'mTheClient
> telnet 127.0.0.1 30000
Trying 127.0.0.1...
telnet: connect to address 127.0.0.1: Connection refused
telnet: Unable to connect to remote host
>
```

일현?!?!?!

한결같을 일(壹), 높을 현(軒). 한결같이 높다는 뜻????

두 번째로 실행했을 때 서버가 제대로 시작된 것 같이 보이지만, 클라이언트는 아무런 응답을 받지 못합니다. 왜 그럴까요?

코드를 짤 때 **아무런 에러도 검사하지 않았다**는 사실을 기억하나요? 프로그램에 에러 검사하는 코드를 추가하고 무슨 일이 생겼는지 알아보겠습니다.

늘 에러를 검사하라고 잔소리하는 이유

다음과 같이 소켓을 포트에 바인딩하는 코드에 에러 검사 코드를 추가합니다.

이 코드를...

... 이 코드로

~~bind (listener_d, (struct sockaddr *) &name, sizeof (name));~~

```
if (bind (listener_d, (struct sockaddr *) &name, sizeof(name)) == -1)
    error("포트에 바인딩할 수 없습니다");
```

이 코드는 여러분이 앞에서 만든 error() 함수를 호출합니다.
이 함수는 에러 원인을 출력하고 프로그램을 종료시킵니다.

그리고 서버를 종료한 후에 빠르게 다시 실행하면 서버가 약간 더 자세한
정보를 출력합니다.

바인딩에 실패했네요!

```
File Edit Window Help I'mTheServer
> ./advice_server
연결을 기다립니다.
^C
> ./advice_server
포트에 바인딩할 수 없습니다: Address already in use
>
```

서버가 클라이언트에 응답한 후에 종료하고 다시 실행하면, 바인딩할
때 에러가 발생합니다. 그런데 원래 버전의 프로그램이 전혀 에러를
검사하지 않았기 때문에 서버 포트를 사용할 수 없음에도 불구하고
바인딩된 것처럼 그 뒤의 서버 코드가 실행되었던 겁니다.

바인딩했던 포트는 쉽게 제거되지 않습니다

운영체제는 바인딩했던 포트가 해제되어도 30초 정도의 시간 동안은 그
포트에 다시 바인딩하지 못하게 합니다. 원래 포트를 열었던 프로그램도
30초 안에는 다시 바인딩할 수 없습니다. 이 문제를 해결하려면
바인딩하기 전에 소켓 옵션을 설정해야 합니다.

시스템 API를 호출할 때는
<u>언제나</u> 에러를 검사하세요.

옵션을 저장하려면 int형 변수가 필요합니다. 1로 설정하면
'포트를 재사용하겠다'는 의미입니다.

```
int reuse = 1;
if (setsockopt(listener_d, SOL_SOCKET, SO_REUSEADDR, (char *)&reuse, sizeof(int)) == -1)
    error("소켓에 재사용 옵션을 설정할 수 없습니다");
```

포트를 재사용할 수 있게 합니다.

이 코드는 바인딩했던 **포트를 소켓이 재사용할 수 있게** 합니다. 따라서
서버를 종료하고 다시 실행했을 때 그 포트를 다시 바인딩해도 아무런
에러가 생기지 않습니다.

클라이언트가 보내는 데이터 읽기

여러분은 클라이언트에 데이터를 보내는 방법을 배웠습니다. 그런데 클라이언트가
보낸 데이터는 어떻게 읽을까요? 소켓이 데이터를 전송하는 별도의 send() 함수를
제공했듯이 데이터를 읽을 때는 **recv()** 함수를 제공합니다.

<읽은 바이트> = **recv**(<디스크립터>, <버퍼>, <읽을 바이트>, 0);

만약 클라이언트가 문장을 입력하고 [Return]을 누르면 recv() 함수는 다음과 같이
문장을 문자의 배열에 저장합니다.

| W | h | o | ' | s | | t | h | e | r | e | ? | \r | \n |

← recv()는 14를 반환합니다. 클라이언트가 보낸 글자가 14자이기 때문입니다.

몇 가지 기억할 사항이 있습니다.

⭐ 문자열이 \0으로 끝나지 않습니다.

⭐ 텔넷에서 문장을 입력하면 문자열은 언제나 \r\n으로 끝납니다.

⭐ **recv()**는 읽은 문자의 개수를 반환하거나 에러가 발생했을 때 -1, 클라이언트가 연결을
닫을 때 0을 반환합니다.

⭐ **recv()**를 한 번 호출해서는 입력한 문자들을 모두 전송받는다고 보장할 수 없습니다.

마지막 사항이 중요합니다. 한 번에 모든 데이터를 읽지 못할 수 있기 때문에 recv()를
한 번 이상 호출해야 합니다.

| W | h | o | ' | | | s | | t | | h | e | r | e | ? | \r | \n |

← 이 문자들을 모두 받으려면 recv()를 여러 번 호출해야 할 수도 있습니다.

따라서 recv()를 사용하기 까다로울 수 있습니다. recv()를 다른 함수 안에 넣어
주어진 배열에 \0로 끝나는 문자열을 저장하게 하는 편이 좋을 겁니다.
다음 함수를 참조하세요.

```
int read_in(int socket, char *buf, int len)     ← 이 코드는 \n을 읽을 때까지 문자들을
{                                                   모두 읽습니다.
  char *s = buf;
  int slen = len;
  int c = recv(socket, s, slen, 0);      ← 문자가 더 이상 없거나 \n을 읽을 때까지 계속 읽습니다.
  while ((c > 0) && (s[c-1] != '\n')) {
    s += c; slen -= c;
    c = recv(socket, s, slen, 0);
  }
  if (c < 0)          ← 만약 에러가 발생하면
    return c;
  else if (c == 0)
    buf[0] = '\0';    ← 읽을 게 없으므로 빈 문자열을 반환합니다.
  else
    s[c-1]='\0';      ← 마지막 문자를 \0으로 바꿉니다.
  return len - slen;
}
```

코스를 벗어나보세요

왼쪽 코드는 recv()를 간단히 사용할 수 있는 방법 중 하나일 뿐입니다. 여러분이 더 잘할 수 있다면 직접 read_in()을 만들어보세요.

미리 준비한
코드

여기에 서버를 프로그래밍할 때 유용한 몇 가지 함수를 정의했습니다. 각
함수가 어떻게 작동하는지 이해가 되나요?

← 여러분은 이미 이 책에서 이 함수를
아주 많이 사용해왔습니다.

```c
void error(char *msg)                    ← 에러를 출력합니다...
{
    fprintf(stderr, "%s: %s\n", msg, strerror(errno));
    exit(1); ←  ...그리고 프로그램을 종료합니다.
}
```

← 프로그램이 계속 실행해야 된다면 이 함수를
호출하지 마세요.

인터넷 스트림 소켓을 만듭니다. →

```c
int open_listener_socket()
{
    int s = socket(PF_INET, SOCK_STREAM, 0);
    if (s == -1)
        error("소켓을 열 수 없습니다");

    return s;
}
```

네, 서버를 다시 실행할 때 아무런 문제가
없도록 소켓 재사용 옵션을 설정합니다.

```c
void bind_to_port(int socket, int port)
{
    struct sockaddr_in name;          name은 인터넷 30000번 포트를 사용합니다.
    name.sin_family = PF_INET;
    name.sin_port = (in_port_t)htons(port);
    name.sin_addr.s_addr = htonl(INADDR_ANY);
    int reuse = 1;
    if (setsockopt(socket, SOL_SOCKET, SO_REUSEADDR, (char *)&reuse, sizeof(int)) == -1)
        error("소켓에 재사용 옵션을 설정할 수 없습니다.");
    int c = bind (socket, (struct sockaddr *) &name, sizeof(name));   ←  30000번 포트에
    if (c == -1)                                                         바인딩합니다.
        error("소켓에 바인딩할 수 없습니다.");
}
```

```c
int say(int socket, char *s)  ←  클라이언트에 문자열을 보냅니다.
{
    int result = send(socket, s, strlen(s), 0);
    if (result == -1)
        fprintf(stderr, "%s: %s\n", "클라이언트에 메시지를 보낼 수 없습니다.", strerror(errno));
    return result;
}
```

문제가 생기더라도 error()를 호출하지 마세요.
클라이언트 하나와 문제가 생겼다고 서버를 종료하고
싶진 않을 겁니다.

이제 여러 서버 함수를 갖추었으니 이 함수들을 사용해보겠습니다...

긴 연습문제

이제 **인터넷 노크노크 서버**의 코드를 작성할 때가 되었습니다. 여러분은 여태까지 해온 것보다 약간 더 긴 코드를 작성해야 하지만, 앞 페이지에 있는 코드를 활용하면 코딩양을 최소화할 수 있습니다. 프로그램은 다음과 같이 시작됩니다.

```c
#include <stdio.h>
#include <string.h>
#include <errno.h>
#include <stdlib.h>
#include <sys/socket.h>
#include <arpa/inet.h>
#include <unistd.h>
#include <signal.h>
```

← 앞 페이지에 있는 미리 준비한 코드와 그 앞 페이지의 read_in() 함수,
10장에서 구현한 catch_signal() 함수가 여기에 들어갑니다.

이 변수는 서버
포트에 바인딩할
소켓을 저장합니다.

```c
int listener_d;

void handle_shutdown(int sig)
{
  if (listener_d)
    close(listener_d);

  fprintf(stderr, "안녕!\n");
  exit(0);
}
```

← 서버가 실행하고 있을 때 [Ctrl-C]를 누르면
이 함수가 소켓을 닫고 프로그램을 종료하게 합니다.

이제 여러분이 main() 함수를 작성할 차례입니다. 서버 소켓을 만들어 listener_d 변수에 저장하세요. 서버 소켓은 30000번 포트에 바인딩될 겁니다. 듣기 큐의 길이는 10으로 설정하세요. 여기까지 완료한 후에 여러분은 다음과 같이 작동하는 코드를 만들어야 합니다.

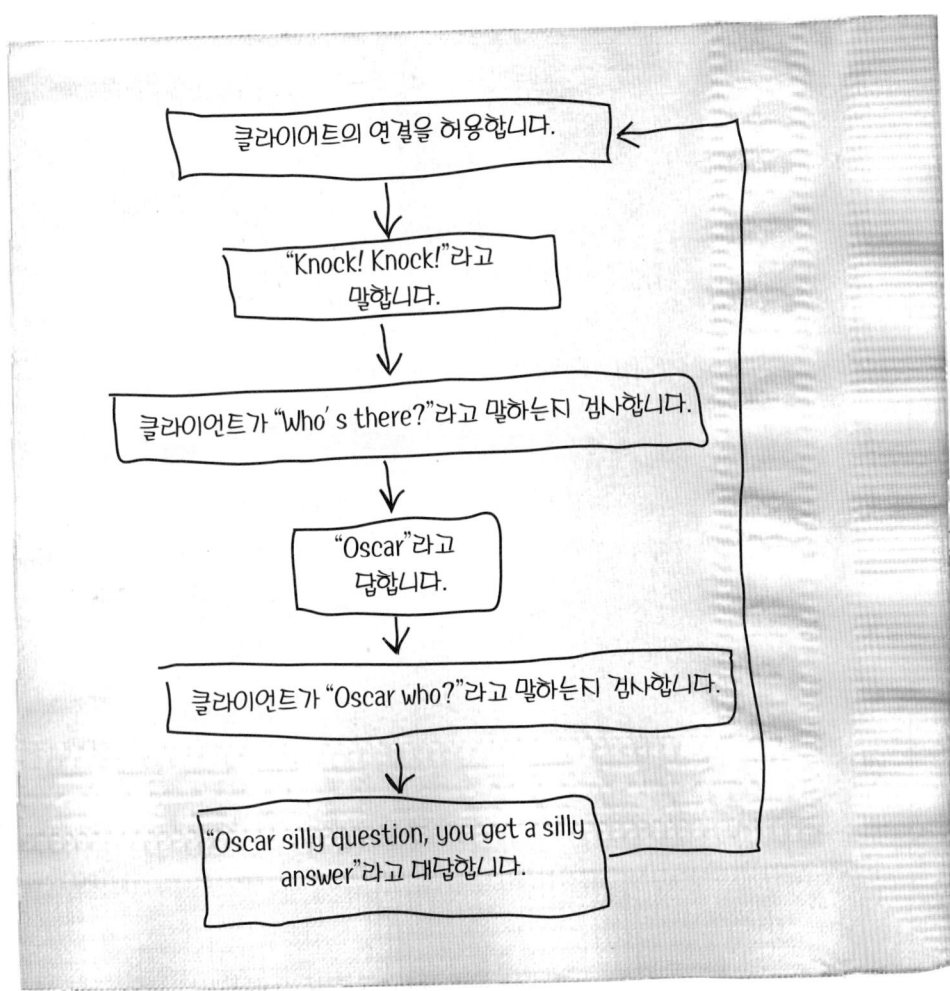

에러 코드를 검사하세요. 그리고 사용자가 잘못된 대답을 하면, 그저 에러 메시지를 보내고, 연결을 닫고, 또 다른 클라이언트가 접속할 때까지 기다리면 됩니다.

행운을 빕니다!

긴 연습문제 정답

이제 **인터넷 노크노크 서버**의 코드를 작성할 때가 되었습니다. 여러분은 여태까지 해온 것보다 약간 더 긴 코드를 작성해야 했지만, 앞 페이지에 있는 코드를 활용하여 코딩양을 최소화할 수 있었습니다. 프로그램은 다음과 같이 시작했습니다.

```c
#include <stdio.h>
#include <string.h>
#include <errno.h>
#include <stdlib.h>
#include <sys/socket.h>
#include <arpa/inet.h>
#include <unistd.h>
#include <signal.h>
```

← 미리 준비한 코드와 그 앞 페이지의 read_in() 함수, 10장에서 구현한 catch_signal() 함수가 여기에 들어갑니다.

이 변수는 서버 포트에 바인딩할 소켓을 저장합니다. →

```c
int listener_d;

void handle_shutdown(int sig)
{
  if (listener_d)
    close(listener_d);

  fprintf(stderr, "안녕!\n");
  exit(0);
}
```

↖ 서버가 실행하고 있을 때 [Ctrl-C]를 누르면 이 함수가 소켓을 닫고 프로그램을 종료하게 합니다.

여러분은 다음과 같은 코드를 작성해야 했습니다. 여러분의 코드와 비슷한가요? 아래 코드와 완전히 똑같지 않아도 문제는 없습니다. 여러분의 코드가 제대로 농담을 얘기하고 에러를 처리할 수만 있으면 됩니다.

```c
int main(int argc, char *argv[])          // 사용자가 [Ctrl-C]를 누르면 handle_shutdown() 함수를
{                                          //   호출하게 합니다.
  if (catch_signal(SIGINT, handle_shutdown) == -1)
    error("인터럽트 처리기를 설정할 수 없습니다");
  listener_d = open_listener_socket();
  bind_to_port(listener_d, 30000);        // 30000번 포트에 소켓을 만듭니다.
  if (listen(listener_d, 10) == -1)       // 듣기 큐의 길이를 10으로 설정합니다.
    error("들을 수 없습니다");
  struct sockaddr_storage client_addr;
  unsigned int address_size = sizeof(client_addr);
  puts("연결을 기다립니다");
  char buf[255];
  while (1) {                             // 연결이 들어오면 접수합니다.
    int connect_d = accept(listener_d, (struct sockaddr *)&client_addr, &address_size);
    if (connect_d == -1)
      error("두 번째 소켓을 열 수 없습니다");          // 클라이언트에 데이터를 전송합니다.
    if (say(connect_d,
        "인터넷 노크노크 프로토콜 서버\r\n버전 1.0\r\nKnock Knock\r\n>") != -1) {
      read_in(connect_d, buf, sizeof(buf));      // 클라이언트가 보낸 데이터를 읽습니다.
      if (strncasecmp("Who's there?", buf, 12))
        say(connect_d, "'Who's there?'라고 질문했어야 합니다!");   // 사용자의 답을 검사합니다.
      else {
        if (say(connect_d, "Oscar\r\n> ") != -1) {
          read_in(connect_d, buf, sizeof(buf));
          if (strncasecmp("Oscar who?", buf, 10))
            say(connect_d, "'Oscar who?'라고 질문했어야 합니다!\r\n");
          else
            say(connect_d, "Oscar silly question, you get a silly answer\r\n");
        }
      }
    }
    close(connect_d);      // 대화에 사용한 두 번째 소켓을 닫습니다.
  }
  return 0;
}
```

시험 주행

이제 여러분이 노크노크 서버를 작성했으니, 컴파일하고
실행할 때가 되었네요.

서버 터미널 →

```
File Edit Window Help I'mTheServer
> gcc ikkp_server.c -o ikkp_server
> ./ikkp_server
연결을 기다립니다
```

서버가 연결을 기다립니다. 그러니 터미널을 새로
하나 열어 텔넷으로 서버에 연결하세요.

클라이언트 터미널 →

```
File Edit Window Help I'mTheClient
> telnet 127.0.0.1 30000
Trying 127.0.0.1...
Connected to localhost.
Escape character is '^]'.
인터넷 노크노크 프로토콜 서버
버전 1.0
Knock! Knock!
> Who's there?
Oscar
> Oscar who?
Oscar silly question, you get a silly answer
Connection closed by foreign host.
>
```

서버가 여러분에게
농담할 수 있지만,
프로토콜을 무시하고
잘못된 응답을 보내면
어떻게 되나요?

클라이언트 터미널 →

```
File Edit Window Help I'mTheClient
> telnet 127.0.0.1 30000
Trying 127.0.0.1...
Connected to localhost.
Escape character is '^]'.
인터넷 노크노크 프로토콜 서버
버전 1.0
Knock! Knock!
Who am I?
'Who's there?'라고 질문했어야 합니다! Connection closed by foreign host.
>
```

서버는 여러분이 보낸 데이터를 검증하고 데이터 연결을 바로
닫을 수 있습니다. 일단 서버를 다 실행했으면 서버 터미널로
이동해 [Ctrl-C]를 눌러 서버를 깔끔하게 종료할 수 있습니다.
여러분에게 작별 인사까지 하는군요.

서버 터미널 →

```
File Edit Window Help I'mTheServer
> gcc ikkp_server.c -o ikkp_server
> ./ikkp_server
연결을 기다립니다.
^안녕!
>
```

정말 훌륭합니다! 서버는 여러분이 해야 할 모든 일을 합니다.

그런데 정말 그럴까요?

서버는 한 번에 한 사람과만 대화할 수 있습니다

현재 구현된 서버에는 문제가 있습니다. 어떤 사람이 접속한 후에
응답하는 시간이 조금 많이 걸린다고 가정하겠습니다.

서버가 인터넷에서
실행되고 있어요.

```
File Edit Window Help I'mTheClient
> telnet knockknockster.com 30000
Trying knockknockster.com...
Connected to localhost.
Escape character is '^]'.
인터넷 노크노크 프로토콜 서버
버전 1.0
Knock! Knock!
> Who's there?
Oscar
>
```

아, 잠깐! 오스카! 아, 아는 이름이야...
오, 정말 재미있는데... 오스가... 오스카
누구더라? 앗! 그렇지... 아냐, 잠깐만...
말하지 말아봐...

그리고 다른 사람이 서버에 접속하려면,
그 사람은 접속할 수 없습니다. 아직 첫
번째 사람과 대화를 해야 하니까요.

```
File Edit Window Help I'mAnotherClient
> telnet knockknockster.com 30000
Trying knockknockster.com...
Connected to localhost.
Escape character is '^]'.
```

아, 이런! 서버에 접속할 수도 없고
[Ctrl-C]를 눌러도 텔넷을 빠져나올
수가 없네. 대체 어떻게 된 거야?

문제는 서버가 아직 첫 번째 사람과 이야기하느라 다른 일을 처리할 수
없다는 겁니다. 서버의 주 소켓은 서버가 accept( ) 시스템 API를 다시
호출할 때까지 두 번째 사용자를 계속 기다리게 합니다. 그러나 처음
접속한 사람 때문에 연결될 때까지는 시간이 조금 걸리겠네요.

 브레인 파워

> 첫 번째 사용자를 처리하느라 바빠서 서버가 두 번째 사용자에 대해 응답할 수 없네요.
> 여러분이 지금까지 배운 지식을 활용해 접속자 두 명 *모두 동시에* 처리할 수 있을까요?

클라이언트마다 프로세스를 포크하세요

클라이언트가 서버에 접속할 때 새로 만든 별도의 소켓으로 통신합니다.
그러면 서버의 주 소켓은 다른 클라이언트를 처리할 수 있죠. 이 방법대로
구현해보겠습니다.

클라이언트가 접속할 때 여러분은 서버와 클라이언트 간의 통신을
처리하는 별도의 자식 프로세스를 포크할 수 있습니다.

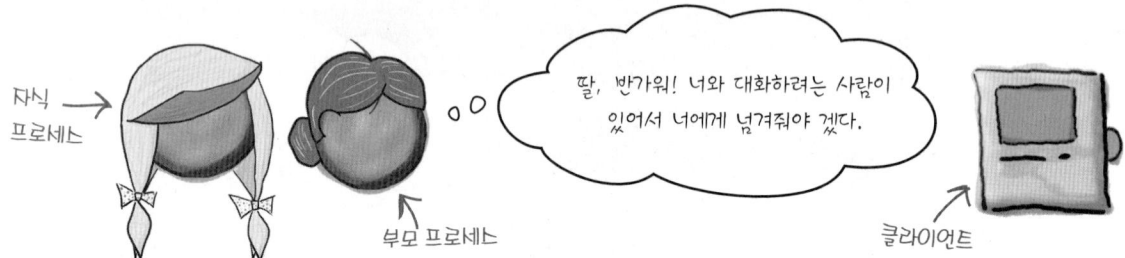

클라이언트가 자식 프로세스와 대화하는 동안 서버의 부모 프로세스는
다음 클라이언트와 연결할 수 있습니다.

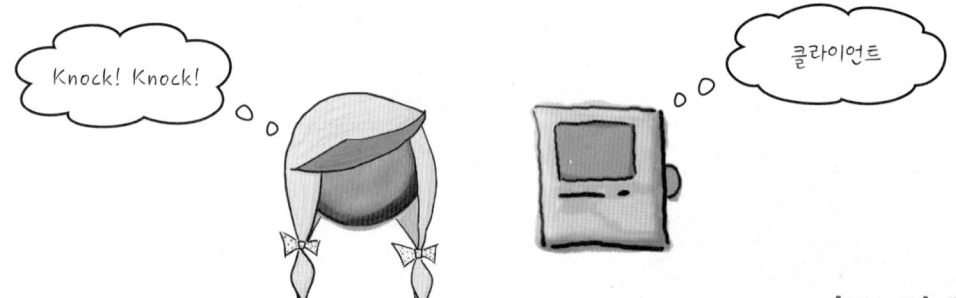

부모와 자식이 서로 다른 소켓을 사용합니다

명심할 것은 부모 서버 프로세스는 주 소켓만 사용하면 된다는 겁니다.
주 소켓은 새로운 연결을 받아들여 accept( )하기 위해 사용될 뿐이기
때문입니다. 한편 자식 프로세스는 accept( )를 호출해 만든 두 번째
소켓만 처리하면 됩니다. 따라서 부모가 자식을 포크한 후에 부모는 두
번째 만들어진 소켓을, 자식은 주 소켓을 닫을 수 있다는 겁니다.

자식을 포크한 후에
부모는 이 소켓을 → `close(connect_d);`
닫을 수 있습니다.

`close(listener_d);` ← 자식이 만들어진 후에
자식은 이 소켓을 닫을
수 있습니다.

바보 같은 질문이란 없습니다

**Q: 클라이언트마다 프로세스를 새로
만들면, 수백 개의 클라이언트가 접속하면
어떻게 되나요? 제 컴퓨터가 수백 개의
프로세스를 만드나요?**

**A: 수백 개를 만들게 됩니다. 서버에
수많은 클라이언트가 접속할 거라고
예상되면 생성할 프로세스의 개수를
제한해야 합니다. 자식은 클라이언트와의
대화가 끝났음을 알려줄 수 있고 부모는
실행되는 자식 프로세스의 개수를 파악할
수 있습니다.**

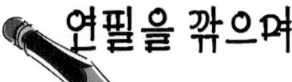 **연필을 깎으며**

클라이언트가 접속할 때마다 자식 프로세스를 포크하도록 서버 코드 버전를 아래와 같이 변경했습니다... 그런데 아직 완성되지는 않았네요. 여러분이 빠진 코드를 채워 넣을 수 있을까요?

```c
while (1) {
  int connect_d = accept(listener_d, (struct sockaddr *)&client_addr,
                         &address_size);
  if (connect_d == -1)
    error("두 번째 소켓을 열 수 없습니다");

  if (.......................) {
    close(.......................);
    if (say(connect_d,
            "인터넷 노크노크 프로토콜 서버\r\n버전 1.0\r\nKnock Knock!\r\n")
        != -1) {
      read_in(connect_d, buf, sizeof(buf));

      if (strncasecmp("Who's there?", buf, 12))
        say(connect_d, "'Who's there?'라고 질문했어야 합니다!");
      else {
        if (say(connect_d, "Oscar\r\n> ") != -1) {
          read_in(connect_d, buf, sizeof(buf));

          if (strncasecmp("Oscar who?", buf, 10))
            say(connect_d, "'Oscar who?'라고 질문했어야 합니다!\r\n");
          else
            say(connect_d, "Oscar silly question, you get a silly answer\r\n");
        }
      }
    }
    close(.......................);
    .......................   ← 대화가 끝나면 자식 프로세스는 무엇을 해야 하나요?
  }
  close(.......................);
}
```

연필을 깎으며 정답

클라이언트가 접속할 때마다 자식 프로세스를 포크하도록 서버 코드
버전을 아래와 같이 변경했습니다... 그런데 아직 완성되지는 않았었죠.
여러분은 빠진 코드를 채워 넣어야 했습니다.

```
while (1) {
  int connect_d = accept(listener_d, (struct sockaddr *)&client_addr,
                         &address_size);
  if (connect_d == -1)
    error("두 번째 소켓을 열 수 없습니다");
```

— 자식 프로세스를 생성합니다. 여러분도 알다시피 자식
프로세스에서는 fork() 함수가 0을 반환합니다.

```
  if ( !fork() ) {
    close( listener_d );
```

← 자식 프로세스에서는 두 소켓을 닫아야
합니다.

← 자식 프로세스는 클라이언트와 대화하는
connect_d 소켓만 필요합니다.

```
    if (say(connect_d,
            "인터넷 노크노크 프로토콜 서버\r\n버전 1.0\r\nKnock Knock!\r\n")
        != -1) {
      read_in(connect_d, buf, sizeof(buf));

      if (strncasecmp("Who's there?", buf, 12))
        say(connect_d, "'Who's there?'라고 질문했어야 합니다!");
      else {
        if (say(connect_d, "Oscar\r\n> ") != -1) {
          read_in(connect_d, buf, sizeof(buf));

          if (strncasecmp("Oscar who?", buf, 10))
            say(connect_d, "'Oscar who?'라고 질문했어야 합니다!\r\n");
          else
            say(connect_d, "Oscar silly question, you get a silly answer\r\n");
        }
```

대화가 끝나고 나면 자식 프로세스는
클라이언트와 연결된 소켓을 닫을 수 있습니다.

```
      }
    }
    close( connect_d );
    exit(0);
```

← 루프로 계속 실행되는 일이 발생하지 않도록 자식 프로세스는 대화를
끝낸 후에 종료해야 합니다.

```
  }
  close( connect_d );
}
```

시험 주행

수정된 버전을 실행해보겠습니다. 컴파일과 실행 방법은
이전과 똑같습니다.

서버 터미널

```
File Edit Window Help I'mTheServer
> gcc ikkp_server2.c -o ikkp_server2
> ./ikkp_server
연결을 기다립니다.
```

터미널을 하나 더 열어 이전에 했던 대로 텔넷을 사용해
서버에 접속하세요.

클라이언트 터미널

```
File Edit Window Help I'mTheClient
> telnet 127.0.0.1 30000
Trying 127.0.0.1...
Connected to localhost.
Escape character is '^]'.
인터넷 노크노크 프로토콜 서버
버전 1.0
Knock! Knock!
Who's there?
Oscar
>
```

모든 게 똑같아 보입니다. 그러나 이 클라이언트의 대화가
진행되는 걸 놔둔 채 무엇이 바뀌었는지 확인해볼 수
있습니다.

세 번째 터미널을 열면 서버 프로세스가 두 개임을 확인할 수 있습니다.
하나는 부모 다른 하나는 자식 프로세스입니다.

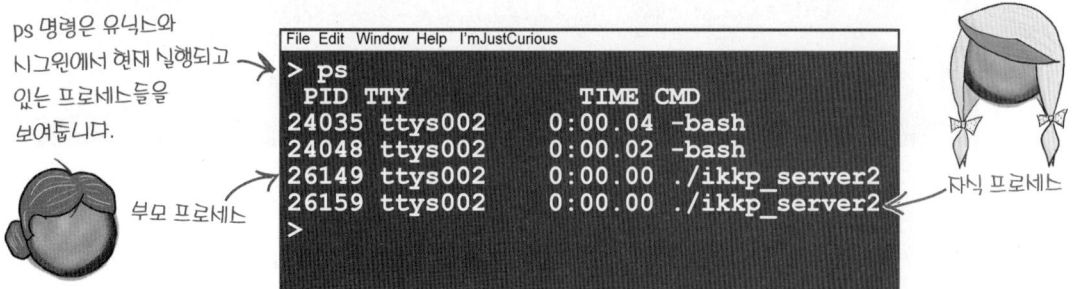

ps 명령은 유닉스와
시그윈에서 현재 실행되고
있는 프로세스들을
보여줍니다.

부모 프로세스

```
File Edit Window Help I'mJustCurious
> ps
  PID TTY           TIME CMD
24035 ttys002    0:00.04 -bash
24048 ttys002    0:00.02 -bash
26149 ttys002    0:00.00 ./ikkp_server2
26159 ttys002    0:00.00 ./ikkp_server2
>
```

자식 프로세스

따라서 첫 번째 클라이언트가 서버에 연결해 대화하고 있는
동안에도 새로 연결할 수 있다는 겁니다.

또 다른 터미널

```
File Edit Window Help I'mAnotherClient
> telnet 127.0.0.1 30000
Trying 127.0.0.1...
Connected to localhost.
Escape character is '^]'.
인터넷 노크노크 프로토콜 서버
버전 1.0
Knock! Knock!
>
```

**이제 인터넷 서버를 만들어봤으니, 웹에서 데이터를 읽는
프로그램을 만들어보면서 클라이언트를 만들기 위해 필요한
지식을 살펴보겠습니다.**

웹 클라이언트 만들기

클라이언트 프로그램을 직접 만들려면 어떻게 해야 할까요?
클라이언트는 서버와 많이 다를까요? 유사점과 차이점을 확인해보기
위해 하이퍼텍스트 전송 프로토콜(HyperText Transfer Protocol,
HTTP)을 사용하는 **웹 클라이언트**를 만들어보겠습니다.

HTTP는 여러분이 앞에서 만든 인터넷 노크노크 프로토콜과 상당히 비슷합니다.
모든 프로토콜은 구조화된 대화입니다. 웹 클라이언트와 서버가 대화할 때는
언제나 일정한 형태의 이야기만 합니다. 텔넷을 실행해 http://en.wikipedia.org/
wiki/O'Reilly_Media를 내려받는 방법을 알아보겠습니다.

직접 해보세요!

대부분의 웹 서버는 80번 포트에서 실행됩니다.

이 숫자는 위키피디아의 IP 주소입니다. 여러분이 실행할 때는 주소가 약간 다를 수 있습니다.

이 줄을 입력해야 합니다.

그리고 나서 [Return] 키를 누릅니다.

서버는 웹 페이지에 대한 추가 정보를 먼저 보여줍니다.

```
File Edit Window Help I'mJustCurious
> telnet en.wikipedia.org 80
Trying 91.198.174.225...
Connected to wikipedia-lb.esams.wikimedia.org.
Escape character is '^]'.
GET /wiki/O'Reilly_Media http/1.1 Host: en.wikipedia.org

HTTP/1.0 200 OK
Server: Apache
...
<!DOCTYPE html PUBLIC "-//W3C//DTD XHTML 1.0 Transitional//EN"
"http://www.w3.org/TR/xhtml1/DTD/xhtml1-transitional.dtd">
<html lang=en" dir="ltr" class"client-nojs"
xmlns="http://www.w3.org/1999/xhtml">
<head>
<title>O'Reilly Media - Wikipedia, the free encyclopedia</title>
...
```

URL에서 호스트 이름 다음에 나오는 경로명입니다.

HTTP/1.1 프로토콜에서는 사용하는 호스트 이름을 지정해야 합니다.

그리고 웹페이지에 대한 HTML이 옵니다.

여러분의 프로그램이 웹 서버에 연결할 때 최소한 세 가지 정보를
보내야 합니다.

사실 대부분의 웹 클라이언트는 훨씬 더 많은 정보를 보내지만, 여러분은 그저 최소한의 정보만 보낼 겁니다.

⭐ **GET 명령**
GET /wiki/O'Reilly_Media http/1.1

⭐ **호스트 이름**
Host: en.wikipedia.org

⭐ **빈 줄**

**그렇지만 서버에 어떤 정보를 보내기 전에 클라이언트에서 서버로
연결해야 합니다. 어떻게 연결할 수 있을까요?**

클라이언트의 책임

클라이언트와 서버는 소켓으로 통신합니다. 그러나 소켓을 만드는
방법은 서로 약간 다릅니다. 여러분은 이미 BLAB 절차를 사용하는
서버를 구현해봤습니다.

① Bind: 포트에 바인딩

② Listen: 듣기

③ Accept: 접수

④ Begin: 대화 시작

서버는 클라이언트가 연결할 때까지 기다리며 실행하는 대부분의
시간을 보냅니다. 클라이언트가 연결할 때까지 서버가 할 일은 사실
없습니다. 클라이언트는 다릅니다. 클라이언트는 언제든 서버와
통신하고 싶을 때 연결해 이야기합니다. **클라이언트**가 실행하는
절차는 다음과 같습니다.

① 원격 포트에 연결

② 대화 시작

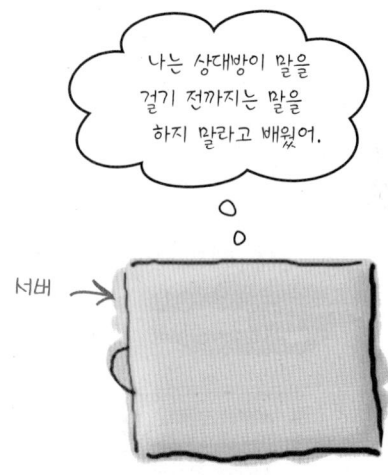

나는 상대방이 말을
걸기 전까지는 말을
하지 말라고 배웠어.

서버 →

원격 포트와 IP 주소

서버가 네트워크에 연결할 때는 어느 포트를 사용할지만 결정하면
됩니다. 그러나 클라이언트는 조금 더 많이 알아야 합니다. 원격
서버의 포트도 알아야 하지만, 서버의 **인터넷 프로토콜**(Internet
Protocol, IP) 주소도 알아야 합니다.

208.201.239.100 ← 네 자리 정수로 되어 있는 투소는 IP 버전 4 포맷입니다.
언젠가는 훨씬 더 긴 IP 버전 6 투소로 바뀔 겁니다.

인터넷 주소는 약간 기억하기 어렵습니다. 그래서 대부분 **도메인
이름**을 사용합니다. 도메인 이름은 다음과 같이 기억하기 쉬운 단어로
구성됩니다.

www.oreilly.com

사람이 숫자보다는 도메인 이름을 좋아하기는 하지만, 사실
네트워크로 전송되는 실제 정보는 숫자로 만들어진 IP 주소만을
사용합니다.

IP 주소에 대한 소켓 만들기

클라이언트가 서버의 주소와 포트를 알게 된 후에는 클라이언트 소켓을
만들 수 있습니다. **클라이언트 소켓**과 서버 소켓은 똑같은 방법으로
만듭니다.

```
int s = socket(PF_INET, SOCK_STREAM, 0);
```

공간을 아끼기 위해 이 코드에는 에러 검사하는 코드는
포함하지 않았습니다. 그러나 실제 코드에서는 언제나
에러를 검사해야 합니다.

소켓을 만든 후에 클라이언트와 서버는 하는 일이 다릅니다. 서버는
자신의 포트에 소켓을 **바인드**하지만, 클라이언트는 원격 포트에
연결합니다.

이 코드는
208.201.239.100
두노의 80번 포트에
연결할 소켓을
만듭니다.

```
struct sockaddr_in si;
memset(&si, 0, sizeof(si));
si.sin_family = PF_INET;
si.sin_addr.s_addr = inet_addr("208.201.239.100");
si.sin_port = htons(80);
connect(s, (struct sockaddr *) &si, sizeof(si));
```

이 코드는 소켓을
원격 포트에
연결합니다.

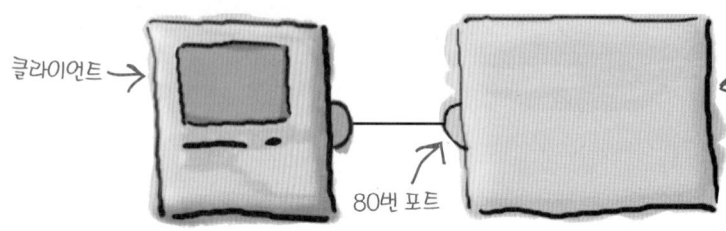

← 클라이언트

80번 포트

서버 208.201.239.100 →

이봐요? 소켓을 IP
주소에 연결하는 것은 알고
싶지 않아요. 전 그저 사람일
뿐이에요... 도메인 이름으로
연결하고 싶다고요.

**위의 코드는 숫자로 된 IP 주소로만 사용할 수
있습니다.**

소켓을 원격 도메인 이름으로 연결하려면 getaddrinfo( )
함수를 사용해야 합니다.

getaddrinfo()는 도메인 이름에 대한 IP 주소를 가져옵니다

도메인 이름 시스템(Domain Name System, DNS)은 아주 커다란 주소록입니다. DNS는 www.oreilly.com과 같은 도메인 이름을 컴퓨터가 네트워크를 통해 정보를 보낼 수 있게 숫자로 된 IP 주소로 바꿉니다.

DNS는 매우 큰 주소록입니다.

도메인 이름	주소
en.wikipedia.org	91.198.174.225
www.oreilly.com	208.201.239.100
www.oreilly.com	208.201.239.101

큰 사이트는 여러 IP 주소를 갖고 있습니다.

네트워크 패킷을 만들려면 컴퓨터가 IP 주소를 알아야 합니다.

도메인 이름에 대한 소켓 만들기

대부분의 경우 여러분의 클라이언트 코드는 소켓을 만들기 위해 DNS 시스템을 사용합니다. 그러면 사용자가 직접 IP 주소를 찾아보지 않아도 됩니다. DNS를 사용하려면 약간 다른 방식으로 클라이언트 소켓을 만들어야 합니다.

```
#include <netdb.h>
...
struct addrinfo *res;
struct addrinfo hints;
memset(&hints, 0, sizeof(hints));
hints.ai_family = PF_UNSPEC;
hints.ai_socktype = SOCK_STREAM;
getaddrinfo("www.oreilly.com", "80", &hints, &res);
```

getaddrinfo() 함수를 사용하려면 이 헤더 파일을 인클루드해야 합니다.

getaddrinfo()는 포트 번호도 문자열로 받습니다.

www.oreilly.com의 80번 포트에 대한 이름 리소스를 만듭니다.

getaddrinfo()는 **힙**에 명명 리소스(Naming Resource)라는 데이터 구조체를 새로 만듭니다. 명명 리소스는 주어진 도메인 이름과 포트를 나타냅니다. 컴퓨터가 필요로 하는 IP 주소는 명명 리소스 안에 감춰집니다. 종종 아주 큰 도메인은 여러 IP 주소를 가질 수 있지만 이 코드에서는 그중에 하나를 고릅니다. 그리고 나서 명명 리소스로 소켓을 생성할 수 있습니다.

이제 명명 리소스로 소켓을 만들 수 있습니다.

```
int s = socket(res->ai_family, res->ai_socktype,
                res->ai_protocol);
```

그리고 원격 소켓에 연결할 수 있습니다. 명명 리소스가 힙에 만들어져 있으므로, 여러분은 freeaddrinfo()라는 함수로 이 메모리를 해제해야 합니다.

res->ai_addrlen은 메모리에 있는 주소의 크기입니다.

res->ai_addr이 원격 호스트의 주소와 포트입니다.

이 함수는 원격 소켓에 연결합니다.

```
connect(s, res->ai_addr, res->ai_addrlen);
freeaddrinfo(res);
```

연결한 후에는 freeaddrinfo()로 주소 데이터를 삭제할 수 있습니다.

소켓을 원격 포트에 연결한 후에는 서버에서 사용했던 recv()와 send() 함수를 그대로 사용해 읽고 쓸 수 있습니다. 이제 여러분은 웹 클라이언트를 만들기 위해 필요한 지식을 충분히 갖춘 것 같습니다...

코드 자석

다음의 웹 클라이언트 코드는 위키피디아 페이지 내용을 내려받아 화면에 출력합니다. 페이지는 프로그램 인자로 전달됩니다. HTTP를 실행하는 웹 서버에 보내야 할 데이터에 대해 곰곰히 생각해보세요.

```c
#include <stdio.h>
#include <string.h>
#include <errno.h>
#include <stdlib.h>
#include <sys/socket.h>
#include <arpa/inet.h>
#include <unistd.h>
#include <netdb.h>

void error(char *msg)
{
  fprintf(stderr, "%s: %s\n", msg, strerror(errno));
  exit(1);
}

int open_socket(char *host, char *port)
{
  struct addrinfo *res;
  struct addrinfo hints;
  memset(&hints, 0, sizeof(hints));
  hints.ai_family = PF_UNSPEC;
  hints.ai_socktype = SOCK_STREAM;
  if (getaddrinfo(host, port, &hints, &res) == -1)
    error("주소를 확인할 수 없습니다.");
  int d_sock = socket(res->ai_family, res->ai_socktype,
                      res->ai_protocol);
  if (d_sock == -1)
    error("소켓을 열 수 없습니다.");
  int c = connect(d_sock, res->ai_addr, res->ai_addrlen);
  freeaddrinfo(res);
  if (c == -1)
    error("소켓에 연결할 수 없습니다.");
  return d_sock;
}
```

```
int say(int socket, char *s)
{
  int result = send(socket, s, strlen(s), 0);
  if (result == -1)
    fprintf(stderr, "%s: %s\n", "서버와 통신 중 오류가 발생했습니다.",
strerror(errno));
  return result;
}

int main(int argc, char *argv[])
{
  int d_sock;

  d_sock = .................................................;
  char buf[255];

  sprintf(buf, ......................................... , argv[1]);
  say(d_sock, buf);

  say(d_sock, .........................................);
  char rec[256];
  int bytesRcvd = recv(d_sock, rec, 255, 0);
  while (bytesRcvd) {
    if (bytesRcvd == -1)
      error("서버에서 읽어올 수 없습니다.");

    rec[bytesRcvd] = .........................................;
    printf("%s", rec);
    bytesRcvd = recv(d_sock, rec, 255, 0);
  }

  ......................................... ;
  return 0;
}
```

| `'\0'` | `"\r\n"` | `"Host: en.wikipedia.org\r\n\r\n"` | `"GET /wiki/%s http/1.1 "` |

| `open_socket("en.wikipedia.org", "80")` | `"Host: en.wikipedia.org\r\n"` | `close(d_sock)` |

코드 자석 정답

다음의 웹 클라이언트 코드는 위키피디아 페이지 내용을 내려받아 화면에 출력합니다. 페이지는
프로그램 인자로 전달됩니다. 여러분은 HTTP를 실행하는 웹 서버에 보내야 할 데이터를 찾아내야
했습니다.

```c
#include <stdio.h>
#include <string.h>
#include <errno.h>
#include <stdlib.h>
#include <sys/socket.h>
#include <arpa/inet.h>
#include <unistd.h>
#include <netdb.h>

void error(char *msg)
{
  fprintf(stderr, "%s: %s\n", msg, strerror(errno));
  exit(1);
}

int open_socket(char *host, char *port)
{
  struct addrinfo *res;
  struct addrinfo hints;
  memset(&hints, 0, sizeof(hints));
  hints.ai_family = PF_UNSPEC;
  hints.ai_socktype = SOCK_STREAM;
  if (getaddrinfo(host, port, &hints, &res) == -1)
    error("주소를 확인할 수 없습니다.");
  int d_sock = socket(res->ai_family, res->ai_socktype,
                      res->ai_protocol);
  if (d_sock == -1)
    error("소켓을 열 수 없습니다.");
  int c = connect(d_sock, res->ai_addr, res->ai_addrlen);
  freeaddrinfo(res);
  if (c == -1)
    error("소켓에 연결할 수 없습니다.");
  return d_sock;
}
```

```
int say(int socket, char *s)
{
  int result = send(socket, s, strlen(s), 0);
  if (result == -1)
    fprintf(stderr, "%s: %s\n", "서버와 통신 중 오류가 발생했습니다",
strerror(errno));
  return result;
}

int main(int argc, char *argv[])
{
  int d_sock;

  d_sock = ........ open_socket("en.wikipedia.org", "80") ...... ;
  char buf[255];
```

원하는 페이지 경로를 문자열로
만듭니다.

```
  sprintf(buf, .......... "GET /wiki/%s http/1.1 " ............... , argv[1]);
  say(d_sock, buf);
```

빈 줄과 함께 호스트
데이터를 보냅니다.

```
  say(d_sock, .......... "Host: en.wikipedia.org\r\n" .......);
  char rec[256];
  int bytesRcvd = recv(d_sock, rec, 255, 0);
  while (bytesRcvd) {
    if (bytesRcvd == -1)
      error("서버에서 읽어올 수 없습니다.");
```

올바른 문자열로 만들기 위해 문자열 배열의
마지막에 '\0'을 추가합니다.

```
    rec[bytesRcvd] = ................. '\0' ..........................;
    printf("%s", rec);
    bytesRcvd = recv(d_sock, rec, 255, 0);
  }
  ............. close(d_sock) ..................... ;
  return 0;
}
```

```
"\r\n"
```

```
"Host: en.wikipedia.org\r\n\r\n"
```

시험 주행

웹 클라이언트를 컴파일하고 실행하면, 다음과 같이
위키피디아 페이지를 내려받을 수 있습니다.

제목의 공백은 밑줄(_)로 바꾸면 됩니다.

```
File  Edit  Window  Help  I'mTheWebClient
> gcc wiki_client.c -o wiki_client
> ./wiki_client "O'Reilly_Media"
HTTP/1.0 200 OK
Date: Fri, 06 Jan 2012 20:30:15 GMT
Server: Apache
...
Connection: close
<!DOCTYPE html PUBLIC "-//W3C//DTD XHTML 1.0 Transitional//EN"
  "http://www.w3.org/TR/xhtml1/DTD/xhtml1-transitional.dtd">
<html lang="en" dir="ltr" class="client-nojs" xmlns="http://www.w3.org/1999/xhtml">
<head>
<title>O'Reilly Media - Wikipedia, the free encyclopedia</title>
<meta http-equiv="Content-Type" content="text/html; charset=UTF-8" />
...
```

*앞 부분에는 헤더를 받습니다. 헤더는 웹페이지와
서버에 대한 정보를 알려줍니다.*

그리고 나서 위키피디아 웹페이지 내용을 받습니다.

제대로 작동하네요!

클라이언트는 명령행에서 페이지 이름을 받아 위키피디아에
연결하고 해당 페이지를 내려받았습니다. 파일에 대한
경로를 지정하기 때문에 페이지 이름의 공백은 밑줄(_)로
바꿔야 합니다.

_코스를 벗어나보세요

자동으로 공백을 문자로 바꿔주도록 코드를 수정해보는 건 어떨까요? 웹 주소의 문자를 자동으로
바꾸는 자세한 방법에 대해서는 다음 URL을 참조하세요.

http://www.w3schools.com/tags/ref_urlencode.asp

─────── 바보 같은 질문이란 없습니다 ───────

Q: 소켓을 IP 주소로 만들어야 할까요? 아니면 도메인 이름으로?

A: 대부분 도메인 이름을 사용하게 될 겁니다. 도메인 이름은 기억하기 쉽고, 이따금 서버들인 도메인 이름은 그대로 유지한 채 IP 주소를 변경하는 일이 있기 때문입니다.

Q: 그러면 IP 주소로 연결하는 방법을 알 필요가 있을까요?

A: 네. 연결하려는 서버가 도메인 이름 시스템에 등록되어 있지 않거나 집에 있는 컴퓨터라면, IP 주소를 사용해 연결해야 할 겁니다.

Q: IP 주소로 getaddrinfo()를 사용할 수 있나요?

A: 네, 할 수 있습니다. 그렇지만 서버의 주소가 IP 주소로 되어 있다는 걸 알면, 처음 작성했던 소켓 코드가 더 간단합니다.

핵심정리

- 프로토콜은 구조화된 통신입니다.

- 서버는 자신의 포트에 연결합니다.

- 클라이언트는 원격 포트에 연결합니다.

- 클라이언트와 서버 모두 통신하기 위해 소켓을 사용합니다.

- send()로 소켓에 데이터를 씁니다.

- recv()로 소켓에서 데이터를 받습니다.

- HTTP는 웹에서 사용하는 프로토콜입니다.

## CHAPTER 11

C 도구상자

이제 11장을 정복했으며 여러분의 도구상자에
소켓과 네트워크 연결을 추가했습니다.
전체 도구상자 목록은 부록 ii를 참조하세요.

텔넷은 단순한
네트워크
클라이언트입니다.

socket() 함수로
소켓을 생성합니다.

서버 블랍(BLAB):
B(바인드) = bind()
L(듣기) = listen()
A(접수) = accept()
B(시작. Begin)

여러 클라이언트를
한꺼번에 처리하려면
fork()를 사용하세요.

DNS = 도메인 이름 시스템
(Domain Name System)

getaddrinfo()는
호스트 이름으로
주소를 찾습니다.

12 스레드

세상 모든 것은 한꺼번에 움직입니다

> 조니가 그러는데
> 자기 힙 변수가
> 뮤텍스에 갇혔대.

프로그램은 종종 여러 일을 한꺼번에 해야 합니다.

포직스 스레드는 **병렬로 실행하는 여러 코드를 만들어** 프로그램의 응답성을 높일 수 있습니다.

그러나 조심해야 합니다! 스레드는 강력한 도구이긴 하지만, 서로 충돌하길 원치는 않을 겁니다.

이 장에서는 **코드 충돌을 방지**하는 **교통 신호**와 **도로 표지판**을 세우는 방법을 배웁니다.

이 장을 끝마치면 **포직스 스레드를 생성**하고 비밀 데이터의 **무결성을 보호**하기 위한 **동기화 메커니즘**을 사용하는 방법을 알게 될 겁니다.

일은 순차적입니다... 그러나 그렇지 않을 수도...

C로 게임처럼 복잡한 걸 만든다고 생각해보세요.
프로그램은 다음과 같이 여러 일을 해야 합니다.

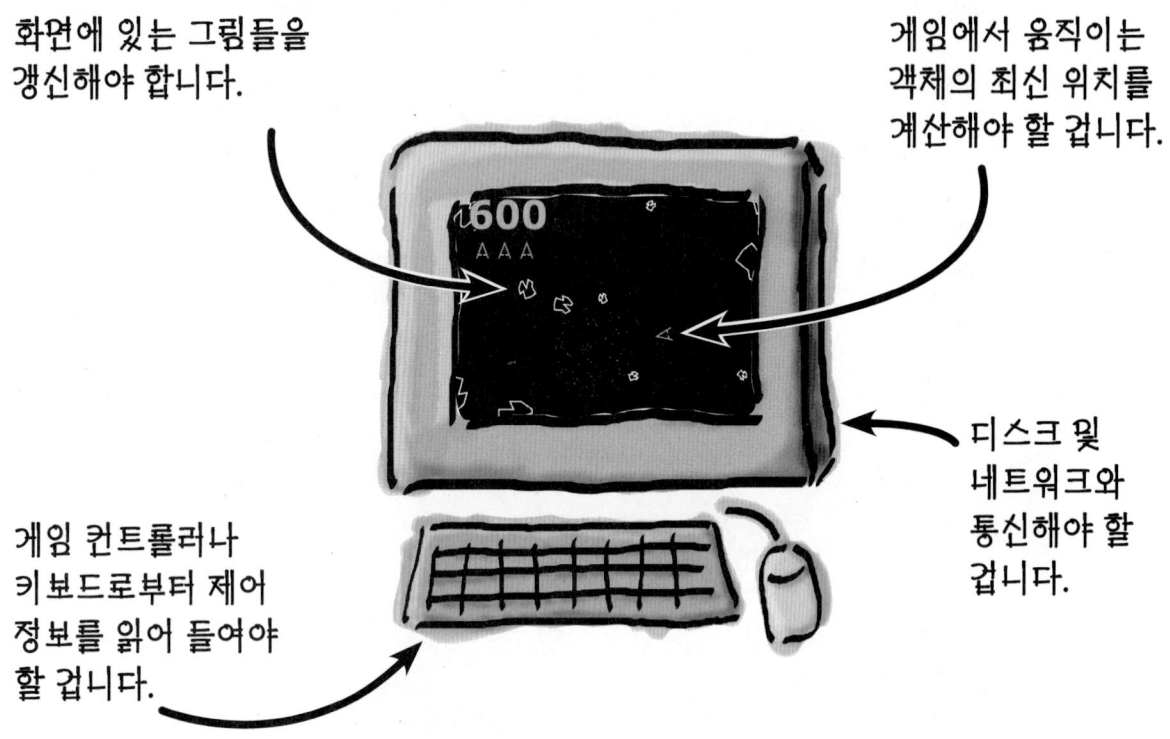

화면에 있는 그림들을
갱신해야 합니다.

게임에서 움직이는
객체의 최신 위치를
계산해야 할 겁니다.

디스크 및
네트워크와
통신해야 할
겁니다.

게임 컨트롤러나
키보드로부터 제어
정보를 읽어 들여야
할 겁니다.

여러분의 코드가 이 일을 모두 해야 할 뿐만 아니라, **모두 한꺼번에**
해야 합니다. 다른 프로그램들도 상황은 같을 겁니다. 채팅
프로그램은 네트워크에서 문장을 읽고 이와 동시에 네트워크로
데이터를 전송해야 합니다. 매체 재생기도 사용자의 입력을
받으면서 계속 화면에 영상을 보내야 할 겁니다.

여러분의 코드가 어떻게 한꺼번에 여러 가지 일을 할 수 있을까요?

...그리고 프로세스가 언제나 답이 되지는 못합니다

여러분은 **프로세스**로 컴퓨터가 여러 일을 한꺼번에 수행하게
하는 방법을 이미 배웠습니다. 바로 앞 장에서 여러분은 네트워크
서버를 만들고 여러 클라이언트를 한꺼번에 처리했습니다.
사용자가 새로 연결할 때마다 서버는 프로세스를 새로 만들어
새로운 연결을 처리했습니다.

그렇다면 한꺼번에 여러 일을 하려면 언제나 여러 프로세스를
만들어야 하는 걸까요? 글쎄요. 꼭 그렇지는 않습니다. 다음과
같은 이유가 있기 때문입니다.

프로세스를 생성하려면 시간이 걸립니다

어떤 컴퓨터는 프로세스를 새로 만들려면 시간이 꽤 오래 걸립니다. 아주 오랜 시간은
아니지만 약간의 시간이 걸립니다. 추가로 수행할 일이 0.02~0.03초 걸리더라도 매번
프로세스를 새로 만드는 건 그리 효율적이지 않을 겁니다.

프로세스는 데이터를 공유하기가 까다롭습니다

자식 프로세스를 만들면 부모 프로세스의 모든 데이터를 완전히 복사하게 됩니다.
그러나 데이터를 복사했으므로, 자식 프로세스가 부모 프로세스에 데이터를 다시
보내려면 파이프와 같은 메커니즘을 사용해야 합니다.

프로세스는 그저 어렵기만 합니다

프로세스를 생성하려면 많은 코드를 짜야 합니다. 그러면 프로그램은 길어지고,
지저분해지기 마련입니다.

여러분에게는 별도의 일을 빨리 시작하고, 현재 데이터를 모두
공유할 수 있고, 구현하기 위해 코드를 많이 짤 필요도 없는 방법이
필요합니다.

여러분에겐 스레드가 필요합니다.

간단한 프로세스는 한 번에 한 가지 일만 합니다

가령 오른쪽과 같이 해야 할 일이 있다고 하겠습니다.

서핑 샵

현금 훑납기 운용.

가게에 재고 확보.

서핑 보드 왁스 다시 칠하기.

전화 받기.

지붕 수리.

장부 정리.

← 아니면, 그냥 서핑하러 가거나요.

여러분 혼자서는 한꺼번에 이 모든 일을 할 수는 없을 겁니다. 누군가 가게에 들어오면 선반에 물건을 쌓던 일을 멈춰야 할 겁니다. 비가 올 것 같으면 장부 정리를 멈추고 지붕 위에 올라가야 할 겁니다. 혼자 가게 일을 한다면, 여러분은 단순한 프로세스와 마찬가지입니다. 한 가지 일을 끝내야 다음 일을 할 수 있죠. 그러나 언제나 한 번에 한 가지 일씩! 물론 모든 일을 동시에 진행하기 위해 여러 일을 조금씩 돌아가면서 할 수는 있을 겁니다. 그런데 **기다려야 하는 일**이 생기면 어떻게 될까요? 계산대에서 손님을 맞고 있는데 전화가 울리면 어떻게 해야 할까요?

지금까지 여러분이 작성해온 프로그램은 모두 **한 스레드만 실행**했습니다. 프로그램의 프로세스 안에 일하는 사람이 한 명만 있었던 것이죠.

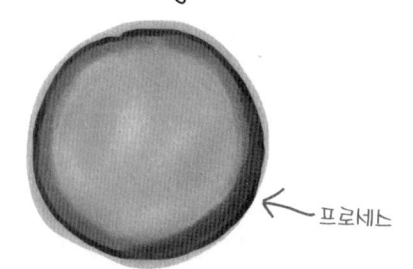

글쎄요. 저는 한꺼번에 모든 걸 다 할 순 없어요. 저는 누구일까요?

← 프로세스

직원을 더 고용하세요: 스레드 사용하기

멀티스레드 프로그램은 가게에서 여러 사람이 일하는 것과 같습니다.
한 사람이 계산대에서 일하면, 다른 사람은 선반을 채우고, 또 다른
사람은 서핑 보드에 왁스를 칠합니다. 여러 사람이 서로 방해하지
않고요. 한 사람이 전화를 받더라도 다른 사람이 하던 일을 멈출
필요는 없어요.

서핑 샵
현금 통납기 운용.
재계액에 재고 확보.
서핑 보드 왁스 다시 칠하기.
전화 받기.
지붕 수리.
장부 정리.

사람을 여러 명 고용하면
한꺼번에 여러 일을 할
수 있습니다.

한 가게에 여러 명이 일하는 것과 마찬가지로, 한 프로세스 안에
여러 스레드가 일하게 할 수 있습니다. 스레드들은 모두 똑같은 힙
메모리에 접근할 수 있습니다. 모두 동일한 파일을 읽고 쓸 수 있고
똑같은 네트워크 소켓에 얘기할 수 있습니다. 한 스레드가 전역
변수의 값을 바꾸면 다른 스레드는 바뀐 값을 바로 볼 수 있습니다.

따라서 각 스레드에 별도의 일을 맡기고 한꺼번에 모든 일을 할 수
있게 됩니다.

각각의 스레드가 서로 다른
일을 실행할 수 있습니다.

게임 컨트롤러 입력 읽기.
화면 갱신.
로켓의 위치 계산.
네트워크로 메시지 전송.

한 스레드가 어떤 일이 생길 때까지
기다리더라도 다른 스레드는 계속
실행할 수 있습니다.

모든 스레드가 한 프로세스
안에서 실행될 수 있습니다.

스레드는 어떻게 생성할까요?

스레드 라이브러리가 몇 가지 있지만, 여러분은 가장 인기 있는 **포직스 스레드 라이브러리**(간단히 pthread라고도 합니다)를 사용할 겁니다. **pthread** 라이브러리는 시그윈, 리눅스, 맥에서 모두 사용할 수 있습니다.

두 스레드가 있는데, 한 스레드는 왼쪽 함수를, 다른 스레드는 오른쪽 함수를 실행한다고 가정하겠습니다.

스레드 함수는 반환형이 void* 형이어야 합니다.

```
void* does_not(void *a)
{
  int i = 0;
  for (i = 0; i < 5; i++) {
    sleep(1);
    puts("Does not!");
  }
  return NULL;
}
```

```
void* does_too(void *a)
{
  int i = 0;
  for (i = 0; i < 5; i++) {
    sleep(1);
    puts("Does too!");
  }
  return NULL;
}
```

반환할 값이 없으므로 그저 널을 반환합니다.

두 함수 모두 void* 형으로 선언한 것을 보셨나요? 기억하세요. void 에 대한 포인터는 메모리의 어떤 데이터도 가리킬 수 있습니다. 그리고 스레드 함수의 반환형은 반드시 **void*** 형이어야 합니다.

여러분은 각 스레드 안에서 이 함수들을 실행할 겁니다.

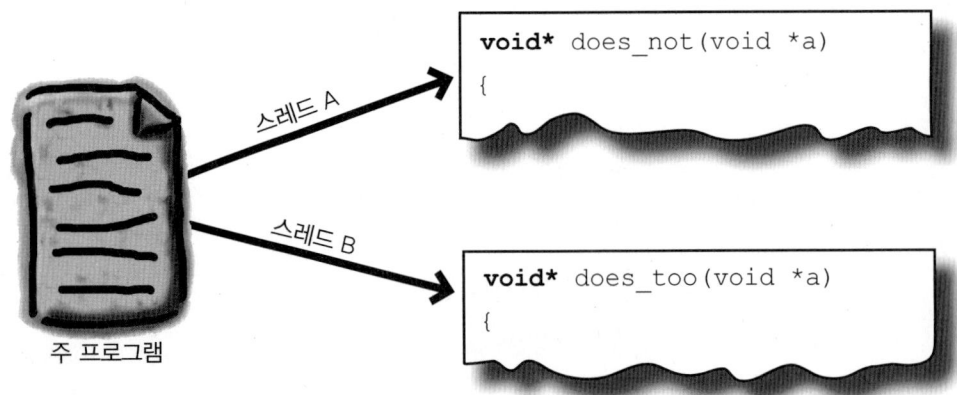

주 프로그램

스레드 A

```
void* does_not(void *a)
{
```

스레드 B

```
void* does_too(void *a)
{
```

여러분은 각 함수를 실행하는 스레드를 하나씩 만들어 동시에 실행해야 합니다. 어떻게 하는지 알아보겠습니다.

pthread_create()로 스레드를 생성하세요

이 함수들을 실행하려면 문제가 생겼을 때 호출할 수 있는 헤더 파일이나
error() 함수 같은 약간의 코드를 준비해야 합니다.

```
#include <stdio.h>
#include <stdlib.h>      두 프로그램에 필요한 헤더 파일들입니다.
#include <string.h>
#include <unistd.h>
#include <errno.h>
#include <pthread.h>      ← pthread 라이브러리를 사용하기 위한 헤더 파일입니다.

void error(char *msg)
{
    fprintf(stderr, "%s: %s\n", msg, strerror(errno));
    exit(1);
}
```

그리고 나서 main() 함수의 코드를 실행할 수 있습니다. 여러분은 스레드를 두
개 만들고 각 스레드에 대한 정보는 pthread_t 데이터 구조체에 저장할 겁니다.
그리고 pthread_create()로 스레드를 만들고 실행할 수 있습니다.

스레드에 대한 모든 정보를 저장합니다.

does_not은 이 스레드가 실행할 함수 이름입니다.

```
pthread_t t0;
pthread_t t1;
if (pthread_create(&t0, NULL, does_not, NULL) == -1)    ← 항상 에러를 검사하세요.
    error("t0 스레드를 생성할 수 없습니다.");
if (pthread_create(&t1, NULL, does_too, NULL) == -1)
    error("t1 스레드를 생성할 수 없습니다.");
```

스레드를 생성합니다.

&t1은 스레드 정보를 저장할 데이터 구조체의 주소입니다.

위 코드는 별도의 스레드에서 두 함수를 실행할 겁니다. 그러나 아직 코드가
완료된 것은 아닙니다. 여러분의 프로그램이 이 코드를 실행하고 바로 종료하면,
프로그램이 종료될 때 스레드도 종료됩니다. 따라서 프로그램은 스레드가 종료될
때까지 기다려야 합니다.

각 함수에 의해 반환된 void* 값이 여기에 저장됩니다.

```
void* result;
if (pthread_join(t0, &result) == -1)
    error("t0 스레드를 종료할 수 없습니다.");
if (pthread_join(t1, &result) == -1)
    error("t1 스레드를 종료할 수 없습니다.");
```

pthread_join() 함수는 스레드가 종료될 때까지 기다립니다.

pthread_join() 함수는 스레드 함수가 반환한 값을 받아 void 포인터 변수에
저장합니다. 두 스레드 모두가 실행을 완료해야 프로그램이 정상적으로
종료됩니다.

제대로 작동하는지 확인해보겠습니다.

시험 주행

여러분이 pthread 라이브러리를 사용하고 있으므로 다음과 같이
프로그램을 컴파일하고 링크할 때 이 라이브러리를 꼭 링크해야
합니다.

pthread 라이브러리를 링크합니다.

```
File Edit Window Help Don'tLoseTheThread
> gcc argument.c -lpthread -o argument
```

여러분의 프로그램입니다.

여러분의 프로그램을 실행하면 두 함수가 동시에 실행되는 것을 볼
수 있습니다.

```
File Edit Window Help Don'tLoseTheThread
> ./argument
Does too!
Does not!
Does too!
Does not!
Does too!
Does not!
Does too!
Does not!
Does not!
Does too!
>
```

이 코드를 실행하면 이 순서와 다르게 메시지가 출력될 수도 있습니다.

바보 같은 질문이란 없습니다

Q: 두 함수가 동시에 실행되는데, 메시지 안에 들어 있는
글자들이 뒤섞이지는 않네요? 각 메시지는 완전한 문장으로
출력되네요.

A: 표준 출력이 작동하는 방법 때문에 그렇습니다. puts()가
출력하는 문장은 한 번에 모두 출력됩니다.

Q: 양쪽 스레드 함수 모두에서 sleep()을 호출하지 않게 했더니,
한 스레드의 출력이 모두 나오고 나서 다른 스레드의 출력이
나왔습니다. 왜 그런가요?

A: 대부분의 컴퓨터는 코드를 아주 빨리 실행하기 때문에
sleep()을 호출하지 않으면 두 번째 스레드가 시작하기 전에 첫
번째 스레드가 실행을 완료할 겁니다.

맥주 자석

성대한 파티를 열 때가 되었습니다. 이 코드는 스레드 20개를 실행해 맥주의
개수를 2,000,000부터 거꾸로 세어 내려갑니다. 여러분이 빠진 코드를 채워
넣어 직접 차가운 맥주 두 병을 따고 파티를 축하해주시겠어요?

```c
int beers = 2000000;        맥주 2백만 병에서 시작합니다.
void* drink_lots(void *a)
{                           모든 스레드는 이 함수를 실행합니다.
  int i;
  for (i = 0; i < 100000; i++) {
    beers = beers - 1;      이 함수는 beers 변수를
  }                         100,000까지 감소시킵니다.
  return NULL;
}
int main()
{
  pthread_t threads[20];
  int t;
  printf("벽에 있는 맥주병 개수: %i\n맥주병 개수: %i\n", beers, beers);
  for (t = 0; t < 20; t++) {        함수를 실행하는 스레드 20개를
                                    만듭니다.
```

이 예제에서는 에러를 검사하지 않지만, 여러분의
코드에는 검사 코드를 꼭 넣어야 합니다!

```c
    ................................ (................................ , NULL, ................................, NULL);
  }
  void* result;
  for (t = 0; t < 20; t++) {
```

이 코드는 모든 스레드가 종료될
때까지 기다립니다.

```c
    ................................ (threads[t], &result);
  }
  printf("벽에 맥주 %i병이 남아있습니다\n", beers);
  return 0;
}
```

`pthread_join`   `threads`   `threads[t]`

`pthread_create`   `&threads[t]`   `drink_lots`

맥주 자석 정답

성대한 파티를 열 때가 되었습니다. 이 코드는 스레드 20개를 실행해 맥주의 개수를 2,000,000부터 거꾸로 세어 내려갑니다. 여러분은 빠진 코드를 채워 넣어야 했습니다.

```c
int beers = 2000000;
void* drink_lots(void *a)
{
  int i;
  for (i = 0; i < 100000; i++) {
    beers = beers - 1;
  }
  return NULL;
}
int main()
{
  pthread_t threads[20];
  int t;
  printf("벽에 있는 맥주병 개수: %i\n맥주병 개수: %i\n", beers, beers);
  for (t = 0; t < 20; t++) {

    pthread_create ( &threads[t] , NULL, drink_lots , NULL);
  }
  void* result;
  for (t = 0; t < 20; t++) {

    pthread_join (threads[t], &result);
  }
  printf("벽에 맥주 %i병이 남아있습니다.\n", beers);
  return 0;
}
```

이 예제에서는 에러를 검사하지 않지만, 여러분으[로] 코드에는 검사 코드를 꼭 넣어야 합니다!

threads   threads[t]

시험 주행

조금 전에 구현한 프로그램을 살펴보겠습니다. 컴파일하고 몇 번
실행하면 다음과 같은 일이 생길겁니다.

스레드 20개가 beers 변수를 → 0으로 돌렸습니다.

어, 잠깐만... →

지기랄!!!! →

지혜 지(智), 꾀할 기(企),
어그러질 랄(剌), 지혜를
꾀했지만, 잘 되지 않았다는
뜻입니다. ㅡ.ㅡ;;

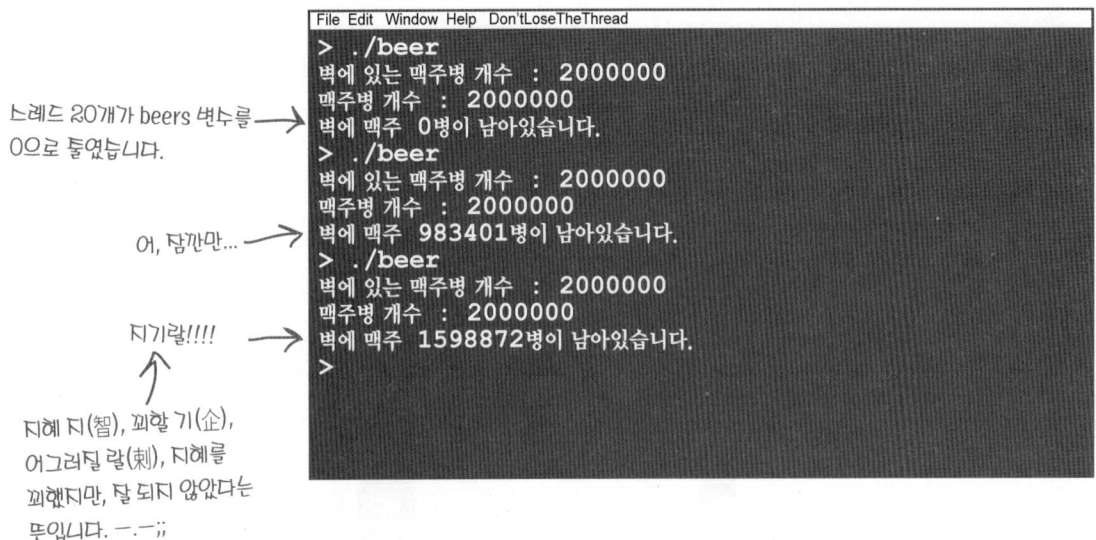

```
File  Edit  Window  Help  Don'tLoseTheThread
> ./beer
벽에 있는 맥주병 개수  :  2000000
맥주병 개수  :  2000000
벽에 맥주  0병이 남아있습니다.
> ./beer
벽에 있는 맥주병 개수  :  2000000
맥주병 개수  :  2000000
벽에 맥주  983401병이 남아있습니다.
> ./beer
벽에 있는 맥주병 개수  :  2000000
맥주병 개수  :  2000000
벽에 맥주  1598872병이 남아있습니다.
>
```

코드가 좀처럼 beers 변수를 0으로 만들지 못하는군요.

정말 이상합니다. beers 변수는 2백만으로 시작합니다. 스레드 20개가
각기 10만씩 값을 줄입니다. 그러면 beers 변수가 언제나 0이 되어야
하는 거 아닌가요?

브레인 파워

다시 한 번 코드를 조심해서 살펴보고 여러 스레드가 한꺼번에 실행될 때 무슨 일이 일어날지
생각해보세요. 결과값이 왜 예상치 못한 값이 되었을까요? 모든 스레드가 다 실행된 후에 왜
beers 변수는 0이 되지 않는 걸까요? 아래 빈 칸에 여러분의 생각을 적어보세요.

코드가 스레드 안전하지 않네요

스레드의 장점은 여러 수많은 일을 한꺼번에 처리하며 동일한 변수에 접근할 수 있다는 겁니다. 단점은 모든 스레드가 동일한 변수에 한꺼번에 접근한다는 겁니다…

처음 만들었던 코드와 달리 두 번째 만든 코드는 메모리의 공유 변수인 beers를 읽고 변경합니다. 이런 일이 발생한 이유를 이해하기 위해 다음 코드에서 '두 스레드가 동시에 beers 값에서 1을 뺄 때' 무슨 일이 생기는지 살펴보겠습니다.

```
beers = beers - 1;
```
← 스레드 두 개가 동시에 이 코드를 실행한다고 가정하겠습니다.

1 먼저, 두 스레드 모두 beers 변수의 현재 값을 읽어야 할 겁니다.

2 그리고 각 스레드는 그 숫자에서 1을 뺍니다.

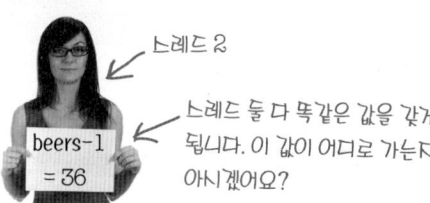

스레드 둘 다 똑같은 값을 갖게 됩니다. 이 값이 어디로 가는지 아시겠어요?

3 마지막으로 각 스레드는 계산한 beers-1을 다시 beers 변수에 저장합니다.

두 스레드 모두 beers 값에서 1을 빼려고 하고 있지만, 제대로 되지는 않습니다. 값에 2를 빼야 하지만, 단지 1만 뺄 뿐입니다. 스레드가 서로 간섭을 일으켜 beers 변수가 0이 되지 않은 이유가 바로 이 겁니다.

그러면 왜 결과를 예측할 수 없을까요? 스레드가 언제나 똑같은 시점에 실행되지는 않기 때문입니다. 어쩔 때는 서로 충돌을 일으키지 않고 어쩔 때는 충돌을 일으키는 거죠.

조심하세요!

스레드를 쓸 때는 안전하지 않은 코드를 조심하세요.

어떻게 하면 알 수 있을까요? 일반적으로 두 스레드가 동일한 변수를 읽고 쓰면 안전하지 않습니다.

신호등을 추가해야 합니다

멀티스레드 프로그램은 강력하지만, 필요한 곳에서 적절히
제어하지 않으면 예측할 수 없는 작동을 할 수 있습니다.

자동차 두 대가 하나로 합쳐지는 길을 내려간다고 생각해보세요.
사고를 막으려면 교통 신호등을 설치해야 합니다. 신호등이 있으면
차들이 동시에 공유된 자원(길)에 접근하지 않게 합니다.

스레드 두 개 이상이 공유한 데이터 자원에 접근할 때도
마찬가지입니다. 두 스레드가 한 데이터에 동시에 접근하여
읽거나 쓰지 못하게 여러분은 신호등을 설치해야 합니다.

공유 변수

이 자동차는 스레드를
나타내며, 모두 동일한 공유
변수에 접근하려 합니다.

신호등으로 스레드 두 개가 동시에 공유
변수에 접근하지 못하게 합니다.

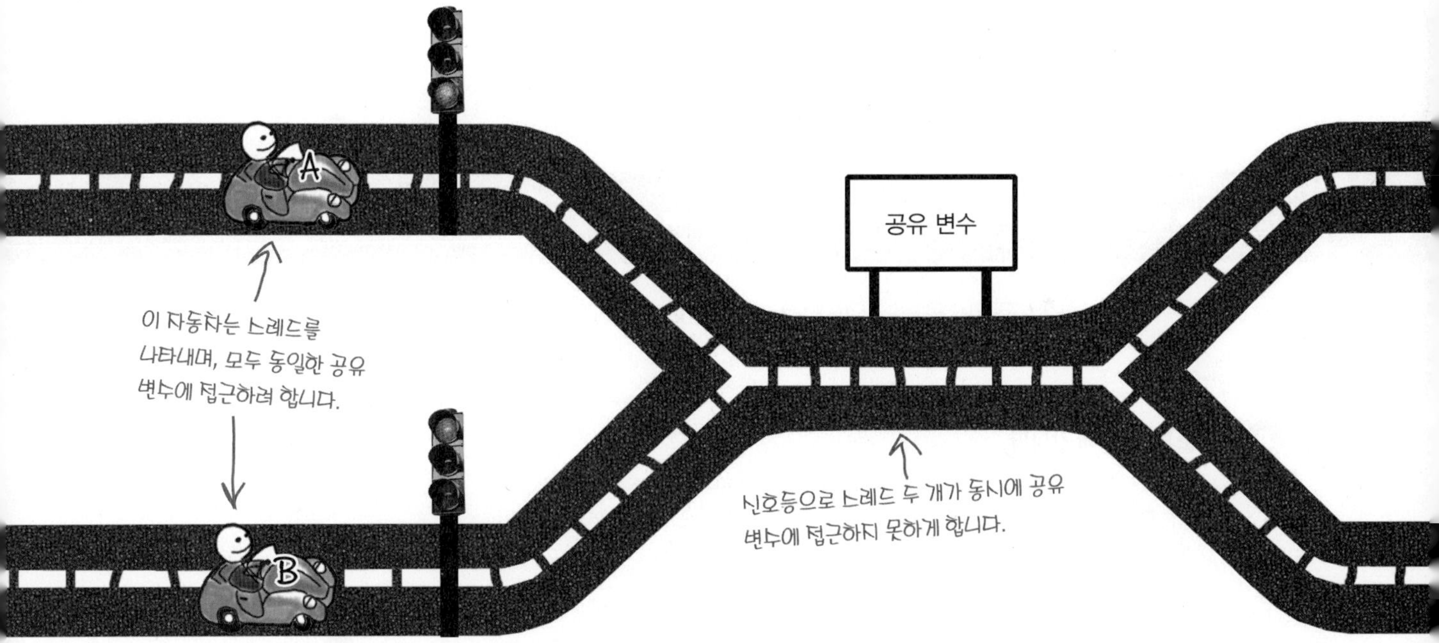

두 스레드가 충돌하지 못하게 예방하는 신호등을 뮤텍스(Mutex)
라고 부릅니다. **뮤텍스**를 사용하면 아주 간단히 여러분의 코드를
'스레드 안전' 상태로 만들 수 있습니다.

흔히 뮤텍스를 **락**(Lock)이라고도
부릅니다.

유텍스(MUTEX) =

상호(MUTually)

+ 배타(EXclusive)

뮤텍스를 신호등으로 사용하기

스레드 간에 충돌할 수 있는 코드를 보호하려면 다음과 같이 뮤텍스를
만들어야 합니다.

```
pthread_mutex_t a_lock = PTHREAD_MUTEX_INITIALIZER;
```

뮤텍스는 서로 충돌할 수 있는 모든 스레드가 볼 수 있어야 합니다.
따라서 뮤텍스는 **전역 변수**로 만드는 게 보통입니다.

PTHREAD_MUTEX_INITIALIZER는 사실 매크로입니다.
전처리기가 이 매크로를 보면 뮤텍스를 만드는 코드로 바꿔서
넣어줍니다.

1 **빨간 불일 때 멈춥니다.**
중요한 코드가 시작되는 부분에 첫 번째 신호등을 설치해야 합니다.
pthread_mutex_lock()은 스레드 하나만 지나가게 만듭니다.
이 코드에 도착한 다른 스레드는 모두 기다려야 합니다.

```
pthread_mutex_lock(&a_lock);
```
← 스레드 하나만 이 코드를 지나갈 수 있습니다.
```
/* 중요 코드가 여기서 시작됩니다... */
```

2 **초록 불일 때 갑니다.**
들어간 스레드가 중요 코드의 실행을 끝내면 pthread_mutex_unlock()을
호출합니다. 이 함수를 호출하면 신호등을 다시 초록색으로 만들어 기다리던
스레드 중 하나가 중요 코드에 들어갈 수 있게 됩니다.

```
/* ...중요 코드가 끝납니다 */
pthread_mutex_unlock(&a_lock);
```

이제 락을 만드는 방법을 배웠으니 여러분의 스레드를 더 많이 제어할
수 있게 되었습니다.

스레드 함수에 long형 값을 전달하는 방법 들여다보기

스레드 함수는 void 포인터형 인자 하나를 받고 void 포인터형 값을 반환할 수
있습니다. 종종 스레드에 정수형 값을 전달하고 정수형 값을 반환받아야 할 때가
있습니다. 이때 long형 값을 사용할 수 있습니다. long형과 void 포인터형의
크기가 같기 때문입니다.

```c
void* do_stuff(void* param)         ◄── 스레드 함수는 void 포인터 인자를 한 개 받을 수
{                                        있습니다.
  long thread_no = (long)param;     ◄── 원래대로 long형으로 변환합니다.
  printf("스레드 번호: %ld\n", thread_no);
  return (void*)(thread_no + 1);    ◄── 다시 void 포인터형으로
}                                        변환해 반환합니다.


int main()
{
  pthread_t threads[3];
  long t;                                        long형인 t 변수를
  for (t = 0; t < 3; t++) {                      void 포인터형으로 변환합니다.
                                                       ↓
    pthread_create(&threads[t], NULL, do_stuff, (void*)t);
  }
  void* result;
  for (t = 0; t < 3; t++) {                      반환된 값을 사용하기 전에 다시
                                                 long형으로 변환합니다.
                                                       ↓
    pthread_join(threads[t], &result);
    printf("스레드 %ld가 %ld를 반환했습니다.\n", t, (long)result);
  }
  return 0;
}
```

```
File Edit Window Help Don'tLoseTheThread
> ./param_test
스레드 번호 0
스레드  0가  1를 반환했습니다.
스레드 번호 1
스레드 번호 2
스레드  1가  2를 반환했습니다.
스레드  2가  3를 반환했습니다.
>
```

각 스레드는 자신의 스레드
번호를 받습니다.

각 스레드는 자신의 스레드
번호에 1을 더해 반환합니다.

긴 연습문제

여러분의 코드에 락을 놓을 위치를 결정하는 쉬운 방법은 없습니다. 락을 놓는 위치에 따라 코드가 실행되는 방식이 바뀝니다. 다음에 락을 거는 방법이 다른 두 drink_lots( ) 함수가 있습니다.

Version A

```
pthread_mutex_t beers_lock = PTHREAD_MUTEX_INITIALIZER;
void* drink_lots(void *a)
{
  int i;
  pthread_mutex_lock(&beers_lock);
  for (i = 0; i < 100000; i++) {
    beers = beers - 1;
  }
  pthread_mutex_unlock(&beers_lock);
  printf("맥주 = %i\n", beers);
  return NULL;
}
```

Version B

```
pthread_mutex_t beers_lock = PTHREAD_MUTEX_INITIALIZER;
void* drink_lots(void *a)
{
  int i;
  for (i = 0; i < 100000; i++) {
    pthread_mutex_lock(&beers_lock);
    beers = beers - 1;
    pthread_mutex_unlock(&beers_lock);
  }
  printf("맥주 = %i\n", beers);
  return NULL;
}
```

두 함수 모두 뮤텍스로 beers 변수를 보호하고 종료하기 전에 beers의 값을 출력합니다. 그런데 락을 거는 코드의 위치가 다르기 때문에 화면 출력이 달라집니다.

다음의 두 화면이 각각 어느 버전을 실행해 나온 결과인지 여러분이 알아낼 수 있을까요?

```
File Edit Window Help Don'tLoseTheThread
> ./beer_fix_strategy_1
벽에 있는 맥주병 개수 : 2000000
맥주병 개수 : 2000000
맥주 = 1900000
맥주 = 1800000
맥주 = 1700000
맥주 = 1600000
맥주 = 1500000
맥주 = 1400000
맥주 = 1300000
맥주 = 1200000
맥주 = 1100000
맥주 = 1000000
맥주 = 900000
맥주 = 800000
맥주 = 700000
맥주 = 600000
맥주 = 500000
맥주 = 400000
맥주 = 300000
맥주 = 200000
맥주 = 100000
맥주 = 0
벽에 맥주 0병이 남아있습니다.
>
```

코드와 그에 해당하는
출력을 연결하세요.

```
File Edit Window Help Don'tLoseTheThread
> ./beer_fixed_strategy_2
벽에 있는 맥주병 개수 : 2000000
맥주병 개수 : 2000000
맥주 = 116530
맥주 = 1163
맥주 = 1043
맥주 = 990
맥주 = 982
맥주 = 947
맥주 = 946
맥주 = 945
맥주 = 867
맥주 = 864
맥주 = 816
맥주 = 809
맥주 = 778
맥주 = 770
맥주 = 759
맥주 = 758
맥주 = 630
맥주 = 630
맥주 = 330
맥주 = 200
벽에 맥주 0병이 남아있습니다.
>
```

긴 연습문제
정답

여러분의 코드에 락을 놓을 위치를 결정하는 쉬운 방법은 없습니다. 락을 놓는 위치에 따라 코드가 실행되는
방식이 바뀝니다. 다음에 락을 거는 방법이 다른 두 drink_lots() 함수가 있습니다.

버전 A

```c
pthread_mutex_t beers_lock = PTHREAD_MUTEX_INITIALIZER;
void* drink_lots(void *a)
{
  int i;
  pthread_mutex_lock(&beers_lock);
  for (i = 0; i < 100000; i++) {
    beers = beers - 1;
  }
  pthread_mutex_unlock(&beers_lock);
  printf("맥주 = %i\n", beers);
  return NULL;
}
```

버전 B

```c
pthread_mutex_t beers_lock = PTHREAD_MUTEX_INITIALIZER;
void* drink_lots(void *a)
{
  int i;
  for (i = 0; i < 100000; i++) {
    pthread_mutex_lock(&beers_lock);
    beers = beers - 1;
    pthread_mutex_unlock(&beers_lock);
  }
  printf("맥주 = %i\n", beers);
  return NULL;
}
```

두 함수 모두 뮤텍스로 beers 변수를 보호하고 종료하기 전에 beers의 값을 출력합니다. 그런데 락을 거는 코드의 위치가 다르기 때문에 화면 출력이 달라집니다.

여러분은 코드와 실행 결과를 연결해야 했습니다.

```
File Edit  Window  Help  Don'tLoseTheThread
>  ./beer_fix_strategy_1
벽에 있는 맥주병 개수 :  2000000
맥주병 개수 :  2000000
맥주 =  1900000
맥주 =  1800000
맥주 =  1700000
맥주 =  1600000
맥주 =  1500000
맥주 =  1400000
맥주 =  1300000
맥주 =  1200000
맥주 =  1100000
맥주 =  1000000
맥주 =  900000
맥주 =  800000
맥주 =  700000
맥주 =  600000
맥주 =  500000
맥주 =  400000
맥주 =  300000
맥주 =  200000
맥주 =  100000
맥주 =  0
벽에 맥주 0병이 남아있습니다.
>
```

코드와 그에 해당하는 출력을 연결하세요.

```
File Edit  Window  Help  Don'tLoseTheThread
>  ./beer_fixed_strategy_2
벽에 있는 맥주병 개수 :  2000000
맥주병 개수 :  2000000
맥주 =  116530
맥주 =  1163
맥주 =  1043
맥주 =  990
맥주 =  982
맥주 =  947
맥주 =  946
맥주 =  945
맥주 =  867
맥주 =  864
맥주 =  816
맥주 =  809
맥주 =  778
맥주 =  770
맥주 =  759
맥주 =  758
맥주 =  630
맥주 =  630
맥주 =  330
맥주 =  200
벽에 맥주 0병이 남아있습니다.
>
```

축하드립니다! 여러분은 이 책의 (거의) 마지막 부분에 도착했습니다. 이제 맥주 2백만 병 중에 하나의 뚜껑을 열어 축하할 때가 되었네요!

이제 여러분은 어떤 C 프로그래머가 될지를 결정하는 위대한 순간에 다다랐습니다. 순전히 C만 사용하는 **리눅스 해커**가 되고 싶은가요? 아니면 아두이노와 같은 소형 장치에 들어가는 C를 개발하는 **메이커**가 되고 싶은가요? 아니면 C++을 사용하는 **게임 개발자**가 되고 싶은가요? 아니면 오브젝티브-C를 사용하는 **맥과 iOS 개발자**?

어떤 결정을 하든 여러분은 그 어떤 언어보다도 더 많은 소프트웨어를 개발해온 언어를 사용하고 사랑하는 커뮤니티의 일원이 되었습니다. C는 인터넷과 거의 모든 운영체제의 안에 들어 있는 언어입니다. 거의 모든 다른 언어를 구현하기 위해 사용된 언어입니다. 그리고 시계와 전화기에서부터 비행기와 인공 위성에 이르기까지 거의 모든 프로세서에서 실행되는 프로그램을 작성할 수 있는 언어입니다.

새로운 C 해커에게 경례!

> 역자 주: 2012년 8월 6일(한국시간), 화성에 착륙한 탐사 로봇 큐리오시티(Curitosity)도 실시간 운영체제인 VxWorks 위에 C 언어로 프로그램을 구현했습니다.

바보 같은 질문이란 없습니다

Q: 스레드를 지원하려면 제 컴퓨터가 여러 프로세서를 갖고 있어야 하나요?

A: 아닙니다. 대부분의 컴퓨터는 여러 코어를 가진 프로세서를 갖고 있어서 한꺼번에 여러 일을 할 수 있는 조그만 프로세서 여러 개를 갖고 있는 것과 마찬가지입니다. 그러나 프로세서가 코어를 하나만 갖고 있더라도 스레드를 사용할 수 있습니다.

Q: 어떻게요?

A: 운영체제가 빠르게 스레드들을 돌아가며 조금씩 실행하기 때문에 동시에 여러 일을 하는 것처럼 보이게 합니다.

Q: 스레드를 사용하면 프로그램이 더 빨라지나요?

A: 꼭 그런 건 아닙니다. 스레드를 사용하면 프로세서를 더욱 효율적으로 사용할 수 있지만, 락을 거는 방법에 주의해야 합니다. 너무 자주 락을 걸면 단일 스레드 코드 만큼 느려질 수도 있어요.

Q: 어떻게 설계해야 스레드 코드가 빨라지나요?

A: 스레드가 접근하는 데이터양을 가능한 한 줄이세요. 스레드가 공유 데이터를 접근할 필요가 없으면 락을 걸 필요가 없고, 결국 코드가 훨씬 더 효율적으로 실행됩니다.

Q: 프로세스를 따로 만드는 것보다 스레드가 빠른가요?

A: 일반적으로 스레드를 만드는 것보다 프로세스를 만드는 데 시간이 약간 더 걸리므로, 대체로 스레드가 더 빠르긴 합니다.

Q: 뮤텍스를 사용하면 '데드락'이 생길 수 있다고 들었는데, 그게 뭔가요?

A: 가령 스레드가 두 개 있고 뮤텍스 A와 B가 있다고 합시다. 이미 한 스레드가 A를, 다른 스레드가 B를 갖고 있습니다. B를 갖고 있는 스레드가 A를 가지려 하고, A를 갖고 있는 스레드가 B를 가지려 하면 데드락이 발생합니다. 두 스레드 다 원하는 뮤텍스를 가질 수 없기 때문에, 두 스레드 모두 더 이상 진행할 수 없는 겁니다.

## CHAPTER 12

C 도구상자

이제 12장을 정복했으며 여러분의 도구상자에
스레드를 추가했습니다.
전체 도구상자 목록은 부록 ii를 참조하세요.

스레드를 사용하면
한 번에 여러 가지
일을 할 수 있습니다.

단순한 프로세스는
한 번에 한 가지
일만 합니다.

스레드는 '경량'
프로세스입니다.

포직스
스레드(pthread)는
스레드
라이브러리입니다.

pthread_create()는
스레드를 만들고 함수를
실행합니다.

모든 스레드에
전역 변수가
공유됩니다.

pthread_join()은
스레드가 종료될
때까지 기다립니다.

두 스레드가 한 변수를
동시에 갱신하면,
결과는 예측할 수
없습니다.

pthread_mutex_lock()은
뮤텍스에 락을 겁니다.

뮤텍스는 공유
데이터를 보호하는
락입니다.

pthread_mutex_unlock()은
뮤텍스에 락을 해제합니다.

C 실습 #3
블래스터로이드

이 실습에서는 앞의 장에서 배운 지식을 활용해 조사하고 만들
프로그램에 대한 기술 명세를 제공합니다.

이 프로젝트는 여러분이 지금까지 보아온 프로젝트보다 훨씬 큽니다.
그러니 시작하기 전에 전체 내용을 읽고 충분한 시간을 할애하세요.
그리고 어디에선가 막히더라도 걱정하지 마세요. 이 실습에서 새로운
개념을 요구하지 않으므로, 관련된 앞부분의 내용을 다시 읽고 이 실습을
다시 봐도 됩니다.

이 실습을 완료하는 것은 전적으로 여러분께 달려있습니다. 헤드 퍼스트는
정답 코드를 제공하지 않습니다.

블래스터로이드 아케이드 게임 제작

물론 사람들이 C를 배우는 진짜 이유 중 하나는 게임을 만들 수 있기
때문일 겁니다. 이 실습에서는 가장 인기 있고 장수했던 게임 중 하나를
따라 만들려고 합니다. 이제 블래스터로이드를 만들 차례입니다!

남은 라이프 수입니다. 쇼행성에
충돌하면 여러분의 라이프가 하나씩
줄어듭니다. 라이프가 쇼진되면
게임이 끝납니다.

여러분의 비행기입니다. 키보드로
비행기를 토통하고 쇼행성과의
충돌을 피하면서 미사일을
발사합니다.

점수입니다.

600

뽕! 뽕! 쇼행성에
미사일을 발사합니다.

여러분이 공격해야 할
쇼행성들입니다. 쇼행성을 맞출
때마다 점수를 얻습니다.

여러분의 임무: 소행성에 충돌하지 말고 소행성을 파괴하세요

사악하고 속이 텅빈, 그리고 모두가 비슷해 보이는 소행성들이
이 게임의 악당입니다. 소행성은 화면에 떠다니며 천천히 회전하며,
우주를 여행하다 자신과 부딪힌 우주 여행자들을 바로 죽게 만듭니다.

우주 전함 벡터라이즈(Vectorize)에오신 것을 환영합니다! 여러분은
키보드로 이 우주선을 화면에서 이동시키게 됩니다. 벡터라이즈는
소행성에 발사할 미사일로 무장하고 있습니다.

우주 전함의 미사일에 맞는 소행성은 바로 둘로 쪼개지고, 게이머의
점수는 100점 올라갑니다. 소행성이 미사일에 두 번 맞으면 화면에서
사라집니다.

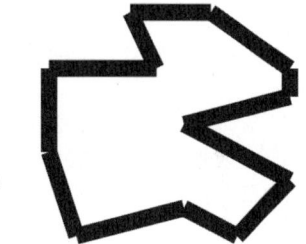

우주선이 소행성과 부딪히면 라이프가 하나 줄어듭니다. 게임을 시작할
때 세 개의 라이프가 주어지며, 모든 라이프가 없어지면 게임은 끝납니다.

알레그로 (Allegro)

알레그로는 오픈소스로 공개된 게임 개발 라이브러리로서 여러
운영체제에서 실행할 수 있는 게임을 만들 수 있습니다. 알레그로는
윈도우, 리눅스, 맥 OS, 심지어 스마트폰에서도 작동합니다.

알레그로는 사용하기 정말 간단합니다. 그러나 간단한 라이브러리라고
해서 기능이 떨어지는 건 아닙니다. 알레그로는 사운드, 그래픽,
애니메이션, 디바이스 처리를 지원하며 컴퓨터가 OpenGL을 지원하면
3차원 그래픽도 처리할 수 있습니다. ← OpenGL은 그래픽 프로세서에 대한 공개
표준입니다. 여러분이 OpenGL에 3차원
객체에 대해 설명해두면 OpenGL이 (거의)
모두 처리해줍니다.

알레그로 설치

다음의 알레그로 소스포지 웹사이트에서 알레그로의 소스코드를 받을 수
있습니다.

웹이 책 보다는 자주 갱신되므로, 이 URL을
찾을 수 없다면 여러분이 즐겨 사용하는
검색 엔진으로 확인하세요.

http://alleg.sourceforge.net/ ←

소스 저장소에서 최신의 코드를 내려받아, 컴파일하고, 설치할 수
있습니다. 여러분의 운영체제에 맞는 설치 방법은 위 웹 사이트에서
제공하는 설명을 참조하세요.

CMake가 필요할 수도 있습니다

코드를 빌드하려면 아마도 CMake라는 도구를 추가로 설치해야 할
겁니다. CMake는 빌드 도구로서 여러 운영체제에서 C 프로그램을
빌드하는 일을 편하게 해줍니다. CMake가 필요하면 아래 URL에서
필요한 모든 정보를 얻을 수 있습니다.

http://www.cmake.org/

조심하세요!

**이 실습에서
제공하는
예제는
알레그로 버전
5용입니다.**

버전 5 이후의 알레그로를
사용하려면 예제 코드를 수정해야
할 겁니다.

알레그로는 어떤 일을 할까요?

알레그로 라이브러리는 다음과 같은 기능을 제공합니다.

GUI

알레그로는 게임 화면을 그려 넣을 윈도우 하나를 만듭니다. 그리 대단한 일 같지 않아 보일 수도 있지만, 사실 윈도우를 생성하고 키보드나 마우스 입력을 처리하는 방법은 운영체제마다 상당히 다르기 때문에 골치가 아프죠!

이벤트

키보드를 누르거나 마우스를 움직이거나, 무언가를 누르면 컴퓨터는 이벤트를 발생시킵니다. 이벤트는 발생한 일을 설명하는 그저 조그만 데이터일 뿐입니다. 이벤트는 보통 큐에 저장된 후에 애플리케이션에 보내집니다. 알레그로를 이용하면 이벤트를 쉽게 처리할 수 있습니다. 예를 들어 스페이스바를 누르면 미사일을 발사한다든지 하는 처리를 쉽게 코드로 구현할 수 있습니다.

타이머

여러분은 이미 시스템 수준에서 제공하는 타이머를 봤습니다. 알레그로는 게임의 맥박을 뛰게 하는 간단한 방법을 제공합니다. 모든 게임은 일종의 맥박을 갖고 있는데, 1초에도 여러 번 발생해 게임 화면이 자연스럽게 갱신되도록 만듭니다. 타이머를 사용하면 예를 들어 초당 60 프레임 속도로 화면을 갱신하는 게임을 만들 수 있습니다.

그래픽스 버퍼링

게임 화면을 부드럽게 진행하기 위해 알레그로는 이중 버퍼링(Double Buffering)을 사용합니다. 이중 버퍼링은 게임 개발 기법으로서 실제로 화면에 그리기 전에 오프스크린 버퍼(Offscreen Buffer)에 그림을 그릴 수 있게 합니다. 화면에서 하나하나 그리지 않고, 화면에 보이지 않는 버퍼에 미리 모든 내용을 그려 놓았다가 한꺼번에 화면에 출력하므로 게임 화면이 훨씬 더 부드럽게 보입니다.

그래픽스와 변환

알레그로는 일련의 내장된 그래픽 기본 함수(Primitives)를 제공하므로 선, 곡선, 글자, 단면, 사진을 쉽게 그릴 수 있습니다. 그래픽 카드용 OpenGL 드라이버도 설치되어 있다면 3차원 그래픽도 구현할 수 있습니다. 이 모든 기능 이외에도 알레그로는 변환(Transformation)을 지원합니다. 변환을 이용해 화면의 그림을 회전, 이동, 축소 및 확대할 수 있으므로, 화면 위에서 우주선과 소행성을 이동하고 회전할 수 있습니다.

사운드

알레그로는 완전한 사운드 라이브러리를 갖추고 있어서 게임 안에 사운드를 쉽게 구현할 수 있습니다.

게임 제작

여러분은 소스 코드의 구조를 어떻게 할지 결정해야 할 겁니다. 대부분의
C 프로그래머는 코드를 여러 소스 파일에 나눕니다. 소스 파일을 여러
개로 나누면 컴파일을 더 빨리 할 수 있을 뿐만 아니라 한 번에 다루어야
할 코드의 양이 줄어들어 전체 과정이 훨씬 덜 혼란스럽게 됩니다.

코드를 분할하는 방법은 아주 많겠지만, 게임에 나올 각 화면 요소별로
소스 파일을 분리하는 방법도 괜찮습니다.

소행성의 위치를 추적하고 화면에 출력하는
모든 코드가 들어 있는 파일

asteroid.c

우주선은 지나가는 소행성에 미사일을 발사할
수 있습니다. 따라서 화면에 미사일을 그리고
이동시키는 코드가 필요할 겁니다.

blast.c

여러분 게임의 주인공인, 크고많고 용감한 우주선입니다.
소행성과는 달리 한 번에 한 우주선만 관리하면 됩니다.

spaceship.c

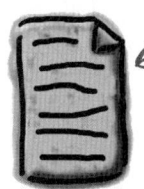

언제나 게임의 핵심을 관리하는 코드를 별도의 파일에
구현하는 편이 좋습니다. 이 코드는 키보드 입력을 기다리고,
타이머를 실행하고, 우주선, 바위, 미사일 장면들을 화면에
그리도록 명령합니다.

blasteroids.c

우주선

여러분이 화면에 아주 많은 물체를 움직일 때, 각 물체에 대한 구조체를
만들면 좋습니다. 우주선에 대해 다음 구조체를 사용하세요.

```c
typedef struct {
  float sx;
  float sy;           화면 위의 위치
  float heading;      가리키는 방향
  float speed;
  int gone;           ← 툭없나?
  ALLEGRO_COLOR color;
} Spaceship;
```

우주선의 모양

원점(나중에 다시 설명합니다)을 기준으로 모양을 그리도록 코드를
만들었다면, 다음 코드처럼 우주선을 그릴 수 있습니다.

변수 s는 Spaceship 구조체에 대한 포인터입니다. 우주선을 녹색으로
그리세요.

```c
al_draw_line(-8, 9, 0, -11, s->color, 3.0f);
al_draw_line(0, -11, 8, 9, s->color, 3.0f);
al_draw_line(-6, 4, -1, 4, s->color, 3.0f);
al_draw_line(6, 4, 1, 4, s->color, 3.0f);
```

충돌

우주선이 바위와 충돌하면 우주선은 바로 파괴되고 라이프가 하나
줄어듭니다. 우주선이 새로 만들어진 처음 5초 동안은 충돌 검사를 하지
않습니다. 새로운 우주선은 화면 중앙에 나타나야 합니다.

우주선 작동

우주선의 화면의 한가운데 있는 정류장에서 출발합니다. 우주선을 화면
여기저기로 이동하려면 키보드 입력에 반응해야 합니다.

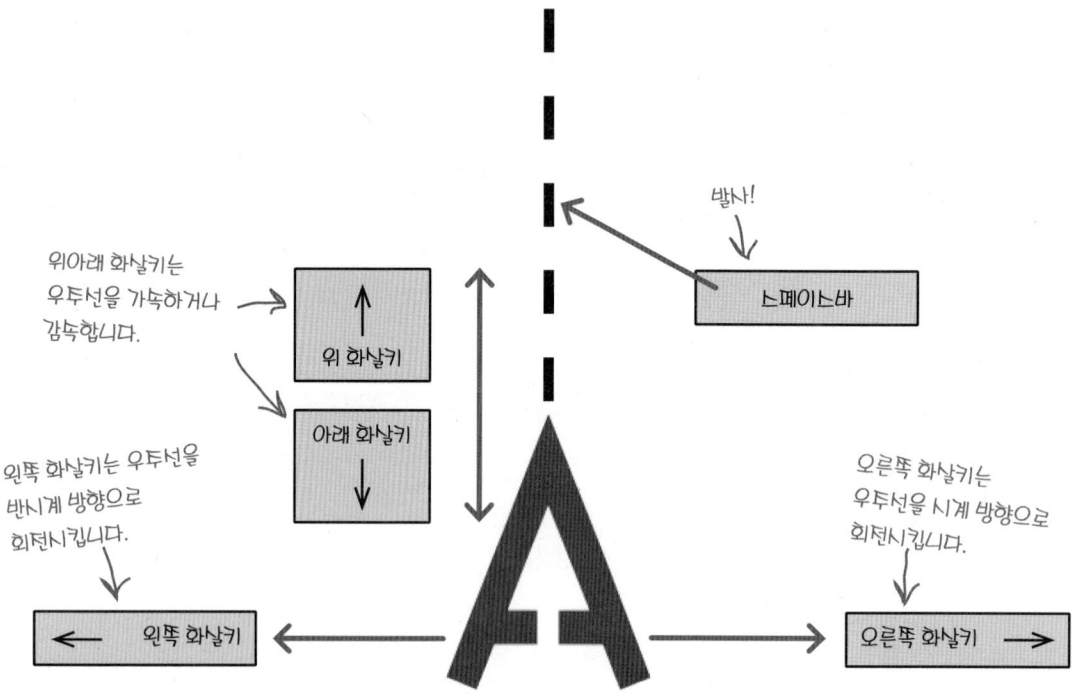

위아래 화살키는
우주선을 가속하거나
감속합니다.

위 화살키

아래 화살키

왼쪽 화살키는 우주선을
반시계 방향으로
회전시킵니다.

왼쪽 화살키

발사!

스페이스바

오른쪽 화살키는
우주선을 시계 방향으로
회전시킵니다.

오른쪽 화살키

우주선이 너무 빨리 가지 않게 하세요. 아마도 초당 2백 픽셀보다 빠른 속도로
우주선이 움직이는 것을 원치는 않을 겁니다. 우주선은 후진할 수 없습니다.

키 입력 읽기

C 언어는 지구 상의 거의 모든 컴퓨터 하드웨어에서 실행되는 프로그램을 짜기 위해 사용됩니다. 그런데 이상한 점이 C에는 키 입력을 바로 읽은 표준 방법이 없다는 겁니다. fgets()와 같은 표준 함수는 [Enter] 키가 눌린 후에야 키 입력을 바로 읽을 수 있습니다. 그러나 알레그로는 키 입력을 바로 읽을 수 있게 합니다. 알레그로 게임에 보내지는 모든 이벤트는 큐(Queue)를 통해서 전달됩니다. 큐는 그저 어떤 키가 눌렸는지, 마우스는 어디에 있는지 등을 얘기해주는 데이터의 목록일 뿐입니다. 어디에선가 큐에 나타날 이벤트를 기다리는 루프를 실행해야 합니다.

getchar()와 같은 함수 조차도 [Enter] 키를 누를 때까지 입력한 키들을 버퍼링합니다.

```
ALLEGRO_EVENT_QUEUE *queue;

queue = al_create_event_queue();

ALLEGRO_EVENT event;

al_wait_for_event(queue, &event);
```

이렇게 이벤트 큐를 만듭니다.

큐에 이벤트가 들어올 때까지 기다립니다.

일단 이벤트를 받으면 키 입력인지 아닌지 판단해야 합니다. 이벤트의 종류로 판단할 수 있습니다.

```
if (event.type == ALLEGRO_EVENT_KEY_DOWN) {

  switch(event.keyboard.keycode) {

  case ALLEGRO_KEY_LEFT:

    break;

  case ALLEGRO_KEY_RIGHT:

    break;

  case ALLEGRO_KEY_SPACE:

    break;

  }

}
```

우주선을 왼쪽으로 회전합니다.

오른쪽으로 회전합니다.

발사!

미사일

저 놈 잡아, 이 망할 놈의 우주 돌덩어리! 우주선은 화면을 가로지르는
미사일을 발사합니다. 여러분이 해야 할 일은 미사일을 화면에서 이동시키는
겁니다. 미사일의 데이터 구조는 다음과 같습니다.

```c
typedef struct {
    float sx;

    float sy;

    float heading;

    float speed;

    int gone;

    ALLEGRO_COLOR color;

} Blast;
```

미사일 모양

미사일은 점선으로 그립니다. 사용자가 발사 키를 빠르게 누르면 미사일이
서로 겹치고, 마치 실선처럼 보일 겁니다. 발사 키를 빠르게 누를 때 이렇게
실선으로 그리면, 화력이 강해진 것처럼 느껴질 겁니다.

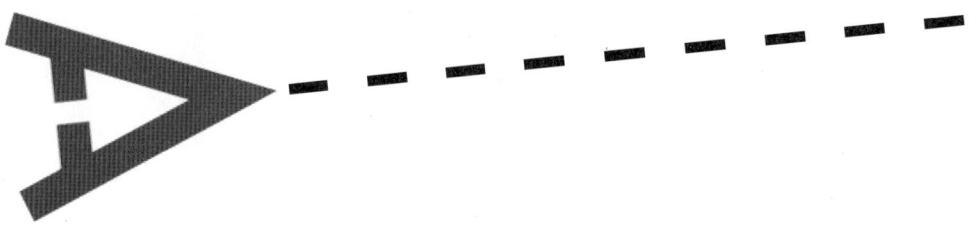

미사일 작동

여러분이 화면에 움직일 다른 물체와는 달리, 사라진 미사일은 화면에 다시
나타나지 않습니다. 따라서 여러분은 미사일을 쉽게 생성하고 제거할 수
있게 코드를 만들어야 할 겁니다. 미사일은 언제나 우주선이 향하고 있는
방향으로 발사되고 직선으로 일정한 속도(예를 들면 우주선 최고 속도의 3
배 정도)로 이동합니다. 미사일이 소행성과 충돌하면 소행성은 두 개로
쪼개집니다.

소행성

소행성에는 오른쪽의 구조체를 사용하세요.

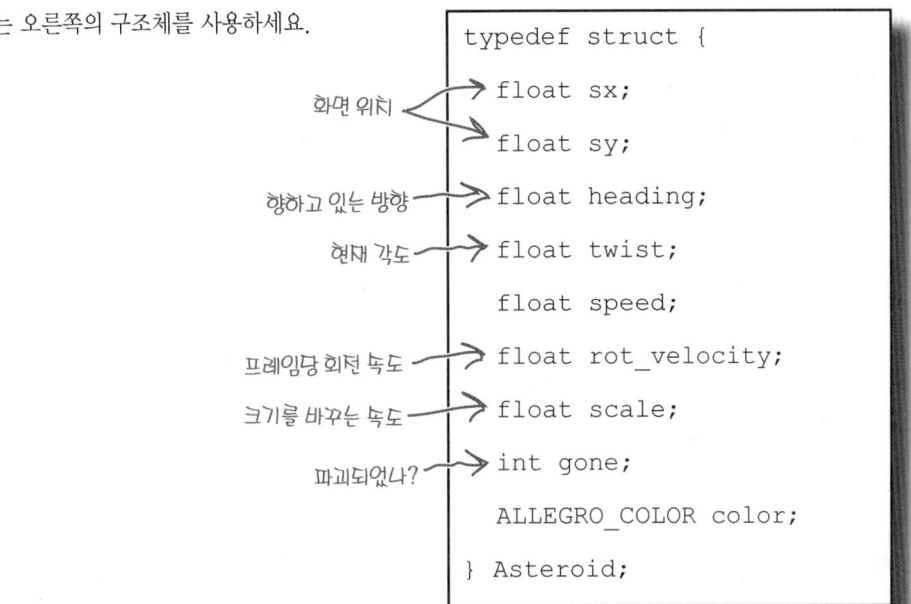

```c
typedef struct {
    float sx;
    float sy;
    float heading;
    float twist;
    float speed;
    float rot_velocity;
    float scale;
    int gone;
    ALLEGRO_COLOR color;
} Asteroid;
```

화면 위치 → float sx; / float sy;
향하고 있는 방향 → float heading;
현재 각도 → float twist;
프레임당 회전 속도 → float rot_velocity;
크기를 바꾸는 속도 → float scale;
파괴되었나? → int gone;

소행성 모양

다음은 원점을 기준으로 소행성을 그리는 코드입니다.

```c
al_draw_line(-20, 20, -25, 5, a->color, 2.0f);

al_draw_line(-25, 5, -25, -10, a->color, 2.0f);

al_draw_line(-25, -10, -5, -10, a->color, 2.0f);

al_draw_line(-5, -10, -10, -20, a->color, 2.0f);

al_draw_line(-10, -20, 5, -20, a->color, 2.0f);

al_draw_line(5, -20, 20, -10, a->color, 2.0f);

al_draw_line(20, -10, 20, -5, a->color, 2.0f);

al_draw_line(20, -5, 0, 0, a->color, 2.0f);

al_draw_line(0, 0, 20, 10, a->color, 2.0f);

al_draw_line(20, 10, 10, 20, a->color, 2.0f);

al_draw_line(10, 20, 0, 15, a->color, 2.0f);

al_draw_line(0, 15, -20, 20, a->color, 2.0f);
```

소행성 이동 방법

소행성은 화면에서 직전으로 이동합니다. 소행성이 직선으로 이동하기는 하지만, 자신의 중점을 기준으로 계속 회전합니다. 소행성이 화면 밖으로 나간 후에 화면 반대쪽에서 다시 나타납니다.

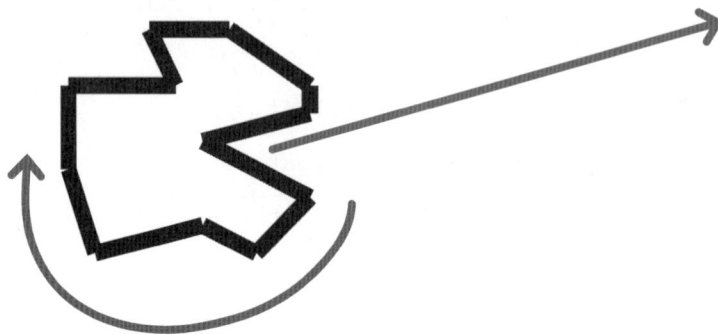

소행성이 미사일에 맞을 때

우주선이 발사한 미사일에 소행성이 맞으면 바로 두 조각으로 쪼개집니다. 각 조각은 원래 행성 크기의 절반이 됩니다. 소행성이 미사일을 두 번 맞으면 화면에서 제거됩니다. 게이머의 점수는 소행성을 맞출 때마다 100점씩 올라갑니다. 여러분은 화면에 보일 소행성을 기록하는 방법을 결정해야 할 겁니다. 큰 배열 하나를 사용할 건가요? 아니면 연결 리스트를 사용할 건가요?

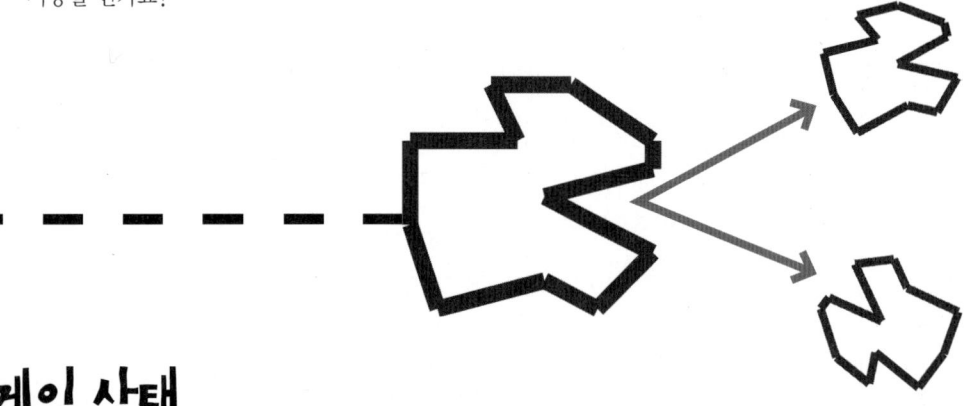

게임 상태

여러분은 라이프 수와 현재 점수, 두 가지를 화면에 출력해야 합니다. 라이프 수가 0이 되면 화면 한 가운데에 크고 다정한 글자로 '게임 종료!'를 화면에 출력해야 합니다.

물체를 움직이려면 변환하세요

여러분은 화면 위에 여러 물체를 움직여야 할 겁니다. 우주선은 날아가야 하고, 소행성은 회전하면서 떠다니면서 크기도 바뀌어야 합니다. 회전, 이동, 축소 및 확대하려면 많은 수학 연산이 필요합니다. 그러나 알레그로는 아주 많은 변환(Transformation) 함수를 내장하고 있습니다.

여러분이 우주선과 같은 물체를 그릴 때 그저 원점을 기준으로 그리는 방법만 신경 쓰면 됩니다. 원점은 화면 왼쪽 위에 있으며 좌표는 (0, 0)입니다. X 좌표는 화면의 오른쪽, Y 좌표는 화면 아래로 가면서 커집니다. 변환 함수를 사용하면 화면 위에 물체가 있어야 하는 위치로 이동하고 원하는 방향으로 회전시킬 수 있습니다. 일단 변환한 후에는 원점을 기준으로 여러분의 물체를 그리면 됩니다.

다음 코드는 우주선을 원하는 위치에 원하는 방향으로 그리는 방법의 예입니다.

```c
void draw_ship(Spaceship* s)

{

  ALLEGRO_TRANSFORM transform;

  al_identity_transform(&transform);

  al_rotate_transform(&transform, DEGREES(s->heading));

  al_translate_transform(&transform, s->sx, s->sy);

  al_use_transform(&transform);

  al_draw_line(-8, 9, 0, -11, s->color, 3.0f);

  al_draw_line(0, -11, 8, 9, s->color, 3.0f);

  al_draw_line(-6, 4, -1, 4, s->color, 3.0f);

  al_draw_line(6, 4, 1, 4, s->color, 3.0f);

}
```

완성된 프로젝트

구현을 완료하면 블래스터로이드 게임을 할 수 있어요!

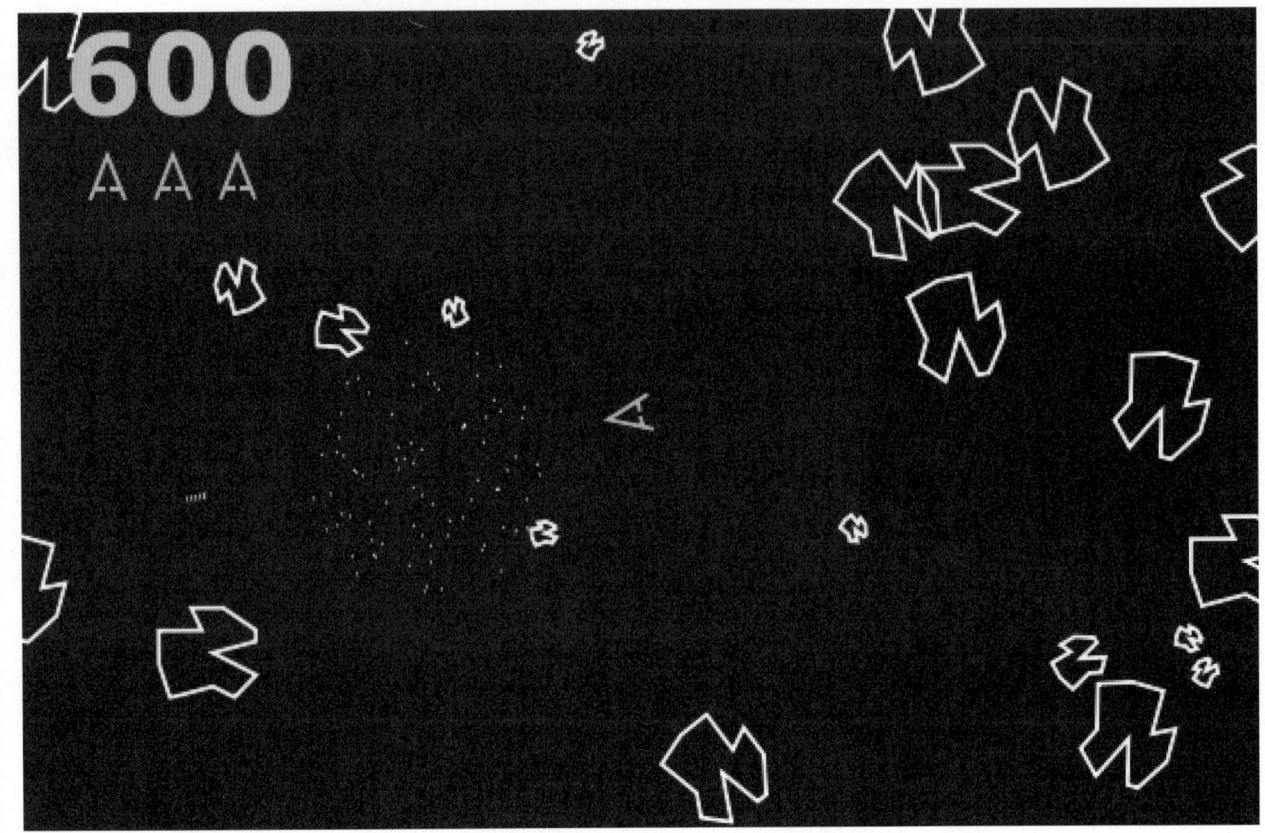

게임을 개선하는 많은 방법이 있을 겁니다.
어쩌면 OpenCV를 사용하는 건 어떨까요?
여러분이 어떻게 게임을 멋지게 만들었는지 헤드
퍼스트 연구실에 알려주세요.

마을을 떠나며...

C 마을을 찾아주셔서 대단히 감사드립니다!

떠나는 것은 아쉽지만, 여러분이 배운 것을 활용하는 것만큼 멋진 일은 없을 겁니다. 아직 이 책의 뒷부분에 보석 같은 설명과 찾아볼 수 있는 색인이 남아 있습니다. 이제 새로 배운 지식을 활용할 때가 된 겁니다. 여러분이 어떻게 프로젝트를 해나가는지 듣고 싶습니다. C가 어떻게 여러분에게 도움이 되었는지 헤드 퍼스트 연구실 웹사이트 www.headfirstlabs.com에 여러분의 소식을 알려주세요!

부록 i 못다한 이야기들

(지금까지 설명하지 않은) 중요한 10가지 이야기

아이고, 저런.
남아 있는 저 맛있는
음식들 좀 봐...

지금까지 많은 이야기를 했지만, 아직 조금 남았어요.

여러분이 알아야 할 것들이 몇 가지 더 있는 것 같습니다. 많은 설명이 필요한 내용은 아니지만 설명을 안 하고 넘어가기엔 기분이 찜찜합니다. 그러나 헬스 클럽에서 엄청나게 운동하지 않아도 들 수 있는 가벼운 책을 여러분에게 드리고 싶었습니다. 그러니 책을 내려 놓기 전에 남아 있는 **사소한 이야기 몇 가지를 마저 읽어주세요.**

#1. 연산자

C는 이 책에서 다룬 +, −, *, / 산술연산자 외에도, 연산을 쉽게 표현할 수 있는 연산자를 제공합니다.

증가와 감소

증가와 감소 연산자는 변수의 값을 1씩 증가 또는 감소시킵니다. 이 연산자는 C 코드에서 널리 사용되며, 특히 카운터를 가진 루프를 사용할 때 많이 사용됩니다. C 언어에서는 증가와 감소를 간단히 표현할 수 있는 네 가지 형태의 수식이 있습니다.

i의 값을 1 증가시키고,
새 값을 반환합니다. → **++i**

i의 값을 1 증가시키고,
이전 값을 반환합니다. → **i++**

i의 값을 1 감소시키고,
새 값을 반환합니다. → **--i**

i의 값을 1 감소시키고,
이전 값을 반환합니다. → **i--**

이 연산 모두 i의 값을 바꿉니다. ++와 --의 위치는 i의 원래 값을 반환할지 새 값을 반환할지 알려줍니다. 예를 들어 뒤에 올 때에는 원래 값을 반환합니다.

```
int i = 3;
int j = i++;  ← 이 코드를 실행하면 j는 3, i는 4가 됩니다.
```

3항 연산자

어떤 조건이 참이면 어떤 값, 거짓이면 다른 값을 원한다면 어떻게 표현할 수 있을까요?

```
if (x == 1)
    return 2;
else
    return 3;
```

C는 3항 연산자를 갖고 있어서 위 코드를 아래 코드로 간단히 축약할 수 있습니다.

```
return (x == 1) ? 2 : 3;
```

↖ 조건이 거짓이면 콜론 다음의 값이 반환됩니다.

먼저 조건을 기술합니다.   조건이 참이면 물음표와 콜론 사이의 값이 반환됩니다.

비트 조작

C는 저수준 프로그래밍에 사용할 수 있으므로, 비트 단위로 연산할 수
있는 많은 연산자를 제공합니다.

연산자	설명
~a	a에 있는 각 비트의 반대값을 반환합니다.
a&b	a와 b의 각 비트의 논리곱을 반환합니다.
a ¦ b	a와 b의 각 비트의 논리합을 반환합니다.
a^b	a와 b의 각 비트의 XOR를 반환합니다.
<<	모든 비트를 오른쪽 인자의 수만큼 왼쪽으로 이동합니다.
>>	모든 비트를 오른쪽 인자의 수만큼 오른쪽으로 이동합니다.

《《 연산자를 사용하면 2로 곱하는 연산을 빨리 할 수 있습니다. 그러나
오버플로우되지 않게 주의해야 합니다.

콤마를 사용해 수식을 분리합니다

여러분은 지금까지 루프를 한 번 돌 때마다 수행되는 코드를
보아왔습니다.

```
for (i = 0; i < 10; i++)
```
← 루프가 끝날 때마다 증가 연산이 실행됩니다.

그런데 루프가 끝날 때마다 두 개 이상의 연산을 하려면 어떻게 해야
할까요? 다음과 같이 콤마 연산자를 사용할 수 있습니다.

```
for (i = 0; i < 10; i++, j++)
```
← i와 j를 모두 증가시킵니다.

세미콜론으로 연산을 분리할 수 없을 때가 있기 때문에 콤마 연산자가
사용됩니다.

#2. 전처리기 지시자

여러분은 헤더 파일을 인클루드하는 프로그램을 컴파일할 때마다 전처리기
지시자를 사용했습니다.

#include <stdio.h> ← 전처리기 지시자입니다.

전처리기는 여러분의 C 소스 파일을 훑어보고 컴파일할 수정된 버전을
만듭니다. #include 전처리기는 헤더 파일의 내용을 파일 안에 넣습니다.
전처리기는 언제나 소스코드의 줄에서 제일 앞에 오며 언제나 해시(#)
문자로 시작합니다. #include 다음으로 많이 사용하는 지시자는 #define
지시자입니다.

#define DAYS_OF_THE_WEEK 7

...

printf("1주일은 %i일 입니다.\n", DAYS_OF_THE_WEEK);

#define 지시자는 매크로(Macro)를 만듭니다. 전처리기는 C 소스코드를
훑어보고 매크로 이름을 매크로값으로 바꿉니다. 매크로는 프로그램을
실행하는 동안 값이 바뀌지 않기 때문에 변수가 아닙니다. 매크로는
프로그램이 컴파일되기 전에 바뀝니다. 그러나 인자를 가질 수 있으므로
함수와 비슷한 모양의 매크로도 만들 수 있습니다.

← x는 매크로에 대한 인자입니다.

#define ADD_ONE(x) ((x) + 1) ← 매크로에 괄호를 사용하는 점에 주의하세요.

...

printf("답은 %i입니다.\n", ADD_ONE(3)); ← "답은 4입니다."를 출력할 겁니다.

전처리기는 프로그램을 컴파일하기 전에 ADD_ONE(3)을 ((3) + 1)로
바꿉니다.

조건

조건부 컴파일하기 위해 전처리기를 사용할 수도 있습니다. 컴파일할
때 코드 일부를 끄거나 킬 수 있어요.

← SPANISH 매크로가 정의되어 있으면...

#ifdef SPANISH
char *greeting = "Hola"; ← ...이 코드를 사용하고
#else
char *greeting = "Hello"; ← ...그렇지 않으면 이 코드를 사용합니다.
#endif

SPANISH라는 매크로가 정의되어 있느냐 아니냐에 따라 다른 코드가
컴파일됩니다.

#3. static 키워드

카운터처럼 작동하는 함수를 다음과 같이 작성할 수 있습니다.

```
int count = 0;    ← 이 변수를 사용해 호출된 횟수를 셉니다.
int counter()
{
    return ++count;   ← 호출될 때마다 값을 증가시킵니다.
}
```

이 코드에 문제가 있을까요? 이 코드는 count라는 전역 변수를 사용합니다.
이 변수가 전역 변수이므로 어떤 함수도 count의 값을 바꿀 수 있습니다.
큰 프로그램을 만들 때에는 엉뚱하게 전역 변수를 바꾸는 실수를 범할 수
있기 때문에 너무 많은 전역 변수를 사용하는 건 좋지 않습니다. 다행히도
C는 전역 메모리에 저장하지만 특정 함수나 파일만 사용할 수 있는 변수도
만들 수 있습니다.

```
int counter()        static 키워드를 사용하면 counter()
{                     함수가 종료되어도 이 값이 유지됩니다.
    static int count = 0;
    return ++count;
}
```

count는 전역 변수지만, 이 함수만 이 변수에 접근할 수 있어요.

static 키워드를 사용하면 변수를 전역 메모리에 보관하지만, 다른 함수가
count 변수에 접근하면 컴파일 에러를 발생시킵니다.

static을 사용하면 감출 수 있어요

함수 앞에도 static 키워드를 사용할 수 있습니다. 이때 static은 '이 .c 파일
안에 있는 코드만 이 함수를 사용할 수 있다'는 의미입니다. 예를 들면
다음과 같습니다.

```
static int days = 365;   ← 이 변수는 이 변수를 정의한 소스 파일 안에서만 사용할 수 있습니다.
```

이 소스 파일 안에서만 이 함수를 호출할 수 있습니다.
```
static void update_account(int x) {
    ...
}
```

static 키워드는 **코드의 범위**를 통제합니다. 데이터나 함수를 함부로
외부에서 접근하지 못하게 막습니다.

#4. 얼마나 큰가

sizeof 연산자는 데이터가 얼마나 많은 메모리 공간을 차지하는지
알려줍니다. 그런데 어떤 **범위의 값**을 가질 수 있는지 알고 싶으면
어떻게 해야 할까요? 예를 들어 여러분의 컴퓨터에서 int형이 4바이트를
차지한다고 알고 있을 때, 저장할 수 있는 가장 큰 값은 무엇일까요?
아니면 가장 작은 음의 값은? 여러분은 차지하는 바이트 수로 크기를
계산할 수 있긴 하지만, 어려울 수 있습니다.

대신 여러분은 **limits.h** 헤더 파일에 정의된 매크로를 사용할 수 있습니다.
long형 변수가 저장할 수 있는 가장 큰 값이 궁금한가요? 이 값은 LONG_
MAX 매크로에 정의되어 있습니다. short형 변수가 저장할 수 있는 가장
작은 값은? SHRT_MIN을 사용하면 됩니다. 다음 코드는 int와 short가
저장할 수 있는 범위를 보여줍니다.

```
#include <stdio.h>
#include <limits.h>

int main()
{
    printf("이 컴퓨터에서 int형은 %lu바이트를 차지합니다.\n", sizeof(int));
    printf("그리고 int형은 %i에서 %i까지 저장할 수 있습니다.\n", INT_MIN, INT_MAX);
    printf("그리고 short형은 %i에서 %i까지 저장할 수 있습니다.\n", SHRT_MIN, SHRT_MAX);
    return 0;
}
```

File Edit Window Help HowBigIsBig

```
>. /limits
이 컴퓨터에서 int형은 4바이트를 차지합니다.
그리고 int형은 -2147483648에서 2147483647까지 저장할 수 있습니다.
그리고 shorts형은 -32768에서 32767까지 저장할 수 있습니다.
```

매크로 이름은 INT(int), SHRT(short), LONG(long), CHAR(char),
FLT(float), DBL(double)과 같이 데이터형으로 시작합니다. 그리고
_MAX(가장 큰 양수)나 _MIN(가장 작은 음수)을 추가하면 됩니다. 그리고
더 구체적인 형에 대한 값을 보려면 U(unsigned), S(signed), L(long)을
앞에 붙일 수 있습니다.

#5. 자동화된 테스트

여러분이 만든 코드는 언제나 테스트되어야 합니다. 테스트를 자동화하면 개발이 훨씬 수월해집니다. C 프로그래머가 사용할 수 있는 테스트 프레임워크는 매우 많지만, 헤드 퍼스트 랩이 즐겨 사용하는 것은 AceUnit 이라고 불리는 프레임워크 입니다. **AceUnit**은 아래 URL에서 받을 수 있습니다.

http://aceunit.sourceforge.net/

AceUnit은 다른 언어에서 제공되는 xUnit 프레임워크(nUnit이나 jUnit 등)와 비슷합니다.

만약 여러분이 명령행 도구를 개발하며, 유닉스 명령 셸을 사용한다면 **shunit2**라는 도구도 아주 좋습니다.

http://code.google.com/p/shunit2/

shunit2는 스크립트와 명령을 테스트하는 셸 스크립트를 만들 수 있게 해줍니다.

#6. gcc에 대한 추가 설명

여러분은 이 책 내내 gcc를 사용해왔지만, 이 컴파일러가 할 수 있는 일의 아주 일부 기능만 사용했습니다. gcc는 스위스 군용 칼과 비슷합니다. 매우 많은 기능을 갖고 있어서 만들어내는 코드를 매우 다양하게 제어할 수 있습니다.

최적화

gcc는 여러분의 코드 성능을 아주 많이 높일 수 있습니다. 루프를 반복할 때마다 변수에 같은 값을 대입하는 코드가 있으면 이런 코드를 루프 밖으로 빼냅니다. 단지 몇 군데에서만 사용하는 작은 함수가 있다면 이 함수를 인라인 함수(Inline Function)로 바꾸고 호출하는 코드에 직접 집어 넣습니다.

매우 다양한 최적화를 할 수 있지만, 대부분의 최적화 기능은 기본값으로는 해제되어 있습니다. 최적화하려면 컴파일하는 데 많은 시간이 걸리므로, 코드를 개발하는 동안에는 컴파일 시간을 줄이기 위해 최적화 기능을 끄는 편이 좋습니다. 코드를 배포할 준비가 되면 여러 최적화 기능을 활성화하고 싶을 겁니다. 다음과 같이 4단계 수준으로 최적화할 수 있습니다.

옵션	설명
-O	gcc 명령에 -O(대문자 O입니다) 플래그를 추가하면, 1단계 수준으로 최적화합니다.
-O2	-O보다 더 많이 최적화하고, 약간 더 느리게 컴파일됩니다.
-O3	-O2보다 더 많이 최적화합니다. -O와 -O2에서 수행하는 최적화에 약간의 최적화를 추가합니다.
-Ofast	최고 수준으로 최적화하려면 -Ofast 옵션을 사용합니다. 컴파일하는 속도가 가장 느립니다. 이 옵션으로 컴파일하면 컴파일된 코드의 C 표준 호환성이 떨어질 수 있으므로 주의해야 합니다.

경고

값을 잘못된 형의 변수에 대입하는 경우처럼, 코드가 기술적으로는
정당하지만 의심스러운 작업을 수행한다면 경고를 출력해봅시다. -Wall
옵션을 사용하면 가능한 한 모든 경고를 출력합니다.

```
gcc fred.c -Wall -o fred
```

-Wall 옵션은 '모든 경고'를 의미합니다. 그렇지만 역사적인 이유 때문에
실제 모든 경고를 출력하지는 않습니다. 모든 경고를 다 출력하려면 -
Wextra 옵션을 사용하세요.

```
gcc fred.c -Wall -Wextra -o fred
```

그리고 정말 엄격하게 컴파일하려면 -Werror 옵션을 사용하세요. 어떤
경고라도 발생하면 에러가 발생한 경우처럼 컴파일되지 않게 합니다.

```
gcc fred.c -Werror -o fred
```
← '경고를 에러처럼 생각하라'는 옵션입니다.

-Werror는 코드의 품질을 엄격하게 유지하게 하므로, 여러 사람이 한
코드에 함께 작업할 때 유용합니다.

그 외 gcc 옵션에 대해서는 아래 URL을 참조하세요.

http://gcc.gnu.org/onlinedocs/gcc

이 책을 참조해
보세요~~
-한빛미디어 최과장

#7. make에 대한 추가 설명

make는 C 애플리케이션을 개발하기 위한 강력한 도구이긴 하지만, 이 책에서는 매우 간단한 기능만 설명했습니다. make로 할 수 있는 놀라운 일들에 대한 자세한 설명은 로버트 멕클렌버그(Robert Mecklenburg)의 『Managing Projects with GNU Make』를 참조하세요.

http://shop.oreilly.com/product/9780596006105.do

여기에서는 몇 가지 기능을 간략히 설명합니다.

변수

변수를 사용하면 makefile을 매우 짧게 만들 수 있습니다. 예를 들어 gcc 에 전달하려는 표준 명령행 옵션이 있다면, 다음과 같이 변수를 정의할 수 있습니다.

```
CFLAGS = -Wall -Wextra -v


fred: fred.c
    gcc fred.c $(CFLAGS) -o fred
```

등호(=)로 변수를 정의하고, 변수를 사용할 때는 $(〈변수이름〉) 형태로 읽을 수 있습니다.

%, ^, @ 사용

대부분의 경우 여러분의 컴파일 명령은 다음과 거의 비슷할 겁니다.

```
fred: fred.c
gcc fred.c -Wall -o fred
```

이럴 때는 % 기호를 사용해 일반적인 의존 파일, 생성 규칙을 작성할 수 있습니다.

〈파일이름〉을 만들려면,
〈파일이름〉.c를 찾으라고 ⟶ **%: %.c**
알려줍니다.

$^는 의존 파일(.c 파일)입니다. **gcc $^ -Wall -o $@** ⟵ $@는 타겟 파일입니다.

기호가 많아서 약간 이상해 보이긴 합니다. 이 규칙은 예를 들어 fred 라는 파일을 만들려면 fred.c라는 파일을 찾아보라고 make에 알려줍니다. 그리고 생성 방법은 의존 파일($^로 표시)을 gcc 명령으로 컴파일해 타겟 파일($@)을 생성하라고 알려줍니다.

암묵적 규칙들

make 도구는 C 컴파일에 대해 매우 많이 알고 있으므로, 명시적인
makefile이 없어도 암묵적 규칙으로 컴파일할 수 있습니다. 예를 들어
fred.c라는 파일이 있다면 makefile이 없어도 다음과 같이 입력해
컴파일할 수 있습니다.

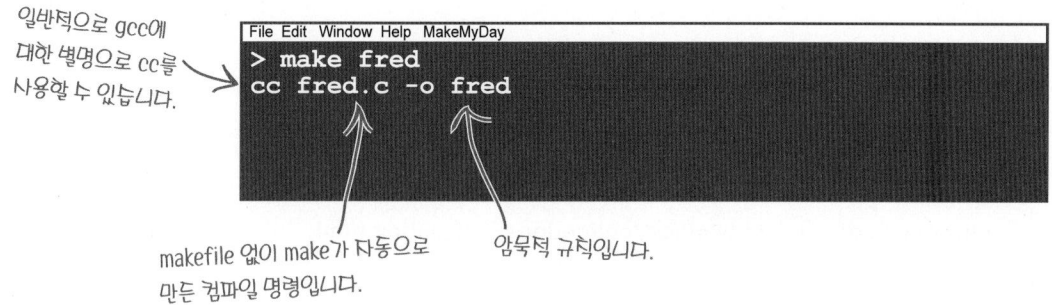

일반적으로 gcc에
대한 별명으로 cc를
사용할 수 있습니다.

makefile 없이 make가 자동으로
만든 컴파일 명령입니다.

암묵적 규칙입니다.

make가 매우 많은 생성 규칙을 내장하고 있기 때문에 위와 같이 사용할
수 있습니다. make에 대한 자세한 설명은 다음 URL을 참조하세요.

http://www.gnu.org/software/make/

#8. 개발 도구들

여러분이 C로 프로그램을 짠다면 아마 성능과 규모 확장에 대해 대해
신경이 많이 쓰일 겁니다. 여러분의 코드를 컴파일하기 위해 gcc를
사용한다면 다음과 같은 다른 GNU 도구들을 살펴볼 필요가 있습니다.

gdb

gdb(GNU Project Debugger)를 사용하면 컴파일된 프로그램을
실행하는 동안 코드를 조사할 수 있습니다. 성가신 버그를 추적하고 있을
때 이 도구는 매우 유용합니다. gdb는 명령행에서 직접 사용할 수도 있고
Xcode나 Guile과 같은 통합 개발 환경에서 사용할 수도 있습니다.

> http://sourceware.org/gdb/download/onlinedocs/gdb/index.html

gprof

여러분의 코드가 생각만큼 빨리 실행되지 않는다면 코드를 분석(Profiling)
할 필요가 있습니다. gprof(GNU Profiler)는 프로그램의 어느 부분이
가장 느린지 알려주어 적절히 코드 성능을 개선할 수 있게 해줍니다. gprof
로 분석할 수 있게 옵션을 주어 프로그램을 컴파일하고 실행하면 종료될 때
성능 보고서를 출력합니다. 그리고 나서 gprof 명령행 도구를 사용해 성능
보고서를 분석하고 코드 중에서 가장 느린 부분을 찾아내게 합니다.

> http://sourceware.org/binutils/docs-2.22/gprof/index.html

gcov

또 다른 분석 도구로 gcov(GNU Coverage)가 있습니다. 그러나 gprof가
코드의 성능을 분석하기 위해 사용되는 반면 gcov는 코드의 어느 부분이
실행되고 어느 부분이 실행되지 않았는지 분석하기 위해 사용됩니다.
자동화된 테스트 코드를 작성할 때 이 기능은 매우 중요합니다. 테스트
프로그램이 모든 코드를 다 검사했는지 확인할 수 있기 때문입니다.

> http://gcc.gnu.org/onlinedocs/gcc/Gcov.html

#9. GUI 만들기

여러분은 이 책의 어느 부분에서도 그래픽 사용자 인터페이스(Graphical User Interface, GUI) 프로그램을 만들지는 않았습니다. 실습에서는 알레그로와 OpenCV 라이브러리를 사용해 매우 간단한 윈도우를 만들었을 겁니다. 그러나 GUI는 일반적으로 운영체제마다 매우 다르게 만들어집니다.

리눅스 - GTK+

리눅스는 GUI 애플리케이션을 만들기 위한 여러 라이브러리를 갖고 있습니다. 그러나 그중 GTK+(GIMP toolkit)가 가장 인기 있는 라이브러리 중 하나입니다.

http://www.gtk.org/

GTK+는 리눅스에서 널리 사용되지만 윈도우와 맥에서도 사용할 수 있습니다.

윈도우

윈도우는 매우 고급 GUI 라이브러리를 내장하고 있습니다. 윈도우 프로그래밍은 매우 특화된 영역이므로 여러분이 GUI 애플리케이션을 만들려면 먼저, 윈도우 API(Application Programming Interface)를 익히는 데 어느 정도 시간을 투자해야 합니다. 점점 더 많은 윈도우 애플리케이션이 C#과 C++처럼 C에 기반한 언어로 만들어지고 있습니다. 윈도우 프로그래밍에 대한 온라인 자료는 아래 URL을 참고하세요.

http://www.winprog.org/tutorial/

맥 - 카본

맥은 아쿠아(Aqua)라는 GUI 시스템을 사용합니다. 맥에서는 카본(Carbon)이라는 라이브러리와 C로 GUI 프로그램을 만들 수 있습니다. 그러나 맥의 최신 프로그래밍 환경은 코코아(Cocoa) 라이브러리를 사용하고 있습니다. 코코아는 C에 기반하고 있는 오브젝티브-C로 프로그래밍합니다. 이 책의 마지막에 와있는 지금은 오브젝티브-C를 배우기 좋은 시점입니다. 헤드 퍼스트 연구실은 빅 너드 랜치(Big Nerd Ranch)가 제공하는 책과 강의를 좋아합니다.

http://www.bignerdranch.com/

#10. 참고 문헌

다음은 C 프로그래밍과 관련된 인기 있는 책과 웹사이트들입니다.

브라이언 커니간(Brian W. Kernighan), 데니스 리치(Dennis M. Ritchie) 공저, 김석환, 박용규, 최홍순 공역, 『C 언어 프로그래밍』, 2판(대영사)

이 책은 원래 C 프로그래밍 언어를 정의한 책입니다. 지구상에 있는 거의 모든 C 프로그래머는 이 책을 갖고 있습니다.

서현우 저, 『뇌를 자극하는 C 프로그래밍』(한빛미디어)

프로그래밍의 개념이 머리에 딱 박히게 개념을 그림으로 설명한 책입니다.

웹사이트

표준 정보에 대해서는 다음을 참조하세요.

http://pubs.opengroup.org/onlinepubs/9699919799/

C 프로그래밍에 대한 추가 설명은 다음을 참조하세요.

http://www.cprogramming.com/

일반적인 참고 정보는 다음을 참조하세요.

http://www.cprogrammingreference.com/

일반적인 C 프로그래밍 설명은 다음을 참조하세요.

http://www.crasseux.com/books/ctutorial/

부록 *ii* C 주제

핵심 정리

C에 대한 내용을 한데 정리한 것이 있으면 좋겠죠?

부록 ii에는 이 책에서 설명한 C 주제와 원칙을 모두 요약했습니다. 내용을 보고 여러분이 책에서 배운 내용을 다시 기억할 수 있는지 확인해보세요. 모든 내용은 그 내용이 나오는 장별로 묶었으며, 다시 확인하고 싶으면 그 장을 참조하면 됩니다. 이 장에 있는 내용을 잘라 벽에 붙여놓아도 좋을 겁니다.

기초

CHAPTER 1
단순문은 명령입니다.

CHAPTER 1
블럭문은 중괄호({})로 에워쌉니다.

CHAPTER 1
if문은 조건이 참일 때 실행됩니다.

CHAPTER 1
switch문을 사용하면 한 변수를 여러 값과 효율적으로 비교할 수 있습니다.

CHAPTER 1
논리 연산자(&&과 ||)로 조건을 결합할 수 있습니다.

CHAPTER 1
모든 프로그램에는 main() 함수가 있어야 합니다.

CHAPTER 1
#include는 입출력 코드와 같은 외부 코드를 인클루드합니다.

CHAPTER 1
소스 파일은 .c 확장자를 가져야 합니다.

CHAPTER 1

C 프로그램을 실행하려면 컴파일해야 합니다.

CHAPTER 1

gcc는 가장 인기 있는 C 컴파일러입니다.

CHAPTER 1

명령행에 && 연산자를 사용하면 컴파일이 성공했을 때만 프로그램을 실행합니다.

CHAPTER 1

-o는 컴파일된 파일 이름을 지정합니다.

CHAPTER 1

count++는 count에 1을 더합니다.

CHAPTER 1

count--는 count에서 1을 뺍니다.

CHAPTER 1

while은 죠건이 참이면 루프를 반복합니다.

CHAPTER 1

do-while 루프는 쿄드를 적어도 한 번 실행합니다.

CHAPTER 1

for문을 사용하면 루프를 간략히 작성할 수 있습니다.

포인터와 메모리

scanf("%i", &x)로 사용자가 x에 직접 숫자를 입력할 수 있습니다.

배열을 문자열로 초기화하면, 문자열을 배열에 복사합니다.

&x는 x의 주소를 반환합니다.

*a로 a번지에 있는 내용을 읽을 수 있습니다.

지역 변수는 스택에 저장됩니다.

문자 포인터 변수 x는 char* x로 선언합니다.

&x를 'x에 대한 포인터'라고 부릅니다.

배열 변수를 포인터로 사용할 수 있습니다.

fgets(buf, size, stdin)로 간단히 문장을 입력할 수 있습니다.

문자열

문자열 상수는 읽기전용 메모리에 저장됩니다.

string.h 헤더 파일은 유용한 문자열 함수들을 갖고 있습니다.

문자열의 배열은 배열의 배열입니다.

char strings[...][...]로 배열의 배열을 만듭니다.

strstr(a, b)는 문자열 a 안에 있는 문자열 b의 위치를 반환합니다.

strcmp()는 두 문자열을 비교합니다.

strcat()는 두 문자열을 하나로 합칩니다.

strchr()는 문자열 안에 있는 문자의 위치를 반환합니다.

strcpy()는 문자열을 다른 배열에 복사합니다.

strlen()은 문자열의 길이를 반환합니다.

데이터 스트림

CHAPTER 3
printf()나 scanf() 같은 C 함수는 표준 출력 및 표준 입력과 통신합니다.

CHAPTER 3
표준 출력은 기본적으로 화면에 출력됩니다.

CHAPTER 3
표준 입력은 기본적으로 키보드를 읽습니다.

CHAPTER 3
리다이렉션으로 표준 입력, 출력, 에러가 연결된 스트림을 바꿀 수 있습니다.

CHAPTER 3
표준 에러는 에러 메시지를 출력하기 위해 따로 만든 출력 스트림입니다.

CHAPTER 3
fprintf(stderr, ...)로 표준 에러에 출력할 수 있습니다.

CHAPTER 3
fopen("<파일이름>", mode)로 직접 데이터 스트림을 만들 수 있습니다.

CHAPTER 3
쓸 때는 "w", 읽을 때는 "r", 추가할 때는 "a"로 열기 모드를 지정합니다.

CHAPTER 3

명령행 인자는 문자열 포인터의 배열로 main() 함수에 전달됩니다.

CHAPTER 3

getopt() 함수를 사용하면 명령행 옵션을 쉽게 읽을 수 있습니다.

데이터형

CHAPTER 4

char도 숫자형입니다.

CHAPTER 4

아주 큰 정수에는 long형을 사용하세요.

CHAPTER 4

작은 정수에는 short형을 사용하세요.

CHAPTER 4

일반적인 정수에는 int형을 사용하세요.

CHAPTER 2

int형은 컴퓨터에 따라 크기가 달라집니다.

CHAPTER 4

일반적인 실수에는 float형을 사용하세요.

CHAPTER 4

정말 정교한 실수에는 double형을 사용하세요.

여러 파일

CHAPTER 4

함수 선언과 정의를 분리하세요.

CHAPTER 4

선언은 헤더 파일에 넣으세요.

CHAPTER 4

#include <>는 라이브러리 헤더 파일에 사용하세요.

CHAPTER 4

#include " "는 지역 헤더 파일에 사용하세요.

CHAPTER 4

오브젝트 코드를 파일에 저장하면 빨리 컴파일할 수 있습니다.

CHAPTER 4

make로 컴파일하세요.

구조체

CHAPTER 5
구됴체는 데이터형을 한데 묶습니다.

CHAPTER 5
구됴체 필드는 점(.) 표기법으로 읽을 수 있습니다.

CHAPTER 5
배열과 같은 표기법으로 구됴체를 됴기화할 수 있습니다.

CHAPTER 5
-> 연산자를 사용하면 구됴체 포인터의 필드를 쉽게 접근할 수 있습니다.

CHAPTER 5
typedef로 데이터형의 별명을 만들 수 있습니다.

CHAPTER 5
구됴체와 공용체의 필드 이름을 지정해 됴기화할 수 있습니다.

공용체와 비트필드

CHAPTER 5

공용체는 여러 형의 데이터를 한 곳에 보관할 수 있습니다.

CHAPTER 5

열거형으로 여러 기호를 만들 수 있습니다.

CHAPTER 5

비트필드를 사용하면 구조체에 저장된 데이터를 비트 단위로 제어할 수 있습니다.

데이터 구조

CHAPTER 6

동적 데이터 구조는 재귀적 구조체를 사용합니다.

CHAPTER 6

재귀적 구조체는 자신과 비슷한 데이터에 대한 포인터를 한 개 이상 갖고 있습니다.

CHAPTER 6

연결 리스트는 동적 데이터 구조입니다.

CHAPTER 6

연결 리스트 안에 데이터를 쉽게 삽입할 수 있습니다.

CHAPTER 6

연결 리스트는 배열보다 확장하기 쉽습니다.

동적 메모리

CHAPTER 6
스택은 지역 변수를 저장하기 위해 사용됩니다.

CHAPTER 6
스택과 달리 힙 메모리는 자동으로 해제되지 않습니다.

CHAPTER 6
malloc()은 힙에 메모리를 할당합니다.

CHAPTER 6
free()는 힙에 있는 메모리를 해제합니다.

CHAPTER 6
strdup()는 문자열을 힙에 복사합니다.

CHAPTER 6
할당한 메모리에 접근할 수 없을 때 메모리 누수가 발생합니다.

CHAPTER 6
valgrind로 메모리 누수를 찾아낼 수 있습니다.

고급 함수

함수 포인터를 사용하면 함수를 데이터처럼 전달할 수 있습니다.

함수 포인터는 *와 & 연산자가 필요 없는 유일한 포인터지만, 원하면 *와 &를 사용할 수 있습니다.

모든 함수의 이름은 함수에 대한 포인터입니다.

qsort()는 배열을 정렬합니다.

모든 정렬 함수는 비교 함수에 대한 포인터를 필요로 합니다.

비교 함수는 두 데이터의 순서를 결정합니다.

함수 포인터의 배열을 사용하면 데이터형에 따라 다른 함수를 실행할 수 있습니다.

CHAPTER 7

인자의 개수가 바뀔 수 있는 함수를
'가변 인자 함수'라고 부릅니다.

CHAPTER 7

stdarg.h를 사용하면 가변 인자
함수를 만들 수 있습니다.

정적 라이브러리와 동적 라이브러리

CHAPTER 8
#include <>는 /usr/include와 같은 표준 디렉터리를 찾습니다.

CHAPTER 8
-L<라이브러리경로>는 디렉터리를 표준 라이브러리 디렉터리에 추가합니다.

CHAPTER 8
-l<라이브러리이름>은 /usr/lib와 같은 표준 디렉터리의 파일에 링크합니다.

CHAPTER 8
-I<인클루드경로>는 디렉터리를 표준 인클루드 디렉터리에 추가합니다.

CHAPTER 8
ar 명령은 오브젝트 파일의 라이브러리 아카이브를 생성합니다.

CHAPTER 8
라이브러리 아카이브는 lib<라이브러리이름>.a 형태의 이름을 갖습니다.

CHAPTER 8
라이브러리 아카이브는 정적으로 링크됩니다.

CHAPTER 8
gcc -shared는 오브젝트 파일을 동적 라이브러리로 변환합니다.

CHAPTER 8

동적 라이브러리는 실행 시에
링크됩니다.

CHAPTER 8

동적 라이브러리는 운영체제에 따라
이름이 다릅니다.

CHAPTER 8

동적 라이브러리는 .so, .dylib, .dll,
.dll.a 확장자를 가질 수 있습니다.

프로세스와 통신

CHAPTER 9
system()은 터미널에서 명령을 입력한 것처럼 문자열을 실행합니다.

CHAPTER 9
fork()는 현재 프로세스를 복제합니다.

CHAPTER 9
fork()와 exec()로 자식 프로세스를 생성합니다.

CHAPTER 9
execl() = 인자 목록

execle() = 인자 목록 + 환경

execlp() = 인자 목록 + 경로 검색

execv() = 인자 배열

execve() = 인자 배열 + 환경

execvp() = 인자 배열 + 경로 검색

CHAPTER 10
프로세스들은 파이프로 통신할 수 있습니다.

CHAPTER 10
pipe()는 통신 파이프를 생성합니다.

CHAPTER 10
exit()는 프로그램을 바로 종료시킵니다.

CHAPTER 10
waitpid()는 프로세스가 종료할 때까지 기다립니다.

CHAPTER 10

fileno()는 디스크립터 번호를 반환합니다.

CHAPTER 10

dup2()는 데이터 스트림을 복제합니다.

CHAPTER 10

시그널은 운영체제가 보내는 메시지입니다.

CHAPTER 10

sigaction()은 시그널을 직접 처리할 수 있게 합니다.

CHAPTER 10

프로그램은 raise()로 자신에게 시그널을 보낼 수 있습니다.

CHAPTER 10

alarm()은 지정한 시간 후에 SIGALRM 시그널을 보냅니다.

CHAPTER 10

kill 명령은 시그널을 보냅니다.

CHAPTER 12

단순한 프로세스는 한 번에 한 가지 일만 합니다.

소켓과 네트워킹

CHAPTER 11

텔넷은 간단한 네트워크 클라이언트입니다.

CHAPTER 11

socket() 함수로 소켓을 생성합니다.

CHAPTER 11

서버 블랍(BLAB):

B(ind) = 바인딩

L(isten) = 듣기

A(ccept) = 접수

B(Begin) = 대화 시

CHAPTER 11

fork()로 한꺼번에 여러 클라이언트를 처리합니다.

CHAPTER 11

DNS = 도메인 이름 시스템(Domain Name System)

CHAPTER 11

getaddrinfo()는 도메인 이름에 대한 주소를 찾습니다.

스레드

CHAPTER 12
스레드를 사용하면 한 프로세스가 한꺼번에 여러 가지 일을 할 수 있습니다.

CHAPTER 12
스레드는 '경량 프로세스'입니다.

CHAPTER 12
pthread(포직스 스레드)는 스레드 라이브러리입니다.

CHAPTER 12
pthrread_create()는 함수를 실행하는 스레드를 생성합니다.

CHAPTER 12
pthrread_join()은 스레드가 종료할 때까지 기다립니다.

CHAPTER 12
스레드는 전역 변수를 공유합니다.

CHAPTER 12
두 스레드가 동시에 한 변수를 읽고 쓰면, 결과를 예측할 수 없습니다.

CHAPTER 12
뮤텍스는 공유 데이터를 보호하기 위한 락입니다.

CHAPTER 12
pthread_mutex_lock()은 뮤텍스에 락을 겁니다.

CHAPTER 12
pthread_mutex_unlock()은 뮤텍스에 건 락을 해제합니다.

찾아보기

기호와 숫자

자